한국 복지국가의 기원과 궤적 2

반공개발국가 복지체제의 형성 — 1945년부터 1980년까지

한국 복지국가의 기원과 궤적

2

반공개발국가 복지체제의 형성 — 1945년부터 1980년까지

윤홍식 지음

사회평론아카데미

한국 복지국가의 기원과 궤적 2
반공개발국가 복지체제의 형성—1945년부터 1980년까지

2019년 6월 27일 초판 1쇄 발행
2020년 10월 30일 초판 2쇄 발행

지은이   윤홍식
펴낸이   윤철호, 고하영
펴낸곳   ㈜ 사회평론아카데미
편집   김천희
디자인   김진운
본문조판   민들레
마케팅   최민규
등록번호   2013-000247(2013년 8월 23일)
전화   02-326-1182(영업) 02-326-0333(편집)
팩스   02-326-1626
주소   03978 서울특별시 마포구 월드컵북로6길 56
홈페이지   www.sapyoung.com
이메일   academy@sapyoung.com
ISBN   979-11-89946-15-9

* 이 저서는 한국연구재단의 2014년 저술출판지원사업에 의해 지원되었습니다.(과제번호 2014S1A 6A4025417)

어린 시절 학교를 오가는 길에는 시장이 있어서 매일 갈치, 고등어, 동태 등 갖가지 물고기들과 순댓국, 잔치국수, 팥죽 등 다양한 먹거리의 냄새를 맡고 보면서 자랐다. 그 모습과 냄새가 참 좋았다.

자라면서 유난히 역사를 좋아했고 정의롭게 살고 싶어 했던 것 같다. 초등학교 시절에 계몽사에서 발간한 3천 쪽이 넘는 10권짜리 한국사 이야기를 열 번 이상 읽었다. 역사를 좋아했기에 우리 역사에 대한 자긍심과 응어리진 한을 동시에 품고 성장했다. 중학교 때는 친구들과 함께 모여서 민족적 영웅담을 늘어놓는 일을 즐겨 했다. 입시라는 틀에 얽매여 있던 고등학교 시절은 정말 재미없었다.

고등학교를 졸업한 후에 1년을 더 있다가 대학에 입학하자마자 찾은 곳은 사회과학을 공부할 수 있는 동아리였다. 운 좋게 1주일 만에 좋은 동아리를 찾아서 열심히 사회과학 책을 읽고 토론했다. 당시에는 그 공부가 내 인생에서 가장 중요한 순간이 될 줄 몰랐다. 대학생활을 시작한 지 두 달이 지난 즈음인 1987년 5월 4일 명동성당에서 민주화를 위한 철야시위를 하고 새벽에 귀가하던 중 백골단에 연행되었다. 열심히 도망쳤는데 잡히고 말았다. 경찰들이 시위 주동자를 대라고 했지만, 신입생이 무엇을 알 리가 없었다. 중부경찰서에서 참 많이 맞았는데, 아는 것이 없어서 누구의 이름도 댈 수 없었다. 덕분에 난생처음 재판을 받고 구류처분을 받았다. 친구들과 함께 재미있는 철창 체험을 했다.

 불행히도 이 경험은 나를 교화시키지 못했고, 세상에 대해 더 많은 문제의식을 갖게 했으며, 더 정의롭게 살아야 한다는 생각을 하게 했다. 그 뒤로도 부족했지만 열심히 사회문제에 관심을 갖고 활동을 했다. 대학은 10년 만에 졸업했는데, 다니던 대학을 졸업하지 못하고 오렌지도 아닌 것이 오렌지처럼 미국에서 대학을 마쳤다. 생각해보면 참 어처구니없는 일이었다.

 미국 대학에 편입해서 다니는 동안 이곳저곳을 기웃거리다가 아내가 공부하는 사회복지학에 관심을 갖게 되어 석·박사 과정을 마치고 한국에 돌아와서 전북대에서 교수 생활을 시작했다. 참 운이 좋았다. 듣지도 보지도 못했던 나를 뽑아준 전북대 교수님들께는 지금도 고마운 마음이 가득하다.

 막상 한국에서 한국 사회에 필요한 공부를 하려고 하니 미국에서 무엇을 배웠는지 모르겠고 방법론을 제외하고 모든 것을 다시 공부해야 했다. 귀국 후 18년 동안 부족하지만 학문과 실천을 함께하려고 노력했지만, 늘 쉽지 않았다. 『한국 복지국가의 기원과 궤적』은 학문과 실천을 함께하려고 했던 나의 작은 삶의 결과이다. 모두가 착하게 사는 정의로운 세상이 되었으면 좋겠다는 생각으로 이 책을 썼다.

2019년 3월 서달산의 봄을 바라보며

윤홍식

차례

3권 차례

3부

미군정에서 박정희 권위주의
반공개발국가까지

제8장

역사적 복지국가의 형성과 위기: 1945년부터 1970년대까지

"앞선 열강들, 즉 프랑스와 이탈리아는 이미 쇠잔했다. 유럽을 차지하겠다는 독일의 시도
는 붕괴하고 있었고, 동아시아와 태평양을 차지하겠다는 일본의 시도도 마찬가지였다. 처
칠(Churchill)이 있었음에도 영국은 약화되고 있었다. 19세기와 20세기 초에 자주 예견된
양극 세계가 마침내 도래했다. 드포르트(DePorte)의 말을 빌리면, 국제질서는 이제 "한
체계에서 다른 체계로" 이동했다. "오직 미국과 소련만이 고려의 대상이었고 (…) 둘 중"
최강국 "미국이 여러 면에서 우월했다."

— 폴 케네디(Paul Kennedy)[1]

....

1   Arrighi, G. (2008[1994]). 『장기20세기: 화폐, 권력, 그리고 우리 시대의 기원』. 백승욱 역. (*The Long Twentieth Century: Money, Power, And the Origins of Our Times*). 서울: 그린비. pp.466-467.

제1절 문제제기

우리가 알고 있는 역사적 복지국가는 서구 자본주의의 황금기에 만들어진 매우 예외적인 분배체계이다. 아부–루고드(Abu-Lughod)는 2차 세계대전이 끝난 후 역사적 복지국가가 어떤 상황 속에서 형성되었는지를 아주 탁월하게 묘사하고 있다. "세계대전의 충돌로 인해 유럽 내의 그토록 많은 부분들이 파괴된 것은 14세기에 흑사병이 초래했던 것과 유사한 권력의 공백을 만들어냈다. 그것은 체제 전환의 분수령이었던 것 같다."[2] 역사적 복지국가는 이렇듯 인류 역사상 아주 예외적인 상황, 즉 전쟁으로 지배계급인 자본가계급의 힘이 약화되고 피지배계급의 힘이 강화되었던 아주 예외적인 권력관계하에서 만들어졌다. 그렇다고 노동의 힘이 자본을 압도한 것은 아니었기 때문에 두 계급의 타협은 필연적이었고, 타협은 '자본주의'의 틀 내에서 이루어졌다. 힘의 균형으로 인해 자본은 민주적 방식에 의한 노동의 집권과 국가의 개입을 용인했고, 노동은 생산수단을 사회화해 자본주의를 사

....

2   Abu-Rughod, J.(2006[1989]). 『유럽 패권이전: 13세기 세계체제』. 박홍식 · 이은정 역. (*Before Scruggsopean Begemony: The World System A.D. 1250-1350*). 서울: 까치. p.403.

회주의로 대체하려는 시도를 접을 수 있었다. 더욱이 어떤 이유에서인지는 명확히 설명하기 어렵지만 인간이 국가를 통해 자연 질서에 비유되었던 시장경제를 계획하고 개입하려는 시도가 용인되었고, 오차가 많은 계획이었음에도 불구하고 개입은 성공적이었다. 이러한 예외적인 상황에서 우리가 알고 있는 복지국가가 탄생했다. 하지만 자본주의가 위기에 처하자 자본과 노동이 분점하고 있던 권력도, 그 권력관계 위에 올라가 있던 복지국가라는 분배체계도 위기에 처하게 되었다.

왜 그랬을까? "제8장 역사적 복지국가의 형성과 위기"에서는 1945년부터 1979년까지 자본주의 경제·정치의 특성과 역사적 복지국가의 형성과 위기에 대해 검토했다. 제2절에서는 1945년부터 1979년까지의 시기 구분에 대해 개략했다. 제3절에서는 1945년 이후에 찾아온 자본주의의 황금시대의 모습과 그 황금시대가 저물어가는 모습에 대해 서술했고, 제4절에서는 전후 정치적 상황을 사민주의를 중심에 놓고 살펴보았다. 제5절에서는 자본주의의 황금시대의 분배체계로서 역사적 복지국가의 모습에 대해 기술하고 역사적 복지국가가 직면한 위기에 대해 검토했다.

제2절 시기 구분: 1945년부터 1970년대까지

1945년부터 1970년대까지는 다양한 기준에 따라 구분될 수 있지만, 제8장은 자본주의 분배체계의 한 형태로 역사적 복지국가의 형성과 위기를 설명하려는 목적으로 작성되었기 때문에 시기구분은 전후 구성되었던 복지국가가 위기에 직면한 시점을 중심으로 구분했다. 물론 분배체계로서의 복지국가는 자본주의 경제와 정치의 특성에 영향을 받기 때문에 복지국가의 위기는 자본주의 체제의 위기가 반영된 것으로 볼 수 있다. 실제로 복지국가가 위기에 진입하기 시작했던 1973년은 복지국가의 위기가 시작된 시점인 동시에 자본주의 경제체제의 위기가 가시화된 시점이기도 하다.[3]

1973년의 위기의 전조는 이미 1960년대 중반부터 나타났다. 1965년의 베트남 전쟁에 대한 미국의 전면적 개입은 군비 확장으로 인한 인플레이션을 야기했다.[4] 실제로 미국의 인플레이션은 1965년 이전 1%에서 1960년대가 끝나갈 즈음에는 5% 후반대로 상승했다. 인플레이션으로 인해 기업의 수익률은 낮아졌고 새로운 투자가 감소하기 시작했다. 급기야 1970년대 초가 되면 미국이 달러에 대한 금 태환을 정지시키자 브레튼우즈체제라고 불렸던 전후 자본주의 세계체계의 한 축이 무너져 내렸다. 1973년이 되면 주요 선진 자본주의 국가들이 달러에 대한 고정환율제를 폐지하고 변동환율제로 전환하면서 세계 경제가 요동치기 시작했다.[5] 이러한 상황에서 1973년의 갑작스러운 유가 상승이 전후 자본주의 체제의 잠재된 위기에 불을 붙였다. 경기순환이라는 자본주의의 악령이 오일쇼크를 계기로 병 속에서 나온 것이다. 하지만 문제는 전후 자본주의 체제가 이러한 위기에 대한 대안을 갖고 있지 않았다는 것이다. 1973년 이후의 상황은 실업과 인플레이션이 반비례한다는 필립스 곡선(the Phillips-Curve)의 가정과 달리 실업과 인플레이션이 비례하는 모습으로 나타났다. 경기는 침체하는데 인플레이션이 유발되는 소위 스태그플레이션이라는 상황이 벌어진 것이다. 반세기 가까이 지속될 위기가 시작된 것이다.

정치적으로 좌파의 위기는 1960년대 중반부터 시작되었다. 1960년대에 들어서면 거의 사라졌던 파업이 다시 폭증하기 시작했다.[6] 더욱이 이 시기의 파업은 중앙의 통제를 받지 않는 단위사업장별로 이루어졌다는 점에서 이전의 파업들과는 상이했다.[7] 전후 정치적 교환과 합의의 가장 중요한 전제 중 하나였던 중

....

3   Esping-Andersen, G.(1990), *The Three Worlds of Welfare Capitalism*. Cambridge, UK: Polity Press. p.186.

4   Heilbroner, R. and Millberg, W.(2010[2007]). 『자본주의, 어디서 와서 어디로 가는가』. 홍기빈 역. (*The Making of Economic Society*). 서울: 미지북스. p.381.

5   Amstrong, P, Glyn, A. and Harrison, J.(1993[1991]). 『1945년 이후의 자본주의』. 김수행 역. (*Capitalism Since 1945*). 서울: 동아출판사. pp.307-308.

6   Amstrong et. al. 『1945년 이후의 자본주의』. pp.281-282.

7   Casutt, J.(2012). "The Influence of Business Cycles on Strike Activity in Austria, Germany and Switzerland." Velden, S. ed. *Striking Numbers: New Approaches to Quantitiative Strike Research*. pp.13-58. International Institute of Social History. p.26.

앙집권화된 노동-자본-정부 간의 타협과 합의가 허물어지기 시작했다. 노동자들은 수정주의 좌파에 대해 공격했고 마르크스주의는 다시 힘을 얻기 시작했다. 더욱이 1968년에 일어났던 일련의 저항운동은 수정주의 좌파가 더 이상 진보적 시민들의 이해를 대변할 수 없다는 것을 확인해주었다. 1968년의 저항운동의 대상은 바로 전후 자본주의와 타협하고 복지국가를 만든 (수정주의) 좌파였기 때문이다. 더불어 1968년의 저항운동과 함께 부활한 페미니즘은 전후에 남성을 전제로 계획되고 운영된 자본주의 체제에 근본적인 의문을 제기하는 정치세력으로 부상했다. 1960년대 후반을 지나 1970년대를 경과하면서 이제 분배를 둘러싼 계급 간의 대립만으로는 1970년대 이후에 펼쳐진 권력관계를 설명할 수 없게 되었다. 기존의 계급관계로 해명되지 않는 여성, 소수민족, 성 정체성, 환경문제 등을 중심으로 새로운 정치적 대립 구도가 만들어진 것이다. 전통적 좌파는 누구도 온전히 대변하지 못했고 누구를 대변해야 할지도 몰랐다. 아마도 1968년의 저항운동 과정에서 서구의 좌파 정치세력이 학생들의 요구를 수용할 수 없었던 것도 그들이 누구의 정당이 되어야 하고 누구를 대변해야 할지 몰랐기 때문일 수도 있다.[8]

자본주의의 위기를 정치적으로 해결하지 못하자 복지국가도 곧바로 위기에 직면했다. 복지국가의 위기는 1970년대 중반부터 완전고용이 흔들리면서 나타났다. 완전고용이 위협받자 그 위에 설계되었던 복지정책도 흔들리기 시작했고, 20세기 들어 두 차례의 전쟁을 거치면서 1970년대 중반까지 지속적으로 낮아졌던 소득불평등도 1970년대 중반부터 다시 상승하기 시작했다.[9] 복지국가는 대안을 찾지 못했다. 물론 복지체제에 따라 위기에 대한 대응은 상이했다. 스웨덴으로 대표되는 사민주의 복지체제는 공공부문의 고용을 증가시키는 방식으로 대응했고 독일은 노동 규모를 감소시키는 방식으로 대응했지만, 모두 재정적자를 통

....

8   Sassoon, D.(2014[2014]). 『사회주의 100년, 1: 20세기 서유럽좌파 정당의 흥망성쇠』. 강주헌·김민수·강순이·정미현·김보은 역. (*One Hundred Years of Socialism: The West European Left in the Twentieth Century*, 2014 ed.). 서울: 황소걸음. p.785, 796.

9   Piketty, T.(2014[2013]). 『21세기 자본』. 장경덕 역. (*Capital in the Twenty-First Century*). 서울: 글항아리. pp.380-381.

표 8.1 분배체계의 관점에서 본 전후 복지국가의 황금기, 1945~1979년

시기	경제체제의 특성	권력관계의 특성	복지체제의 특성
1945~1960년대 중반 복지국가, 황금기의 시작	·임금 상승, 정부 지출 증가, 기업 투자의 증가 ·대량생산과 대량소비의 시대 ·시장에 대한 정부의 개입(케인스주의의 일반화) ·시장에 대한 국가의 우위	·중앙집권화된 노동-자본-정부 간의 타협 성립 ·권력의 이동 (좌파)우파 ·사민당의 전성시대 (사민당의 국민정당화) ·사회주의 정당의 탈프롤레타리아화	·불평등의 감소 ·균등급여 중심의 보편주의 복지정책의 등장
1960년대 중반~ 1970년대 초 복지국가의 황금기	·미국의 베트남 전쟁 개입과 인플레이션 ·미국 달러에 대한 금 태환 정지	·중앙집권화된 노동-자본-정부 간의 타협 해체 시작(살쾡이파업) ·수정주의 좌파에 대한 노동과 시민이 저항(1968년 혁명/저항) ·페미니즘의 부활	·불평등의 감소 ·균등급여에서 소득비례로 보편주의 복지정책의 원칙 변화 ·조세 부담의 증가(사회보장세와 개인소득세, 일반소비세)
1970년대 초부터 1970년대 말 복지국가, 위기의 시작	·브레튼우즈체제의 종언(전후 합의의 붕괴) ·원유가 위기(오일쇼크) ·스태그플레이션의 출현 ·제조업 생산성의 저하와 서비스산업의 성장	·새로운 권력관계의 형성(여성, 소수자, 성 정체성, 환경문제 등) ·좌파 권력자원의 위기	·완전고용의 해체와 복지국가의 위기 ·소득불평등의 증가 ·복지국가체제의 분화(사민주의, 자유주의, 보수주의 등) ·분배의 영역 탈상품화에서 탈가족화와 가족화로 확대 ·불평등의 증가 ·서구 복지국가의 분화

해 문제를 해결하려고 했다는 점에서 임시적이었다.[10] 미국 또한 재정을 풀어 경기를 부양하고 사회지출을 확대하는 방식으로 대응했다. 자본주의의 황금시대는 1970년대를 마지막으로 막을 내렸다. 이제 우리는 1945년 이후에 나타난 자본주의의 황금시대와 그 위기를 보려고 한다.

....

10　Esping-Andersen. *The Three Worlds of Welfare Capitalism.*

제3절 2차 세계대전 이후의 자본주의: 황금기와 위기

누구도 2차 세계대전 이후 사반세기 동안 펼쳐질 역사적 자본주의의 황금시대를 예견하지 못했다. 전쟁 물자를 공급하기 위해 가동되었던 제조업은 종전과 함께 크게 위축될 것 같았고, 미국을 포함한 세계 경제는 1930년대와 같은 대공황을 맞이하게 될 것이라는 우려가 깊어졌다.[11] 유럽의 거의 모든 좌파정당들은 2차 세계대전 이후에 불황이 닥칠 것이라고 예상했다.[12] 1차 세계대전 직후의 경험은 전문가들로 하여금 종전 이후의 자본주의 경제를 비관적으로 판단할 충분한 근거가 되었다. 1차 세계대전 직후의 잠깐 동안의 호황은 인플레이션을 거치면서 사라졌고 자본주의 세계는 곧바로 깊은 침체에 빠졌기 때문이다. 유럽의 제조업 생산은 1920년에서 1921년 사이에 무려 9.5%나 감소했고, 영국과 미국 모두 실업률이 11.0%와 11.5%로 높아졌다.[13]

2차 세계대전 이후 가장 많이 팔린 경제학 교과서를 집필한 폴 새뮤얼슨(Paul Samuelson)도 2차 세계대전 이후 자본주의 경제에 대해 "어떤 경제도 지금까지 경험해보지 못한 최악의 실업과 산업 혼란의 도래"를 예견했다. 조지프 슘페터(Joseph Schumpeter)는 자본주의적인 방식으로는 전후 재건이 불가능하며 이미 자본주의의 몰락이 많이 진행되었다고 평가했다. 스웨덴의 경제학자인 군나르 뮈르달(Gunnar Myrdal)은 종전이 가져올 경제위기에 대해 경고하면서 거시경제는 물론 공공부문 투자와 관련해 국가의 "급진적인 개입"이 필요하다고 역설했다.[14] 스웨덴에서 전후 불황에 대비해 구성된 '뮈르달 위원회'는 전시통제 경제의 지속과 효율적인 물가조정을 위해 국가의 개입과 부문별 구조조정을 제안했다.

....

11   Heilbroner and Milberg. 『자본주의, 어디서 와서 어디로 가는가』. p.353.
12   Sassoon. 『사회주의 100년 1』. p.305.
13   Amstrong et. al. 『1945년 이후의 자본주의』. pp.25-26.
14   Sejersted, F.(2015[2005]). 『사회민주주의의 시대: 북유럽 사회민주주의의 형성과 전개 1905~2000』. 유창훈 역. (*Sosialdemokratiets Tidsalde-Norge og Sverige I det 20. århundre*). 서울: 글항아리. pp.352-353.

1945년 9월 2일 미군의 미주리호 선상에서 일본 외무대신 시게미쓰 마모루(重光葵)가 항복문서에 서명함으로써 2차 세계대전은 공식적으로 끝났다. 일본 외무대신이 서명하는 모습을 바지 주머니에 손을 집어넣고 응시하는 더글러스 맥아더(Douglas MacArthur) 사령관의 모습이 인상적이다(출처: 각주 참조).[15]

하지만 1차 세계대전 이후와 같은 경제위기는 없었다. 위기는커녕 자본주의는 그 누구도 예상하지 못한 황금시대에 진입했다. 도대체 어떤 이유로 자본주의의 황금시대가 도래한 것일까? 그리고 왜 자본주의의 황금시대는 사반세기 만에 사라지고 위기가 지금까지 지속되고 있는 것일까? 합의된 답을 정리하는 것은 결코 쉬운 일이 아니다. 이 질문에 대한 답을 둘러싼 논쟁이 지금도 계속되고 있기 때문이다. 그렇다고 문제를 피해갈 수도 없다. 왜냐하면 역사적 복지국가의 황금기는 자본주의의 황금기에 만들어졌고 자본주의가 위기에 처하자 역사적 복지국가 또한 위기에 처했기 때문이다. 제3절에서는 역사적 자본주의의 황금기와 위기를 둘러싼 논란을 정리하면서 왜 역사적 복지국가가 지속되지 못했는지를 검토해보고자 한다.

....

15 https://latimesphoto.files.wordpress.com/2010/09/la-fg-japan-surrender-06.jpg

1. 자본주의 황금시대의 시작

1) 황금시대의 소묘

2차 세계대전 종전 이후 자본주의의 전망은 매우 어두웠다. 사실 1946년의 상황은 1차 세계대전 직후보다 더 나빴던 것처럼 보였다.[16] 물론 상황은 국가마다 상이했다. 1946년의 미국과 영국의 산업생산은 1938년에 비해 각각 56%, 6% 증가했지만, 프랑스와 이탈리아는 각각 16%, 39% 감소했고, 독일과 일본은 71%, 69%나 감소했다.[17] 생산을 위한 연료, 수송, 식량의 병목현상도 심각했다. 병목현상을 제거하지 못한다면 자본주의는 파국을 맞이할 것이 분명했다. 그러나 거짓말처럼 기적이 일어났다. 전후에 어려웠던 첫 두 해를 지나자 자본주의는 역사상 유례없는 성장기로 접어들었다. 1949년에 이르면 서구 자본주의는 전전(戰前) 수준으로 완벽하게 회복했다.[18] 독일과 일본이 조금 더디기는 했지만, 1950년대 초가 되면 독일과 일본의 산업생산도 전전 수준을 회복했다.[19]

〈표 8.2〉에서 보는 것과 같이 1950년부터 1973년까지 23년간의 생산은 전전(1913~1950년)에 비해 2.6배나 증가했고, 1인당 생산과 고정자본스톡은 3.2

표 8.2 자본주의의 황금기, 1950~1973년 (단위, 배)

	생산	1인당 생산	고정자본스톡	수출
1820~1870	2.2	1.0		4.0
1870~1913	2.5	1.4	2.9	3.9
1913~1950	1.9	1.2	1.7	1.0
1950~1973	4.9	3.8	5.5	8.6

출처: Amstrong et. al. 『1945년 이후의 자본주의』. p.183.

....

16 Lewis, A.(1949). *Economic Survey 1919-39*. London: Allen and Unwin. p.16; Amstrong et. al. 『1945년 이후의 자본주의』. p.26에서 재인용.

17 Amstrong et. al. 『1945년 이후의 자본주의』. p.27, 73.

18 Sassoon. 『사회주의 100년 1』. p.391.

19 독일의 산업생산은 1951년(113)에 이르러서 1938년(100)의 수준을 넘었고, 일본의 산업생산도 1938년을 100으로 했을 때 1951년에 114에 이르렀다. Amstrong et. al. 『1945년 이후의 자본주의』. p.149, 157.

표 8.3 경제성장 추세, 1830~2014(1인당 GNP의 성장률, %)

	산업화된 국가	개발도상국가	세계
1830~1870	0.6	-0.2	0.1
1870~1890	1.0	0.1	0.7
1890~1913	1.7	0.6	1.4
1913~1920	-1.3	0.2	-0.8
1920~1929	3.1	0.1	2.4
1929~1950	1.3	0.4	0.8
1950~1970	4.0	1.7	3.0
1970~1990	2.2	0.9	1.5
1991~2014*	2.1	-	2.7

*산업화된 국가는 2015년 현재 OECD 회원국.
출처: 1830~1990년 자료출처: Bairoch, p.and Kozul-Wright, R.(1996). "Globalization Myths: Some Historical Reflections on Integration, Industrialization and Growth in the World Economy." UNCTAD Discussion Papers, no 113. 1991~2014년 자료출처: The World Bank(2016). Economy & Growth: GDP Growth(annual %). http://data.worldbank.org/indicator

표 8.4 주요 선진 7개국의 연평균 경제성장률, 1950~1981년

	1950~1960	1960~1973	1973~1981
독일(서독)	7.8	4.5	2.0
미국	3.3	4.2	2.3
영국	2.3	3.1	0.5
이탈리아	5.8	5.2	2.4
일본	10.9	10.4	3.6
캐나다	4.0	5.6	2.8
프랑스	4.5	5.6	2.6
평균	5.5	5.5	2.3

출처: Pierson, P.(1991). *Beyond the Welfare State? The New Political Economy of Welfare*. Cambridge, UK: Polity Press. p.131.

배, 수출은 무려 8.6배나 증가했다. 19세기 초부터 21세기 초까지 근 200년 동안 이 기간(1950~1970년대 초)처럼 자본주의가 성장했던 적은 없었다(표 8.3을 보라). 만약 이러한 성장이 지속되었다면 모든 세대는 그 이전 세대보다 두 배 더 부유하게 되고 조부모 세대보다는 네 배 더 부유하게 될 수 있었다.[20] 영국 보수당

....

20   Amstrong et. al. 『1945년 이후의 자본주의』. p.184.

표 8.5 생산성과 실질임금, 1945~1951년

	프랑스		이탈리아		일본		독일		영국
	산업 생산성	실질 임금	산업 생산성	실질 임금	산업 생산성	실질 임금	산업 생산성	실질 임금	실질 임금
1938	100	100	100	100	100	100	100	100	100
1945	–	–	–	–	–	–	–	–	90
1946	87	58	53	60	36	25	–	–	100
1947	95	63	88	88	39	30	–	–	122
1948	105	78	91	108	57	49	59	64	124
1949	112	77	101	109	73	66	69	74	126
1950	116	78	120	113	86	85	82	84	128
1951	–	–	133	114	113	92	91	80	128

출처: Amstrong et. al. 『1945년 이후의 자본주의』. p.79, 94, 102, 139, 143, 149, 157, 163.

내각의 해럴드 맥밀런(Harold Macmillan) 수상은 1959년의 선거에서 "지금처럼 좋은 시절은 결코 없었다."라는 슬로건으로 선거에서 이길 정도였다.[21]

황금기에는 모든 것이 좋아 보였다. 생산성이 높아지고 노동자의 실질임금 과 자본이 이윤으로 가져가는 몫도 상승했다. 하지만 〈표 8.5〉를 보면 1938년을 기준(100)으로 1950년의 프랑스의 산업생산지수(Index of All Industry Produc- tion, IAIP)[22]는 116으로 증가한 데 반해 실질임금은 78에 머물렀다. 프랑스만이 아니었다. 이탈리아, 일본, 독일 등 거의 대부분의 산업화된 국가들에서 동일한 현상이 나타났다. 생산성의 회복보다 실질임금의 회복 수준이 낮았다는 것은 그 만큼 이윤에 대한 자본의 몫이 증가했다는 것을 의미한다. 더욱이 1950년대 이후 의 생산성과 실질 노동비용은 동일한 비율(연간 3% 이상)로 상승했기 때문에 자 본은 생산에 대한 자신의 이윤 몫을 유지할 수 있었다.[23]

자본주의 체제를 위협했던 주기적 파국은 사라진 것 같았다. 호황과 불황을

....

21   Hobsbawm, E.(1997[1994]). 『극단의 시대: 20세기 역사』. 이용우 역. (*Age of Extremes: The Short Twentieth Century, 1914-1991*). 서울: 까치. p.359, 398.
22   국가 경제 전체의 모든 산업을 대상으로 재화와 용역에 대한 생산활동의 흐름과 변화를 나타낸 것으로, 100을 기준으로 산업생산지수가 110으로 변화하면 비교 시기보다 산업생산이 10% 증가했다고 할 수 있다.
23   Amstrong et. al. 『1945년 이후의 자본주의』. pp.187-189.

반복하는 자본주의의 주기는 케인스주의에 의한 거시경제의 관리 덕분에 사소한 파동으로 바뀌었다.[24] 1960년대가 되면 서유럽과 일본에서 실업은 거의 사라지고 완전고용이 달성된 듯 보였다. 1960년대 서유럽의 평균 실업률은 자연실업률보다 낮은 1.5%였고 일본은 1.3%에 불과했다. 영국 노동당의 수정주의 사상을 대표하는 앤서니 크로스랜드(Anthony Crosland)는 자신의 저서 『사회주의의 미래(The future of socialism)』에서 전통적으로 사회주의자들이 자본주의의 핵심 문제로 지적했던 빈곤, 대량실업, 더러움, 불안정, 자본주의 체제의 붕괴 가능성은 사라졌다고 평가했다.[25] 가벼운 국내외적인 경제위기가 발생하지만 완전고용과 경제의 안정을 위협하지는 못했다. 황금기의 정점이었던 1972년 7월부터 1973년 6월까지 12개월 동안 OECD 국가의 실질 GDP는 7.2%나 성장했고 실질 공업생산은 무려 10%나 증가했다.[26] 하지만 우리가 기억해야 할 사실은 한국, 대만과 같은 일부 신흥산업국을 제외하면 대부분의 제3세계와 산업화된 국가 간의 상대적 격차가 더 벌어졌다는 점이다. 실제로 〈표 8.3〉에서 보았던 것과 같이 산업화된 국가들의 연평균 성장률이 4.0%에 이르는 동안 개발도상국가의 평균 성장률은 1.7%에 그쳤다. 로버트 하일브로너(Robert Heilbroner)와 윌리엄 밀버그(William Millberg)의 지적처럼, "몇 가지 단독 성공사례를 빼고는 저개발 세계 전체라는 엄청난 크기의 덩어리가 도무지 나아질 기미를 보이지 않았기 때문이다."[27] 서구 자본주의의 황금기는 제3세계의 저발전의 발전이라는 어두운 그림자를 남겼고 그 그림자는 지금도 지속되고 있다. 이렇게 보면 1950~1973년의 시기를 모두의 '황금기'라고 이야기할 수 있을지 의문이다. 어쩌면 우리는 선택받은 소수의 산업화된 국가들과 극소수 신흥산업국가의 황금기를 이야기하고 있을 뿐인지도 모른다.

....

24   Hobsbawm. 『극단의 시대: 20세기 역사』. p.372.
25   Sassoon. 『사회주의 100년 1』. p.483; Hobsbawm. 『극단의 시대: 20세기 역사』. p.373.
26   Hobsbawm. 『극단의 시대: 20세기 역사』. p.398.
27   Heilbroner and Milberg. 『자본주의, 어디서 와서 어디로 가는가』. p.370.

2) 자본주의 황금시대의 원인

역사적 복지국가의 출현이 서구 자본주의의 황금시대에 형성된 역사적으로 예외적인 분배체계였다는 점을 고려하면 자본주의 황금시대의 원인을 검토하는 것은 자본주의의 위기와 함께 추락한 역사적 복지국가의 블랙박스를 여는 것이다. 그러면 왜 자본주의는 1950년대에 들어서면서 갑작스런(?) 황금시대를 맞이하게 된 것일까? 자본주의가 왜 1950년대 이후에 사반세기 가까이 이전에 경험하지 못했던 황금시대에 들어섰는지는 그 갑작스런 쇠퇴만큼이나 분명해 보이지 않는다. 그 이유에 대해서는 다양한 주장들이 제기되었다. 1950년대 이후 사반세기의 황금시대는 과거에 그랬던 것처럼 단순히 자본주의 체제의 '장기파동', 즉 콘트라티에프(Kondratiev)의 주기적 상승국면이 다시 반복된 것일 수도 있다. 많은 전문가들은 상승국면과 하강국면이 50~60년 주기로 교차하는 규칙적인 경기순환이 존재한다고 믿고 있다.[28] 주기적 순환을 믿고 있는 전문가들에 따르면, 1950~1973년의 황금시대는 1850~1873년의 빅토리아기의 대호황과 소위 벨에포크(belle époque)로 불리는 영국의 에드워드 7세 시기(1901~1910년)와 같은 콘트라티에프의 상승국면이었다.[29] 이렇게 보면 1940년대는 콘트라티에프 주기상 경기순환의 하강국면이 끝나는 시점이었다.[30]

하지만 황금시대가 자본주의의 하강국면에 뒤이어 따라오는 상승국면이 반복된 것이라는 설명은 만족스럽지 못하다. 조반니 아리기(Giovanni Arrighi)는 콘트라티에프 주기가 존재한다는 것에 동의하지 않았고, 설령 존재한다고 해도 그것은 가격의 로지스틱 곡선(logistic curve)만을 보여줄 뿐이라고 비판했다.[31]

....

28   Goldstein. *Long Cycles: War and Prosperity in the Modern Age*; Schwartz, H. (2015[2010]). 『국가 대 시장: 지구 경제의 출현』. 장석준 역. (*Limited Title Under States Versus Markets*). 서울: 책세상. p.140에서 재인용.

29   Hobsbawm. 『극단의 시대: 20세기 역사』. p.374.

30   Schwartz. 『국가 대 시장: 지구 경제의 출현』. p.140.

31   Arrighi. 『장기20세기』. 과학백과사전의 정의에 따르면, 로지스틱 곡선은 "인구가 자연상태에서 등비급수적으로 증가하지만 토지, 음식물의 등의 제약을 받으며 차차 증가세가 둔화되어가는 것을 나타내는 곡선"의 모습이다. www.scienceall.com

더욱이 순환주기설은 왜 이러한 장기파동이 발생하는지에 대해 설명하지 못하고 있으며, 결정적으로 1950년대 이후의 황금시대가 이전의 상승국면과 비교해 전례가 없었던 이유에 대해 설명하지 못했다(표 8.2, 표 8.3 참고).

하일브로너와 밀버그는 『자본주의』에서 1950년대 이후에 사반세기에 걸쳐 자본주의의 황금시대가 도래한 이유를 다양한 측면에서 설명한다.[32] 먼저 전후 미국의 주도로 형성된 새로운 국제관계에 주목했다. 미국과 서구 자본주의 국가들은 1차 세계대전 이후에 보호주의로 치닫던 세계 경제가 대공황과 2차 세계대전의 원인이 되었다고 인식하고 있었기 때문에 보호무역을 제한하고 새롭게 국제 경제 질서를 수립할 필요가 있었다. 1944년 7월에 미국 뉴햄프셔주 브레튼우즈 마운트워싱턴 호텔에서 44개국 700여 명의 대표들이 참석한 일명 브레튼우즈 협약은 그 시발점이었다.[33] 브레튼우즈체제는 이전의 국제금융시스템의 핵심이었던 개별국가의 통화를 직접 금에 연동시키는 방식을 폐기했다. 대신 새로운 국제금융시스템은 미국 달러만을 금에 연동시키는 방식(금 1oz=USD 35)[34]으로 이전의 금본위제에 기초한 고정환율제를 제도화했다. 미국 이외의 화폐를 금이 아닌 미국 달러와 (보조적으로) 영국 파운드에 연동시킴으로써 유연한 고정환율제를 구축한 것이다. 하지만 유연한 고정환율제라고 하더라도 무역적자가 발생했을 때 개별 국가가 자국의 통화 가치를 변동시켜 세계 경제를 교란시킬 우려가 있었다. 이 때문에 브레튼우즈체제를 유지하기 위해서는 개별 국가의 국제수지가 악화될 경우 해당 국가가 (고정환율제를 유지하는 대신) 국제수지 적자에 대응해 사용할 수 있는 긴급준비금을 조성하고 이를 관리할 국제기구(국제통화기금, International Monetary Fund, IMF)가 필요했다.[35] 더불어 브레튼우즈체제는 회원국들이 대규모 공공사업을 진행할 수 있도록 지원하는 세계은행(World Bank),

....

32 Heilbroner and Milberg. 『자본주의, 어디서 와서 어디로 가는가』. pp.354-370.
33 Stell, B.(2015[2013]). 『브레턴우즈 전투』. 오인석 역. (*The Battle of Bretton Woods*). 서울: 아산정책연구원, pp.31-32.
34 1온스(oz)는 28.85g. 1돈은 3.75g.
35 Engdahl, W.(2015[2009]). 『화폐의 신』. 김홍옥 역. (*Gods of Money*). 서울: 도서출판 길. p.328; Stell. 『브레턴우즈 전투』.

미국 뉴햄프셔주 브레튼우즈에서 열린 연합국 통화 금융회의. 미국 달러를 중심으로 구축된 달러-금 체제는 전후 자본주의 황금기를 연 중요한 열쇠 중 하나였다(출처: 각주 참고).[36]

즉 국제개발부흥은행(IBRD)을 설립했다.

물론 이것만으로 충분하지 않았다. 브레튼우즈체제가 작동하기 위해서는 자유무역을 확실히 보장할 수 있는 제도적 장치가 필요했다. 브레튼우즈체제의 마지막 장치는 (브레튼우즈 협정과는 별도로 논의되었지만) 개별 국가가 보호무역으로 가는 것을 막기 위해 상품교역에 부과되는 관세를 인하하고 국제무역질서를 관리할 수 있는 국제무역기구(International Trade Organization, ITO)를 출범시키는 것이었다.[37] 국제교역이 보호주의로 간다면 브레튼우즈체제는 작동할 수 없기 때문이다. 하지만 ITO의 설립은 보호주의 성향이 강했던 미국 의회의 반대로 무산되었다. 미국이 비준하지 않자 다른 국가들도 비준하지 않았다. 대신 낮은 단계의 자유무역을 보장하는 '관세 및 무역에 관한 일반협정(GATT)'이 국제무역기구를 대신했다. 더불어 미국은 서방 국가의 재건을 위해 120억 달러에 달하는 원조를 제공했고, 이는 서방 국가의 구매력을 확대해 결과적으로 미국의 대 유럽

....

36 https://www.damninteresting.com/foreign-exchanges/
37 Engdahl. 『화폐의 신』. p.328.

수출을 크게 신장시켰다. 금 1온스에 35달러로 고정된 미 달러에 기초해 IMF, 세계은행, GATT가 설립되고 마셜플랜이 시행되면서 비로소 미국이 주도하는 세계경제의 기본 규칙이 만들어졌다. 전후 선진 자본주의의 황금시대는 바로 이러한 브레튼우즈체제에 기초해 탄생했다.

하지만 자본주의의 국제질서가 구축되었다고 해서 황금시대가 자동적으로 도래한 것은 아니었다. 전후 자본주의 세계체계의 경제 질서는 전전과는 완전히 상이하게 작동하는 국제정치 질서와 함께 만들어졌다. 미국과 소련이라는 초강대국 간의 대립으로 대표되는 냉전이 시작된 것이다. 1946년에 그리스의 보수정부와 (독일에 대한 반파시즘 투쟁을 주도했던) 공산당 간에 벌어진 내전을 시작으로 1947년 3월에 냉전의 시작을 알리는 '트루먼 독트린'의 발표, 1948년과 1949년에 소련의 베를린 봉쇄, 1948년 2월에 발생한 체코슬로바키아 공산당의 쿠데타, 1949년 4월에 마셜플랜의 수혜국이 중심이 된 북대서양조약기구(North Atlantic Treaty Organization, NATO)의 출범, 1949년 10월 1일에 중화인민공화국의 수립, 1950년 6월에 한국전쟁의 발발로 정점을 찍은 일련의 사태들은 미소 간의 냉전을 돌이킬 수 없는 국제질서로 고착시켰다.[38]

실제로 브레튼우즈체제로 대표되는 전후 국제경제 질서는 냉전 질서를 배제하고는 이해될 수 없다. NATO가 창설된 이후에 마셜플랜의 지원금은 미국으로부터 식량, 연료, 공산품과 미국산 무기를 구매하는 데 쓰였다. 무기는 미국의 중요한 수출 품목으로 부상했고, 미국 자본주의의 군산복합체적 성격은 미국과 세계 경제를 추동하는 가장 중요한 힘 중 하나가 되었다. 미국 연방정부의 국방 예산은 한국전쟁 이전의 130억 달러에서 한국전쟁 이후인 1953년이 되면 600억 달러로 증가했다.[39] 드와이트 아이젠하워(Dwight Eisenhower) 대통령이 추진한 미국 역사상 최대의 공공투자 프로젝트인 전국주간방위고속도로(National Interstate and Defense Highway) 건설도 (지금 생각하면 황당한 논리이지만) 소련이

....

38   Engdahl. 『화폐의 신』. pp.341-347.
39   Engdahl. 『화폐의 신』. p.354.

핵폭탄으로 미국을 공격할 경우 주민들이 신속히 도시를 빠져나가기 위한 목적에서 추진되었다.[40] 한국과 같은 선택받은 일부 개발도상국가가 자본주의의 '쇼윈도'로 고도성장을 구가할 수 있었던 것도 냉전을 고려하지 않고는 설명될 수 없다. 자본주의의 황금시대의 원동력 중 중요한 일부가 바로 냉전이라는 군사적인 동력에 기초했던 것이다.[41] 이렇게 보면 역사적 복지국가(welfare state)의 출현이 전쟁국가(warfare state)와 관련이 있다는 캐럴 페이트먼(Carole Pateman)의 주장과 전쟁과 복지가 동반자였다는 토니 주트(Tony Judt)의 주장은 실증적인 인과관계를 논증할 수 없다고 해도 근거 없는 주장이라고 치부할 수는 없을 것 같다.[42]

브레튼우즈체제와 냉전이 자본주의 황금시대를 국제적 측면에서 이해하려고 한 것이라면 '소비시대'와 '기술 진보'는 내적 측면에서 자본주의의 확장 동력을 설명하려는 시도이다. 전후 냉장고, 세탁기, 자동차, 건조기, 전화기 등과 같은 내구제의 대량소비는 자본주의 경제에 강력한 추동력을 제공했다.[43] 성별 분업에 기초한 핵가족이 교외에 집을 사고 그 집을 내구 소비재로 가득 채운 레비타운(Levittown)으로 상징되는 대량소비의 시대는 자본주의 황금시대를 가능하게 했던 중요한 동력이었다. 더욱이 1940년대 후반 미국을 거쳐 1950년대 서유럽에 상륙한 소비주의는 그 어떤 이념보다 자본주의의 황금시대를 대변하는 강력한 이념이 되었다. 소비주의가 대중을 지배하고 있는 상황에서 사회주의자들조차 소비주의를 거부하고 국가권력에 다가설 수가 없었다.[44] 한나 아렌트(Hannah Arendt)는 모든 것이 소비를 위해 생산되는 자본주의 황금시대의 소비주의를 예리하게 비판했다.

....

40 Engdahl. 『화폐의 신』. p.359.
41 Heilbroner and Milberg. 『자본주의, 어디서 와서 어디로 가는가』. p.358.
42 캐럴 페이트먼은 1980년대의 대부분의 서구 복지국가는 전쟁국가라고 단언했다. Pateman, C. (1988). "The Patriarchal Welfare State." Gutann, A. ed. *Democracy and the Welfare State*. pp.231-260. NJ: Princeton University Press. p.231; Judt. 『포스트 워 1945~2005, 1』. p.134.
43 Heilbroner and Milberg. 『자본주의, 어디서 와서 어디로 가는가』. p.360.
44 Sassoon. 『사회주의 100년 1』. p.402.

전후 소비 내구재의 대량소비를 상징하는 미국 뉴욕주의 레비타운. 중산층의 일상도 자동차처럼 표준화된 규격으로 대량생산되었다. 아파트 생활이 일반화된 한국인의 관점에서 보면 레비타운의 획일화된 모습이 오히려 인간답다는 생각이 들 수도 있을 것 같다.[45]

....

45   Cinema Guild(2016). "Building the American Dream: Levittown, NY." http://store.cinemagu-ild.com/nontheatrical/product/1323.html, 접근일 2016년 2월 6일; Bucks Local News(June 23, 2012). "Happy Birthday Levittown! Plans Announced for Big 60th Anniversary Celebration at Bolton Mansion." http://www.buckslocalnews.com, 접근일 2016년 2월 12일.

표 8.6 5개 선진 자본주의 국가의 자동차 수, 1947~1975년

연도	미국	영국	프랑스	독일	일본
1947	30.7	1.9	1.5	0.2	0.0
1957	55.7	4.2	4.0	2.4	0.2
1975	106.8	14.2	15.3	17.9	17.2
1975년 주민 1천 명당 자동차 수	500	255	290	289	154

출처: Rostow, W.(1979). *Les Étapes de la Croissance*. pp.109-110, 202-203. INSEE, Annuaire statistique de la France; Beaud, M.(2015[2010]). 『미셸 보의 자본주의의 역사 1500~2010』. 김윤자 역. (*Histoire de Capitalisme 1500-2010*). 서울: 뿌리와 이파리. p.375에서 재인용.

"노동하는 동물의 여가시간은 오로지 소비에만 소모되며 그에게 남겨진 시간이 많으면 많을수록 그의 탐욕은 더 커지고 더욱 강해진다. 이들 욕구가 보다 정교해짐에 따라서 소비가 더 이상 필수품에만 한정되지 않고 주로 사치품에 집중된다는 점은 이 사회의 성격을 변화시키기보다 오히려 이 사회의 심각한 위협을 은폐한다. 그 위험은 종국에는 세계의 모든 대상이 소비와 소비를 통한 무화로부터 안전할 수 없을 것이라는 사실이다."[46]

소비주의에 대한 수많은 비판이 쏟아졌지만 대량소비는 자본주의 황금시대의 안정적 성장을 위한 필수 전제였다. 그리고 이러한 대량소비는 노동자들의 실질임금의 상승과 정부의 사회지출의 증가에 의존했다. 만약 자본주의 황금시대 동안 실질임금이 증가하지 않았다면 자본주의 황금시대가 사반세기 가까이 지속되기는 어려웠을 것이다.[47] 실제로 1인당 실질임금이 높아지지 않았다면 GDP 중 소비가 차지하는 비율은 1952년 52%에서 1970년 31%로 낮아졌을 것이고, 늘어난 생산물을 소비하기 위해서는 자본가와 정부의 소비가 더 늘었어야 했다. 하지만 이는 실현 불가능한 일이다. 대량소비의 전제가 되는 실질임금의 상승은 개별

....

46 Arendt, H.(1996[1958]). 『인간의 조건』. 이진우·태정호 역. (*The Human Condition*). 서울: 한길사. p.190.
47 Amstrong et. al. 『1945년 이후의 자본주의』. pp.191-193.

자본가의 입장에서 보면 생산비용이 증가하는 것이고, 이는 개별 자본가의 이윤 감소를 의미했다. 이 때문에 지속적인 생산이 자본가에게 적절한 이윤을 보장하기 위해서는 실질임금 상승이 아닌 다른 영역에서 형성된 구매력 상승을 통해 소비를 증가시킬 필요가 있었다.

바로 정부지출, 수출, 투자의 증가가 실질임금 상승과 함께 소비 증대의 또 하나의 필수적 조건이 되었다. 먼저 정부지출 증가를 보면 보건과 교육 등에 대한 정부지출의 증가율은 총생산의 증가율보다 50% 높았고, 연금과 같은 이전지출의 증가율은 총생산의 증가율의 두 배에 달했다.[48] 정부지출의 증가가 대량소비와 호황을 뒷받침했던 중요한 힘 중에 하나였던 것이다. 저개발국가들과 사회주의 국가들에 대한 수출 증가는 선진 자본주의 국가들의 자본이 이윤을 실현할 수 있는 또 다른 방식이었다. 1958년에 200억 달러에 불과했던 선진 자본주의 국가들의 저개발국가들에 대한 수출은 1970년에 420억 달러로 증가했고, 사회주의 국가들에 대한 수출은 20억 달러에서 80억 달러로 증가했다. 다만 무역 흑자는 OECD 전체 생산의 단지 0.5%를 차지했을 뿐이다. 결정적으로 중요했던 것은 축적에 의한 축적, 즉 자본의 투자에 의해 소비가 증대하고 이것이 다시 축적을 확대하는 그 과정 자체가 자본주의의 황금시대를 지속시킨 가장 결정적인 원인이었다. 노동자들의 실질임금의 상승 또한 축적 과정 그 자체의 산물이었다. 결국 임금 상승, 정부지출 증가, 기업투자 증가가 자본의 축적에 기여함으로써 자본주의 황금시대의 놀라운 성장이 유지되었던 것이다.

마지막으로 주목해야 할 특징은 1950년대 이후에 펼쳐진 자본주의의 황금시대가 시장의 '보이지 않는 손'에 의한 자연스러운 결과가 아니었다는 점이다. 국가에 의한 계획과 입안은 1945년 이전에 이미 시작되었지만, 계획과 입안이 본격화된 것은 1945년 이후였다.[49] 대부분의 선진 자본주의 국가들에서 "전쟁이 정부를 경제생활의 중심에 가져다놓았다." 경제의 핵심 부문에 대한 정부의

....

48 Amstrong et. al. 『1945년 이후의 자본주의』. pp.192-199.
49 Judt, T.(2008[2005]). 『포스트 워 1945~2005』. 조행복 역. (Postwar: A History of Europe Since 1945). 서울: 플래닛. pp.124-127.

적극적인 지원과 장려는 물론 필요할 경우 '지도'하는 것도 용인되었다. 좌파만이 계획을 지지했던 것도 아니었다. 이념과 관계없이 대부분의 정치세력은 잘 계획된 경제가 자유시장보다 더 풍요롭고 공정한 자본주의를 만들어갈 수 있다는 신념을 공유했다. 전후에 세력을 떨치고 있었던 기독교 민주당도 예외가 아니었다. 국가가 자본주의 체제의 존속을 전제로 기업을 국유화하고 정부가 경제를 관리하고 책임지는 혼합경제(mixed economy)에 대한 광범위한 정치적 합의가 이루어졌던 것이다.[50] (장기적으로 비현실적인 것으로 받아들여졌지만) 심지어 국가는 완전고용을 달성하기 위해 언제든지 지출을 조정할 수 있다는 신념 또한 받아들여졌다. 자본주의의 황금시대라고 불렸던 1950년대 이후의 역사상 전례가 없었던 경제적 성과는 바로 시장에 대한 국가의 우위를 바탕으로 만들어졌고, 이로써 자본주의는 전전과는 질적으로 다른 자본주의가 되었던 것이다.

2. 자본주의 황금시대의 종말

1) 저물어가는 황금시대

지난 사반세기 동안의 황금시대를 경험한 사람들은 자본주의의 모순을 해결할 수 있을 것 같았고 황금시대가 영원할 것이라고 믿었던 것 같다.[51] 그러나 황금시대가 2차 세계대전 이후에 경제공황을 우려하던 상황에서 예기치 않게 찾아온 것처럼 황금시대의 위기도 황금시대가 영원할 것 같았던 그때 예기치 않게 찾아왔다. 인플레이션은 자본주의 황금시대의 종말을 알리는 신호탄이었다. 1965년에 미국이 베트남 전쟁에 전면적으로 개입하면서 군비지출이 급증하자 인플레이션에 대한 압력이 나타났다.[52] 1958~1962년까지 연평균 1%대에 머물렀던 소비자물가지수는 베트남 전쟁 개입 직후인 1966년에 2.86%에서 1967년에 3.09%,

....

50 Amstrong et. al. 『1945년 이후의 자본주의』. pp.209-210.
51 Hobsbawm. 『극단의 시대: 20세기 역사』. p.372.
52 Heilbroner and Milberg. 『자본주의, 어디서 와서 어디로 가는가』. p.381.

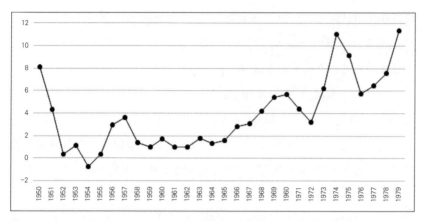

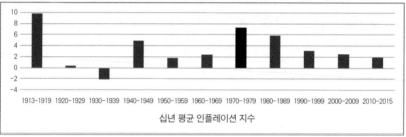

십년 평균 인플레이션 지수

그림 8.1 미국의 연평균 인플레이션: 소비자물가지수의 변화, 1950~1979년

출처: Inflationdata.com(2015). Total Inflation Rate by Decade(Cumulative Inflation by Decade Since 1913), Inflation and CPI Consumer Price Index 1950-1959, Inflation and CPI Consumer Price Index 1960-1969, Inflation and CPI Consumer Price Index 1970-1979. http://inflationdata.com, 접근일 2016년 2월 12일.

1969년에 5.46%로 상승하기 시작했다(〈그림 8.1〉 참조). 더욱이 1973년과 1979년의 두 차례에 걸친 석유수출국기구(OPEC)의 감산 조치는 베트남 전쟁으로 인해 가뜩이나 상승 압력을 받고 있던 인플레이션 상승에 불을 지폈다. 유가 상승은 거의 모든 부분에서 생산비를 높였다. 1974년의 소비자물가지수는 11.04%로 치솟았다. 〈그림 8.1〉에서 보는 것과 같이 한국전쟁의 발발로 인해 소비자물자지수가 8.09%로 높아졌던 1950년을 포함해도 황금시대 20년(1950~1969) 동안 연평균 인플레이션은 2.14%에 불과했다. 하지만 황금시대가 종말을 고하던 1970년대에 들어서면 연평균 인플레이션은 지난 20년과 비교해 3.4배나 높은 7.25%를 기록했다.

석유위기의 충격. 1973년 석유위기 당시 휘발유를 구매하기 위해 긴 줄을 선 뉴욕의 차량들의 모습(출처: Hemmings Daily).[53]

생산비용이 상승하자 기업들은 제품 가격을 올려 이윤을 확보하려고 했지만 가격 상승과 함께 이윤이 줄어드는 것을 감수해야 했다.[54] 결국 투자는 정체되었다. 전후 자본주의 황금시대를 주도했던 '국가'는 인플레이션을 동반하면서 나타나는 경제위기에 대응할 수 있는 정책 수단을 갖고 있지 않았다. 전후 혼합경제를 주도했던 케인스주의는 인플레이션과 실업률이 트레이드오프(trade off) 관계에 있다는 전제하에 수립되었기 때문이다. 당시 물가가 오르는 것은 실업률이 낮아서 임금이 상승하고 이에 따라 생산비용이 상승하기 때문에 나타나는 결과로 이해했다. 만약 물가가 낮아진다면 실업률이 높아서 실질임금이 낮아진 결과라고 이해했다. 그런데 1970년대에는 물가가 실업률과 함께 상승하는 스태그플레이션(stagflation)이라는 새로운 종류의 위기가 발생했다. 〈그림 8.2〉에서 보는 것과 같이 OECD 국가들의 실업률은 1973년에 3.1%에서 1983년에 8.2%로 높아졌다. 특히 영국의 실업률은 1973년에 2.7%에서 1982년에 13.0%로 무려 6배 이

....

53   https://www.hemmings.com/blog/2014/04/11/new-york-city-1973-2/
54   Heilbroner and Milberg. 『자본주의, 어디서 와서 어디로 가는가』. pp.380-385.

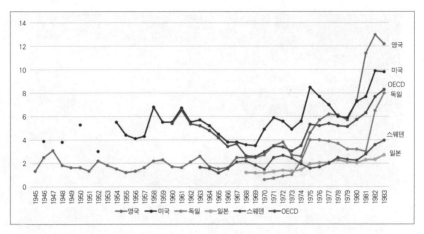

그림 8.2 자본주의 주요 국가들의 실업률(%), 1945~1983년

출처: Denman, J. and McDonald, P.(1996). "Unemployment Statistics from 1881 to the Present Day." Labour Market Trends 1996: 5-18; OECD(2016). Labour Force Statistics. http://stats.oecd.org, 접근일 2016년 2월 12 일; Hall, R.(1978). The Unemployment Explosion of the 1970s (Unpublished). http://web.stanford.edu/~rehall/ Unemployment%20Explosion%201978, 접근일 2016년 2월 12일; Infoplease(2016). United States Unemployment Rate. http://www.infoplease.com/ipa/A0104719.html, 접근일 2016년 2월 12일.

상이나 높아졌다. 물론 일본과 북유럽의 소국의 실업률은 상대적으로 낮았지만 이들 국가들 또한 실업률이 상승하고 있었다.

　케인스주의에 입각한 경제정책은 물가가 상승하면 정부지출을 줄이고 성장률이 낮아지면 정부지출을 늘려 경기를 부양하는 것이었다. 하지만 스태그플레이션이 발생하자 국가는 물가를 낮추기 위해 정부지출을 줄일 수도 없고 정부지출을 늘려 실업률을 낮출 수도 없는 진퇴양난의 상황에 직면했다.[55] 더욱이 1980년대에 신자유주의를 주도했던 밀턴 프리드먼(Milton Friedman)조차도 1960년대에는 스스로 케인스주의자라고 말했고,[56] 보수주의자였던 리처드 닉슨(Richard Nixon)도 1971년에 "우리는 이제 모두 케인스주의자들이다(We are all Keynesi-

....

55　윤홍식(2017). "기본소득, 복지국가의 대안이 될 수 있을까?" 『비판사회정책』 54: 81-119. p.84.

56　"Milton also mentions a Keynes quote attributed in the 1960s to Richard Nixon: 'Now I am a Keynesian in economics.' This quote may help to explain…." Barro, R.(2004). "Milton Friedman: Perspectives, Particularly on Monetary Policy." Cato Journal 27(2): 127-134. p.132.

ans now)."라는 유명한 발언을 했을 정도로 대부분의 경제 전문가와 정치가들은 모두 케인스주의자였다.[57] 이러한 상황에서 정부가 스태그플레이션이라는 경제 위기에 대한 대안을 갖고 있을 리가 없었다. 국가는 아무런 역할을 할 수 없었다. 그러자 경제를 움직이는 힘이 국가에서 시장을 옹호하는 세력으로 넘어가기 시작했다.

또한 전후 미국에 의해 주도된 황금시대의 종언은 곧 미국 지배의 쇠퇴를 의미하는 것 같았다. 선진 산업국가의 생산액 중 미국이 차지하는 비중은 1950년에 58%에서 1970년에 이르면 47%로 낮아졌다. 미국 기업은 훨씬 빠른 속도로 자본을 축적하고 있는 유럽과 일본의 경쟁자들을 상대해야 했다. 더욱이 이들은 미국보다 훨씬 낮은 임금을 지불함으로써 생산비용 경쟁에서 우월한 지위에 있었다. 실제로 "1960년의 제조업의 시간당 노동비용은 사회보장비용을 포함해도 미국이 유럽보다 약 세 배, 일본보다는 약 열 배 높았다."[58] 결국 미국 산업의 압도적인 힘에 의해 유지되었던 전후 체제는 유지될 수 없었고, 급기야 1971년 8월에 닉슨 대통령은 달러의 금 태환을 중지시켰다.[59] 1971년 12월에 OECD 주요국들은 스미스소니언 협정을 체결해 잠시 동안 고정환율제도를 유지했지만 지속시킬 수는 없었다. 1973년 3월 1일 하루 동안에만 독일(서독)로 미화 27억 달러가 유입되고 미국의 대외 준비자산이 악화되면서 19일에 OECD 주요국들은 중앙은행이 달러에 대해 ±2.25% 이내로 환율을 유지하도록 한 합의를 폐기했다. 이로써 1944년에 시작된 브레튼우즈체제가 공식적으로 폐기되었다. 브레튼우즈체제의 종식은 전후 자본주의의 황금시대를 가능하게 했던 기본 축이 사라졌다는 것을 의미

....

57　닉슨이 이러한 발언을 한 것은 사실이지만, 다만 주의해야 할 점은 프리드먼에 따르면 닉슨의 정확한 발언의 맥락은 "어떤 측면에서 보면 우리는 이제 모두 케인스주의자이다."라는 것이다. 또한 그는 "다른 측면에서 보면 누구도 더 이상 케인스주의자가 아니다(In one sense, we are all Keynesians now; in another, nobody is any longer a Keynesian)."라고도 발언했다. Arthur, D.(2009). "Pedantic Fact Checking-Did Nixon Really Say 'we are all Keynesians now?'" http://clubtroppo.com. au/2009/02/15/pedantic-fact-checking-did-nixon-really-say-we-are-keynesians-now/, 접근일 2016년 2월 12일.

58　Amstrong et. al. 『1945년 이후의 자본주의』. p.239.

59　Amstrong et. al. 『1945년 이후의 자본주의』. pp.307-308.

했다. 그리고 더 이상 황금시대는 없었다.

2) 장기호황의 종말의 원인

사반세기의 황금시대는 국가가 자본주의의 경기변동에 대해 적절한 경제정책을 구사해 장기호황을 유지시켰기에 가능했다. 그런데 왜 1970년대 초에 들어서면서 자본주의의 황금시대가 갑자기 종말을 고하게 된 것일까? 베트남 전쟁 때문일까? 아니면 세계 경제는 나 몰라라 하고 자신들의 잇속을 챙긴 산유국들의 감산정책 때문일까? 베트남 전쟁과 유가파동이 없었다면 황금시대는 지속될 수 있었을까? 시작의 원인처럼 종말의 원인도 분명하지 않다. 정확한 답을 찾을 수는 없었다. 다만 분명한 사실은 앞서 언급한 것과 같이 인플레이션과 실업의 증가가 동시에 나타났고 케인스주의 경제정책에 안주하고 있던 대부분의 산업화된 국가들이 경기침체를 막을 수 있는 대안을 갖고 있지 못했다는 것이다.

황금시대의 종말은 몇 가지 우연적인 사건에 의해 발생한 것이라기보다는 전후 자본주의의 구조적 문제로부터 발생했다. 먼저 생산성의 하락에 주목할 필요가 있다.[60] 제조업보다 생산성이 낮은 서비스산업이 급격히 성장하면서 자본주의 전체의 생산성이 하락한 것이다. 실제로 1950년부터 1973년까지 노동자 1인당 연평균 생산량은 3%씩 증가했지만 1974년 이후에는 1.3%로 급격히 낮아졌다. 선진 산업국의 GDP 중 제조업의 비중은 1960년대 중반을 정점으로[61] 감소한 반면, 〈그림 8.3〉에서 보는 것처럼 제조업에 비해 생산성이 낮은 서비스산업이 GDP에서 차지하는 비중은 1970년대 이후에 증가했다. 물론 GDP에서 서비스산업이 차지하는 비중은 19세기 말부터 증가하기 시작했지만 당시에는 제조업의 비중도 함께 증가했다.[62] GDP에서 농업 비중이 감소한 대신 제조업과 서비스산업 비중이 증가한 것이다. 하지만 1970년대 이후의 상황은 농업이 아

....

60　Heilbroner and Milberg.『자본주의, 어디서 와서 어디로 가는가』. pp.389-392.

61　Johnston, L.(2012). "History Lessons: Understanding the Decline in Manufacturing." Minpost Feb. 22, 2012. https://www.minnpost.com, 접근일 2016년 2월 13일.

62　Johnson. "History Lessons: Understanding the Decline in Manufacturing."

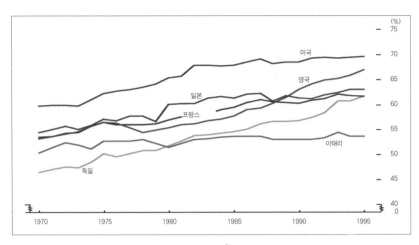

그림 8.3 GDP에서 서비스산업이 차지하는 비중의 변화[63]

닌 제조업 생산이 감소하는 가운데 서비스산업이 증가했다. 미국의 사례를 보면 전체 생산에서 제조업이 차지하는 비중은 전후부터 1960년대 초까지 감소하기 시작했다.

더 심각한 문제는 투자증가율이 급격히 낮아졌다는 것이다. 특히 민간부문의 투자는 미래에 자본이 얻을 수 있는 기대수익에 크게 의존하는데, 인플레이션으로 인해 생산비용이 급등하자 미래 이윤에 대한 기대가 급격히 낮아지면서 민간 투자가 둔화되기 시작했다. 더욱이 1979년 8월에 미국의 중앙은행 역할을 하는 연방준비제도(Federal Reserve System) 의장으로 취임한 폴 볼커(Paul Volcker)는 취임 당시에 12.0%였던 이자율을 취임 후 5개월 만에 15.3%로 높였다.[64] 1980년에 들어서면서 볼커는 이자율을 38번이나 인상하면서 이자율을 미국 역사상 가장 높은 21.5%로 높였다. 볼커의 연방준비제도는 1980년 한 해 동안 열흘에 한 번 꼴로 이자율 인상을 단행했다. "미국에서 가장 큰 대기업이라고 해도

....

63   Julius, D.(1998). "Inflation and Growth in a Service Economy." *Bank of England Quarterly Bulletin* 38: 338-346.
64   FedPrimeRate.com(1996). "Prime Interest Rate History." http://www.fedprimerate.com/wall_street_journal_prime_rate_history.htm, 접근일 2016년 2월 14일.

이러한 이자율로 돈을 꿀 여유는 없었다."[65] 성장과 고용을 희생시켜 인플레이션을 낮춘 것이었다.

하지만 이러한 설명들은 왜 자본주의 경제가 1973년 이후에 반세기 가까이 장기침체에 접어들게 되었는지를 설명하지 못했다. 로버트 브레너(Robert Brenner)의 두 권의 저서는 1970년대에 나타난 자본주의 황금시대의 종말에 대해 경청할 만한 설명을 제시하고 있다.[66] 브레너의 핵심 주장은 전후에 산업을 재건한 서유럽과 일본 자본주의의 성장에 더해 동아시아 신흥공업국의 성장이 과잉설비와 과잉성장을 낳았고 이것이 바로 장기침체의 구조적 원인이라는 것이다.[67] 일반적으로 특정 분야에 투여되었던 자본의 수익성이 하락하면 자본은 이에 대응해 다른 부분으로 투자를 옮겨 수익성을 유지한다. 그런데 문제는 1970년대 이후 미국, 서유럽, 일본, 동아시아 신흥국들이 경쟁하는 제조업 분야에서 수익성이 하락했지만 자본을 이동시킬 수 있는 대안적인 투자처가 존재하지 않았고, 이러한 상황에서 생산 확대와 경쟁 심화는 과잉설비와 과잉생산을 유발함으로써 장기침체를 야기했다는 것이다. 앞서 언급했듯이 서비스분야가 대안이 될 수 없었던 이유는 일반적으로 서비스업의 생산성은 제조업보다 낮았기 때문이다. 제조업의 과잉설비와 과잉생산으로 발생하는 자본의 수익률 저하를 서비스산업이 대신할 수는 없었다. 1973년 이후 근 20년 동안 미국, 일본, 독일 등 소위 선진 7개국(G-7)의 제조업 및 민간기업의 수익성은 1973년 수준에 미치지 못했다.[68] 더 심각한 문제는 선진 자본주의 국가들이 취한 수요확대정책은 경제 회복은커녕 산출 증가 없는 인플레이션을 유발함으로써 자본주의가 이전까지 경험하지 못했던

....

65 Heilbroner and Milberg. 『자본주의, 어디서 와서 어디로 가는가』. p.388.
66 이하의 내용은 브레너의 저작에 근거해 작성한 것이다. 자세한 내용은 브레너의 다음 저작을 참고하라. Brenner, R.(2002). 『붐 앤 버블: 호황 그 이후, 세계 경제의 그늘과 미래』. 정성진 역. (*The Boom and the Bubble*). 서울: 아침이슬; Brenner, R.(2001[1998]). 『혼돈의 기원: 세계 경제 위기의 역사 1950~1998』. 전용복·백승은 역. (*The Economics of Global Turbulence*). 서울: 이후.
67 Brenner. 『붐 앤 버블: 호황 그 이후, 세계 경제의 그늘과 미래』. pp.53-54; Brenner. 『혼돈의 기원: 세계 경제 위기의 역사 1950~1998』. p.185.
68 Brenner. 『혼돈의 기원: 세계 경제 위기의 역사 1950~1998』. p.260.

스태그플레이션이라는 새로운 형태의 불황이 나타났다는 점이다.

그러면 전후 자본주의의 황금시대를 이끌었던 케인스주의적 정책 처방은 왜 1970년대 이후에는 작동하지 않았던 것일까? 일부에서는 원유가격 상승에서 그 원인을 찾고 있지만 유가 상승으로 발생한 불황은 위기의 원인이기보다는 위기의 결과이다. 1970년대 자본주의 경제위기의 본질은 1965년부터 나타나기 시작한 미국 자본주의의 경쟁력 저하로부터 시작되었다고 할 수 있다. 1960년대 후반부터 독일로 대표되는 서유럽과 일본은 세계 시장에 미국과 경쟁할 수 있는 자국산 생산물을 공급하기 시작했다.[69] 일본과 서유럽국가들(나중에는 동아시아의 신흥공업국가들)은 상대적으로 낮은 임금을 무기로 미국의 시장점유율을 잠식해 들어갔다. 보완관계에 있었던 미국, 서유럽, 일본의 제품 생산이 경쟁관계로 변화하면서 재고 누적, 과잉설비, 과잉생산을 유발한 것이다. 이로 인해 경제적 어려움에 직면한 미국이 시장점유율을 높이기 위해서는 생산 원가를 낮추어 제품 가격을 낮추어야 했지만 임금과 같은 경직성 비용을 단시간 내에 낮추는 것은 불가능했다. 결국 자본주의 체제 전체의 과잉설비와 과잉생산은 제조업 이윤의 하락을 가져왔다. 1965년부터 1973년까지 미국 제조업의 자본스톡의 이윤율은 무려 43.5%(36.4%에서 22.0%로)나 감소했고, 본격적으로 위기가 드러난 1973년부터 1980년까지는 무려 51.8%(22.0%에서 10.6%로)나 감소했다.[70] 동 기간에 선진 7개국 제조업의 이윤율도 각각 24.7%(29.1%에서 21.9%로), 43.8%(21.9%에서 12.3%로) 낮아졌다.

이러한 위기에 대한 미국의 대응은 전후 세계 자본주의 체제의 핵심 합의였던 달러화에 대한 고정환율제도를 폐기해 달러의 가치를 낮추고 마르크화와 엔화의 가치를 높임으로써 미국 제조업의 경쟁력을 높이는 것이었다.[71] 이로 인해 미국 제조업의 경쟁력은 다소 회복되었지만, 독일과 일본으로 대표되는 다른 선

....

69 OECD(1987). *Structural Adjustment and Economic Performance*. Paris: OECD; Brenner. 『붐 앤 버블: 호황 그 이후 세계경제의 그늘과 미래』. pp.53-55에서 재인용.

70 Amstrong et al. 『1945년 이후의 자본주의』. p.500.

71 Brenner. 『붐 앤 버블: 호황 그 이후 세계경제의 그늘과 미래』. pp.55-69.

표 8.7 실질임금 증가율과 실질 사회복지지출 증가율의 변화

	실질임금 증가율[72] (1인당)		실질 사회복지지출 증가율[73] (GDP 대비 %)	
	1961~1973	1974~1985	1965~1975	1975~1980
미국	2.7	0.7	6.5	2.0
일본	7.6	1.7	4.8	2.0
독일	5.5	1.4	8.5	8.2
EU-12	5.7	1.4	-	-
G7	-	-	7.6	4.2

진 산업국가들의 제조업 이윤율은 낮아졌다. 자본의 이윤율 저하에 대해 선진 자본주의 국가들은 〈표 8.7〉에서 보는 것처럼 사회지출을 감축하고 실질임금을 낮추는 것으로 대응했다. 하지만 제조업에 투자된 대량의 매몰 유형자본이 존재했기 때문에 매몰 유형자본을 버리고 다른 산업으로 이전하는 것은 쉽지 않았다. 설상가상으로 한국, 대만 등과 같은 동아시아 신흥공업국가들이 제조업 생산물 시장에 진입하자 세계 자본주의 체제의 과잉생산과 과잉설비 문제는 더 심각해졌다.

1970년대 유효수요를 진작시키기 위한 서구 복지국가의 케인스주의 정책은 이러한 조건에서 실행되었다.[74] 케인스주의 정책은 기본적으로 수요보조를 통해 소비를 확대해 경기침체로부터 벗어나는 것이었다. 문제는 이러한 정부의 케인스주의 수요보조정책이 한계생산기업(수요보조가 없었다면 시장에서 퇴출되었어야 할 기업)의 수명을 연장시켜 세계 자본주의의 과잉생산과 과잉설비의 문제를 지속시켰다는 점이다. 대규모 한계기업이 존재하는 가운데 정부의 수요진작정책은 산출물의 확대로 나타나지 않았다. 산출물 생산이 증가하지 않는 상황에서 실행된 수요보조정책의 확대는 생산 증가 없는 인플레이션이라는 스태그플레이션

....

72　European Commission(2002). *European Economy 71*. Belgium: European Communities. p.446, 472, 498, 500.

73　OECD(1985). *Social Expenditures, 1960-89*. Paris: OECD; OECD(1988). *The Future of Social Protection*. Paris: OECD. Brenner. 『붐 앤 버블: 호황 그 이후 세계경제의 그늘과 미래』. p.62에서 재인용.

74　Brenner. 『붐 앤 버블: 호황 그 이후 세계경제의 그늘과 미래』. pp.72-73.

을 야기했다.[75] 1970년대에 있었던 두 차례의 원유 가격의 폭등은 단지 이윤율 저하로 인해 퇴출에 직면했던 한계기업의 비용을 상승시켜 불황에 불을 붙인 것이다. 왜냐하면 급격한 유가 상승이 반드시 불황으로 나타나는 것은 아니었기 때문이다. 1953년과 1957년에 수에즈위기(Suez Crisis)로 급격한 유가 상승이 있었지만 당시 선진 자본주의 국가들은 자본주의의 '황금시대'를 지속시킬 수 있었다.[76] 자본주의가 직면한 새로운 위기 상황에 대해 케인스주의에 기초한 경제정책은 더 이상 작동하지 않았다. 그렇다고 케인스주의 정책을 중단할 수도 없었다. 케인스주의의 수요부양정책을 중단하자 심각한 불황이 나타났기 때문이다. 케인스주의에 기초한 전후 '황금시대'의 자본주의는 경제위기를 극복하고 '황금시대'를 지속시킬 수 있는 대안을 갖고 있지 못했다. 결국 1970년대 상황은 자본주의의 새로운 대전환을 위한 명분을 축적하고 있었다.[77] 신자유주의는 이렇게 1970년대 후반 자본주의 세계체계에 찾아왔던 것이다.

제4절 권력관계: 사민주의의 도약과 위기

전후 사민주의의 도약과 위기는 전후 서유럽에서 확대된 민주주의를 전제하지 않고는 설명할 수 없다. 2차 세계대전이 끝나자 제2인터내셔널부터 사회주의자들의 오랜 소망이었던 보통선거권이 대부분의 서유럽 국가들에서 제도화되었다. 전후 사민주의의 황금시대가 열릴 수 있었던 전제도 '보통선거권'으로 대표되는 민주주의의 실현으로 가능했고, 자본주의의 사적소유의 특권을 제한하는 복지국가의 확대와 발전도 민주주의의 발전에 의존했다. 결국 핵심 쟁점은 사회주의가 실현하려고 하는 정의, 평등, 자유가 사회민주주의자들이 생각하는 것처

....

75   윤홍식. "기본소득, 복지국가의 대안이 될 수 있을까?" p.85.
76   Hamilton, J.(2013). "Historical Oil Shocks." Parker, R. and Whaples, R. eds. *Routledge Handbook of Major Events in Economic History*. pp.239-274, New York, NY: Routledge.
77   Brenner. 『붐 앤 버블: 호황 그 이후 세계경제의 그늘과 미래』. p.73.

럼 자본주의 체제에서 선거라는 의회 민주주의를 통해 실현될 수 있는지 여부였다. 민주주의는 사민주의가 전후 서구 자본주의 체제에서 중요한 정치세력으로 등장할 수 있었던 전제인 동시에 사민주의 위기의 원인이었다. 제4절에서는 전후 민주주의의 질서 아래 펼쳐진 사민주의의 도약과 위기에 대해 살펴보았다.

1. 전후 권력관계

전쟁은 권력관계에 놀라운 변화를 가져왔다. 자본주의가 시작된 이래 처음으로 권력의 균형추가 '자본주의' 체제에 적대적이었던 좌파 쪽으로 이동하기 시작한 것 같다. 사회주의 정당들은 대부분의 서유럽 국가들의 선거에서 30% 이상의 득표율을 기록했다. 오스트리아, 노르웨이, 스웨덴, 영국에서는 사회주의 정당이 40% 이상을 득표했다(표 8.8).[78] 좌파가 서유럽 대부분의 자본주의 국가에서 집권당이 된 것이다. 벨기에 사회주의 정당은 1945년부터 1949년까지 구성된 일곱 차례의 연립정권을 주도했다. 네덜란드에서 좌파의 득표율은 30%를 넘지 못했지만 네덜란드 노동당은 1945년부터 1958년까지 13년 동안 집권당이 되었고, 사회주의자인 빌럼 드레이스((Willem Drees)는 1948년부터 1958년까지 수상으로 있었다. 오스트리아 사회당은 국민당(Austrian People's Party, ÖVP)과의 연정을 통해 1945년부터 1966년까지 집권했다. 핀란드 사민당은 공산주의자들을 배제하고 군소정당과 연대했고, 덴마크 사민당은 1945년의 선거에서 참패해 나치 점령에 협력한 혹독한 대가를 치렀지만 1945년 연정을 주도했다. 노르웨이에서는 1960년대 중반까지, 스웨덴에서는 1970년대 중반까지 사회주의 정당이 장기간 집권했다. 반면 이탈리아를 제외한 남부 유럽 3개국(스페인, 포르투갈, 그리스)의 좌파는 1970년대 중반 민주화가 이루어지기 전까지 선거에 참여하지 못했고 비합법적인 정치활동을 할 수밖에 없었다.[79]

....

78 스웨덴에서는 종전 직전인 1944년에 선거가 있었고, 사민당은 46.7%를 득표했다. Sassoon. 『사회주의 100년 1』. pp.261-264.

79 Eley, G.(2008[2002]). 『The left 1848~2000: 미완의 기획, 유럽좌파의 역사』. 유강은 역. (*Forging Democracy: The History of the Left in Europe, 1850-2000*). 서울: 뿌리와 이파리, p.574.

표 8.8 1945~1980년 서유럽 11개국의 주요 좌파 정당과 미국 민주당의 득표율[80]

연도	오스트리아 (SD)	벨기에 (SD)	덴마크 (SD/SPP)	핀란드 (SD/SKDL)	프랑스 (PS/PCF)	네덜란드 (사회당)	이탈리아 (PCI/PSI)	노르웨이 (Lab/SPP)	스웨덴 (SD)	영국 (Lab)	독일 (서독,SD)	미국 (민주당)
1945	44.6	-	32.8	25.1	23.8	-	-	41.0	-	48.3	-	53.8
1946	-	32.4	-	-	21.1/17.9	28.3	20.7	-	-	-	-	-
1947	-	-	40.0	-	-	-	-	-	46.1	-	-	-
1948	-	-	-	26.3	-	25.6	31.0	-	-	-	-	51.0
1949	38.7	29.8	-	-	-	-	-	-	45.7	-	29.2	-
1950	-	35.5	39.6	-	-	-	-	-	-	46.1	-	-
1951	-	-	-	26.5	14.5	-	-	-	-	48.8*	-	-
1952	-	-	-	-	-	29.0	-	-	46.0	-	-	44.7
1953	42.1	-	40.4	-	-	-	12.7	46.7	-	-	28.8	-
1954	-	38.7*	-	26.2	-	-	-	-	-	-	-	-
1955	-	-	-	-	-	-	-	-	-	46.4	-	-
1956	43.0	-	-	-	14.9	32.7	-	-	44.6	-	-	42.0
1957	-	-	39.4	-	-	-	-	48.3*	-	-	31.8	-
1958	-	37.1	-	23.2	22.8	-	14.3	-	46.2	-	-	-
1959	44.8	-	-	-	-	30.4	-	-	-	43.9	-	-
1960	-	-	42.1*/6.1	-	-	-	-	-	47.8	-	-	50.0
1961	-	36.7	-	-	-	-	-	46.8	-	-	36.2	-
1962	44.0	-	-	19.5/22.0	20.3/21.8	-	-	-	-	44.1	-	-
1963	-	-	-	-	-	28.0	25.3/13.8	-	-	-	-	-
1964	-	-	41.9/5.8	-	-	-	-	-	47.3	-	-	61.2
1965	-	28.3	-	-	-	-	-	43.1	-	48.1	39.3	-

	오스트리아 (SD)	벨기에 (SD)	덴마크 (SD/SPP)	핀란드 (SD/SKDL)	프랑스 (PS/PCF)	네덜란드 (사회당)	이탈리아 (PCI/PSI)	노르웨이 (Lab/SPP)	스웨덴 (SD)	영국 (Lab)	독일 (서독, SD)	미국 (민주당)
1966	42.6	–	38.2/10.9	27.2*/21.2	18.9/22.5	–	–	–	–	–	–	–
1967	–	–	–	–	16.5/20.0	23.6	–	–	–	–	–	–
1968	–	28.0	34.2/6.1	–	–	–	27.0/14.5	–	50.1*	–	–	42.6
1969	–	–	–	–	–	–	–	46.5	–	43.1	42.7	–
1970	48.4	–	–	23.4/16.6	–	–	–	–	43.5	–	–	–
1971	50.0	27.2	37.3/9.1	–	–	24.6	–	–	–	–	–	–
1972	–	–	–	25.8/17.0	19.2/21.4	27.3	27.2/9.6	–	–	–	45.8*	38.2
1973	–	–	25.6/6.0	–	–	–	–	35.3/11.2	43.6	–	–	–
1974	–	26.6	–	–	–	–	–	–	–	39.2	–	–
1975	50.4	–	29.9	24.9	–	–	–	–	–	–	–	–
1976	–	–	–	–	–	–	34.4*	–	42.7	–	42.6	51.0
1977	–	26.5	37.0	–	–	33.8*	–	42.3	–	–	–	–
1978	–	25.4	–	–	25.0*	–	–	–	–	–	–	–
1979	51.0*	–	38.3	23.9	–	–	30.4	–	43.2	37.0	–	–
1980	–	–	–	–	–	–	–	–	–	–	42.9	44.7

주: 1946년에 프랑스에서는 두 차례의 선거가 있었고, 이탈리아의 1948년 선거 결과는 사회주의자들과 공산주의자들의 연합 득표율이다. 이탈리아의 1948년 선거 결과는 사회주의자들과 공산주의자들의 연합 득표율이다. 덴마크와 노르웨이의 SPP는 좌파적인 사회주의인민당(Socialist People's Party), 핀란드의 SKDL(Finish People's Democratic League)은 공산당과 그 동맹세력, 이탈리아의 사회당과 사회민주당 동맹의 득표율이다. 미국의 대통령선거 결과는 대통령선거인단(electoral votes)의 결과가 아닌 유권자의 득표율(popular votes)을 계산한 것이고, 1945년 수치는 1944년 대통령선거의 결과이다.

··········

80 1945년부터 1950년까지의 자료 출처: Sassoon. 『사회주의 100년 1』, p.261; 1950년부터 1960년까지의 자료 출처: Sassoon. 『사회주의 100년 1』, p.394; 1960년부터 1973년까지의 자료 출처: Sassoon. 『사회주의 100년 1』, p.565; 1970년 이후의 자료 출처: Sassoon, D.(2014[2014]). 『사회주의 100년 2: 20세기 서유럽좌파 정당의 흥망성쇠』. 강주헌·김민수·강순이·장석준·정병선·김보은 역. (One Hundred Years of Socialism: The West European Left in the Twentieth Century, 2014 ed.). 서울:

서유럽의 소국들에서는 좌파가 선전했지만, 영국을 제외한 서유럽의 주요국들(프랑스, 독일, 이탈리아)의 좌파는 고전을 면치 못했다. 19세기부터 나치가 집권하기 이전까지 서구 좌파 정당 중 가장 영향력이 있는 정당이었던 독일 사민당은 1949년에 치러진 전후 첫 번째 선거에서 29.2%를 득표하는 데 그쳤다.[81] 나치의 집권으로 사민당이 해산되기 전 마지막으로 치러진 1933년 3월의 선거에서 사민당이 얻은 18.3%에 비교하면 나쁘지 않은 결과였지만, 독일 사민당은 오랫동안 야당으로 남아 있어야 했다.[82] 제프 일리(Geoff Eley)는 전후 독일 사민당이 고전을 면치 못했던 이유 중 하나가 "독일 사회민주당의 강력한 교조적 전통과 마르크스주의에 대한 애착이" 독일 사민당이 개혁주의 방향으로 전환하는 것을 방해한 것이라고 했다.[83] 독일 사민당이 교조적 전통과 마르크스주의를 폐기한 시기는 (전후에 실시된 선거에서 패배한 이후) 고데스베르크(Godesberger) 전당대회가 열린 1959년 11월이었다.[84] 실제로 사민당은 고데스베르크 당 대회 이후에 치러진 1961년 선거에서 36.2%, 1965년 선거에서 39.3%, 1969년 선거에서 42.7%의 득표율을 기록했고, 1972년 선거에서는 45.8%를 득표해 전후 최고의 지지율을 획득했다.

이탈리아의 사회주의 정당은 공산당의 하위 파트너로 만족해야 했다.[85] 1960년대 초가 되어서야 이탈리아 사회주의 정당은 공산당과 결별하고 기민당과 연대하면서 연립정권에 참여할 수 있었다. 프랑스 사회주의 정당은 1980년까지 단한차례도 30% 이상의 득표율을 기록하지 못했다. 프랑스 사회주의자들도 1974

....

황소걸음. p.53. 미국 대통령선거 결과는 다음 자료를 참고했다. "Historical Presidential Elections." http://www.270towin.com/historical-presidential-elections, 접근일 2016년 3월 3일.

81   Sassoon. 『사회주의 100년 1』. p.261.

82   Wikipeida(2016). German Federal Election, March 1933. https://en.wikipedia.org/wiki/West_German_federal_election,_March_1933, 접근일 2016년 3월 3일.

83   Eley. 『The Left, 1848~2000』. p.574.

84   백경남(1980). "독일 사회민주당의 마르크스주의로 부터의 결별." 『법정논총』 5: 199-233. pp.228-229; 유지훈. "독일 사회민주당의 역사적 발전과정에 관한 연구." p.211; 김종갑. "독일정당제도의 균열이론적 고찰." p.71.

85   Sassoon. 『사회주의 100년 1』. pp.261-262.

년에 공산주의와 갈라서고 중도세력과 손잡으면서 1978년 선거에서 역대 최고의 득표율을 기록했다(25.0%). 그러나 1981년 프랑수아 미테랑(François Mitterrand)이 대통령으로 당선되기 전까지 프랑스 사회당은 사반세기 동안 야당으로 남아 있었다.

　전후 좌파집권의 백미는 영국 노동당의 눈부신 도약이다. 1900년에 1.3%를 득표한 것에 그쳤던 노동당은 반세기가 지난 1945년의 선거에서 48.3%를 득표해 서유럽 주요 국가들 중 좌파가 단독 집권한 첫 번째 사례가 되었다.[86] 노동당은 2차 세계대전 중 평등주의, 연대의식, 파시즘을 막지 못한 무능한 보수주의, 소련의 부상, 1차 세계대전 이후의 대공황에 대한 기억, 변화에 대한 절실한 요구 등과 같은 시대정신을 대변했고 전시 내각에 참여함으로써 애국정당이라는 정체성을 얻고 신뢰할 수 있는 정치세력이 되면서 선거에 승리할 수 있었다.[87] 미국 민주당은 대공황 직후 치러진 1932년 대통령 선거부터 1952년 선거에서 패배하기 전까지 20년 동안이나 집권했다. 공황과 전쟁은 좌파진영에게 정치적 횡재나 다름없었다.

　하지만 사민주의 정당의 정치적 기반이 확고했다고 말할 수는 없을 것 같다. 사민주의 정당은 좌로는 공산당과 우로는 보수정당과 경쟁해야 했다. 독일 사민당이 마르크스주의와 결별하고 고데스베르크 강령을 채택한 것처럼, 서유럽의 대부분의 사민주의 정당들은 집권을 위해 노동자의 정당이라는 정체성을 벗어던지고 국민정당으로 변신했다.[88] 사민주의 정당들은 혁명적이지도 않았고 자본주의 국가를 해체할 의사도 없었다. 사민주의 정당들은 오히려 자본주의를 적극적으로 받아들였다. 더욱이 1948년 2월 체코에서 발생한 공산주의자들의 쿠데타와 1956년 소련의 헝가리 침략은 현실 사회주의의 개혁가능성을 닫아버렸다. 이러한 현실 사회주의의 모습은 서유럽 사민주의 정당들이 자신의 정체성을 반공주의에서 찾는 계기가 되었다.[89] 사민주의 정당만 변화한 것이 아니었다. 보수정당

....

86　Sassoon. 『사회주의 100년 1』. p.268.
87　Sassoon. 『사회주의 100년 1』. pp.267-268.
88　Eley. 『The Left, 1848~2000』. p.579.

헝가리 혁명을 진압하기 위해 부다페스트에 진입한 소련의 탱크. 1956년 헝가리 혁명을 진압하기 위해 헝가리를 침략한 소련의 탱크와 머리가 잘린 스탈린의 동상이 당시의 상황을 말해준다. 헝가리에 주둔하고 있던 소련군은 1990년에 철수했다(출처: Shiraz Socialist).[90]

의 정치적 기반이 되었던 농업 인구는 1950년대 동안 작게는 20.9%(핀란드)에서 크게는 47.8%(프랑스)나 감소했다.[91] 보수당도 전통적 지지층의 감소에 대응해 특유의 실용주의를 바탕으로 정치적 기반을 확대했다.

보수정당은 기독교(개신교와 가톨릭)의 빈자와 억압받는 사람들에 대한 관심과 개인주의보다 연대를 지향하는 전통을 사회변화를 위한 정치적 도구로 활용해 사민주의 정당들과 경쟁했다.[92] 이탈리아 기독교민주당은 남부 이탈리아에서 토지개혁을 실행했고 북부에서는 산업개발을 추진했다.[93] 영국 보수당은 노동

....

89   Sejersted.『사회민주주의의 시대: 북유럽 사회민주주의의 형성과 전개 1905~2000』. p.231; Sassoon. 『사회주의 100년 1』. p.448.

90   https://shirazsocialist.wordpress.com/2016/11/04/

91   Sassoon.『사회주의 100년 1』. p.408; Mitchell, B.(1976). *Statistical Appendix, 1920-1970(Fontana Economic History of Europe)*. Glasgow: Fontana. pp.657-664; Sassoon.『사회주의 100년 1』. p.409에서 재인용.

92   Sassoon.『사회주의 100년 1』. p.272.

자들을 위한 대규모 공영주택을 공급하고 완전고용을 추구했고, 독일 기민당은 산업 민주화를 제도화했다. 사민당과 보수당의 경쟁은 자본주의의 성공적인 유지와 확대에 근거했기 때문에 시대정신은 '사회민주주의적 합의', '이데올로기의 종언', '국민정당화'로 명명되었다.

사민주의 정당은 전후 합의를 주도했지만 실제 타협의 최대 수혜자는 사민주의 정당이 아니라 보수정당이었다.[94] 영국 보수당은 13년간 집권(1951~1964년)했고, 독일 기민당은 17년간 집권(1949~1966년)했다. 서유럽 대국의 좌파세력은 정권에서 물러나 보수세력과의 합의를 이행해나갔다. 다시 말해, 전후 사민주의는 사민주의 정당만의 전유물이 아니라 시대정신이었다. 보수당도 노동계급의 지지 없이는 집권이 불가능했기 때문이다. 그렇다면 시대정신이 된 사민주의는 성공한 것일까? 전후에 사민주의는 사회주의로의 이행이 아닌 대량생산과 대량소비라는 자본주의의 황금시대를 열었다. 더욱이 서구와 일본에서 노동운동은 참혹한 패배를 경험했고, 1945년 이후 작업장과 정치무대에서 크게 후퇴했다.[95] 좌파가 자본주의를 받아들인다는 것은 노동계급의 운명 또한 자본주의의 번영과 함께 한다는 것을 의미했다. 1960년 사민당이 정권을 유지한 국가는 서유럽의 북쪽 변방에 위치한 노르웨이와 스웨덴뿐이었다.[96]

2. 사회주의 없는 사회주의: 새로운 수정주의

1959년 11월에 독일 고데스베르크에서 열린 독일 사민당의 전당대회는 유럽 사회주의 정당이 현실 정치에서 더 이상 사회주의의 실현을 추구하지 않겠다는 공개 선언과 같았다. 고데스베르크 강령은 "민주적 사회주의가 기독교 윤리와 인본주의, 고전철학에 뿌리를 두고 있다."고 선언함으로써 독일 사민당의 이념에

....

93   Sassoon. 『사회주의 100년 1』. p.411.
94   Eley. 『The Left, 1848~2000』. p.579.
95   Amstrong et. al. 『1945년 이후의 자본주의』. p.167.
96   Sassoon. 『사회주의 100년 1』. p.391.

서 마르크스주의를 지워버렸다.[97] 사실 독일 사민당은 이미 1952년에 도르트문트(Dortmund)에서 사민당을 노동자, 공무원, 사무직 노동자, 지식인, 중산층, 농부, 일하는 모든 사람의 정당이라고 규정했고, 1954년의 '베를린 행동 강령'에서는 사민당을 프롤레타리아(무산계급)의 정당이 아닌 국민정당(people's party)으로 규정했다. 이탈리아 공산당의 저명한 지도자인 팔미로 톨리아티(Palmiro Togliatti)는 노동계급에 중산층과 중소 자립농을 포함시키려고 했다.[98] 만약 노동계급을 톨리아티의 방식대로 정의한다면 공산당은 중간계급과 노동계급을 아우르는 국민정당이 되는 것이었다. 이렇듯이 1950년대 말이 되면 영국을 제외한 대부분의 서유럽 사회주의 정당들은 탈프롤레타리아화되고 마르크스주의 전통에서 벗어나기 시작했다.[99]

사회주의 정당들은 자본주의의 황금시대를 가능하게 했던 생산수단을 통제할 수 있다고 믿었기에 마르크스주의의 핵심 명제인 생산수단의 사회화는 더 이상 사회주의 정당의 핵심 목표가 아니었다. 사회주의 정당들은 중요한 것은 생산수단의 소유 형태가 아니라 생산수단을 통제할 수 있는 권력이라고 믿었다.[100] 물론 정치적 수사는 남아 있었다. 네덜란드 노동당은 1959년의 강령에서 "생산수단의 사회화"에 대한 헌신을 적시했고, 벨기에 사회당은 "생산수단의 공영화"를 사회주의자들이 추구해야 할 중요한 목표로 설정했다.[101] 영국 노동당은 당원증 뒷면에 "공공소유에 헌신한다."는 문구를 인쇄했다. 그러나 이러한 주장들은 자본주의 체제의 효율성을 유지하기 위한 수단이었지 생산수단의 사회화를 통해 사회주의로 이행하기 위한 것은 아니었다. 자본주의를 폐기하고 사회주의를 실현하기 위한 "생산수단의 사회화"라는 목표가 "자본주의를 지속시키기 위한 수단"으로 변용된 것이다.

....

97   Sassoon. 『사회주의 100년 1』. p.491, 509.
98   Sassoon. 『사회주의 100년 1』. p.514.
99   Eley. 『The Left, 1848~2000』. p.573.
100   Sassoon. 『사회주의 100년 1』. p.500.
101   Sassoon. 『사회주의 100년 1』. pp.516-523.

경제체제에서 살펴보았듯이 전전에 사람들을 절망에 빠뜨렸던 반복되는 불황은 케인스주의 거시정책으로 잔잔한 파동으로 변화했고 노동자들을 괴롭혔던 실업도 사라졌다.[102] 완전고용이 실현된 것이다. 더욱이 영국, 미국, 프랑스, 스웨덴 등 대부분의 서구 국가들에서 부의 불평등은 적어도 1970년대 중반까지 지속적으로 낮아졌다.[103] 물론 불평등의 감소가 사회주의 정당의 집권과 직접적인 관련이 있다는 경험적 근거를 찾는 것은 쉽지 않다. 토마 피케티(Thomas Piketty)가 정리한 바에 따르면, 전후 불평등의 감소는 두 차례에 걸친 세계대전과 대공황으로 인한 유산계급의 파산과 1945년 이후의 자본소득에 대한 규제와 같은 공공정책의 확대와 밀접한 관련이 있다.[104] 이러한 상황에서 사회주의 정당들이 생산수단의 소유가 아닌 통제를 통해 사회주의자가 추구했던 평등과 해방을 달성할 수 있다고 믿었는지도 모른다. 여하튼 현실에서는 자본주의가 노동계급을 궁핍화시킨다는 어떤 경험적 근거도 찾을 수 없었고, 사회주의자들은 그렇게 자본주의의 충실한 지지자로 변화해가고 있었다.

생산수단의 사회화라는 사회주의의 핵심 원칙을 폐기한 좌파는 새로운 자본주의를 열망했다. 새로운 자본주의 사회는 사회주의자들의 세심한 규제와 통제 하에 다수의 기업들이 경쟁하고 소비자인 노동계급과 중간계급이 최고의 권력을 행사하는 사회였다.[105] 사회주의자들이 "규제를 정당화하는 개념으로 자유시장을 거론했던 것이다." 관리된 자본주의가 인류의 근본적 문제인 불평등, 빈곤, 질병, 불결, 무지, 실업 등을 해결할 수 있다면 굳이 생산수단을 사회화해 자본주의를 폐기할 이유가 없었다. 오히려 자본주의를 잘 관리해 사회주의자들의 오랜 소망을 자본주의 체제하에서 이룰 수도 있을 것 같았다.

전후 사회주의에 있어 주목할 만한 또 하나의 현상은 사회주의 정당이 마르크스 사회주의의 오랜 원칙인 국제주의를 폐기하고 일국주의에 심취했다는 점이

....
102 Hobsbawm. 『극단의 시대: 20세기 역사』. p.372.
103 Piketty. 『21세기 자본』. pp.407-417.
104 Piketty. 『21세기 자본』. p.331.
105 Sassoon. 『사회주의 100년 1』. p.507.

다.[106] 사회주의자들은 자본의 자유로운 이동이 보장되었던 1차 세계대전 이전까지 노동계급의 해방은 일국적 차원이 아닌 국제적 연대를 통해서 가능하다고 믿었다. 프랑스 혁명 100주년을 기념해 탄생한 제2인터내셔널도 제1인터내셔널의 국제연대를 재건하기 위해 결성된 것이었다.[107] 사회주의자라면 마땅히 사회주의의 오랜 전통인 국제연대를 추구해야 했다. 하지만 사회주의 정당은 국제연대를 배신하고 일국적 이해에 따라 1차 세계대전의 참전을 지지하고 참여해 사회주의자들의 국제연대조직인 제2인터내셔널을 붕괴시켰다. 전후에 사회주의자들은 노동계급의 정당임을 포기하고 국민정당으로 전환해 다시 한 번 노동계급의 국제연대에 등을 돌렸다. 사회주의자들이 식민지를 유지하고 식민지에 대한 착취를 용인할 수 있었던 것은[108] 바로 사민당이 노동계급의 정당이 아닌 국민국가의 국민정당을 추구했기에 가능했던 것이다. 반면 전후 국제연대를 추구한 세력은 사회주의자들이 아니라 보수주의자들이었다. 유럽통합의 추진력은 사회주의의 국제연대라는 이념에 근거한 것이 아니라 보수주의자들의 필요에 의해 추진되었다.[109] 독일, 프랑스, 이탈리아의 사회주의자들은 유럽통합에 반대했다.[110]

1950년대와 1960년대 자본주의 황금시대를 거치면서 사회주의자들은 진정으로 사회주의의 실현을 꿈꾸고 있었을까? 그리고 사회주의의 원칙을 실현하지 않고도 사회주의의 목표를 실현할 수 있었을까? 자본주의의 황금시대는 사회주의를 폐기한 사회주의자들의 바람처럼 지속되지 않았다. 1970년대에 위기가 찾아오자 실업, 불평등과 같은 자본주의의 고질적인 문제는 다시 사람들을 불안하게 했다. 사회주의를 폐기한 사회주의자들에게는 새로운 위기에 대응할 수 있는 대안이 없었고, 대안이 없는 정치세력이 민주주의 체제에서 국가권력을 장악하는 것은 불가능에 가까웠다. 결국 이러한 모든 흐름은 권력의 균형추를 좌파에서

....

106 Sassoon. 『사회주의 100년 1』. p.358.
107 Sassoon. 『사회주의 100년 1』. pp.43-47.
108 Sassoon. 『사회주의 100년 1』. pp.642-643.
109 Sassoon. 『사회주의 100년 1』. p.383.
110 Sassoon. 『사회주의 100년 1』. p.643.

우파로 움직이게 했다.

3. 사회주의 위기: 노동계급과 급진주의로부터

1960년대 중반부터 자본주의의 황금시대가 막을 내리는 징후가 좌파 정치세력의 위기와 함께 나타났다. 역설적으로 좌파에 대한 중대한 도전의 진원(震源)은 좌파의 정치적 기반이라고 알려졌던 곳이었다. 첫 번째 위기의 진원은 사회주의 정당의 전통적 지지세력인 노동계급으로부터 시작되었다.[111] 1960년대 후반부터 서유럽은 파업의 물결에 휩싸였다.[112] 영국에서만 1960년부터 1970년 사이에 무려 28,000건의 파업이 발생했는데, 이는 지난 90년 동안 일어난 파업의 4분의 1을 넘는 규모였다.[113] 서유럽만이 아니었다. 미국과 캐나다에서도 파업은 1950~1960년대보다 더 심각한 양상을 보였다. 파업의 양상도 두 가지 면에서 이전과는 달랐다. 독일과 네덜란드 등에서 중앙노조의 통제를 받지 않는 사업장 단위의 살쾡이파업(wildcat strikes)이 파업의 지배적인 형태로 나타났다. 실제로 독일의 경우 살쾡이파업의 비율은 1949~1952년에는 46.7%였지만 1969~1972년에는 무려 94.7%였다.[114] 중앙노조의 통제를 받는 파업의 비율은 전체 파업건수의 5.3%에 불과했다. 이탈리아와 다른 서유럽 국가들에서도 대부분의 파업은 단위사업장에서 비공식적으로 시작되었고 사후에 중앙노조가 공인하는 형태로 전개되었다.[115] 파업이 제조업 노동자들이 아닌 사무직 노동자들에 의해 주도되었다는 점도 주목해야 한다. 더불어 독일(서독), 오스트리아, 영국, 스웨덴 등 서유럽 주요 국가들에서 노동조합은 실업률이 증가하는 것을 방관하는 보수정부(통화주의 정부)보다 완전고용을 유지하려고 하는 좌파정부(케인스주의) 시기에

....

111 윤홍식, "기본소득, 복지국가의 대안이 될 수 있을까?" p.85.
112 Amstrong et. al. 『1945년 이후의 자본주의』. pp.281-282.
113 Leeson, R.(1973). *Strike: A Live History, 1887-1971*. London: George Allen & Unwin Ltd. p.209.
114 Casutt. "The Influence of Business Cycles on Strike Activity in Austria, Germany and Switzerland." p.26.
115 Sassoon. 『사회주의 100년 1』. p.730.

표 8.9 서유럽 주요국가의 파업 일수와 명목 및 실질 임금상승률[116]

		파업(1천 일)	화폐임금(%)	실질임금(%)
프랑스	1965~1967	2,569	5.8	2.9
	1967~1969	76,000	11.0	5.4
독일(서독)	1966~1968	147	5.6	3.3
	1969~1970	171	12.0	9.2
이탈리아	1966~1968	10,761	6.9	4.3
	1969~1970	29,356	11.3	7.3
영국	1967~1969	4,774	6.9	2.4
	1970~1971	12,265	12.0	3.9

더 공격적인 모습을 보였다.[117]

"왜 갑자기 통제되지 않는 노동자들의 파업이 유럽 전역을 휩쓸면서 좌파 정치세력을 위기로 몰아간 것일까?"[118] 다양한 설명이 가능하겠지만, 가장 중요한 원인은 1960년대 후반에 들어서면서 자본주의 황금시대의 이익을 분배하는 계급(노동 대 자본) 간 합의가 원활하게 이루어지지 못했기 때문이다. 실제로 대부분의 파업은 정치적인 이유보다는 임금인상과 같은 경제적인 이유로 발생했다. 독일의 경우 1969~1972년간 발생한 파업 중 정치적인 이유로 발생한 파업은 중앙노조가 주도한 파업의 0.2%, 살쾡이파업의 1.4%에 불과했다.[119] 99%의 파업이 경제적인 이유로 발생했다. 전후 사반세기 동안에 자본주의가 놀라운 성장을 했음에도 불구하고 자본가들은 노동자들의 임금인상률을 생산성 증가율보다 낮은 수준으로 제한했고, 결과적으로 임금 인상률은 과거 10년보다 더 낮았다.[120] 여기에 지난 20년간 자본주의의 장기호황으로 대부분의 서구 국가들에서 완전고용이 일반화되었고 산

....

116 Amstrong et. al. 『1945년 이후의 자본주의』. p.284.

117 Scharpf, F.(1987). "A Game-Theoretical Interpretation of Inflation and Unemployment in Western Europe." *Journal of Public Policy* 7(3): 227-257. p.249.

118 윤홍식. "기본소득, 복지국가의 대안이 될 수 있을까?". p.86.

119 Casutt. "The Influence of Business Cycles on Strike Activity in Austria, Germany and Switzerland." p.26.

120 Sassoon. 『사회주의 100년 1』. p.713.

업예비군이 존재하지 않는 상황에서 임금인상에 대한 노동자들의 교섭력이 높아졌던 것이다. 파업을 통해 노동자들은 두 배에 가까운 임금인상을 보장받았다.[121]

그러면 왜 자본 측은 임금을 생산성 수준 이하에 묶어두려고 했던 것일까? 앞서 검토했듯이, 수출을 통해 경제성장을 이루었던 서유럽 경제는 기본적으로 국제경쟁에 취약했고 국제경쟁에서 우위를 확보하기 위해서는 낮은 임금이 필수적이었다. 생산성 수준보다 낮은 임금은 자본에게 지속적인 축적과 생산 확대를 가능하게 했고 국제경쟁력을 보장하는 열쇠였다. 실제로 독일과 일본의 놀라운 성공은 미국에 비해 상대적으로 낮은 임금을 유지할 수 있는 그들의 능력에 의존했다. 하지만 1960년대 후반에 접어들면서 서유럽 자본은 더 이상 노동자들의 임금을 낮게 유지할 수 없었다. 결국 수익성 악화를 감수해야 했다. 사회주의자들 또한 사회주의의 이상을 폐기하고 자본주의의 발전에 운명을 같이한 이상 사회주의 정권이라고 해도 노동자들의 임금인상 요구를 수용할 수 없었다. 국제금융체제의 패권국가였던 미국만이 임금인상으로 인해 발생하는 부담을 달러의 평가절하를 통해 다른 선진 자본주의 국가들에게 떠넘길 수 있었다.[122] 하지만 미국을 제외한 모든 선진 자본주의 국가들이 위기에 빠져드는 상황에서 미국 자본주의 혼자만 위기를 피할 수는 없었다. 현상적으로 노동자들의 이러한 임금인상 요구가 자본주의 황금시대의 종말을 재촉한 듯 보였지만, 사실 근본적 문제는 20년간 자본주의의 황금시대가 구조화한 과잉생산과 과잉설비로 인해 노동자들의 요구를 수용할 수 없었던 자본주의 구조에 있었다. 결국 노동자들의 경제투쟁은 사회주의 없는 사회주의, 즉 전후 수정주의 좌파의 정당성에 대한 의문을 제기했고 전통 마르크스주의의 부활을 재촉하는 것 같았다.

전후 자본주의에 대한 두 번째 정치적 도전은 이러한 배경하에서 시작되었다.[123] 이매뉴얼 월러스틴(Immanuel Wallerstein)이 1848년의 세계혁명과 함께 또 하나의 세계혁명이라고 부르는 68혁명이 발생한 것이다.[124] 월러스틴은 68혁

....

121 Amstrong et. al. 『1945년 이후의 자본주의』. pp.285-286.
122 Sassoon. 『사회주의 100년 1』. p.714.
123 윤홍식. "기본소득, 복지국가의 대안이 될 수 있을까?" p.86.

명을 1945년에 수립된 미국 헤게모니에 대한 반체제운동으로 정의했다. 급진적 이데올로기로 무장한 학생운동의 부활은 이데올로기의 종언을 믿었고 미국 헤게모니에 타협했던 수정주의자들을 공격했다. 학생운동은 서구의 모든 국가들에서 제도권 좌파정당(사민당과 공산당)에 대한 노골적인 적대감을 드러냈다.[125] 학생운동은 기득권 세력이 된 사회주의 정당을 비판하는 것을 넘어 모든 권위에 반대했다. 1968년 5월에 파리에 등장한 학생들의 구호는 좌·우의 모든 전통과 권위를 거부하는 학생운동의 반권위주의를 분명하게 드러냈다.

　　　"현실주의자가 돼라, 그리고 불가능한 것을 요구하라. 나는 내 갈망을 현실로 받아들인다. 왜냐하면 내 갈망이 현실이라는 것을 믿기 때문이다. 금지하는 것을 금지하라. 나는 뭔가 할 말이 있다. 하지만 무슨 말을 해야 할지 모르겠다. 이제 시작일 뿐이다."[126]

　　그 누구보다도 좌파정당들이 놀라고 당황했다.[127] 신좌파로 불리는 새로운 집단은 제도권 사회주의자들을 구좌파로 부르며 그들이 다섯 가지 죄악을 저질렀다고 비판했다.[128] 구좌파는 베트남 전쟁으로 대표되는 제국주의의 불의를 제압하는 데 무능했고, 자본주의로부터 물질적 양보를 얻는 대신 사회주의의 투쟁성을 약화시켰으며, 자본주의의 이해에 운명을 같이함으로써 부패했고, 하위계층의 고통에 둔감했으며, 자신들의 이데올로기(수정주의)를 과신하는 오만을 저질렀다고 비난받았다. 하지만 서구의 어떤 정당도 학생들이나 신좌파의 요구에 굴복하지 않았다.[129] 학생운동과 신좌파 또한 자본주의를 대신하는 새로운 사회

....

124　Wallerstein, I.(1994[1989]). 『반체제운동』. 송철순·천지현 역. (*Antisystemic Movements*). 서울: 창작과비평사. p.116.
125　Sassoon. 『사회주의 100년 1』. p.771.
126　Sassoon. 『사회주의 100년 1』. p.781.
127　Wallerstein. 『반체제운동』. p.123; 윤홍식. "기본소득, 복지국가의 대안이 될 수 있을까?" p.86.
128　Wallerstein. 『반체제운동』. pp.121-122.
129　Sassoon. 『사회주의 100년 1』. p.785, 796.

상을 제시하지도 못했다.[130] 1950년대를 지나면서 사회주의자들의 생각에서 사라졌던 마르크스주의가 다시 부활한 듯했지만 1960년대 후반에 부활한 마르크스주의는 대학이라는 지식인들의 제한된 공간을 넘어 19세기와 20세기에 초에 마르크스주의가 가졌던 대중적 명망을 회복하지 못했다. 그리고 68혁명을 혁명으로 볼 것인가에 대해서도 논란의 여지가 있다. 다만 분명한 것은 68혁명이 유럽에서 임금인상과 노동조건 개선을 위한 노동자들의 파업을 촉발시켰고 전후 서구 사회의 하나의 축이었던 좌파 정치세력을 약화시켰다.[131] 월러스틴은 "68혁

1968년의 파리의 시위자들. 예나 지금이나 세상은 함께하지 않으면 변화하지 않는 것 같다. 페미니즘의 부상을 상징하듯이 깃발을 들고 있는 여성의 모습이 눈길을 끈다(출처: libcom.org).[132]

....

130 윤홍식. "기본소득, 복지국가의 대안이 될 수 있을까?" p.86.
131 Hobsbawm. 『극단의 시대: 20세기 역사』. p.419; Sassoon. 『사회주의 100년 1』. p.798.

명” 이후에 자본주의 체제의 세력관계가 “종속집단들”에게 유리한 방향으로 전개되었다고 주장했지만, 1970년대의 경제위기를 거치면서 도래한 신자유주의를 생각해보면 동의하기는 어렵다.[133]

　　마지막으로, 페미니즘의 부활은 1945년의 종전과 함께 만들어진 자본주의 체제의 정당성에 대한 근본적인 의문을 제기했다.[134] 전후에 만들어진 자본주의 질서는 성별 분업에 근거한 체제였기 때문이다. 전통적으로 사회주의 이론에서 여성해방은 오직 자본주의를 뒤엎고 사회주의가 실현될 때만 가능했다. 엥겔스는 『가족, 사적소유, 국가의 기원』에서 “가족 내에서 남성은 부르주아이고 여성은 프롤레타리아트를 대표한다.”고 주장했다.[135] 하지만 스스로 사회주의를 실현했다고 주장하는 국가에서도 성별 분업은 강고했고, 생산수단이 사회화되었음에도 불구하고 성차별은 해소되지 않았다. 이렇게 보면 사회주의 세력이 자본주의와 타협한 서유럽에서 성별 분업이 지속되었다는 것은 전혀 놀라운 일이 아니었다. 생산수단을 국유화(사회화)하든, 생산수단이 사회주의 정권에 의해 통제되든, 성별 분업과 성차별은 여전히 온존했다. 전통적 사회주의자들은 언제나 “계급이 첫째이고 여자는 둘째”라고 주장했다.[136] 평등을 둘러싼 성(性) 간 싸움은 계급투쟁과는 상대적으로 무관한 이슈들처럼 보였다. “낙태, 임신, 질 오르가슴에 대한 근거 없는 믿음, 강간(부부간의 강간을 포함)과 성폭력, 성추행, 불공평한 임금, 좋은 일자리에 대한 불공평한 기회, 서열을 따지는 조직, 전쟁, 경쟁사회, 지배적인 미학적 형태의 횡포, 과체중, 자연분만, 남성의 저작물, 포르노, 육아, 건강, 여성의 의회 진출, 언어, 역사에 이르기까지 모든 것이 쟁점이 되었다.”[137] 이러한 이슈들은 한 번도 전후 사회주의 정치의 중요한 쟁점이 된

....

132　https://libcom.org/gallery/france-1968-photo-gallery
133　Wallerstein. 『반체제운동』. p.126.
134　윤홍식. “기본소득, 복지국가의 대안이 될 수 있을까?” p.87.
135　"In the family, he is the bourgeois; the wife repersents the proletariat." Engles, F. (2004[1884]). *The Origin of the Family, Private Property and the State*. Newtown NSW: Resistance Books. p.80.
136　Sassoon. 『사회주의 100년 1』. p.825.
137　Sassoon. 『사회주의 100년 1』. p.856.

적이 없었다.

더욱이 〈그림 8.4〉에서 보는 것처럼 1960년대와 1970년대를 거치면서 고등교육에 재학 중인 여성의 비중이 높아졌고, 제조업의 쇠퇴와 서비스업의 성장은 오스트리아를 제외한 모든 서구 국가에서 여성의 노동시장 참여를 증폭시켰다.[138] 여성들은 미국 헤게모니가 만들어낸 자본주의 소비사회에서 여성성의 신화, 즉 가정주부의 지위를 거부하기 시작했다.[139] 이렇게 되자 성별 분업에 기초해 제도화되었던 전후 자본주의 체제가 통째로 흔들리기 시작했다.[140] 계급관계에 기초했던 전통적 사회주의 운동의 정당성도 약화되었다. 전통적 사회주의 운동의 정당성이 약화되자 사민주의 정당의 정치적 정당성도 약화되었다. 이제 사회주의 정당은 계급만이 아니라 페미니즘의 요구를 포함해 생태주의와 같은 다양한 급진적 요구에 부응해야 했다. 최근 논란이 되었던 인정투쟁처럼 평등과 인간해방은 단순히 계급관계가 사라진다고 달성될 수 있는 과제가 아니라는 것이 확인되었다. 여성해방이 노동계급의 승리에 달려 있다는 전통 사회주의와 페미니즘의 합의가 폐기된 것이다. 하지만 페미니즘 역시 계급과 성이 어떻게 연대해

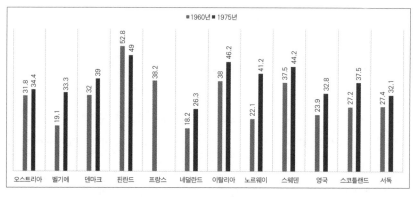

그림 8.4 서유럽 국가들의 대학 재학생 중 여학생의 비중: 1960년과 1975년
출처: Sassoon. 『사회주의 100년 1』. p.848.

....

138 Sassoon. 『사회주의 100년 1』. p.849.
139 Friedan, B.(1963). *The Feminie Mystique*. New York, NY: W. W. Norton & Company.
140 윤홍식. "기본소득, 복지국가의 대안이 될 수 있을까?" p.87.

야 할지에 대한 합의된 대안을 제시하지는 못했다. 자본주의의 황금기가 막을 내리면서 분명해진 것은 조직노동과 좌파가 급격히 쇠약해졌고 우파의 부활이 시작되었다는 사실이다.

1960년대 후반부터 시작된 구좌파로 불리는 전통 사민주의에 대한 신좌파의 비판과 공격을 우리는 어떻게 평가할 수 있을까? 비판의 정당성과 역사의 바람직성이 항상 일치하는 것은 아닌 것 같다. 결국 변화된 조건에서 합의된 새로운 대안을 찾지 못했던 좌파와 '시장'이라는 분명한 대안을 손에 쥔 우파 간의 싸움에서 우파가 승리했고, 우리는 1980년대 이후 근 40년 가까이 시장 원리가 지배하는 자본주의의 현실을 목도해야 했다.[141] 떠나지 않는 질문은 1980년대 이후에도 노동계급이 여전히 변화와 변혁의 주체가 될 수 있느냐였다. 1980년대 이후의 권력관계가 만들어지는 과정을 지켜보면서 우리는 이 질문에 답할 수 있을 것이다.

제5절 분배체계: 역사적 복지국가의 출현과 성장

분배체계가 없는 사회는 존재할 수 없다. 자본의 확대재생산이라는 기본 원리가 관철되는 자본주의 체제는 필연적으로 자본주의 체제에 조응하는 분배체계를 제도화한다. 하지만 자본주의의 분배체계는 저절로 주어지는 고정된 '제도'가 아니다. 분배체계는 특정한 사회에서 형성된 (계급)집단들의 권력관계의 산물인 동시에 그 경제관계와 권력관계를 재생산하기 때문이다. 잉여를 나누고 세금을 걷고 부와 소득을 분배하는 제도는 그 사회의 경제체제의 특성에 기초하는 동시에 그 경제체제를 운영하는 국가권력이 어떤 세력인지 또는 어떤 세력과 연대하는지에 따라 상이하다.[142] 칠레와 영국은 모두 자본주의 체제이다. 하지만 두 국가의 분배체계의 특성은 역사적으로 상이한 경험을 갖고 있다.

....

141 윤홍식. "기본소득, 복지국가의 대안이 될 수 있을까?" p.87.

142 Harvey, D.(2014). 『자본의 17가지 모순』. 황성원 역. (Seventeen Contradictions and the End of Capitalism). 파주: 동녘. pp.247-249.

1973년 칠레에서 미국의 사주를 받고 군사쿠데타로 집권한 아우구스토 피노체트(Augusto Pinochet) 정부는 칠레의 부와 소득을 소수의 독점 자본가들에게 집중시켰지만, 1945년에 영국에서 민주적 선거에 의해 집권한 노동당 정권은 영국을 당시로서는 가장 선진적인 복지국가로 만들었다. 다시 말해 역사는 자본주의 체제가 매우 다양한 형태의 분배체계와 공존할 수 있다는 것을 보여주고 있다. 이 절에서 『기원과 궤적』이 제기하는 가장 중요한 질문은 왜 자본주의 분배체계의 한 형태로서 "역사적 복지국가"가 전후부터 1970년대까지라는 특정한 시기와 공간적으로는 서구라는 특정한 지역에서 형성·발전되었는지를 묻는 것이다.

1. 전후 복지국가 확대의 소묘

복지국가에 관한 많은 질문들 중 1945년부터 1970년대까지를 다루는 제8장에서 반드시 대답해야 할 중요한 질문이 있다. 복지국가는 전후에 구성된 자본주의 체제의 보편적 분배체계인가? 아니면 역사적으로 특수한 분배체계인가? 만약 복지국가가 자본주의 분배체계의 보편적 형태라면 현재 한국 사회에서 복지국가를 구성해나간다는 것은 한국 사회가 자본주의 체제인 한 의문의 여지가 없는 우리의 과제가 된다. 그러나 만약 복지국가가 자본주의 체제의 보편적 분배체계가 아닌 "역사적 복지국가"로서 자본주의 분배체계의 특수한 형태라면, 우리가 지금 한국 사회에서 만들어가고자 하는 복지국가가 어떤 분배체계인지를 답해야 한다. 한국 사회만이 이러한 질문에 답해야 하는 것은 아니다. 대부분의 개발도상국들은 물론이고 복지국가의 기원이 그들의 역사와 함께했던 선진 자본주의 국가들 또한 지금 그들이 재구성해가고 있는 분배체계가 무엇인지 답해야 한다.

전후 사민주의가 생산수단의 국유화를 폐기하고 자본주의의 수요관리를 통해 호황과 불황을 반복하는 자본주의 경기순환을 통제하는 정책을 선호하자 서구 자본주의 국가들은 그들이 만들어가야 할 분배체계와 관련해 보다 자유로운 시도가 가능해졌다.[143] 전후 사민주의자들의 목적은 생산수단의 사회화에 기초한 노동계급 우위의 분배가 아닌 불평등을 야기하는 경제적·사회적 장벽을 허무는 것이었다. 사민주의자들만이 아니었다. 보수주의자들 또한 국가가 소득과 부의 분배를 통해 사회적·경제적 불평등을 완화하는 분배체계로서의 "복지국가"에 동의했다. 복지국가는 사민주의자들이 19세기부터 제기했던 두 가지 질문 중 하나인 "사회적 시민권의 확장에 따라 계급의 영향력은 축소되고 있는가?"라는 질문에 대한 잠정적 대답 중 하나였다.[144] 사민주의자들과 보수주의자들은 국가와 시장의 역할에 대해 상이한 생각을 하고 있었지만 복지국가가 자본주의 체제에서 생산수단의 사적소유를 폐지하지 않으면서도 민주주의를 통해 그 특권을 제한할 수 있는 실질적 대안이라는 생각에 동의했다. 적어도 전후 자본주의가 역사상 유례없는 "황금시대"를 구가하는 동안 이러한 합의는 지속될 것처럼 보였다. 왜냐하면 자본주의의 황금시대 동안 자본과 노동 간 소득과 부의 분배는 '파레토 최적(Pareto optimality)' 상황이 아닌 자본과 노동, 누구의 부와 소득도 감소시키지 않으면서 모두 또는 적어도 한 계급의 소득을 증가시킬 수 있는 '파레토 개선(Pareto improvement)'의 상태였기 때문이다.

이러한 조건하에서 전후 복지국가는 두 번의 확장기를 거쳤다. 한 번은 2차 세계대전 종전 이후인 1940년대 후반이었고, 다른 한 번은 1960년대 중반부터 1970년대 중반까지였다.[145] 구체적인 자료를 확인하기는 어렵지만, 피터 린더트(Peter Lindert)가 구축한 자료를 통해서 우리는 그 단면을 볼 수 있다.[146] 〈그림 8.5〉는 전후 서구 자본주의 국가들의 GDP 대비 사회지출의 변화를 보여주고 있다. 전간기인 1930년과 전후 자본주의 황금시대의 절정이었던 1960년만을 비교해보아도 GDP 대비 사회지출은 가장 적게는 일본(0.2%에서 4.1%)과 스위스

....

143 Eley. 『The Left, 1848~2000』. p.580-581.
144 Esping-Andersen. *The Three Worlds of Welfare Capitalism*. p.1.
145 Gough, I.(2011[1979]). "The Origins of the Welfare State." Alcock, p.and Powell, M. eds. *Welfare Theory and Development*. Volume 1. Thousand Oaks, CA: Sage Publication. p.146.
146 Linder. *Growing Public*. pp.12-13.

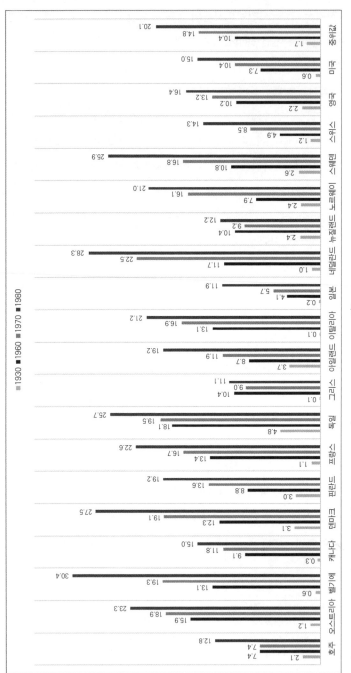

그림 8.5 OECD 국가들의 GDP 대비 사회적 이전(Social transfers) 비율, 1930~1980년[147]

■1930 ■1960 ■1970 ■1980

국가	1930	1960	1970	1980
호주	2.1	7.4	7.4	12.8
오스트리아 벨기에	1.2	15.9	18.9	23.3
벨기에	0.6	13.1	19.3	30.4
캐나다	0.3	9.1	11.8	15.0
덴마크	3.1	12.3	19.1	27.5
핀란드	3.0	8.8	13.6	19.2
프랑스	1.1	13.4	16.7	22.6
독일	4.8	18.1	19.5	25.7
그리스	0.1	10.4	9.0	11.1
아일랜드	3.7	8.7	11.9	19.2
이탈리아	0.1	13.1	16.9	21.2
일본	0.2	4.1	5.7	11.9
네덜란드	1.0	11.7	22.5	28.3
뉴질랜드	2.4	10.4	9.2	12.2
노르웨이	2.4	7.9	16.1	21.0
스웨덴	2.6	10.8	16.8	25.9
스위스	1.2	4.9	8.5	14.3
영국	2.2	10.2	13.2	16.4
미국	0.6	7.3	10.4	15.0
종합평균	1.7	10.4	14.8	20.1

147 Lindert. *Growing Public*. New York, NY: Cambridge University Press. pp.12-13.

(1.2%에서 4.9%)에서 3.8%포인트 증가했고, 가장 크게는 오스트리아에서 14.7% 포인트(1.2%에서 15.9%)나 증가했다. 동 기간 동안 지출 증가비율로 보면 가장 적게는 핀란드에서 세 배(3.0%에서 8.8%) 증가했지만 이탈리아에서는 무려 131 배(0.1%에서 13.1%)나 증가했다.

두 번째 확장기에는 첫 번째 확장기와 비교해 증가율은 둔화되었지만 GDP 대비 사회지출 증가의 절대비중은 전 시기보다 더 커졌다. OECD 전체의 중위값을 보면 전 시기에는 8.8%포인트 증가했지만 이 시기에는 9.7%포인트 증가했다. 벨기에의 사회지출은 무려 17.2%포인트나 증가했고, 네덜란드, 덴마크, 스웨덴도 각각 16.6%포인트, 15.2%포인트, 15.1%포인트 증가했다. 자료를 확인할 수 있는 선진 7개국(G7, 미국, 일본, 독일, 영국, 프랑스, 이탈리아, 캐나다)의 실질 사회복지지출비율은 1965년부터 1975년까지 10년 동안 7.6%포인트나 증가했다(표 8.6 참고).[148] 단 하나의 예외도 없이 모든 국가들에서 1960~1980년까지 GDP 대비 사회지출은 전전과 비교해 비약적으로 증가했다. 자본주의의 황금시대가 공식적으로 막을 내린 것으로 알려진 1980년에 이르면 서구 자본주의 국가들 중 영미권 국가들과 일본을 제외한 대부분의 국가들의 사회지출은 국내총생산의 20% 이상이었다.

하지만 GDP 대비 사회지출의 증가는 전후 자본주의 황금시대에 이루어진 부의 분배의 일부에 지나지 않는다. 자본주의 사회에서 대다수의 사람들은 자신의 노동력을 팔아서(상품화시켜) 생계에 필요한 소득을 얻는다. 이러한 현실을 고려하면 복지급여는 실업자, 퇴직자 등 일부 구성원에게는 삶의 수준을 결정하는 중요한 요인이었지만 노동하는 사람들에게는 임금을 보완하는 제2의 소득원이었다. 대부분의 노동계층에게 중요한 것은 임금이었다. 자본주의 황금시대 동안 실질임금의 변화가 사람들의 복지 수준을 직접적으로 결정했다. 〈표 8.4〉에서 이미 보았지만, 전후 노동자들의 실질임금은 1950년대 초를 넘어서면서 전전 수

....
148 OECD. Social Expenditures, 1960-89; Brenner. 『붐 앤 버블: 호황 그 이후 세계경제의 그늘과 미래』. p.62에서 재인용.

표 8.10 제조업 노동자의 연간 시간당 실질 보수(real compensation)의 변화율(%), 1960~1982년[149]

국가	1960~1973	1973~1979	1979~1981	1980	1981	1982
독일	6.4	5.3	2.2	2.9	1.5	-0.3
미국	1.8	0.9	-0.9	-1.6	-0.1	0.2
영국	3.7	3.7	3.8	4.9	2.7	2.4
일본	8.2	2.3	0.5	-1.5	2.5	2.1
캐나다	2.8	2.8	-0.6	-1.0	-1.1	0.8
프랑스	5.3	4.3	1.8	2.8	0.8	3.0

참고: 실질 시간당 보수[150]는 명목 시간당 보수를 소비자물가지수(CPI)로 나눈 값임. 1982년은 시간당 임금(hourly wage).

준(1938년=100)을 상회하기 시작했다.

서유럽에서 1960년대 중반부터 1970년대 초까지는 파업의 시대였다. 독일과 네덜란드의 살쾡이파업, 이탈리아아의 '뜨거운 가을(Hot Autumn)', 영국의 '불만의 겨울(Winter of discontent)' 등과 같이 파업이 서유럽 전체를 휩쓸었다.[151] 파업에 뒤이어 나타난 실질임금의 폭발적 증가를 고려하면 물질적 분배에서 노동자들의 몫은 전전에 비해 비약적으로 증가했다. 〈표 8.9〉에서 확인한 것처럼 독일(서독)에서 실질임금은 1969년부터 1970년까지 단 두 해 동안 9.2%나 증가했고, 이탈리아에서도 7.3%나 증가했다. 〈표 8.10〉은 선진 자본주의 국가들의 황금시대의 정점에서 종점까지 시간당 실질 보수의 변화를 보여주고 있다. 미국을 제외한 영국, 독일, 일본, 프랑스, 캐나다의 시간당 실질 임금률이 1960년부터 1979년까지 지속적으로 높아졌던 것을 확인할 수 있다. 시간당

....

149 Sachs, J. (1983). "Real Wages and Unemployment in the OECD Countries." Brookings Papers on Economic Activity 1: 255-289. p.258.

150 'compensation'은 보수(報酬)로 번역했다. 보수는 특정한 기간 동안 고용주가 피고용자에게 지급한 임금의 총액을 의미한다. 그러므로 'hourly compensation(시간당 보수)'은 특정기간에 노동자가 고용주로부터 노동의 대가로 받은 돈의 총액을 총 노동시간으로 나눈 값이다. 통상적으로 시간당 임금과 유사한 의미로 쓰이지만, 엄밀하게 이야기하면 시간당 임금은 실질 노동시간에 대해 시간당 정해진 임금으로 지급하는 급여체계를 의미하며, 보수는 월, 분기, 연간 등 특정기간 동안 정해진 금액을 지급하는 급여체계이다.

151 Amstrong et. al. 『1945년 이후의 자본주의』. p.258, pp.283-304.

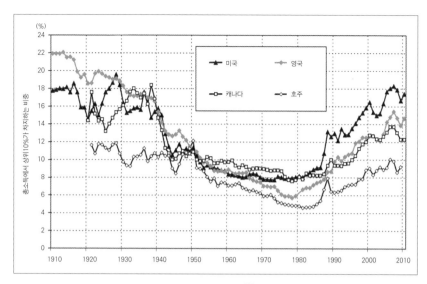

그림 8.6 자유주의 복지체제의 소득불평등, 1910~2010년[152]

실질 임금률의 증가가 둔화되거나 마이너스로 돌아선 것은 1979년 이후 자본주
의의 황금시대가 막을 내리면서부터이다. 독일은 1982년에 시간당 실질임금 증
가율이 마이너스가 되었고, 미국과 캐나다는 1979년부터, 일본은 1980년에 마
이너스를 기록했다.

　전후 이러한 공적 사회지출과 실질임금의 증가는 1970년대까지 선진 자본
주의 국가들에서 경제적 불평등이 증가하지 않았던 중요한 이유 중 하나였다. 물
론 앞서 언급했듯이 선진 자본주의 국가들에서 소득 불평등이 감소한 원인은 두
차례의 세계대전으로 자본이 파괴된 것과 자본소득을 규제하는 공공정책으로 인
한 것이었다.[153] 실제로 〈그림 8.6〉과 〈그림 8.7〉을 보면 G7 국가와 스웨덴에서
소득불평등은 1차 세계대전이 시작된 1910년대부터 2차 세계대전이 끝날 때까
지 지속적으로 낮아졌다. 하지만 중요한 사실은 두 차례 세계대전과 같은 자본을

....

152　Piketty. 『21세기 자본』. p.380.
153　사이먼 쿠즈네츠(Simon Kuznets)는 산업부문 간 이동이 불평등을 완화했다고 주장했지만 이는 경험
　　　적으로 입증되지 않았다. Piketty. 『21세기 자본』. p.25, 32, pp.407-417.

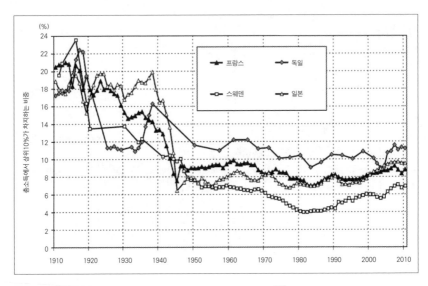

그림 8.7 프랑스, 독일, 스웨덴, 일본의 소득불평등, 1910~2010년[154]

파괴하는 대규모 전쟁이 없었음에도 불구하고 1940년대 중반부터 1970년대 말까지 30년이 넘는 기간 동안 불평등이 낮은 수준을 유지했다는 것이다. 국가별로 차이가 있었지만 이 기간 동안에도 소득불평등은 지속적으로 낮아졌다.

2. 분배체계로서 역사적 복지국가

1) 완전고용

1945년의 2차 세계대전 종식 이후 화려하게 꽃핀 역사적 복지국가는 어떤 모습이었을까? 분배체계로서 역사적 복지국가를 자본주의의 다른 분배체계와 구별하는 가장 중요한 특성은 완전고용의 실현이다. 존 메이너드 케인스(John Maynard Keynes)의 정의를 간명(簡明)화하면, 완전고용(full employment)은 실업이 없는 상태가 아니라 현재의 임금 수준(the current money-wage)에서 취업

....
154 Piketty. 『21세기 자본』. p.381.

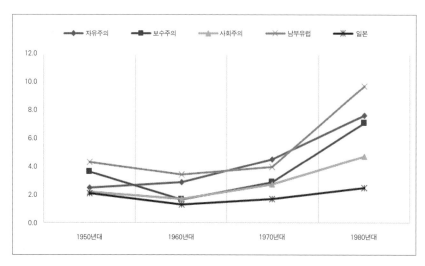

그림 8.8 복지체제별 실업률의 변화, 1950년대부터 1980년대까지

할 의사가 있음에도 불구하고 취업할 수 없는 비자발적(involuntary) 실업이 없
는 상태를 의미한다.[155] 〈표 8.11〉과 〈그림 8.8〉에서 보는 것과 같이 국가와 체제
별로 다소간의 차이가 있지만 1950년대와 1960년대 선진 자본주의 국가들의 실
업률은 전례 없이 낮은 수준을 유지했다. 남유럽을 예외로 한다면 서유럽은 대체
로 3%대 이하의 낮은 실업률을 기록했다. 전후 윌리엄 베버리지(William Beve-
ridge)는 자본주의 사회에서 실업률이 3% 이하가 되면 완전고용이 달성된 것으
로 보았다.[156] 물론 에스핑-앤더슨(Esping-Andersen)의 지적처럼 1950년대부터
1970년대까지 30년 동안 완전고용에 가까운 3% 이하의 실업률을 유지한 국가
는 극소수였다.[157] 〈표 8.11〉에 언급된 국가들 중 이러한 조건을 충족시키는 국가
는 오직 일본, 노르웨이, 스웨덴뿐이다. 미국, 그리스, 이탈리아를 제외한 대부분

....

155 Keynes, J. M.(1936[2008]). *The General Theory of Employment, Interest, and Money*. New Del-
     hi: Atlantic. p.14.
156 Korpi, W. and Palme, J.(2003). "New Politics and Class Politics in the Context of Austerity and
     Globalization: Welfare State Regress in 18 Countries, 1975-95." *American Political Science Re-
     view* 97(3): 425-446. p.428.
157 Esping-Andersen. *The Three Worlds of Welfare Capitalism*. p.163.

표 8.11 선진 복지국가들의 실업률, 1950년대부터 1980년대까지[158]

		1950년대	1960년대	1970년대	1980년대
자유주의 복지체제	미국	4.4	4.7	6.1	7.2
	영국	1.7	2.0	4.4	10.1
	캐나다	3.8	4.7	6.6	9.3
	호주	1.5	2.0	3.9	7.5
	뉴질랜드	0.9	0.9	1.5	4.1
보수주의 복지체제	프랑스	1.5	1.7	3.8	9
	독일	4.9	0.6	1.9	5.7
	오스트리아	4.3	2.1	1.6	3.3
	벨기에	3.8	2.1	4.2	10.4
사민주의 복지체제	핀란드	1.6	2.1	3.7	4.9
	덴마크	3.7	1.4	3.8	8.9
	노르웨이	1.7	1.7	1.6	2.8
	스웨덴	1.7	1.5	1.8	2.2
남부유럽 복지체제	이탈리아	7.2	3.8	4.7	7.5
	그리스	5.7	5.3	2.3	6.6
	스페인	2.1	2.3	4.2	17.5
	포르투갈	2.2	2.4	4.6	7.3
	일본	2.1	1.3	1.7	2.5

의 국가들에서 완전고용에 가까울 정도로 실업률(3% 이하)이 낮아졌던 시기는 1960년대에 들어서면서 부터였다. 논란은 있지만 완전고용의 국제적 수렴화 현상이 나타난 것이라고 할 수 있다.

완전고용은 노동자와 사민주의자들의 오랜 요구이자 이상이었다. 사실 전후 노동계급이 성장할 수 있었던 배경에는 전쟁기간 동안 이루어진 완전고용이라는 특수한 상황과 밀접한 관련이 있다. 전후 노동계급과 좌파의 가장 중요한 정책 목표 중 하나는 전쟁기간 동안 자신들의 안정적 생활과 정치적 힘의 토대가 되었던 완전고용을 전후에도 유지하는 것이었다. 실제로 1970년대까지 좌파(사민주

....

158 Martin, J.(1994). "The Extent of High Unemployment in OECD Countries." *In Reducing Unemployment: Current Issues and Policy Options*. pp.5-40. Kansas City, KS: Federal Reserve Bank of Kansas City. p.10.

의 정당)정부의 최우선 과제는 완전고용을 실현하는 것이었다.[159] 완전고용 대신 가격 안정에 정책의 우선순위를 두었던 중도 또는 우파가 집권해도 전후 강화된 노동계급의 힘과 시대적 흐름 속에서 완전고용의 과제를 소홀히 할 수 없었다. 에른스트 비그포르스(Ernst Wigforss)와 군나르 뮈르달 같은 사민주의자만이 아니라 베버리지와 같은 자유주의자도 완전고용이 자본주의를 인간적으로 만드는 동시에 더 생산적으로 만들 수 있다고 생각했다.[160] 완전고용은 이념을 떠나 전후의 시대적 합의였다. 1960년대에 들어서면서 노동자계급을 괴롭히고 무기력하게 만들었던 실업이 사라지고 노동 공급보다 수요가 넘치는 완전고용이 실현되는 듯했다.

하지만 완전고용을 달성하는 것은 쉬운 일이 아니었다. 상식적으로 생각했을 때 완전고용 상태에서는 노동력에 대한 초과수요가 존재할 가능성이 높고 이는 곧바로 인플레이션으로 이어질 수 있었다. 필립스 곡선은 이러한 완전고용과 인플레이션의 모순적 관계를 정식화한 것이다. 〈그림 8.9〉는 적어도 1960년대의 실업률과 인플레이션이 부적 상관관계에 있다는 것을 보여준다. 즉, 완전고용에 가까워진다는 것(실업률이 자연실업률인 3%에 가까워지거나 그 이하로 내려간다는 것)은 높은 인플레이션을 의미했다. 전후 좌파의 과제는 이러한 부적 상관관계에 있는 인플레이션과 실업률을 모두 적정 수준으로 통제하면서 완전고용을 실현하는 것이었다.

이 모순적인 두 가지 정책 목적을 달성하기 위해 복지국가가 취할 수 있는 정책은 제한적이었고 선택된 정책 효과는 지속 가능한 것이 아니었다. 에스핑-앤더슨의 지적처럼, 이 두 가지 과제는 원래부터 양립 불가능했을지도 모른다.[161] 하지만 이러한 사실은 복지국가의 황금시대에는 그 모습을 드러내지 않았다. 당시 국가에 의해 조정되는 노동조합과 사용자조직의 중앙집권화된 권력관계가 두

....

159 Hibbs, D.(1977). "Political Parties and Macroeconomic Policy." *The American Political Science Review* 71(4): 1467-1487. p.1471.
160 Esping-Andersen. *The Three Worlds of Welfare Capitalism*. p.162.
161 Esping-Andersen. *The Three Worlds of Welfare Capitalism*. p.164.

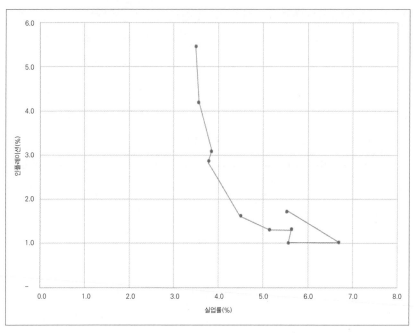

그림 8.9 1960년대 미국의 인플레이션과 실업률 간의 관계(필립스 곡선)[162]

정책 목표의 모순이 가시화되는 위기를 얼마 동안 지연시킬 수 있었기 때문이다. 다만 전후 대부분의 유럽 국가들이 완전고용을 지향했고 적어도 1960년대에는 일정 수준에서 완전고용을 달성했지만, 완전고용을 달성할 수 있었던 정치경제적 조건은 국가의 특성에 따라 상이했다.

스웨덴의 놀라움은 중앙집권화된 권력관계(노조와 사용자조직)를 구축함으로써 두 요인이 갖고 있던 부적상관관계를 정치적으로 관리할 수 있었다는 데 있다. 1951년에 스웨덴 노동조합의 고스타 렌(Gösta Rehn)과 루돌프 마이드너(Rudolf Meidner)에 의해 제안된 일명 렌-마이드너 모델은 인플레이션과 실업률이

....

162 Bureau of Labor Statistics(2016), "Labor Force Statistics from the CPS." http://data.bls.gov/time-series/LNU04000000?years_option=all_years&periods_option=specific_periods&periods=Annual+Data, 접근일 2016년 3월 11일. Inflationdata.com, Total Inflation Rate by Decade(Cumulative Inflation by Decade Since 1913), Inflation and CPI Consumer Price Index 1960-1969.

고스타 렌과 루돌프 마이드너[163]

어떻게 정치적으로 관리되었는지를 보여주는 대표적인 정책 사례라고 할 수 있다. 렌-마이드너 모델은 재정정책, 임금정책, 노동시장정책이라는 세 가지 정책의 결합으로 구성되어 있다.[164] 첫째, 재정정책과 노동시장의 결합이다. 경제호황기에는 직접세를 통해 수요를 낮추어 인플레이션을 억제하고, 불황기에는 적극적 노동시장정책을 통해 노동력에 대한 공급이 수요를 초과하는 산업에서 노동력이 부족한 산업으로 노동력을 이동시키는 것이다. 둘째, 연대임금정책을 통해 노동자들 간의 소득불평등을 완화하는 것이다. 이는 생산성이 낮은 기업은 도태시키고 생산성이 높은 기업에는 더 많은 투자를 유도함으로써 기업의 경쟁력을 높이는 것이다. 마지막으로, 생산성이 낮은 기업의 파산으로 인해 발생하는 실업자는 적극적 노동시장정책을 통해 노동력이 필요한 산업에 공급한다는 것이다. 이러한 렌-마이드너 모델은 케인스주의의 단순한 재정정책 중심의 수요확장정책을 넘어 국가가 적극적으로 노동시장정책에 개입하는 새로운 방식이었다. 렌-마이드너 모델로 대표되는 스웨덴의 완전고용정책은 국가정책에 협조적인 중앙

....

163 렌의 사진출처: https://en.wikipedia.org/wiki/G%C3%B6sta_Rehn. 마이드너의 사진출처: https://alchetron.com/Rudolf-Meidner-1382218-W
164 신광영(2015). 『스웨덴 사민주의』. 서울: 한울아카데미 pp.94-98.

집권화된 노동조합과 높은 수준의 투자를 계속 유지한 고용주가 존재했던 1970년대까지 큰 무리 없이 작동했던 것으로 보인다. 실제로 〈표 8.11〉에서 보는 것과 같이 스웨덴의 실업률은 1950년대부터 1980년대까지 근 40년 동안 1.5~2.2%라는 매우 낮은 수준을 유지했다.

독일은 완전고용을 달성하는 또 다른 형태의 정책조합을 보여준다. 에스핑–앤더슨에 따르면, 독일의 정책은 세 가지 측면에서 다른 유럽 국가들과 상이했다.[165] 먼저 자율성을 갖고 있는 중앙은행(Bundesbank)의 존재는 독일이 긴축적인 금융정책을 통해 임금 상승과 재정지출 증가를 억제할 수 있는 수단을 갖고 있었다는 것을 의미했다. 또한 북유럽과 달리 독일 사민당과 노동조합의 힘이 상대적으로 약했던 것도 자본이 북유럽 국가들에 비해 임금 압박으로부터 자유로울 수 있는 조건이었다. 마지막으로, 독일은 동유럽으로부터 저렴한 노동력을 공급받아 노동운동의 임금인상 요구를 무력화시킬 수 있었다. 실제로 독일 경제의 기적은 바로 이러한 조건하에서 만들어졌다. 하지만 1960년대에 들어서면서 이러한 조건이 지속되지 못하자 독일은 1966년과 1969년의 기민당과 사민당 간의 두 차례 대연정을 통해 노동조합, 고용주, 정부가 완전고용을 달성하기 위한 틀을 제도화했다.

반면 미국의 완전고용 정책은 1930년대 중반 '루스벨트의 균형예산'으로 빛을 보지 못했다.[166] 미국 정부의 관심사는 완전고용이 아니라 물가안정이었다. 특히 1950년에 일어난 한국전쟁은 이러한 전후 미국 정책을 강화했다. 전후에 약속했던 완전고용과 복지 확대는 사라지고 1960년대 중반까지 미국 복지국가는 답보 상태를 면치 못했다. 〈표 8.11〉에서 보는 것과 같이 1950년대와 1960년대 미국의 실업률은 OECD 국가들 중 가장 높은 수준이었고, GDP 대비 사회지출도 일본을 제외한 서구 국가 중 가장 낮은 수준에 머물렀다. 또한 독일과 같이 독립적인 연방준비제도의 존재는 인플레이션정책을 최우선적으로 추진할 수 있는 중

....

165 Esping-Andersen. *The Three Worlds of Welfare Capitalism*. pp.169-170.
166 Esping-Andersen. *The Three Worlds of Welfare Capitalism*. p.166.

요한 제도적 장치였다. 전후 영국 노동당 정권도 완전고용과 복지 확대를 추진했다. 하지만 스웨덴과 같은 정교한 중앙집권화된 조절장치가 제도화되어 있지 않은 가운데 추진된 정책은 인플레이션을 유발했다. 노동당 정부는 임금인상을 억제하는 소득정책으로 대응했는데, 이는 노동조합의 저항을 유발했다.[167] 미국과 영국의 사례는 전후 완전고용의 실현과 인플레이션의 통제가 강력한 중앙집권적 합의의 제도화를 필요로 한다는 점을 확인시켜주었다.

지속 가능성 여부를 떠나 완전고용은 전후 복지정책의 확장에 중요한 전제 조건이었다. 가장 먼저 완전고용은 비자발적 실업이 존재하지 않는다는 점에서 복지제도가 고용에 기초해 제도화될 수 있는 조건을 만들었다. 사회지출의 가장 큰 부분을 차지하는 사회보험은 노동시장에서 직면하는 실업, 질병, 노령 등에 대한 대응을 제도화한 것으로 완전고용이 실현되었을 때 비로소 보편성을 갖게 되는 제도이다. 노동시장에 참여한 경험이 없는 사람은 사회보험제도의 대상이 될 수 없기 때문이다. 사회보험이 포괄한 대상은 1945년에 56.2%에 불과했지만 1970년이 되면 97.8%로 두 배 가까이 증가한다.[168] 물론 이러한 대상의 확대가 모두 완전고용의 결과라고 할 수는 없지만 완전고용을 전제하지 않고는 설명하기 어렵다. 또한 완전고용은 복지급여의 재원이 되는 세금과 사회보장세를 납부할 대상을 확대해 복지국가를 지탱하는 안정적 재원을 제공했다. 사실 복지국가는 부자에게서 세금을 걷어 복지급여를 제공하는 것이 아니라 중산층과 저소득층으로부터 보편적으로 재원을 조달해 이를 보편적으로 분배하는 것이기 때문에 가능한 한 많은 사람들이 노동시장에 참여할 때 안정적으로 작동될 수 있는 분배체계였다.

....

167 Esping-Andersen. *The Three Worlds of Welfare Capitalism*. pp.170-171.
168 이 수치는 4개 사회보험의 적용비율(coverage %)에 각각 상이한 가중치(노령연금=1.5, 질병보험=1.0, 실업보험=1.0, 산재보험=0.5)를 부여하고 이를 2로 나눈 값으로 계산한 것이다. Flora, p.and Alber, J.(1998). "Modernization, Democratization, and the Development of Welfare States in Western Europe." Flora, p.and Heidenheimer, A. eds. *The Development of Welfare States in Europe and America*. pp.37-80. London: Transaction Publishers. pp.54-57.

2) 전후 복지제도의 혁신: 보편주의와 가족정책

2차 세계대전이 끝나자 복지제도와 관련된 몇 가지 주목할 만한 혁신들이 나타났다. 가장 주목해야 할 혁신은 보편주의의 탄생이라고 할 수 있다. 복지정책과 관련해 다양한 방식으로 보편주의를 정의할 수 있지만, 일반적으로 보편주의 복지정책은 급여 대상을 소득과 자산을 기준으로 선별하지 않고 인구학적 특성에 따라 부여하는 정책으로 정의할 수 있다.[169] 이는 보편주의 복지정책에서 급여 자격이 시민권에 기초한다는 것을 의미한다. 영국은 보편주의 복지를 실현하는 선두에 섰다. 1942년 11월에 이집트의 엘 알라메인(El Alamein)에서 벌어진 전투에서 승리한 직후에 발표된 『베버리지 보고서』는 전후 자본주의 사회가 그려야 할 복지국가의 전형을 보여주었다. 보편적 사회보험, 의료개혁, 고용정책, 가족수당 등이 전후 정책으로 공식화되었다.[170] 전후에 집권한 노동당의 클레멘트 애틀리(Clement Attlee) 정부는 집권기간(1945~1951년) 동안 영국을 당시 자본주의 세계체계에서 가장 선진적인 복지국가로 탈바꿈시켰다. 1945년에 가족수당법, 1946년에 국민보험법, 1948년에 국민보건서비스법, 국민부조법 등이 제도화되었다. 특히 주목할 만한 제도적 혁신은 전후 질병보험을 국민보건서비스(National Health Service)로 대체한 것이다.[171] 의료서비스가 보험에 대한 대가가 아닌 시민의 보편적 권리로 보장된 것이다. 의료서비스가 개인의 지불 능력이 아닌 인간의 필요에 의해 제공되었고, 민간의료체계를 공적의료체계로 전환했다. 노동계급의 건강은 뚜렷이 개선되었고 시민의 삶의 질은 개선되었다.

균등급여 원리에 입각한 보편주의 복지제도는 2차 세계대전에서 파시즘의

....

169 보편주의에 대한 다양한 논의는 다음 글을 참고하라. 윤홍식(2011). "보편주의를 둘러싼 주요쟁점: 보편주의 복지정책을 위한 시론." 『한국 사회복지학』 63(2): 57-79; Anttonen, A. and J. Sipilä(2008). *Universalism: and Idea and Principle in Social Policy*. Unpublished document. http://www.nova.no/asset/3723/1/3723_1.pdf; Titmuss, R.(2008[1968]). "Universalism Versus Selection." Pierson, C. and Castles, F. eds. *The Welfare State Reader*. pp.40-47. London: Polity.

170 고세훈(2011). 『영국정치와 국가복지: 신(New)자유주의에서 신(Neo)자유주의로』. 서울: 집문당. p.196.

171 Amstrong et. al. 『1945년 이후의 자본주의』. pp.212-213.

위협을 물리치고 민주주의와 자본주의를 지킨 시민들의 애국주의에 대한 자본주의 국가의 보상이었다.[172] 균등급여 방식의 보편주의 급여를 통해 전후 복지국가는 사회통합과 (자본주의와 민주주의의) 질서를 유지하고자 했다.[173] 하지만 불행히도 전후 가장 선진적이었던 영국 복지국가의 명성은 추락했다. 전후 노동당 정부의 수장이었던 애틀리는 "영국이 전후 세계에서도 미국과 소련에 커다란 영향을 끼치는 존재가 되기를" 바랐지만, 식민지가 없는 새로운 전후 세계에서 영국은 자본주의 세계체계의 패권국과 복지국가의 역할을 동시에 감당할 수 있는 경제적·정치적 자원을 가지고 있지 않았다.[174] 영국은 분에 넘치는 패권국가의 지위를 잃지 않으려고 했는데, 이는 영국 복지국가의 발전에 중요한 장애가 되었다.

보편주의 복지정책에서 또 다른 혁신은 낮은 수준의 보편적인 정액균등급여가 소득 수준을 반영하는 소득비례급여로 전환된 것이다. 복지급여가 단순히 낮은 수준의 보편적 정액급여에 머물지 않고 소득활동을 할 당시의 생활수준을 유지시키는 것으로 전환된 것이다. 균등급여방식의 보편주의는 모든 시민이 동일한 급여를 받는다는 점에서 사회통합에 기여했을지 모르지만, 자신이 누렸던 생활수준을 유지하기를 바라는 사무직 노동자로 대표되는 중간계급의 이해를 대변할 수는 없었다. 실제로 정액급여 방식은 중간계급의 욕구를 다른 사회계층의 욕구로부터 분리시키고 있었다.[175] 스웨덴 사민당이 추진한 1959년의 연금개혁(ATP)은 "복지의 정신에 다시 초점을 맞추면서 최저 기준에 연결된 정책 분담의 '프롤레타리아화' 평등주의를 수입과 연계된 설계 및 소득보조에 기초한 '중간계급' 상향평준화로 대체했다."[176] 스웨덴 사민당의 이러한 시도는 전후에 변화

....

172 Eley. 『The Left, 1848~2000』. pp.576-577. 물론 애국주의에 대한 보상으로서의 보편주의 복지의 물적 토대는 재정정책과 대규모 공적지출을 통해 높은 수준의 임금, 물가안정, 완전고용을 달성하려고 했던 총 수요관리라는 케인스주의에 기초한 것이었다.

173 Anttonen, and Sipilä. *Universalism: and Idea and Principle in Social Policy*.

174 Sassoon. 『사회주의 100년 1』. p.360.

175 Korpi, W. and J. Palme.(1998). "The Paradox of Redistribution Welfare State Institutions, Inequality, and Poverty in the Western Countries." *American Sociological Review* 63(October): 661-687.

176 Eley. 『The Left, 1848~2000』. p.582.

한 자본주의 경제구조와 정치질서를 반영한 것이었다. 1930년대에 사민당의 핵심 연대 대상이었던 농민은 전후 산업화 과정에서 쇠퇴했고 그 자리를 사무직 노동자가 대신했다. 1959년의 연금개혁은 스웨덴 사민당의 연대 대상이 구(舊)중간계급인 농민에서 신(新)중간계급인 사무직 노동자로 전환되었다는 것을 확인해주는 것이었다. 미야모토 타로(宮本太郎)는 연금개혁을 통해 스웨덴 사민당이 "적녹동맹 이후의 새로운 정치동맹의 가능성을 획득했다."고 평가했다.[177] 스웨덴은 전후 영국이 만들었던 '균등한 급여'라는 보편주의 원리에서 벗어나 소득비례라는 '차등적 급여'에 근거한 보편주의 복지모델을 새롭게 구성한 것이다. 보편주의 복지는 이제 기본적 욕구에 대해서는 동등한 욕구를 인정하지만 기본적 욕구 이상의 욕구에 대해서는 시민들 간에 차별적인 욕구가 존재한다는 것을 받아들였다.[178] 보편주의 정책 내에서 계층화가 이루어진 것이다. 이로써 전후 보편주의는 19세기 후반 독일에서 오토 폰 비스마르크(Otto von Bismarck)가 고안한 성취에 기초한 급여 원리와 20세기 중반 영국에서 베버리지가 제안한 시민권에 기초한 급여 원리가 조합된 급여 원리가 되었다.[179]

마지막으로 주목해야 할 혁신은 1970년대에 들어서면서 복지국가가 대응해야 할 사회적 위험이 노동시장영역에서 사적영역이라고 간주되는 가족영역으로 확장된 것이다. 1960년대까지만 해도 전후 복지국가는 강력한 남성 생계부양자를 전제로 제도화된 분배체계였다.[180] 하지만 1960년대 이후 제조업의 쇠퇴와 서비스업의 확대로 여성의 노동시장 참여가 증가하면서[181] 발생한 사회서비스 민

....

177 宮本太郎(2003[1999]).『복지국가 전략: 스웨덴 모델의 정치경제학』. 임성근 역. (福祉国家戦略: スウェーデンモデルの政治経済学). 서울: 논형. p.180.
178 Ginsburg, N.(2003). "Socialist Perspective." Alcock, A., Erskine, A., and May, M. eds. *Social Policy*(2nd ed.). pp.92-99. London: Blackwell Publishing.
179 윤홍식. "보편주의를 둘러싼 주요쟁점: 보편주의 복지정책을 위한 시론." p.63.
180 Lewis, J.(1992). "Gender and the Development of Welfare Regimes." *Journal of European Social Policy* 2(3): 159-173.
181 스웨덴과 덴마크에서는 노동력 부족 현상이 1960년대부터 나타나기 시작했다. 이러한 배경으로 인해 이 국가들은 다른 선진 자본주의 국가들보다 일찍부터 가족정책에 관심을 갖게 되었다. Emerek, R.(1998). "Atypical Working Time: Examples from Denmark." Drew, E., Emerek, R., and Mahon,

1970년에 워싱턴에서 여성의 평등권을 요구하는 시위 행렬. 1970년대의 복지국가의 위기는 2차 세계대전 이후에 구성된 남성 중심의 복지국가의 위기였다(LOC/Warren K. Leffler).[182]

영화, 비정규직화, 돌봄 등의 문제가 새로운 사회위험으로 인식되기 시작했다. 실제로 1965년에 스웨덴 여성의 노동시장 참여율은 이미 48.7%였다.[183] 더불어 1930년대의 출산력 감소는 전후 덴마크, 스웨덴, 핀란드에서 가족정책(사회서비스)이 복지국가의 중요한 영역으로 등장한 배경이 되었다.[184] 물론 여성의 노동시

....

E. eds. *Women, Work and the Family in Europe*. pp.131-139. New York: Routledge; Hiilamo, H. and Kangas, O.(2003). "Trap for Women or Freedom to Choose?: Child Home Care Allowance in Finnish and Swedish Political Rhetoric." Paper for the inaugural ESPAnet conference "Changing European Societies-The Role for Social Policy." Organized by the Danish National. 반면 핀란드에서는 스웨덴, 덴마크와 달리 1960년대에 노동력 부족 현상이 발생하지 않았다. Hiilamo and Kangas. "Trap for Women or Freedom to Choose?: Child Home Care Allowance in Finnish and Swedish Political Rhetoric."

182 http://un-library.tumblr.com/post/123028928794/1979-discrimination-against-women-is
183 Liljestrom, R.(1978). "Sweden." Kamerman, S. and Kahn, A. J. eds. *Family Policy: Government and Families in Fourteen Countries*. pp.19-48. New York, NY: Columbia University Press.
184 Vedel-Petersen, J.(1978). "Denmark." Kamerman, S. and Kahn, A. J. eds. *Family Policy: Government and Families in Fourteen Countries*. pp.295-327. New York, NY: Columbia University Press; Lindgren, J.(1978). "Finland." Kamerman, S. and Kahn, A. J. eds. *Family Policy: Government and Families in Fourteen Countries*. pp.267-294. New York, NY: Columbia University Press; Liljestrom. "Sweden."

장 참여와 출산력 감소만으로 1970년대부터 본격화된 가족정책의 제도화를 설명할 수는 없다. 그 중심에는 1960년대 후반부터 대두된 페미니즘운동의 확산이 있었다. 전후 사민주의의 이상을 실현하려고 했던 복지국가는 줄리엣 미첼(Juliet Mitchell)의 이야기처럼 "사회주의는 (…) 완전히 남성지배적인 것이었기 때문이다."[185] 여성들은 일상적인 일을 정치적인 의미로 재해석하려고 했고 전후에 만들어진 강고한 성별 분업을 해체하는 것 또한 일상을 정치화하는 중요한 의제 중하나가 되었다. 1970년대부터 북유럽 복지국가를 중심으로 부모휴가(육아휴직)의 이용 권리를 부모 모두에게 부여하고 부성휴가를 도입하고 부모휴가의 일정기간을 부에게 할당하려는 시도들과[186] 여성의 돌봄노동을 탈가족화(defamilialization)하는 공적 영유아 보육시설의 확대 등 성별 분업을 해체하려는 시도들이 있었다. 복지국가의 역할이 남성 노동력의 탈상품화를 넘어 여성 노동력의 탈가족화와 상품화·탈상품화로 확대된 것이다.[187]

3) 복지국가의 확대와 재원의 변화[188]

분배에서 조세가 차지하는 역할은 약화되었지만 1970년대 이전까지만 해도 조세는 사회지출과 함께 불평등을 완화하는 중요한 정책수단 중 하나였다. 산업화된 자본주의 국가에서 세원은 관세와 같은 단순간접세에서 소득과 부에 대한 직접세로, 다시 부가가치세와 같은 간접세로 확대되었다.[189] 실제로 세입 구조의 변화를 보면 몇 가지 보편적 경향과 국가에 따라 상이한 특수한 경향이 동시에 목격된다. 먼저 역사적 복지국가의 황금기라고 할 수 있는 1965년의 OECD의 평

....

185 Eley. 『The Left, 1848~2000』. p.668
186 Leria, A.(2002). *Working Parents and the Welfare State: Family Change and Policy Reform in Scandinavia.* New York, NY: Cambridge University Press.
187 윤홍식·송다영·김인숙(2011). 『가족정책: 복지국가의 새로운 전망』. 파주: 공동체.
188 이 부분은 다음 글을 기초로 작성되었다. 윤홍식(2011). "복지국가의 조세체계와 함의: 보편적 복지국가 친화적인 조세구조는 있는 것일까." 『한국사회복지학』 63(4): 277-299.
189 Lindert. *Growing Public.* p.35; Kato, J.(2003). *Regressive Taxation and the Welfare State: Path Dependence and Policy Diffusion.* NY: Cambridge University Press. p.34.

균적인 세입 구조를 보면 소비세(일반소비세와 특수소비세)가 가장 큰 비중을 차지했고 소득세가 그 뒤를 잇고 있다. 법인소득세와 재산세가 전체 조세에서 차지하는 상대적 비중은 낮은 편이다. 스웨덴, 독일, 영국의 조세 구조도 OECD의 평균적 모습과 크게 다르지 않다. 다만 스웨덴, 독일, 영국 모두 개인소득세의 비중이 소비세의 비중보다 높았다. 물론 복지지출의 재원이 모두 세금(사회보장세 포함)으로부터 충당되는 것은 아니기 때문에 조세 구조의 변화를 보는 것만으로는 전체 복지재원의 구조 변화를 파악할 수 없다. 그러나 대부분의 복지재원이 조세에 기반하고 있다는 점을 고려하면 조세 구조의 변화를 통해 자본주의의 황금시대에 복지국가가 어떻게 복지재원을 마련했는지를 추정할 수 있을 것이다. 〈표 8.12〉를 보면 1965년과 1975년의 OECD의 세입 구조에서 고용주와 노동자의 사회보장세 부담이 증가한 것이 두드러져 보인다.

구체적으로 보면, 스웨덴의 경우 고용주의 사회보장세 부담 비중은 1965년에 3.0%에서 1975년에 7.6%로 불과 10년 만에 2.5배나 증가했다. 다음으로, 특별소비세의 감소를 고려하더라도 일반소비세의 증가가 두드러진다. 반면 일종의 부유세라고 할 수 있는 법인과 재산에 대한 세금의 GDP 대비 비중은 모두 감소했다. 독일의 경우 스웨덴과 달리 노동자와 고용주의 사회보장기여분이 가장 큰 증가를 보였고 개인소득세도 증가했다. 영국은 일반소비세, 법인세, 고용주의 사회보장기여금, 개인소득세, 노동자의 사회보장기여금 순으로 GDP 대비 비중이 증가했다. 전체적으로 보면, 스웨덴에서는 고용주에 대한 부담과 역진적이라고 할 수 있는 소비세의 증세를 통해 복지재원을 조성한 반면, 독일에서는 개인소득세와 사회보장세가 유사한 비중으로 증가했다. 영국은 일반소비세, 법인세, 고용주의 사회보장세 증가가 두드러졌다. 전체적으로 복지 확장에 소요되는 재원은 개인소득과 법인소득과 같은 누진적 세금보다는 사회보장세와 소비세와 같은 역진적 세금의 증가를 통해 조성되었다. 예외가 있다면 영국에서 GDP 대비 법인소득세의 증가가 두드러졌다는 점이다. 이러한 결과는 전후 복지 확장이 적어도 부자와 기업으로부터 세금을 걷는 방식으로 이루어지지 않았다는 것을 확인해주고 있다. 다만 세수 중 개인소득세의 비중이 가장 크다

표 8.12 스웨덴, 독일, 영국, OECD의 GDP 대비 세수 비중의 변화, 1965~1985년

국가	세목	1965	1975	1985	변화율 '65~'85	변화율 '65~'75
스웨덴	개인소득	16.3	19.1	18.4	12.9	17.2
	법인소득	2.0	1.8	1.7	−15.0	−10.0
	재산세	0.6	0.5	1.1	83.3	−16.7
	피고용주	0.6	0	0.1	−83.3	−100.0
	고용주	3.0	7.6	11.3	276.7	153.3
	일반소비	3.5	5	6.6	88.6	42.9
	특별소비	6.4	4.4	5.5	−14.1	−31.3
독일	개인소득	8.2	10.3	10.3	25.6	25.6
	법인소득	2.5	1.5	2.2	−12.0	−40.0
	재산세	1.8	1.3	1.1	−38.9	−27.8
	피고용주	3.7	5.1	5.7	54.1	37.8
	고용주	4.6	6.3	6.8	47.8	37.0
	일반소비	5.2	5	5.7	9.6	−3.8
	특별소비	4.6	3.7	3.2	−30.4	−19.6
영국	개인소득	10.1	14	9.6	−5.0	38.6
	법인소득	1.3	2.2	4.7	261.5	69.2
	재산세	4.4	4.4	4.4	0.0	0.0
	피고용주	2.1	2.4	3.1	47.6	14.3
	고용주	2.3	3.8	3.4	47.8	65.2
	일반소비	1.8	3.1	5.9	227.8	72.2
	특별소비	7.7	5.2	5.1	−33.8	−32.5
OECD	개인소득	6.9	9.3	10.1	46.4	34.8
	법인소득	2.2	2.2	2.6	18.2	0.0
	재산세	1.9	1.7	1.7	−10.5	−10.5
	피고용주	1.5	2	2.5	66.7	33.3
	고용주	2.6	4.1	4.7	80.8	57.7
	일반소비	3.3	4.2	5.2	57.6	27.3
	특별소비	5.8	4.7	4.7	−19.0	−19.0

출처: 윤홍식. "복지국가의 조세체계와 함의." p.288.

는 점에서 가토(Kato)와 린더트의 주장처럼 복지국가의 조세체계가 역진적으로 변했다고 할 수는 없다.[190] 전체적으로 보면 누진적 세금과 역진적 세금이 균형적으로 확대되었다.

좌파가 지배적인 정치세력으로 등장한 복지국가의 황금기 동안 어떻게 역진적 세금이 증가할 수 있었을까?[191] 이는 정부의 정책(세출 방식)에 따라 세입의 역진성과 불평등 간의 상관관계가 약화될 수 있었기 때문이다.[192] 예를 들어, 스웨덴 사민당은 소비세와 같은 역진적 세금을 증가시킬 때마다 저소득층을 위한 소득지원 프로그램을 제도화했고, 생필품과 비생필품의 세율을 달리 적용함으로써 소비세가 가지는 역진성을 최소화했다.[193] 스웨덴 사민당은 음식, 의복 등과 같은 생필품에 대한 세율을 절반으로 낮추었다.[194] 정리하면, 자본주의의 황금시대에 이루어진 복지국가의 확장은 어떤 특정한 재원이 아닌 이용 가능한 모든 세원의 확장을 통해 이루어졌다고 할 수 있다. 다만 그 방향이 국가에 따라 상이했을 뿐 좌파가 누진적 세금을 선호하고 우파가 역진적 세금을 선호하는 두드러진 현상은 나타나지 않았다.

4) 복지국가, 왜 미국이 아니고 서유럽인가?

우리는 자본주의의 황금시대에 조응하는 복지체제로서 복지국가의 전형이 미국이 아닌 서유럽에서 구성되었다는 사실을 아무런 의구심 없이 받아들인다.

....

190 Lindert. *Growing Public*; Kato. *Regressive Taxation and the Welfare State: Path Dependence and Policy Diffusion.*

191 사실 스웨덴에서 사민당이 소비세를 도입하려고 했을 때 국민은 물론이고 사민당 의원과 지지자들은 반대했다. 소비세(당시는 판매세) 도입을 지지하는 비율은 40%를 넘지 않았다. Kato. *Regressive Taxation and the Welfare State: Path Dependence and Policy Diffusion.* p.62.

192 윤홍식. "복지국가의 조세체계와 함의." p.283.

193 Akaishi, T. and Steinmo, S.(2006). "Consumption Taxes and the Welfare State in Sweden and Japan." Sheldon, G. and Maclachlan, p.eds. *The Ambivalent Consumer: Questioning Consumption in East Asia and the West.* pp.340-375. US: Cornell University Press. p.352.

194 김욱(2007). "스웨덴의 과세정치: 타협과 협의에 바탕한 안정성과 효율성." 강원택 편. 『세금과 선거: 각국의 경험과 한국의 선택』. pp.121-146. 서울: 푸른길. p.136.

그러나 전후 자본주의 세계체계의 패권이 미국에 있었고, 미국은 앞서 제3절에서 살펴본 것처럼 세계에서 가장 부유한 국가였다. 그런데 왜 자본주의 복지체제의 전형은 미국이 아닌 서유럽에서 만들어진 것일까? 미국은 정말 복지국가를 만드는 데 실패한 것일까? 조금만 생각해보면 쉽게 납득이 가지 않는다. 에스핑-앤더슨은 미국이 유럽과 같은 복지국가를 발전시키지 못한 것은 강력하게 조직화된 계급이 존재하지 않았기 때문이라고 지적한다.[195] 다시 말해 복지국가가 발전하기 위해서는 복지국가와 이해를 같이하는 강력한 노동계급과 동맹세력으로서의 중간계급이 존재해야 한다는 것이다. 그런데 미국에는 이런 계급이 조직화되어 있지 않았기 때문에 계급연대를 만들 수 없었고 복지 확대에 반대하는 보수세력의 장벽을 넘지 못했다고 설명한다. 실제로 1945~1946년의 완전고용법안(the Full Employment Bill)은 의회 내의 중도보수연합에 의해 저지되었고, 이후 케인스주의 정책을 뒷받침하는 집행계획과 재정계획의 제도화는 이루어지지 않았다.[196]

과연 이것이 이야기의 전부일까? 테다 스카치폴(Theda Skocpol)이 지적한 것처럼, 미국은 산업화된 민주주의의 국가 중 유일하게 국내에서 제기되는 사회적 요구를 수용할 수 있고 놀라울 정도의 건강한 경제와 일자리 창출 능력이 있는 국가였다. 그런데 왜 미국에서는 서유럽과 같은 복지제도가 만들어지지 않았던 것일까? 우리는 유럽에서 복지국가의 출현이 임금상승을 억제하기 위한 소득정책의 일환으로 제도화되었다는 사실에 주목할 필요가 있다.[197] 덴마크의 사례를 보면 보편적 사회복지의 출현은 민간영역에서 임금인상과 소비 확대를 억제하는 것에 대한 보상 차원에서 제도화된 것이었다.[198] 전후 유럽은 미국처럼 고임금정책을 실행할 수 없었기 때문에 복지제도를 도입하려고 했던 것이

....

195 Esping-Andersen. *The Three Worlds of Welfare Capitalism*. p.166.

196 Skocpol, T.(1987). "America's Incomplete Welfare State: the Limites of New Deal Reforms and the Origins of the Present Crisis." Rein, M., Esping-Andersen, G., and Rainwater, L. *The Rise and Fall of Policy Regimes*. pp.35-58. New York, NY: M. E. Sharpe, Inc. p.43.

197 Esping-Andersen. *The Three Worlds of Welfare Capitalism*. p.170.

198 Esping-Andersen. *The Three Worlds of Welfare Capitalism*. pp.170-171.

다.[199] 미국과 달리 내수시장이 좁은 유럽 국가들에게 수출경쟁력은 경제발전의 원동력이었고, 자국 상품의 수출경쟁력을 유지하기 위해서는 낮은 임금이 필수적이었다. 반면 미국 경제에서 수출이 차지하는 비중은 미미했기 때문에 미국은 국제경쟁에 민감하지 않았다. 특히 전쟁을 거치면서 성장한 미국 경제는 유럽 국가들에 비해 상대적으로 고임금을 지급할 수 있는 능력이 있었다. 1950년대부터 1970년대까지 미국의 노동자 1인당 실질임금은 산업화된 유럽 국가들보다 높았다.[200] 상대적으로 높은 임금을 유지할 수 있었던 미국은 유럽과 달리 서둘러 복지제도를 도입할 필요가 없었던 것이다. 실제로 미국은 취약한 복지제도와 지출에도 불구하고 적어도 1970년대 후반까지 소득과 소비 모두에서 불평등을 지속적으로 감소시킬 수 있었다.[201]

또 하나의 단서는 1910년 이후, 더 멀게는 1870년 이후부터 2010년까지 유럽의 국민소득 대비 자본의 비율 베타($ß$)가 미국보다 높았다는 데서도 찾을 수 있다.[202] 여기서 베타($ß$)는 저량(stock)변수인 자본(s)을 유량(flow)변수인 소득(g)으로 나눈 값이다($ß=s/g$). 어떤 사회의 $ß=6$이라면 그 사회의 자본 총량이 6년 동안의 국민소득과 같다는 것을 의미한다. 그러므로 유럽의 $ß$값이 미국의 $ß$값보다 높다는 것은 그만큼 유럽의 부(자산)가 미국보다 불평등하게 분포되었다는 것을 의미한다. 이는 미국에 비해 유럽의 자본소득이 크고 노동소득이 작아 자본과 노동 간의 불평등이 크다는 것을 의미한다. 유럽의 낮은 실질임금과 소득에 비해 큰 자산 규모는 구대륙인 유럽이 미국보다 복지국가를 더 필요로 했던 이유 중 하나가 될 수 있을 것이다.[203] 하지만 미국 자본주의가 위기에 처하면서 미국의 불평등은 독일, 프랑스, 스웨덴 등 유럽 국가들보다 훨씬 빠른 속도로 증

....

199 Sassoon. 『사회주의 100년 1』. p.312.
200 Sassoon. 『사회주의 100년 1』. p.400.
201 Meyer, B. and Sullivan, J. (2010). "Consumption and Income Inequality in the U.S. Since 1960s." Paper presented at the Canadian Economic Association Annual Meetings.
202 Piketty. 『21세기 자본』. p.226.
203 물론 이 수치만으로는 불평등에 대해 아무것도 이야기할 수 없지만 한 사회의 불평등을 이해하는 출발점으로서는 분명한 의미가 있다.

가했다. 1970년대에 들어서면서 미국 자본주의는 더 이상 높은 수준의 실질임금을 유지하기 어려웠고, 보편적 복지정책이 부재한 미국에서 불평등은 급격하게 증가했다. 앞서 살펴 보았던 〈그림 8.6〉은 이러한 현실을 잘 보여주고 있다.

마지막으로, 우리는 미국이 1945년 이후에 자본주의 질서를 유지하고 소련으로 대표되는 사회주의 국가들로부터 자본주의 세계를 보호하는 역할을 수행했던 패권국가였다는 점을 기억할 필요가 있다. 전후 영국 복지국가가 퇴행한 것은 영국이 자본주의 세계체계의 패권국의 지위를 잃지 않으려는 정책의 결과였다는 것을 상기할 필요가 있다.[204] 이는 "총 대 버터 논쟁"이라고 할 수 있는데, 복지국가의 확대와 패권 강화 및 유지는 서로 부적 관계에 있었기 때문이다. 실제로 1938년부터 1967년까지 미국의 군사비와 공적사회지출 간의 관계를 분석한 연구에 따르면, 이 두 변수 간에 명백한 대체관계가 나타났다.[205] 다른 조건이 동일하다면, 방위비를 1달러 증가시킬 때마다 개인소비는 42센트, 고정투자지출은 29센트 감소했다. 해럴드 윌렌스키(Harold Wilensky)도 미국(1939~1968년), 프랑스(1950~1965년), 영국(1947~1965년) 등에서 방위비 지출이 사회지출과 부적 상관관계에 있다는 점을 확인했다. 윌렌스키가 인용한 자료에 따르면, 방위비 지출은 처음에는 복지지출 삭감으로 이어지고 뒤이어 교육과 의료비 지출에 부정적 영향을 주었다. 최근에 제출된 연구 또한 방위비 지출과 복지지출이 경쟁관계에 있다는 견해를 제시했다.[206] 특히 디키시(Dikici)의 연구는 "총 대 버터" 간의 대체관계를 일국적 차원에서만 바라본 것이 아니라 세계와 지역안보의 역할과 관련해서 검토했다는 점에서 주목할 필요가 있다. 서유럽 국가들은 미국이 제공

....

204 Sassoon. 『사회주의 100년 1』. p.360.

205 Russett, B.(1969). "Who Pays for Defense?" *American Political Science Review* 63(2): 412-426.

206 Dikici, E.(2015). "Guns Versus Butter Tradeoff: The Theory of Defense Quality Factor." *Journal of Economic, Business and Management* 3(7): 704-709; Gilpin, R.(2011), *Global Political Economy: Understanding the International Economic Order*. NJ: Princeton University Press. 물론 두 변수가 관련이 없거나 반대로 긍정적인 관계에 있다는 연구들도 있다. 1960년대 후반부터 1990년대 초반까지 총과 버터의 대체관계를 정리한 연구로는 김연명의 박사학위논문을 참고하라. 김연명. 『한반도의 냉전체제가 남북한 사회복지에 미친 영향』.

하는 NATO라는 안보우산 아래에서 방위비 부담을 줄이고 사회지출을 늘릴 수 있었다. 다른 말로 하면 서유럽 국가들이 스스로 부담해야 할 방위비를 미국이 분담했다는 것이다. 물론 미국은 이러한 패권적 지위를 통해 수많은 직·간접적인 이익을 보았을 것이다. 실제로 미국은 1970년대에 경제위기를 극복하는 비용을 달러의 평가절하를 통해 독일, 일본 등과 다른 선진 자본주의 국가들에 넘겼고, 군사비 증가를 통한 일자리와 내수창출 효과도 고려할 수 있었다. 하지만 분명한 것은 미국이라는 패권국가에서 사회지출은 방위비 지출과 상호 대체관계에 있었다는 사실이다.

정리하면, 미국에는 유럽과 같이 정치적으로 복지국가를 만들어갈 조직된 계급과 동맹이 존재하지 않았다. 그래서 미국 복지국가는 유럽과 달리 선거에서 득표를 극대화하는 전략에 의존할 수밖에 없었다.[207] 이러한 미국의 특성은 결과적으로 취약한 복지국가로 나타났다. 하지만 적어도 1970년대 중반 이후 자본주의 세계체계가 위기에 직면하기 전까지 미국 자본주의는 강력한 경제를 바탕으로 상대적으로 높은 임금을 통해 사회지출을 확대하지 않고도 불평등을 완화할 수 있었다. 그러나 베트남 전쟁에서 보듯이 자본주의의 패권국가로서 미국이 지불해야 할 비용이 증가했고, 미국 자본주의가 위기에 처하자 미국 자본주의는 더 이상 실질임금을 높은 수준으로 유지할 수 없게 되었다. 이렇게 되자 미국 복지체제의 취약성이 드러났고, 미국 복지국가는 급격하게 증가하는 불평등을 완화할 수 없었다. 물론 이러한 현상은 〈그림 8.6〉에서 보는 것과 같이 1970년대 이후에 분배를 시장기제에 의존했던 대부분의 자유주의 복지체제에서 공통적으로 목격되지만 미국은 그 정도가 다른 국가들에 비해 더 심했다.

....
207 Esping-Andersen. *The Three Worlds of Welfare Capitalism*. p.174.

3. 1970년대, 위기의 시작: 복지국가는 지속될 수 있을까?[208]

누군가 합의를 번복하려고 하거나 바꾸려고 시도한다는 것은 위기가 발생했다는 가시적인 징표 중 하나이다. 자본주의의 황금시대가 종말을 고하고 복지국가를 만들었던 주체들의 정치적 합의와 지위가 약화되고 있는 상황에서 복지체제로서의 역사적 복지국가는 지속될 수 있을까? 자본주의의 황금시대가 1970년대 중반을 거치면서 종말을 고한 것과 달리 복지국가의 위기는 1970년대 말이 되어서야 서서히 모습을 드러내기 시작했다. 1960년대 중반부터 시작된 자본축적의 위기는 복지국가의 가장 중요한 성과인 완전고용을 위협했고 사회복지지출에도 심각한 압력으로 나타났다.[209] 보수세력은 자본주의의 위기가 국가권력의 지나친 확대에 있다고 보았고 복지국가의 확대 또한 같은 이유로 비난했다.[210] 노동조합은 인플레이션을 일으킨 탐욕의 원흉으로 비난받았고, 자본주의의 성장이 멈추자 복지국가에 대한 비난이 쏟아졌다.

위기가 심각했던 이유는 복지국가를 지속하기 위해서는 인플레이션을 억제하는 동시에 고용을 보장하기 위한 새로운 대안을 제시해야 하는데 누구도 대안을 찾지 못했기 때문이다. 상황이 이렇게 되자 국가는 실업이 증가하는 것을 어쩔 수 없는 현상으로 받아들였고 인플레이션을 잡기 위한 정책에 몰두했다. 드디어 1945년 이후 30년 만에 시장주의 이데올로기가 지배적인 이념으로 등장하기 시작한 것이다. 인플레이션과 실업률이 반비례 관계에 있다는 필립스 곡선의 가정이 〈그림 8.10〉에서 보는 것처럼 1970년대에는 성립하지 않았다(그림 8.9와 그림 8.10을 비교해보라). 실업률과 인플레이션은 비례적으로 움직이는 것처럼 보였다. 이전에는 상상할 수 없었던 높은 인플레이션과 높은 실업률이 공존하게 된 것이다. 실업수당과 같은 복지제도가 실업률을 높이고 경제를 어렵게 한다는 실증적 근거가 부족한데도 위기를 겪으면서 이러한 견해(지금 우리가 신자유주의

....

208 이 부분은 다음 글을 기초로 작성되었다. 윤홍식. "기본소득, 복지국가의 대안이 될 수 있을까?"
209 윤홍식. "기본소득, 복지국가의 대안이 될 수 있을까?" p.87.
210 Sassoon. 『사회주의 100년 2: 20세기 서유럽 좌파정당의 흥망성쇠』. p.26.

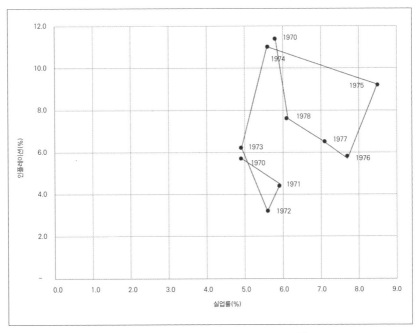

그림 8.10 1960년대 미국의 인플레이션과 실업률 간의 관계(필립스 곡선)[211]

라고 부르는 견해)가 점차 힘을 얻어갔고 지배적 이념으로 자리잡아갔다.[212] 에스핑-앤더슨은 인플레이션을 낮추는 동시에 완전고용을 달성하는 것은 본질적으로 달성할 수 없는 정책 목표라고 했다.[213]

1970년대에 들어서면 완전고용과 균형 있는 경제성장을 동시에 달성할 수 없다는 것이 대부분의 선진 자본주의 국가들에서 드러났다.[214] 1973년 이전 서구 복지국가들은 완전고용으로 인해 발생하는 임금인상 압박을 세수 능력의 한계 내에서 사회임금을 확장하는 방식으로 해소했다. 하지만 경제성장의 둔화와

....

211 Bureau of Labor Statistics(2016). *Labor Force Statistics from the CPS*. Inflationdata.com, Total Inflation Rate by Decade(Cumulative Inflation by Decade Since 1913), Inflation and CPI Consumer Price Index 1970-1979.

212 Sassoon. 『사회주의 100년 2』. p.44.

213 Esping-Andersen. *The Three Worlds of Welfare Capitalism*.

214 Esping-Andersen. *The three worlds of welfare capitalism*. p.164, 179.

가중되는 재정적자로 인해 서구 복지국가는 더 이상 이런 방식으로 문제를 해결할 수 없었다. 그래서 1970년대 위기로부터 복지국가가 분기하기 시작했다. 예상과 달리 미국은 사회지출을 확대하는 방식으로 대응했다.[215] 인플레이션에 의해 명목소득이 증가하고 이러한 명목소득의 증가가 과세 기준을 높임으로써 세수를 증대시킨 것이다.[216] 조직된 주체들이 부재한 가운데 이러한 (사회복지의 확대와 같은) 선택은 선거를 통한 최대 득표 전략의 일환으로 시행되었다. 물론 미국이 이러한 정책을 사용할 수 있었던 이유는 미국의 화폐가 (비록 위기에 처했고 금 태환이 정지되었지만) 자본주의 세계 경제의 기축통화였고 자국 화폐의 평가절하를 통해 경제적 위험을 독일, 일본 등 다른 자본주의 국가들로 이전시킬 수 있었기 때문이었다.

스웨덴은 1970년대 위기 이후에도 완전고용에 기초한 보편적 복지국가를 유지시키려고 했다.[217] 하지만 스웨덴은 미국처럼 패권국가가 아니었고 노르웨이처럼 석유 수출로 문제를 해결할 수도 없었다. 스웨덴의 선택지는 그리 넓지 않았다. 1976년은 1930년대 이래 처음으로 사민당이 권좌에서 물러나고 부르주아정당이 정권을 장악한 해였다. 그렇다고 완전고용과 복지국가에 대한 기존 정책이 근본적으로 변한 것은 아니었다. 다만 낮은 투자율, 높은 인플레이션, 임금 압박, 낮은 경제성장률 등으로 인해 부르주아정당이 집권한 스웨덴이 할 수 있는 일은 거의 없었다. 유일한 대안은 재정적자를 감수하면서 공공부문의 고용을 확대하는 것이었다. 1960년대 초부터 고용증가분의 대부분은 지방정부의 복지 관련 일자리였다.[218] 실제로 〈그림 8.11〉에서 보는 것과 같이 1960년 후반 이후 민간부문의 고용은 지속적으로 감소한 데 반해 공공부문의 고용은 급격하게 증가했다. 재정적자를 대가로 유지된 완전고용은 분배를 둘러싼 계급갈등을 간신히

....

215 윤홍식. "기본소득, 복지국가의 대안이 될 수 있을까?" p.88.
216 Esping-Andersen. *The Three Worlds of Welfare Capitalism*. pp.180-181.
217 윤홍식. "기본소득, 복지국가의 대안이 될 수 있을까?" p.88.
218 Rosen, S.(1997). "Public Employment, Taxes, and the Welfare State in Sweden." Freeman, R., Topel, R., and Swedenbo, B. eds. *The Welfare in Transition: Reforming the Swedish Model.* pp.79-108. Chicago, IL: University of Chicago Press. p.79.

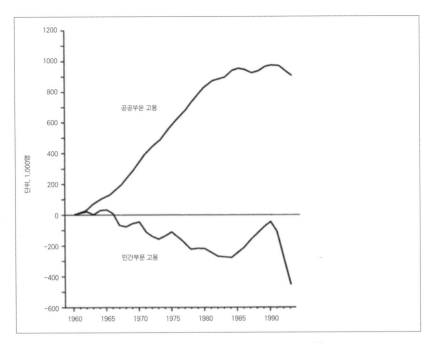

그림 8.11 스웨덴의 공공부문과 민간부문 고용의 누적 변화, 1960~1993년[219]

봉합하고 있는 것이었고 문제를 뒤로 넘기는 전략이었다.[220]

　독일의 대응은 세 가지로 나타났다.[221] 하나는 외국 노동력을 본국으로 송환하는 것이었고, 다른 하나는 노동자들의 조기퇴직을 장려하는 것이었다.[222] 마지막으로, 통화 공급을 제한해 소비와 투자를 억제하는 것이었다. 이 중 조기퇴직정책은 1970년대의 위기에 대한 보수주의 복지체제의 대표적인 대응방식이었다. 독일에서 조기퇴직정책은 1970년대부터 시작되었는데, 크게 두 가지 정책 목

········

219　Henrekson, M., Jonung, L, and Stymne, J.(1996). "Economic Growth and the Swedish Model." Crafts, N. and Toniolo, G. *Economic Growth in Europe Since 1945*. pp.240-289. New York, NY: Campridge University Press. p.267.

220　윤홍식. "기본소득, 복지국가의 대안이 될 수 있을까?" p.88.

221　윤홍식. "기본소득, 복지국가의 대안이 될 수 있을까?" p.88.

222　Esping-Andersen. *The Three Worlds of Welfare Capitalism*. pp.185-186.

표를 갖고 있었다.[223] 하나는 퇴직 연령에 이른 고령 노동자들을 노동시장에서 물러나게 하고 임금을 대체하는 성격을 가진 급여를 제공해 고령 노동자가 퇴직한 자리에 청년 실업자를 고용한다는 전략이었다. 이를 위해 1972년부터 35년 이상 장기가입자, 실업자, 여성 등은 65세 이전에 퇴직해도 감액되지 않은 연금을 수령할 수 있도록 연금개혁이 시행되었다. 이로 인해 60~65세 남성의 고용률은 1970년 75%에서 1981년 44%로 무려 31%포인트나 낮아졌다.[224] 하지만 조기퇴직 전략은 경제위기로 고용 창출이 어려워지면서 노동자들의 고용 안정성에 대한 요구를 증가시켰고 노동시장의 경직성이 더 높아져 새로운 일자리 창출을 어렵게 했다.[225] 더욱이 실업률은 소비와 투자를 제약하는 통화정책으로 인해 낮아지지 않았다. 결과적으로 스웨덴과 같이 대규모 재정적자가 발생했다. 스웨덴의 재정적자가 공공부문의 고용을 확장하는 가운데 발생한 것이었다면, 독일의 재정적자는 노동력을 축소시켜 (사회보장기여금을 포함한) 세원이 감소하고 사회지출이 증가하는 상황에서 발생한 것이었다. 결국 독일은 재정 압박, 노동력 감축, 투자 부진이라는 비용을 지불해야 했다.

정리하면, 1970년대 위기에 직면한 복지국가는 기본적으로 재정지출을 통한 위기완화 전략을 구사했다. 물론 구체적 대응방식은 상이했다. 독일은 조기퇴직으로 대표되는 노동력 규모를 축소하는 전략으로 대응했고, 스웨덴은 공공부문 고용을 확대하는 방식으로, 미국은 정부지출을 증가시키는 방식으로 대응했다. 그러나 어떤 복지국가도 완전고용을 유지하고 안정적인 경제성장을 도모했던 전후 복지국가의 성과에 근접하지는 못했다. 재정적자를 통한 대응은 복지국가의 위기를 잠시 뒤로 미루었을 뿐이었다. 1980년대 이후 복지국가가 직면한 도전은 1945년 이후 복지국가가 마주한 상황과는 근본적으로 달랐다.[226] 모든 것이 변한 것처럼 보였고 자본주의 분배체계는 새로운 대안을 모색해야 했다.

....

223 황규성(2011). 『통일 독일의 사회정책과 복지국가』. 서울: 후마니타스. pp.48-50.
224 Esping-Andersen. *The Three Worlds of Welfare Capitalism*. p.185.
225 황규성. 『통일 독일의 사회정책과 복지국가』. p.48.
226 윤홍식. "기본소득, 복지국가의 대안이 될 수 있을까?" p.88.

제6절 정리와 함의

역사는 결코 동일하게 반복되는 법이 없다. 누군가 반복된다고 느낀다면 그가 그렇게 생각하고 싶기 때문이다. 역사적 복지국가는 20세기에 벌어진 두 차례의 세계대전과 1945년부터 1975년까지 나타난 자본주의의 황금시대에 기대어 만들어졌다. 전쟁은 자본주의의 역사 이래 국가 개입과 좌파의 힘을 가장 강력하게 만들었고, 미국 패권 아래 세계 자본주의는 유례없는 호황을 구가했다. 모든 것이 가능할 것 같았고, 복지국가는 자본주의가 직면한 사적소유와 민주주의의 모순을 해결할 수 있을 것 같았다. 좌파는 사회주의를 포기했지만 국가를 통해 시장을 통제할 수 있었다. 이제 더 이상 사적소유는 문제가 아니었다. 중요한 것은 생산을 어떻게 통제하고 분배하는지였다. 복지국가는 시민들의 물질적 생활을 개선시켜나갔고 불평등을 낮추었다. 우파는 '규제 없는 자본주의'를 포기하는 대신 전례 없는 성장을 통해 자본을 축적할 수 있었다. 경제가 성장하고 좌파가 민주적인 방식으로 국가권력에 다가서면서 분배는 제로섬게임(zero-sum game)이 아닌 포지티브섬게임(positive-sum game)이 되었다. 모두가 행복하고 계급도 이데올로기도 사라질 수 있을 것 같았다.

하지만 늘 그렇듯이 사민주의자들이 행복에 겨워할 때 위기의 그림자가 다가왔다. 1965년의 베트남 전쟁을 계기로 촉발된 미국 자본주의의 위기는 1970년대에 들어서 오일쇼크와 결합되면서 증폭되었다. 더욱이 1970년대에 들어서면 전후 자본주의 세계 질서의 기초였던 브레튼우즈체제가 무너지고 무역질서도 흔들렸다. 위기가 가시화되었지만 누구도 위기를 어떻게 다뤄야 할지 몰랐다. 인플레이션과 실업률이 동시에 높아지는 상황에서 전통적 케인스주의 정책은 무기력했다. 국가 개입과 복지국가가 위기의 진앙이라는 비난을 받았다. 복지국가들은 각각의 역사적 경험과 정치경제적 특성에 따라 위기에 대응했다. 북유럽이 다른 국가들에 비해 조금 더 나은 성과를 보이는 듯했지만 반드시 그런 것은 아니었다. 1970~1993년간의 스웨덴의 1인당 GDP 성장률은 1.14%로 OECD 평균인 1.98%에 미치지 못했고, (실질 구매력 기준) 1인당 GDP 순위는 1970년에 4위에서 1995년에 16위로 낮아졌다.[227] 아사르 린드벡(Assar Lindbeck)은 스웨덴 복지국가가 스웨덴 경제성장의 발목을 잡았다고 평가했다. 독일의 상황은 더 나빴다. 독일은 유럽경화증의 대표적인 사례로 불리며 무기력하게 정체되었다. 영국은 노동당 집권 시기인 1976년 9월에 파운드화의 가치 저하, 물가 상승, 외화보유고 감소 등으로 경제위기에 직면하면서 IMF체제로 진입했다. 유럽 국가들에 비하면 1970년대의 미국의 상황은 나아 보였다. 경제위기를 유럽과 일본으로 넘기면서 잠깐 동안이나마 경제가 회생했기 때문이다. 그렇다고 자본축적의 위기가 사라진 것은 아니었고, 불평등은 급격하게 증가하기 시작했다.

1970년대 말 영국에서 마거릿 대처(Margaret Thatcher)의 집권은 자본주의 세계체계를 지배했던 전후 합의가 사라지고 새로운 시장주의자들이 자본주의 세계체계의 새로운 관리자로 등장한 것을 상징하는 것이었다. 국가는 후퇴하고 높은 실업률이 완전고용을 대신했다. 그렇다고 자본주의가 예전처럼 다시 활력을 찾은 것도 아니었다. 1945년부터 1975년까지 30년간은 500년 자본주의 역사를 놓고 보면 일장춘몽과 같은 시간이었다. 자본주의 경제의 성장률은 다시 정상적인 수준(1% 내외)으로 되돌아가는 것 같았다. 19세기 초부터 20세기 초까지 100년 동안 1인당 생산증가율은 0.9%였고, 18세기부터 19세기 초까지의 성장률은 0.1%에 불과했다. 1970년부터 1990년까지의 성장률은 1.3%였다.[228] 1950년부터 1970년까지 20년 동안의 성장률이 연평균 2.8%였다는 것은 극히 이례적인 사건이었다. 어쩌면 자본주의는 1970년대 이후에 급격한 성장이라는 일탈을 멈추고 수백 년간 자본주의가 걸어왔던 저성장의 정상적인 길로 다시 돌아가고 있는 것인지도 모른다. 문제는 역사적으로 저성장은 소득 대비 자본의 비율을 높은 수준으로 복귀시키고 생산물 중 자본의 몫을 늘림으로써 불평등을 확대시켰다는 점이다.

하지만 국민국가는 1970년대의 위기에 대처하느라 이미 상당한 부채를 짊

....

227 宮本太郎, 『복지국가 전략: 스웨덴 모델의 정치경제학』, p.210.
228 Piketty, 『21세기 자본』, p.118.

어지고 있었기 때문에 저성장이 만들어내는 불평등에 대응할 세금을 더 걷을 수도 없었다. 정치적 합의가 있었다면 가능했겠지만 가능한 선택이 아니었다. 게다가 인구 고령화는 점점 심화되고, 국제경쟁은 더욱더 치열해지고 있었다. 대안이 보이지 않았다. 하지만 분명한 것은 전후 황금시대에 구성되었던 자본주의의 분배체계로서 우리가 알고 있는 "그" 복지국가는 더 이상 유효하지 않다는 점이었다. 저성장이 정상화된 자본주의 체제에 조응하는 복지체제에 대한 새로운 대안이 모색되어야 했다. 전후 복지국가가 완전고용을 실현하는 동시에 인플레이션을 통제했던 것처럼 양립 불가능해 보였던 것이 가능해질 수도 있다. 저성장시대에 불평등을 낮추고 사회적 연대를 강화하는 자본주의의 또 다른 복지체제가 구성될 수도 있다. 아마도 1980년대 이후에 펼쳐질 복지국가의 길은 바로 이러한 대안을 찾아가는 혼돈의 시간이 될 것이다. 전쟁이 끝나가던 1945년에 인류가 느꼈던 '불황'의 두려움을 기억해본다면 누구도 걸어가지 않은 길을 걸어간다는 것이 반드시 절망적이지만은 않을 것이다. 모두가 불황을 예견했지만 자본주의의 황금시대가 도래했듯이, 모두가 절망적이라고 이야기하지만 절망이 반드시 현실이 될 이유는 없다. 인류는 스스로의 운명을 개척할 수 있기 때문이다.

제9장

대역전과 자본주의 분배체계의 시작, 1945~1948년[1]: 좌절된 혁명과 미군정하의 분배체계

"8월 15일 서울은 마치 쥐 죽은 듯했다. 물론 주민들은 일본의 항복을 알고 있었으나 많은 사람들이 믿지 않았다. 그냥 기다렸다. 조심스러운 기쁨과 희망을 가지고. 그런데 그 바로 다음날 모든 것이 바뀌었다. 거세고 억제할 수 없는 행복의 물결, 그 물결은 그대로 시내와 온 나라를 뒤덮었다. (…) 총독부 건물을 따라 수많은 행진자들이 끊임없이 지나갔는데, 그들은 예전처럼 여기에서 반드시 해야 했던 고개 숙이는 의식을 행하지 않았을 뿐만 아니라 고개를 더욱더 높이 치켜들었다. 앞에는 거대한 깃발, 태극기를 들고 있었다."[2]

....

1   제9장의 일부는 윤홍식(2017). "좌절된 혁명과 미군정하 복지체제, 1945~8: 대역전과 자본주의 분배 체계의 형성." 『한국사회정책』 24(2)에 실린 내용을 전재했다.

2   Шабшина, Ф. И.(1996[1974]). 『1945년 남한에서』. 김명호 역. (*Южная Корея 1945-1946*). 서울: 한울. p.70, 76.

제1절 문제제기

해방을 단순히 일제의 패퇴(敗退)로 이해하는 것은 해방이 한국 역사에서 갖는 의미를 축소하는 것이다.[3] 일제의 지배체제는 조선 사회와의 단절이 아닌 그 연장선상에서 수립되었다는 점을 기억해야 한다. 제7장에서 살펴본 것과 같이, 일제는 조선을 일본의 식량(원료) 생산지와 상품시장으로 재편하기 위해 목적의식적으로 조선의 구지배층을 유지·강화했다. 일제는 토지조사사업, 식량증식계획, 낮은 지세(地稅) 등을 통해 지주계급을 지원했고, 1930년대 이후에는 종속적 산업화를 통해 친일 자본가를 양성했다. 해방은 일제강점이라는 정치질서의 해체인 동시에 조선 시대와 일제강점기를 거치면서 확대·재생산된 지주와 친일 자본가 중심의 분배질서의 해체를 의미했다.

상상해보라. 어느 날 눈을 뜨니 지금까지 자신을 지배하고 괴롭혔던 악귀가 갑자기 흔적도 없이 사라진 것이다. 1945년 8월 15일, 일제라는 지배세력은 사

....

3   본 장에서 한국이라는 용어는 남한을 지칭하는 용어로 사용했다. 남북한을 함께 언급할 경우는 조선이
     라는 용어를 사용했다. 북한은 북한으로 지칭했다.

라졌고 일제를 등에 업고 부와 권력을 누렸던 친일세력은 숨을 죽였다. 악귀에게 고통받던 대다수 조선인에게 해방은 모든 불의가 사라지고 자신들을 위한 모든 일이 가능한 새 세상이 온 것 같았을 것이다. 해방은 조선인들에게 그렇게 다가 왔다. 국가권력이 사라진 공백에 시민사회가 급격히 팽창했다. 일제의 탄압에도 불구하고 살아남았던 노동운동, 농민운동 등 좌파 민족해방운동의 명맥이 일제 가 사라진 공백 속으로 바로 확장해 들어온 것이다.[4] 건국준비위원회가 해방 후 불과 20여 일 만에 그토록 신속하게 중앙조직과 지방조직을 결성하고 확대할 수 있었던 이유였다. 지배계급이 사라지고 토지, 공장, 은행, 상점의 주인이 하루아 침에 바뀌는 혁명이 일어날 수 있을 것 같았다. 지금 우리에게는 자본주의 체제 가 너무나 당연하고 자연스럽게 느껴지겠지만, 1945년 8월 15일에 해방된 조선 에서 그것은 단지 여러 가지 가능성 중의 하나였을 뿐이다. 더욱이 당시에는 자 본주의가 새로운 조선의 체제로 선택될 가능성은 아주 낮아 보였다. 일제와 자본 주의를, 독립운동과 사회주의를 등치하는 상황에서[5] 대다수 조선인에게 자본주 의 체제는 독립된 조선의 대안이 아니었다.

하지만 역설적이게도 가장 가능성이 낮았던 체제가 현실이 되었다. 해방 당 시 지주계급과 친일파를 대표하는 우파세력을 제외한 대부분의 조선인이 자본주 의 체제를 원하지 않았음에도 불구하고 한국은 자본주의 사회가 되었다. 그것도 독립운동세력이었던 좌파를 반민족·매국·공산주의로 낙인찍으며 반공·자본주 의 국가가 되었다. 우리가 미군정기에 주목해야 하는 이유가 여기에 있다. 주류 가 좌파에서 우파로 바뀌고 체제 선택이 반자본주의 또는 비자본주의에서 자본 주의로 전환되는 역사적인 '대역전'이 미군정 3년 동안에 일어났기 때문이다. 체 제 선택이 강제적이었는지 자발적이었는지, 민주적이었는지 비민주적이었는지 에 대해서 논란이 있을 수 있지만, 이는 어디까지나 사후적인 해석의 문제일 뿐

....

4   김호기(1999). "미군정기 지배구조와 시민사회." 한림대학교 아시아문화연구소 편. 『미군정기 한국의 사회변동과 사회사 2』. pp.1-27. 춘천: 한림대학교. pp.11-12.
5   윤홍식(2013). "한국 복지국가 주체 형성에 대한 분단체제의 규정성: 문제제기를 위한 탐색." 『사회복 지정책』 40(3): 299-319, p.308.

제9장 대역전과 자본주의 분배체계의 시작, 1945~1948년 **101**

해방이 되었는데도 태극기는 게양되지 못했다. 일장기 대신 성조기가 게양되었다(출처: Wikimedia Commons).[6]

이다. 중요한 것은 우파가 지배적인 정치세력이 되었고 해방된 조선의 남단에 자본주의 체제가 이식되었다는 사실이다. 왜 이런 일이 벌어진 것일까? 조선총독부에 걸려 있던 일장기 대신 성조기라는 외국 국기가 다시 게양되었다는 사실은 해방이 조선인들에게 갖는 의미를 집약적으로 보여주고 있다.[7] 심지연의 이야기처럼, 1945년 8월 15일은 조선이 해방된 날이 아니라 단지 해방을 준비하는 시기였는지 모른다.[8]

....

6   https://commons.wikimedia.org/wiki/File:Japanese_flag_down_US_flag_up.png
7   1945년 8월 15일부터 미국이 한국에 상륙했던 9월 8일까지 조선총독부에는 태극기가 아닌 일장기가 계속 걸려 있었다. 이완범(1994). "전후 세계질서와 미국의 대한정책." 강만길 · 김남식 · 김영하 · 김태영 · 박종기 · 박현채 · 안병직 · 정석종 · 정창렬 · 조광 · 최광식 · 최장집 편. 『한국사 17: 분단구조의 정착-1』. pp.133-186. 서울: 한길사. p.156. 일제는 잠시 숨을 죽이고 있었던 것인지도 모른다. 일제는 조선에 패한 것이 아니라 미국에 패했고, 조선에는 여전히 수십만 명의 일본군이 주둔하고 있었다. 해방된 조선에서 조선인은 일장기를 내릴 힘이 없었다.
8   심지연(1994). "미군정기 정치세력들의 노선과 활동." 강만길 · 김남식 · 김영하 · 김태영 · 박종기 · 박현채 · 안병직 · 정석종 · 정창렬 · 조광 · 최광식 · 최장집 편. 『한국사 17: 분단구조의 정착-1』. pp.227-261. 서울: 한길사. p.227.

제9장에서는 이러한 인식에 기초해 3년이라는 짧은 기간 동안 왜, 어떻게 한국 사회에서 '대역전'이 벌어졌는지를 검토했다. 그리고 그 대역전이 만들어놓은 미군정 시기의 분배체계의 특성을 이해하려고 했다. 분배체계(복지체제)가 자원의 권위적 배분을 제도화한 것이라면, 한국의 분배체계는 생산수단의 사적소유에 근거한 자본주의 체제의 어깨 위에 올라탄 것이라고 할 수 있다. 정치가 선택한 경제체제의 성격은 분배체계의 성격을 결정하는 핵심 토대이기 때문이다. 미군정기는 경제적 토대로부터 정치적인 것의 자율성이 극대화된 시기였고, 정치가 생산관계, 즉 경제체제를 결정한 시기였다. 다음 절에서는 미군정기의 시기 구분에 대해 살펴보았다. 이어지는 절에서는 지금까지와 달리 정치적인 특성을 먼저 검토하고 경제적 특성과 분배체계의 특성을 검토했다. 미군정 시기야말로 "정치가 우선한다."는 진리가 가감 없이 드러난 시기였기 때문이다. 마지막 절에서는 미군정이 한국 복지국가의 역사에서 갖는 함의를 정리했다.

본격적으로 논의를 전개하기 전에 한 가지 미리 이야기해둘 것이 있다. 정치-경제-분배 간의 관계이다. 미군정기와 같이 새로운 체제가 성립되는 이행기에는 이들 3자의 영역이 명확히 구분되지 않는 것 같다. 정치적인 것이 경제적인 것이고, 경제적인 것이 분배적인 것이며, 분배적인 것이 곧 정치적인 것이 되는 세상이다. 토지개혁은 경제적인 것으로 이해될 수 있지만, 토지개혁을 통해 전통적인 지배계급이 몰락하고 신흥자본가가 새로운 지배계급으로 등장할 수 있었다는 점에서 토지개혁은 정치적인 것이었다. 또한 토지개혁은 농업생산물의 분배를 소수의 지주 중심에서 다수의 소농 중심으로 변화시켰다는 점에서 분배적인 것이기도 하다. 귀속재산의 불하(拂下) 또한 마찬가지이다. 이처럼 미군정기에 벌어진 중요한 역사적 변화들은 정치, 경제, 분배라는 여러 초점을 가진 렌즈를 통해 볼 때 비로소 이해될 수 있다. 분배체계가 국가의 성격과 밀접한 관련을 갖는다면, 미군정기에 형성된 한국 국가의 성격을 분석하는 것 자체가 곧 분배체계의 가장 중요한 특성을 그리는 것이 될 것이다.

제2절 시기 구분: 1945년부터 1948년까지

대부분의 연구는 주로 정치적 변화를 중심으로 시기를 구분한다. 민주주의라는 관점에서 한국의 국가 형성을 연구한 박찬표는 미군정기를 크게 네 시기로 구분했다.[9] 첫 번째 시기는 1945년 8월부터 12월까지로 미군이 한국을 점령하고 군정을 수립한 시기이고, 두 번째 시기는 1946년 1월부터 5월까지로 신탁통치 논쟁이 시작되면서 한국에서 반공체제가 형성된 시기이다. 세 번째 시기는 1946년 6월부터 1947년 6월까지로 미소공동위원회가 진행되는 동안 미군정이 좌우합작을 통해 개혁적 과제를 실현하려고 했던 시기이다. 마지막 시기는 1947년 7월부터 1948년 8월 15일 남한에 단독정부가 수립되기까지이다. 이 시기는 미군정과 남한의 단정세력이 남한 단독정부 수립을 위한 정치적 정지작업과 반(反)단정세력에 대한 공세를 강화한 시기이다.

한편 남한 단정의 수립을 중도파의 관점에서 분석한 연구에서는 미군정기를 크게 세 시기로 구분했다.[10] 제1기는 1945년 8월부터 1946년 2월까지로 좌·우파 정치세력이 형성되는 시기이고, 제2기는 1946년 3월부터 1947년 2월까지로 미소공위가 시작되고 미군정이 좌우합작을 추진했으며 남한에서 중도파가 형성되기 시작한 시기이다. 제3기는 1947년 3월부터 1948년 8월까지로 남한에서 중도파의 시도가 실패하고 우파 우위의 권력관계가 만들어진 시기이다. 이 밖에도 브루스 커밍스(Bruce Cumings)는 1946년 말을 전후로 한반도가 반영구적인 분단의 길을 걷게 되었다고 평가하면서 이 시기를 중요한 분기점으로 언급했다.[11] 미군정의 지배방식을 기준으로 미군정이 직접 통치한 1945년 9월부터 남조선 과도정부가 수립된 1947년 6월까지를 제1기로, 남조선 과도정부 수립 이후 남한 단독정부 수립까지를 제2기로 구분한 연구도 있다.[12] 최장집은 세계적인 냉전과 분

....

9   박찬표(2007). 『한국의 국가형성과 민주주의』. 서울: 후마니타스.
10   윤민재(2004). 『중도파의 민족주의 운동과 분단국가』. 서울: 서울대학교출판부.
11   Cumings, B. (1986[1981]). 『한국전쟁의 기원』. 김자동 역. (*The Origins of the Korean War*). 서울: 일월서각.
12   이혜숙(2009). 『미군정기 지배구조와 한국사회』. 서울: 선인.

단 간의 관계를 중심으로 미군정기 중 1945년 12월부터 1946년 5~6월 미소공위가 결렬되기까지를 분단을 막을 가능성이 있었던 시기로, 1946년 6월 이후 부터를 한반도에서 분단이 고착화되어가는 시기로 구분했다.[13] 명시적으로 시기 구분을 시도하지는 않았지만, 1945년 8월부터 미군이 지방 인민위원회를 무력화한 1945년 말까지를 미군정과 인민위원회의 권력이 공존했던 이중권력 시기로 구분한 연구도 있다.[14]

이처럼 미군정에 대한 대부분의 시기 구분은 주로 국가 형성과 분단이라는 정치적 측면에서 이루어졌다. 『기원과 궤적』에서는 정치적 이슈를 중심으로 미군정기를 구분하는 기존의 논의에서 벗어나 분배체계의 특성을 중심으로 미군정기를 구분하려고 했다. 불과 3년(1945년 9월 8일~1948년 8월 15일)도 되지 않는 시기를 구분한다는 것은 어쩌면 무리한 시도일 수도 있다. 권력관계야 수시로 변화할 수도 있지만, 권력관계를 받치고 있는 권력자원과 경제체제는 그 성격상 단시간 내에 변화하기 어렵기 때문이다. 분배체계도 마찬가지이다. 분배체계가 정치경제의 성격에 조응하면서 구성된다는 점을 고려하면 권력자원과 경제체제의 변화 없이 분배체계만의 변화는 상상할 수 없다.

미군정 3년은 한국 사회를 근본적으로 변화시킨 전환이 일어난 시기이다. 해방 직후 좌파가 절대적 우위에 있던 권력자원과 권력관계는 미군정이 끝나가는 시점에 이르러 우파가 지배적인 상태로 변했다. 경제적 특성 또한 대다수 조선인의 소망과는 다른 방향으로 흘러갔다. 토지개혁에 대한 강렬한 요구가 있었지만 식민지 지주제의 유재(留在)는 좀처럼 흔들리지 않았다. 산업 분야도 마찬가지였다. 일제가 물러간 생산시설에 대한 자주 관리와 국유화의 요구가 넘쳐났지만, 사적소유에 근거한 자본주의 생산관계가 불가역적 현실이 되었다. 분배체계 또한

....

13   최장집(1994). "국민국가 형성과 근대화의 문제." 강만길 · 김남식 · 김영하 · 김태영 · 박종기 · 박현채 · 안병직 · 정석종 · 정창렬 · 조광 · 최광식 · 최장집 편. 『한국사 17: 분단구조의 정착-1』. pp.61-129. 서울: 한길사.

14   류상영(1994). "전후 세계질서와 미국의 대한정책." 강만길 · 김남식 · 김영하 · 김태영 · 박종기 · 박현채 · 안병직 · 정석종 · 정창렬 · 조광 · 최광식 · 최장집 편. 『한국사 17: 분단구조의 정착-1』. pp.187-225. 서울: 한길사. p.191.

이러한 정치경제 변화에 조응해 자본주의 분배체계의 모습을 갖추기 시작했다.

이제 분배체계의 관점에서 미군정기를 구분해보자. 먼저 제1기는 1945년 8월 15일부터 미군이 한반도 북위 38도선 이남에 상륙하기 전인 9월 7일까지이다 (표 9.1 참고). 이 기간은 20일이 조금 넘는 아주 짧은 기간이지만 어쩌면 유일하게 해방의 활력과 기대가 넘쳤던 진정한 해방공간이었는지도 모른다. 일제는 정당성을 잃었고 그 어떤 외세도 아직 한반도(남한)에 진주하지 않은 상황에서 건국준비위원회와 인민위원회가 구성되고 이들에 의해 식량 배급 및 치안이 확보된 시기였다. 공장에서는 노동자의 자주 관리가 나타났고, 농민은 자발적으로 일본인 소유의 토지를 접수했다. 그야말로 민중적 분배체계에 대한 무한한 상상이 가능했던 열려 있는 시기였다. 권력관계의 측면에서 보면 일제에 협력했던 우파는 숨을 죽이고 있었다. 좌파는 건국준비위원회를 구성하고 조선공산당의 재건을 위해 결집하기 시작했다. 노동자와 농민의 대중조직도 아래로부터 형성되기 시작했다. 그야말로 해방이었고, 민족해방의 정통성을 가진 좌파가 압도적 정치적 우위를 갖고 있던 시기였다. 경제적으로는 반봉건적 식민지 지주제와 일제에 종속된 한국 자본주의가 일제의 패망과 분단으로 위기에 처한 시기이기도 했다.

1945년 9월 8일 미군의 진주는 변화를 알리는 신호탄이었다. 제2기는 1945년 9월부터 1946년 9월 총파업과 10월 민중항쟁까지의 시기이다. 이 시기의 권력관계의 특성은 숨죽이고 있던 우파가 미군의 진주와 함께 독자적으로 정치세력화하기 시작해 한국에서 처음으로 정당 간 이념 대립이 시작된 시기이다.[15] 그러나 1945년 12월 말에 신탁통치 논란이 불거지기 전까지 정치지형은 기본적으로 좌파 우위의 권력관계를 지속하고 있었다. 신탁통치 논란은 정치지형을 좌파 우위에서 우파 우위로 바꿔놓는 계기가 된다. 신탁통치 논란을 계기로 우파는 자신을 애국적 민족주의 세력으로 색칠했고 좌파에게는 반(反)민족적 매국세력, 소련을 추종하는 공산주의 세력이라는 낙인을 찍었다.[16] 반공체제가 형성되기 시작

....

15   심지연. "미군정기 정치세력들의 노선과 활동." p.239.
16   Cumings. 『한국전쟁의 기원』. p.290.

표 9.1 분배체계의 관점에서 본 미군정기의 시기 구분: 1945년 8월~1948년 8월

시기	권력관계의 특성	경제체제의 특성	분배체계의 특성

제1기
인민적
분배체계의 실험
1945년 8월 15일~9월 7일
	·좌파 (절대적) 우위의
	  권력관계 형성
	·인민위원회와
	  인민공화국
		·반봉건적 식민지
		  지주제의 유산
		·일제에 종속된
		  독점자본의 유산
		·경제구조의 남북 분단
			·농민적 토지 소유의
			  실험
			·노동자 자주 관리(공장)
			·민중적 식량 배분

제2기
전근대적 구호정책의
지속
1945년 9월
8일~1946년 10월
	·좌우 경쟁의 시기
	·노동계급과 농민계급의
	  전국조직화
	·우파의 정치세력화
	·우파의 민족·
	  애국세력으로의 변신
	·좌파의 반민족·
	  매국세력으로의 낙인화
		·반공적 식민지 지주제의
		  이완
		·공업생산과 농업생산의
		  붕괴
		·자유시장경제에서
		  통제경제로의 복귀
			·전재민에 대한
			  임시적·한시적
			  구호정책 중심
			·식량,
			  자유시장체제에서
			  배급체제로의 복귀

제3기
자본주의 분배체계
토대 구축
1946년 11월~1948년
8월 15일
	·대역전의 시기
	·우파 우위의 권력관계
	  형성
		·자본주의 경제관계
		  형성을 위한 시작
		·영세자영농의 형성기
		·자본가계급의 형성기
			·자본주의 분배체계의
			  토대 구축
			·농지개혁과
			  적산(敵産)불하

한 것이다.[17] 더욱이 미군정의 강화된 억압기구가 우파를 지원하고 좌파를 탄압하면서 남한의 권력관계는 좌파 우위에서 좌우 경쟁으로, 다시 우파 우위로 전환되었다. 경제적으로 이 시기는 남한의 거의 모든 생산력이 축소되는 위기의 시기였다. 여기에 미군정의 정책 실패가 더해지면서 남한의 경제 상황은 점점 더 나빠졌다. 사람들의 최대 관심사는 식량을 조달하는 것이었다. 미곡 자유화 조치로 정책 실패를 경험한 미군정은 다시 식량 통제라는 일제의 관행을 복원시켰다.[18] 복지정책은 주로 전재민, 이재민, 취약계층을 대상으로 최소한의 구호를 하는 수준에 머물렀다. 식량 배급과 취약계층에 대한 구호정책이 이 시기 복지체제의 특성이었다고 할 수 있다.

마지막으로 제3기는 1946년 9월과 10월 항쟁으로 좌파의 권력자원이 약화

....

17   박찬표.『한국의 국가형성과 민주주의』.
18   김점숙(2000). "미군정과 대한민국 초기(1945-50년) 물자수급정책." 이화여자대학교 대학원 사학과 박사학위논문. p.19.

되고 우파가 주도권을 장악하면서 시작된다. 권력관계에서는 좌우 대립에서 우파가 우위를 점하는 '대역전'이 일어나고 좌파 정치세력은 비합법화된다. 미소공위의 결렬은 미군정과 남한 우파가 남한 단독정부의 수립을 추진할 명분을 제공했다. 미군정은 이러한 정치적 조건에서 남한 경제체제의 성격을 결정하는 결정적인 역할을 했다. 토지개혁을 통해 사적소유에 기초한 소농을 양산하고, 산업시설을 국유화하라는 여론을 외면하고 적산불하를 감행해 생산수단의 사유화를 단행했다. 토지에 속박된 보수적인 농민 계급의 탄생과 지주를 대신해 국가에 종속된 새로운 지배층으로 자본가계급이 형성되기 시작한 것이다. 분배체계는 이러한 정치경제의 변화에 조응하는 방식으로 구축된다. 한국 사회의 자본주의화는 이제 피할 수 없었고, 분배체계는 이러한 자본주의화의 범위 내에서 구성되어야 했다. 자본주의 분배체계의 토대가 구축된 것이다.

제3절 권력자원과 권력관계: 대역전, 우파'만'의 경쟁체제를 향해

미군 점령 기간은 해방 이후 한국 복지체제의 성격을 결정하는 정치구조가 정초(定礎)된 시기였다. 미군정은 강력한 국가 억압기구로 식민지와 반(半)봉건적 유산으로부터의 해방을 염원했던 대다수 민족해방운동을 주도했던 좌파와 임정을 위시한 개혁적 우파 정치세력의 권력자원을 해체·억압·배제하고 한국 사회의 권력관계를 친미적 우파세력 내의 경쟁체제로 재편했다. 만약 2차 세계대전을 승리로 이끈 세계 최강국이자 자본주의 세계체계의 새로운 패자로 등장한 미국의 군사적 점령이 없었다면 현재 한반도의 정치경제체제는 지금과는 판이한 모습이었을 것이다. 조지 카치아피카스(George Katsiaficas)는 미군이 없었다면 한국에 인민공화국이 수립되었을 것이라고 단언했다.[19] 당연히 복지체제도 미국

....

19 Katsiaficas, G.(2015[2012]). 『한국의 민중봉기』. 원영수 역. (*Asia's Unknown Uprising volume 1: South Korean Social Movements in the 20th Century*). 파주: 오월의 봄. p.141.

의 군사점령이 없었다면 지금과는 달랐을 것이다.

어떤 길이 해방된 조선의 민중에게 더 바람직했는지는 논란의 여지가 매우 크다. 다만 분명한 것은 이승만의 권위주의적 반공체제의 탄생은 세계 최강의 물리력으로 독립운동세력인 좌파와 민중운동세력을 무자비하게 탄압하고 무력화시켰던 미군정이 없었다면 성립되기 어려웠을 것이라는 점이다.[20] 3년이라는 매우 짧은 기간 동안 미군정은 한국 정치를 좌파가 지배적인 구조에서 우파가 지배적인 구조로 전환시켰다. 믿을 수 없는 대역전이 일어났다. 어떻게 이런 대역전이 가능했던 것일까? 미군정이 주도한 대역전은 한국 복지정치에서 좌파 정당과 노동계급이 배제된 권력관계가 고착화된 출발점이었다.

1. 미국의 대한(對韓)정책

미군정 3년 동안 한국(남한)에서 벌어진 권력자원과 권력관계의 형성과 변화를 이해하기 위해서는 2차 세계대전 이후 미국이 그렸던 세계전략에 대한 이해가 선행될 필요가 있다. 기본적으로 미국의 대한(對韓)정책은 미국의 전후 세계전략이라는 보편성에 기초해 한국의 특수성을 반영하는 방식으로 결정되었고, 이러한 미국의 대한정책은 당시 한국의 권력자원과 권력관계의 형성과 변화에 결정적 영향을 미쳤다.[21] 배링턴 무어(Barrington Moore)의 지적처럼 한국과 같

....

20　이승만 정권이 자본주의의 길을 선택했기 때문에 박정희 시대의 성공적인 산업화가 가능했다는 평가도 있다. "독재자로 쫓겨난 이승만에 대한 평가도 산업화의 관점에서 재조명될 필요가 있다. 2차 대전 후 중국 등 많은 신생독립국에서 시도되었던 공산주의를 통한 근대화의 길을 거부하고 자본주의와 자유민주주의의 기본 틀을 형성하고 토지개혁을 통해 체제 안정화를 기했으며 보편주의적인 공교육을 통해 산업화에 필요한 인적자원을 길러내지 않았다면 박정희의 성공적 경제개발은 어려웠을 것이기 때문이다." 양재진(2014). "박정희 시해, 새로운 기회의 창, 그리고 경제정책의 대전환: 정치리더십 변동과 정책패러다임의 변화." 『현대사회와 행정』 24(1): 169-188. p.186.

21　부분적·시기적 차원에서 미군정과 본국 간에 대한정책을 둘러싼 차이가 있었다. 예를 들어, 미군정은 초기부터 국제주의 정책(신탁통치를 통한 통일정부)보다는 민족주의 정책(반공기지로서 남한 단독정부)을 선호했던 것으로 보인다. 하지만 큰 틀에서 미군정과 본국 정부는 미국의 이익을 실현한다는 점에서는 차이가 없었고, 방법의 차이가 있었을 뿐 소련을 견제한다는 점에서도 같았다.

은 약소국의 정치경제는 내적 요인보다는 외적 요인에 더 영향을 받았다는 점을 고려하면 미국의 대한정책을 이해하는 것은 미군정기에 정초된 한국의 권력자원과 권력관계를 이해하는 출발점이라고 할 수 있다.[22]

커밍스는 2차 세계대전 종전 이후 미국의 세계전략을 민족주의와 국제주의의 대립으로 설명한다. 2차 세계대전에서 반파시즘 연합을[23] 이끈 미국의 프랭클린 루스벨트 대통령은 전후에 "공산주의, 자본주의, 반식민주의적 민족주의"를 모두 포괄하는 세계체계를 구상했다.[24] 루스벨트는 소련을 영미 동업관계에 포함시켜 소련의 이해를 보장해주는 동시에 소련에도 세계 평화를 위한 적절한 임무를 부여하려고 했다.[25] 하지만 1944년에 소련이 폴란드에서 친소정권을 수립하려는 시도를 하자 미소관계는 갈등과 대립의 양상을 보이게 된다.[26] 더욱이 종전 직전에 국제주의자였던 루스벨트 대통령의 갑작스런 죽음으로 대소 강경주의자인 해리 트루먼(Harry Truman)이 대통령직을 계승하면서 미국의 대외정책은 국제주의 구상을 대신해 봉쇄주의(민족주의)가 주류를 형성하게 된다. 1947년 트루먼의 상하원 합동연설(일명 트루먼 독트린)은 냉전이라는 봉쇄주의에 입각한 전후 세계질서를 공식화한 것이다. 이후 미국은 그리스와 터키의 내

....

22 Moore, B. (1966). *Social Origins of Dictatorship and Democracy: Lord and Peasant in the Making of the Modern World*. Boston: Beacon Press. pp.xviii-xix.

23 2차 세계대전의 성격을 둘러싼 논란이 있다. 한편에서는 2차 세계대전을 파시즘 대 반파시즘(민주주의) 세력 간의 전쟁이라는 구도에서 설명하지만, 다른 한편에서는 제국주의 세력 간의 식민지 재분할 전쟁이라는 관점에서 접근하고 있기 때문이다. 한국현대사연구회(1987). 『해방정국과 민족통일전선』. 서울: 세계. p.13-17. 본 장에서는 해방 직후 한국의 좌우파 모두 미국을 파시즘에 대항해 민주주의를 수호하고 식민지 조선을 일제로부터 해방시킨 해방군으로 이해했다는 점에서 파시즘 대 반파시즘 간의 대립을 기본 성격으로, 제국주의 국가 간의 식민지 재편을 부차적 성격으로 규정하고 논의를 시작했다. 실제로 조선공산당 재건파(박헌영)의 '8월 테제'와 이후 수정 보완된 조선공산당의 정치노선을 보면 해방을 "(…) 진보적 민주주의 국가들인 소·영·미·중 등 연합국 세력에 의해 실현되었다."라고 선언하고 있다. 연합국을 독일, 이탈리아, 일본의 파시즘에 맞서는 민주주의 세력으로 이해했다. 서중석(2003). "주요 정치세력의 통일국가 수립운동." 국사편찬위원회 편. 『한국사 52: 대한민국의 성립』. 서울: 탐구당. p.149.

24 Cumings. 『한국전쟁의 기원』. p.146.

25 Cumings. 『한국전쟁의 기원』. p.161.

26 한국현대사연구회. 『해방정국과 민족통일전선』. p.15.

상하원 합동의회에서 공산주의에 대항하는 그리스와 터키의 우파정부에 대한 4백만 달러의 원조를
요청하는 트루먼 대통령의 모습. 트루먼 대통령의 1947년 3월 12일 연설은 2차 세계대전 종전 이후
냉전의 시작을 알리는 공식 신호탄이 되었다(자료: New Hampshire Public Radid. http://nhpr.org).

전에서 반(反)공산주의 세력을 지원하는 등 자본주의 질서를 지키기 위한 적극
적인 역할을 했다. 전후 세계질서에 대한 미국의 전략이 미소 협력에 기초한 국
제주의에서 소련을 봉쇄하고 자본주의 체제를 방어·유지한다는 전략, 냉전체
제로 전환한 것이다.

미국의 대한정책의 형성과 변화는 바로 이러한 미국의 세계전략에 기초해
성립된 것이었다. 미국의 대한정책은 그 정치 수사와 정책 수단이 무엇이든지 간
에 한국에서 공산주의에 대항할 수 있는 반공세력을 확장하고 이들을 통해 반
(反)소·친(親)미 정권을 수립하는 것이었다.[27] 미국은 1944년부터 한반도에 대

....

27　당시 한반도(또는 한국)가 미국이 전후 세계질서를 수립하는 데 전략적 가치가 있었는지는 논란의 여
　　지가 있다. 미국의 대외관계 외교문서(U.S. Department of State, Foreign Relations of the United
　　State, FRUS)에 따르면, 1947년 4월에 전쟁부 장관(패터슨)이 국무부 장관(마셜)에게 보낸 각서에 "한
　　국은 전략적 가치가 거의 없으며 미국의 안전 보호에 하등의 도움을 줄 수 없다."고 평가하면서 시급한
　　철군을 주장했다. 이혜숙. 『미군정기 지배구조와 한국사회』. p.85.

한 완전 또는 부분적인 군사적 점령을 고려하고 있었다.[28] 커밍스가 인용한 자료에 따르면, 1943년 11월에 미 국무성 영토분과위원회는 "북태평양의 안전 보장은 미국의 관심사가 될 것이며 한국의 정치적 발전이 이 안전 보장에 영향을 줄 것"이라는 내용의 문건을 작성했다. 또한 전후 미국의 대한정책에 지대한 영향을 미쳤던 머렐 베닝호프(Merrel Beninghoff), 존 빈센트(John Vincent), 휴 보튼(Hugh Borton) 등이 작성한 문건에서도 "소련의 한국 점령은 극동에 있어서 전혀 새로운 전략적 정세를 조성할 것이며, 그것이 중국 및 일본에 끼치는 영향은 심원할 것이다."라고 평가했다. 점령기간 동안 미군정이 일관되게 추진한 반공주의 정책은 이를 반영하는 것이라고 할 수 있다. 인민당, 사민당 등 중도좌파에 대한 미군정의 지원 또한 반공주의의 일환이었다는 점을 상기할 필요가 있다.[29] 미국의 입장에서 가장 중요한 문제는 '조선의 독립'이 아니라 해방될 조선이 대소 봉쇄기지로서의 역할을 수행할 수 있는지 여부였다. 미국의 대한정책에서 '조선의 독립'은 대소 봉쇄기지의 확립이라는 미국의 전략적 과제에 비추어보면 2차적 목표에 불과했다. 다만 1947년 제2차 미소공위가 결렬되고 일명 트루먼 독트린으로 알려진 소련에 대한 봉쇄전략이 공식화되기 전까지 한반도에서 소련에 대한 봉쇄 전략은 공식화되지 않았을 뿐이다.

해방 직후 미국의 대한정책은 아직 봉쇄주의가 국제주의를 압도하지는 못했던 것 같다. 카이로선언(미국, 영국, 중국, 1943년 11월 27일), 얄타회담(미국, 영국, 소련, 1945년 2월 4일~2월 11일), 테헤란회담(미국, 영국, 소련, 1943년 11월 28일~12월 1일), 포츠담선언(미국, 영국, 중국, 소련, 1945년 7월 26일), 모스크바 3상회의(미국, 영국, 소련, 1945년 12월 16일~12월 25일) 등 종전을 전후해 연합국들이 개최한 회담과 협상은 큰 틀에서 보면 전후 세계질서를 국제주의에 입각해 설계했다. 이로 인해 종전 직후에 미국은 한반도에서 노골적인 대소 봉쇄정책을 취하기 어려웠다. 더욱이 소련은 미국과 달리 한반도와 국경을 접하고 있었기 때문

....

28   Cumings. 『한국전쟁의 기원』. pp.161-162.
29   윤민재. 『중도파의 민족주의 운동과 분단국가』.

나치독일의 패전 이후 독일의 베를린 교외 포츠담(Potsdam)에서 1945년 7월 17일부터 8월 2일까지 개최된 포츠담회담에서 환담하는 이오시프 스탈린(Joseph Stalin, 오른쪽 첫 번째), 해리 트루먼, 윈스턴 처칠(Winston Churchill)의 모습(출처: DW).[30]

에 미국이 소련을 배제하고 한반도 전략을 추진할 수는 없었다. 미국은 지리적으로 인접한 소련이 한반도를 단독으로 점령해 친소(친공산주의)정권을 수립할 경우 미국의 동아시아 전략의 핵심 지역인 중국과 일본에 부정적 영향을 미칠 것으로 판단했다.[31]

포츠담회담을 준비하는 과정에서 작성되었던 미국의 문서를 보면 미국은 한반도에 미국에 우호적인 정권을 수립하기 위해 세 가지 전략(means)을 구상하고 있었던 것으로 보인다.[32] 군사적 점령, 신탁통치, 유엔을 통한 한국 문제 해결이었다. 1945년 9월부터 1948년 8월까지 미국의 한국 점령정책은 이러한 세 가지 전략이 한국 내외의 상황과 맞물리면서 실현되었다. 미국은 북위 38도선 이남을 군사적으로 점령해 첫 번째 전략을 실천했다. 두 번째 전략인 신탁통치는 제2차 미

....

30　http://www.dw.com/en/potsdam-conference-reshaped-germany/a-18591622

31　Cumings. 『한국전쟁의 기원』, pp.162-164.

32　Cumings, B.(1981). *The Origins of the Korean War: Liberation and the Emergence of Separate Regimes 1945-1947*. Princeton, NJ: Princeton University Press. pp.115-116.

소공위가 결렬된 1947년 10월 이전까지 미국이 공식적으로 추진한 대한반도 정책이었다. 신탁통치는 좌파의 대중적 영향력이 강력한 식민지에서 좌파의 영향력을 최소화하기 위해 미국이 식민주의와 함께 채택했던 전략이었다. 실제로 미국은 인도차이나와 같이 좌파의 대중적 기반이 확고한 지역에서 식민주의를 유지하거나 신탁통치를 통해 좌파세력을 통제하고자 했다.[33] 해방 직후 좌파가 광범위한 대중적 지지를 얻고 있는 한반도에서 미·영·중·소 4개국에 의한 국제적 신탁통치는 토착 좌파세력을 통제하는 것은 물론 소련의 영향력을 4개 신탁통치 국가 중 하나로 축소시켜 한반도에서 미국의 의도를 관철시키는 전략이었다. 신탁통치는 미국의 이해가 전적으로 관철되지 못해도 최소한 한반도에 친소적이거나 반미적인 정권이 들어서는 것을 막을 수 있는 수단이었다.

마지막으로, 유엔을 통한 한반도 문제 해결은 냉전이 본격화되면서 4개국에 의한 신탁통치가 불가능해지자 미국이 한반도에서 자신의 이해를 관철하는 수단으로 추진되었다. 미국이 아무 준비 없이 남한에 진주했다는 통설과 달리, 미국은 1945년 8월 15일 종전 이전에 한반도에 대한 기본 전략을 갖고 있었던 것으로 보인다. 미국의 대한반도 정책은 구체적인 정책 수단에서는 차이가 있을 수 있지만 큰 틀에서 보면 미국이 포츠담회담을 준비하면서 구상한 전략의 범위를 벗어나지 않았다.[34] 종전을 전후한 시기부터 1948년 8월 15일에 남한 단독정부가 수립될 때까지 미국의 대한반도 정책의 일관된 목표는 한반도 또는 적어도 남한에 소련식 사회주의에 대항하는 반공의 보루를 구축하고 자본주의 체제를 정착시켜 남한을 미국이 주도하는 자본주의 세계질서에 편입시키는 것이었다.[35]

....

33   Kolko, J. and Kolko, G.(1972). *The Limits of Power: The World and United States Foreign Poli-cy, 1945-1954.* New York: Harper & Row. p.277; 이혜숙(2009). 『미군정기 지배구조와 한국사회』. 서울: 선인. p.63에서 재인용.
34   Cumings. *The Origins of the Korean War.* p.116.
35   최장집. "국민국가 형성과 근대화의 문제." p.89; 이완범. "전후 세계질서와 미국의 대한정책." pp.173-174; 류상영. "전후 세계질서와 미국의 대한정책." p.225; Cumings. 『한국전쟁의 기원』. p.310.

2. 미군정기의 권력관계[36]

권력자원은 일반적으로 계급동원과 계급연대의 문제로 이해된다. 하지만 여기서는 권력자원을 자신의 정치적 요구를 관철할 수 있는 조직화된 정치세력의 유무와 힘의 정도로 조금 유연하게 정의했다. 억압기구인 경찰과 군대, 행정기구, (준)대의기구 등의 지배력도 권력자원을 구성하는 것으로 보았다. 권력관계는 권력자원에 기초해 만들어지는 정치세력들 간의 관계로 정의했다. 권력관계는 권력자원에 기초해 형성되지만 정치적 상황에 따라 유사한 권력자원을 가진 정치세력이 반드시 동일한 이해를 갖는 것은 아니다. 유사한 권력자원을 공유한 두 집단은 서로 적대적인 권력관계를 형성할 수도 있다. 우리는 이러한 상황을 좌우합작과 남한 단독정부 수립 과정에서 목격할 수 있다.

미군정기 권력관계의 기본 구도를 검토하기 전에 우리는 기본적으로 미군정기의 권력관계를 구성했던 주요 정치세력이 지향했던 분배정책의 방향에 대해서도 개략할 필요가 있다. 이를 통해 우리는 미군정기의 분배체계가 권력관계의 형성과 변화에 따라 어떤 특성을 갖게 되었는지를 이해할 수 있다.[37] 더 나아가 미군정기의 권력자원과 분배체계 간의 관계가 통상적으로 권력자원론이 상정하는 전제와 부합하지 않는다는 것 또한 주의할 필요가 있다. 권력자원론에서는 계급동맹(노동자계급의 조직화와 좌파정당의 의석수 등)과 계급연대(노동계급과 중간계급의 연대)라는 권력자원의 크기가 분배체계의 특성을 결정했다고 가정한다.[38] 하지만

....

36   상탈 무페(Chantal Mouffe)는 권력관계가 무엇인지 분명히 적시하고 있지는 않지만, 논의의 맥락을 보면 권력관계는 단순히 정책을 둘러싸고 나타나는 단기간의 세력 관계가 아니다. Mouffe, S.(2006[2000]). 『민주주의의 역설』. 이행 역. (*The Democratic Paradox*). 고양: 인간사랑. 권력관계는 기본적으로 권력자원에 기초하며 권력자원의 이해를 반영한다. 현상적·단기적으로 권력관계가 권력자원의 이해에 반하는 것으로 보일 수도 있지만 이는 어디까지나 단기적인 현상이다. 중장기적으로 보면 권력관계 또한 권력자원에 기초한 집단적 이해의 범주를 벗어나지 않는다. 정책을 둘러싼 정치세력들 간의 한시적 관계는 여기서 사용하는 권력관계와는 다른 개념이다. 굳이 다른 개념을 사용한다면 "정책을 둘러싼 정치세력 간의 한시적·일시적 관계는 세력관계"로 정의하고 권력관계와 구분하고자 한다.
37   분배체계에 대한 구체적인 내용은 다음 절에서 검토할 예정이다.
38   Esping-Andersen. *The Three Worlds of Welfare Capitalism*; Korpi. "Power Resources Approach

미국에 의해 군사적으로 점령되고 군정이 수립된 남한에서는 통상적으로 일국주의에 근거한 권력자원론의 가정이 성립하지 않는다. 일국적 차원에서 보면 조선공산당과 조선인민당으로 대표되는 좌파세력은 해방 당시 독립운동세력이라는 정치적 정통성과 함께 조선노동조합전국평의회(전평)와 전국농민조합총연맹(전농)이라는 당시로서는 가장 광범위하고 강력한 대중조직의 지지를 받고 있었다. 하지만 이들이 주장했던 중요 산업과 대기업의 국유화와 토지(농민)의 무상몰수·무상분배라는 요구는 실현되지 않았다. 대신 미군정기의 분배체계는 일국적 범위를 넘어서는 권력자원과 권력관계에 의해 구조화되었다. 큰 틀에서 보면 미군정기의 분배체계는 정치적 정당성이 취약했고 대중의 지지를 얻지 못했으며 지극히 취약한 권력자원을 갖고 있던 우파가 미군정과 연합함으로써 자신들에게 유리한 권력관계를 창출했다. 이를 바탕으로 우파는 자신들의 이해를 대변하는 분배체계를 구축했다. 미군정기의 권력자원과 권력관계의 문제를 풀어가는 가장 중요한 열쇠는 왜 이러한 역설이 발생했는지를 설명하는 것이다.

먼저 미군정기의 권력관계가 어떤 모습이었는지 살펴보자. 심지연은 미군정기 한국의 정치세력을 좌파(조선공산당-남로당), 중도좌파(여운형의 인민당-근민당), 중도우파(김규식의 민족자주연맹), 우파(한민당, 김구의 한독당 세력, 이승만의 독립촉성중앙협의회) 등 여섯 세력으로 구분했다.[39] 이러한 구분은 대체로 적절해 보인다. 하지만 심지연의 분류는 당시 한국의 권력관계를 실질적으로 주도·재구조화했고 가장 강력한 권력기구인 국가기관을 독점했던 미군정을 고려하지 않았다. 미군정을 포함해 당시 정치세력은 크게 보면 〈그림 9.1〉에서 보는 것과 같이 미군정, 우파, 좌파, 중도파로 구분된다. 미국은 미군정과 미국 정부(구체적으로 국무부)로, 우파는 한국민주당, 독촉, 한독당 세력으로, 좌파는 박헌영이 주도한 조선공산당의 주류였던 재건파와 이에 반대하는 이영, 최익한 등으로 대표되

....

vs Action and Conflict: On Causal and Intentional Explanations in the Study of Power."; Korpi, W. (2003). "Welfare-State Regress in Western Europe: Politics, Institutions, Globalization." *Annual Review of Sociology* 29: 589-609; 윤홍식. "복지국가의 다양성과 발전 동인: 논쟁과 함의."

39 심지연. "미군정기 정치세력들의 노선과 활동." p.228.

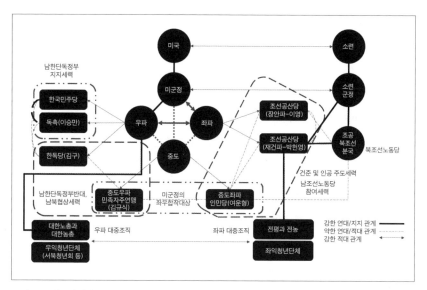

그림 9.1 미군정기의 주요 정치세력과 권력관계

는 조선공산당 장안파로, 중도파는 여운형으로 대표되는 중도좌파와 김규식으로
대표되는 중도우파로 구분될 수 있다.

　미군정은 억압기구와 식량통제기구 등을 장악하고 있었다. 경찰과 군대 같
은 억압기구는 권력관계를 폭력적으로 재편할 수 있다는 점에서, 행정기구는 당
시 가장 중요했던 식량의 통제와 배분을 담당했다는 점에서 중요한 권력수단이
었다. 특히 미군정은 일제강점기보다 더 많은 경찰 규모를 유지하며 억압기구를
강화했다. 경찰 규모는 해방 직후 26,667명(조선인 10,619명, 일본인 16,058명) 수
준에서 남한 단독정부 수립 직전에는 무려 4만 5천여 명으로 늘어났다.[40] 다만
1945년 6월 당시 조선과 만주에 주둔하고 있었던 일본군이 87만 5천 명에 달했
고,[41] 1945년 9월 8일 미군이 상륙할 당시 남한에 주둔하고 있던 일본군이 일본
인 방위조직을 포함해 27만 명에 달했다는 점을 고려하면[42] 치안 유지를 위해 미

....

40　안진(1996). 『미군정기 억압기구 연구』. 서울: 새길 아카데미. p.126, 133.
41　Cumings. 『한국전쟁의 기원』. p.166.
42　조순경·이숙진(1995). 『냉전체제와 생산의 정치: 미군정기의 노동정책과 노동운동』. 서울: 이화여자

군정이 충원한 경찰력의 규모가 (미군의 수를 포함해도) 일제강점기보다 많았다고 할 수는 없을 것 같다.

한편 조선공산당(박헌영의 재건파)은 전평, 전농, 조선부녀총동맹 등 대중조직을 자신의 영향력 아래 두었다. 그렇다고 조선공산당이 노동자와 농민의 조직화를 주도했던 것은 아니다. 해방과 함께 지하에 잠복해 있던 조직이 공식적인 노동조직이 되면서 아래로부터의 조합 결성이 이루어졌다.[43] 전평은 사업장별 노동조직의 준비모임(1945년 9월 25일)을 거쳐 1945년 11월 5일에 출범했다. 전평은 출범 당시에 215개 지부, 1,194개 분회, 217,073명의 조합원을 가진 명실상부한 조선 최대의 노동조합이었다.[44] 전평은 불과 2개월도 안 되는 기간 동안 대부분의 노동조합과 노동자를 조직화하는 세계 노동사에서도 보기 드문 성과를 이루었다.[45] 전평이 조선공산당, 특히 박헌영이 중심이 된 조선공산당 재건파의 영향력 아래에 있었다는 사실은 전평의 창립대회에서 발표되었던 결의문에 잘 나타나 있다. 4개 항의 결의문 중 두 번째 항을 제외하면 세 개 항은 모두 조선공산당의 박헌영에 대한 지지로 채워져 있어 전평에 대한 조선공산당 재건파의 영향력을 가늠할 수 있다.[46] 다만 전평의 조합원들이 노동계급으로서 확고한 계급 정체성을 갖고 있었는지는 확인하기 어렵다. 미군정기 노동자들은 임금만으로 생활이 불가능했기 때문에 임금노동 이외에 별도의 생계수단을 갖고 있었다.[47] 노동계급이 형성될 수 있는 가장 중요한 조건 중 하나가 노동자가 자신의 노동력을 파는 것 이외에 다른 생계수단이 없는 경우를 전제한다는 점을 고려하면 미군정기 노동자가 노동계급으로서 확고한 정체성을 갖고 있었다고 평가하기는 어려울 것 같다.

....

대학교 출판부. p.35. 1945년 8월 기준으로 한반도 전체에는 대략 34만 7천 명의 일본군이 주둔하고 있었다. 양동안.『대한민국건국사: 해방3년의 정치사』.

43　박기영·김정한(2004).『한국노동운동사 3: 미군정기의 노동관계와 노동운동, 1945~1948』. 서울: 지식마당. pp.426-431.

44　이혜숙.『미군정기 지배구조와 한국사회』. p.476.

45　조순경·이숙진.『냉전체제와 생산의 정치: 미군정기의 노동정책과 노동운동』. p.254.

46　박기영·김정한.『한국노동운동사 3: 미군정기의 노동관계와 노동운동, 1945~1948』. p.432.

47　조순경·이숙진.『냉전체제와 생산의 정치: 미군정기의 노동정책과 노동운동』. p.201.

조선노동조합전국평의회 창립대회. 2차 세계대전에서 승리한 연합국의 국기가 걸려 있고, 모든 권력은 인민으로부터 나온다는 현수막이 연단을 가로지르고 있다(출처: 노동자역사 한내 편(2015). 『사진과 함께 보는 노동운동사 알기』. 서울: 한내, p.54).

전평 창립대회 결의문

1. 본 대회를 개최할 수 있도록 주도한 조선무산계급의 수령이며 애국자인 박헌영 동지에게 감사의 메시지를 보낸다.
2. 소·미·영·중 연합국 노동자 대중에게 감사 메시지를 보낸다.
3. 조선무산계급운동의 교란자 이영 일파를 단호히 박멸한다.[48]
4. 조선민족통일전선에 대한 박헌영 동지의 노선을 절대 지지한다.

농민 대중조직인 전농(전국농민조합총연맹)은 전평과 비교해 조선공산당의

....
48   이영은 조선공산당의 주도권을 두고 박헌영의 재건파와 대립한 장안파 세력의 핵심 구성원이다.

영향력이 더 컸던 것으로 보인다. 1945년 11월 초에 조선공산당은 전국 농민조직을 결성한다는 방침을 정한다.[49] 조선공산당은 지역적으로 분산되어 있던 농민운동을 소작료투쟁(소작료 인하투쟁, 소작료 불납투쟁, 3·7제 소작료 인하투쟁, 금납제투쟁 등)을 통해 조직적으로 결집시켰다. 마침내 1945년 11월, 해방된 지 불과 3개월 만에, 조선공산당이 전농 결성 방침을 결정한 지 채 1개월도 되지 않아 188개 군 단위조직과 330만 명의 거대한 조합원을 가진 농민조직이 출범하게 된다. 사실 전농이 이렇게 단시간에 놀라운 조직적 성과를 이룰 수 있었던 데에는 1930년대에 활동했던 혁명적 농민조합운동의 경험이 큰 역할을 했던 것으로 보인다.[50] 전농의 조직화에는 조선공산당의 역할이 컸고, 전농 조직의 계보를 보아도 전농이 조선공산당의 지도를 받는 조직이라는 것은 분명해 보였다.[51] 또한 전농 결성 준비위원회의 글을 보면 전농이 '민주주의적 인민정권' 수립에 기여하겠다고 천명함으로써 조선공산당의 노선을 따르고 있는 것도 분명해 보인다. 다만 전농은 전평과 달리 조선공산당과 박헌영에 대한 노골적인 찬양과 지지를 보내지는 않았다.

우파는 좌파에 비해 상대적으로 미군정과 밀접한 관계를 갖고 있었다는 점에서 국가권력이라는 권력자원에 좌파보다 훨씬 더 가까이 있었다. 특히 한민당은 경찰을 포함해 미군정 행정기관의 요직을 차지하고 있었기 때문에 미군정의 여당이라고 불렸다.[52] 실제로 한민당은 미군정의 요청으로 경찰 재조직화의 핵

....

49 이호철(1994). "농민운동." 강만길·김남식·김영하·김태영·박종기·박현채·안병직·정석종·정창렬·조광·최광식·최장집 편. 『한국사 18: 분단구조의 정착-2』. pp.221-268. 서울: 한길사. pp.228-230.
50 적색농민조합에 대해서는 "제7장 식민지, 강요된 자본주의 세계체계의 주변부화, 1910~1945년"을 참고하라.
51 이혜숙, 『미군정기 지배구조와 한국사회』. p.457.
52 한민당은 19개의 중앙부처 중 5개 부와 2개 처의 장을 맡았다. 외무처(문장욱), 물가행정처(최태욱), 보건후생부(이용설), 농무부(이훈구), 경무부(조병옥), 사법부(김병로), 문교부(유억겸)이다. 또한 대법원장도 한민당 요인인 김용무였다. 안진. 『미군정기 억압기구 연구』. p.112, 134; 최장집. "국민국가 형성과 근대화 문제." p.72; 이완범. "전후 세계질서와 미국의 대한정책." p.60; 심지연(1984). 『한국현대정당론』. 서울: 창작과 비평사.

심적 역할을 담당했고, 한민당의 핵심 인사가 경무국장과 수도경찰청장을 맡았다.[53] 반면 우파의 대중조직 역량은 취약했다. 사실 우파는 신탁통치 문제가 불거지기 전까지 대중조직의 중요성을 인식하지 못했다.[54] 우파가 대중조직에 관심을 갖기 시작한 계기는 신탁통치 문제가 불거지고 광장정치(대중 동원의 정치)가 중요해지면서부터였다. 우파는 신탁통치 정국 이후에 좌파의 대중조직을 파괴하기 위해 대한노총, 대한농총, 우익청년단체 등을 조직해 우파의 권력자원을 강화했다.[55] 그리고 1946년의 9월 총파업과 10월 항쟁 이후에 우파는 좌파의 대중조직인 전농과 전평을 무력화시키고 대중조직에서도 우파의 우위를 확보했다. 좌파는 대중조직, 우파는 권력기관이라는 대칭적 관계가 해체되고 우파가 대중조직과 권력기관을 모두 장악하는 대역전이 벌어진 것이다.

좌우파에 비해 중도파는 대중적 권력자원도[56] 국가기관도 장악하지 못했다. 특히 신탁통치 문제로 정국이 양극단으로 치달아가면서 중도파의 자리는 점점 더 협소해졌다. 중도좌파의 대표적 정당이었던 인민당은 스스로를 중간정당이라고 규정했지만,[57] 당시 조선 사회에서 중간계급(지식인, 소시민층 등)의 규모는 매우 협소했다. '계급적으로 중간정당'이라는 의미를 대중정당으로 이해해 노동자, 농민, 민족부르주아를 포함한다고 해도, 노동자, 농민은 좌파로, 부르주아의 대부분은 우파로 결집한 상황에서 중도파의 권력자원은 취약할 수밖에 없었다. 다만 중도파는 1946년에 미군정이 미소공위를 앞두고 추진했던 좌우합작의 주요 대상이 되면서 과도입법 의원에 참여해 미군정이 장악한 국가권력의 일부를 제한적으로 공유할 수 있었다.[58] 과도입법 관선의원의 정치적 성향을 보면 극좌 인사

....

53 주한미군 사령관 존 하지(John Hodge)의 고문이었던 윌리엄스(Williams) 대령은 한국 경찰을 재건하기 위해 1945년 10월 17일에 한민당의 송진우(수석총무)에게 반공사상이 철저한 인물의 추천을 요청했고, 송진우는 당시 한민당의 총무였던 조병옥을 추천했다. 조병옥은 10월 18일에 경무국장에 취임했다. 안진. 『미군정기 억압기구 연구』. p.134.

54 Cumings. 『한국전쟁의 기원』. p.117; 이혜숙. 『미군정기 지배구조와 한국사회』. p.477.

55 정영태(1994). "노동운동." 강만길 · 김남식 · 김영하 · 김태영 · 박종기 · 박현채 · 안병직 · 정석종 · 정창렬 · 조광 · 최광식 · 최장집 편. 『한국사 18: 분단구조의 정착-2』. pp.191-219. 서울: 한길사. p.204.

56 Cumings. 『한국전쟁의 기원』. p.334.

57 윤민재. 『중도파의 민족주의 운동과 분단국가』. p.152.

와 극우 인사가 배제되고 중도좌파와 중도우파 인사가 대부분을 차지했다.[59] 중도파는 미군정이 좌우합작을 추진하는 동안 미군정의 정책적 지원을 받았다.

3. 대역전, 좌에서 우로

어떻게 대역전이 가능했을까? 해방 직후에 조선에 살았던 사람이라면 누구나 좌파가 주도하는 새로운 세상이 올 것이라고 믿었을 것이다. 좌파가 주장했던 것처럼 일제와 친일파들의 재산이 몰수되고 모든 것들이 민중에게 분배되는 그런 혁명 같은 새 세상이 올 것이라고 믿었을 것이다. 조선총독부조차 소련군의 진주를 앞두고 조선의 저명한 좌파 지도자인 여운형과 협력을 도모하지 않을 수 없었다. 주한미군사(History of the United States Armed Forces in Korea, HUSAFK)에 따르면, 한 일제 관리는 "어느 정도 급진적인 한인을 앞에 내세우는 것이 소련의 협력을 얻는 데 도움이 될 것이라는 점을 염두에 두었다."고 말했다.[60] 당시 상황에서 조선이 급진세력에 의해 장악될 것이라는 조선총독부의 판단은 전혀 이상할 것이 없었다. 미군은 멀리 있었고 소련군은 8월 12일에 이미 함경북도 웅기와 나진을 해방시켰기 때문이다.[61] 8월 16일에 서울 거리에는 소련군에 대한 감사의 표어들이 넘쳐났고, 사람들은 오늘 내일 중으로 소련군이 서울로 진격할 것이라고 믿었다.[62]

....

58 미군정의 좌우합작의 목표는 이승만과 김구에 대한 지지 철회, 중도파 육성, 과도입법기구의 설립에 있었다. 더욱이 미군정은 좌우합작을 통해 중도좌파를 조선공산당으로부터 분리시키고 조선공산당을 고립화시키고자 했다. 윤민재. 『중도파의 민족주의 운동과 분단국가』. p.180, 189.

59 과도입법 관선의원 43명 중 중도우파는 26명, 중도좌파는 17명이었다. 윤민재는 여운형을 좌파로 분류했지만, 좌파를 조선공산당을 중심으로 이해한다면 여운형은 중도좌파로 분류할 수 있다. 앞서 심지연도 여운형을 중도좌파로 분류했다. 윤민재. 『중도파의 민족주의 운동과 분단국가』. p.234; 심지연. "미군정기 정치세력들의 노선과 활동." p.228.

60 이러한 일제의 전술은 동남아시아에서 실행되었는데, 일제는 급진세력을 지원함으로써 이들이 반서방적 독립국가를 건설하도록 지원했다. Cumings. 『한국전쟁의 기원』. pp.110-111.

61 Шабшина. 『1945년 남한에서』. p.63

62 여러 색깔의 천에 조선어와 러시아어로 다음과 같이 쓰여 있었다고 한다. "소련군을 환영합니다!", "소련군에 감사하고 스딸린에게 감사한다!", "적군 만세!", "우리는 기쁘다. 기다린다. 감사한다!" 또 어떤

그림 9.2 미군정청 여론국의 조사 결과
출처: 동아일보(1946). "정치자유를 요구, 계급독재는 절대반대: 군정청여론국조사(1)", 8월 13일자 3면 게재, http://
newslibrary.never.com

좌파가 해방 정국을 주도했다. 우파는 미군이 남한에 상륙할 때까지 숨죽이
고 있었다. 더욱이 당시 조선인(남한인)들이 원했던 체제는 사회주의였다. 〈그림
9.2〉는 미군정청 여론국의 여론조사결과를 보도한 1946년 8월 13일자 『동아일
보』 기사이다. 여론조사 질문 중 세 번째 문항을 보면 "귀하의 찬성하는 것은 어
느 것입니까?"라는 질문에 70%가 사회주의라고 응답한 반면 자본주의라고 응답
한 비율은 17%에 불과했다.[63] 두 번째 문항(귀하께서 찬성하시는 일반적 정치 형태
는 어느 것입니까?)[64]에 대한 응답에서는 절대 다수가 대중정치를 지지했다. 당시
조선인의 대부분은 민주주의에 기초한 사회주의를 희망했다고 할 수 있다.[65] 자
본주의가 일제와 동일시되는 상황에서 조선인들이 사회주의를 지지한 것은 어쩌

....

전통 복장을 한 노인은 소련 대사관 직원에게 "우리는 소련 인민과 소련 정부에게 조선민족의 이름으로
크나 큰 감사를 전하려고 여기에 왔소."라고 말했다고 한다. Шабшина. 『1945년 남한에서』. pp.70-71.
63   가. 자본주의 14%, 나. 사회주의 70%, 다. 공산주의 7%, 라. 잘 모릅니다 8%.
64   가. 개인독재 3%, 나. 수인(數人)독재 4%, 다. 계급독재 3%, 라. 대중정치 85%, 마. 잘 모릅니다 5%.
65   윤홍식. "반공개발국가를 넘어 평화복지국가로: 역사와 전망." p.64.

면 너무나 당연했다. 미국 국무성에서 파견한 존 하지(John Hodge)의 정치고문 머렐 베닝호프도 해방된 조선에 대해 다음과 같이 워싱턴에 보고했다.[66]

"공산주의자들은 일본인의 재산을 당장 몰수하자고 주장하고 있으며 법과 질서에 대한 위협이 될 수 있다. 잘 훈련된 선동자들이 우리 지역에 혼란을 초래하려고 시도할 수도 있으며 그렇게 함으로써 한인들이 미국을 거부하고 소련의 '자유'와 지배를 바라게 만들려고 하는 것이다. 주한 미군은 수적으로 부족하여 지배 지역을 급속히 확장할 수 없으므로 남한은 이러한 행동을 하기에 비옥한 토양을 이루고 있다."

이렇게 해방 직후 정국을 주도하며 광범위한 대중의 지지를 받았던 좌파는 미군정 3년 만에 한국(남한)의 공식적·합법적 정치무대에서 사라졌다. 〈그림 9.3〉은 이러한 정치적 이념 스펙트럼의 대역전을 도식화한 것이다. 1945년 8월 15일 해방 직후 왼쪽으로 경도되어 있던 남한의 정치 이념은 남한 단독정부가 수립되는 1948년 8월 완전히 오른쪽으로 경도되었다. 한국 정치는 우파만이 경쟁하는 체제가 되었고, 권력관계가 이렇게 재편되자 분배체계는 노동자와 농민이 배제된 관료들과 신흥자본가를 위한 체계로 만들어졌다. 어떻게 이런 거대한 반(反)혁명이 가능했던 것일까? 건국준비위원회(이하 건준)를 시작으로 이야기를 풀어가보자. 1945년 8월 15일부터 미군이 인천에 상륙한 9월 8일까지 불과 23일 만에 한국에서는 기적과 같은 일이 벌어졌다. 여운형(중도좌파)과 안재홍(중도우파)이 주도한 좌우합작 형태의 건준이 전국적으로 결성되었던 것이다. 〈그림 9.4〉에서 보는 것과 같이 전체 138개 군 중 129개 군에서 인민위원회가 결성되었고, 절반에 가까운 68개 군에서는 인민위원회가 실질적으로 군을 통치했다. 전국 1,680개 면의 99.2%인 1,667개 면에 인민위원회가 존재했다. 물론 초기 인민위원회가 모두 좌파 성향을 가진 것은 아니었다. 예를 들어, 경상북도 달성군 현풍

....
66   Cumings. 『한국전쟁의 기원』. p.197.

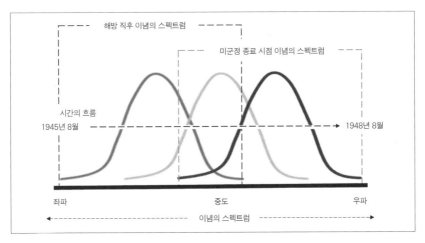

그림 9.3 미군정기 한국(남한) 정치이념의 스펙트럼의 변화

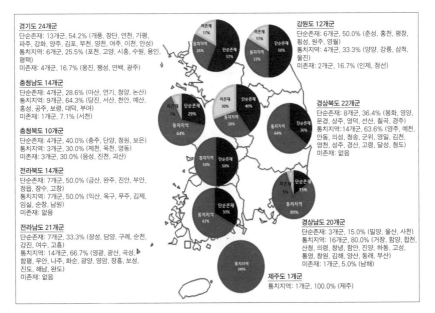

경기도 24개군
단순존재: 13개군, 54.2% (개풍, 장단, 연천, 가평, 파주, 강화, 양주, 김포, 부천, 양천, 여주, 이천, 안성)
통치지역: 6개군, 25.5% (포천, 고양, 시흥, 수원, 용인, 평택)
미존재: 4개군, 16.7% (옹진, 팽성, 연백, 광주)

충청남도 14개군
단순존재: 4개군, 28.6% (아산, 연기, 청양, 논산)
통치지역: 9개군, 64.3% (당진, 서산, 천안, 예산, 홍성, 공주, 보령, 대덕, 부여)
미존재: 1개군, 7.1% (서천)

충청북도 10개군
단순존재: 4개군, 40.0% (충주, 단양, 청원, 보은)
통치지역: 3개군, 30.0% (제천, 옥천, 영동)
미존재: 3개군, 30.0% (음성, 진천, 괴산)

전라북도 14개군
단순존재: 7개군, 50.0% (금산, 완주, 진안, 부안, 정읍, 장수, 고창)
통치지역: 7개군, 50.0% (익산, 옥구, 무주, 김제, 임실, 순창, 남원)
미존재: 없음

전라남도 21개군
단순존재: 7개군, 33.3% (장성, 담양, 구례, 순천, 강진, 여수, 고흥)
통치지역: 14개군, 66.7% (영광, 광산, 곡성, ▶ 함평, 무안, 나주, 화순, 광양, 영암, 장흥, 보성, 진도, 해남, 완도)
미존재: 없음

강원도 12개군
단순존재: 6개군, 50.0% (춘성, 홍천, 평창, 횡성, 원주, 영월)
통치지역: 4개군, 33.3% (양양, 강릉, 삼척, 울진)
미존재: 2개군, 16.7% (인제, 정선)

경상북도 22개군
단순존재: 8개군, 36.4% (봉화, 영양, 문경, 상주, 영덕, 선산, 칠곡, 경주)
통치지역: 14개군, 63.6% (영주, 예천, 안동, 의성, 청송, 군위, 영일, 김천, 영천, 성주, 경산, 고령, 달성, 청도)
미존재: 없음

경상남도 20개군
단순존재: 3개군, 15.0% (밀양, 울산, 사천)
통치지역: 16개군, 80.0% (거창, 함양, 합천, 산청, 의령, 창녕, 함안, 진양, 하동, 고성, 통영, 창원, 김해, 양산, 동래, 부산)
미존재: 1개군, 5.0% (남해)

제주도 1개군
통치지역: 1개군, 100.0% (제주)

그림 9.4 해방 직후 지방 인민위원회의 존재와 운영

자료: Cumings. 『한국전쟁의 기원』. pp.377-435; 한국현대사연구회(1987). 『해방정국과 민족통일전선』. 서울: 세계. pp.87-89. 이상의 자료를 재구성한 것임.

면의 경우 마을 유지들과 지주들이 인민위원회에 참여해 위원장, 부위원장, 치안부장 등의 직책을 맡았다.[67]

미군의 남한 진주는 이런 상황을 역전시킨 결정적 계기가 되었다.[68] 미군 진주가 확실해지자 중도우파인 안재홍 등 신간회 계열이 임정봉대(중경 임시정부에 대한 지지)를 이유로 건준에서 탈퇴하면서 건준은 좌우합작연합체에서 건국동맹과 조선공산당 등 좌파가 주축이 되는 좌파연합체로 축소되었다.[69] 조선총독부도 더 이상 건준과 협력할 필요가 없었다. 이에 건준은 미군 진주 직전인 1945년 9월 6일 제1차 전국인민대표자회의를 개최해 건준을 조선인민공화국(이하 인공)으로 전환한다. 인공 선포를 통해 좌파는 미군 진주 이전에 자신의 정치적 입지를 확고히 하는 동시에 다시 한 번 좌우합작을 시도한다. 인공은 이승만을 주석으로, 김구를 내정부장, 친일파인 김성수까지 문교부장으로 선임하는 등 좌우가 함께하는 모습을 띠고자 했다. 하지만 인공 중앙위원의 70% 이상이 좌파(조선공산당과 건국동맹) 계열이었다. 남한에 진주한 미군은 이렇게 전국적 조직을 갖춘 '인민공화국'이라는 정치적 실체와 맞닥뜨렸다. 일제강점으로 인해 한국인의 자치정부가 존재하지 않았던 상황에서 인민공화국의 존재는 미군에게 중요한 선택을 요구했을 것이다. 미군은 헤이그 조약에 따라 점령지역의 자치정부를 인정하고 군사 업무를 제외한 민사 업무를 현지(남한) 자치정부에 일임해야 하는지, 아니면 역사상 전례를 찾아보기 어려운 점령군이 군사적 업무 이외에 현지 자치정부(주권정부)가 담당해야 할 민사 업무까지 수행해야 하는지를 선택해야 했다.[70]

....

67 김남식의 수치는 모든 단체를 인민위원회로 간주해 계산한 것으로 보인다. 차남희. 『저항과 순응의 역사 정치학: 미군정기 농업 정책과 농민』. pp.78-79. 2017년 4월에 열린 한국사회복지학회 춘계학술대회에서 강남대 한동우 교수가 지적한 것처럼, 인민위원회의 이념적 성격을 좌파로 규정하는 데는 논란이 있을 수 있다. 하지만 해방 정국에서 대다수 인민위원회가 좌파 정치세력의 지배적인 공간이었던 것에 대해서는 이견이 없는 것 같다.

68 박찬표. 『한국의 국가형성과 민주주의: 냉전 자유주의와 보수적 민주주의의 기원』. p.39.

69 정해구(1994). "미군정기 인민정권 수립운동." 강만길·김남식·김영하·김태영·박종기·박현채·안병직·정석종·정창렬·조광·최광식·최장집 편. 『한국사 18: 분단구조의 정착-2』. pp.153-189. 서울: 한길사. pp.159-163; 차남희. 『저항과 순응의 역사 정치학: 미군정기 농업 정책과 농민』. p.76.

70 헤이그 조약 43조는 "점령국은 피점령지역의 질서를 복구, 유지하기 위해 현존 법률을 존중할 것"을 규정하고 있다. 다시 말해, 군사적 목적 이외의 민사 행정은 현지 자치정부가 담당해야 한다는 것이다.

미군이 인공을 인정하지 않을 경우에 '주권 없는 점령'이라는[71] 헤이그 조약에 규정되지 않은 특수한 상황에 직면하기 때문이다. 해방 정국의 대역전은 이와 관련된 미국의 선택으로부터 시작되었다.

한국에 상륙하기 전 한국에 대한 미군의 정보는 매우 제한적이었다. "Joint Army-Navy Intelligence Study of Korea(JANIS-75)"라는 한국에 대한 육군과 해군의 합동정보연구 자료가 1945년 4월에 완성되었지만, 한국에 대한 방대한 정보를 수록하고 있다는 커밍스의 평가와 달리 주한미군사는 "JANIS-75"가 군정 수행을 위해 필요한 정보를 제공하지 못했다고 했다.[72] 대신 한국을 '점령'할 미 제24군단은 한국에 대한 정보를 '한국을 먼저 점령했던' 일본으로부터 얻었다. 조선군관구사령관 고즈키 요시오(上月良夫)는 수차에 걸친 통신에서 공산주의자들과 독립선동가들에 의해 조선의 질서가 위협받고 있다는 취지의 정세 보고를 하지에게 전달했던 것으로 보인다. 일제는 1945년 8월부터 10월까지 대략 350권 분량의 조선지배에 관한 영문 비망록을 미군정에 전달했다.[73] 우리는 일제가 조선에 대해 어떤 비망록을 작성했는지, 그리고 미군정당국이 그 비망록을 어떻게 활용했는지 알 수 없다. 다만 우리는 일제에 의해 작성된 비망록이 고즈키가 하지에게 전달한 내용과 크게 다르지 않았을 것이고, 조선보다는 일본에 유리한 정보를 제공했을 것이라고 추측할 수 있을 뿐이다. 주한미군사령관인 존 하지(John R. Hodge)는 자신이 점령해야 할 지역의 안정과 질서가 공산주의자와 독립운동세력으로부터 위협받고 있다고 생각을 했을 것이다.

이러한 조건 속에서 미군의 한국 점령이 시작된 것이다. 하지 사령관의 포고문은 한국에 대한 미군의 인식을 가장 잘 드러내고 있다(그림 9.5 참고). 미군은

....

Benvenisti, E.(1993). *The International Law of Occupation*. Princeton, NJ: Princeton University Press; 이혜숙. 『미군정기 지배구조와 한국사회』. p.124에서 재인용; 박찬표. 『한국의 국가형성과 민주주의: 냉전 자유주의와 보수적 민주주의의 기원』. p.43.
71 이혜숙. 『미군정기 지배구조와 한국사회』. p.125.
72 Cumings. *The Origins of the Korean War*. p.129; 조순경·이숙진. 『냉전체제와 생산의 정치: 미군정기의 노동정책과 노동운동』. pp.51-54.
73 Cumings. 『한국전쟁의 기원』. p.191.

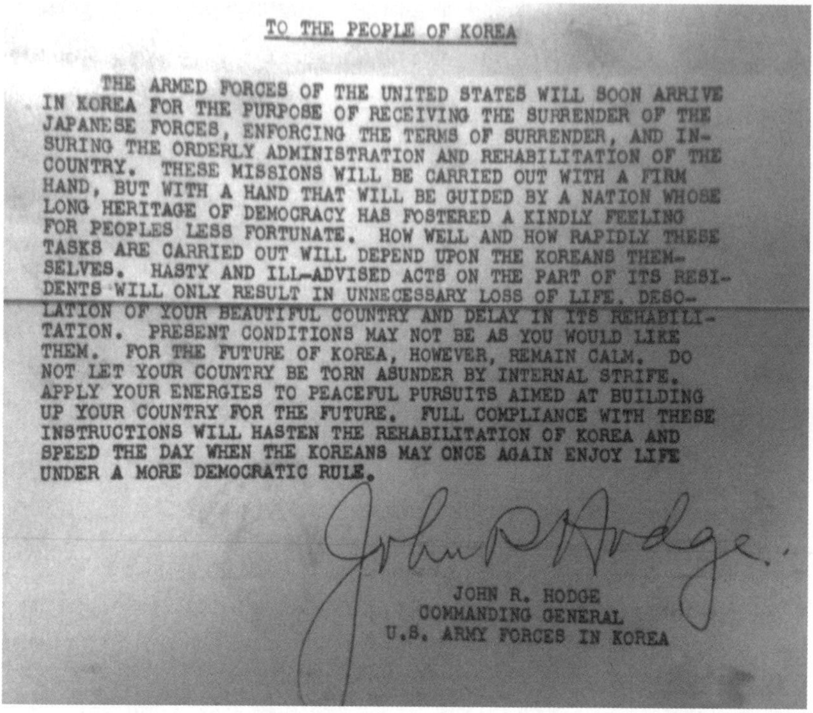

TO THE PEOPLE OF KOREA

THE ARMED FORCES OF THE UNITED STATES WILL SOON ARRIVE IN KOREA FOR THE PURPOSE OF RECEIVING THE SURRENDER OF THE JAPANESE FORCES, ENFORCING THE TERMS OF SURRENDER, AND INSURING THE ORDERLY ADMINISTRATION AND REHABILITATION OF THE COUNTRY. THESE MISSIONS WILL BE CARRIED OUT WITH A FIRM HAND, BUT WITH A HAND THAT WILL BE GUIDED BY A NATION WHOSE LONG HERITAGE OF DEMOCRACY HAS FOSTERED A KINDLY FEELING FOR PEOPLES LESS FORTUNATE. HOW WELL AND HOW RAPIDLY THESE TASKS ARE CARRIED OUT WILL DEPEND UPON THE KOREANS THEMSELVES. HASTY AND ILL-ADVISED ACTS ON THE PART OF ITS RESIDENTS WILL ONLY RESULT IN UNNECESSARY LOSS OF LIFE. DESOLATION OF YOUR BEAUTIFUL COUNTRY AND DELAY IN ITS REHABILITATION. PRESENT CONDITIONS MAY NOT BE AS YOU WOULD LIKE THEM. FOR THE FUTURE OF KOREA, HOWEVER, REMAIN CALM. DO NOT LET YOUR COUNTRY BE TORN ASUNDER BY INTERNAL STRIFE. APPLY YOUR ENERGIES TO PEACEFUL PURSUITS AIMED AT BUILDING UP YOUR COUNTRY FOR THE FUTURE. FULL COMPLIANCE WITH THESE INSTRUCTIONS WILL HASTEN THE REHABILITATION OF KOREA AND SPEED THE DAY WHEN THE KOREANS MAY ONCE AGAIN ENJOY LIFE UNDER A MORE DEMOCRATIC RULE.

JOHN R. HODGE
COMMANDING GENERAL
U.S. ARMY FORCES IN KOREA

그림 9.5 주한미군사령관 존 하지의 포고문: 한국민에게 고함

"(…) 주민의 경솔, 무분별한 행동은 의미 없이 인명을 잃고 아름다운 국토도 황폐되어 재건이 지체될 것이다. 현재의 환경은 제씨의 생각하고는 맞지 않더라도 장래의 한국을 위하여서는 평정을 지키지 않으면 안 되겠으니 국내에 동란을 발생할 행동이 있어서는 절대 안 되겠다. 제씨는 장래의 귀국의 재건을 위하여 평화적 사업에 전력을 다하여야 되겠다. (…)"

출처: 김현식·정선태 편저(2011). 『'삐라'로 듣는 해방 직후의 목소리』. 서울: 소명출판, p.26.

해방군이 아닌 점령군으로 한국에 진주한 것이었고, 한국에 반공·자본주의 체제를 구축한다는 분명한 목적을 가지고 있었다. 이를 위해 미군정은 점령 초기부터 좌파가 지배적인 권력관계를 자신들의 전략적 목적을 충실히 수행할 우파가 지배적인 권력관계로 전환하기 위한 정책을 일관되게 수행했다. 당시 동아시아의 전후 처리에 대한 연합국 간의 합의 또한 군사적 점령이 정치적 문제를 지배한다는 원칙에 따라 이루어졌다.[74] 미군이 한국(남한)을 점령한 이상 미국에 우호적인

....

74 이완범. "전후 세계질서와 미국의 대한정책." p.139.

체제를 남한에 수립하는 것은 어쩌면 너무나 당연한 과정이었다. 미군은 점령 초기부터 소련에 우호적인 좌파세력을 탄압했다.[75] 심지어 미군은 점령 초기에 일본군과 연합해 부산 등지에서 발생한 시위대를 진압하기도 했다.[76] 미군정은 남한을 점령한 지 한 달도 되지 않아 인공과 지방의 인민위원회를 "미국에 적대적인 공산주의 조직"으로 규정했다.[77] 1945년 10월 10일에 인공을 부인한 아치볼드 아놀드(Archibold Arnold) 군정장관의 성명은 대역전의 시작을 알리는 공식적인 신호였다.

1) 신탁통치

미군정이 연출한 대역전은 신탁통치, 1946년의 9월 총파업과 10월 항쟁, 식량 배급, 토지개혁을 둘러싼 논란을 거치면서 현실화된다. 여기서는 신탁통치와 9월 총파업 및 10월 항쟁을 중심으로 살펴보고, 식량 배급과 토지개혁은 분배체계를 다루는 제5절에서 검토했다. 먼저 신탁통치는 친일세력과 일제강점기에 기득권을 누렸던 우파가 자신의 친일 색채를 반공·애국세력으로 탈바꿈하는 결정적 계기가 된다. 사실 조선에 대한 신탁통치는 미소 냉전이 본격화되기 이전에 미소가 합의했던 유일한 사안이었다.[78] 그러면 어떻게 미소가 합의한 신탁통치가 우파가 좌파를 배제하고 한국 정치의 주도세력으로 등장할 수 있는 계기를 제공했을까?

해방 직후에 한국 정치의 정통성은 좌파에 있었다. 일제강점기가 끝나가는 1940년대까지 민족해방운동을 지속했던 세력은 우파가 아니라 좌파였기 때문이다. 민족주의 우파는 1919년 3·1운동 이후 이미 개량주의 노선을 걷기 시작했고, 1930년대가 되면 민족주의 좌파마저도 '당면이익 획득'을 주장하면서 체제 내의 개량주의 노선에 합류했다.[79] 임정 등 해외 독립운동세력을 제외하면 국내에서 민

....
75   조순경·이숙진. 『냉전체제와 생산의 정치: 미군정기의 노동정책과 노동운동』. p.85.
76   Cumings. *The Origins of the Korean War*. p.290.
77   박찬표. 『한국의 국가형성과 민주주의: 냉전 자유주의와 보수적 민주주의의 기원』. p.69.
78   최장집. "국민국가 형성과 근대화의 문제." p.76.
79   강만길(1994). "일제 식민지시기 민족해방운동의 전개와 성격." 강만길·김남식·김영하·김태영·박종기·박현채·안병직·정석종·정창렬·조광·최광식·최장집 편. 『한국사 15: 민족해방운동의 전개 1』.

족해방운동을 지속한 유일한 세력은 좌파였다.[80] 이러한 역사적 사실이 해방 직후 좌파가 민족해방세력으로서 정통성과 정당성을 가질 수 있었던 이유였다. 신탁통치 문제가 불거지기 전까지 우파는 감히 민족해방운동의 정통성을 가진 좌파를 공격할 수 없었다.[81] 그러나 신탁통치가 정국의 뜨거운 감자로 부상하면서 우파는 신탁통치를 지지하는 좌파를 친소=공산주의=반민족이라는 프레임에 가두었다. 냉전이 본격화되기 전에 미·소가 합의했던 거의 유일한 국제적 합의인 '조선독립 문제'가 우파에 의해 좌파를 공격하는 정치적 수단으로 변질한 것이다.

1945년 12월 27일 『동아일보』의 왜곡보도는 우파가 신탁통치 정국에서 어떻게 목적의식적으로 좌파=친소=공산주의=반민족이라는 프레임을 설정했는지를 보여주고 있다. 미국이 신탁통치를 주장하고 소련이 즉시 독립을 주장했음에도 불구하고, 어찌된 영문인지 한민당 계열의 『동아일보』는 〈그림 9.6〉에서 보는 것처럼 소련이 신탁통치를 주장하고 미국이 즉시 독립을 주장했다고 보도했다. 더 의심스러운 점은 『동아일보』의 12월 27일자 왜곡보도가 모스크바 3상회의의 결과가 발표되기 전에 이루어졌다는 점이다.[82] 전시 언론통제정책을 유지하며 미군정에 반대하거나 비판하는 보도에 대해 통제, 검열, 폐간을 자행했던 미군정도 『동아일보』의 왜곡보도에 침묵했다.[83] 확실한 근거를 찾는 것은 어렵지만 여러 가지 정황 증거를 종합했을 때 미육군 극동사령부와 서울 주한미군사령부

....

pp.61-79. 서울: 한길사; 박찬승. "국내 민족주의 좌우파 운동." 자세한 내용은 제7장을 참고하라.

80 임경석(1994). "조선공산당 재건운동." 강만길·김남식·김영하·김태영·박종기·박현채·안병직·정석종·정창렬·조광·최광식·최장집 편. 『한국사 15: 민족해방운동의 전개 1』. pp.157-228. 서울: 한길사. p.227; 임대식. "사회주의운동과 조선공산당." p.173.

81 최장집. "국민국가 형성과 근대화의 문제." p.76.

82 모스크바 3상회의의 결과인 '조선에 관한 결정'이 공식 발표된 시점이 1945년 12월 28일 정오(한국시각 오후 6시)였고, 이 결정 내용이 남한에 전해진 날짜는 1946년 1월 3일이었다. 그리고 『동아일보』가 3상회의의 결과를 왜곡 보도한 날짜는 1945년 12월 27일이다. 정용욱(2003). "1945년 말 1946년 초 신탁통치 파동과 미군정." 『역사비평』 62: 287-322. p.289; 박찬표. 『한국의 국가형성과 민주주의: 냉전 자유주의와 보수적 민주주의의 기원』. p.166.

83 조소영(2003). "미군정의 점령정책으로서의 언론정책과 언론법제의 고찰." 『법과사회이론연구』. pp.189-209, p.190. 미군정은 1946년 5월 29일에 군정법령 제88호 "신문 및 기타 정기간행물 허가에 관한 건"을 공표해 신문 간행을 기존의 등록제에서 허가제로 변경함으로써 언론에 대한 통제를 강화했다. 박찬표. 『한국의 국가형성과 민주주의: 냉전 자유주의와 보수적 민주주의의 기원』. p.155, 166.

그림 9.6 신탁통치에 대한 『동아일보』의 의도된(?) 오보
출처: NAVER 뉴스 라이브러리. http://newslibrary.naver.com

신탁통치 찬반을 둘러싼 좌우 대립. 신탁통치를 반대하는 우파와 모스크바 3상회의를 지지하는 좌파의
대중 집회. 과연 무엇이 분단을 막고 조선이 통일정부를 수립하는 길이었을까?

가 왜곡보도의 내용을 제공했던 주체였을 것으로 추정된다.[84] 실제로 군정청 공보부가 발간하는 정계 동향에는 "미국이 즉시 독립을 원한 반면 소련은 신탁통치를 주장했다는 합동통신사(KPP)의 기사 배포가 강력한 반소 감정을 일으켰다."라고 기록되어 있다.

이뿐만이 아니다. 미군정은 1946년 1월 5일에 있었던 조선공산당 박헌영의 내외신 기자회견 내용을 왜곡한 『뉴욕타임스』의 리처드 존스턴(Richard John-ston)의 기사를 의도적으로 좌파=찬탁=친소=매국이라는 구도를 만드는 데 이용했다.[85] 기자회견의 맥락상 박헌영은 신탁통치를 지지하고 조선에 사회주의 체제가 건설되어야 한다는 발언을 한 것인데도, 존스턴은 박헌영이 소련에 의한 신탁통치를 지지하는 동시에 조선이 소련연방에 가입할 것이라고 주장했다는 보도를 한 것이다. 기자회견에 참석했던 다른 미국과 한국 기자들의 부인에도 불구하고 미군정은 존스턴에게 기사를 취소하라고 요구하지 않았다.[86] 존스턴의 기사는 기사가 작성된 지 10일이 지나 샌프란시스코 방송에 보도되었고, 이후 국내 우익 신문들의 비판 기사가 쏟아졌다.[87] 흥미로운 사실은 『뉴욕타임스』 기자가 작성했던 기사는 정작 『뉴욕타임스』에는 실리지 않았다는 것이다. 이 사건으로 인해 박헌영은 좌파로부터도 '구제불능'의 친소주의자라는 비판을 받았고, 조선공산당은 소련의 괴뢰라는 대중적 인식이 퍼졌다.

문제는 좌파의 대응이었다. 『동아일보』의 보도로 남한 정국이 이미 미국=반탁=애국 대 소련=찬탁=매국이라는 프레임이 설정된 상황에서 1946년 1월 2~3일에 모스크바 3상회의의 결과가 한국에 전해지자, 그동안 신탁통치에 대해

....

84 정용욱은 『동아일보』가 인용한 합동통신사와 『태평양성조기(Pacific Stars and Stripes)』에 관련 기사를 제공하고 이를 보도하게 할 수 있었던 위치에 있던 유력한 주체는 도쿄에 주둔하고 있는 미육군 극동사령부와 서울의 주한미군사령부였다고 추정한다. 정용욱. "1945년 말 1946년 초 신탁통치 파동과 미군정." p.292, 298.

85 정용욱. "1945년 말 1946년 초 신탁통치 파동과 미군정." pp.301-304.

86 사실 박헌영의 내외신 기자회견에 참여한 다른 국내외 기자들은 박헌영이 '한국인에 의하여 한국을 위하여 운영되는 한국'이라는 취지 이상을 발언하지 않았다고 전했다. Cumings. 『한국전쟁의 기원』. pp.293-294.

87 정용욱. "1945년 말 1946년 초 신탁통치 파동과 미군정." pp.301-304.

공식입장을 밝히지 않았던 좌파가 신탁통치, 정확하게는 모스크바 3상회의의 결정을 지지하고 나섰다. 좌파의 3상회의 지지는 곧 신탁통치에 대한 지지로 이해되었고 정국은 좌파=찬탁 대 우파=반탁의 구도도 재편되었다. 이를 계기로 우파는 전면적인 반소·반공운동을 전개하면서 신탁=매국이라는 구도를 강화했다. 이런 프레임 하에서 좌파의 신탁통치 지지는 전평과 전농 등 대중조직에 대한 좌파의 영향력을 약화시키며 좌파의 대중동원역량을 급속히 떨어뜨렸고 우파의 정국 주도권을 강화했다. 실제로 전평의 신탁통치 지지가 알려지자 전평 조합원이 대부분이었던 경성전기 분회에서 상당수 조합원이 전평을 탈퇴해 우익 노동조합을 결성했다.[88] 교통국 용산공장의 노동자 3천여 명도 전평의 신탁통치 지지에 반발해 조합 간부를 가두고 반탁대회를 개최하는 등 조직노동의 헤게모니가 우파로 이동한 것은 물론 미조직노동에서도 이러한 전환이 일어났다.

좌파는 신탁통치 지지를 계기로 대중으로부터 고립되기 시작했다. 결국 모스크바 3상회의의 결정은 해방 정국의 정치적 균열 지점이 '조선이 어떤 체제(자본주의 대 사회주의)를 지향할 것인가'라는 구도에서 '반탁=민족=독립=애국 대 찬탁=반민족=소연방=매국의 구도'로 전환되는 결정적 계기를 제공했다. 우파는 과거의 친일과 매국의 굴레에서 벗어나 애국과 반공으로 옷을 갈아입었고, 좌파는 유일한 정통성 있는 민족해방운동 세력에서 매국=공산주의=친소 세력으로 간주되기 시작했다. 이렇게 해방부터 1946년 초까지 좌파가 우세하던 권력관계가 신탁통치 논란을 거치면서 우파가 우세한 권력관계로 '대역전'이 이루어지기 시작했다. 서구에서 민족주의가 부르주아의 이익을 은폐하는 장막이 되었다면,[89] 한국에서는 민족주의가 우파세력의 친일·반민족 행위를 은폐하는 장막이 되었다.

....

88 조순경·이숙진. 『냉전체제와 생산의 정치: 미군정기의 노동정책과 노동운동』. pp.334-336.
89 Laclau, E. and Mouffe, S.(2012[2001]). 『헤게모니와 사회주의 전략』. 이승원 역. (*Hegemony and Socialist Strategy*). 서울: 후마니타스. p.60.

2) 9월 총파업과 10월 항쟁

신탁통치 논란을 계기로 남한 정국의 구도가 사회주의와 자본주의 중 어떤 체제를 선택할지를 둘러싼 체제 경쟁의 프레임에서 민족 대 반민족의 프레임으로 전환되면서 대역전을 위한 우파의 이념적 기반이 마련되었다. 한편 9월 총파업과 10월 항쟁은 남한에서 좌파의 대중적 권력자원이 해체되고 우파의 권력자원이 강화되는 계기가 된다. 임시정부 수립을 위한 제1차 미소위원회(1946년 3월 20일~5월 6일)가 결렬되자 미군정은 좌파에 대한 본격적인 탄압을 단행했고, 조선공산당은 1946년 7월에 소위 "정당방위에 대한 역공세"라는 새로운 전술로 이에 맞섰다.[90] '피는 피로써' '테러는 테러로'라는 폭력과 비폭력의 양면전술을 전개한 것이다. 조선공산당의 신(新)전술은 1945년 8월 이후 남한에 누적된 사회문제와 결합하면서 9월 총파업과 10월 항쟁으로 나타났다. 하지만 인공, 민전, 조선공산당으로 대표되는 좌파는 2차 세계대전을 승리로 이끈 세계 최강의 미군과 그들에 의해 무장된 남한 경찰에 대항할 수 있는 물리력이 없었다. 더욱이 좌파에게는 노동자와 농민의 자생적 힘을 전국적으로 지도할 능력도 없었다.[91] 9월 총파업과 10월 항쟁은 해방 정국에서 산발적이고 물리력을 갖지 못한 저항세력이 얼마나 철저히 무력화되었는지를 보여준다.

그러면 이런 불리한 조건에서 좌파는 왜 봉기를 시도했을까? 커밍스의 지적처럼, 1946년 9월과 10월에 발생한 파업과 봉기의 단일한 원인을 찾기는 쉽지 않다.[92] 다만 9월 총파업과 10월 항쟁은 1945년 8월 15일 해방 이후 남한 사회에 중층적으로 누적된 민중의 불만이 폭발한 사건이었다는 점은 분명해 보였다. 일제로부터 해방되면 모든 것이 풍요롭고 자유로울 줄 알았던 조선의 대다수 민중에게 해방 1년은 그야말로 낙담과 혼란 그 자체였다. 1946년 4월 초 미군정이 실시

....

90   김남식(1987). "조선공산당과 3당합당." 박현채 편. 『해방전후사의 인식 3: 정치사회운동의 혁명적 전
      개와 사상적 노선』. 서울: 한길사. p.157.
91   Cumings. 『한국전쟁의 기원』. p.462.
92   Cumings. 『한국전쟁의 기원』. p.472; 차남희. 『저항과 순응의 역사 정치학: 미군정기 농업 정책과 농
      민』. p.170.

한 여론조사에 따르면, 미군정보다 일제강점기가 더 낫다고 응답한 비율이 무려 49%에 달했다.[93] 다른 여론조사에서는 미군정이 잘한 것이 없다는 부정적 응답이 98%에 이르렀다.[94] 언론의 반응도 다르지 않았다. 1946년 8월 해방 1주년을 맞아 한 신문에 게재된 사설에는 그날의 심정을 "우리는 이날을 즐거움으로 축하해야 할 것인가, 아니면 눈물로 지내야 할 것인가?"라고 썼다.[95]

9월 총파업은 중층적으로 누적된 불만이 처음으로 대규모로 분출한 것이었다. 9월 총파업의 원인에 대한 여러 가지 주장이 있지만 부족한 식량문제가 총파업의 가장 중요한 원인 중 하나였다.[96] 당시 노동자들은 임금인상보다 식량을 요구하는 경우가 더 많았다.[97] 실제로 1946년 3월경 노동자, 주부, 시민들은 시청 앞에서 "쌀을 달라.", "먹어야 일 한다."라고 외치며 식량 배급을 요구했다. 9월 총파업 중에도 3만여 명의 철도 노조원들이 "당장 굶는 판에 일할 수 없다."며 식량을 배급할 것을 강력하게 요구했고, 전국적으로도 식량문제를 해결하라는 요구가 빗발쳤다. 이렇게 가뜩이나 먹고사는 문제가 해결되지 않은 상황에서 철도 노동자들에 대한 미군정의 감원정책이 9월 총파업을 촉발했던 것으로 보인다.[98] 1946년 봄 미군정은 철도 및 체신 분야 인력의 30~40%를 감원하겠다는 계획을 발표했다. 철도 부문 노동자 4만여 명 중 무려 1만 5천여 명이 해고 대상이었다. 이러한 군정청의 해고에 대항해서 발생한 파업이 전국적인 총파업으로 확대되었다.

총파업은 9월 23일 부산에서 시작되었다. 8천 명에 달하는 철도 노동자가 "임금인상, 일당 지급, 고용안정, 쌀 배급 증가 등"을 요구하며 파업에 돌입했다.[99]

....

93   Lautebach, R.(1947). *Danger from the East*. New York, NY: Harper and Brothers Publishers: 이
      혜숙. 『미군정기 지배구조와 한국사회』. p.294에서 재인용.
94   김천영(1985). 『(년표) 한국현대사: 해방부터 단정수립까지: 1945. 8. 6.–1948. 8. 15.』. 서울: 울림기획
      신서. p.367; 이혜숙. 『미군정기 지배구조와 한국사회』. pp.467-468에서 재인용.
95   Cumings. 『한국전쟁의 기원』. p.340.
96   이혜숙. 『미군정기 지배구조와 한국사회』. p.341; 조순경·이숙진. 『냉전체제와 생산의 정치: 미군정기
      의 노동정책과 노동운동』. p.237. 커밍스는 물가상승을 9월 총파업의 중요한 원인 중 하나로 적고 있
      다. Cumings. 『한국전쟁의 기원』. pp.462-463.
97   이혜숙. 『미군정기 지배구조와 한국사회』. p.480.
98   조순경·이숙진. 『냉전체제와 생산의 정치: 미군정기의 노동정책과 노동운동』. p.249.

부산지역 학생들이 동참했고 오후에는 대구 철도 노동자가 파업에 돌입했다. 이 어서 서울, 대전, 인천, 광주, 순천 등 한국 전역의 철도 노동자 3만여 명이 파업을 시작했다. 철도 노동자가 파업을 시작하자 전평은 총파업을 요구했고, 화학, 섬 유, 통신, 인쇄 노동자 등 전국적으로 25만 명 이상이 총파업에 동참했다. 해방 당 시 남한의 노동자 수가 248,785명이었다는 기록을 보면 거의 모든 노동자가 파 업에 동참했다고 할 수 있다.[100] 전평이 주도한 9월 총파업에 우파 노동자도 참여 했다는 사실은 당시 노동자의 누적된 분노가 얼마나 보편적이었는지를 이야기해 준다. 주목해야 할 점은 당시 노동관계가 통상적인 자본과 노동 간의 관계로 보 기 어려웠다는 것이다. 일본인 자본가가 철수한 상황에서 대부분의 노동관계에 서 노동자에 대응할 수 있는 자본가는 거의 없었다. 노동자의 경제적 요구에 대 응해야 할 주체는 자본이 아닌 군정 당국이었다. 이는 총파업에서 제기된 노동자 의 경제적 요구가 궁극적으로 정치적 요구라는 것을 의미했다. 실제로 9월 총파 업의 요구는 단순히 식량 배급과 고용 유지 등과 같은 생존권 요구에 그치지 않 고 토지개혁, 산업의 국유화 등과 함께 권력을 인민위원회로 넘기라는 정치적 요 구로 확대되었다.[101]

하지만 우익 청년단체까지 동원한 미군정의 진압으로[102] 9월 총파업은 전평 이라는 조직노동의 처절한 패배로 끝났다. 미군정은 9월과 10월 두 달에 걸쳐 전 평 지도부 대부분을 검거해 전평의 중앙조직을 붕괴시켰다.[103] 진압 과정은 전 평을 폭력적으로 구축하는 과정이었다. 우파 노동조직인 대한노총은 이 과정에 서 우파와 군정의 지원을 받으며 조직을 확대해갔다.[104] 1946년 9월 총파업 이후 1947년 3월과 1948년 2월 두 차례의 총파업이 더 있었지만 기울기 시작한 전평 을 다시 일으켜 세울 수는 없었다. 9월 총파업 이후 전평의 조직력은 쇠퇴해 1948

....

99   Katsiaficas. 『한국의 민중봉기』. p.143.
100   김기원(1990). 『미군정기의 경제구조』. 서울: 도서출판 푸른산. p.200.
101   Katsiaficas. 『한국의 민중봉기』. p.143.
102   이혜숙. 『미군정기 지배구조와 한국사회』. p.502.
103   박진희(1996). "미군정 노동정책의 전개과정과 성격변화." 『이대사원』 29: 121-142. p.136.
104   이혜숙. 『미군정기 지배구조와 한국사회』. p.491.

년 중반에 이르면 조합원 대부분을 대한노총에 잠식당하고 만다.[105] 출범 당시 215개 지부, 1,194개 분회, 217,073명의 조합원을 가진 명실상부한 조선 최대의 노동조합이었던, 카치아피카스가 인용한 자료에 따르면 50만 명의 조합원을 자랑하던 전평은 1948년 8월에 이르면 24개 노조 5천여 명의 군소노조로 전락했다.[106] 반면 우익 노동단체인 대한노총은 448개 노조, 108,239명의 조합원으로 남한 최대의 노동조합으로 성장했다. 불과 2년 만에 노동자 대중조직의 주도권이 좌파에서 우파로 이동한 것이다. 전평이 불법조직이 된 상황에서 노동자들은 직장에서 해고되지 않기 위해 노총에 가입했다.[107] 대역전이 일어난 것이다.

10월 항쟁도 9월 총파업과 같이 1945년 8월 해방 이후 누적된 모순이 폭발한 것이었다. 소작료 3·1제와 같은 미군정의 개량적 조치가 있었지만, 1946년부터 재개된 강압적인 공출과 전반적인 농정의 실패 등으로 미군정에 대한 불만이 쌓여가고 있었다. 미군정의 미곡 공출은 일제강점기보다 더 가혹했다.[108] 미군정은 생산물의 20%가 넘는 곡물을 생산비에도 미치지 못하는 가격으로 강압적인 방법을 동원해 공출해갔다.[109] 실제로 10월 항쟁이 있었던 1946년 쌀의 공출 가격은 석당 555원인 데 반해 암시장 거래가격은 6,320원에 달했다. 어떤 해에는 공출 과정에서 1천여 명이 검거되거나 피살되었다. 지방 차원에서는 미군정과 지주세력의 연합과 인민위원회를 중심으로 한 농민이 대립했다.[110] 문제들이 쌓여가면서 1945년 말부터 농촌에서는 농민들이 미군정과 충돌하는 일이 빈번해졌다. 농민이 주축이 된 10월 항쟁은 이런 상황에서 발생한 것이었다. 이종영은 10월 항쟁의 성격을 다음과 같이 정리했다.[111]

....

105 조순경·이숙진. 『냉전체제와 생산의 정치: 미군정기의 노동정책과 노동운동』. pp.254-255.
106 이혜숙. 『미군정기 지배구조와 한국사회』. p.476; Katsiaficas. 『한국의 민중봉기』. p.147.
107 조순경·이숙진. 『냉전체제와 생산의 정치: 미군정기의 노동정책과 노동운동』. p.296.
108 Cumings. 『한국전쟁의 기원』. p.448.
109 김점숙. 『미군정과 대한민국 초기(1945-50년) 물자수급정책』. pp.77-93.
110 이혜숙. 『미군정기 지배구조와 한국사회』. p.460.
111 이종영(1986). "미군정기 사회사연구-10.1 폭동의 사회적 배경과 결과." 『사회구조와 사회사상』. 심설당. p.230. 이혜숙. 『미군정기 지배구조와 한국사회』. p.460. 재인용.

"정치적·사회적으로 해방에 대한 기대가 좌절되어 상대적 박탈감이 팽배한 가운데 경제적 위기와 가혹한 식량 공출, 모리배의 폭리행위에 의해 생활난에 빠진 농민, 노동자, 실업자 등이 주축이 되어 공산주의자의 선동을 받아 지방의 지주, 관리, 경찰을 공격 대상으로 하여 일어난 항쟁이었다고 할 수 있다."

10월 항쟁의 전개 양상은 〈그림 9.7〉과 같다.[112] 1782년에 파리 근교의 작은 농촌 마을에서 굶주린 아이들을 위해 빵을 달라고 외치며 거리로 나섰던 여성의 함성이 거대한 폭풍이 되어 프랑스 대혁명이 되었던 것처럼, 1946년 10월 1일에 대구에서 여성과 어린이 3백여 명이 쌀을 달라고 외치며 시작한 행진이 1894년 갑오농민전쟁 이후 최대의 농민 무장봉기가 되었다.[113] 대구·경북지방에서 시작된 항쟁은 처음에는 철도파업에 참여했던 노동자가 농촌으로 파견되면서 시작되었지만, 대구시와 멀리 떨어진 농촌에서는 인민위원회, 조선민주청년동맹(민청), 전농, 농민조합 등이 주도했다. 경남지역에서는 민청이 항쟁을 주도했다. 10월 중순에 접어들면서 항쟁은 충남 서남부 지역으로 퍼졌다. 이 지역에서는 인민위원회가 항쟁을 주도했고, 10월 말에 이르면 경기 서북부 지역과 강원도 동해안 지역으로, 11월 초경에는 전남 중부 지역과 남부 지역으로 퍼졌다. 미 보병 6사단의 보고에 따르면, 이 지역의 항쟁은 공산주의 계열이 주도했다. 마지막 10월 항쟁은 12월 전라북도 전주 지역에서 일어난 것으로 기록되어 있다. 10월 항쟁은 경북 일부 지역에서는 자연발생적으로 일어났지만, 경남 지역 같은 경우에는 10월 항쟁이 발생하기 몇 달 전부터 민청에 의해 준비되었던 것으로 보인다. 경남 하동의 민청당원이었던 이병구의 일기를 보면, 10월 항쟁을 앞두고 "우리는 몇 달 동안 이날이 오기를 애타게 기다려 왔다. (…) 이제 우리 젊은이들은 지도부에서 지령이 오는 즉시 운동을 시작할 준비가 되어 있다."라고 적혀 있었다.

항쟁은 패배로 끝났다. 좌파 농민조직은 9월 총파업이 이후에 전평이 그랬

....
112 차남희. 『저항과 순응의 역사 정치학: 미군정기 농업 정책과 농민』. pp.163-167; 정해구. "미군정기의 사회경제문화: 미군정기의 사회." pp.254-255.
113 Katsiaficas. 『한국의 민중봉기』. p.144.

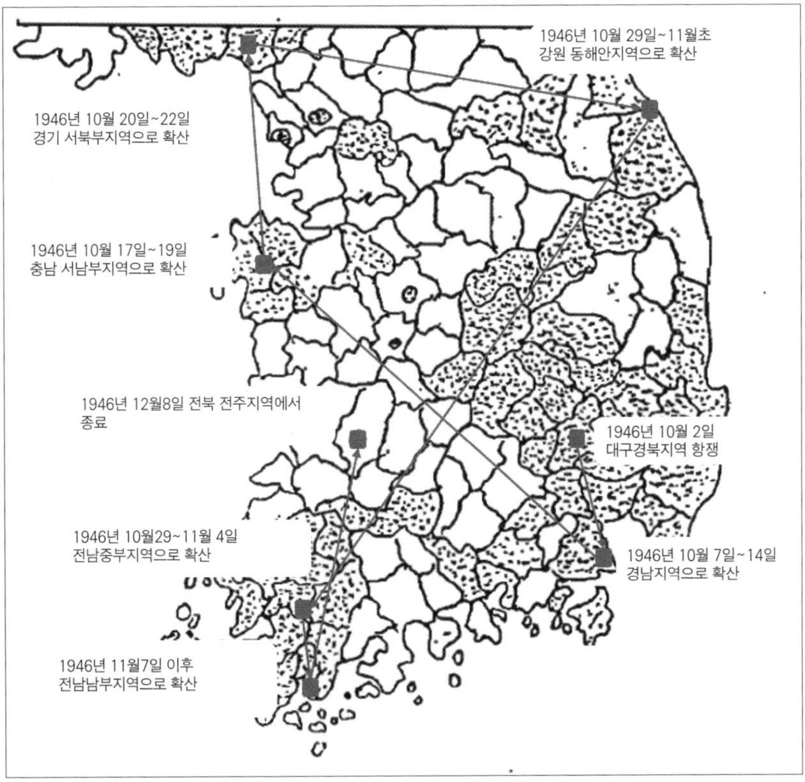
1946년 10월 29일~11월초
강원 동해안지역으로 확산
1946년 10월 20일~22일
경기 서북부지역으로 확산
1946년 10월 17일~19일
충남 서남부지역으로 확산
1946년 12월8일 전북 전주지역에서
종료
1946년 10월 2일
대구경북지역 항쟁
1946년 10월29~11월 4일
전남중부지역으로 확산
1946년 10월 7일~14일
경남지역으로 확산
1946년 11월7일 이후
전남남부지역으로 확산

그림 9.7 10월 항쟁의 시작과 확산

출처: 정해구(2003). "미군정기의 사회경제문화: 미군정기의 사회." 국사편찬위원회 편. 『한국사 52: 대한민국의 성립』. pp.225-255. 서울: 탐구당. pp.254-255.

던 것처럼 10월 항쟁 이후 붕괴되고, 지방에서 좌파의 영향력이 급격히 감소했으며, 미군정의 행정력은 지방 말단까지 미치게 되었다.[114] 농민들을 지켜주었던 인민위원회가 붕괴되자 농민들은 역사가 되풀이되는 것처럼 다시 체제에 순응하는 모습으로 되돌아가 농사를 지을 수밖에 없었다.[115] 미군정과 지주로 대표되는 우

....

114 허은(1997). "미군정의 식량 증산정책과 농촌통제: 비료 수급 문제를 중심으로." 『한국사학보』 2: 353-387. p.385; 신병식. "분단정부의 수립." p.273; 이혜숙. 『미군정기 지배구조와 한국사회』. p.335.

115 허은(2006). "국가의 농촌 통제: 조세징수에서 가족계획까지." 『내일을 여는 역사』 23: 56-68. p.60; Cumings. 『한국전쟁의 기원』. p.473.

파와 인민위원회로 대표되는 좌파의 권력관계는 우파의 압도적 우위로 재편되었다. 반복하지만 만약 미군의 물리력이 없었다면 10월 항쟁은 승리했을 수도 있고 남한 단독정부가 아닌 통일된 국민국가가 세워졌을 수도 있다.[116] 적어도 미국이 강요한 체제가 한국에 손쉽게 뿌리내리기는 어려웠을 것이다.[117] 하지만 좌파는 미군정에 맞설 물리력이 없었고 전국적으로 농민을 지도할 역량도 없었다. 10월 항쟁도 9월 총파업과 같이 좌에서 우로 권력자원이 이동하는 대역전이 일어나는 계기가 되었다.

9월 총파업과 10월 항쟁은 해방 직후 한국인의 운명이 한국인에 의해 결정되지 못했다는 것을 보여준다. 미군 점령이라는 특수한 조건 속에서 한국인이 국민국가를 건설하는 과정은 일국적 과정이 아니었다. 자본주의 세계체계의 패권국가인 미국의 군대가 한국을 점령하고 있는 상황에서 한국이라는 국민국가의 형성은 미국의 세계전략 아래에서 미국의 이해를 가장 잘 대변해줄 수 있는 우파의 권력자원을 강화하는 방식으로 이루어졌다. 미군의 물리력을 압도할 수 있는 조건이 아니었다면, 무장항쟁은 적절한 선택이 아니었는지도 모른다. 더욱이 대등한 물리력을 갖추지 못한 상태에서 항쟁의 계급적 기반마저 취약했다면 항쟁이 성공할 가능성은 더더욱 낮았을 것이다.

이렇게 보면 조선공산당의 '정당방위의 역공세'라는 신전술은 좌익모험주의라는 비판을 피하기 어렵다. 미군 점령지에서 그것이 즉각적인 사회주의 혁명이었든(조선공산당의 장안파 노선), 부르주아 혁명을 거친 사회주의 혁명이었든(조선공산당의 재건파 노선) 러시아와 같은 사회주의 혁명을 기대할 수 없었다면 유럽의 사민주의자들처럼 국가와 사회를 민주화하고 자본주의 체제 내에서 사회경제 권력을 최대한 노동자와 농민에게 유리하도록 재편하는 것이 옳았는지도 모른다. 유럽 좌파가 선택했던 개혁주의의 길을 왜 남한의 좌파는 선택하지 않았던

....

116 Katsiaficas. 『한국의 민중봉기』. p.141; 최장집. "국민국가 형성과 근대화의 문제." p.84.
117 신병식(1994). "분단정부의 수립." 강만길·김남식·김영하·김태영·박종기·박현채·안병직·정석종·정창렬·조광·최광식·최장집 편. 『한국사 17: 분단구조의 정착-1』. pp.263-285. 서울: 한길사. p.265.

덕수궁 석조전에서 개최되었던 제1차 미소공동위원회. 이 사람들은 정말 조선에 통일된 정부가 수립되기를 바라고 있었을까? 아니면 조선 민족의 이해와 관계없이 자신들의 이해를 대변하는 반쪽짜리 정부가 수립되기를 바라고 있었을까?(출처: 『교수신문』)[118]

것일까? 적어도 이탈리아 공산당과 같이 자본주의 체제와 양립할 수 있는 길을 찾을 수도 있었던 것은 아니었을까? 그랬다면 대역전은 일어나지 않았을까? 만약 반동적인 대역전이 일어나지 않았다면 지금 우리가 직면한 복지체제는 지금과는 다른 모습이었을 것이다. 하지만 대역전이 일어났고, 분단체제 하에서 우파가 지배적인 '반영구적인' 권력관계가 구축되었다.

정리하면, 미군정 당시의 권력관계는 큰 틀에서 보면 대중조직을 장악한 좌파와 국가기관을 장악한 미군정과 우파의 연합이 대립하는 상황에서 출발해 제2차 미소공위가 결렬된 이후 우파가 대중적 권력자원과 국가기관을 모두 장악하는 양상으로 전개되었다. 이런 조건에서 미군정기의 복지체제, 더 나아가 제1공화국의 복지체제가 농민과 노동자와 같은 기층 민중의 이해를 대변하는 방식으로 제도화될 가능성은 거의 없었다. 분배체계는 새로운 지배층을 형성했던 관료와 적산을 불하받은 신흥산업자본가의 이해를 대변하는 모습으로 만들어졌고, 분배는 체제 유지 차원에서 사회적 안정을 도모하는 최소 수준에 그쳤다.

....

118 http://www.kyosu.net/news/articleView.html?idxno=25560

제4절 미군정기의 한국 경제: 미국식 자본주의의 이식

해방 후 한국 경제는 진공상태에서 출발한 것이 아니다. 한국 경제는 1876년의 개항 이후에 자본주의의 길을 걸어왔고, 일제강점기를 거치면서 식민지 자본주의라는 고유한 특성을 갖게 되었다. 미군정기 한국 경제는 이러한 유산 위에서 형성된 것이다. 조선 경제는 1930년대 후반에 이미 공업생산액이 농업생산액을 앞지르고 있었다.[119] 제조업의 구성에서도 1930년대에 들어서면서 중화학공업의 비중이 높아지고 있었다. 산업화가 진행되고 있었다. 그렇다고 식민지 조선이 소위 '조선산업혁명'을[120] 거쳐 산업사회로 전환된 것은 아니었다. 식민지 조선은 강력한 식민지 지주제와 일제가 주도한 공업화가 병존하는 사회였다.[121] 그러나 일제강점기에 이루어졌던 조선의 산업화는 태평양전쟁이 본격화된 1940년대에 들어서면서 위기에 처했다. 1945년 8월 해방된 조선 경제는 이러한 1940년대 경제위기의 유산으로부터 출발해야 했다. 본 절에서는 해방 당시 일제강점이 남긴 경제적 유산에 대해 살펴보고 이어서 미군정기 한국 경제의 주요 특성에 대해 검토했다.

1. 일제강점이 미군정기 한국 경제에 남긴 유산

일제강점기 조선 경제의 유산은 크게 네 가지를 중심으로 기술할 수 있을 것 같다. 먼저 일제강점이 한국 경제에 남긴 가장 강력한 유산은 일제에 철저히 종속된 식민지 경제구조였다. 강점기간 동안 일제는 조선 경제를 철저히 일본 경제를 보완하는 일부로 구조화시켜놓았다. 조선의 왜곡된 공업구조가 대표적인 사

....
119 김낙년 편(2006). 『한국의 경제성장: 1910-1945』. 서울: 서울대학교 출판부. p.365.
120 자세한 내용은 "제7장 식민지, 강요된 자본주의 세계체계의 주변부화, 1910~1945년"을 참고하라. 일제강점기 당시 일부 전문가들은 1930년대 조선의 공업화를 영국의 산업혁명에 비견되는 '조선산업혁명'이라고 불렀다고 한다. 배성준(1995). "1930년대 일제의 '조선공업화'론 비판." 『역사비평』. 30: 133-145. p.134.
121 堀和生(2003). 『한국 근대의 공업화: 일본 자본주의와의 관계』. 주익종 역. 서울: 전통과 현대. p.140.

표 9.2 일제강점기 산업기술자의 민족별 분포(1944년)

업종	조선인	일본인	합계	조선인 비율(%)
금속	133	1,081	1,214	11.0
기계기구	150	459	609	24.6
화학	222	1,782	2,004	11.1
가스·전기·수도	190	801	991	19.2
요업·토석	48	197	245	19.6
방직	132	352	484	27.3
제재·목재	32	67	99	32.3
식료품	121	215	336	36.0
인쇄제본	25	31	56	44.6
토목건축	551	2,696	3,247	17.0
기타	29	62	91	31.9
합계	1,632	6,844	8,476	19.3

출처: 차남희. 『저항과 순응의 역사 정치학: 미군정기 농업 정책과 농민』. p.89에서 인용한 『조선경제연보』 자료를 다시 계산해 오류를 수정한 것임.

레이다. 조선 경제는 핵심 공업기계 기구의 대부분을 일본으로부터 수입했고, 식민지 공업에 필요한 기술력의 대부분도 일본인 기술자에게 의존했다. 해방 직전의 자료는 아니지만 김기원이 인용한 『조선경제연보』를 보면, 주요 기계 기구의 조선 지역 내 자급 비중은 최대 30%를 넘지 않았다.[122] 조선 산업에 필요한 주요 기계 기구를 적게는 70%에서 많게는 100%까지 일본에 의존했다. 자급 비중이 가장 높은 차량, 선박, 자동차 및 부속품의 경우에도 자급률은 29.5%에 불과했다. 철도 기관차와 공작기계의 경우는 100% 일본에서 이입하고 있었다. 산업발전에 필수적인 기술 인력의 구성도 일본인 기술자가 절대 다수를 차지했다. 〈표 9.2〉는 산업기술자의 민족별 분포를 보여주는데, 조선인 기술자 비율이 가장 높은 인쇄제본 분야도 조선인 기술자의 비중은 절반에도 미치지 못하는 44.6%였다. 산업 전체를 놓고 보면 조선인 기술 인력의 비중은 더 낮아져 전체의 5분의 1도 되

....

122　주요 기계기구의 조선 지역 내 자급률(1940년): 차량, 선박, 자동차 및 부속품 29.5%, 시계, 학술품, 전신기 6.2%, 철도 기관차 0%, 제조가공용 기계 19.6%, 공작기계 0%, 원동기 7.1%, 기관 및 부속품 3.7%. 김기원. 『미군정기의 경제구조』. p.184에 인용된 『조선경제연보』 자료.

지 않는 19.3%에 불과했다. 식민지 조선의 공업은 일본에 철저히 종속된 구조로 편재되어 있었던 것이다.

일제강점기 조선의 역외거래 또한 일본 경제에 종속된 조선 경제의 특성을 분명하게 보여준다. 1944년에 일본과의 거래가 전체 역외거래에서 차지하는 비중은 무려 79.9%에 달했다.[123] 교역 내용 면에서도 식민지 조선은 곡물과 같은 1차 산품을 이출하고 공산품을 이입하는 전형적인 식량 생산지이자 공산품 소비지의 역할에 충실한 구조였다.[124] 더욱이 일본-조선-만주로 이어지는 일제의 경제블록을 고려하면, 조선의 역외 이출입에서 일제의 경제블록이 차지하는 비중은 더 높았을 것이다. 다만 우리가 놓치지 말아야 할 사실은 태평양전쟁 전까지 조선 내에서 소비되는 공업제품의 자급률이 상당히 높았다는 점이다. 1940년 당시에 자급률은 76.2%에 달했다.[125]

둘째, 일제는 1940년대 이후에 몰락해가는 경제를 유산으로 남겼다. 해방으로 인한 일제와의 단절, 분단, 혼란이 해방 후 한국 경제를 위기로 몰아간 것이 사실이지만, 1940년대 이후 조선 경제는 이미 일제와 같이 몰락의 길을 걷고 있었다. 제7장에서 언급된 바와 같이, 공장당 생산액 증가율은 1941년에 31.3%에서 1942년에 7%로 감소했다.[126] 불과 2년 만에 공장당 평균 생산액 증가율이 3분의 1이나 감소한 것이다. 노동자 1인당 생산액도 지속적으로 감소했다. 1936년 지수를 100으로 했을 때 1943년 지수는 74에 불과했다.[127] 더욱이 1940년대 '중소공업대책요강'이라는 중소기업 통폐합 조치가 발표된 이후 조선인 자본은 급속히 몰락했다.[128]

....

123 김기원. 『미군정기의 경제구조』. p.185. 김기원은 수출과 수입이라는 용어를 사용하고 있으나 일제강점기 당시 조선은 일본의 식민지였기 때문에 국민국가 간에 이루어지는 수출과 수입이라는 용어를 사용하는 것은 적절하지 않다. 당시 조선과 일본 간의 상품 이동은 동일 국가 내에서의 지역 간 상품 이동을 의미하는 이입(移入)과 이출(移出)로 표기하는 것이 적절해 보인다.

124 김낙년. "식민지 조선의 공업화." p.320.

125 堀和生. 『한국 근대의 공업화』. pp.54-55.

126 정태헌(2003). "병참기지화정책." 국사편찬위원회 편. 『한국사 50: 전시체제와 민족운동』. pp.13-41. 서울: 탐구당. p.21.

127 김윤환. 『한국노동운동사 I: 일제하 편』. pp.326-328.

128 일제는 1941년 1월에 '중소공업대책요강'의 시행을 통해 일본 독점대기업에 하청공장이 될 수 있는 중소공장만 남기고 나머지는 모두 폐업시켰다. 폐업된 중소공장 대부분은 조선인이 운영하는 곳이었

일제는 해방된 조선에 '번영하는 조선 경제'라는 유산을 남긴 것이 아니라 파국으로 치닫고 있는 조선 경제를 남겼다.

식민지 경제의 세 번째 유산은 반봉건 토지소유 관계이다. 제7장에서 살펴본 것과 같이, 일제는 조선의 지배층을 해체하기보다는 토지조사사업과 식량증식계획 등을 통해 조선을 일본의 식량(원료) 공급지 및 상품시장으로 재편하기 위해 강력한 반봉건적 식민지 지주제를 남겼다. 식민지 권력과 지주의 유착, 농지의 집중, 소작농의 증가, 고율의 소작료,[129] 억압적인 소작관계 등은 조선을 일본의 식량 공급지와 상품시장으로 재편하기 위한 정책이었다.[130]

마지막으로, 커밍스의 지적처럼 일제는 "엄격히 통제된 미곡 생산에 기초를 둔 식민 경제"를 남겼다.[131] 식민지 조선에는 수요와 공급에 의해 가격이 결정되는 소위 자유시장은 존재하지 않았고, 그런 역사적 경험도 미비했다. 일제는 1939년 미곡통제법을 시행해 농업생산을 강력히 통제했다.[132] 1940년대에 들어서면 공출이라는 용어 대신 매상이라는 용어를 사용했지만 내용상으로는 공출과 같았다. 농민들은 자신들이 보유한 쌀을 시장 대신 총독부가 정한 가격에 총독부에 판매해야 했다. 1942년부터는 농가에 공출량을 할당했고, 할당된 공출량을 채우기 위해 총독부는 이용 가능한 모든 물리력을 동원했다. 통제 대상은 농업만이 아니었다. 조선 경제가 전시체제로 재편되면서 '조선산업령', '경금속제조사업법', '중소공업대책요강' 등 공업 분야에 대한 통제 또한 강화되었다. 노사관계도 마찬가지였다. 임금도 일제의 중요한 통제 영역이었다. 일제는 조선총독부가 공포한 '임금임시조치령'을 통해 노동자들에게 낮은 임금을 강요

....

고, 군수물자 대신 조선인의 생활용품을 생산하는 공장이었다. 小林英夫(1983[1967]). "1930년대 조선 '공업화'정책의 전개과정." 사계절 편집부 편. 『한국근대경제사연구』. pp.478-515. 서울: 사계절. pp.499-500.

129 이훈구에 따르면, 일제강점기에 전북과 경남 일부 지역에서는 소작료가 90%에 달하는 경우도 있었다. Cumings. 『한국전쟁의 기원』. p.79.

130 차남희. 『저항과 순응의 역사정치학: 미군정기 농업 정책과 농민』. p.37; Cumings. 『한국전쟁의 기원』. p.265.

131 Cumings. 『한국전쟁의 기원』. p.265.

132 차남희. 『저항과 순응의 역사정치학: 미군정기 농업 정책과 농민』. p.131.

했다.[133] 이에 저항하는 노동자들은 무장경찰을 동원해 무자비하게 탄압했다.[134] 1930년대 말부터 패망 직전까지 조선총독부는 생산, 유통, 소비 등 식민지 경제 전반에 걸쳐 국가 개입을 강화하는 강력한 통제정책을 시행했다. 종속적인 공업화, 몰락해가는 경제, 반봉건적 농업생산관계, 통제경제, 이것이 일제가 해방된 조선에 남긴 유산이었다. 해방된 조선은 이러한 일제의 유산 위에서 자신의 미래를 선택하고 만들어가야 했다. 일제의 강압이 사라진 1945년 8월 15일 이후 조선 경제에 찾아온 혼란은 당연한 것이었을지도 모른다.

2. 미군정기 한국 경제의 주요 특성

해방은 정치적 해방인 동시에 경제적 해방이었다. 일제의 침략전쟁을 위해 동원되었던 한국 경제는 해방으로 일제의 예속에서 벗어나 새로운 기회를 맞이했다. 그러나 동시에 해방은 한국 경제가 익숙했던 기존의 질서에서 이탈한다는 것을 의미했다. 생산을 위한 주요 기계와 고급 기술인력의 대부분을 일본에 의지하고 있던 상황에서 하루아침에 일본과의 연계가 사라진 것은 중장기적으로는 몰라도 해방 당시 한국 경제를 심각한 위기로 몰아갔다. 더욱이 생산, 유통, 소비를 엄격히 통제하던 일제가 하루아침에 연기처럼 사라지고 예기치 않게 찾아온 자유는 모든 경제 주체를 당황하게 만들었을 것이다. 게다가 북위 38도선을 경계로 한반도가 남북으로 나뉘면서 한국 경제는 더 큰 혼란에 직면했다. 실제로 미국의 경제사절단장인 번스(Arthur C. Bunce)는 남한 경제가 매우 심각한 상태이며 외부의 지원이 없다면 초보적인 농업경제로 후퇴할 수 있다고 했다.[135] 미군정기 한국 경제는 바로 이런 상황에서 새로운 미래를 그려야 했다.

해방과 함께 한국 경제가 직면한 현실은 급격한 공업생산의 감소였다.[136]

....

133 김경일(2004). 『한국노동운동사 2: 일제하의 노동운동 1920~1945』. 서울: 지식마당. pp.399-400.
134 Eckert, C.(2008[1991]). 주종익 역. 『제국의 후예』. 서울: 푸른역사; 김경일, 『한국노동운동사 2: 일제하의 노동운동 1920~1945』; 김윤환(1981). 『한국노동운동사 I: 일제하 편』. 서울: 청사.
135 김점숙. 『미군정과 대한민국 초기(1945-50년) 물자수급정책』. p.28.
136 미군정기의 통계는 신뢰하기 어려운 부분이 있다. 원 자료에 접근하는 것이 가장 좋으나 2차 자료를 주

『조선경제연보』에 따르면, 조선의 공업생산액은 일제강점기 말(1939년) 533,194,000원에서 1946년 136,984,000원으로 무려 74.3%나 감소했다.[137] 1939년 기준으로 전체 산업생산액에서 공업생산(제조업)이 차지하는 비중이 대략 30.5%였다는 점을 고려하면, 공업생산의 감축만으로도 국내총생산액이 22.7%나 감소한 것이었다.[138] 상상할 수 없는 경제적 충격이었다. 위기상황은 해방 전후 공장 수와 노동자 수를 비교한 〈표 9.3〉에 잘 드러나 있다. 1944년 6월, 1946년 11월, 1948년 1월을 비교한 자료에 따르면, 1946년 11월과 1948년 1월의 한국 내 공장 수는 1944년 6월과 비교해 각각 48.4%, 56.9%나 감소했다. 이에 따라 공장 노동자 수도 동 기간 동안 51.9%, 38.2% 감소했다. 이는 국내 산업생산의 감소 비율보다 더 높은 수치이다. 토목과 건축업 생산이 가장 큰 타격을 받아 동 기간 동안 사업장 감소 비율은 각각 82.4%, 86.8%에 달했다. 노동자 수의 감소폭도 동 기간에 각각 89.3%, 77.9%에 달했다. 상상해보라. (비교하는 것이 불가능하지만) 지금 산업생산이 22.7%나 줄어들고 공장 수와 노동자 수가 절반으로 감소했다면 한국 사회는 어떻게 되었을까? 실업, 빈곤 등의 문제로 한국 사회는 그 존속 자체를 위협받을 것이다. 그나마 다행스러운 일은 경제상황이 1946년을 거치면서 조금씩 나아지고 있었다. 〈표 9.3〉에 제시된 것과 같이, 1946년 11월과 1948년 1월을 비교해보면 전체 공장 수는 해방 전보다 감소했지만 식료품 공업 부문에서 공장 수가 일부 증가했고, 노동자 수는 요업 부문을 제외하면 전반적으로 증가했다. 이러한 현상은 1930년대 말과 1940년대 초 일제의 중소공장 통폐합조치로 강제 폐업되었던 조선인 영세사업장이 해방과 함께 다시 활성화되기 시작한 결과로 보인다. 가내수공업은 미군정기의 한국 경제를 지탱하는 중요한

....

로 이용하는 필자와 같은 연구자에게는 쉽지 않은 일이다. 이러한 이유로 수치 자료를 인용하기에 앞서 다른 자료들을 교차 비교해 확인할 수 있는 부분은 확인하려고 노력했다.

137 김기원(2003). "미군정기의 경제." 국사편찬위원회 편. 『한국사 52: 대한민국의 성립』. 서울: 탐구당. p.270; 김기원. "미군정기의 사회경제." p.64.

138 일단 제조업생산을 공업생산과 같다고 간주하고, 김낙년이 편집한 『한국의 경제성장, 1910-1945』에서 1939년도 그해 가격 기준으로 제조업이 전체 산업생산에서 차지하는 비중을 구하고 이를 바탕으로 감소율을 계산했다. 김낙년 편. 『한국의 경제성장, 1910-1945』. p.365.

표 9.3 산업 부문별 공장 수 및 노동자 수의 변화(1944~1948년)

	공장(사업체) 수					
	1944년 6월 (A)	1946년 11월(B)	1948년 1월 (C)	증감률(%) A-B	증감률(%) B-C	증감률(%) A-C
전체	10,176	5,249	4,385	-48.4	-16.5	-56.9
금속	416	499	414	20.0	-17.0	-0.5
기계기구	944	878	637	-7.0	-27.4	-32.5
화학	681	574	532	-15.7	-7.3	-21.9
가스·전기·수도	70	78	59	11.4	-24.4	-15.7
요업·토석	1,283	731	416	-43.0	-43.1	-67.6
방직	1,638	615	541	-62.5	-12.0	-67.0
제재·목제품	1,359	584	493	-57.0	-15.6	-63.7
식료품	1,704	726	781	-57.4	7.6	-54.2
인쇄·제본	420	233	228	-44.5	-2.1	-45.7
토목·건축	997	175	132	-82.4	-24.6	-86.8
기타	619	156	152	-74.8	-2.6	-75.4

	노동자 수					
	1944년 6월 (A)	1946년 11월(B)	1948년 1월 (C)	증감률(%) A-B	증감률(%) B-C	증감률(%) A-C
전체	254,200	122,200	157,047	-51.9	28.6	-38.2
금속	12,500	8,966	10,942	-28.3	22.0	-12.5
기계기구	27,300	17,394	19,280	-36.3	10.8	-29.4
화학	22,900	19,171	25,242	-16.3	31.7	10.2
가스·전기·수도	2,900	2,711	3,587	-6.5	32.3	23.7
요업·토석	20,600	9,693	8,565	-52.9	-11.6	-58.4
방직	61,200	36,296	36,564	-40.7	0.7	-40.3
제재·목제품	14,600	6,502	10,605	-55.5	63.1	-27.4
식료품	19,900	8,383	19,625	-57.9	134.1	-1.4
인쇄·제본	7,400	4,540	6,236	-38.6	37.4	-15.7
토목·건축	52,500	5,598	11,615	-89.3	107.5	-77.9
기타	12,400	2,932	4,486	-76.4	53.0	-63.8

출처: 조순경·이숙진. 『냉전체제와 생산의 정치: 미군정기의 노동정책과 노동운동』. pp.172-173의 증감률 계산 오류를 수정한 자료임.

버팀목 역할을 했다.[139]

　물론 전후의 생산 위축은 조선만의 문제는 아니었다. 2차 세계대전 전후를 비교했을 때(1938년과 1946년) 패전국인 독일의 산업생산성은 41.0%, 이탈리아는 47.0% 감소했으며, 일본은 무려 64%나 감소했다.[140] 승전국인 프랑스도 13.0% 감소했다. 이들 국가는 1940년대 말과 1950년대 초에 이르러서야 1938년 수준의 생산성을 회복했다. 어쩌면 조선은 상대적으로 양호한 편이었는지도 모른다. 이것이 미군정이 "조선의 기본 경제 상태는 동양의 다른 지역에 비해 나쁘지 않다."고 평가했던 이유였는지도 모른다.[141] 그러나 이는 어디까지나 상대적으로 그렇다는 것이다. 절대적으로 한국은 20세기 들어 가장 큰 경제적 시련에 직면했다. 이러한 침체의 원인은 다양하게 설명할 수 있지만 원료 부족이 가장 큰 이유였던 것으로 보인다.[142] 1946년 11월 기준으로 사업장을 휴업한 원인 중 70%가 원료 부족 때문이었다. 그다음으로 기계와 자본 부족이 각각 9%, 5%를 차지했다. 인력은 넘쳐났던 것 같다. 390개의 업체 중 인력 부족 때문에 휴업했다는 사업체는 단 한 곳도 없었다. 나중에 분배체계에서 다루겠지만 이러한 현실은 미군정기 노동자의 실질임금이 낮아지는 중요한 원인 중 하나였다.

　일본과의 경제적 단절에 더해 남북 분단도 생산을 위축시켰다. 중공업 중심의 북한과 경공업 중심의 남한이 각각 별개의 경제체제로 분리되면서 생산 위축을 더욱 심화시켰다. 화학, 금속, 기계 등 중공업 생산의 79%가 북한 지역에서 이루어진 것에 반해 방직, 요업, 식료품 가공 등 경공업 생산의 69%는 남한 지역에서 이루어졌다.[143] 앞서 언급한 일본과의 교역 중단, 일본인 기술자의 철수 등도 산업생산 침체의 원인이었던 것으로 보인다. 산업생산을 담당하던 기술 인력의 80%가 해방과 동시에 생산현장을 떠났다. 생산력을 유지하는 것이 오히려 이상

....

139　조순경·이숙진. 『냉전체제와 생산의 정치: 미군정기의 노동정책과 노동운동』. p.199
140　Amstrong et. al. 『1945년 이후의 자본주의』. p.79, 94, 102, 139, 143, 149, 157, 163.
141　조순경·이숙진. 『냉전체제와 생산의 정치: 미군정기의 노동정책과 노동운동』. p.88.
142　김기원. "미군정기의 경제." p.270.
143　조순경·이숙진. 『냉전체제와 생산의 정치: 미군정기의 노동정책과 노동운동』. p.176.

했다. 더욱이 조선은 일본의 병참기지로 공업화되었기 때문에 일본이 전쟁에서 패배했다는 것은 조선에서 전쟁 물자를 생산하기 위한 산업이 더 이상 필요하지 않다는 것을 의미했다. 해방 직후 남한에 남아 있던 공업의 98%는 일본인이 경영하던 것이고, 이 중 80%는 일본 군수산업을 보조하던 공장이었다.[144] 해방 후 산업생산, 공장 수, 노동자 수의 감소는 바로 전쟁을 위한 생산이 더 이상 필요하지 않았던 이유와도 밀접하게 연관되어 있었다. 이러한 이유로 미군정의 중요한 과제 중 하나는 군수산업 중심의 조선 산업을 신속히 민수산업으로 전환하는 것이었다. 미군정의 정책도 중요한 영향을 미쳤다. 미군정이 노동자들의 자주적인 공장 관리를 불법화함으로써 주요 산업시설의 상당 부분이 파괴되었고, 그 규모는 당시 가격으로 수억 원에 달했다.[145] 이렇게 파괴된 생산시설 또한 미군정기 공업생산이 감소한 원인 중 하나였다. 경제가 과학기술의 발전 수준에 기초한 생산력에 전적으로 의존한다는 정통 마르크스주의와[146] 달리 소위 상부구조인 정치가 생산력을 결정했다.

하이인플레이션(high inflation)도 미군정기 한국 경제의 특징이다. 통제경제에서 하루아침에 통제의 주체가 사라지자 시장에는 일시적으로 물자가 넘쳐났다.[147] 하지만 일제가 종전을 전후해 남발한 통화,[148] 생산과 무역의 감소, 전재민의 귀환 등으로 인한 인구 급증은 물가를 폭등시켰다. 〈그림 9.8〉과 〈그림 9.9〉에서 보는 것과 같이 물가는 상상을 초월하는 수준으로 폭등했다. 곡물, 식료품, 직물, 연료, 잡품 등 생필품은 1945년 8월을 기준(100)으로 했을 때 불과 1년 만에 수백 퍼센트씩 올랐다. 1945년 8월과 비교했을 때 1946년 9월 직물 가격은 12배나 올랐고, 곡물 가격은 6배나 올랐다. 생필품 물가는 미군정이 종식되는 1948년

....

144 조순경·이숙진. 『냉전체제와 생산의 정치: 미군정기의 노동정책과 노동운동』. pp.181-182.
145 조순경·이숙진. 『냉전체제와 생산의 정치: 미군정기의 노동정책과 노동운동』. p.215.
146 Laclau and Mouffe. 『헤게모니와 사회주의 전략』. p.66.
147 김기원. "미군정기의 사회경제." p.67.
148 조선은행권 발행고는 1945년 8월 15일 당시 49억 7,500만 원에서 8월 말에 79억 8,700만 원, 9월 말에는 86억 8,000원으로 급증했다. 한국은행 조사부(1955). 『한국산업경제10년사』. pp.445-446; 김점숙. 『미군정과 대한민국 초기(1945-50년) 물자수급정책』. p.11에서 재인용.

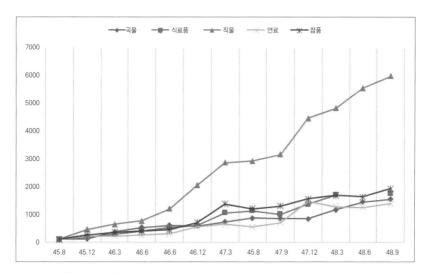

그림 9.8 생활필수품 소매물가지수: 1945년 8월~1948년 9월(%)

출처: 한국산업은행 조사부(1955). 『한국산업경제십년사: 전편』. pp.475-476; 차남희(1997). 『저항과 순응의 역사 정치학: 미군
정기 농업정책과 농민』. 서울: 이화여자대학교 출판부. p.94에서 재인용.

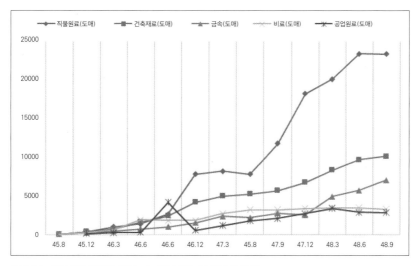

그림 9.9 산업 원료 도매물가지수: 1945년 8월~1948년 9월(%)

출처: 한국산업은행 조사부(1955). 『한국산업경제십년사: 전편』. pp.475-476; 차남희(1997). 『저항과 순응의 역사 정치학: 미군
정기 농업정책과 농민』. 서울: 이화여자대학교 출판부. p.94에서 재인용.

표 9.4 해방 전후 남한 농가의 구성계층의 변화(1944~1947년)

		지주 · 자작농	자소작농	소작농	고농	계
1944년	농가 수	276,733	691,949	980,752	42,618	1,992,052
	(%)	13.9	34.7	49.2	2.1	100
1945년	농가 수	284,509	716,080	1,009,604	55,284	2,065,477
	(%)	13.8	34.7	48.9	2.7	100
1946년	농가 수	337,271	810,181	923,686	66,150	2,137,288
	(%)	15.8	37.9	43.2	3.1	100
1947년	농가 수	357,938	833,944	914,317	66,186	2,172,385
	(%)	16.5	38.4	42.1	3.0	100

출처: 차남희. 『저항과 순응의 역사정치학: 미군정기 농업정책과 농민』. p.176.

8월까지 계속 높아졌다. 1945년 8월과 비교해 곡물은 15배, 직물은 60배나 올랐다. 공업생산에 결정적 영향을 미치는 원료 가격의 상승은 더 심각했다. 1945년 8월과 비교해 직물 원료 가격은 1948년 9월까지 무려 233배나 상승했고, 건축 재료는 102배, 농업생산에 중요한 비료 가격은 33배나 올랐다. 정상적인 산업생산은 불가능했다.

농업 부문에서는 식민지 지주제를 중심으로 한 반봉건적 지주-소작관계가 그대로 유지되었다.[149] 지주와 자작농의 비율은 일제강점기와 마찬가지로 매우 낮았다. 〈표 9.4〉에서 보는 것과 같이 1945년 해방 당시에 지주와 자작농의 비율은 전체 농가의 13.8%에 불과했다. 반면 자소작농과 소작농의 비율은 무려 83.6%에 달했다. 곡물 생산도 미군정의 예상(1,600만 석)과 달리 풍작이 아니었다. 실제 생산량은 1944년 흉작을 조금 넘는 수준(1,284만 석)이었다.[150]

차남희는 이러한 곡물 생산량의 감소가 해방 이후 경지면적의 감소와 관련이 있다고 주장하지만 설득력은 없어 보인다.[151] 〈표 9.5〉를 보면 해방 전과 비교

········

149 장상환(1994). "농지개혁." 강만길 · 김남식 · 김영하 · 김태영 · 박종기 · 박현채 · 안병직 · 정석종 · 정창렬 · 조광 · 최광식 · 최장집 편. 『한국사 18: 분단구조의 정착-2』. pp.89-123. 서울: 한길사. p.90; 이혜숙. 『미군정기 지배구조와 한국사회』. p.100.
150 차남희. 『저항과 순응의 역사정치학: 미군정기 농업 정책과 농민』. p.95.
151 차남희. 『저항과 순응의 역사정치학: 미군정기 농업 정책과 농민』. p.95.

표 9.5 남한 지역 미곡 생산량의 변화

연도	종별	경작면적		수확고		생산고	
		면적(정보)	지수(%)	정보당 수확고	지수(%)	생산력(석)	지수(%)
'40~'44 평균		1,034,797	100.0	13.26	100.0	13,718,156	100.0
1945년		1,054,704	101.9	12.17	91.8	12,835,827	93.6
1946년		1,076,761	104.0	11.19	84.4	12,047,123	87.8

출처: 조선상공회의소(1950). 『조선경제통계요람(1949)』. p.28; 허은. "미군정의 식량 증산정책과 농촌통제: 비료 수급 문제를 중심으로." p.357에서 재인용.

해 해방 후 경작면적이 증가했는데도 불구하고 정보(町步)당 수확고는 물론 총 미곡 생산량도 감소했다. 1946년의 미곡 생산량은 1940년부터 1944년까지 평균의 87.8%에 불과했다. 분단으로 인해 북한으로부터 비료 공급이 중단된 것이 중요한 원인 중 하나였던 것으로 보인다.[152] 그러나 비료의 부족 또한 식량 감소의 여러 가지 원인 중 하나일 뿐이었다. 당시 농업생산을 위축시켰던 가장 중요한 원인은 식민지 지주제의 유지, 강제적 공출, 우익단체들의 기부금 요구 등 정치사회적 요인이었다. 1946년에 있었던 홍수와 관개시설의 파괴도 식량생산을 감소시킨 원인 중 하나였다.[153] 더불어 해방 이후에 농지개혁에 대한 사회적 기대가 높아지면서 지주들이 토지를 방매하기 시작했고, 농민이 농업생산에 가장 중요한 생산도구인 농우(農牛)를 팔아 농지매각 대금을 조달해 농업생산력이 감소한 것도 원인 중 하나였던 것으로 보인다. 실제로 경기도 파주군 이동면의 농우 수는 해방 전 28마리에서 해방 후 20마리로 감소했는데, 8마리 감소분 중 절반은 토지구매를 위해 매각된 것으로 조사되었다. 미군정의 농업정책 실패도 미곡 생산 감소의 원인이었다. 농민들은 1946년 1월 1일부로 시행된 '미곡 통제', 즉 미곡공출제도에 거세게 저항했다.[154] 미군정이 식량문제 해결을 위해 도입한 대량의 잉여농산물도 남한 농업의 재생산 기반을 위축시켰다. 해방 직후 전 국민의 77%가 농

....

152   차남희. 『저항과 순응의 역사정치학: 미군정기 농업 정책과 농민』. p.95.
153   허은. "미군정의 식량 증산정책과 농촌통제: 비료 수급 문제를 중심으로." pp.363-365.
154   이혜숙. 『미군정기 지배구조와 한국사회』. p.315, 535.

업에 종사했다는 점을 고려하면[155] 농업생산의 위축은 곧 한국 경제의 위기를 의미했다.

　마지막으로, 미군정기 경제정책과 관련해 반드시 언급해야 할 사실은 미군정의 초기 대한정책의 가장 중요한 목적 중 하나는 삼성조정위원회의 방침에 따라 한국 경제를 일본 경제로부터 철저히 분리하는 것이었다.[156] 그러나 1946년 가을 중국에서 국공합작이 실패로 돌아가자 국무장관 조지 마셜(George Marshall)은 1947년 1월 '초기 대한정책'을 폐기하고 한국 경제를 일본 경제와 연계시키는 방안을 모색했다.[157] 박정희 정권에서 이루어진 한일수교는 이러한 미국 전략의 뒤늦은 실현이었다고 할 수 있다. 정리하면, 미군정기 한국 경제는 일제강점으로부터 남겨진 유산과 함께 남북 분단의 상황이 더해지면서 20세기 들어 가장 심각한 위기에 봉착했던 것으로 보인다. 미군정의 과제는 이렇게 위기에 처한 조선 경제를 정상화하는 것이었다. 하지만 미군정은 한국 경제의 위기에 대해 적절히 대응하지 못했다.

제5절 자본주의적 복지체제의 시작

　미군정 기간은 소득보장과 사회서비스라는 협의의 복지체제를 넘어 생산수단의 분배를 포함한 거시적 의미에서 복지체제가 구조화된 시기이다. 통상적으로 우리가 이해하는 복지체제는 자본주의 사회에서 시민이 직면하는 사회위험에 대응하는 것이며, 자원을 생산하는 생산수단의 분배는 고려하지 않는다. 하지만 미군정 시기는 생산수단의 대부분을 소유했던 일제가 패망하면서 누가 그 생산수단을 소유할 것인가를 둘러싸고 치열한 투쟁이 벌어졌다. 미군정은 경찰과 군

....

155　장상환. "농지개혁." p.89
156　조순경 · 이숙진. 『냉전체제와 생산의 정치: 미군정기의 노동정책과 노동운동』. p.34.
157　신병식. "분단정부의 수립." p.265; Katsiaficas, G.(2015[2012]). 『한국의 민중봉기』. p.132; 이혜숙. 『미군정기 지배구조와 한국사회』. p.82, 565.

대로 대표되는 강력한 억압기구를 동원해 좌파가 지배적이었던 해방 직후의 권력자원과 권력관계를 우파만의 경쟁 구도로 재구조화했다. 더불어 미군정은 우파가 지배하는 권력관계하에서 자신의 의도대로 귀속재산을 민간에 불하하고 농지를 유상 분배해 한국 사회에서 자본주의 생산관계를 돌이킬 수 없는 현실로 만들어버렸다. 정치권력의 변화가 있었고, 경제체제와 복지체제의 변화가 그 뒤를 따랐다. 미군정기는 구조화된 틀 내에서 분배를 결정한 시기가 아니라 분배구조 자체를 새롭게 만들어간 "체제 선택"의 시기였다.[158] 요컨대 미군정기는 1948년 이후 한국의 분배체계를 정초했다.

제5절에서는 이러한 인식에 기초해 미군정기 분배체계의 특성과 변화에 대해 살펴보았다. 먼저 미군정기 한국 사회가 직면한 사회적 위험에 대해 살펴보았다. 이어서 미군정의 분배체계의 특성을 1946년 9월 총파업과 10월 항쟁을 기준으로 검토했다. 9월 총파업과 10월 항쟁이 발생하기 전 미군정의 분배체계의 특성이 주로 사회적 위험에 대한 임시적·일회적 구호에 초점이 맞추어져 있었다면, 총파업과 항쟁 이후 미군정은 원조물자 배급, 농지개혁, 적산불하를 통해 자본주의 분배체계의 성격을 구조화했다.

1. 미군정기의 사회위험

1919년의 3·1독립운동에 참여했던 조선 민중이 조선이 독립되면 재산이 평등하게 분배되고 국유지가 소작인의 땅이 될 거라고 믿었던 것처럼,[159] 1945년 8월 15일에 일제가 패망하고 조선이 해방되었을 때 대부분의 조선 민중은 3·1독립운동에 참여했던 조선 민중이 품었던 것과 똑같은 꿈을 꾸고 있었을 것이다.

....

158 김일영(2001). "한국헌법과 국가 사회관계." 한국정치외교사학회 편. 『한국정치와 헌정사』. pp.13-44. 서울: 한울출판사. pp.27-28.
159 독립운동사편찬위원회. 『독립운동사자료집 5(3·1운동재판기록)』. p.281; 이지원(1994). "3·1운동." 강만길·김남식·김영하·김태영·박종기·박현채·안병직·정석종·정창렬·조광·최광식·최장집 편. 『한국사 15: 민족해방운동의 전개 1』. pp.83-116. 서울: 한길사. p.114에서 재인용.

하지만 그런 세상은 오지 않았다. 해방은 사람들을 춤추게 하고 기쁨의 눈물을 흘리게 했지만 사람들의 살림살이가 나아진 것은 아니었다. 식민지 시기에는 모든 불행을 일제로 인한 것으로 생각했기에 일제만 사라지면 평범한 조선 사람의 세상이 올 것 같았지만 세상은 그렇게 쉽게 바뀌지 않았다. 아니, 평범한 사람들의 살림살이는 일제강점기보다 더 나빠졌다.

경제 문제를 검토하면서 확인했듯이 원료 공급이 중단되고 일본인 기술자들이 사라지고 노동자들의 자주적 관리가 가로막히자 문을 닫는 공장이 늘어갔고 공업생산은 급감했다. 수많은 노동자가 일자리를 잃었다. 한반도가 남북으로 분단되면서 비료 공급이 여의치 않자 농업생산도 감소하기 시작했다. 게다가 운송과 유통이 불안정해지면서 농촌에서 도시로의 식량 공급도 여의치 않았다. 미군정의 잘못된 정책으로 물가는 수백 배로 치솟아 올라 사람들은 쌀과 생필품을 구하기 위해 이곳저곳을 전전했다. 게다가 해방과 함께 일제에 강제 징집과 징용을 당했던 사람들과 일제를 피해 해외로 이주했던 수백만 명이 고향으로 돌아오자 사회위험과 혼란은 더욱 가중되었다.

"불운은 결코 혼자 오지 않는다."라는 말처럼 해방은 개항 이래 중층적으로 누적된 사회적 모순을 일순간에 폭발시켰다. 가장 중요한 먹는 문제가 여의치 않았다. 1946년 6월에는 자연재해(홍수)와 전염병(콜레라)까지 겹치면서 기아상태가 절정에 달했다.[160] 배급도 여의치 않았다. 미군정 당국은 최저생활에 필요한 식량의 단지 20%만을 배급했다. 미군정이 "쌀 공산주의자(rice communists)"를 우려할 정도로 심각한 상황이었다.[161] 잘 알려져 있듯이 쌀 배급의 문제는 1946년의 9월 총파업과 10월 항쟁의 직접적 원인이기도 했다. 실제로 〈그림 9.10〉에서 보는 것과 같이 1947년의 1인당 쌀 소비량은 전시물자 충당을 위해 공출이 극심했던 1944년의 0.55석보다 낮은 0.35석을 기록했다. 1910년에 일제가 조선을 강점한 이래 최악의 상황이 벌어진 것이다.[162]

....

160 이혜숙. 『미군정기 지배구조와 한국사회』. p.327.
161 차남희. 『저항과 순응의 역사 정치학: 미군정기 농업 정책과 농민』. p.139.
162 일제강점기 조선인의 1인당 쌀 소비량: 1910년 0.7석, 1929년 0.53석, 1940년 0.72석, 1944년 0.55석.

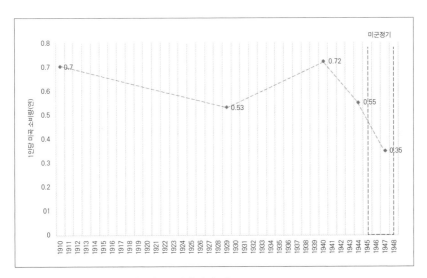

그림 9.10 미군정기의 1인당 연간 미곡 소비량(단위: 석)
출처: 조선은행조사부(1948). 『조선경제연보』. pp.237-238; 신상준: "주한미군정청의 복지정책기조." p.16에서 재인용.

그렇다고 쌀이 부족했던 것은 아니었다. 1945년 남한 지역 미곡 생산량은 1940~1944년의 평균 생산량의 91.8%에 달했다.[163] 전쟁 물자를 조달하기 위한 일제의 강제 공출이 없었다는 점을 고려하면 상황은 일제강점기보다 더 나아 보였다. 당시 언론은 남한에 쌀은 충분히 있지만 시장에 쌀이 공급되지 않는다고 보도했다.[164] 쌀 부족의 중요한 원인 중 하나는 미군정의 잘못된 정책이었다. 미군정의 일반 공고 제1호로 명명된 미곡 자유화 조치는 쌀 가격의 폭등으로 이어졌다.[165] 앞서 〈그림 9.8〉에서 보았던 것과 같이 쌀 가격은 1945년 8월과 비교했을 때 1년 만에 6배나 뛰었다. 미군정의 자유화 조치는 7개월 후에 철회되었지만 쌀 가격은 계속 상승해 1948년 9월에는 1945년 8월보다 무려 15배나 상승했다.

········

조선은행조사부(1948). 『조선경제연보』.
163 조선상공회의소(1950). 『조선경제통계요람(1949)』. p.28; 허은. "미군정의 식량 증산정책과 농촌통제: 비료 수급 문제를 중심으로." p.357에서 재인용.
164 G-2 Weekly Summary 11권. p.225; 이혜숙. 『미군정기 지배구조와 한국사회』. p.320에서 재인용.
165 Cumings. 『한국전쟁의 기원』. p.266.

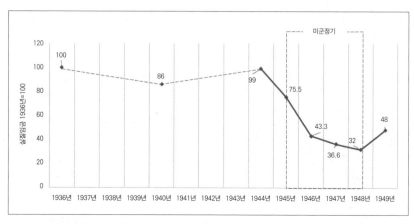

그림 9.11 미군정기의 실질임금의 변화(1936~1949년)

출처: 1936년, 1940년, 1944년, 1949년 수치는 조선은행 조사부(1949). 『경제연감』. p.2; 신상준. "주한미군정청의 복지정책기조." p.9에서 재인용. 1945년 수치는 6월과 12월 수치를 평균한 값이고, 1946년, 1947년, 1948년의 연평균 수치는 조선은행 조사부(1949). 『경제연감』; 조선은행 조사부(1948). 『조선경제연보』 자료를 인용한 남찬섭; 『미군정기 한국 사회복지정책 고찰』. p.23에서 재인용한 것임.

다른 생필품 가격도 엄청나게 올랐다. 특히 직물 가격은 미군정 3년 동안 무려 60배가 상승했다.

　가격이 올라도 사람들의 소득이 높아지면 큰 문제가 되지 않겠지만, 생필품의 가격은 천정부지로 오르는데도 실질임금은 일제강점기보다 더 낮아졌다. 〈그림 9.11〉을 보면 1945년 실질임금은 1936년의 75.5% 수준에서 1946년이 되면 43.3%, 1948년에는 32.0%로 낮아졌다. 실질임금이 일제강점기의 3분의 1 수준으로 낮아진 것이다. 이를 반영하듯이 임금노동자 가구의 살림살이도 몹시 어려워졌다. 〈표 9.6〉을 보면 사업가로 분류되는 가구를 제외하고 전 가구에서 가구소득이 가구지출보다 적었다. 일반 노동자는 말할 것도 없고 전문직에 종사하는 사람들도 자신의 소득으로 가구원이 필요한 지출의 절반도 충족시키지 못했다. 농가의 상황은 조금 나아 보였다. 경작 유형과 관계없이 대부분 농가의 가구소득은 필요 지출의 90% 이상이었다.

　그나마 임금을 받는 직장과 농사 지을 땅이 있거나 빌릴 수 있다면 상황은 나쁘지 않았다. 해방과 함께 찾아온 경제위기로 인해 많은 사람이 직장을 잃었기

표 9.6 남한 노동자 가구 및 농가의 가구지출 대비 가구소득 비율(단위: 원)

	직계가구원 수	월평균 가계소득(A)	월평균 가계지출(B)	지출 대비 소득비율(%)
임금노동자 및 사업가, 1946년				
군정청 직원	6.0	3,330	7,913	42.1
회사원	6.0	3,367	6,849	49.2
노동자	6.0	4,467	6,718	66.5
사업가	7.0	14,360	13,074	109.8
전문직	8.0	5,478	11,111	49.3
소계	6.9	5,140	8,183	62.8
농업종사자(농가), 1947년 4월~1948년 3월				
자작농	n.a	15,155	15,819	95.8
자소작농	n.a	13,496	14,500	93.1
소작농	n.a	11,587	12,175	95.2
소계	(추정치) 5.5*	13,104	13,747	95.3

출처: 임금노동자 및 사업가에 대한 자료는 G-2 Weekly Summary, No. 67, HQ, USAFIK, Seoul, Korea, 27 December 1946; 신상준. "주한미군정청의 복지정책기조." p.21에서 재인용. 농가에 대한 자료는 조선은행 조사부(1949). 『경제연감』; 이혜숙. 『미군정기 지배구조와 한국사회』. p.526에서 재인용.
*1945년 당시 남한의 농가 호수 2,165,477호를 농촌 거주 인구 11,888,855명으로 나누면 대략 가구당 평균 5.5명의 숫자가 추정된다. 다만 농가의 평균 가구원 수가 도시가구원 수보다 적었는지는 의문이다.

때문이다. 조선은행 조사부의 자료에 따르면, 1946년 11월 현재 남한 지역의 실업자는 115만 명에 달했다.[166] 통계로 잡히지 않는 실업자를 포함하면 훨씬 더 많았을 것이다. 실업률에 대한 전국 통계는 없지만 『조선경제연보』를 인용한 논문에 따르면, 서울시의 실업률은 29.9%에 이르고 경기도와 충청도는 각각 23.9%, 21.0%를 기록했다.[167] 하지만 실업률은 당시 유급 일자리가 얼마나 부족했는지를 적절히 보여주지는 못한다. 차남희가 인용한 자료에 따르면, 1946년 8월 말 현재 전체 인구는 19,369,270명이었는데, 이 중 취업 인구는 38.4%인 7,436,729명에 불과했다.[168] 2016년 5월 현재 전체 인구 대비 경제활동인구의 비율이 54.0%

....

166 허원구(1991). "미군정시대의 복지행정에 관한 연구." 대구대학교 행정학과 박사학위논문. p.77.
167 이영환(1989). "미군정기 전재민 구호정책의 성격 연구." 서울대학교 사회복지학과 석사학위논문. p.25.
168 차남희. 『저항과 순응의 역사 정치학: 미군정기 농업 정책과 농민』. p.99.

라는 점을 고려하면 당시에 얼마나 많은 사람이 (정확하게는 통계에 잡히는) 직업 없이 생계를 이어가야 했는지를 보여주고 있다.[169]

이러한 현실은 당시 구호대상자의 규모를 통해 확인할 수 있다. 『조선경제연보』에 따르면, 구호가 필요한 인원은 무려 736만 명에 이르렀다.[170] 이 중 피구호자는 448만 명으로 구호가 필요한 사람의 대략 60.9%가 피구호자로 분류된 것으로 보인다. 구호대상자는 전재민(483만 명)이 가장 많았고, 그다음이 응급구호 대상(161만 명), 공공구호 대상(50만 명), 재해구호 대상(42만 명) 순이었다. 또한 미군 정보 보고서에 따르면, 구호배급을 수령한 인구가 대략 750만 명으로 기록되어 있다. 당시 인구가 1,937만 명 정도였다고 했을 때 전체 인구의 대략 3분의 1 이상이 구호대상이었던 것으로 보인다. 실제로 식량을 배급받는 인구수는 이보다 많아 전체 인구의 절반에 달했다.[171] 1948년 6월에는 식량 배급을 받는 인구수가 무려 949만 명이었다.[172] 일부 전재민은 한국에서의 생활이 어려워지자 다시 일본으로 밀항했다.[173] 기본적인 의식주를 해결하기 어려운 시기였다.

2. 자본주의적 분배체계의 이식

1) 식량 문제: 체제 결정의 결정적 도구

미군정 당시에 가장 심각한 사회적 위험은 식량부족이었다. 미군정의 성패

....

169 2016년 5월 현재 경제활동인구는 27,455,000명이고 추계인구는 50,801,405명이다. http://kosis.kr/, 접근일 2016년 6월 25일.
170 허원구. 『미군정시대의 복지행정에 관한 연구』. p.44; 이영환. 『미군정기 전재민 구호정책의 성격 연구』. p.48; 남찬섭(1993). "미군정기 한국 사회복지정책 고찰." 연세대학교 사회복지학과 석사학위논문. p.24. 이영환의 다른 논문에서는 1947년 현재 월평균 구호자 수가 248,398명으로 전체 요구호자 200만 명의 12.4%였다고 기술하고 있다. 하지만 통계의 부정확성으로 인해 구호대상자의 규모를 정확하게 측정하는 것은 불가능해 보인다. 이영환은 여러 가지 자료를 종합했을 때 대략 200만 명 이상의 대상자가 군정기간 3년 동안 지속적으로 존재했다고 적고 있다. 이영환. "미군정기의 구호정책." p.431, 446.
171 신상준. "주한미군정청의 복지정책기조." p.17.
172 배급은 무상이 아니었다. 일반 배급을 받는 사람은 미군정이 고시한 가격으로 곡물(쌀) 가격을 지불해야 했다. 김점숙. 『미군정과 대한민국 초기(1945-50년) 물자수급정책』. pp.95-96.
173 밀항자는 1948년 9월 기준으로 2만 5천 명에 달했다. 이영환. 『미군정기 전재민 구호정책의 성격 연구』. p.50.

또한 한국인에게 적절한 양의 식량을 제공할 수 있는지의 여부에 달려 있었다. 한국과 같이 식민지에서 해방되어 새롭게 근대국가를 만들어가야 하는 경우, 식량을 통제하는 집단은 향후 근대국가의 성격, 즉 어떤 방식으로 자원을 배분할지를 결정할 수 있는 매우 유리한 위치에 올라설 수 있었다. 찰스 틸리(Charles Tilly)와 시드니 태로우(Sidney Tarrow)도 식량을 배분하고 통제하는 권력의 성격은 근대국가의 성격을 결정하는 일과 매우 밀접한 관련이 있다고 했다.[174] 그러므로 미군정이 식량에 대한 통제권을 갖는다는 것은 경찰, 군대 등 억압기구에 버금가는, 아니 그 이상의 권력을 갖게 된다는 것을 의미했다. 하지만 식량정책이 이러한 중요성을 갖는다는 것이 곧 미군정이 남한의 식량 공급을 통제한다는 것을 의미하지는 않는다. 식량정책은 남한에서 미국에 반대하는 세력을 제거하고 미국에 우호적인 세력을 중심으로 남한질서를 재편하는 도구로서 중요한 것이지, 식량정책이 곧 식량 통제를 의미하는 것은 아니었다. 이는 미군정의 초기 식량정책에서 분명히 드러난다.

미군정은 미군이 남한에 진주하기 이전에 일제와 인민위원회(인민공화국)에 의해 통제되던 식량배급제를 폐기하고 식량에 대한 자유화 조치를 취했다. 미군정은 1945년 10월 5일 미곡 자유시장에 관한 일반고시 1호를 발표해 인민위원회를 중심으로 운영되던 식량대책위원회의 기능을 중지시키고 배급제를 폐지해 미곡 판매 자유화정책을 시행했다. 일견 미곡 자유화정책은 미곡의 수요와 공급을 군정 당국이 아닌 시장에 맡겨 식량의 흐름에 대한 군정 당국의 통제권을 포기하는 것처럼 보인다. 그러나 미군정이 미곡 자유화를 통해 의도했던 바는 크게 세 가지였던 것으로 추정된다. 첫째, 미곡 통제정책은 일제의 대표적인 유산인데, 일제를 패퇴시킨 미국이 일제와 유사한 정책을 펴는 것은 바람직하지 않다고 판단했을 수 있다. 뭔가 미국의 체제가 일제보다 더 우월하다는 것을 보여주고 싶었

....

174 Tilly, C.(1975). "Food Supply and Public Order in Modern Europe." Tilly, C. ed. *The Formation of National States in Western Europe.* pp.380-455. Princeton, NJ: Princeton University Press. p.393; Tarrow, S.(1994). *Power in Movement: Social Movements and Contentious Politics,* 3rd ed. New York, NY: Cambridge University Press. pp.82-83.

을 것이다. 그래서 자본주의 경제를 표방하는 미국으로서는 일제의 통제정책을 유지할 수 없었다.[175]

둘째, 미군이 진주하기 전 식량 통제는 좌파에 의해 시행되고 있었기 때문에 미군정이 계속 식량통제정책을 실시하게 되면 좌파의 정책을 지지하거나 따른다는 인상을 줄 수 있다고 우려했던 것 같다. 마지막으로 미군정은 군정의 정치적 기반이었던 지주를 중심으로 한 유산계급의 이해를 대변하고자 했던 것으로 보인다. 하지 사령관의 경제고문이었던 번스는 미군정이 미곡 자유화정책을 실시한 것은 한국인 고문의 조언 때문이었다고 했다. 즉, 지주계급이 중심이 된 한민당의 이해가 반영된 정책이라고 볼 수 있다. 실제로 미군정의 미곡 자유화정책은 지주에게 커다란 이익을 안겨주었다.[176] 더욱이 식량은 충분하다는 일본인 관리들의 발언은 미군정이 미곡 자유화를 할 수 있는 물적 근거가 되었을 것이다. 만약 쌀이 충분하다면 미곡 자유화를 통해 시장에 쌀 공급이 늘어나 쌀 가격이 낮아지면 식량 문제가 자연스럽게 해결될 수 있다고 판단했을 수 있다.

하지만 미군정의 예상과 달리 미곡 자유화정책을 편 지 얼마 후부터 쌀 가격이 폭등하기 시작했다(그림 9.6 참고). 1945년 말이 되면서 쌀 가격이 조금씩 오르기 시작했고, 춘궁기가 시작되는 1946년 3월이 다가오자 쌀 가격은 폭등하기 시작했다. 미군정이 식량 통제정책을 다시 실행하기까지 쌀 가격은 거의 6배나 치솟았다. 급기야 물가상승으로 인한 식량부족 문제가 사회적 불안을 야기하자 미군정은 다시 일제의 공출제도와 이를 수행하기 위한 일제의 식민지기관도 부활시켰다. 미군정은 이제 식량 통제를 통해 좌파는 물론 우파까지 통제하고자 했다. 주한미군 사령관인 하지는 "한국에서는 무기와 식량배급 카드만 쥐고 있으면 모든 것을 통제할 수 있다."고 이야기했고, 미국의 전쟁부 장관 로버트 패터슨(Robert Patterson)은 군정의 가장 중요한 업무는 점령국에 대한 식량정책이라고 했다.[177] 더욱이 식량부족 문제를 해결하기 위해 미군정은 미국의 잉여곡물을 수

....

175   차남희. 『저항과 순응의 역사 정치학: 미군정기 농업 정책과 농민』. p.102
176   이혜숙. 『미군정기 지배구조와 한국사회』. pp.316-317.
177   이혜숙. 『미군정기 지배구조와 한국사회』. p.340.

입해 비농가가구에 필요한 식량의 30%를 충당했다.[178] 미군정은 식량을 사회통제와 반대세력을 탄압하는 수단으로 사용했다.

미군정은 식량 공출 과정에서 남한의 말단 지역까지 행정력을 구축했다. 1946년부터 시작된 공출제도는 일제가 조선인을 통제하기 위해 사용한 '주민등록제, 개인별 통장제, 식량 사찰대, 집단 상호감시체제'를 복원시켰다.[179] 결국 미군정이 남한 단독정부를 수립하기 위해 실행한 5·10선거는 식량통제정책을 매개로 지역 말단까지 군정의 행정력을 복원했기에 가능한 일이었다. 미군정은 해방 당시 남한 사회에서 가장 중요했던 식량을 통제해 남한을 자본주의 세계체제의 일원이자 반공국가로 만들기 위한 유리한 조건을 만들었던 것이다. 정치적 측면에서의 대역전은 이런 분배정책으로서 식량 통제 정책을 배제하고는 상상할 수 없다.

2) 토지개혁: 토지의 사유화와 농민의 보수화

미군정 당시에 한국이 농업사회였다는 점을 고려하면 토지개혁은 당시 한국 복지체제를 근본적으로 바꾸는 혁명이었다. 특히 전체 농가의 69.9%가 순소작농이고 자작농의 비율이 13.8%에 불과한 상황에서 토지개혁은 대부분의 남한 농민에게 가장 절실한 문제였다.[180] 토지개혁을 둘러싼 논쟁은 "무상몰수와 무상분배" 대 "유상몰수와 유상분배"라는 입장을 둘러싸고 벌어졌다. 하지만 이 글의 핵심 관심사는 정치·사회세력의 이념적 지향에 따라 어떤 토지개혁정책을 추구했는지가 아니라 토지개혁을 통해 토지라는 생산수단을 농민에게 분배한 것이 한국 복지체제의 형성과 어떤 관련이 있는지를 규명하는 것이다.[181] 다만 개략적

----

178 이혜숙.『미군정기 지배구조와 한국사회』. p.172.

179 김영미(2000). "해방직후 정회를 통해 본 도시 기층사회의 변화."『역사와 현실』 35: 37-75. p.74.

180 황한식(1985). "미군정하 농업과 토지개혁정책." 강만길 외 편.『해방전후사의 인식 2』. pp.284-329. 서울: 한길사. p.297.

181 토지개혁과 관련된 논쟁들은 기존에 출간된 수많은 문헌들에 나와 있다. 그중 대표적인 논문을 소개하면 다음과 같다. 유인호(2004). "해방 후 농지개혁의 전개 과정과 성격." 송건호 외 편.『해방전후사의 인식 1』. pp.447-540. 서울: 한길사; 황한식. "미군정하 농업과 토지개혁정책."; 장상환(1985). "농지개혁과정에 관한 실증연구." 강만길 외 편.『해방전후사의 인식 2』. pp.330-401. 서울: 한길사.

표 9.7 좌 · 우파의 토지개혁정책

	민족주의 민족전선(좌파)	시국대책협의회 (중도좌파)	입법의원 (중도우파)	임협 (우파)
토지개혁방법	무상몰수 무상분배	유조건 몰수 체감매상 무상분배	소작인에게 유상배분	유상매상 유상분배
토지소유제도	5정보 상한 소작 토지 소유 금지	3정보 상한 사유제	3정보 상한 사유제	5정보 상한 사유제
토지처분권	자유처분 금지	국가 보유	국가 보유	제한 처분권
소작문제	소작제 폐지		소작제 점진적 폐지	종래의 소작제 폐지

출처: 새한신보사 편(1947). 『임시정부 수립 대강: 미소공위 자문안 답신집』; 김석준(1996). 『미군정 시대의 국가와 행정』. 서울: 이화여자대학교 출판부. p.381에서 재인용.

인 이해를 위해 좌·우파의 토지개혁정책에 대해 간단히 개략했다. 〈표 9.7〉은 토지개혁에 관한 좌·우파의 정책을 정리한 것으로, 미군정이 미소공위를 앞두고 제 정파로부터 토지개혁에 대한 의견을 받아 정리한 것이다. 당시 토지개혁에 대한 좌·우의 공식 입장이라고 할 수 있다.

쟁점은 크게 두 가지였다. 먼저 좌·우의 가장 큰 차이는 토지 몰수와 분배 방식에 있었다. 좌파는 대체로 무상몰수·무상분배를 지지했지만 우파는 유상매상·유상분배를 주장했다.[182] 미군정은 토지개혁으로 사유재산제가 침해받지 않게 하려고 농민들이 적절한 가격을 지불하고 토지를 매입하는 방식을 택했다. 이를 통해 농민들의 토지개혁에 대한 요구를 수용하는 동시에 토지개혁이 한국 사회의 자본주의화에 장애가 되지 않도록 한 것이다. 다른 하나는 토지의 처분권과 관련된 것인데, 좌파는 농민들의 토지처분권을 인정하지 않았던 반면 우파는 제한적이지만 토지처분권을 인정했다. 사유재산권이라는 관점에서 보면 토지 소유주의 자유로운 처분권이 보장되어야 했지만 개혁의 효과를 지속시키기 위해서는 재산권을 제한할 필요가 있었다. 이처럼 미군정은 사유재산권을 보장하는 방식으로 토지개혁을 추진했다. 하지만 우파는 기본적으로 토지개혁을 하는 것 자체

....

182 사실 우파는 토지개혁 자체를 반대했다.

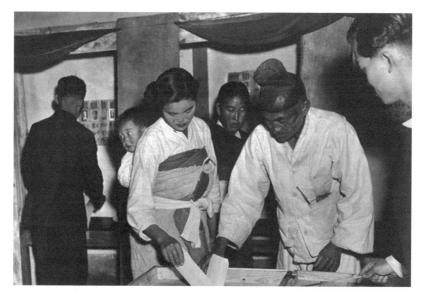

1948년 5월 제헌의회 선거 당시 투표하는 시민들의 모습. 동시에 보통선거권을 부여받은 남성 노인과 아이를 업은 여성이 함께 투표하는 것이 이채롭다(자료: 행정자치부, 국가기록원 이달의 기록).

를 반대했다.

미군정이 한민당으로 대표되는 남한의 보수세력의 반대에도 불구하고 미군정에 귀속된 일본인 농지를 농민들에게 유상으로 분배한 가장 중요한 이유는 5·10선거를 앞두고 좌파의 영향력을 최소화시킬 필요가 있었기 때문이다.[183] 농지개혁으로 농민들이 자신의 농토를 갖게 되면 더 이상 체제에 반대하는 세력이 아니라 체제를 옹호하는 세력이 될 것으로 판단했기 때문이다. 즉, 미군정은 농지개혁을 통해 지배계급과 농민 간의 연합을 성사시켜 체제 변혁을 꿈꾸는 좌파를 고립시키고 남한을 반공주의와 자본주의에 충실한 국가로 만들고자 했다. 해방 당시 남한 인구의 77%가 농업에 종사하고 있었다는 점을 고려하면 미군정과 농민 간의 연대 여부는 남한 체제의 성격을 미군정의 의도대로 구축할 수 있는지 여부를 결정하는 가장 중요한 정치적 요인이었다. 분배체계의 변화를 통해 정치

········
183 차남희. 『저항과 순응의 역사 정치학: 미군정기 농업 정책과 농민』. p.190.

경제체제의 변화를 도모한 것이다.

미군정의 의도는 성공했다. 토지개혁 이후 시행된 5·10선거는 많은 문제가 있었지만 미군정의 관점에서 보면 성공적이었다. 투표에는 당시 남한 지역의 선거인 총수의 무려 95.5%가 참여했다. 토지개혁을 통해 자영농이 된(될 수 있다고 생각한) 농민들은 이제 체제변혁세력이 아니라 체제수호세력이 되었다.[184] 농민들의 토지 소유에 대한 열망과 비교하면 단정 수립에 반대하는 세력들의 선동은 무기력했고, 입후보자들은 다투어 토지개혁을 선거공약으로 내걸었다.[185] 토지개혁은 1894년의 갑오농민전쟁과 3·1독립운동으로 이어지는 농민적 토지 소유라는 농민들의 오래된 숙원을 실현하는 것이었다. 역사적 아이러니는 농민의 숙원이 이루어지는 것이 반민중적인 보수적 권위주의 체제를 강화하는 물적 토대가 되었다는 점이다. 물론 미군정의 토지개혁의 규모는 남한 전체로 보면 일부에 지나지 않았다. 신한공사가 관리하는 농지는 남한 전체 경지면적의 13.4%에 불과했다.[186] 하지만 미군정의 토지개혁은 새로 수립될 정부에서도 토지개혁이 불가역적인 개혁과제라는 사실을 확정했다. 실제로 이승만 정권에서 이루어진 토지개혁은 미군정기에 이루어진 토지개혁의 틀을 벗어나지 않았다. 미군정의 토지개혁이 갖는 또 하나의 중요한 의미는 토지개혁을 통해 남한의 전통적 지배세력인 지주계급이 몰락하고 새로운 지배계급이 들어설 수 있는 공간을 열었다는 점이다.

3) 체제 선택과 복지체제: 귀속재산 처리와 자본주의 분배체계의 토대

분배체계를 한 사회의 자원을 어떤 방식으로 분배할 것인가에 대한 정치적·사회적 결정의 산물이라고 이해한다면, 앞서 언급한 토지개혁은 농업생산물의 분배 방식을 결정한 것이고 귀속재산(적산)의[187] 처리는 공업생산의 분배 방식

....

184 이혜숙. 『미군정기 지배구조와 한국사회』. p.314.
185 신병식. "분단정부의 수립." p.277.
186 황한식. "미군정하 농업과 토지개혁정책." p.308.
187 김기원의 정의에 따르면, 적산(귀속재산)은 통상적으로 1876년의 개항 이래 일제와 일본인이 한반도

을 결정한 것이라고 할 수 있다. 더욱이 해방된 한국 사회의 가장 중요한 과제 중 하나가 근대 산업국가를 만들어가는 것이었다는 점을 고려하면, 공업생산시설의 처리는 향후 한국 복지체제의 특성을 결정하는 중요한 요인이었다. 생산수단을 누가 얼마나 소유할 것인가의 문제는 그 생산수단에 의해 생산된 생산물과 잉여를 누가 얼마만큼 분배받을 것인가를 결정하는 기준이라는 점에서 복지체제의 성격을 결정하는 핵심 문제이다. 여기서는 귀속재산의 처리 문제를 중심으로 (경제)체제 선택과 그에 따른 복지체제의 문제를 검토했다.

미군정기 한국 경제를 둘러싼 핵심 쟁점은 한국이 어떤 경제체제를 선택하고 만들어갈 것인가의 문제였다. 미국은 한국이 미국이 주도하는 자본주의 세계체계의 일부로 편입되기를 원했지만, 당시 한국(남한)은 두 가지 측면에서 비자본주의의 길로 가기에 매우 유리한 조건을 갖고 있었다. 먼저 해방 후 남한 전체 산업시설 중 적산의 비중이 상당히 높았다는 점에 주목할 필요가 있다. 남한 내 전체 공장의 29.0%, 고용된 노동자의 55.4%, 공업생산액의 대략 3분의 1을 적산이 차지하고 있었다.[188] 공장의 공칭(公稱)자본을[189] 기준으로 보면 적산의 규모는 더욱 절대적이다. 조선은행 조사부가 발간한 『조선경제연보』에 따르면, 1945년 말 현재 조선 내 총 공칭자본 17억 2,500만 원 중 일본인 소유는 무려 94%(16억 2,300만 원)에 달했다.[190] 대부분의 대기업과 기간산업이 적산이었다는 점을 고려하면 해방 후 분배체계의 성격은 전적으로 적산의 처리에 따라 결정되었다고 할 수도 있다. 〈표 9.8〉에서 보는 것처럼 당시의 지배적인 여론은 적산 대기업과 기간산업을 국유화해야 한다는 것이었다. 경제운영 방식에서도 자유경제를 지지하는 집단은 없었다. 미군정의 경제고문인 번스도 한국은 순수한 자본주의도 사회

....

에서 축적한 재산으로 공공재산과 사유재산으로 구성된다. 김기원. 『미군정기의 경제구조』. p.19.

188 김기원. 『미군정기의 경제구조』. p.32; 이혜숙. 『미군정기 지배구조와 한국사회』. p.200.

189 공칭자본이란 "은행, 회사 등이 정관에 기재, 등기한 자본의 총액"을 말한다. 실제로 불입된 자본과 아직 불입되지 않은 자본 모두를 합산한 금액이다. 출처: Daum 한국어사전. http://dic.daum.net/index.do?dic=kor; NAVER 한국어 사전. http://krdic.naver.com/

190 신상준. "주한미군정청의 복지정책기조." p.7.

표 9.8 정치이념의 지향에 따른 귀속재산(적산) 처리에 대한 입장

	귀속재산 처리	경제운영 방식
우파: (한민당, 임협)	대기업: 공유 또는 국유화 중기업: 국방산업 외 사유화 소기업: 사유사영 중앙은행: 공유(共有), 공유(公有) 일반은행: 사유	통제경제
중도우파 (입법의원)	대기업: 공유 또는 국유화 중기업: 국방산업 외 사유화 소기업: 사유화 중앙은행: 일반은행:	계획경제
중도좌파 (시국대책협의회)	대기업: 국유화 중기업: 관민합동 소기업: 사유화 중앙은행: 국영 일반은행: 사유사영	계획경제
좌파: (남조선노동당, 민전)	대기업: 국유화 중기업: 국유 또는 공유 소기업: 사유 또는 공유 중앙은행: 국영 일반은행: 국영	계획경제

출처: 손호철. "한국전쟁과 이데올로기지형: 국가, 지배연합, 이데올로기." p.10; 이혜숙. 『미군정기 지배구조와 한국사회』. p.233.

주의도 아닌 혼합경제가 적절하다고 주장했다.[191] 심지어 지주와 자본의 이익을 대변했던 극우정당인 한민당조차도 기간산업의 국유화와 혼합경제(통제경제)를 지지했다.[192] 국유화와 혼합경제가 대세였다.

해방된 조선이 비자본주의의 길로 갈 가능성이 높았던 두 번째 이유는 당시 조선인이 원한 체제가 자본주의가 아니었다는 사실이다. 제3절에서 권력관계를 검토하면서 언급했듯이 당시 조선인(남한인)들이 원한 체제는 사회주의였다.

....

191 이혜숙. 『미군정기 지배구조와 한국사회』. p.288.
192 한민당은 대기업은 물론 중기업의 경우에도 국방산업은 국유화해야 한다고 주장했다. 손호철(1991).
     "한국전쟁과 이데올로기지형: 국가, 지배연합, 이데올로기." 손호철·이삼성·김대환 외. 『한국전쟁과
     남북한사회의 구조적 변화』. pp.1-27. 창원: 경남대학교 극동문제연구소. p.10.

당시만 해도 조선인에게 자본주의는 일제와 동일시되었다. 에드윈 폴리(Edwin Pauley) 대사[193]가 트루먼 대통령에게 보낸 1946년 6월 22일자 서한은 당시 남한의 상황을 미국의 관점에서 잘 설명하고 있다. 폴리는 한국이 작은 나라이지만 아시아에서 미국의 성공 전체가 달려 있을지도 모를 이데올로기의 전쟁터라고 언급하면서 다음과 같이 적고 있다.[194]

"한국에서 공산주의는 실제 세계 어느 곳에서보다도 양호한 출발을 할 수 있었습니다. 일본인들은 철도, 동력 및 화력을 포함한 모든 공익사업을, 그리고 모든 주요 사업시설 및 천연자원을 소유하고 있었습니다. 그러므로 만일 '인민위원회(공산당)'가 갑자기 이들을 소유하게 되었음을 알게 된다면, 그들은 어떠한 종류의 투쟁도 없이, 혹은 이를 발전시키는 데 어떠한 노력도 없이 이를 획득하게 될 것입니다. 이것이 바로 민주주의적(자본주의적) 정부의 구성이 보장되기 전까지는, 한국에 위치하고 있는 일본의 해외 재산에 대한 미국의 소유권 혹은 청구권을 미국이 결코 포기해서는 안 되는 이유들 중 하나인 것입니다."

미군정의 역할은 이처럼 커다란 악조건(?)을 뚫고 미국의 이해를 대변할 수 있는 자본주의 체제를 한국(남한)에 구축하는 것이었다. 해방된 조선(남한)에 자본주의 체제를 구축하기 위해서는 사유재산제도를 정착시키고 자본가를 양성하며 자본주의 체제에 반대하고 도전하는 정치세력을 무력화시키는 것이 필요했다. 실제로 미군이 남한을 점령한 이후에 행한 중요한 정책들은 모두 남한의 자본주의화를 위해 맞추어졌다. 핵심은 귀속재산(적산)의 처리였다. 당시 조선인들은 일제가 남겨놓은 적산은 일제가 조선인을 착취한 것으로 만들어졌다

....

193 에드윈 폴리의 공식 직책은 미국측 (대사급) 배상조사위원(the Allied Reparations Committee)이었다. 서울신문(1946). "미국무성, 배상조사위원 포레 보고서 중 건의 내용 발표." 11월 19일자. 출처: 국사편찬위원회, 한국사 데이터베이스. 자료대한민국사 제3권, 1946년 11월 18일, 미국무성, 배상조사위원 포레 보고서 중 건의 내용 발표. http://db.history.go.kr, 접근일 2016년 6월 24일.

194 이혜숙.『미군정기 지배구조와 한국사회』. p.237.

고 생각했기 때문에 일제가 패망하고 해방된 상황에서 적산은 당연히 조선인의 것이라고 생각했다. 하지만 국제적으로 적산 처리는 그렇게 간단한 문제가 아니었다.

헤이그 조약으로 알려진 전시국제법 제55조에 따르면, 점령군은 점령지역의 재산에 대한 관리권과 사용권만을 가질 뿐 소유권은 갖지 않았다.[195] 더욱이 헤이그 조약 제43조에서는 점령지역은 점령군의 영토가 아니라고 했으며 점령지역의 주권 정부를 인정하고 있었다. 문제는 한국이 일본의 식민지였던 관계로 미군정이 한국에는 국제관례상 받아들여지는 주권 정부가 없다고 생각했다는 점이다. 미군정이 인민공화국을 부정한 것은 인민공화국을 점령지역의 주권 정부로 인정하지 않았다는 것을 의미한다. 미군이 인민공화국을 부정했기 때문에 조선에는 국제법에 부합하는 주권 정부가 없었다. 더욱이 적국이 식민지 인민을 착취해서 형성한 재산의 처결에 대한 국제적인 관례도 없는 상태여서, 미군정은 일본인의 사적소유권을 존중한다는 초기 원칙을 폐기하고 일제의 적산과 일본인의 사유재산을 모두 미군정의 관리하에 두기로 결정한 것이다. 미군정의 이러한 결정은 "근대 부르주아적 관계로서의 국제법적 질서를 파기한 가히 초법적인 조치"였다고 볼 수도 있다.[196] 이제 미군정이 일제의 적산과 일본인의 사유재산권을 인정하지 않고 접수한 귀속재산(적산)의 처리 방식은 향후 한국 분배체계의 기본 성격을 결정하는 결정적 요인이 되었다.

해방 직후에 적산 산업시설에 대한 노동자의 아래로부터의 자주 관리를 인정하지 않고 탄압한 것도 노동자의 자주 관리가 한국의 비자본주의화의 물적 토대가 될 수 있다고 판단했기 때문이다. 미군정은 노동자의 자주 관리가 인민공화국과 인민위원회로 대표되는 좌파의 물적 토대가 될 수 있다고 우려했다.[197] 실제로 해방으로 일본인의 소유권이 부정되는 상황에서 노동자는 스스로 소유와 관리의 주체가 되고자 했다. 노동자는 자신들이 원하는 새 세상을 열기

....

195 김기원. 『미군정기의 경제구조』. p.50.
196 김기원. 『미군정기의 경제구조』. p.66.
197 조순경·이숙진. 『냉전체제와 생산의 정치: 미군정기의 노동정책과 노동운동』. p.106.

위해 필요한 물적 토대를 노동자의 자주 관리를 통해 확보하고자 했다.[198] 하지만 국가권력을 장악한 미군정이 목적의식적으로 남한 사회에 자본주의 질서를 이식하려고 하는 한 노동자의 자주 관리가 성공할 가능성은 매우 낮았다.[199] 미군정은 적산을 민간에 불하해 사유재산제를 확립하는 동시에 자본가계급을 새롭게 창출하기를 원했다.[200] 미군정은 귀속재산의 관리와 불하를 통해 자본가계급을 창출했고 이들과 밀접한 관계를 형성했다.[201] 미군정에 의해 위로부터 자본주의적 관계가 이식된 것이다. 미군정은 한국 정부가 수립되기 전까지 귀속재산의 불하를 반대하는 한국 내 여론에 반해 귀속재산 불하를 감행했다.[202] 이로써 미군정은 남한 사회에서 사적소유에 기초한 자본주의적 관계를 돌이킬 수 없는 현실로 만들어버렸다.

미군정이 추진한 토지개혁도 지주를 자본가계급으로 전환하기 위한 것이었다.[203] 그러나 미군정의 기대와 달리 남한의 지주는 자본가로 변신하지 못했다. 농지개혁, 식량 통제정책(공출정책), 소작료의 상한을 설정한 3·1제 등으로 인해 지주계급은 몰락하고 신흥자본가계급이 새로운 지배층으로 등장했다.[204] 토지자본이 산업자본으로 전환된 것이 아니라 국가로부터 자본가계급이 새롭게 창출된 것이다. 이러한 사실은 한국의 자본가계급이 조선시대 말과 일제강점기를 거치면서 토지자본이 산업자본으로 전환되는 과정에서 형성되었다는 주장과 배치된다. 커밍스는 1920년대에 형성된 한국 기업가들이 해방 이후에도 자본가로서 중요한 역할을 담당했다고 평가했다.[205] 에커트(Eckert)도 일제강점기의 자본가계

....

198 이혜숙. 『미군정기 지배구조와 한국사회』. p.475.
199 김기원. 『미군정기의 경제구조』. p.113.
200 조순경·이숙진. 『냉전체제와 생산의 정치: 미군정기의 노동정책과 노동운동』. p.105.
201 Cumings. 『한국전쟁의 기원』. p.263.
202 실제로 지주계급의 정당인 한민당을 제외한 모든 정치세력과 단체는 미군정의 적산 처리에 반대했다. 그리고 한민당은 토지에 관심이 있었을 뿐 적산에 대해서는 특별한 관심이 없었다. 김기원. 『미군정기의 경제구조』. p.168; 이혜숙. 『미군정기 지배구조와 한국사회』. p.247, 290.
203 이혜숙. 『미군정기 지배구조와 한국사회』. pp.288-289.
204 이혜숙. 『미군정기 지배구조와 한국사회』. pp.520-523, p.527.
205 Cumings. 『한국전쟁의 기원』. p.49.

급은 조선 시대 말의 토지자본에 그 기원을 두고 있다고 했다.[206] 하지만 미군정 3
년 동안 새롭게 형성된 한국 자본가계급은 조선 시대 말과 일제강점기를 거치면
서 성장한 구자본가계급과의 연속성보다는 단절성이 더 커 보였다.

일제강점기의 자본가계급이 미군정 이후에 재벌로 성장한 경우는 거의 없었
다.[207] 박흥식(화신백화점), 김연수(경성방직) 등 식민지 조선의 대부호들은 해방
후 유력 재벌로 성장하지 못했다. 1980년대의 50대 재벌 중 창업주가 일제강점
기에 순수 지주였던 경우는 단 한 사례도 없었다.[208] 한국의 주요한 자본가계급은
미군정의 귀속재산 불하와 같은 국가권력의 적극적인 자본가 육성정책을 통해
새롭게 성장했다. 2015년 7월 시가 총액 기준으로 상위 10대 재벌에 포함된 기업
들을 보면 롯데와 포스코를 제외한 나머지 8개 기업(삼성, 현대자동차, SK, LG, 한
화, GS, 현대중공업, 한진)은 모두 미군정 기간 동안 주력산업을 형성한 기업들이
다.[209] 귀속재산 불하가 가장 결정적 역할을 했다. 더불어 미군정은 귀속재산 불
하만이 아닌 4억 달러에 달하는 당시로서는 엄청난 규모의 원조와 미군정이 통
제하는 무역 등을 통해 한국에서 사적소유에 기초한 자본주의 관계를 공고히 했
다. 이처럼 미군정기는 관료에 종속된 자본가계급이라는 1960년대 개발국가의
중요한 특성이 만들어지는 출발점이었다.

3. 전근대적 구호 중심의 복지정책

생산물의 분배에 관한 규칙을 결정한 토지개혁과 적산불하가 한국에서 자본
주의 분배체계를 형성하는 출발점이었다면, 제도로서의 복지정책은 여전히 전근
대적인 구호의 성격을 벗어나지 못했다. 사회지출 수준은 여전히 낮았으며, 복지

....

206 Eckert. 『제국의 후예』. pp.43-44.
207 김기원. 『미군정기의 경제구조』. pp.232-233.
208 김기원. 『미군정기의 경제구조』. pp.232-233.
209 김기원이 제시한 자료를 토대로 2014년 30대 재벌 순위와 비교해 작성한 것이다. MK증권(2015).
     "10대 그룹 시가총액 어떻게 변했나… 한화·GS 약진." 7월 16일자. http://vip.mk.co.kr/news/
     2015/682968.html, 접근일 2016년 6월 24일; 김기원. 『미군정기의 경제구조』. pp.230-233.

제도 또한 일제강점기의 유산에서 크게 벗어나지 못했다.

1) 사회지출 수준과 재원

미군정 당시 남한의 국내총생산을 정확히 집계한 자료가 없어 군정 당국이 집행한 사회지출의 규모를 가늠하기는 쉽지 않다. 다만 당시의 총 국민소득과 미군정의 보건후생부의 예산, 미군정이 정부 예산 외에 대민구제에 사용한 원조 규모 등을 추정해 총 국민소득 대비 사회지출 규모를 추정할 수 있다. 총 국민소득 대비 보건후생부 예산의 비율은 1947년과 1948년에 대략 0.17%와 0.13%였다. 이는 일제강점기와 비교해보아도 낮은 수준이다. 〈그림 9.12〉에서 보는 것과 같이 1939년의 국내총생산 대비 사회지출은 1.27%였고 1930년대 내내 0.5% 수준을 유지했다. 하지만 일제강점기의 사회지출 수준이 미군정기보다 높았다고 결

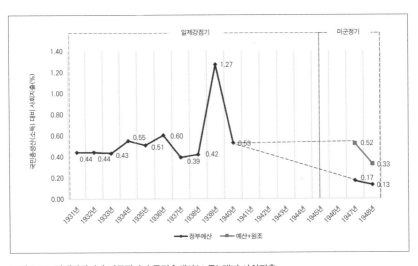

그림 9.12 일제강점기와 미군정기의 국민총생산(소득) 대비 사회지출
출처: 1947년과 1948년의 총 국민소득은 신상준. "주한미군정청의 복지정책기조." p.11에서 인용한 수치이고, 보건후생부 예산은 허완구. 『미군정시대의 복지행정에 관한 연구』. p.114에서 인용한 수치이다. 달러로 표시된 원조 금액은 미군정이 1945년 10월에 발표한 공정환율 $1=15원을 기준으로 계산한 것이다. 조순경·이숙진. 『냉전체제와 생산의 정치: 미군정기의 노동정책과 노동운동』. p.12. 미군정의 GARIOA 원조 중 사회복지에 투입된 예산 규모는 신상준이 추정한 자료에 근거해서 산출했다. 신상준. "주한미군정청의 복지정책기조." p.30. 1931년부터 1940년까지의 국내총생산 대비 사회지출 비율은 윤홍식. "일제강점기 한국 분배체계의 특성, 1910-1945: 자본주의 분배체계로의 이행의 시작." p.42에서 인용한 것이다. 이를 종합해서 미군정 기간의 총 국민소득 대비 사회지출 비율을 추정했다.

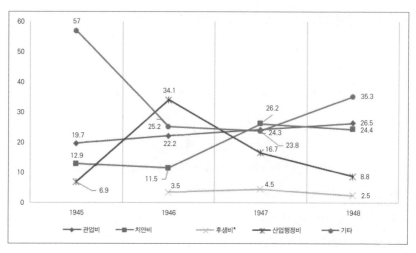

그림 9.13 미군정기의 세출 구조(1945~1948년)

출처: 조선은행 조사부(1949). 『경제연감』. p.131; 차남희. 『저항과 순응의 역사 정치학: 미군정기 농업정책과 농민』. p.151에 재
인용된 자료를 그림으로 전환한 것임.

*후생비는 이혜숙이 인용한 한국산업은행조사부 자료를 이용했다. 후생비는 문교후생비에서 후생비만 분리한 것이다. 이혜숙. 『미
군정기 지배구조와 한국사회』. p.158.

론을 내리는 것은 문제가 있다. 지출 내용을 보면 일제강점기에 사회지출은 일반
시민에 대한 복지지출이 아니라 군인과 그 유족들에 대한 지출이 대부분이었기
때문이다. 또한 미군정의 예산에 포함되지 않는 원조 금액을 사회지출 예산에 포
함할 경우 사회지출의 비율은 1947년과 1948년에 각각 0.52%와 0.33%로 높아
진다. 일제강점기 통계자료를 분석할 때 항상 드러나는 문제이지만, 1941년부터
1945년 패망 직전까지의 통계가 없다는 점도 일제강점기의 복지지출 수준을 평
가하기 어려운 이유이다. 일제는 태평양전쟁의 막바지에 들어서면서 이용 가능
한 모든 자원을 전쟁에 동원해야 할 정도로 궁지에 몰렸다.

　미군정 예산 중 보건후생부 예산이 전체 예산에서 차지하는 비중은 매우 낮
았다. 〈그림 9.13〉에서 보는 것과 같이 보건후생부 예산 비중이 가장 높았던 1947
년에도 보건후생부의 예산은 전체 예산의 4.5%에 불과했다. 반면 치안 유지를
위한 예산은 전체 예산의 26.2%였다. 군정청의 공식 예산 이외에 사회복지를 위
해 쓰인 재원은 '피점령지역 원조 및 구제를 위한 정부예산(Government Aid and

Relief in Occupied Areas, GARIOA)'이다. 미군정 3년 동안의 지원액은 총 4억 1천 달러에 달했다.[210] 이 중 점령지역 주민의 식료품, 의료품, 피복, 직물 등을 지원하기 위해 사용된 재원은 2억 2천만 달러로 GARIOA 총 예산의 절반이 조금 넘는 53.7%에 달했다. 미군정이 공표한 공식 환율($1=15원)로[211] 계산하면 33억 원에 해당하는 것으로, 미군정 3년 동안의 보건후생부 예산보다 더 큰 규모이다. 이는 미군정기 동안 남한 사회의 복지 요구를 충족시키기 위해 사용된 재원이 정부 예산이 아닌 미국의 '피점령지역 원조 및 구제' 기금이었다는 것을 이야기해 준다. 이런 복지재원 구조는 일제가 조선 지역 내 복지재원으로 총독부의 공식 예산 대신 임시적이고 한시적인 은사금을 이용한 것과 유사하다고 할 수 있다. 여하튼 미국의 경제원조가 당시 한국의 굶주림과 빈곤 문제를 완화하는 데 일정한 역할을 했다는 점은 부인할 수 없다.[212]

일부에서는 GARIOA가 주로 식량, 의류 등 소비재에 집중돼 남한의 산업발전에 기여하지 못했다고 비판하지만, 이는 GARIOA의 목적을 정확하게 이해하지 못한 평가인 듯하다. 미군정이 한국에 대한 중장기 산업계획을 수립하지 않고 실효성 있는 정책을 펴지 못한 것은 비판받아 마땅하다. 그러나 GARIOA 원조는 점령지역 내의 자원을 보조하거나 점령군에 위협 또는 군사작전에 방해가 되는 질병과 정치 불안을 방지하고, 최소한의 식량, 연료, 의약품, 위생품 등 미군정이 수입해야 할 보급품의 지역 내 생산을 가능하게 하는 필수품을 구매(또는 생산)하는 것으로 사용 용도가 제한되어 있었다.[213] 제네바 규정 또한 점령군의 구제 범위를 전시 점령지역 주민의 기근, 질병을 막기 위한 용도로 제한하고 있었다.

2) 구호정책

해방 이후에 한국 사회가 직면한 사회위험에 대한 미군정의 대응 방침은 제

········

210 신상준, "주한미군정청의 복지정책기조." p.30.
211 조순경·이숙진, 『냉전체제와 생산의 정치: 미군정기의 노동정책과 노동운동』. p.12.
212 이혜숙, 『미군정기 지배구조와 한국사회』. p.581.
213 김점숙, 『미군정과 대한민국 초기(1945-50년) 물자수급정책』. p.21, 27.

도적이기보다는 임시적이었다. 일제강점기와 구분되는 새로운 복지정책을 제도화하지 않았으며, 미군정 초기에는 토지개혁과 같은 분배체계의 구성과 관련된 핵심과제에도 관심을 보이지 않았다. 미군정은 실업, 산재 등 최소한의 사회보장제도조차 마련하지 않았다. 물론 당시 한국의 사회경제적인 여건을 고려했을 때 사회보장제도를 도입할 여지가 없었다고 생각할 수도 있다. 하지만 남한과 거의 유사한 여건에 놓여 있던 북한은 1946년 2월에 임시인민위원회에서 사회보험, 공공의료 확충 등 기본적인 사회보장제도를 20개 조의 정강에 포함했고, 6월에는 생산직 및 사무직에 대한 강제적 사회보험을 실시했다.[214] 토지개혁도 마찬가지이다. 북한에서 토지개혁이 있기 전까지 미군정은 토지개혁에 대해 부정적이었다. 맥아더 사령부는 1946년 3월 2일에 남한에서의 농지개혁을 강하게 반대했다.[215] 북한에서 토지개혁이 이루어지고 1946년 9월 총파업과 10월 항쟁이 발생하고 단정 수립을 위한 1948년 5월 10일 남한만의 선거가 예정되고 나서야 미군정은 비로소 토지개혁과 같은 새로운 분배체계를 구성하는 문제에 대해 구체적인 행동을 취했다.

일부는 이러한 미군정의 복지 모형을 "수정자본주의 모형의 초기 단계에 해당하는 잉여적(잔여적) 모형(residual type)"이라고 했다.[216] 하지만 미군정의 복지체제를 잔여적 모형이라고 하는 것은 적절하지 않다. 소위 잔여주의 모형은 복지제도가 저소득층을 중심으로 제도화된 복지체제인데, 당시 미군정은 저소득층을 위한 근대적 공공부조를 제도화하지도 않았고 더욱이 당시 한국을 근대적 복지국가라고 할 수도 없었기 때문이다. 다만 당시 미군정의 복지정책이 취약계층에 대한 응급구호에 집중되어 있었다는 점에서 형식상 잔여주의 복지체제와 유사한 측면이 있다고 할 수는 있다. 그러나 이는 어디까지나 형식이 그렇다는 것이다. 미군정의 구호정책이 전근대적인 이유는 공공구호가 시민권으

....

214 남찬섭(2005). "미군정기의 사회복지: 응급구호대책과 노동자대책." 『월간복지동향』 79: 48-55, p.52.
215 CG USAFIK to SCAP, TFYMG 1090, 21740/1(2 March 1946), RG 332, Box 37; 이혜숙. 『미군정기 지배구조와 한국사회』. p.293에서 재인용.
216 신상준. "주한미군정청의 복지정책기조." p.21.

표 9.9 미군정의 구호 준칙: 후생국보 3호, 3A호, 3C호

	주요 내용	구호 대상	구호 내용
3호 1946년 1월 12일	·구호에 관한 전반적인 사항	·65세 이상 ·6세 이하 아동이 있는 모* ·13세 이하 소아 ·불치의 병자 ·분만 시 도움이 필요한 자 ·정신적·육체적 결함이 있는 자로 구호시설에 수용되지 않고, 가족이나 친척이 없으며, 노동 능력이 없는 자	·식량, 주택, 연료, 의료, 매장에 대한 지원
3A호 1946년 1월 14일	·이재민과 피난민 구호에 관한 사항	·이재민* ·피난민*	·식량, 의류, 숙사, 연료, 주택 부조, 긴급의료, 매장, 차표 제공
3C호 1946년 2월 7일	·빈궁민과 실업자 구호에 관한 사항	·궁민* ·실업자*	·조선구호령보다 고율의 구호비를 책정·실시함 ·거택구호 시 지급한도액을 서울시, 도청소재지 및 기타 읍, 면별로 정함(지역별 차등제도)

*조선구호령에는 없으나 후생국보 3호, 3A호, 3C호에 새롭게 추가된 구호대상자.

출처: 박보영. "미군정 구호정책의 성격과 그 한계: 1945-1948." pp.81-82; 신상준. "주한미군정청의 복지정책기조." p.36; 심정택(1997). "해방전후기의 사회복지제도 형성과 그 성격에 관한 연구." 『사회과학논집』 14: 147-180. p.166; 안상훈 외. 『한국근대의 사회복지』. p.166; 이영환. "미군정기의 구호정책." pp.440-446; 이영환. 『미군정기 전재민 구호정책의 성격 연구』. p.56; 이혜숙. 『미군정기 지배구조와 한국사회』. p.427; 이혜원·이영환·정원오(1998). "한국과 일본의 미군정기 사회복지정책 비교연구: 빈곤정책을 중심으로." 『한국사회복지학』 36: 309-338.

로 보장되지 않았을 뿐만 아니라 국가의 책임성 또한 명시적으로 제도화되어 있지 않았기 때문이다. 미군정의 구호정책은 국가가 취약계층에 베푸는 전근대적인 시혜에 불과했다.[217] 한편 미군정의 구호정책에 기본적으로 억압적(통제적) 측면이 시혜적 측면보다 강했기 때문에 시혜적이라고도 평가할 수 없다는 주장도 있다.[218] 하지만 모든 분배체계와 복지제도는 '체제 유지적 성격'을 갖고 있기 때문에 미군정의 구호정책만을 특별히 억압적이라고 규정해야 할지는 더 검토해볼 필요가 있다.

....

217 박보영(2005). "미군정 구호정책의 성격과 그 한계: 1945~1948." 『사회연구』 9: 69-99. p.82.
218 이영환. "미군정기의 구호정책." p.465.

미군정 시기의 복지제도가 일제강점기의 복지제도와 유사하다는 일부 주장도 논란의 여지가 있다.[219] 제7장에서 검토했듯이 일제강점기의 복지정책은 전시동원체제의 일환으로 구축되었고 구호정책 또한 그야말로 최소한의 수준조차 충족시키지 못했다. 실제로 일제강점기 당시 절대빈곤층이 전체 인구의 25%에 달했는데도 1940년 일제의 공식적인 구호대상자는 0.009%에 불과했다.[220] 조선구호령이 1944년 3월에 공포되었지만, 1945년 8월 15일 일제가 패망하기 전까지 조선구호령이 실제로 시행되었다는 기록은 없다. 굳이 일제강점기와 비교하자면 미군정기에는 전근대적인 구호정책의 틀은 유지되었지만 구호정책(후생국보 3·3A·3C호)의 대상은 조선구호령보다 확대되었고 군정 당국에 의해 실제로 집행되었다.

미군정의 후생국보 3·3A·3C호에 의해 집행된 구호 수준은 당시 최저생계비나 상대빈곤율 등을 측정한 자료가 없어 간접적인 비교를 통해 가늠해볼 수 있다. 후생국보 3C호에는 지역별로 차등적인 구호비 지급한도액을 정한다고 되어 있으나 후생국보 3C 호에는 그 내용이 구체적으로 적시되어 있지 않다. 대신 1947년 4월 15일자 자료에 구호비의 지출 한도를 규정하고 있다. 〈표 9.10〉에서 보는 것과 같이 서울시, 시 소재지, 읍·면으로 구분하고 있는데, 도시지역의 구호비가 상대적으로 높게 책정되어 있다. 예를 들어, 서울에 거주하는 5인 가구의 하루 급여한도액이 68원으로 책정되어 있는 데 반해 읍에 거주할 경우 일(日) 구호비는 45원으로 낮아진다. 이러한 급여한도액을 서울 거주 6인 가구를 기준으로 계산했을 때 월 급여한도액은 2,190원이고,[221] 이는 1946년을 기준으로 6인 노동자 가구의 월평균 소득 4,467원의 49.0%에 해당하는 수준이다.[222] 2016년부터 개

....

219 박보영. "미군정 구호정책의 성격과 그 한계: 1945~1948." p.70; 신상준, "주한미군정청의 복지정책기조." pp.9-10; 이혜원·이영환·정원오. "한국과 일본의 미군정기 사회복지정책 비교연구: 빈곤정책을 중심으로." p.317.
220 배기효(1999). 『일제시대의 복지행정』. 대구: 홍익출판사. p.205.
221 서울시 소재 6인 가구원의 구호대상 가구가 받을 수 있는 금액은 일 73원에 30일을 곱해서 얻은 값이다. 이 수치는 가구균등화지수를 고려하지 않은 것이다.
222 이런 조각난 자료를 가지고 당시의 급여 수준을 측정하는 것은 매우 어려운 일이다. 단지 해당 급여 수

표 9.10 미군정기의 생활부조비 지출한도액[1947년도(단위: 원)]

	1인	2인	3인	4인	5인	+1인당
서울시	18	34	49	65	68	5
시 소재지	16	31	44	55	60	4
읍·면 지역	13	32	32	41	45	3

출처: 하상락(1979). "한국의 사회복지발달사." 아산사회복지사업재단 편. 『한국의 사회복지』. 서울: 아산사회복지사업재단. p.49; 신상준. "주한미군정청의 복지정책기조." p.36에서 재인용.

정된 국민기초생활보장제도의 생계급여 대상이 대략 중위소득의 30% 수준에서 결정된다는 점을 고려하면 당시 규정된 급여상한액은 상당히 높은 수준이었다고 할 수도 있다. 이를 당시 노동자 가구의 평균 지출액(6,718원)과 비교하면 급여한 도액은 6인 노동자 가구의 평균 지출의 32.6% 수준이다. 소득과 관련해서는 일 반적으로 평균소득이 중위소득보다 높으므로 당시의 한도액은 노동자 가구의 소 득으로 측정하든 지출로 측정하든 현재 국민기초생활보장제도의 생계급여 수준 보다는 다소 높게 규정된 것으로 보인다. 다만 당시 노동자의 월평균 소득은 노 동자 가구의 필요지출의 절반에 불과했기 때문에 미군정의 명목적 구호 수준이 상대적으로 높았다고 할 수는 없다. 더욱이 구호대상 가구에 실제로 지급된 구호 비는 급여 상한액보다 훨씬 낮았다.

1947년 4월 1일부터 1948년 3월 31일까지 구호 실시 현황에 따르면, 실제 구호급여액이 가장 높은 응급구호 대상자의 경우도 1인당 월평균 구호비는 88.7 원에 그쳤다.[223] 이를 6인 가구로 계산하면 가구당 실급여액은 월평균 532원에 불과했다. 미군정이 정한 급여한도액의 24.3% 수준에 불과하고, 노동자 가구의 평균소득 대비 11.9%, 가구지출 대비 7.9%에 불과한 수준이었다. 다시 말해 어 떤 가구가 운 좋게 공적구호 대상자가 되더라도 그 가구가 미군정으로부터 지원

....

준의 대략적인 수준을 이야기한다는 정도에 이해하는 것이 바람직할 것 같다. 노동자 가구의 평균소득 액은 G-2 Weekly Summary; 신상준. "주한미군정청의 복지정책기조." p.21에서 재인용.

223 1인당 월평균 구호비: 공적구호 75.4원, 응급구호 88.7원, 이재구호 55.7원. 남찬섭. 『미군정기 한국 사 회복지정책 고찰』. p.57.

받는 실제 급여액은 당시 서울시 거주 노동자 가구가 필요한 평균 생활비의 10분의 1도 충족시키지 못했다. 더욱이 구호대상 중 실제로 구호급여를 받은 경우는 12.4%에 불과했다.[224] 다만 미군정기의 구호대상의 규모는 일제강점기에 비해서는 넓었다. 1941년 조선 지역의 피구호대상이 전체 인구의 0.009%였는 데[225] 반해 미군정 당시 실제 구호대상 비율은 전체 인구 20,166,000명의 1.2%인 248,398명이었다. 일제강점기와 비교했을 때 미군정 시기 공적구호 대상자의 비율이 137배나 확대된 것이다.[226] 일제강점기보다 실질 구호대상이 확대된 데에는 다양한 이유가 있겠지만, 중요한 이유 중 하나는 소련과 북한으로부터 체제 위협이 있었기 때문으로 보인다. 실제로 토지개혁을 포함한 미군정의 중요한 경제개혁은 부분적으로 북한의 개혁조치에 대한 반응이었다.[227]

이제 미군정 구호정책의 내용과 특성에 대해 간단하게 살펴보는 것으로 미군정의 구호정책에 대한 검토를 마무리하자.[228] 일제의 패망, 해방, 그리고 분단이라는 체제 변화의 과정에서 발생한 수백만 명의 구호대상자에게 미군정은 일반구호, 전재민수용구호, 실업구제, 주택구호, 의료구호 등 크게 다섯 가지 구호사업을 전개했다. 먼저 일반구호사업은 시설구호, 공공구호, 응급구호, 이재구호 등으로 구분된다.[229] 시설구호는 아동, 노인, 행려장애인을 시설에 수용해 서비스를 제공하는 구호이지만, 대부분 아동구호에 집중되었다. 미군정 동안 시설보호가 필요한 대상자의 수용 비율은 대략 10%를 넘지 않았다. 1947년 인구 대상별로 그 수를 보면 아동 6,149명, 노인 368명, 행려장애인 704명으로 총 7,211명에 불과했다.[230] 다만 미군정 동안 총 시설수용 인원은 1945년 2,192명에서 1948년

....

224 이영환. "미군정기의 구호정책." p.446.

225 심정택. "해방전후기의 사회복지제도 형성과 그 성격에 관한 연구." p.161.

226 전체 인구는 1949년 기준이다. 심정택. "해방전후기의 사회복지제도 형성과 그 성격에 관한 연구." p.169. 248,398명은 1947년 4월~1948년 3월 동안의 월평균 구호급여 수급자를 기준으로 한 것이다. 이영환. "미군정의 구호정책." p.446.

227 장상환(1994). "농지개혁." p.92; Cumings. 『한국전쟁의 기원』. p.524; 차남희. 『저항과 순응의 역사 정치학: 미군정기 농업 정책과 농민』. p.119.

228 이 내용은 〈표 9.10〉의 출처에 제시된 문헌들을 참고하여 작성했다.

229 이영환. "미군정기의 구호정책." pp.442-446.

8,473명으로 3.9배 증가했다. 주목할 만한 특성은 1947년 6월 현재 102개의 시설구호기관 중 민간수용시설(법인시설 12개소와 개인시설 64개소)의 비중이 전체 수용시설의 4분의 3에 가까운 74.5%였다는 것이다.[231] 일제강점기에 나타난 민간시설이 중심이 되는 시설구호가 미군정 시기에도 지속되었다.[232]

공공구호는 주로 후생국보 3호에 언급된 대상자들에 대한 구호이다. 공공구호 대상자는 1948년 3월 말 현재 304,571명이고, 이 중 45.4%(138,309명)에 대해 실제로 공공구호를 제공했다.[233] 구호는 식량, 주택, 연료, 의료, 매장에 대한 지원을 중심으로 이루어졌다. 응급구호와 이재민에 대한 구호도 진행되었다. 응급구호의 일환으로 공설 전당포도 운영했다. 사실 공설 전당포는 미군정기에 새롭게 만들어진 제도가 아니다. 조선총독부는 1929년에 공영 전당포 계획을 수립해 서울, 대구, 목포, 부산, 평양, 신의주, 청진에 각각 1개소의 공영 전당포를 운영했다.[234] 군정 당국은 구호 비용을 직접 지출하기보다는 대부라는 형태로 지원해 군정의 재정적 부담을 최소화하려고 했던 것 같다. 공설 전당포의 이자율은 시중 금리보다 낮은 4%였다.[235] 당시 고리대금업자의 이자율이 20~30%였다는 점을 고려하면 상당히 낮은 이율로 서민들에게 긴급자금을 융통해주었다. 하지만 공설 전당포가 어느 정도 구호 효과가 있었는지는 가늠하기 어렵다.

250만 명에 달하는(1948년 8월) 전재민에[236] 대한 구호는 1947년 5월 5일 군

....

230 사회부(1949). 『경제연감』. pp.IV-232; 이영환. "미군정기의 구호정책." p.443에서 재인용.
231 일부 문헌에서 민간시설의 비율을 62.7%라고 표기한 것은 전체 시설 중 개인이 운영하는 시설만을 민간시설로 분류하는 오류를 범했기 때문이다. 이혜숙. 『미군정기 지배구조와 한국사회』. p.427; 박보영. "미군정 구호정책의 성격과 그 한계: 1945~1948." pp.86-87. 법인 또한 민간시설이기 때문에 민간시설 비율에는 법인시설이 포함되어야 하는데, 이렇게 하면 그 비율은 대략 74.5%에 이른다.
232 윤홍식(2016). "일제강점기 한국 분배체계의 특성, 1910-1945: 자본주의 분배체계로의 이행의 시작." 『사회복지정책』 43(2): 35-60. p.57.
233 사회부(1949). 『경제연감』. pp.IV-240-241; 이영환. "미군정기의 구호정책." p.445에서 재인용.
234 배기효. 『일제시대의 복지행정』. pp.154-155.
235 남찬섭. "미군정기의 사회복지: 응급구호대책과 노동자대책." pp.50-51.
236 전재민의 구성은 다음과 같다. 북한 지역(456,393명), 만주 방면(382,348명), 중국 방면(78,442명), 일본 방면(1,407,255명), 기타 방면(157,920명). 심정택. "해방전후기의 사회복지제도 형성과 그 성격에 관한 연구." p.169.

정장관인 찰스 헬믹(Charles Helmick)이 발표한 '피난민 처리지침'에 근거했다. 당시 언론은 만주에서 북한을 거쳐 남한으로 내려오는 전재민과 북한에서 식량을 찾아 남하하는 피난민이 매일 '1천 수백 명'에 달한다고 보도했다.[237] 이러한 피난민은 3단계 과정을 거쳐 새로운 정착지로 가게 되는데, 먼저 임시구호시설에 수용한 후 전국의 9개의 수용소에 분산 배치하고 최종적으로 피난민이 정착할 지역으로 보낸다.[238] 후생국보 3A호의 급여 내용 중 '차표 지급'은 피난민이 최종 목적지에 도착하는 데 필요한 이동수단을 제공한 것이다. 전재민과 피난민을 9개의 지방 수용소에 분산 수용한 것은 이들의 최종 정착지가 서울에 집중되는 것을 막기 위한 방편이었던 것으로 보인다. 구호 수준은 "설비가 불충분하여 창고 바닥에 거적자리를 깔고 주먹밥을 주는 정도"로 최소한의 생존을 유지하기 위한 수준에도 미치지 못했던 것으로 보인다.

주택구호사업도 전재민을 위한 중요한 구호사업이었다. 전재민의 다수가 토굴, 창고, 다리 밑, 공원 등에서 노숙했기 때문에 겨울이면 동사자가 줄을 이었다.[239] 당시 주택이 없는 무주택자의 규모는 1946년에 285,622호, 1947년에 110,868호, 1948년에 38,816호였다. 미군정 당국이 새로 건설한 주택 호수는 동기간 동안 각각 19,340호, 14,471호, 5,476호로, 넘쳐나는 주택 수요에 대응하지 못했다. 주택도 주로 간이주택(토막)이어서 주거 여건도 좋지 못했다. 특히 건축자재의 가격이 천정부지로 오르는 상황에서 군정 당국의 신규 주택 건설은 난관에 부딪혔을 것이다. 앞서 〈그림 9.9〉에서 보았던 것과 같이 1945년 8월을 기준으로 건축 재료의 도매가격은 1년 만에 17배가 오르고, 주택 문제가 가장 심각했던 1946년과 1947년 겨울에는 각각 42배, 67배 올랐다. 군정 당국의 신규 주택 건설이 해를 거듭할수록 줄어들었던 이유는 아마도 이런 사정과 관련이 있었던 것으로 보인다. 대신 미군정 당국은 적산가옥을 활용해 전재민을 수용하려고 했

<hr/>

237 국사편찬위원회(2016). "보건후생부, 월남동포 구호위해 국영구호검역소 설치." 국사편찬위원회 편. 『자료대한민국사 IV』. http://db.history.go.kr.

238 이혜숙. 『미군정기 지배구조와 한국사회』. p.429.

239 이영환. 『미군정기 전재민 구호정책의 성격 연구』. pp.68-72

지만 이마저도 반대에 부딪혀 별반 성과가 없었다.

실업은 미군정 당시 가장 심각한 사회 문제였다. 1946년 11월 기준으로 실업 인구는 대략 115만 명으로 추계되었지만 실제로 실업률은 20%가 넘었다. 전체 인구 중 유업자의 비율도 38.4%에 불과했다. 실업 대책은 실직자에 대한 생계 보장과 일자리를 제공해주는 것인데, 미군정은 이에 제대로 대응하지 못했다. 임시 방편적인 대응이 주를 이루었다. 일자리는 직업소개소를 활용해 알선해주고, 공공취로사업을 통해 한시적으로 고용을 보장해주었다. 그러나 11개 직업소개소의[240] 구직자 대비 직업 알선 비율은 1946년과 1947년 각각 11.6%와 11.9%였고 1948년에도 30.5%에 불과했다.[241] 공공취로사업도 일시적인 대책이었다. 1947년부터는 실업 대책으로 귀농사업이 추진되었다. 전재민의 상당수가 농촌 출신이었기 때문에 귀농사업은 전재민에게 상당한 호응이 있었다. 귀농 희망 전재민 가구 32만 호 중 10%가 조금 넘는 32,395호에 대해 귀농을 주선했다.[242] 귀농 농가 수는 전체 귀농 희망 가구보다는 적었지만 다른 실업 대책과 비교하면 일정한 성과를 거둔 정책이었다. 투입된 예산도 2억 8,100만 원에 이르러 미군정의 실업 대책 중 가장 큰 비중을 차지했다. 1946년 8월 홍수로 인해 파손된 도로를 복구하기 위해 실시한 취로사업의 예산이 5천만 원이었다는 점을 고려하면 귀농사업에 배정된 예산은 다른 정책에 비해 상당히 큰 규모였다.

마지막으로, 의료구호사업은 미군정의 구호사업 중 가장 취약한 사업 중 하나였다.[243] 적절한 의료구호를 제공하기 위해서는 이에 합당한 보건의료 인프라가 구축되어야 했지만, 현실은 그렇지 못했다. 인구 1천 명당 의사 수는 0.12명에 불과했다. 2014년 현재 한국의 인구 1천 명당 의사 수가 2.2명이고 현재 이용

....

240 11개소 중 3개소는 일제강점기부터 존재했던 것이고, 7개소는 미군정기에 새로 개소된 것이다. 자세한 내용은 이영환. 『미군정기 전재민 구호정책의 성격 연구』. p.77을 참고하라.

241 노동부(1948). 『조선경제년보』. p.I-206; 사회부(1949). 『경제연감』. p.IV-241; 이영환. "미군정기의 구호정책." p.454에서 재인용.

242 『독립신보』 1947년 10월 8일자; 『조선일보』 1946년 8월 27일자; 이영환. "미군정기의 구호정책." pp.454-455에서 재인용.

243 박보영. "미군정 구호정책의 성격과 그 한계: 1945-1949." p.91.

할 수 있는 자료 중 1940년대와 가장 근접한 자료인 1960년 터키의 인구 1천 명 당 의사 수가 0.3명이었다는 점을 고려하면,[244] 1940년대 후반이라는 점을 고려 해도 미군정 당시 의료인 수는 매우 적었다. 정확한 통계는 없지만, 일제강점기 당시 의료 인력의 상당수가 일본인이었고 해방과 동시에 이들이 조선을 떠났다 면 의료 인력의 부족은 어쩌면 당연한 일이었을 것이다. 또한 의료 인력은 단시 간 내에 양성되는 것이 아니라는 점을 고려하면, 미군정 3년 동안 의료 인력을 양 성하기란 쉽지 않았을 것이다. 물론 미군정이 의료 인프라를 확충하기 위한 정책 을 시행했다는 기록도 없다. 보건의료 인프라의 부재로 미군정의 의료구호사업 은 주로 전염병 관리와 방역에 맞추어져 있었고, 의료구호가 필요한 사람들에게 적절한 의료구호를 제공하지는 못했던 것으로 보인다.

3) 구호정책 이외의 사회보장정책: 사회보험과 민간보험

구호 이외에 미군정의 명시적인 사회보장정책을 찾기는 쉽지 않다. 일제강 점기 때 총독부 관리, 군인, 유족들을 위해 운영되던 공적은급(연금)도 일제의 패 망과 함께 폐기되었다.[245] 공적연금이라는 측면에서 보면 미군정의 사회보험정 책은 일제강점기에 비해 후퇴했다고 평가할 수도 있다. 그렇다고 미군정이 사회 보험에 대한 계획을 전혀 가지고 있지 않았던 것은 아니었던 것 같다. 1945년 10 월 27일 미군정법령 제18호 제2조에는 보건후생국의 직능에 대해 규정되어 있 는데, 그중 하나가 '종업원의 후생과 은급제도(employee welfare and pension system)'에 관한 것이다.[246] 또한 도의 보건후생부의 직능에 관해 규정한 미군정 법령 제25호 제1조에도 '종업원의 후생 및 은급제도'가 규정되어 있어 미군정이 적어도 공무원에 대한 공적연금제도를 구상하고 있었던 것으로 보인다. 하지만 미군정은 실업, 산재 등 자본주의 사회에서 발생하는 사회위험에 대한 국가 차원 의 대응을 제도화하지는 않았다.[247] 다만 미군정은 조선총독부가 운영하던 사(私)

....

244   OECD(2015). OECD Health Statistics 2014. http://www.oecd.org/health/health-data.htm
245   배기효. 『일제시대의 복지행정』. p.104.
246   신상준. "주한미군정청의 복지정책기조." p.32.

보험(국민생명보험, 우편저금, 우편연금, 간이생명보험 등)은 계속 운영했다.[248] 일본인이 운영하던 사보험이 적산으로 분류되어 미군정이 그 재산을 관리·운영했기 때문인 것으로 파악된다.[249] 미군정은 이러한 사보험을 운영하기 위해 매년 1억원의 국고보조금을 지원했다.[250] 사보험은 기본적으로 상업보험이었지만 미군정이 직접 운영했고 공적 재원이 투여되었다. 국가가 국민이 직면한 기본적인 사회 위험에 대해 공적 사회보험 대신 민간보험에 의존하는 방식은 일제강점기에 이어 미군정에서도 계속되었다.

4) 전달체계

사회복지와 관련된 미군정의 전달체계에서 주목해야 할 변화는 복지와 관련된 독립적인 전달체계를 구축했다는 점이다. 1945년 8월 기준 조선총독부의 중앙행정기구표를 보면, 보건복지와 관련된 업무 중 보건과 관련된 업무는 치안을 담당하는 경무국 산하 위생과에서 담당했고 사회복지와 관련된 업무는 학무국 산하 사회과에서 담당했다.[251] 조선총독부의 편제를 보면 일제는 보건복지를 기본적으로 치안 유지와 교화를 위한 직접적 수단으로 인식했다. 미군정이 수립되면서 보건복지 업무를 담당하는 부서는 다른 부서의 종속된 기관이 아닌 독립적인 중앙부서로 분리된다. 한국 사회복지 전달체계의 일대 전환이라고 할 수 있다. 복지를 주관하는 독립 부서가 만들어진 것이다.

미군정은 1945년 9월 12일의 군정법령 제1호 "위생국설치에 관한 건"에서 군정장관의 직속 기관으로 위생국을 설치했다.[252] 이에 따라 경무국 위생과는 폐지되고 그 업무가 위생국으로 이관되었다. 이어서 1945년 10월 27일의 군정법령 제18호 "보건후생국 설립"에 의해 위생국이 보건후생국으로 전환되면서 학무국

....

247 조순경·이숙진. 『냉전체제와 생산의 정치: 미군정기의 노동정책과 노동운동』. p.233.
248 배기효. 『일제시대의 복지행정』. pp.134-137.
249 신상준. "주한미군정청의 복지정책기조." pp.33-34.
250 허원구. 『미군정시대의 복지행정에 관한 연구』. p.38
251 배기효. 『일제시대의 복지행정』. p.290.
252 남찬섭. 『미군정기 한국 사회복지정책 고찰』. p.46; 신상준. "주한미군정청의 복지정책기조." pp.45-46.

과 경무국 방호과에서 담당하던 복지 업무가 보건후생국으로 이관되고 보건후생국은 명실상부하게 보건과 복지를 담당하는 중앙부서로 자리 잡게 된다. 그리고 1946년 3월 29일의 군정법령 제64호 "조선정부 각부서의 명칭"에 의해 보건후생국이 보건후생부로 개칭되고, 당해 9월 14일 군정법령 제107호에 의해 처음으로 여성 업무를 전담하는 부인국이 보건후생부 산하에 설치되어, 보건후생부는 16개국을 관장하는 중앙 부처 중 최대 규모로 성장했다.

그러면 미군정은 왜 군정법령 '제1호'로 위생국을 독립적인 중앙 부처로 설립했을까? 미군정이 조선인의 보건에 특별한 관심이 있었기 때문이라고 생각하기는 어렵다. 미국 국무부가 군정에 보낸 1945년 10일 13일자 '대한(對韓) 초기 기본지령(SWNCC 176/18)'에는 한국인의 복지에 대해 어떠한 언급도 없었다.[253] 미드(Meade)의 기록에 따르면, 미군은 동양 사회가 매우 비위생적이기 때문에 끔찍한 질병들이 많을 것이라는 선입관을 갖고 있었다.[254] 사실 역사를 보면 위생으로 대표되는 '오염과 청결'에 대한 개념은 지배자가 사회정치적 구분을 강제하는 명분이었으며, 지배계급이 피지배계급을 지배하고 특권을 유지하기 위해 활용되었다.[255] 지배자로서 미군의 이러한 오리엔탈리즘은 미군이 한국에 도착하자마자 제일 먼저 군정법령 제1호로 위생국을 설치한 이유였을 것이다. 한국인을 위해서라기보다는 한국을 점령해 당분간 한국에 머물러야 하는 자신들을 위한 것이었다고 할 수 있다. 실제로 미군정의 보건정책은 전염병 관리와 방역에 집중되었다.

....

253 이혜숙.『미군정기 지배구조와 한국사회』. p.70.
254 Meade, G.(1993[1951]).『주한미군정 연구』. 안종철 역. (*American Military Government in Korea*). 서울: 공동체. p.279.
255 Harari, Y. (2015[2011]).『사피엔스』. 조현욱 역. (*Spaiens*). 서울: 김영사. p.203.

제6절 정리와 함의

　지금까지 우리는 미군정기의 권력관계, 경제적 특성, 분배체계에 대해 살펴보았다. 권력관계와 관련해서는 해방 직후 좌파의 압도적 우위에서 미군정 3년을 지나면서 우파의 압도적 우위로 재구조화되었다. 그야말로 믿을 수 없는 대역전이 일어난 것이다. 그러나 이러한 대역전은 조선인들이 원했던 것은 아니었을지도 모른다. 그리고 대역전은 미군정의 강력한 억압기구가 없었다면 불가능했을 것이다. 경제적 측면에서 미군정은 남한 경제를 일제와 단절시키고 한국 경제를 재생시켜야 하는 과제를 부여받았다. 그러나 미군정의 경제정책은 한국 경제의 위기를 가중시켰다. 물가는 폭등하고 사람들의 생활은 점점 더 어려워졌다. 이러한 정치경제적 조건 아래서 미군정은 한국 복지체제의 성격을 구조화하는 결정적인 역할을 했다.

　미군정은 한국을 반공의 보루로 미국 주도의 자본주의 세계질서에 편입시켰다.[256] 토지개혁, 식량 통제, 3·1제 시행 등은 한국 사회에서 전통적 지배계급인 지주계급을 몰락시키고 새로운 지배계급이 등장할 수 있는 가능성을 열었다. 더욱이 지주계급을 대신해 새로 등장한 신흥자본가계급은 자신의 물적 토대를 자신의 힘으로 만든 집단이 아니라 국가의 권위를 통해서 위로부터 만들어진 집단이었다. 새로운 지배계급으로서 신흥자본가가 탄생했지만 이들의 권력자원은 취약했다. 그렇다고 노동계급과 좌파가 힘을 갖고 있었던 것도 아니었다. 중도좌파세력을 포함한 좌파세력은 미군정을 거치면서 거의 궤멸적 타격을 받은 상태였다.[257] 이러한 조건에서 구지배계급으로서 지주와 새로운 지배계급으로서 자본은 물론 피지배계급인 노동의 계급적 이해로부터 자유로운 국가의 탄생이 가능해졌다.

　미군정의 적산 처리는 생산수단인 공장과 토지를 분배해 새로운 분배체계를 구축하는 것을 넘어 계급적 이해로부터 자유로운 국가의 탄생을 예비했다. 에번

....

256　최장집. "국민국가 형성과 근대화의 문제." p.89.
257　윤홍식. "한국 복지국가 주체 형성에 대한 분단체제의 규정성: 문제제기를 위한 탐색."

스(Evans)[258]가 이야기하는 것처럼, 계급의 이해로부터 자유로운 국가, 1960년대 한국 반공·개발국가는 이러한 역사적 과정을 통해 만들어지기 시작한 것이다. 미군정 시기를 검토하면서 『기원과 궤적』이 확인한 사실은 미군정의 위로부터의 자본주의 이식은 미국의 반공·반소라는 전략적 과제를 한국 사회에 실현한 결과였다는 것이다. 결국 1948년 이후 한국 사회를 지배했던 분배체계 또한 미군정기에 이루어진 미국의 목적의식적인 체제 선택의 결과라고 할 수 있다.

협의의 복지정책의 관점에서 미군정은 해방 이후에 남한 사회에서 발생한 중요한 사회위험에 적절히 대응하지 못했다. 당시에 가장 중요한 실업과 관련해서 미군정은 전재민에 대한 귀농정책에서 일부 성과를 거두었을 뿐이다. 공적 사회보험과 관련해서는 일제강점기에 군인 등 일부 공무원에 대해 시행되었던 공적 연금제도도 지속되지 못했다. 대신 일제강점기에 공적 사회보험을 대신했던 사보험제도는 미군정기에도 지속되었다. 사회서비스와 관련해서는 일제강점기의 취약계층에 대한 민간 중심의 시설보호가 미군정기에도 지속되었다. 다만 일제강점기와 비교해 실제 구호대상자가 확대된 것은 그나마 긍정적이라고 평가할 수도 있을 것 같다. 전체적으로 미군정기의 복지정책은 일제강점기와 같이 사회위험에 대해 임시적 대응으로 일관했다. 이제 『기원과 궤적』에서는 1948년 8월 15일 수립된 대한민국 정부에서 어떻게 미군정의 유산이 발현되는지를 지켜보게 될 것이다.

....

258 Evans, P. (1995). *Embeded Autonomy: State and Industrial Transformation*. NJ: Princeton University Press.

제10장

원조(援助)복지체제의 형성과 위기, 1948~1961년: 권위주의 반공국가의 형성

"공산주의를 용인하는 것은 곧 공산주의에 협력하는 것이고, 협력은 곧 반역이며 반역은 국가를 망친다. 공산주의에 반대하는 것은 그것과 싸우는 것이며, 싸우는 것은 공산주의를 멸하는 것이고 멸공이 국가를 흥하게 한다."[1]

....

1   김학재(2016). "자유진영의 최전선에 선 국민." 김성보·김종엽·이혜령·홍석률 기획. 『한국현대 생활 문화사: 1950년대』. pp.33-58. 서울: 창비. p.38.

제1절 문제제기[2]

　모든 시간은 그에 합당한 흔적을 역사에 남긴다. 조금 긴 1950년대는 남한의 단독정부 수립으로부터 시작된다.[3] 1945년 8월 15일의 해방이 민족에게 다시없는 기쁨이었다면, 1948년 8월 15일의 남한만의 단독정부 수립은 민족의 길고 긴 고난을 알리는 시작이었다. 1945년의 분단이 임시적 분단이었다면 1948년의 단정 수립은 한반도의 분단을 공식화했고 한국전쟁은 분단과 증오를 영속화했다. 당시 조금이라도 상식이 있는 사람이라면 1948년 8월 15일의 남한 단독정부 수립을 기뻐할 수는 없었을 것이다. 조금 긴 1950년대는 그렇게 시작되었다. 안토니오 그람시(Antonio Gramsci)의 개념을 빌려보면, 1950년대는 일제강점기를 거쳐 미군정기의 유산을 계승했지만 한국전쟁을 거치면서 1950년대만의 고유한 '역사적 블록'을 만들어갔다. 지금 이 순간에도 한국 사회의 진보적 변혁을 가로막는 반공·안보제일주의는 바로 이 시기에 제도화되고 체제화되었으며 지배집

....

2　제10장의 'I. 문제제기'와 'V. 원조복지체제의 성립'의 일부 내용은 다음 글을 수정해서 실은 것이다. 윤홍식(2018). "이승만 정권시기 한국복지체제." 『사회복지정책』 45(1): 115-147.

3　제10장에서 1950년대는 1948년 8월부터 1961년 5월까지의 시기를 지칭하는 용어로 사용했다.

단의 헤게모니가 되었다. 1960년 7월 28일에 있었던 선거에서 진보세력인 혁신계가 보수정당인 민주당에 참패했던 것도 여러 가지 원인이 있겠지만 기본적으로 1950년대 한국전쟁을 거치면서 대부분의 사람들에게 반공주의가 지배이데올로기로 체화되었기 때문일 것이다.

먹고사는 문제보다 외부의 적으로부터 체제를 수호하는 것이 더 중요했던 1950년대 사람들에게 복지는 어떤 의미였을까? 제10장에서는 1950년대 반공체제가 어떻게 만들어졌고 반공체제의 수립이 한국 사회의 권력관계를 어떻게 주조했는지를 검토했다. 왜 한국에는 계급 이해를 대변하는 정당이 만들어지지 않았는지, 어떻게 지금과 같은 보수양당체제가 구축되었는지를 살펴본다. 경제와 관련해서는 1950년대의 경제가 해방 이후 한국 경제의 변화 과정에서 갖는 의미를 조망했다. 핵심은 1960년대 이후 한국 경제의 성장이 1950년대 한국 경제와 어떤 관계가 있는지를 생각해보는 것이다. 군사쿠데타를 통해 집권한 박정희 권위주의 체제하에서 이루어진 경제개발이 1950년대와의 단절을 통해 가능했던 것인지, 아니면 1950년대의 연속선상에 위치해 있는지를 고민해볼 필요가 있다. 분배체계와 관련해서는 1950년대 한국 복지체제를 원조복지체제라고 규정하고 원조복지체제의 특성들에 대해 살펴보았다. 주목할 만한 변화는 1950년대 말 한국 경제가 원조 감소로 위기에 처하자 새로운 경제개발 방식이 모색되었고 민간 구호 중심의 원조복지체제에서 벗어나 근대적 사회보장제도에 대한 고민이 시작되었다는 점이다. 1960년대 박정희 권위주의 체제하에서 제도화된 사회보장제도는 1950년대 말부터 시작된 새로운 사회보장체제에 대한 고민에 그 기원을 두고 있다고 할 수 있다.

먼저 다음 절에서 1950년대에 대한 시기 구분을 시도했다. 크게 세 시기로 나누어 정치, 경제, 분배체계에 대해 검토했다. 제3절에서는 반공체제와 보수양당체제의 기원에 대해 검토했다. 크게 두 가지로 나누어, 먼저 제도정치 영역에서 나타난 권력관계의 변화를 국회의원 선거를 중심으로 검토하고 다음으로 권력자원 측면에서 농민, 노동자, 자본가, 지주 등에 대해 살펴보았다. 특히 학생, 군부, 미국을 권력자원의 한 부문으로 개략했다. 제4절에서는 1950년대 경제체제의 특성을 원조경제와 수입대체산업화라는 관점에서 조망했다. 제5절에서는 원조라는 특성을 중심으로 복지체제를 검토했다. 마지막 제6절에서는 1950년대가 한국 복지체제에 주는 함의를 정리하고 박정희 권위주의 체제에 남겨준 유산에 대해 생각해보았다.

제2절 1950년대의 시기 구분

'조금 긴' 1950년대는 〈표 10.1〉에서 보는 것과 같이 크게 세 시기로 구분할 수 있다. 먼저 1948년 8월 정부 수립부터 1953년 7월 한국전쟁이 휴전으로 중단된 시점까지이다. 한국전쟁 발발 직전에 '명목상' 농지개혁이 완료되어 남한에서 봉건적 토지소유관계가 일소되고 농업이 영세자영농 중심으로 재편되었다. 하지만 농민의 입장에서 보면 농업생산물의 잉여를 수취하는 주체가 지주에서 국가로 바뀐 것 이외에 생활개선을 기대하기는 어려웠다. 농민들은 세금과 농지상환금을 포함해 생산물의 절반을 국가에 납부해야 했기 때문이다. 제헌헌법의 제정도 복지체제와 관련해 중요한 의미를 갖는다. 제헌헌법에는 토지개혁은 물론 중요 산업과 자원에 대한 국유화가 명시되어 있고 근로 능력이 없는 계층에 대한 국가의 책임, 노동권, 노동자의 이익균점권 등이 포함되어 있다. 하지만 제헌헌법은 1954년 제2차 개정으로 시장주의의 성격이 강화된다. 권력관계는 제헌의회 수립 당시 삼각 구도(이승만-한민당-중도무소속)가 점차 이승만과 한민당의 양당구도로 재편되어갔다. 좌파와 진보세력은 이승만과 한민당이 감행한 1949년 6월 대공세와 한국전쟁을 거치면서 괴멸(壞滅)적 타격을 입는다. 그리고 이 시기부터 국가보안법은 권위주의 체제가 반체제세력을 억압하는 합법적 수단으로 등장하게 된다. 구지배계급인 지주가 농지개혁의 완료와 함께 몰락해 지배계층으로서의 지위를 상실한 것도 이 시기의 특징이다. 경제적으로는 한국전쟁의 발발과 함께 미국의 원조가 경제원조에서 군사원조로 전환되었고, 한국 경제는 반공기지의 안정적 유지를 위한 수단이 되었다.

표 10.1 분배체계의 관점에서 본 원조복지체제의 시기 구분(1948년 8월~1961년 5월)

시기	권력관계	경제체제	분배체계
제1기 농업 분야 분배체계 확립 (농지개혁 완료) 1948년 8월~ 1953년 7월	·이승만, 한민당(민국당), 　중도(소장파)의 삼각 　권력관계 ·좌파세력의 궤멸 ·기층 권력자원(농민· 　노동자)의 궤멸 ·지주계급의 몰락 ·동아시아 냉전체제의 　고착화	·수정자본주의 경제체제 　지향(제헌헌법) ·경제부흥원조에서 　군사원조 중심으로 ·선(先) 안정화정책	·미군정기 분배체계의 지속 ·농민적 토지 소유 제도화 　확립(영세자영농화) ·공공부조 중심의 복지체제 　지향 형성(제헌헌법 19조)
제2기 공업 분야 분배체계 확립 (적산불하 완료) 1953년 8월~ 1957년	·이승만 일인체제 ·단정세력의 　분화(보수양당체제의 　형성) ·반독재연합 탄생(민주 대 　반민주 균열구조 형성) ·중도좌파의 정치적 재기 　모색 ·보수의 권력자원으로 　개신교 형성	·전재 복구 완료 ·경제체제의 지향: 　수정자본주의에서 　시장자본주의로(헌법 개정 　1954년 11월) ·군사원조에서 군사+경제 　(소비재)원조로 전환 ·소비재 중심 산업자본의 　성립(삼백산업) ·재벌의 탄생	·적산불하와 자본주의 　분배구조의 형성 ·원조복지체제의 형성 ·외국 원조기관에 의한 민간 　시설 중심의 사회사업 확대
제3기 자본주의 사회보장제도의 모색기 1958년~ 1961년 5월	·과두집권체제화 ·보수야당(민주당)의 집권 ·중도좌파의 대두와 패배 ·노동운동의 재건 시도와 　학생의 정치세력화 ·보수적 자유민주주의 체제 　확립	·대한(對韓) 지원, 원조에서 　차관으로 ·경공업의 위기 ·소비재공업에서 　생산재공업으로 ·중앙집권적 계획을 통한 　경제개발 모색기 ·안정에서 성장으로 　(균형성장 전략에서 　불균형성장 전략으로)	·원조복지체제의 　위기(원조의 감소) ·근대적 사회보장의 　제도화를 위한 탐색기 ·실업보험, 공공부조, 　의료보험 등 ·원호대상자와 공무원에 　대한 사회보장제도

　두 번째 시기는 휴전이 성립된 1953년 8월부터 1957년까지이다. 이 시기에는 중요 산업의 국유화 조항이 헌법 개정을 통해 삭제되고 귀속재산이 특권세력에게 불하되면서 산업자본주의의 맹아가 형성되기 시작한다. 하지만 산업 영역은 아직 당시 사람들의 먹거리를 해결할 수 있는 고용 능력을 갖고 있지 못했다. 부족한 일자리와 소득은 미국으로부터 유입되는 대량의 원조를 통해 지탱되었고, 외국 구호기관은 보건사회부보다 더 많은 재원(물자)을 구호활동에 투입했

다. 원조복지체제가 성립된 것이다. 외국 원조기관의 활동은 한국에서 민간 중심의 사회서비스를 고착화시키는 계기가 된다. 권력관계를 보면 이승만 1인체제가 구축되고 이에 대항하는 반독재연합전선이 형성되면서 단정연합세력이 이승만 세력과 민주당(한민당)으로 나누어진다. 중도좌파의 정치적 재기를 위한 모색이 진보당을 중심으로 있었지만 자유당과 민주당의 공모로 제도정치권에서 사라진다. 이로써 한국 제도정치권의 특징인 보수양당 중심의 권력관계가 형성되게 된다. 또 하나 주목해야 할 점은 원조의 절반 이상이 보수적인 개신교 교단을 중심으로 한국에 유입되면서 보수적인 개신교 교단이 세를 얻어가게 되었다는 것이다. 노동자, 농민 등 기층계급이 무력화된 상황에서 보수적인 개신교 신자가 시민사회를 대표하는 권력자원으로 성장한 것이다. 경제적으로는 전재 복구가 완료되고 제당, 제분, 면방직 등 소비재 중심의 수입대체산업 구조가 형성된다. 재벌의 맹아가 만들어진 것도 이 시기이다.

마지막 시기는 원조의 급감으로 한국 사회가 위기에 직면한 1958년부터 1961년 5월 16일 군사쿠데타가 일어나기 전까지이다. 원조 감소로 원조복지체제가 위기에 처하게 되고, 사회문제를 해결하기 위해 사회보험과 같은 근대 자본주의 복지정책의 제도화가 모색된다. 체제수호세력인 공무원에 대한 연금이 제도화된 것은 사회보장에 있어 중요한 진전이다. 권력관계에서는 이승만 1인체제가 자유당의 과두지배체제로 전환되고 민주당이 반독재세력으로 정치적 정당성을 획득하게 된다. 4·19혁명으로 이승만 권위주의 체제가 무너지고, 미국이 민주당의 장면을 차선으로 선택해 처음으로 민주당의 집권이 이루어진다. 더불어 이 시기에는 침체된 농민과 노동자를 대신해 학생, 도시빈민, 지식인 등이 중요한 권력자원으로 등장했다. 경제적으로는 미국의 대한 원조가 급감하고 차관 중심의 지원으로 전환되기 시작했으며, 인플레이션이 안정화되자 경제 기조도 안정에서 성장 중심으로 전환이 모색되었다. 경제개발계획이 입안된 시기도 이때이다.

『기원과 궤적』에서는 이 세 시기의 분석을 통해 1950년대라는 역사적 공간에서 어떻게 복지체제, 권력관계, 경제체제가 서로 조응하면서 1950년대라는 시대를 구성하게 되었는지를 검토했다. 모든 것이 연결되어 있다는 말처럼, 이 시기의 정치, 경제, 분배는 그야말로 긴밀한 연관성을 가지며 변화했다. 1950년대는 단순히 미군정의 연장도, 1960년대를 준비하기 위한 기간도 아닌 1950년대 그대로의 특성을 한국 복지국가의 역사에 남겼다. 한국 사회의 특성인 보수양당체제, 재벌, 민간 중심의 사회서비스 등의 기원은 1950년대를 사상하고는 설명할 수 없다.

제3절 중도세력의 몰락과 반공국가의 성립

남한 단독정부의 수립부터 5·16군사쿠데타까지의 시기는 시민사회가 배제되고 보수양당체제라는 권력관계의 전형이 만들어진 시기이다. 이 시기에 한국의 제도정치권에서는 미군정에 의해 궤멸적 타격을 받았던 좌파의 마지막 잔존세력이 합법적 정치 영역에서 축출되고 반공주의에 동의하는 보수우파만의 권력관계가 만들어졌다. 한국민주당(한민당)이라는 친일지주계급의 정당으로 출발한 민주당은 반독재운동을 주도하는 반공주의 보수야당으로 성공적인 변신을 했고, 권위주의 세력은 독점자본가계급을 하위 파트너로 종속시킨 보수여당(자유당)을 창당했다. 권력자원 측면에서 보면, 구지배계급이었던 지주계급은 농지개혁과 이승만 정권의 반(反)지주정책으로 해체되었고, 자본가계급은 권위주의 정권의 후원 아래 이제 막 상업자본에서 산업자본으로의 이행을 시작했다. 농민조직은 1946년의 10월 항쟁을 거치면서 무력화되었고, 이승만 정권의 농지개혁은 농민을 보수적 영세자영농으로 전환시켰다. 노동자계급은 여전히 소수였고, 전평이 해체된 이후 노동운동은 권위주의 정권의 하위 파트너가 되었다.[4] 국가는 제 계급의 이해로부터 자율성을 보장받는 정치공간에 위치해 있었다. 국가의 자율성을 제약할 수 있는 유일한 힘은 국민국가 내부가 아닌 외부에 위치한 미국이었다. 당시 한국 복지체제는 이러한 권력자원과 권력관계의 범위 내에서 형성되

....

4   정부 수립 직후에 전체 취업자 중 공업 부문 종사자가 3.0%(27만 명)에 불과해 정국을 주도할 세력은 아니었다. 정영태. "노동운동." p.209.

었다. 제3절에서는 1950년대의 한국 복지체제의 성격을 결정했던 권력자원과 권력관계의 형성과 변화에 대해 고찰했다. 먼저 제도정치에서 권력관계의 변화를 고찰하고 이어서 이 시기의 권력자원의 특성에 대해 살펴보았다.

1. 사민주의 정치세력화의 좌절[5]

북서유럽에서 사민주의의 정치세력화가 복지국가의 확대와 밀접한 관련이 있었다는 점을 고려하면, 1950년대의 권력관계를 다루기 이전에 한국 사회가 사민주의의 길을 가는 것은 고사하고 사민주의가 왜 합법적 정치세력으로 성장하지 못했는지를 검토하는 것은 의미 있는 작업이라고 생각된다. 1920년대부터 시작된 한국 사회주의는 유럽과 달리 정치세력으로 (러시아 혁명 이후 계급독재를 주장하는) 혁명적 사회주의(공산주의)와 구분되는 (민주주의를 전제한 사회주의 세력인) 사회민주주의로 성장하지 못했다. 더욱이 이러한 현상은 해방 정국이 사민주의 정치세력에게 매우 우호적인 정치적 조건을 제공했다는 점을 고려한다면 더욱 납득이 가지 않는다. 1946년 당시에 조선인의 정치 성향을 조사한 미군정 여론국의 조사 결과를 보면, 조사 대상이 되었던 조선인 중 70%가 사회주의를 지지했고 자본주의를 지지한 비율은 14%에 불과했다.[6] 또한 응답자의 85%가 대중정치, 즉 대의제 민주주의를 지지했다. 1917년의 러시아 혁명 이후 유럽 사회주의자들이 민주주의에 기반한 사회주의를 주장하는 자신과 민주주의를 부정하고 노동계급의 독재(계급독재)를 주장하는 혁명적 사회주의자들을 구분하는 개

....

5   여기서 사민주의는 복지국가를 만들어가는 주체세력이라는 의미로 사용되었다. 서구에서 복지국가의 발전이 사민주의 이념에 기반을 둔 사민당이 노동계급정당에서 국민정당으로 전환되는 과정과 함께 했다는 점을 고려해, 사민주의 정치세력을 노동계급과 중간계급으로 대표되는 시민사회의 정치세력이라는 포괄적 의미로 정의했다. "1. 사민주의 정치세력화의 좌절"은 윤홍식(2016). "한국 복지국가에서 한반도 평화체제 바라보기." 이병천·윤홍식·구갑우 편. 『안보개발국가를 넘어 평화복지국가로: 독일의 경험과 한국의 과제』. pp.91-143. 서울: 사회평론아카데미에 실린 글을 수정한 것이다.

6   동아일보(1946). "정치자유를 요구, 계급독재는 절대반대: 군정청여론국조사(1)." 8월 13일자 3면. http://newslibrary.never.com

넘으로 사회민주주의를 사용했다는 점을 상기할 필요가 있다.[7] 당시 조선 인민은 분명히 계급독재가 아닌 민주주의와 함께하는 사회주의, 즉 사회민주주의를 요구했다. 심지어 미군정조차 극우세력인 이승만 세력과 남조선노동당(남로당)으로 대표되는 극좌세력을 배제하고 여운형과 김규식 등 중도 좌·우파세력과의 연대를 추진했다. 이러한 상황에서 왜 사민주의가 친일우파세력을 대신하는 대안 정치세력이 되지 못했는지 생각해볼 필요가 있다.

이에 대해서는 다양한 추론이 가능하다. 『기원과 궤적』에서 주목하는 점은 북서유럽과 한국에서 사회주의가 사회민주주의로 진화하는 역사적 과정의 차이이다. 먼저 독일 사민당으로 대표되는 북서유럽의 사민주의는 1917년의 러시아 혁명으로 대표되는 극좌세력과 1920년대부터 유럽에서 세력을 얻기 시작한 파시즘에 대항해 민주주의와 의회주의를 지키는 과정에서 형성되었다. 사민주의는 계급독재를 주장하는 사회주의에 반대해 민주주의와 의회주의를 옹호하면서 만들어졌다. 사민주의와 사회주의가 적대적 관계로 전환된 계기는 1917년의 러시아 혁명이었다. 레닌은 러시아 혁명을 성공시킨 이후에 부르주아 세력과 싸우기 위한 국제연대를 구축하고 브란팅(Karl Hjalmar Branting), 베른슈타인(Eduard Bernstein) 등과 같은 사민주의자들과 투쟁하기 위해 코민테른(제3인터내셔널)을 결성했다.[8] 코민테른은 혁명적 사회주의자들과 개량적 사회주의자들을 구분하기 위해 혁명적 사회주의자들에게 당(黨)명을 사회민주주의당에서 공산당으로 변경할 것을 요구했다. 사회주의의 적은 사민주의가 되었고, 사민주의의 적 또한 사회주의가 되었던 것이다. 독일 공산주의자들은 바이마르 공화국의 사민당 정부를 붕괴시키기 위해 폭력과 선동을 주저하지 않았다.[9] 이처럼 사회주의와 사민주의의 관계가 적대적으로 전환되면서 북서유럽에서 사민주의는 혁명적 사회

....

7   Berman, S.(2010[2006]). 『정치가 우선한다: 사회민주주의와 20세기 유럽의 형성』. 김유진 역. (*The Primacy of Politics*). 서울: 후마니타스. p.20.

8   Brandal, N., Bratberg, Ø., and Thorsen, D.(2014[2013]). 『북유럽 사회민주주의 모델』. 홍기빈 역. (*Nordic Model of Social Democracy*). 서울: 책세상. pp.5-6, 74-75.

9   Smith, D.(2007[1973]). 『20세기 유럽의 좌익과 우익』. 은은기 역주. (*Left and Right in Twentieth Century Europ: Seminar Studies in History*). 대구: 계명대학교 출판부. p.84.

1917년의 러시아 혁명 당시 군중 앞에서 연설하는 블라디미르 레닌(Vladimir Lenin)의 모습(출처: Liberation School).[10]

주의(공산주의)와 구별되는 (부르주아) 민주세력으로 정치적 지위를 획득했다. 사민주의와 사민당은 폭력혁명, 계급독재, 사유재산제 폐지를 주장하는 사회주의(공산주의)와 공산당에 대항하는 과정에서 발전한 것이다. 1917년의 러시아 혁명 이후에 사민당은 이렇게 자본주의 체제의 국민정당으로서 북서유럽의 중요한 정치적 세력으로 등장했다. 실제로 19세기 말부터 1940년대까지 북서유럽에서 사민주의 정당에 대한 유권자들의 지지는 놀라울 정도로 증가했다.[11]

　　반면 일제강점기 조선에서 좌파세력은 북서유럽에서와는 달리 사회민주주의와 공산주의로 분화될 수 있는 정치적 기회를 갖지 못했다. 제3세계의 민족해방운동과 같이 식민지 조선의 주적은 일본 제국주의였다. 일제라는 커다란 적을 눈앞에 두고 있는 식민지 조선에서 사회주의가 사민주의와 공산주의로 분화할

....

10　　http://liberationschool.org/09-04-03-the-role-leadership-in-revolutio-html/
11　　Sassoon. 『사회주의 100년 1: 20세기 서유럽 좌파정당의 흥망성쇠』; 주성수(1992). 『사회민주주의와 경제민주주의』. 서울: 인간사랑.

수 있는 현실적 정치공간은 거의 없었다. 민족해방이 전제되지 않는다면 사민주의와 공산주의가 지향하는 계급해방 또한 성취될 수 없기 때문이다.[12] 하지만 해방 이후에도 사민주의는 한반도에서 중요한 정치세력으로 성장하지 못했다. 격화되기 시작한 냉전은 친일세력이 반공을 명분으로 다시 한 번 사회주의 독립운동세력을 탄압할 수 있는 정치적 조건을 만들어주었기 때문이다. 이러한 조건에서 남한 내 사민주의 세력이 극좌파인 공산주의와 극우파인 이승만과 친일세력을 대신하는 제3의 대안으로 자신의 정치적 입지를 구축하는 것은 쉽지 않았다. 제9장에서 언급했듯이, 한때 미군정의 지원을 받았던 중도세력(중도좌파와 중도우파)조차 정치적 공간이 좌우 양극단으로 나누어진 해방공간에서 대안세력이 되지 못했다. 북서유럽과 달리 사민주의가 반공의 주체가 아닌 반공의 대상이 되면서 공산주의에 반대했던 사민주의가 반공주의의 희생양이 되는 역설적 상황이 연출된 것이다.

둘째, 사회주의가 독일과 한국에 수용된 '시점(timing)'의 차이는 독일에서와 달리 한국에서 사회주의가 복지국가를 만들어가는 사민주의 정당으로 전환되지 못한 중요한 이유 중 하나였다. 독일은 냉전이 본격화되고 분단이 고착화되기 이전에 사회주의가 이미 사민주의와 공산주의로 분화되어 있었다. 독일 사민당은 1945년 이후에 냉전이 본격화되기 이전에 독일 유권자로부터 30%대의 지지를 얻고 있었다.[13] 북서유럽의 다른 사회민주주의 계열의 정당들도 냉전 이전에 이미 대중으로부터 상당한 지지를 확보한 상태였다.

반면 한국에서 사회주의 이념은 1920년대 초에 유입되었다. 1920년대 초라는 시점이 중요하다. 1920년대 초는 1917년 러시아 혁명의 성공으로 사회주의가 단지 공상적 유토피아가 아니라 실현 가능한 대안으로 인식되었던 시대였

....

12   임대식(1994). "사회주의운동과 조선공산당." 강만길·김남식·김영하·김태영·박종기·박현채·안병직·정석종·정창렬·조광·최광식·최장집 편. 『한국사 15: 민족해방운동의 전개 1』. pp.157-191. 서울: 한길사. p.157.

13   Sassoon. 『사회주의 100년 1: 20세기 서유럽 좌파정당의 흥망성쇠』; 주성수. 『사회민주주의와 경제민주주의』.

다. 물론 조선 민중들이 러시아 혁명의 의미를 온전히 이해할 수는 없었을 것이다.[14] 하지만 조선 민중은 사회주의 러시아가 착취와 억압이 없는 노동자와 농민이 주인이 되는 새로운 사회를 지향했다는 것을 직감할 수 있었을 것이다. 특히 러시아 사회주의 정권은 서구 제국주의와 달리 제3세계 민족해방운동을 지지하고 지원했다. 이러한 상황에서 1920년대 초 조선은 사회주의가 사민주의와 사회주의로 분화하는 역사적 과정 없이 혁명적 사회주의(볼셰비즘)를 유일한 사회주의 이념으로 받아들이게 된 것이다. 1920년대 이후 조선에서 사회주의는 북서유럽의 민주주의와 의회주의에 근거한 개혁적 사회주의 운동이 아닌 자본주의를 전복시키고 사회주의를 혁명적으로 건설하려는 혁명적 사회주의 노선을 걸었다. 실제로 조선의 사회주의운동은 개혁적 사회주의에 비판적이고 적대적이었던 제3인터내셔널(코민테른)의 승인과 지원을 받았다. 한국에서 사회주의는 계급연대를 통해 복지국가를 건설하는 이념이 아닌 혁명적 방식으로 사회주의를 실현하는 것이 목표였다. 혁명 대신 개혁을 선택한 사민주의를 받아들인다는 것은 일제강점의 합법성을 인정하고, 그 안에서 개혁을 추구하겠다는 것이었기 때문에 조선의 사회주의자와 민중이 사민주의를 받아들이기는 어려웠을 것이다.

셋째, 북서유럽에서는 사회주의 정당이 시도했던 극좌모험주의가 실패하면서 사민주의가 현실 자본주의 체제 내에서 개혁을 모색하는 정치세력으로 전환되었다. 북유럽 사회주의 정당들은 1차 세계대전 종전 이후부터 2차 세계대전이 발발하기 전까지 간헐적으로 집권했다. 사회주의 정당들은 집권기간 동안 생산수단의 사회화로 대표되는 사회주의화를 추진했지만 처참한 실패를 맛보아야 했다. 예를 들어, 노르웨이에서는 1927년의 선거를 통해 크리스토페르 호른스루드(Christopher Hornsrud)의 노동당이 집권에 성공해 생산수단의 사회화를 포함한 사회주의로의 이행을 시도했다. 하지만 자본과 우파 정당은 물론 중도 정당까지도 노동당 정부를 실각시키기 위해 단결함으로써 노동당의 집권은 18일 천하

....
14   임대식. "사회주의운동과 조선공산당." p.159.

로 막을 내렸고 권력은 다시 우파에게 넘어갔다.[15] 영국에서도 이와 유사한 일이 벌어졌다.[16] 반면 한국에서는 소위 모험주의적 사회주의를 실행할 수 있는 가능성 자체가 봉쇄되었기 때문에 실패의 경험도 없었다. 좌파 내에는 혁명적 사회주의와 개혁적 사회주의가 정치적으로 명확하게 분화되지 않고 혼재된 상태로 남아 있었다. 사실 초기 사회주의자들의 사회주의에 대한 이해는 일천했다. 아나키스트에서부터 공상적 사회주의까지 다양한 이념들이 혼재되어 있었다. 대부분 소비에트 정부 수립을 목표로 내거는 등 러시아 볼셰비키 혁명 모델을 그대로 따르는 관념적 급진성도 보였다.[17] 조선공산당이 1925년부터 창당, 해체, 재건되는 과정에서 사회주의는 이념적으로 성숙해갔지만 관념적 급진성은 해소되지 않았다.[18] 식민지 조선의 사회주의는 코민테른이 극좌모험주의라고 비판했던 일본 공산당의 후쿠모토(福本)주의의 이념적 영향력하에 있었다.[19] 이러한 역사적 유산이 한반도의 남과 북에서 극단적 좌우세력의 정치적 실험을 가능하게 했던 것이다. 한국전쟁 이후에 한국(남한)은 극우파의 실험장으로, 북한(조선)은 극좌파의 실험장이 되었다. 남북 모두에서 사민주의가 국민정당으로서 극우파와 극좌파에 맞설 수 있는 정치적 조건이 만들어지지 않았다.

넷째, 북서유럽에서 사민주의는 공산주의만이 아닌 파시즘과의 투쟁을 통해 노동계급 정당에서 민주주의와 의회주의를 지키는 국민정당으로 전환된다. 실제로 1920년대부터 급격히 세를 얻어가던 파시즘은 민주주의와 의회주의를 부정하고 사회주의에 대한 적대행위를 노골화했다. 파시즘이 사민당의 실질적 위협세력으로 등장한 것이다.[20] 데이비드 스미스(David Smith)는 "반공주의는 그 동

....
15 Brandal et al. 『북유럽 사회민주주의 모델』. p.87.
16 김금수(2013). 『세계노동운동사 1』. 서울: 후마니타스. p.522.
17 임대식. "사회주의운동과 조선공산당." p.166.
18 임대식. "사회주의운동과 조선공산당."; 임경석. "조선공산당 재건운동."
19 김금수. 『세계노동운동사 1』. pp.550-551; 임대식. "사회주의운동과 조선공산당." p.182. 코민테른은 후쿠모토주의를 좌익 급진주의라고 비판했지만, 후쿠모토가 카우츠키(Kautsky)류의 기계적 유물론에서 벗어나 사회주의 혁명의 주체 형성을 창의적으로 제시했다는 평가도 있다. 후쿠모토주의에 대한 평가는 다음 글을 참고하라. 후지이 다케시(2006). "코민테른 권위주의 성립에 관한 한 시론: 소위 '후쿠모토주의'를 둘러싸고." 『역사연구』 16: 31-55.

기가 무엇이든 간에 모든 계급사회에서 지원을 얻어내는 데 있어서 가장 잠재적인 슬로건"이었고 파시즘은 바로 이러한 반공주의를 기반으로 집권할 수 있었다고 평가했다.[21] 파시즘의 대중 동원은 반사회주의와 반공산주의에 기반을 두고 이루어졌기 때문에,[22] 사민주의의 생존은 파시즘에 대항해 의회주의와 민주주의를 지키는 것에 달려 있었다. 반면 한국에서 독재에 대항해 민주주의와 의회주의를 위해 투쟁한 세력은 좌파가 아닌 우파 자유주의 세력이었다. 분단과 한국전쟁으로 좌우가 극단적으로 대립하는 상황에서 우파 이념을 공유하지 않는 현실정치세력이 생존할 가능성은 거의 없었다. 집권을 희망하는 모든 세력은 반드시 자신이 반공주의자라는[23] 사실을 입증해야만 했다. 1959년 7월 31일에 사민주의를 주장했던 조봉암을 사형시킨 이승만 정권, 반공법을 제정한 장면 정권, 1962년의 대통령 선거에서 공화당의 박정희 후보를 공산주의자라고 비난한 민주당의 윤보선 후보 등은 지배 이념으로서 반공주의가 갖는 정치적 의미를 보여주는 단적인 사례였다.[24]

마지막으로, 북서유럽과 한국이 자본주의 세계체계에서 갖는 상이한 지위에 주목할 필요가 있다. 19세기 말과 20세기 초에 북서유럽 사민주의의 본산이라고 할 수 있는 독일은 미국과 자본주의 세계체계의 패권을 다투는 핵심부의 국가였다.[25] 반면 한국은 19세기 말에 일본에 의해 자본주의 세계체계의 주변부로 강제로 편입되었고 1945년 해방 이후에는 미국이라는 자본주의 세계체계의 패권국의 지배(또는 강력한 영향력)하에 놓여 있었다. 유럽에서 사민주의의 정치세력화는 주로 국민국가 내에서 자본가계급, 파시스트, 공산주의 세력 간 권력관계의 문

....

20 Smith. 『20세기 유럽의 좌익과 우익』. pp.31-32.
21 Smith. 『20세기 유럽의 좌익과 우익』. pp.92-93.
22 김금수. 『세계노동운동사 2』. p.283.
23 여기서 반공주의는 공산주의와 사민주의 모두를 포함한다.
24 강명세(2015). "반공주의와 정당체제의 왜곡." 김동춘·기외르기 스첼·크리스토프 폴만 편. 『반공의 시대: 한국과 독일, 냉전의 정치』. pp.158-174. 서울: 돌베개. p.160; 서중석. 『대한민국 선거이야기』. p.104, 107.
25 Arrighi. *The Long Twentieth Century: Money, Power, and the Origins of Our Times*; Arrighi et al. "세계사의 관점에서 본 서양의 패권."

제였다. 반면 한국에서 사민주의의 정치세력화는 국민국가(식민지) 내 권력관계의 문제인 동시에 자본주의 세계체계 내 권력관계의 문제였다. 배링턴 무어가 지적한 것과 같이, 한국과 같은 소국에서 정치경제는 국민국가 내의 세력관계에 의해 결정되기보다는 강대국에 의해 결정되었다.[26] 이러한 이유로 해방 이후의 한국에서 사민주의의 정치세력화는 동북아시아에서 미국이 구축해놓은 냉전이라는 국제질서에 대해 도전하지 않고는 불가능했다. 이완범은 "대한민국 탄생에서 미국이 '산파'였다고 이야기하는 것은 미국의 역할을 과소평가한 것이고 미국은 대한민국을 탄생시킨 '창조자'"라고 했다.[27] 주변부 국가인 한국의 좌파세력은 미국이 주도하는 국제질서를 거스를 수 있는 객관적·주체적 역량이 없었다. 더욱이 한국전쟁을 경험한 대중은 반미로 비추어질 수 있는 사민주의를 용인할 수 없었을 것이다. 적어도 1980년 5월 광주민주화운동 전까지 한국에서 친미는 모든 좌파에 반대한다는 의미로 반공과 동일한 의미였다.[28] 정리하면, 세계체계의 주변부, 분단, 한국전쟁 등과 같은 한국의 특수한 조건으로 인해 한국에서 사민주의는 자신을 공산주의와 구분하는 정치적 정체성을 형성하는 데 실패했다. 1948년 남한 단독정부 수립과 1950년 한국전쟁 이후 한국 사회에서 '반공'은 공산주의만이 아닌 사민주의를 포함한 모든 좌파와 진보세력을 탄압하는 정치적 명분이 되었다. '반공'은 어떤 현실 정치세력도 거스를 수 없는 이념이었다.

2. 제도정치 영역에서의 권력관계의 특성과 변화

1) 보통선거권

해방과 독립국가 수립이라는 열기와 기대가 고스란히 남아 있던 1948년, 대

....

26   Moore. *Social Origins of Dictatorship and Democracy: Lord and Peasant in the Making of the Modern World.*
27   이완범(2015). "한국의 반공주의와 친미주의." 김동춘·기외르기 스첼·크리스토프 폴만 편. 『반공의 시대: 한국과 독일, 냉전의 정치』. pp.321-346. 서울: 돌베개. p.323.
28   이완범. "한국의 반공주의와 친미주의." p.322.

다수 조선인들에게 남한만의 단독정부 수립은 상상할 수 없는 일이었다. 이러한 상황에서 점령 당국은 남한만의 단정 수립의 정당성을 확보하기 위해 국제적으로는 유엔의 승인과 국내적으로는 보통선거권을 제도화했다.[29] 서유럽에서 보통선거권은 사회주의 정당이 부르주아 권력으로부터 쟁취한 '전리품'이었다.[30] 대중정당으로서 사회주의 정당의 전환 또한 1차 세계대전을 전후해 확산된 보통선거권의 실현이 있었기 때문에 가능했다.[31] 더욱이 보통선거권으로 대표되는 민주주의의 실현은 복지국가의 발전과 밀접히 관련되어 있다고 알려져 있기 때문에 보통선거권의 실현 여부는 분배체계의 성격을 결정하는 핵심 요소이기도 하다. 보통선거권을 통해 행사되는 민주주의는 무산계급이 사적소유권을 합법적으로 통제하고 분배문제를 정치화할 수 있는 강력한 수단이기 때문이다.[32] 하지만 한국에서 보통선거권은 노동자계급의 전리품이 아니었다. 한국에서 보통선거권은 단정 수립의 취약한 정당성을 상쇄하기 위한 수단으로 미국이 이식한 제도였다.

더욱이 모든 시민에게 동등한 권리와 의무가 주어지는 보통선거권이 실시된다고 해서 사적소유를 공적으로 통제할 수 있는 "권리의 효과적인 행사에 필요한 조건들"이 자동적으로 만들어지는 것은 아니다.[33] 당시 한국이 바로 그런 상황이었다. 제한 없는 보통선거권의 도입을 둘러싸고 논쟁이 있었지만 서구와 같이 보통선거권을 둘러싼 계급 간의 격렬한 투쟁은 없었다. 문제는 이렇게 점령국인 미국에 의해 위로부터 제도화된 보통선거권이 서구와 달리 민주주의와 복지국가를 확대하기보다는 당시 한국 사회의 계급적 요구와 의제의 조직화를 봉쇄하는 역할을 했다는 점이다.[34] "불평등주의적이고 귀족주의적 측면"과 "평등주의적이고 민

....

29   오유석(1997). "한국 사회균열과 정치사회구조형성 연구: 제1공화국 총선거를 중심으로." 이화여자대학교 사회학과 박사학위논문. p.56.
30   김금수. 『세계노동운동사 1』. pp.457-458.
31   Esping-Andersen. *The Three Worlds of Welfare Capitalism*. p.93.
32   Esping-Andersen. *The Three Worlds of Welfare Capitalism*. p.10.
33   Preworski, A.(2001[1995]). 『지속가능한 민주주의』. 김태임·지은주 역. (*Sustainable Democracy*). 서울: 한울아카데미. pp.97-98.
34   오유석. "한국 사회균열과 정치사회구조형성 연구."

남한만의 단독정부 수립이었다. 지금까지 지속되고 있는 남북 대립과 민족 분단이 공식화되는 시점이었다 (출처: 행정자치부 국가기록원, 2011년 6월 이달의 기록).

주주의적인 측면"을 갖고 있는 선거의 이중적 성격 중 전자가 후자를 압도했던 것이 당시 한국 사회에서 보통선거권이 갖는 의미였다.[35] 한국에서 보통선거는 민중의 대리인 또는 하인을 임명하는 민주주의의 과정이 아니라 우월한 사람과 지도자를 등용하는 귀족주의적 방법이었다.[36] 미국에서 노동계급 정당이 출현하지 못했던 것도 도시 프롤레타리아가 자신의 요구를 조직화하기 전에 대의제 정부와 광범위한 선거권이 도입되었기 때문이다.[37] 한국의 상황도 기본적으로 미국과 다르지 않았다. 사실 한국의 상황은 미국보다 더 좋지 않았다. 한국에서는 독자적인 계급 정당이 출현할 수 있는 중요한 전제인 노동자와 농민 조직은 미군정을 거치면서

....

35 Manin, B.(2004[1997]). 『선거는 민주적인가』. 곽준혁 역. (*The Princeples of Representative Government*). 서울: 후마니타스. p.188.

36 Shmitt, C.(1928). *Verfassungslehre, §19*. Munich: Dunker & Humblot. p.257; Manin. 『선거는 민주적인가』. p.189에서 재인용.

37 Daalder, H.(2011). *State Formation, Parties and Democracy: Studies in Comparative European Politics*. Colchester: ECPR. p.83.

이미 무력화된 상태였기 때문에 보통선거권이 도입된다고 해서 노동자나 농민이 자신의 이해를 대변하는 독자적 계급 정당을 만들 수 있는 상황이 아니었다. 보통선거권은 남한만의 단독정부 수립에 절차적 정당성을 부여하는 행위인 동시에 반공주의를 공식적으로 승인함으로써 한국의 정치 지형을 반공주의 단정세력 중심으로 고착화시키는 것이었다. 선거는 반공주의 단정세력의 독무대였고, 민중은 단지 그들이 지도자가 되는 합법적 과정에 동원된 대상에 불과했다.

보통선거가 계급 이해를 대의하는 대리기관, 대리인, 하인을 뽑는 과정이 아닌 반공주의와 단정세력을 승인하는 요식행위가 되자, 선거는 계급 간의 이념과 이해가 경쟁하는 공간이 아닌 연고주의에 의해 유력 인사를 선출하는 인물 중심의 선거로 바뀌었다. 이런 상황에서 당시 민중이 직면한 사회위험에 대응하는 복지정책이 선거의 쟁점이 될 가능성은 거의 없었다. 필요에 따라 간간이 복지정책이 선거공약으로 제시된 적은 있지만 복지정책이 선거의 핵심 쟁점이 되거나 선거 결과에 영향을 주는 경우는 없었다. 설령 복지정책이 중요한 이슈였다고 해도 선거에서 승리한 집권세력이 공약을 실천하도록 강제할 조직화된 정치세력은 없었다. 계급정치 자체가 불가능한 상황이었다. 이러한 선거 양태는 노동자계급, 농민, 좌파 등 시민사회의 정치세력화가 봉쇄되면서 나타난 필연적 결과였다. 보수 양당이 지배하는 권력관계가 만들어진 것이다. 1948년은 위로부터 주어진 귀족주의적 보통선거를 민주주의적 보통선거로 전환하기 위한 험난하고 고된 출발점이었다. 단정 수립 이후부터 5·16군사쿠데타까지 권력관계에 대한 이해는 바로 당시 보통선거가 갖는 의미를 이해할 때 가능해진다.

2) 권력관계의 형성과 변화

남한 단독정부의 수립 과정 자체가 좌파세력을 축출하는 방식으로 진행되면서 노동자, 농민 등 기층 민중세력의 전면적 정치적 탈동원화가 이루어졌기 때문에, 단정 수립 전후부터 1960년대 초까지 제도권의 권력관계를 구성했던 핵심 세력은 권위주의 세력을 대표하는 이승만의 자유당과 친일지주계급에 기원을 두고 있는 보수정당인 민주당(한민당)이라는 두 보수정당이었다. 무소속 소장파는 이

표 10.2 제1·2공화국 정당별 의석 수 변화(1948년 9월~1961년 5월)

		제1당	제2당	제3당	제4당	무소속	총 의석수
제헌의회	개원 1948.9.22.	대한독립촉성국민회의 55	한국민주당(한민당) 29	대동청년단 12	기타 19	85	200
	폐원 1950.5.30.	대한국민당 71	민주국민당 68	일민구락부 30	-	29	
제2대 국회	개원 1950.6.19.	민주국민당 27	대한국민당 17	국민회 13	기타 23	124	204
	폐원 1954.4.30.	자유당 99	민주국민당 20	-	-	60	179
제3대 국회	개원 1954.6.5.	자유당 111	민주국민당 16	국민회 3	기타 3	70	203
	폐원 1958.5.29.	자유당 131	민주당 46	-	-	24	201
제4대 국회	개원 1958.6.9.	자유당 125	민주당 79	통일당 2	-	26	232
	폐원 1960.7.25.	민주당 68	자유당 48	제헌동지회 38	-	41	195
제5대 국회 (참의원)	개원 1960.8.8.	민주당 171	사회대중당 4	자유당 2	기타 3	53	233
	폐원 1961.5.16.	민주당 134	신민당 60	사회대중당 4	기타 2	30	231

출처: 중앙선거관리위원회. 선거통계시스템 역대선거: 당선인 명부. http://info.nec.go.kr/, 접근일 2016년 9월 30일; 박경미(2010). "제1공화국의 정당교체: 자유당과 민주당의 형성."『한국정당학회보』9(1): 5-37; 위키백과. 대한민국 제5대 국회. http://ko.wikipedia.org, 접근일 2016년 9월 30일.
참고: 회색 음영은 20석 이상 정당. 1~4대 폐원 당시 의석 수는 박경미의 자료를 참고했음. 제헌국회 기타 정당: 조선민족청년단 12석, 대한노동총연맹 1석, 대한독립촉성농민총연맹 2석, 조선민주당 1석, 대한청년단 1석, 한국독립당 1석, 교육협회 1석, 단민당 1석, 대성회 1석, 전도회 1석, 민족통일본부 1석, 조선공화당 1석, 부산일오구락부 1석. 제2대 국회 기타 정당: 대한청년당 10석, 한노동총연맹 2석, 사회당 2석, 일민구락부 3석, 민족자주연맹 1석, 대한부인회 1석, 불교 1석, 독로당 1석, 여자국민당 1석, 노농청년연맹 1석. 제3대 국회 기타 정당: 대한국민당 2석, 제헌국회의원동지회 1석. 제5대 국회 기타 정당: 한국사회당 1석, 통일당 1석, 기타 단체 1석.

두 정당 사이에서 유동하고 부침했던 조직화되지 못한 중도세력이었다. 〈표 10.2〉는 1950년대에 권력관계가 조직화되지 못한 중도세력이 몰락하고 이승만의 자유당과 민주당이라는 반공주의 보수양당체제로 고착화되는 과정을 보여준다.

이승만-민국당의 불안정한 연대: 제헌의회

제헌의회 선거는 좌파가 배제된 상태에서 우파만이 참여한 선거였음에도 우파의 헤게모니가 관철된 선거는 아니었다.[38] 제헌의회의 초기 구성을 보면 이승만의 대한독립촉성국민회의(55석)가 제1당, 한국민주당(29석)이 제2당, 지청천의 대동청년단(12석)[39]이 제3당이 되어 우파정당만이 제도권으로 진입한 것처럼 보인다. 하지만 42.5%(85석)의 제헌 국회의원이 무소속이었다는 사실은 제헌국회에서 우파의 전일적 지배가 관철되지 않았다는 것을 의미한다. 실제로『조선일보』의 보도에 따르면, 제헌국회가 개원하기 전인 1948년 6월 13일 53명의 무소속 의원들은 '무소속 구락부'를 결성해 "평화적 남북통일 진취와 균등사회 건설"을 위해 노력할 것이라고 선언함으로써 우파 단정세력과 분명한 선을 그었다.[40] 이렇게 초기 제헌의회의 권력관계는 이승만과 한민당이 경쟁하는 구도에 중도적 성향의 무소속 그룹이 가세하는 3자 구도가 형성되었다. 흥미로운 사실은 반공주의 단독 정부를 수립하기 위해 이승만과 연합했던 한민당이 스스로 야당임을 선언했고 이승만 또한 한민당을 배제하는 전략을 취했다는 점이다.[41] 이승만 세력이 보수적인 한민당과 무소속 그룹에 의해 포위되는 소위 여소야대 구도가 만들어진 것이다. 여소야대 구도는 이승만의 정치적 기반을 취약하게 만들었다. 이승만이 반대했던 '반민족행위처벌특별법'과 '지방자치법'의 제정은 제헌국회에서 이승만의 정치적 취약성을 보여주는 대표적인 사례라고 할 수 있다.

1948년 10월 19일 제주도(4·3항쟁) 진압에 반대해 여수에 주둔하고 있던 국군 제14연대가 일으킨 봉기는 이승만에게 천우신조와 같은 역전의 기회를 제공했다. 여순사건을 계기로 이승만이 정국을 반공 구도로 전환시키자 야당을 선언했던 한민당은 이승만과 연대하지 않을 수 없었다.[42] 여순사건은 당시 이승만의 반대에도 불구하고 미군 철수를 결의했던 제헌국회가 미군 철수 연기를 결의하고 국가보안법이 제정되는 결과로 이어졌다. 특히 일제의 치안유지법을 모태로

....

38   정영국(1998). "정치지형의 변화와 5·30선거." 한국정신문화연구원 현대사연구소 편.『한국현대사의 재인식 3: 한국전쟁 직전의 한국 사회 연구』. pp.157-201. 서울: 도서출판 오름. p.163.

39   이승만의 반공주의와 단정 수립 노선을 지지했다. 단정 수립 이후에 이승만의 지시로 대한청년단으로 통합된다.

40   정영국. "정치지형의 변화와 5·30선거." p.164.

41   정영국. "정치지형의 변화와 5·30선거." pp.166-167.

42   정영국. "정치지형의 변화와 5·30선거." pp.170-183.

1948년 5월에 남한 단독선거를 통해 구성된 제헌 국회의원 기념사진(출처: 국회 기록보존소).[43]

만들어진 국가보안법의 제정은 권위주의 정권에게 반대세력을 제압할 수 있는 강력한 힘을 주었다. 국가보안법의 영향력은 강력했다. 국가보안법은 한국 사회의 이념적 기초와 실천을 담은 법이 되었다.[44] 이승만은 정국을 재편했고 한민당도 1949년 2월 10일에 대한국민당의 신익희와 대동청년단의 지청천 세력을 규합해 민주국민당(민국당)으로 세력을 확대했다. 이후 민국당과 연합한 이승만은 1949년 6월에 김구 암살, 국회 프락치 사건, 반민특위 해체로 대표되는 중도세력에 대한 대공세를 감행했다. 특히 반민특위의 해체는 사실상 해방 정국에서 가장 중요한 민족적 과제 중 하나였던 친일파 척결이 불가능해졌다는 것을 의미했다. 중도세력이 무너지자 권력관계는 이승만 세력(대한국민당과 일민구락부) 대 민국당의 구도로 재편되었다. 제헌국회 개원 당시 85명에 달했던 무소속 국회의원의 수는 29명으로 감소했다.

....

43   http://yeongook.tistory.com/145
44   최장집(2005). 『민주화 이후의 민주주의』. 서울: 후마니타스. p.77.

제2대 국회는 제헌의회와는 상이한 지형 위에서 출발했다. 제2대 선거에서도 당시 한국 사회의 가장 중요한 문제였던 미가 폭등, 토지개혁, 빈곤, 실업 등 민생문제는 핵심 쟁점이 되지 못했다.[45] 노동자, 농민 등 기층 민중과 좌파의 정치세력화가 원천적으로 차단된 상황에서 민중의 복지문제가 선거의 핵심 쟁점이 될 가능성은 거의 없었다. 특히 농지개혁은 농민을 보수화시킴으로써 당시 유권자의 대부분을 구성하고 있던 농민을 체제내화했다. 1949년 6월 대공세 이후에는 친일파 문제도 더 이상 쟁점이 되지 못했고 통일은 반공통일로 일원화되었다. 하지만 제2대 총선은 몇 가지 점에서 초대 선거와는 달랐다. 먼저 단정 수립을 거부했던 중도세력이 단정을 기정사실로 받아들이고 총선에 참여했다. 한국 정치사에서 보기 드물게 보수 대 진보의 구도로 선거가 치러진 것이다.[46] 그렇다고 분배문제가 선거의 쟁점이 되었다는 것은 아니다. 앞서 언급했듯이 자신의 이해를 대변하는 정당을 만들지 못한 상황에서 사람들은 여전히 정당이 아닌 인물 중심의 선거를 했고 연고주의는 이념과 계급 이해를 대신했다. 당시 주한 미국 대사였던 무초(John Mucho)는 제2대 총선에 대해 "입후보자의 이슈나 정당보다도 훨씬 더 크게 작용하는 것은 후보자의 가족관계, 개인적 명망, 조직적 자원, 출생지 또는 연고자들이 가장 많은 지역의 유권자 수"라고 미국 국무성에 보고했다.[47]

제2대 총선은 한국 복지국가의 발전을 제약했던 반공주의 색깔 공세가 본격적으로 동원되기 시작한 첫 선거이기도 했다. 이승만은 전국을 돌며 공개적으로 공산당이 국회에 침입할 수 있기 때문에 중도파를 당선시켜서는 안 된다는 색깔 공세를 펼친 것은 물론 중간파가 남로당과 내통하고 중간파에 침투한 100명의 남로당 프락치를 검거 중이라고 발표했다.[48] 보수세력의 주된 선거 전략인 색깔 공세가 이때부터 시작된 것이다. 하지만 이승만과 민국당은 대패했다. 대한민국

....

45   오유석. "한국 사회균열과 정치사회구조형성 연구." p.77.

46   서중석(2008). 『대한민국 선거이야기』. 서울: 역사비평사. p.55.

47   The Ambassador in Korea to the Secretary of State, May 27, 1950. *FRUS 1950* vol. 7. pp.89-92;
     오유석. "한국 사회균열과 정치사회구조형성 연구." pp.89-90에서 재인용.

당은 71석에서 17석으로 무려 54석이나 의석 수가 감소했고, 민국당은 68석에서 27석으로 주저앉았다. 반면 124명의 무소속 의원이 당선되었다. 제헌국회를 주도했던 이승만 세력과 민국당에 대한 심판이었다. 무소속을 모두 중도파라고 할 수는 없지만, 무소속 의원의 상당수가 중도파였던 것으로 보인다. 실제로 무소속 의원들은 전쟁 기간 동안 이승만 정권의 거창 양민학살 사건에 대한 진상조사 시도와 '부역행위특별처리법'과 '사형금지법'을 제정하는 등 인권유린에 대항해 싸웠다. 이승만 정권은 무려 55만 명의 국민을 부역자로 집계했고, 2005년 12월에 출범한 진실과 화해위원회는 최소 수만 명에서 최대 수십만 명이 우파에 의해 학살되었다고 기록했다.[49] 한국전쟁을 거치면서 사람들에게 '부역 =빨갱이'이라는 낙인은 천형에 가까운 징벌이었다. 한국 정치는 한국전쟁으로 만들어진 반공 프레임을 넘어설 수 없었다. 전쟁 기간 상당수의 진보정치세력이 월북 또는 납북되면서 전쟁 이후 반공체제는 더욱 강화되었다. 만약 전쟁이 발발하지 않았다면 제

전쟁으로 파괴된 다리를 넘어 피난을 떠나는 시민들의 모습. 이 많은 사람들은 한국전쟁과 북한에 대해 어떤 생각을 하고 있었을까?(출처: 행정자치부 국가기록원. 2016년 6월, 이달의 기록).

....

48   서중석. 『대한민국 선거이야기』. pp.56-57.
49   김학재. "자유진영의 최전선에 선 국민." pp.43-45.

도정치권의 권력관계는 보수세력 대 이를 견제하는 중도세력의 구도로 만들어질 수도 있었다.[50] 한국전쟁의 발발로 당시 민중의 가장 중요한 과제는 '쌀'보다도 '반공주의'의 광풍에서 살아남는 것이었다.

보수양당체제의 시작: 제3대 국회의원 선거

처음으로 정당공천제가 시행된 1954년의 5·20선거는 자유당의 압승과 민국당의 패배였다. 자유당은 과반 의석이 넘는 111석을 확보했고 민국당은 16석을 얻는 데 그쳤다. 압승한 이승만 정권은 사사오입 개헌을 통해 대통령 중임제를 철폐하고 제헌헌법의 사민주의 경제조항을 시장주의 경제조항으로 개정했다. 무소속이 70명 당선되었지만 자유당과 민국당(이후 민주당)의 양당 구도가 강화되면서 정치적으로는 의미 없는 세력이 되었다. 이승만은 자신의 권위주의 체제를 뒷받침하기 위해 자유당을 재편했고, 민국당은 반독재 단일 야당의 창당을 추진했다.[51] 반공과 반독재를 전면에 내건 단일 야당을 창당하려는 시도의 결과, 좌파를 배제하고 반공주의와 반이승만에 동의하는 장면을 위시한 홍사단계, 자유당 탈당 정치인과 일부 무소속 의원 등 보수세력이 집결하는 형태로 민주당이 창당되었다. 친일·지주세력의 정당으로 출발했던 보수야당이 반독재정당으로 변신하면서 반공주의와 단정이라는 정치이념을 같이했던 지배 연합이 분열되었다.[52]

한편 좌파활동 경력으로 인해 민주당 창당 과정에서 배제되었던 중도파는 진보당이라는 독자 정당의 창당을 시도했다. 진보당은 제헌국회에서 "평화적 남북통일 진취와 균등사회 건설"이라는 지향을 가졌던 중도세력의 정치세력화를 시도했다. 최장집은 이러한 진보당의 창당을 한국 "정당 체제에 큰 영향을 남기

....

50 오유석. "한국 사회균열과 정치사회구조형성 연구." p.92; 서중석. 『대한민국 선거이야기』. p.60.
51 오유석. "한국 사회균열과 정치사회구조형성 연구." p.112.
52 반독재 야당인 민주당의 창당은 이승만 권위주의 체제의 붕괴가 시작되는 출발점으로 평가받기도 한다. 이완범(2004). "1950년대 후반 한국정치사 연구: 이승만 정부 몰락 과정에서 일어난 보안법 파동을 중심으로." 문정인·김세중 편. 『1950년대 한국사의 재조명』. pp.459-494. 서울: 선인. p.466.

지 못한 하나의 에피소드에 지나지 않았다."고 평가했다.[53] 사실 진보당의 대중적 기반은 매우 취약했다. 대중조직과 시민단체는 진보당에 참여하지 않았다. 당시 사람들은 진보당이 공산당과 같이 세포조직으로 움직였기 때문에 공산주의에 편향되었다는 의구심을 갖기도 했다.[54] 만약 진보당의 대중적 기반이 튼튼했다면 진보당에 대한 이승만 정권의 탄압에 민중이 그렇게 무관심한 반응을 보이지는 않았을 것이다. 진보당과 조봉암에 대한 지지는 지식인들에 국한된 것이었다.[55] 하지만 이러한 평가는 1956년의 5·15선거에서 대통령 후보였던 조봉암이 얻었던 216만 표를 설명하기 어렵다. 민주당이 끝까지 진보당과의 연대를 거부했다는 점을 고려하면, 조봉암이 얻은 216만 표를 단순히 민주당 신익희 후보의 급사만으로 설명할 수는 없다. 미군정과 한국전쟁을 거치면서 괴멸적 타격을 받았던 진보세력이 영호남을 중심으로 여전히 살아남아 있었다는 것은 도농과 지역 득표율의 분석해보면 확인할 수 있다. 진보당에 대한 지지는 이승만 독재에 대한 민중의 분노, 진보당의 평화통일과 사민주의에 대한 지지라고 해석할 수 있다.[56] 물론 단순히 여촌야도와 반이승만 정서가 반영된 것이지 진보에 대한 지지는 아니었다는 해석도 가능하다.[57]

여하튼 제3대 국회 후반으로 가면 자유당은 131석으로 민주당은 46석으로 의석 수를 늘렸다. 반면 무소속의 의석 수는 70석에서 24석으로 감소했다. 전쟁은 좌파는 물론 중도의 정치세력화도 무력화시켰다. 중간파가 제거되자 권력관계는 다시 반공과 단정 수립을 매개로 연대했던 보수세력이 분화했다.[58] 민주당은 자유당과 암묵적으로 공모해 진보당을 해산시키고 조봉암을 사형시켰다.[59] 선

....

53 최장집. 『민주화 이후의 민주주의』. p.62.
54 성병욱(2006). "1950년대 진보당의 제약요인 연구."『대한정치학회보』14(2): 51-73. p.67.
55 박태균(2004). "1950년대와 조봉암 그리고 미국." 문정인·김세중 편. 『1950년대 한국사의 재조명』. pp.495-524. 서울: 선인. p.513.
56 손호철(1994). "분단후 한국 사회에서 '진보적' 투표형태에 관한 연구."『사회비평』11: 323-352. pp.34-35; 노경채(2010). "조봉암·진보당·사민주의."『한국민족운동사연구』64: 441-466. p.451.
57 오유석. "한국 사회균열과 정치사회구조형성 연구." p.13.
58 오유석. "한국 사회균열과 정치사회구조형성 연구." pp.100-102.
59 오유석(1994). "1950년대 정치사." 강만길·김남식·김영하·김태영·박종기·박현채·안병직·정석

명한 반독재 민주주의 세력으로서 진보당의 등장은 자유당보다는 민주당의 존립을 더 위협할 수 있었기 때문이다. 민주당의 존립 근거는 자신보다 더 민주적인 세력이 존재하지 않을 때 유의미했다. 더욱이 1958년의 총선을 앞두고 자유당과 민주당은 자신들에게 이롭게 선거법을 개정했다. 자유당은 민주당이 원했던 무소속과 군소정당의 원내 진입을 봉쇄하기 위해 입후보자의 기탁금제도를 신설하는 것과 선거구를 소선거구제로 바꾸는 것에 동의하고, 민주당은 자유당이 요구했던 언론의 중립성을 법제화하는 것으로 선거법을 개정했다. 소위 협상선거법이라고 불리는 선거법 개정이 이루어진 것이다. 협상선거법은 1958년 총선 이후에 제도정치권의 권력관계가 보수양당체제로 고착화되는 중요한 계기가 되었다.[60]

보수양당체제의 공고화: 제4대 국회의원 선거

진보세력이 제거된 권력관계에서 민주당은 자유당 독재에 맞설 수 있는 유일한 대안세력이 되었다. 1958년의 5·2총선은 민주당이 자유당의 대안세력이 될 수 있다는 것을 확인시켜준 선거였다. 민주당의 의석 수가 33석 증가한 것에 반해 자유당의 의석 수는 역대 선거 중 가장 극심한 부정선거를 자행했음에도 불구하고 6석이 줄어들었다. 여촌야도 현상도 분명해졌다.[61] 서울의 16개 선거구 중 민주당은 14곳에서 당선자를 냈지만 자유당은 서대문에서 1명의 당선자를 냈다. 민주당의 승리였고, 민주당이 친일정당, 지주정당이라는 부정적 이미지를 벗고 반독재투쟁에 앞장서는 정당으로 성공적으로 변신한 것처럼 보였다. 하지만 공천자의 면면을 보면 민주당 후보가 자유당 후보보다 더 보수적이었다. 자유당 공천자의 50%가 산업자본가였다는 점에서 자유당이 민주당보다 더 근대적 정당

········

　　종·정창렬·조광·최광식·최장집 편. 『한국사 17: 분단구조의 정착-1』. pp.399-426. 서울: 한길사. p.413.

60　이철순(2004). "1950년대 후반 미국의 대한정책." 문정인·김세중 편. 『1950년대 한국사의 재조명』. pp.275-342. 서울: 선인. p.308.

61　서중석. 『대한민국 선거이야기』. pp.105-106.

1956년 대통령 선거 선전물을 보면 "못살겠다. 갈아보자"는 민주당 신익희와 장면 정·부통령 후보의
포스터(사진 상)와 "가러봤자 더 못 산다"는 이승만을 지지하는 단체의 벽보(하)가 대조를 이루며 흥미를
자아내고 있다. 아래 사진의 왼쪽에는 "반공의 상징, 민족의 태양, 우리의 태양 리승만을 대통령으로"라고
쓰여 있다(출처: 한겨레, 기록으로 보는 그 시설 선거풍경).

의 형태를 갖추고 있었던 것 같다.[62] 한편 역대 총선에서 3분의 1 가까이 당선자를 냈던 무소속 의원 수는 26석으로 감소했다. 명실상부하게 자유당과 민주당 보수양당체제가 구축된 것이다. 1958년의 5·2총선은 한국 사회에서 제도권 권력관계를 결정하는 정초 선거가 되었다.[63]

1958년의 5·2총선을 통해 공고화된 보수양당체제는 한국 정치지형에 두 가지 중요한 성격을 주조했다. 하나는 제도권에서 경쟁하는 두 보수정당 모두 동일한 이념을 공유했다는 점이다. 반공주의는 이들을 확실하게 결속시킨 동아줄이었다. 보수양당의 계급적 기반도 동일했다.[64] 1960년 4·19혁명의 결과가 민중의 이해와 다르게 변질된 것도 결국 민주당의 정치적 기반이 자유당과 동일했기 때문이다. "이승만 없는 이승만 체제"가 만들어진 것이다. 하지만 중요한 차이도 있었다. 자유당이 권위주의 체제를 지향했던 반면 민주당은 반독재와 절차적 민주주의를 지향했다. 이것이 1960년의 7·28선거에서 민주당이 혁신계 정당을 누르고 국민으로부터 압도적 지지를 얻을 수 있었던 이유였다. 또 다른 차이는 자유당은 영남 출신이 상대적으로 많았고(32.8%) 민주당은 호남 출신(31.4%)이 상대적으로 많았다는 점이다.[65] 1960년대 군사독재에 의해 조장된 지역주의의 뿌리가 이미 이 시기에 싹트고 있었다고 할 수 있다. 5·2총선에서 민주당의 약진은 이승만 권위주의 체제를 위태롭게 했다.[66] 다른 하나는 계급적·계층적 이익이 계급 스스로에 의해 조직화되고 대표되지 못하는 구조가 형성된 것이다.[67] 계급이 스스로의 이해를 조직화하고 정치화하지 못하는 상황에서 분배를 둘러싼 복지정

....

62 오유석. "한국 사회균열과 정치사회구조형성 연구." pp.126-129.

63 최장집. 『민주화 이후의 민주주의』. p.65.

64 김동춘(1994). "4월 혁명." 강만길·김남식·김영하·김태영·박종기·박현채·안병직·정석종·정창렬·조광·최광식·최장집 편. 『한국사 18: 분단구조의 정착-2』. pp.303-333. 서울: 한길사. p.323; 유재일(1994). "제2공화국의 사회갈등과 정치변동." 강만길·김남식·김영하·김태영·박종기·박현채·안병직·정석종·정창렬·조광·최광식·최장집 편. 『한국사 17: 분단구조의 정착-1』. pp.427-454. 서울: 한길사. p.429; 최장집. 『민주화 이후의 민주주의』. p.63.

65 박경미(2010). "제1공화국의 정당 교체: 자유당과 민주당 형성." 『한국정당학회보』 9(1): 5-37. p.30.

66 이완범. "1950년대 후반 한국정치사 연구." p.466.

67 최장집. 『민주화 이후의 민주주의』. p.63.

치는 존재하기 어려웠을 것이다. 복지정치가 없는 상황에서 만약 누군가 복지를 말한다면 그 복지는 서로 다른 이해를 가진 정치세력 간의 합의와 타협의 결과가 아닌 선심성 정책이거나 취약계층에 대한 시혜적 복지였을 것이다.

보수양당체제의 짧은 균열: 제5대 국회의원 선거

4·19혁명으로 이승만 권위체제는 붕괴 직전에 이르렀지만 이승만은 쉽게 권좌에서 물러나지 않았다. 사실 미국은 (1959년 7월 1일에) 조봉암에 대한 사형을 집행한 이승만 체제를 비관적으로 보고 있었다.[68] 미국은 남미에서 사회주의 혁명이 일어나기 전에 미리 개혁적 조치를 취해 반미정권이 들어서지 않게 하는 '혁명의 선점(Preempting Revolution)'과 유사한 전략을 한국에서도 구사했다. 1960년 4·19혁명이 일어나자 미국은 이승만 정부와 절연했고 자신의 통제하에 있던 군부에게 중립을 지킬 것을 요구했다. 또한 과도정부에 대해서는 반공주의를 유지할 것과 이승만 정권의 핵심인사들에 대한 처벌에 신중을 기할 것을 요구했다. 이승만의 퇴진에는 미국의 '혁명의 선점 전략'이 주효했다.[69] 주한 미국 대사 월터 매카나기(Walter McConaughy)는 이승만을 미국의 국부인 조지 워싱턴(George Washington)에 비유하면서 "한국 민족의 진정한 아버지"라고 치켜세우고, "너무 오랫동안 너무 많은 일을 해온 연로한 정치가는 그의 책무로부터 벗어나 존경받는 자리로 은퇴하고, 특히 지금과 같이 복잡하고 어려운 시기에는 정부의 부담을 젊은 사람에게 넘겨주어야 한다고 국민이 믿는 때"라면서 이승만의 퇴진을 종용했다. 이승만은 물러났고, 한국은 남미와 달리 조직화된 좌파나 중도세력이 없었기 때문에 미국은 혁명을 개량화하는 데 성공했다.[70]

1960년의 7·28선거는 이런 조건에서 치러졌다. 결과는 민주당의 압승이었다. 민주당은 전체 233석 중 171석을 차지해 제1당이 되었고 자유당은 단지 2명의 당선자를 냈을 뿐이었다. 안타까운 점은 적어도 60~70석을 예상했던 혁신계

....

68   이철순. "1950년대 후반 미국의 대한정책." p.324.
69   이철순. "1950년대 후반 미국의 대한정책." pp.337-339.
70   이완범. "1950년대 후반 한국정치사 연구." pp.492-493.

민주주의를 회복하기 위해 거리로 나선 대학생들의 모습이 결의에 차 있다(출처: 국가보훈처 공식블로그).[71]

정당인 사회대중당과 한국사회당이 각각 4석과 1석을 얻는 데 그쳤다는 것이다. 물론 선거는 공정하지 못했다.[72] 금권선거가 판을 쳤고, 선거를 중립적으로 관리해야 할 과도정부는 혁신계의 통일방안의 용공성을 문제 삼으며 선거에 개입했다. 그러나 혁신계 정당이 패배한 가장 중요한 이유는 진보당이 그랬던 것처럼 대중적 기반을 갖지 못했기 때문이다. 대중은 이승만 독재정권에 대항해 투쟁했던 민주당의 손을 들어주었다. 하지만 민주당이 이러한 평가를 받는 것이 정당한 것인지는 논란의 여지가 크다. 사실 이승만 권위주의 체제하에서 미국은 장면이 부통령으로 당선되자 민주당에 자유당에 협조하는 충성스러운 야당이 될 것을 요구했고,[73] 민주당의 반독재 투쟁은 미국이 설정한 범위를 크게 벗어나지 않았다. 1960년 3월 15일 정·부통령 선거를 중단시키자는 민주당 내 의견이 많았지

....

71 http://mpva.tistory.com/1685
72 유병용(1998). "장면정권의 성립과 붕괴." 한국정신문화연구원 현대사연구소 편. 『한국현대사의 재인식 5: 1960년대의 전환적 상황과 장면정권』. pp.69-118. 서울: 도서출판 오름. pp.71-74.
73 이철순. "1950년대 후반 미국의 대한정책." p.277.

만, 지도부는 선거 참여를 포기하지 않았다.[74] 또한 명백한 부정선거였음에도 불구하고 장면을 위시한 민주당 지도부는 이에 대한 분명한 입장을 밝히지도 않았다. 부정선거를 규탄하고 이승만의 퇴진을 요구하는 요구가 들끓었지만 민주당은 공식적으로 이승만의 퇴진을 요구하지 않았다. 이처럼 민주당은 혁명적 상황에서도 미국이 요구한 '충성스런 야당'의 역할에 충실했기 때문에 대중이 민주당을 독재 타도의 제1공로자로 생각하는 것은 일종의 신화에 가깝다.

충성스런 야당의 특성은 민주당 집권 이후에 그대로 드러났다. 민주당 정권은 이승만 권위주의 체제가 구축한 억압기구와 반공주의를 그대로 계승했다. 민주당 또한 기득권세력이기는 마찬가지였다. 민주당 의원의 절반 이상이 일제강점기에 일제 관료였거나 교사였다. 민주당 정권은 공약과 달리 부정선거 책임자를 처벌하지도, 부정 축재된 재산을 환수하지도, 사회경제적 개혁을 추진하지도 않았다. 반면 장면 정권은 4·19혁명 정신의 실천을 요구하는 학생과 민중의 요구를 반공임시특례법과 시위규제법을 입안하는 등 탄압했고,[75] 군대를 동원해 시위를 진압하겠다는 발언을 서슴지 않는 등 이승만 권위주의 체제와 유사한 모습을 보였다. 결국 이승만 정권에 대항했던 학생과 민중은 장면 정권의 퇴진을 요구하는 반체제운동을 전개했다.[76] 이 시기 반체제운동의 중요한 특성은 사회모순의 근원을 한반도 분단에서 찾았다는 점이다. 반체제운동은 정권이 바뀌었음에도 사회모순이 심화되었기 때문에 사회모순의 근원을 정권 자체의 문제가 아닌 분단 상황에서 찾게 된 것이다. 분단이 한국 사회의 발전을 저해하는 가장 중요한 원인으로 인식되기 시작한 것이다. 장면 민주당 정권에 대한 반대운동과 통일운동이 고조되면서 혁신세력은 재정비되기 시작했다. 더불어 내각 인선을 둘러싼 민주당 내 파벌 간의 대립으로 윤보선 세력이 탈당한 후 신민당을 창당해 장면 정권의 정치적 기반이 약화되었다. 이러한 상황이 벌어지자 미국은 다른 대안

....

74   홍석률(2010). "4월혁명과 이승만 정권의 붕괴 과정: 민주항쟁과 민주당, 미국, 한국군의 대응." 『역사문제연구』 36: 147-192. pp.153-155.
75   김동춘. "4월 혁명." p.328; 유병용. "장면정권의 성립과 붕괴." p.95.
76   유병용. "장면정권의 성립과 붕괴." p.86.

을 찾기 시작했다. 미국은 혁명을 개량화시키기 위해 차선책으로 선택한 장면 정권이 급진세력을 통제하지 못하자 군부를 대안으로 고려하기 시작했다.[77]

정리하면, 1950년대 후반부터 1960년대 초까지 권력관계의 특성은 이승만 독재정권과 이에 대항하는 학생, 지식인 등 도시지역의 시민사회세력 간의 대립관계를 기본 축으로, 제도권 내에서 지배세력 간의 정권교체를 둘러싼 자유당과 민주당 간의 대립을 보조 축으로 성립되었다.[78] 4·19혁명으로 이승만 정권이 무너지자 이승만의 자리를 민주당이 대신했고, 대립관계는 민주당 정권과 학생으로 대표되는 반체제세력 간에 형성되었다.

3. 권력자원

서구 복지국가의 역사적 경험을 보면 보편주의 복지체제의 태동은 강력한 노동계급(정당)과 농민계급(정당)의 연대를 통해 만들어진다. 독일처럼 농민이 지배세력의 헤게모니 하에 있을 경우 복지체제의 보편성은 상대적으로 약화되고, 조합주의 성격이 강화된다. 이는 복지국가의 태동시기 국민국가 내 핵심 권력자원의 강도와 연대의 성격이 그 사회의 복지체제의 성격을 결정했다는 것을 이야기해준다. 하지만 한국에서 복지제도의 도입과 확대는 서구 복지국가와 같이 분배를 둘러싼 주요계급들 간의 투쟁과 타협의 결과가 아니었다. 앞으로 살펴보겠지만 미군정, 한국전쟁, 이승만 정권을 거치면서 무력화된 노동계급, 농민, 지주계급과 이승만 정권이 육성한 자본가계급은 독자적인 정치세력으로서 자원의 권위적 분배에 참여할 정치적 역량을 갖고 있지 못했다. 이러한 이유로 한국에서 복지제도의 도입과 확장은 계급간의 갈등과 타협의 결과가 아닌 선거를 통해 정권이 유권자를 직접 동원하는 복지정치의 "선거동원모델화"가 나타났다고 할 수 있다. 이는 자원분배를 둘러싼 복지정치가 일상적으로 이루어지기 보다는 주기

....

77   이완범. "1950년대 후반 한국정치사 연구." p.493.
78   김수진(2008). 『한국 민주주의와 정당정치』. 서울: 백산서당. p.108.

적 선거 국면에 의존해 확장되고, 축소된다는 것을 의미한다. 이런 조건에서 권력 자원을 서구 복지국가와 동일한 프레임으로 보는 것은 적절하지 않다. 다만 권력 자원에 기초한 복지정치라는 미래의 관점에서 1950년대 권력자원의 구성과 특성을 접근하는 것이 타당해 보인다. 그렇다면 정부수립 이후 한국 사회의 권력 자원은 어떤 모습이었을까? 당시 권력자원의 성격을 규명하는 것을 통해 우리는 권력자원에 의해 구성되는 한국 복지체제의 모습을 상상할 수 있을 것이다. 여기서 『기원과 궤적』은 한국 복지정치의 핵심 주체인 농민, 노동자, 지주, 자본가 등을 중심으로 한국 사회의 권력자원을 살펴보려고 한다.

1) 농민: 체제내화된 계급

불행히도 당시 한국인의 대다수를 차지하고 있던 농민은 미군정하에서 전농이 해체되고 한국전쟁을 거치면서 정치적으로 무력화되었다. 이승만 정권 내내 농민은 전형적인 순응과 무관심의 표상이었다. 1950년대에 걸쳐 체제에 대한 농민의 어떠한 조직적 저항도 없었다.[79] 하지만 농민이 처음부터 무기력했던 것은 아니었다. 제헌헌법에 농지개혁을 명시할 수 있었던 것은 해방공간에서 뿜어져 나온 농민적 토지 소유에 대한 농민의 강력한 요구와[80] 이를 대변한 전농이라는 강력한 조직이 있었기 때문이다. 이런 전농이 미군정에 의해 해체되고 난 이후 농민조직은 대한독립촉성농민총동맹(이하 농총)이라는 우파조직만 남게 되었다.[81] 하지만 농총은 농민의 이해와 요구를 대변하는 조직이 아니었다. 1952년부터 대한농민회로 이름을 바꾼 농총은 자유당의 산하조직에 불과했다.[82] 예를 들어, 대한농민회가

....

79 이혜숙. 『미군정기 지배구조와 한국 사회』. p.580.
80 박명림(1994). "제1공화국의 수립과 위기." 강만길·김남식·김영하·김태영·박종기·박현채·안병직·정석종·정창렬·조광·최광식·최장집 편. 『한국사 17: 분단구조의 정착-1』. pp.289-335. 서울: 한길사. p.297.
81 이우재(1991). 『한국농민운동사연구』. 서울: 한울. pp.136-151; 최문성(1989). "농민에 대한 정치적 지배구조." 한국농어촌사회연구소 편. 『한국농업·농민문제연구 2』. 서울: 연구사; 이호철(1994). "농민운동." 강만길·김남식·김영하·김태영·박종기·박현채·안병직·정석종·정창렬·조광·최광식·최장집 편. 『한국사 18: 분단구조의 정착-2』. pp.221-268. 서울: 한길사. pp.262-263에서 재인용.
82 이호철. "농민운동." pp.263-266.

개최한 농민대회는 농민의 요구를 결집하는 대회가 아니라 정부 시책을 시달하는 자리에 불과했다. 아무런 역할을 하지 못했던 대한농민회마저도 1950년대 말이 되면 해체되고 만다. 전농이 해체된 이후에 계급운동조직으로서의 농민조직은 사라진 것이다. 물론 정치세력화의 시도가 전혀 없었던 것은 아니다. 1950년의 5·30 총선에서 우파 농민조직이 정치세력화를 시도했지만 성공하지 못했다.[83]

대한농민회 이외에도 농업협동조합, 4H클럽 등이 있었다.[84] 1950년대에 그나마 농민의 권익을 위해 활동했던 단체는 4H클럽 자원지도자, 정부가 추진하던 지역사회개발사업의 자원지도자, 농촌의 생활개선구락부를 만든 전국자원지도자연합회가 유일했다. 하지만 이들도 농민의 요구를 대변하지는 못했다. 농민의 자생적 조직으로 '전국농업기술자협회'도 있었지만 개별적인 소득 향상을 위한 활동 이외에 사회적 문제에 관심을 갖지는 않았다. 이러한 현상은 이승만 권위주의 체제가 농민운동의 활동 영역을 "단순한 기술 보급, 협동조합 건설, 교양교육"으로 축소시켰기 때문이기도 했지만, 한국전쟁을 거치면서 반공주의에 대항할 힘이 농민에게 남아 있지 않았기 때문이다. 더욱이 농민은 농지개혁을 통해 영세 자영농이 되면서 보수화되었다.

농민이 이승만 권위주의 체제의 헤게모니에 포섭되면서 이승만 정권과 농민 간의 수직적 연대가 성립되었다. 농지개혁은 미국의 입장에서는 남한에 자유민주주의의 수립과 유지를 위한 수단이었고, 이승만 정권에는 농민을 정치적 지지 세력으로 만들기 위한 가장 효과적인 도구였던 것이다.[85] 실제로 1950년대 농지개혁 과정에서 이승만은 지주의 농지 강매가 확산되자 공개적으로 "농민들은 지주들의 협박을 경찰에 신고하여 국가의 보호를 받으라"고 발언하는 등 자신과 농민 간의 연대를 공고히 하고자 했다.[86] 농지개혁으로 자영농이 된 농민과 이승만

....

83 오유석. "한국 사회균열과 정치사회구조형성 연구." p.79.
84 이호철. "농민운동." pp.262-263.
85 조석곤(2003). "농지개혁과 한국자본주의." 유철규 편. 『한국자본주의 발전모델의 역사와 위기』. pp.285-313. 서울: 함께읽는책. p.292; 오유석. "한국 사회균열과 정치사회구조형성 연구." p.77.
86 정영국. "정치지형의 변화와 5·30선거." p.178.

정권의 수직적 연대가 이루어지자 농민운동이 힘을 잃게 되었고, 복지정치를 주도해야 할 계급으로서 농민은 무기력한 집단이 되었다.[87]

2) 노동계급: 성장하는 계급

정부 수립 당시 제조업 노동자는 전체 취업자의 3%인 27만 명에 불과했다.[88] 사실상 노동계급의 정치세력화를 이야기하기에는 노동계급이 충분히 성숙해 있지 못했다. 농민과 마찬가지로 미군정의 전평 해체는 노동계급의 정치적 역량을 무력화시킨 결정적 계기가 되었다. 전평을 대신해 노동계급을 대표했던 노동조직은 우익 노동조합인 대한노총(노총)이었다. 우익 조합주의 노동운동을 지향했던 노총은 제헌헌법에 노동기본권과 이익균점권을 명문화하는 데 기여했고 노동조합 결성을 위한 투쟁에 나서 성과를 올리기도 했다.[89] 또한 전시 상황임에도 불구하고 1953년 근로기준법, 단체행동권, 노동쟁의조정법, 노동조합법 등 노동관계법을 입법화하는 데 중요한 기여를 했다.[90] 하지만 노총은 농총과 같이 기본적으로 이승만 정권에 종속된 하위조직에 불과했다. 이승만은 1952년부터 대한노총위원장이 자유당의 중앙위원으로 국회에 진출할 수 있도록 제도화해 노총의 종속화를 심화시켰다. 이 시기 노동조합이 개별 기업체 중심으로 결성된 것 또한 노동계급의 힘을 약화시킨 원인 중 하나였다.[91]

1950년대 후반에 들어서면서 한국전쟁으로 위축되었던 노동자의 생존권 투쟁이 고양되기 시작했다.[92] 생존권 확보를 위한 부두노동자와 탄광노동자의 동맹

....

87　실제로 제헌의회 선거에 출마한 농민단체(정당)의 후보는 노동자단체(정당)를 포함해 5.4%에 불과했다. 오유석. "한국 사회균열과 정치사회구조형성 연구." p.64; 김동노(2004). "1950년대 국가의 농업정책과 농촌 계급구조의 재구성." 문정인·김세중 편. 『1950년대 한국사의 재조명』. pp.423-457. 서울: 선인. p.457.

88　정영태. "노동운동." p.209.

89　정영태. "노동운동." pp.212-214.

90　노동관계 기초법은 실제로 1963년의 개정 전까지 거의 사문화된 상태였고 실효성이 거의 없었다. 이혜경(1993). "권위주의적 자본주의 사회에서의 복지국가의 발달: 한국의 경험." 『한국사회복지학』21: 162-191. p.170.

91　정영태. "노동운동." p.218.

파업이 성공해 다른 산업 분야에도 생존권 투쟁이 확대되기 시작했다. 실제로 〈표 10.3〉을 보면 노동조합 수, 조합원 수, 쟁의 건수와 참여인원이 1950년대 후반으로 갈수록 증가하고 있다. 상승하는 노동운동에 맞서 이승만 정권은 국가보안법과 각종 악법으로 노동자 투쟁을 탄압했다. 1959년 한 해 동안 무려 90개의 노동조합이 투쟁적이라는 이유로 이승만 정권에 의해 해산되었다.[93] 1958년에 노동조합의 수가 634개였다는 점을 고려하면 전체 노동조합의 무려 14%가 넘는 조합을 해산시킨 것이다. 실제로 이러한 조치로 인해 1950년대 후반에 증가하던 노동조합 수는 1959년에 들어서면서 감소한다. 하지만 노동운동은 탄압에도 불구하고 더욱더 활성화되어갔다. 이승만 정권에 종속되어 있던 대한노총 내부에서도 이승만 정권에 반대하는 노동세력이 이탈해 민주적 노동운동을 지향하는 '전국노동조합협의회'가 결성된다.[94] 제5절에서 검토하겠지만, 1950년대 후반에 실업보험 등 노동계급의 이해를 대변하는 사회보장제도의 도입이 공론화된 것은 바로 이와 같은 노동운동의 성장을 일정하게 반영한 것이라고 할 수 있다. 4월 혁

표 10.3 노동조합의 성장과 변화(1953~1961년)

연도	노동조합		노동조합원 수		노동쟁의 현황		
	개수	지수 (1955=100)	인원 (명)	지수 (1955=100)	발생 건수	참여인원 (명)	쟁의당 참여인원
1953	–	–	–	–	9	2,271	189.3
1954	–	–	–	–	26	26,896	1,034.5
1955	562	100.0	205,511	100.0	–	–	–
1956	578	102.8	233,138	113.4	–	–	–
1957	364	101.8	241,680	117.6	45	9,394	208.8
1958	634	112.8	248,507	120.9	41	10,031	244.7
1959	558	99.3	280,438	136.5	95	49,813	524.3
1960	914	162.6	321,097	156.2	227	64,335	238.4
1961	123	21.9	67,606	32.9	81	16,208	200.1

자료: 보건사회부. 『보건사회통계연보』. 각 연도; 남찬섭(2005a). "1950년대의 사회복지." 『월간 복지동향』 80: 56-64. p.63에서 재인용.

....

92 오유석. "1950년대 정치사." p.423.
93 오유석. "1950년대 정치사." pp.423-424.
94 오유석. "1950년대 정치사." p.424.

명을 거치면서 노동조합 수는 폭발적으로 증가했다. 대한노총은 4월 혁명 이후에 집권한 장면 정부 시기에 해체되고 한국노동조합총연맹으로 전환된다.[95] 이승만 권위주의 체제에 저항하며 성장하던 노동운동은 4월 혁명으로 폭발적인 성장을 하지만 5·16군사쿠데타로 인해 또 다시 어려운 시기를 보내게 된다. 〈표 10.3〉에서 보는 것과 같이 군사정부가 들어선 이후 거의 모든 지표에서 노동운동은 위축되었다. 흥미로운 사실은 노동운동의 폭발이 1987년 6월의 민주화운동에서도 그랬지만 항상 광범위한 시민적 저항 이후에 나타났다는 점이다. 4·19혁명에서도 노동운동은 체제에 저항하는 운동의 선봉에 서지 않았다.

3) 지주계급: 구지배계급의 몰락

지주계급의 몰락은 이전 시기와 비교해 1950년대 권력자원의 가장 큰 변화이다. 지주는 일제의 식민지 지주제하에서도 봉건시대 이후에 지속되었던 지배계급의 지위를 유지했다. 1930년대 중반 이후에 조선의 공업화가 '조선산업혁명'이라고 부를 정도로 진행되었지만, 일제강점기의 조선은 여전히 일본 자본주의에 종속된 식량과 원료 공급지이자 공업제품의 소비시장이었다. 해방은 이러한 식민지 조선의 지위를 극적으로 전환시켰다. 미군정의 초기 점령정책 중 하나가 조선 경제를 일본 경제로부터 분리시키는 것이었기 때문에, 일본 자본주의의 식량과 원료 공급지로서의 조선 농업의 지위는 더 이상 존속될 수 없었다. 더욱이 미군정이 자본주의 반공국가를 남한에 이식하기 위해 실행한 농지개혁으로 지주계급의 몰락은 피할 수 없었다.

단독정부 수립 이후에 이승만 정권이 추진한 농지개혁은 지주계급의 해체를 가속화시켰고, 지주계급은 1950년의 5·30선거 이전에 이미 해체된 상태였다.[96] 지배계급을 한 사회가 생산하는 잉여를 수취하는 계급으로 정의했을 때 농지개혁은 당시 한국 경제가 생산하는 가장 중요한 잉여였던 '농업 부문의 잉여'를 수

....

95   정무권(1996). "한국 사회복지제도의 초기형성에 관한 연구." 『한국 사회정책』 3(1): 309-352. p.332.
96   오유석. "한국 사회균열과 정치사회구조형성 연구." p.76.

취할 권리를 지주계급으로부터 제도적으로 박탈한 것이었다. 실제로 농지개혁으로 농업 잉여의 수취권이 지가상환, 임시토지수득세 등을 통해 지주에서 국가로 이전되었다.[97] 그러면 왜 한국의 지주계급은 근대국가로의 전환 과정에서 전전의 일본, 독일 등과 같이 근대국가의 지배계급으로 전환하지 못했던 것일까? 만약 그랬다면 해방 이후에 한국의 위로부터의 근대화 과정을 지주계급이 주도했을 수도 있고 1960년대 이후의 산업화의 성격 또한 지금과는 다른 모습이었을 수도 있었을 것이다. 사실 미군정은 농지개혁을 통해 농업자본이 산업자본으로 전환하기를 원했다. 하지만 대다수 민중의 이해에 반하는 남한만의 단독정부가 수립된 이후에 단정연합세력이었던 이승만과 한민당이 분열하면서 지주계급의 정당인 한민당은 이승만 정권의 연대세력이 아니라 반대세력이 되었다. 지주계급이 산업자본가로 변신할 수 있는 기회의 창이 닫힌 것이다.

이승만이 공개적으로 농지개혁에 반대하는 지주세력을 비난하면서[98] 농지개혁을 적극적으로 추진했던 것도 바로 이러한 권력관계를 반영한 것이다. 정권 수립의 일등공신인 한민당이 야당으로 밀려나면서 농지개혁을 통한 지주계급의 해체가 본격화되었다고 할 수 있다. 정부 수립 직후 이승만이 남한 사회에서 가장 급진적이고 공산주의 전력까지 있는 조봉암과 좌파세력에게 농지개혁을 추진하게 한 것도 이승만이 반대세력인 한민당의 물적 토대를 철저히 해체하기 위해 의도된 것이라고 할 수 있다.[99] 귀속재산 불하 방법을 둘러싸고도 이승만 정권은 관리인 중심으로 불하할 것을 주장했던 반면, 지주계급의 이해를 대변하고 있었던 한민당 중심의 국회는 지주 중심의 불하를 주장했다.[100] 결국 정부와 국회 간

....
97　배인철(1994). "1950년대 경제정책과 자본축적." 강만길·김남식·김영하·김태영·박종기·박현채·안병직·정석종·정창렬·조광·최광식·최장집 편.『한국사 18: 분단구조의 정착-2』. pp.125-150. 서울: 한길사. p.146.
98　정영국. "정치지형의 변화와 5·30선거." p.177.
99　박명림(2008). "헌법, 국가의제, 그리고 대통령 리더십: '건국 헌법'과 '전후 헌법'의 경제조항 비교를 중심으로."『국제정치논총』48(1): 429-454. p.437; 서재진(1988). "한국 산업 자본가의 사회적 기원." 한국사회사연구회 편.『현대 한국 자본주의와 계급 문제』. pp.11-38. 서울: 문학과지성사. p.28.
100　공제욱(1994). "1950년대 자본축적과 국가: 사적 자본가의 형성을 중심으로."『국사관논총』58: 171-219. p.183.

의 타협으로 적산불하의 1순위는 정부의 주장대로 관리인이 되었고 지주는 5순위가 되었다. 명목상 지주가 귀속재산을 불하받아 산업자본가 될 길이 열렸지만 사실상 지주의 산업자본가로의 전환을 배제하는 조치였다. 농지개혁의 방법 또한 결코 지주에게 유리하지 않았다.

물론 반론도 존재한다. 사실 농지개혁을 통한 식민지 지주제의 해체와 경자유전(耕者有田)의 실현은 해방 이후 한국 사회가 풀어야 할 가장 중요한 개혁과제 중 하나였다.[101] 또한 정부 수립 이전에 이미 미군정이 귀속농지에 대해 농지개혁을 실행했다는 점을 고려하면 이승만 정부는 단지 미군정의 농지개혁을 계승한 것이라고 할 수도 있다.[102] 그러나 권력자원의 측면에서 보면 미군정의 농지개혁과 이승만 정권이 추진한 농지개혁에는 중요한 차이가 있다. 미군정은 농지개혁을 통해 지주계급을 산업자본가로 전환시키려고 했지만, 이승만 정권은 지주를 산업자본자로 전환시킬 의도가 없었다. 이러한 사실은 귀속재산 불하 방침과 농지개혁의 내용을 보면 분명히 드러난다. 지주에 대한 보상은 현금이 아닌 지가증권으로 지급되었는데, 지가증권은 지주가 보상받을 수 있는 미곡의 석수를 기록하고 이를 5년 분할로 각 년도의 공정미가로 환산해 지급하는 방식이었다.[103] 문제는 당시 공정미 가격이 시세의 30~40%에 불과했다는 것이다. 실제 지주의 보상금은 시가의 3분의 1에 불과했다. 또한 1955년 5월까지 완료되어야 할 지가보상은 1955년 5월 당시 28%만 지불되었을 정도로 지주에 대한 지가보상이 제대로 이루어지지 않았다. 더욱이 정부가 추진한 저곡가정책은 농민만이 아니라 농산물의 공정가격으로 보상받아야 할 지주에게 매우 불리한 조치였다. 결국 지주들은 생활 유지를 위해 액면가의 70~80% 수준으로 지가증권을 투매했고 이를 통해 생활비를 조달했다.

....

101 조석곤. "농지개혁과 한국자본주의." p.294.

102 김도중(1998). "정부수립 초기 사회·경제구조 변화와 사회의식." 한국정신문화연구원 현대사연구소 편.『한국현대사의 재인식 3: 한국전쟁 직전의 한국 사회 연구』. pp.111-156. 서울: 도서출판 오름. pp.131-132.

103 도규만(1991). "신식민지자본주의로의 재편과 그 발전: 8·15 이후." 서울사회과학연구소 편.『한국에서 자본주의 발전』. pp.107-165. 서울: 중원문화. p.150.

이승만 정권에서 토지개혁의 보상으로 지급된 지가증권(출처: 한국학중앙연구원).[104]

또 한 가지 지적해야 할 사실은 농지개혁의 대상이 된 지주의 대부분은 대지주가 아닌 영세지주였다는 사실이다. 실제로 지주의 84.2%가 연간 50석 미만을 수확하는 영세지주였다.[105] 이런 영세지주가 귀속재산을 불하받거나 다른 방식으로 산업자본가로 전화하기는 쉽지 않았을 것이다. 사실상 지주의 산업자본가계급으로의 전환은 불가능했다. 자본가계급과 지주계급의 동맹이라는 관점에서 보아도 당시 상황에서는 자본가가 새로운 지배계급으로 등장하기 위해 지주계급의 지지는 필요 없었다. 미군정과 한국전쟁을 거치면서 좌파와 급진세력이 궤멸된 상태에서 자본가계급은 지주계급과 연대해 기층 민중의 저항에 대항할 필요가 없었다. 이러한 상황을 반영하듯이 단독정부 수립 당시부터 자본가와 지주계급 사이의 균열이 나타났고, 상공인 계층은 지주계급과 연대하지 않고 독자세력화를 모색했다.[106] 귀속재산 불하, 금융, 원조물자 제공, 환율 조치

....

104 http://blog.daum.net/kimkyoc/1704
105 서재진. "한국 산업 자본가의 사회적 기원." p.28.
106 오유석. "한국 사회균열과 정치사회구조형성 연구." p.67.

등 정권으로부터 막대한 지원을 받고 있던 자본가계급의 입장에서 이승만 정권의 반대편에 있는 한민당의 정치적 기반인 지주계급과 연대할 필요는 더더욱 없었을 것이다.

지주계급은 이렇게 미군정기와 단정 수립을 거치면서 한국 사회에서 지배계급으로서의 지위를 잃어갔다. 그나마 지주계급이 사회적 지위를 유지할 수 있는 유일한 길 중 하나는 토지소유권을 학교와 같은 교육기관으로 이전시키는 것이었다. 1950년대에 사립대학의 설립이 증가한 이유는 농지개혁과 일정한 관계가 있다.[107] 분배체계의 관점에서 보면 몰락한 지주계급이 자신의 이해를 반영할 수 있는 방법은 없었다. 이러한 이유로 한국 복지체제의 경로는 지주계급의 이해가 아닌 국가에 종속된 자본가의 이해를 대변하는 방식으로 제도화될 수 있었던 것이다. 한국 사회에서 자본가계급은 구지배계급의 연속이 아닌 단절을 통해 형성된 것이다.

4) 근대성이 거세된 자본가계급의 형성

단정 수립 당시 권력자원의 상황을 보면, 최대 세력이었던 농민계급은 무력화되고 노동자계급은 아직 미성숙한 단계에 있었다. 신흥자본가계급의 최대 경쟁자가 될 수 있었던 구지배계급으로서 지주계급도 정부 수립 초기에 이미 몰락한 상태였다. 신지배계급으로 새롭게 '구성'되고 있던 자본가계급에게 이보다 더 좋은 상황은 없었을 것이다. 더욱이 이승만 정권의 정치적 기반이 이런 상공업 집단에 있었다는 점에서 적어도 자본가계급이 성장할 수 있는 정치적 토대는 비옥했다. 실제로 1958년 총선에 공천된 자유당 후보 중 대략 50%가 자본가계급 출신이었다.[108] 자유당은 상공회의소의 집합소라는 세간의 비아냥거림을 들어야 했을 정도였다. 하지만 신지배계급으로 발돋움하는 자본가계급에게도 아킬레스건은 있었다. 자본가계급은 자신의 힘으로 자본을 축적하지도, 서구와 같이 부르

....

107 김기석 · 강일국(2004). "1950년대 한국 교육." 문정인 · 김세중 편. 『1950년대 한국사의 재조명』. pp.525-563. 서울: 선인, p.546.
108 오유석. "한국 사회균열과 정치사회구조형성 연구." p.129.

주아 혁명을 통해 근대 사회의 헤게모니를 장악하지도 못했다. 당시 한국의 자본 가계급은 철저히 권위주의 정부가 제공하는 특혜에 의해 성장했다. 신흥자본가 계급은 저항의식과 근대성이 "거세된 부르주아"였다.

한국 산업자본가계급의 기원에 대한 합의된 견해는 없다. 김영모의 연구를 보면, 1962년 당시 43명의 대기업 소유주 중 가족 배경이 지주인 비율이 절반을 조금 넘는 51.2%(22사례)였다.[109] 특히 당시 대자본가라고 할 수 있는 A급 자본 가 8명(이병철, 박흥식 등) 중 5명이 지주 출신이었다. 1976년을 기준으로 조사 한 존스(Jones)와 사공일(Il Sakong)의 연구에서는 192명의 대기업 소유주 중 부 친이 지주인 경우가 21.4%, 자작농인 경우가 25.4%로 나타났다.[110] 주목해야 할 점은 당시 경제활동을 하고 있던 남성 중 부친의 직업이 소작농(자소작농과 농업 노동자 등 포함)이었던 비율이 67.8%였던 것에 비해 지주와 자작농의 비율은 각 각 2.9%와 9.4%에 그쳤다는 것이다. 대기업 소유주의 부친이 소작농인 경우는 2.0%에 불과했다. 삼성물산공사(삼성그룹의 모태)와 락희화학공업사(LG그룹의 모태) 등 일부 대기업은 토지자본이 산업자본으로 전환한 대표적 사례로 알려져 있다.[111]

반면 서재진의 조사를 보면, 산업자본가의 가족 배경이 지주인 경우는 8.8%에 그쳤고 중농을 지주로 포함한다고 해도 33.4% 정도였다.[112] 대신 부친 의 직업이 영세농인 경우는 28.0%였다. 이러한 차이는 지주의 기준을 달리 설 정한 데서 오지만, 지주 또는 자영농 중 일부가 산업자본가로 전환한 것은 분명 해 보인다. 다만 우리의 시각을 농지개혁의 대상이 되었던 전체 지주계급으로 확장해보면, 지주계급 중 산업자본가가 된 비율은 매우 낮다.[113] 실제로 농지개

....

109 김영모(1981). "해방 후 대자본가의 사회 이동에 관한 연구." 진덕규·한배호·김학준·한승주·김대환 외 공저. 『1950년대의 인식』. pp.257-275. 서울: 한길사. p.261.
110 Jones, L. and Sakong, I. (1980). *Government, Business, and Entrepreneurship in Econoic Devel-opment: The Korea Case.* Cambridge, NY: Harvard University Press. pp.226-227.
111 김도중. "정부수립 초기 사회·경제구조 변화와 사회의식." p.131.
112 서재진. "한국 산업 자본가의 사회적 기원." p.15.
113 김영모, 존스와 사공일, 서재진의 연구는 모두 각각 43명, 192명, 100명의 소수 자본가계급의 사례를

혁의 대상이 된 지주의 대부분(84.2%)은 50석 미만의 군소지주로 이들에게는 산업자본가로 전환할 수 있는 충분한 자본이 없었고,[114] 4천 석 이상의 대지주 3,400명 중 귀속업체 불하를 신청한 181건 중 실제로 불하받은 경우는 20건에 불과했다.[115] 대지주의 0.6%만이 귀속재산 불하를 통해 산업자본가로 전환한 것이다.[116] 김기원의 연구에 따르면, 귀속재산을 불하받은 723명 중 순수한 지주는 23명밖에 없었다.[117]

그러면 누가 신흥지배계급으로 부상한 산업자본가가 되었을까? 일치된 견해는 이승만 정권의 비호 아래 각종 특혜를 받으며 산업자본가가 "만들어졌다"는 것이다.[118] 핵심은 산업자본가가 과거의 지배세력이 아니었으며 봉건질서를 해체시키면서 자생적으로 성장한 서구의 부르주아와 같은 계급도 아니었다는 점이다. 이 시기의 자본가계급은 이승만 권위주의 체제가 부여한 특혜적 귀속재산 불하, 은행 융자, 원조물자 불하, 환율정책 등으로 만들어지고 양육되었다. 이렇게 권위주의 체제에 의해 인위적으로 만들어진 자본가계급에게 근대적 합리성을 기대할 수는 없다. 근대성이 거세된 한국 부르주아의 전형이 만들어진 것이다. 2016년에 있었던 박근혜 정부의 국정농단 사태를 촉발시킨 미르 재단과 K-스포츠 재단 사태는 1950년대의 권위주의 체제에 의해 만들어진, 국가권력에 종속된 자본가계급의 성격이 70년이 지난 지금에도 여전히 지속되고 있다는 것을 보여주는 대표적 사례라고 할 수 있다.

....
분석한 결과이다.

114 이대근(2002). 『해방후·1950년대의 경제』. 서울: 삼성경제연구소. p.186.
115 조석곤. "농지개혁과 한국자본주의." p.304.
116 귀속재산을 불하받은 대지주가 성공적으로 산업자본가의 지위를 유지했는지는 별개의 문제이다.
117 김기원. 『미군정기의 경제구조』. p.241.
118 배인철. "1950년대 경제정책과 자본축적."; 조석곤·오유석(2001). "압축성장 전제조건의 형성: 1950년대." 김진엽 편. 『한국자본주의 발전모델의 형성과 해체』. pp.87-128. 서울: 나눔의 집; 서재진. "한국 산업 자본의 사회적 기원."; 오유석. "한국 사회균열과 정치사회구조형성 연구."; 공제욱. "1950년대 자본축적과 국가." 자본 형성과 관련된 구체적인 논의는 다음 절(제4절)에서 다룬다.

4. 새로운 권력자원의 형성

1950년대는 주요 권력자원이 새롭게 구성된 시기였다. 도시 영세민으로 대표되는 반(半)프롤레타리아, 학생과 지식인 그리고 1960년대 초 이후에 근 30년 동안 권력의 최정점에 올라간 군부(엘리트) 집단이다. 먼저 반프롤레타리아트라는 도시빈민의 형성을 살펴보자. 도시빈민은 크게 두 가지 경로를 통해 도시로 유입되었는데, 하나는 해방과 한국전쟁으로 발생한 전재민과 피난민의 대부분이 도시에 정착하면서였다. 실제로 해방 이후 귀국한 귀한동포의 68%와 분단과 한국전쟁 과정에서 남하한 피난민의 90%가 도시에 정착했다.[119] 다른 하나는 농민들이 농촌으로부터 이주해오면서였다. 불철저한 농지개혁과 농정 실패로 농촌은 농지개혁 이후에 재(再)소작화라는 말이 있을 정도로 생활하기가 어려웠고,[120] (이농이 본격적으로 시작된 시기는 1960년대 중반이지만) 1950년대에도 상당수의 농민이 농촌을 떠나 도시로 이주하고 있었다. 도시의 판잣집은 이들의 열악한 생활을 보여주는 대표적 상징물이다. 도시빈민이 주로 상업과 단순노무에 종사했다고는 하지만 이들 대부분은 무직과 일시적인 소득활동을 반복했다.[121] 이들은 학생과 함께 4·19혁명의 주된 참여자이기도 했다.[122]

학생이 이승만 권위주의 체제의 반(反)체제세력으로 성장한 것은 역설적이다. 이승만 정권은 집권 초기부터 학생을 체제수호세력으로 동원하고 조직화했기 때문이다. 정부 수립 이후의 급격한 교육 기회의 확대는 학생의 급격한 증가

....

119 김도종. "정부수립 초기 사회·경제구조 변화와 사회인식." p.137.
120 한도현(1998). "1950년대 후반 농촌사회와 농촌의 피폐화." 한국정신문화연구원 현대사연구소 편. 『한국현대사의 재인식 4: 1950년대 후반기의 한국 사회와 이승만정부의 붕괴』. pp.67-107. 서울: 도서출판 오름. p.70; 배인철. "1950년대 경제정책과 자본축적." p.126; 이대근. 『해방후 1950년대 경제』. p.220.
121 김성현(2016). "난민이라는 존재의 인식과 삶." 김성보·김종엽·이혜령·홍석률 기획. 『한국현대 생활문화사: 1950년대』. pp.83-106. 서울: 창비. pp.103-104.
122 김동춘. "4월 혁명." p.316.

1960년대에 청계천 판잣집에서 살고 있는 도시빈민들의 모습. 겹겹이 올라간 판잣집에서 생활하는 도시빈민들의 위태로운 삶을 적나라하게 보여주고 있다(출처: 『한겨레신문』).[123]

를 가져왔다. 1945년에 7,819명에 불과했던 대학생은 1960년이 되면 101,045명 으로 늘어나 불과 15년 만에 13배나 증가했다.[124] 동 기간 동안 고등학생은 83,514

....

123 http://www.hani.co.kr/arti/society/area/792282.html
124 조석곤·오유석. "압축성장 전제조건의 형성: 1950년대." p.112.

명에서 263,563명으로 3.2배 증가했다. 이승만 체제는 이들에게 두 가지 상반된 경험을 갖게 해주었다. 하나는 미국식 민주주의 교육이다.[125] 미국식 민주주의 교육은 학생들에게 이승만 체제의 부당함을 일깨워주었을 것이다. 다른 하나는 이승만 체제를 뒷받침하기 위한 학도호국단과 관제 데모라는 집단 활동의 경험이었다.[126] 이승만 정권은 여순사건이 발생한 이후인 1949년 4월 20일 학도호국단조직 구성을 완료했고, 1949년 8월 6일에는 병역법 제78조에 근거해 모든 중고등학생을 학도호국단에 편입시켜 군사훈련을 받게 했다.[127] 그리고 이들을 체제 유지를 위해 동원했다. 대표적으로 1953년의 휴전반대시위에서는 무려 2개월 동안 8천여 회의 관제집회를 개최하면서 연인원 8백만 명의 학생을 동원했고, 1955년 중립국 감시위원단 축출 결의대회(한 달간 2천 회의 집회에 연인원 200만 명), 1959년 재일 한국인 북송 반대 궐기대회(1년간 1만 회의 집회, 연인원 1,700만 명 동원) 등 반공체제의 수호를 위한 관제집회에 학생을 동원했다. 역설적이게도 반공주의를 지배이념으로 공고화했던 이승만 체제에서 소련에서 혁명 직후에 만들어졌던 병영화된 청소년 조직이 그대로 재현된 것이다.[128] 또 다른 역설은 이승만 권위주의 체제를 수호하기 위한 학도호국단 활동과 관제 데모의 경험이 학생이 연대와 반독재 시위에 나설 수 있게 한 중요한 계기가 되었다는 것이다. 1950년대 학생은 노동자, 농민 등 기층 민중조직과 운동이 궤멸된 상태에서 반체제운동의 상징으로 떠올랐다. 1960년의 4·19혁명 이후 1987년의 6월 항쟁까지 학생은 근 30년 동안 권위주의 정권에 맞서 싸우는 반체제세력의 핵심이 되었다.

군부는 도시빈민, 학생과는 전혀 다른 성격의 반체제세력으로 성장했다. 군부의 성장은 놀라울 정도이다. 한국전쟁 전에 10만 명에 불과하던 한국군은 휴전협정 직후에는 무려 72만 명으로 증강되었다.[129] 이러한 군부의 성장은 일제강

....

125 김동춘. "4월 혁명." p.317.

126 김동춘. "4월 혁명." p.317.

127 오재연(2016). "팽창하는 학교와 학생." 김성보·김종엽·이혜령·홍석률 기획. 『한국현대 생활문화사: 1950년대』. pp.107-134. 서울: 창비. pp.126-129.

128 한석정(2016). 『만주모던: 60년대 한국 개발체제의 기원』. 서울: 문학과 지성사. p.236.

129 홍석률(2002). "5·16쿠데타의 발발 배경과 원인." 한국정신문화연구원 편. 『박정희시대 연구』. 서울:

점, 분단, 미군 점령과 한국전쟁을 배제하고는 설명하기 어렵다. 군부의 성장은 분단과 전쟁이라는 한국 역사가 만들어놓은 결과였다. 분단과 전쟁은 과도한 국방비를 정당화했고, 이는 당시 한국 사회의 주요 자원이 군에 집중되었다는 것을 상징한다. 1950년 정부 총 세출에서 국방비가 차지하는 비중은 30~50%에 달했다.[130] 또한 군부는 당시 한국 사회에서 근대화를 체험한 얼마 안 되는 집단이기도 했다. 실제로 1961년까지 미국 연수를 다녀온 고급장교만 6천 명에 달했다.[131] 하지만 군대의 규모가 커지고 군인이 교육받은 근대적 엘리트가 된다고 해서 반드시 군부의 정치세력화가 이루어지는 것은 아니다. 사실 당시 한국 사회에서는 일부 군인의 자가발전을 제외하고 군부가 이승만 정권을 대신할 대안세력이라고 생각하는 경우는 거의 없었다. 여러 증언들이 이를 뒷받침하고 있다. 하지만 미국의 생각은 달랐던 것으로 보인다. 1952년 5월 26일에 육군참모총장 이종찬은 계엄령 선포 후 군대를 부산 시내로 진입시키라는 이승만의 명령을 거부했다.[132] 당시 군부가 유엔군, 정확하게는 미군의 통제하에 있었다는 사실을 고려한다면 한국군이 미국과 교감 없이 대통령의 명령을 어기고 계엄군의 부산 시내 진입을 거부했을 가능성은 높지 않다. 한미군사동맹으로 작전권이 유엔군에 있고 유엔군(미군)이 군사원조를 주도하고 있는 상황에서 이승만 정권의 군에 대한 통제는 제한적일 수밖에 없었다.[133] 더욱이 미국은 필요할 경우에 군을 동원해 이승만을 제거한다는 작전계획(에버레디계획, Ever-ready plan)을 언제든지 실행에 옮길 준비를 하고 있었다. 미국은 장면 정부가 반체제세력을 통제하지 못하자 군을 대안으로 고려했다.[134] 흥미로운 사실은 이승만 정권이 군인 등 체제수호세력에게 우선적으로 복지급여를 제공했음에도 불구하고 군이 이승만과 장면 정권의 반체

....

　　백산서당. p.26.

130　도규만. "신식민지자본주의로의 재편과 그 발전." p.155.

131　박태균(2007). 『원형과 변용: 한국 경제개발계획의 기원』. 서울: 서울대학교출판부. p.47.

132　홍석률. "5 · 16쿠데타의 발발 배경과 원인." p.27.

133　홍석률. "4월혁명과 이승만 정권의 붕괴 과정." p.176.

134　이철순. "1950년대 후반 미국의 대한정책." p.339; 이완범. "1950년대 후반 한국정치사 연구." p.493; 홍석률. "5 · 16쿠데타의 발발 배경과 원인." p.28.

제세력이 되었다는 점이다.[135]

마지막으로, 미국에 대해 이야기할 필요가 있다. 1980년 5월 광주민주화운동이 있기 전까지 한국 사회에서 일어나는 많은 일들에 미국이 연관되어 있다고 생각하는 사람은 많지 않았다. 그러나 어쩌면 미국은 한국 현대사에서 가장 중요한 권력자원이었는지도 모른다. 해방과 함께 시작된 미군정은 제9장에서 검토했던 것처럼 한국 사회의 기본지형을 결정했고 정부 수립 이후에는 매 시기마다 중요한 역할을 했다. 실제로 이승만 권위주의 체제의 붕괴와 장면 정부를 군사쿠데타로 전복시킨 박정희를 위시한 군부세력이 정권을 장악한 것도 미국의 동의가 없었다면 불가능했을 것이다. 미국은 반공기지와 일본 중심의 동북아질서의 하위 파트너로서 한국의 임무를 수행할 정권을 지지하고 유지시켰다.[136] 이승만 권위주의 체제와 5·16군사쿠데타에 대한 미국의 지지에서 보듯이 미국은 그 정권이 민주적인지 독재인지에 대해서는 관심이 없었다. 세계 패권국가로서 미국의 대한 정책은 한국에서 반세기 가까이 권위주의 체제가 유지될 수 있었던 가장 중요한 이유 중 하나였다.

정리하면, 이 시기는 제도 정치권에서는 우파가 중도세력을 무력화시키고 제도권에서 우파 중심으로 보수양당체제가 형성된 때이다. 권력자원 면에서 구지배계급인 지주가 몰락하고 신흥산업자본가계급은 국가권력에 종속된 채 아직 계급으로서의 독자성을 갖지 못한 상태였다. 기층에서는 노동자, 농민이 정치적으로 무력화된 가운데 학생과 도시빈민이 새로운 권력자원의 구성요소로 등장하기 시작했다. 군부는 이승만 체제에 이어 새로운 지배세력으로 등장할 준비를 했고, 미국은 새로운 지배세력의 등장에 중요한 역할을 했다. 이후 수십 년 동안 한국 사회를 규정하는 정치구조의 역사적 틀이 만들어진 것이다. 체제수호세력 대 반체제세력의 대립구도에도 변화가 있었다. 초기에는 단정세력 대 반(反)단정세

....

135   1950년 4월에 제정된 군사원호법은 한국 사회에서 최초로 소득 상실에 대한 보장을 제도화한 사회보장제도였다. 안상훈(2010). 『현대 한국복지국가의 제도적 전환』. 서울: 서울대학교출판부. pp.19-20.
136   김일영(2007). "이승만 정부의 산업정책과 렌트추구 그리고 경제발전." 『세계정치』 28(2): 171-202. p.181.

력의 구도가 핵심이었지만, 1950년대에 접어들면서 이승만, 한민당, 중도파의 3각 구도가 만들어졌고 1950년대 말에 접어들면 자유당 대 민주당의 양당 구도로 재편되었다. 계급관계에서 보면 이승만 세력과 이에 종속된 자본가집단이 노동자, 농민, 중소자본가와 대립하는 구도였다. 4·19혁명 이후에는 노동자, 도시중간층, 도시빈민, 학생, 지식인이 민주당, 관료, 독점자본과 대립하는 모습으로 전선이 재구축되었다. 이 시기 한국 권력자원의 가장 큰 특징은 국민국가 내에서는 그 누구도 국가권력을 제어할 수 있는 힘을 갖고 있지 않았다는 점이다. 계급의 이해로부터 자유로운 국가가 탄생한 것이다. 5·16군사쿠데타는 이러한 권력관계와 권력자원의 지형 위에서 발생한 것이다.

제4절 경제체제의 특성: 원조경제와 수입대체산업화

1950년대의 경제를 바라보는 두 가지 시각이 있다. 하나는 1950년대를 1960년대의 성장을 위한 준비기로 보는 시각이고, 다른 하나는 1950년대를 1950년대 자체로 접근하려는 시각이다. 물론 두 시각이 완전히 배타적인 것은 아니다. 역사에서 건너뛰는 것은 가능하지 않기 때문에 모든 시기는 다음 시기를 예비하는 시기이자 그 이전 시대에 의해 준비된 시기이다. 1950년대는 일제강점기와 미군정의 연속선상에 있는 시기인 동시에 1960년대를 규정하는 시기이기도 한 것이다. 그러므로 중요한 것은 1950년대를 그 시대만의 독립적인 정치경제질서의 틀로 이해해야 한다는 것이다. 그람시의 개념을 빌리면, 모든 시대에는 그 시대의 정치적 지배질서의 헤게모니와 경제체제가 통일적으로 규정하는 그 시대만의 '역사적 블록(historical block)'이 존재한다고 할 수 있다. 우리는 제4절에서 1948년 8월부터 1961년 5월까지 조금 긴 1950년대의 역사적 블록의 중요한 구성요소 중 하나인 한국 경제의 특성에 대해 고찰했다.

1. 미군정이 남긴 유산

너무나 상식적인 이야기지만 정부 수립 초기의 경제 상태는 미군정 시기의 경제상황을 그대로 이어받았다. 남한 경제는 아직 해방 이전 수준으로도 회복되지 못한 상태였고, 해방과 함께 발생한 인플레이션, 실업, 생산량 감소, 분단으로 인한 산업 불균형 등의 문제를 전혀 해결하지 못했다. 대한(對韓) 경제사절단 단장인 번스(A. Bunce)의 이야기처럼, 남한 경제는 외부의 도움 없이는 초보적인 농업경제로 후퇴하고도 남을 상태였다.[137] 적산으로 분류된 상대적으로 규모가 큰 공장은 원료 부족, 기술인력 부족, 운영 미숙 등으로 제대로 운영되지 않았다. 대신 1940년대 초 일제에 의해 강제 폐업되었던 가내수공업과 영세사업장이 다시 운영을 재기하기 시작했다. 물가 문제는 정부 수립 이후에도 여전히 한국 경제의 큰 어려움이었다. 그나마 먹을 것이라도 해결되었으면 좋았겠지만 이마저도 제대로 충족되지 않았다.

북한으로부터의 비료 공급이 중단되고 농지개혁에 앞서 지주의 토지가 방매되었으며 식량문제를 해결하기 위한 강제공출이 이루어지면서 농업생산은 좀처럼 해방 전의 수준을 회복하지 못했다. 그야말로 미국의 원조 없이는 한국 경제의 생명을 유지하기 어려운 상황이었다. 더욱이 미국의 대한 정책 변화는 한국 경제의 발전 방향을 둘러싸고 한국 정부와 미국 정부 간에 밀고 당기는 지루한 싸움을 예견했다. 물론 원조물자를 틀어쥐고 있는 미국이 이길 싸움이었지만 말이다. 미국은 중국이 공산화되자 한국 경제를 일본 경제와 분리시켜 독립적인 경제로 운영한다는 계획을 버리고 한국 경제를 일본 경제에 연계시키는 방안을 고민하기 시작했다.[138] 하지만 하이인플레이션이 여전히 기승을 부리고 있었기 때문에 미군정 경제정책의 가장 중요한 목표는 인플레이션을 잡는 것이었지만 이

....

137 김점숙. 『미군정과 대한민국 초기(1945-50년) 물자수급정책』. p.28.
138 조순경·이숙진. 『냉전체제와 생산의 정치: 미군정기의 노동정책과 노동운동』. p.34; 신병식. "분단정부의 수립." p.265; Katsiaficas. 『한국의 민중봉기』. p.132; 이혜숙. 『미군정기 지배구조와 한국 사회』. p.82, 565.

마저도 제대로 이루어지지 않았다. 하이인플레이션이 계속되는 한 성장을 위한 생산적 투자는 불가능했기 때문에 물가를 안정화시키는 것은 당시 한국 경제의 가장 중요한 과제 중 하나였다. 이러한 상황이 민중의 반대를 뚫고 수립된 남한 단독정부가 미군정으로부터 물려받은 한국 경제의 유산이었다.

2. 제1·2공화국 시기의 거시경제의 주요 특성

1950년대 경제는 어떤 모습이었을까? 일반적으로 알고 있는 것처럼 부패가 만연하고 원조에 기생해 살아가는 무기력한 모습이었을까? 1950년대 경제는 보수와 진보 모두로부터 긍정적인 평가를 받지 못했다. 진보 진영의 입장에서 보면 이승만 권위주의 체제하에서 경제발전이 있었다고 해도 그 사실을 받아들이기 어려웠을 것이다. 불법적인 5·16군사쿠데타로 집권한 세력에게도 자신들이 주도했다고 믿는 1960~1970년대 한국 경제의 고도성장이라는 업적은 1950년대의 무기력과 대비될 때 더 빛날 수 있었을 것이다. 그러나 1950년대에 대한 최근 연구를 보면 1950년대는 무기력하지도 정체하지도 않았던 것으로 보인다. 특히 1960년대 이후 한국 경제의 고도성장은 1950년대의 성장이 없었다면 불가능했을 것이라는 평가도 있다. 앨리스 앰스덴(Alice Amsden)도 1960년대와 비교해 1950년대의 한국 경제를 부패, 무기력, 낮은 성과, 지독한 실망의 시대라고 부정적인 시각에서 평가했다. 하지만 앰스덴은 1950년대 한국 경제가 1960년대 이후 고도성장의 기초가 되었다는 사실 자체를 부정하지는 않았다.[139] 앰스덴은 1950년대만이 아닌 1930년대의 조선 공업화를 1960년대의 한국 경제의 고도성장과 연관 지었다.

"대규모 원조시대가 끝나갈 무렵 새로운 사회, 경제, 정치적 힘이 태동하기 시작했다. 1950년대에 들어서면 농업의 비중은 축소되고, 귀족이 사라지고, 국가

········

139 Amsden, A. (1989). *Asia's Next Giant*. New York: Oxford University Press. p.42.

와 재벌의 전신인 다각화된 대규모 기업 간의 공생관계가 만들어지기 시작했다. 더욱이 재벌의 성장은 1930년대의 특성이었던 경제활동의 희미한 빛을 다시 점화시켰다. 국제적으로 보면 대규모 원조시대의 한국의 경제성장률은 최고 수준이었다."[140]

『기원과 궤적』의 관점은 "권위주의 체제임에도 불구하고 경제는 변화했다."는 것이다. 이러한 관점은 일제강점기 조선 경제의 변화는 물론 이승만, 박정희, 전두환으로 이어지는 권위주의 체제하에서 이루어진 한국 경제의 변화와 발전에도 적용된다. 이승만 권위주의 체제에서 부정부패가 만연했고 특권계급의 이해를 중심으로 경제질서가 재편되었지만, 사회 모두를 그들만의 이해를 위해 움직이게 할 수는 없었을 것이다. 체제란 기본적으로 어떤 식으로든 그 체제를 구성하고 있는 사람들의 동의가 있을 때 유지 가능하고 동의를 구하기 위해서는 무엇인가 그들이 필요로 하는 것을 제공해주어야 하기 때문이다. 당시 사람들은 발전을 위해 국가의 적극적인 역할을 요구했고, 경제 주체들은 곳곳에서 자신들에게 이로운 것을 위해 끊임없이 움직였을 것이다. 1950년대의 경제는 독재, 부패, 특권, 근대화의 열정 등 어쩌면 너무나 이질적인 것들이 한데 어우러진 모습이었다.

먼저 1950년대 거시경제의 모습을 소비자물가지수의 변화를 통해 개략해보자. 〈그림 10.1〉에서 보는 것과 같이 단정 수립 이후의 한국 경제는 하이인 플레이션에 시달렸다. 1949년에 연간 소비자물가상승률이 58.4%에서 24.9%로 낮아져 다소 진정되는 듯 보였지만 한국전쟁의 발발과 함께 폭등하기 시작했고, 1951년에만 물가가 390.5%나 올랐다. 전후에도 인플레이션은 좀처럼 진정되지 않았다. 이것이 미국의 대한 경제정책이 인플레이션을 진정시키기 위한 안정화 정책에 초점이 맞추어진 이유이다.[141] 이승만 정부는 당시 미 달러화

....

140 Amsden. *Asia's Next Giant*. p.40.
141 윤명헌(1988). "미국잉여농산물원조의 경제적 배경: 한국과 인도의 비교." 조용범·유원동·조기준 외. 『한국자본주의 성격논쟁』. pp.366-395. 서울: 대왕사. p.388.

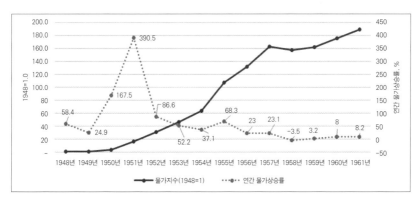

그림 10.1 소비자물가지수[1948~1961년(1948=1)]
출처: 한국경제 60년사 편찬위원회. 『한국경제 60년사』. p.77, 97.

에 대한 원화의 가치를 인위적으로 높게 평가해 미국으로부터 더 많은 원조를
받으려고 했다. 이를 위해서는 인플레이션의 안정이 전제되어야 했다.[142] 이승
만 정권이 산업화정책으로 소비재 중심의 수입대체화정책을 추진한 것도 기본
적으로 당시의 높은 인플레이션의 원인이 생산 부족에 있다고 판단했기 때문이
다.[143] 인플레이션이 진정된 것은 1958년 원조 감소로 인한 경기침체를 겪은 이
후였다. 경제정책의 목표가 인플레이션 억제에서 성장으로 돌아선 것도 바로
이 시기부터였다.

　살인적으로 높은 인플레이션으로 한국 경제가 고통을 받았지만 한국전쟁 이
후의 경제 상황은 그리 나쁘지는 않았다. 〈표 10.4〉를 보면 전후에 국내총생산
은 지속적으로 증가했다. 비록 명목화폐가치로 측정한 것이지만 국내총생산은
1953년에 477억 원에서 1961년에 3,016억 원으로 불과 8년 만에 6.3배나 증가했
다. 실질 GDP 성장률도 나쁘지 않았다. 지금 기준으로 보아도 매우 좋았다. 〈그
림 10.2〉에서 보는 것처럼 전쟁 직후인 1954년에 5.6%의 성장률을 기록했고 동
기간에 연평균 4.1%의 성장률을 기록했다. 특히 주목해서 봐야 할 변화는 제조

....

142　박태균(2007). "한국전쟁 이후 이승만 정부의 경제부흥 전략." 『세계정치』 28(2): 203-241. p.213.
143　김일영. "이승만 정부의 산업정책과 렌트추구 그리고 경제발전." p.176; 박태균(1997). "1950년대 말
　　　미국의 대한경제정책 변화와 로스토우의 근대화론." 『한국사론』 27: 253-317. p.262.

표 10.4 국민총생산(GNP)과 국민총소득(GNI) 변화(1953~1961년)

연도	국내총생산 (명목, 원화 표시, 10억 원)	국내총생산 (명목, 달러 표시, 1억 달러)	국민총소득 (명목, 원화 표시, 10억 원)	국민총소득 (명목, 달러 표시, 1억 달러)
1953	47.74	13.00	48.30	14.00
1954	66.28	15.00	66.94	15.00
1955	114.21	14.00	115.67	14.00
1956	151.49	14.00	153.00	15.00
1957	198.42	17.00	200.02	17.00
1958	207.58	19.00	209.23	19.00
1959	220.75	20.00	222.49	20.00
1960	249.84	20.00	252.08	20.00
1961	301.65	22.00	305.35	22.00

출처: 한국은행 경제통계시스템(http://ecos.bok.or.kr/).

업 성장률이 상당히 높았다는 점이다. 같은 기간 제조업 부문의 연평균 성장률은 11.7%를 기록했다. 농업 부문의 악화로 전반적인 경제상황이 좋지 않았던 1956년과 1959년에도 제조업 성장률은 각각 15.2%, 9.2%를 기록했다. 당연히 〈그림 10.3〉에서 보는 것처럼 산업 구성에서 제조업 부문이 차지하는 비중도 1953년에 9.0%에서 1961년이 되면 13.6%로 8년간 51.1%나 증가했다. 한국 제조업의 성장은 국제비교를 통해서도 잘 나타난다. 〈그림 10.4〉에 나타난 1953년부터 1958년까지의 제조업 성장률을 보면 한국은 어떤 국가와도 비교할 수 없을 정도의 높은 성장률을 기록했다.

반면 농업 부문은 8.2% 감소했다. 1950년대 내내 농업이 여전히 압도적 비중을 차지했지만 그 비중은 감소하고 있었다. 특이한 점은 서비스업의 비중이 높았다는 것이다. 산업을 세 분야(1차 산업, 2차 산업, 3차 산업 또는 서비스산업)로 구분한 콜린 클라크(Colin Clark)에 따르면, 3차 산업의 확대는 1차, 2차 산업발전을 거친 이후에 나타나는 것이 정설이다.[144] 그런데 한국에서는 1950년대 내내

....

144 Clark, C.(1940). *The Conditions of Economic Progress.* London: Macmillan; Rothbarth, E.(1941). "The Condition of Economic Progress, By Colin Clark." *The Economic Journal* 51(201): 120-124 에서 재인용.

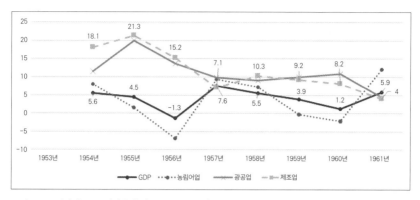

그림 10.2 산업별 GDP 성장률 추이(1953~1961년)
자료: 한국경제 60년사 편찬위원회. 『한국경제 60년』. p.97.

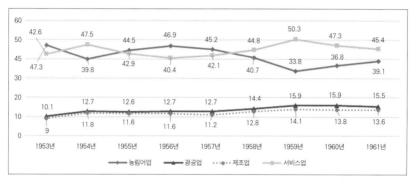

그림 10.3 산업별 구성비 추이(1953~1961년)
자료: 한국경제 60년사 편찬위원회. 『한국경제 60년』. p.97.

서비스산업의 비중이 한국 경제의 발전단계에 비해 지나치게 높았다. 1959년 기준으로 서비스산업의 비중은 무려 50.3%에 달했다. 당시 산업화된 국가였던 일본과 네덜란드의 서비스산업 비중이 49.0%였다는 점과 비교하면 한국의 서비스산업 비중은 지나치게 높았다.[145] 이유는 막대한 원조물자 때문이었다. 국내 생산이 아닌 원조를 통해 유입된 물자를 처리하는 과정에서 서비스산업이 불균형적으로 발전한 것이다. 원조로 인해 농업은 원료공업으로서의 지위를 상실해 1차

....
145   이대근. 『해방후·1950년대의 경제』. p.449.

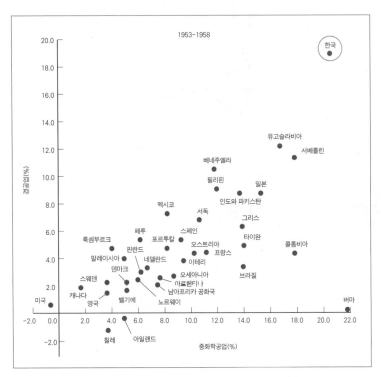

그림 10.4 1950년대(1953~1958년) 중화학공업과 경공업의 연평균 변화율
출처: Amsden. *Asia's Next Giant*. p.41.

산업과 2차 산업이 분리되고 서비스산업은 1, 2차 산업의 발전 정도와 관계없이
확대된 것이다. 서비스 산업이 원조로 인해 한국 산업구조와 상호 연관성이 취약
해진 상태에서 분절적으로 존재했던 것이다. 정리하면, 1950년대 한국 경제의 모
습은 높은 인플레이션에도 불구하고 원조물자에 기초한 경제발전이 이루어지고
있었다. 발전단계로 보면 당시 한국 경제는 최종소비재 중심의 수입대체단계에
있었다고 할 수 있다.[146]

....

146 윤명헌. "미국잉여농산물원조의 경제적 배경: 한국과 인도의 비교." p.389.

3. 자본축적의 과정

　　1950년대는 한국 자본주의의 자본축적이 시작된 시기이다. 한국 자본주의의 자본축적 방식은 국가가 자본축적 과정에 적극적으로 개입했다는 점에서 제3세계의 자본축적 과정의 특성을 공유하고 있다. 구체적으로 보면 1950년대 한국 자본주의의 자본축적 과정은 귀속재산 불하, 원조물자 배분, 재정정책 및 금융정책, 수입 규제를 통한 수입대체산업을 통해 이루어졌다. 더불어 한국 자본축적 과정의 특성 중 하나로 언급해야 할 점은 상업자본이 산업자본으로 전환되는 형태로 자본축적이 이루어졌다는 것이다. 이승만 정권은 귀속재산을 특정인에게 불하하는 과정을 통해 독점산업자본이 형성되는 계기를 제공했다.[147] 이승만 정권은 귀속재산을 시가의 25~33% 수준으로 자유당에 우호적인 기업인, 귀속업체 관리층 등에게 불하하고 장기분할 상환을 보장했다.[148] 귀속산업체를 시가보다 낮은 가격에 불하하고 장기분할 상환을 허용했다는 것은 당시의 높은 인플레이션을 고려하면 귀속산업체를 헐값으로 민간에 이전한 것이라고 할 수 있다. 서재진은 당시 한국 산업자본의 19.3% 정도가 이와 같은 귀속재산의 불하 과정을 거쳐 산업자본으로 성장했다고 추정했다.[149] 당시에는 89개 대기업 중 40개가 귀속기업체였다.[150]

　　원조는 1950년대의 자본 형성에 중요한 요인 중 하나이다.[151] 이승만 정권은 GDP의 10~20%에 달하는 원조물자를 민간기업이 구매할 수 있게 해 자본가계급이 성장할 수 있도록 제도적 지원을 했다.[152] 당시 공식환율은 시중환율보다 낮

....

147　배인철. "1950년대 경제정책과 자본축적." p.126; 조지은(2015). "제헌헌법과 제2차 개정헌법의 경제조항에 대한 고찰." 『서강법률논총』 4(2): 65-97. p.90.
148　공제욱. "1950년대 자본축적과 국가." p.174, 186; 최응양(1958). 『농정 10년사』. 서울: 세문사; Sakurai, H.(1976). "Korean Land Reform Reconsidered." *Asia Economic Studies*. Tokyo; 서재진. "한국 산업 자본가의 기원." p.30에서 재인용.
149　서재진. "한국 산업 자본가의 기원." p.30.
150　공제욱. "1950년대 자본축적과 국가." p.201.
151　조석곤·오유석. "압축성장 전제조건의 형성: 1950년대." p.122.
152　도규만. "신식민지자본주의로의 재편과 그 발전." p.140.

왼쪽 사진은 UNKRA의 구호물자가 하역되는 장면이고, 오른쪽 사진은 서울에 있는 배급소에서 원조물자가 배분되는 모습이다(1950년대). 아이를 안고 원조물자를 받는 여성의 모습이 밝아 보인다(출처: 코이카).[153]

앉기 때문에 공식환율을 적용한 원조물자를 배분받는다는 것은 아무런 노력을 기울이지 않아도 원조를 배정받는 즉시 두 배 가까운 이윤이 실현된다는 것을 의미했다. 정부의 원조 불하는 주로 실수요자를 중심으로 이루어졌지만, 실제로는 대한방직협회, 한국제분공업협회, 대한제당협회 등 원료 카르텔에 가입된 특정 기업들에만 원조가 배정되었다.[154] 일반인에게도 원조를 불하하려는 시도가 있었지만 카르텔의 저항으로 실패했다. 금융정책과 관련해서는 귀속재산인 은행을 특정 재벌에게 불하한 것은 물론 대부분의 은행 융자 또한 특정기업이 독점함으로써 독점자본 형성에 기여했다.[155] 당시 국내 총 고정자본 중 재정투융자 비중이 40~80%에 달했다는 점을 고려하면 자본 형성에 있어 정부의 역할이 결정적이었다고 할 수 있다.[156]

이승만 정부의 경제정책 방향이었던 소비재 중심의 수입대체산업도 국제경

....

153 http://webzine.koica.go.kr/201508/sub2_4.php
154 류기덕(1997). "삼백산업에 의한 한국경제의 자본축적과정에 관한 연구." 『사회과학논총』 16: 181-193. pp.191-192.
155 배인철. "1950년대 경제정책과 자본축적." p.136.
156 도규만. "신식민지자본주의로의 재편과 그 발전." p.141.

쟁력이 취약한 국내 자본에는 자본을 확충할 수 있는 중요한 제도적 장치였다. 1950년대 원조물자를 사용해 삼백산업이 발전할 수 있었던 것도 정부가 해당 생산물의 수입을 규제하고 국내 산업을 지원한 수입대체산업의 결과였다.[157] 이승만 정권하에서 삼백산업으로 대표되는 소비재 중심의 산업자본은 기술적으로 우수한 외국 기업과의 경쟁 없이 독점적으로 자본을 확충할 수 있는 기회를 제공받았다.

결국 1950년대의 자본축적 과정은 국가 개입을 통해 이루어졌고 국가에 의해 보호 육성되었다. 특히 국가의 개입은 상업자본이 산업자본으로 전환되는 계기를 제공했다. 예를 들어, 초기의 원조물자는 주로 완제품 형태로 도입되었으나 점차 반제품과 원료 형태로 전환되었다.[158] 이러한 조건에서 원조물자를 실수요자에게 배분하겠다는 정부의 배분 원칙은 원조물자의 유통과정에서 이윤을 얻던 상업자본이 산업자본으로 전환하는 계기가 된다. 원조물자를 계속 배정받기 위해서는 불가피하게 원조물자를 이용한 상품생산에 참여해야 했고, 이것이 바로 상업자본이 삼백산업으로 대표되는 산업자본으로 전환하는 계기가 된 것이다. 한국의 대표적인 산업자본인 삼성도 원조물자를 불하받기 위해 제일제당을 창립하면서부터 시작되었다고 할 수 있다.[159] 1950년대에 정부의 저임금정책과 저곡가정책 또한 노동자와 농민을 희생시키면서 산업자본이 성장할 수 있는 조건을 마련해주었다.[160] 이처럼 1950년대 한국 자본은 시장에서의 자유로운 경쟁을 통해 형성된 것이 아니라 국가의 적극적이고 불공정한 개입을 통해 의도적으로 위로부터 창출된 것이다. 자본이 이렇게 성장했다는 점을 이해하면 국가에 대한 자본의 종속성이라는 한국 자본주의 특성이 한국 자본주의의 성장 과정에서 나온 자연스러운 결과라는 것을 보다 잘 알 수 있다.

....

157 윤명헌. "미국잉여농산물원조의 경제적 배경: 한국과 인도의 비교." pp.394-395; 김일영. "이승만 정부의 산업정책과 렌트추구 그리고 경제발전." p.173, pp.298-331.
158 谷捕孝雄(1981). "해방후 한국 상업자본의 형성과 발전." 진덕규·한배호·김학준·한승주·김대환 외 공저. 『1950년대의 인식』. pp.276-295. 서울: 한길사. p.301.
159 류기덕. "삼백산업에 의한 한국경제의 자본축적과정에 관한 연구." p.189.
160 황한식. "미군정하 농업과 토지개혁정책." p.317.

4. 원조경제와 미국의 대한 경제정책

원조는 귀속재산 불하와 농지개혁과 함께 1950년대의 한국 경제를 규정하는 핵심적 요소이다. 원조는 한국 경제에 매우 복합적인 영향을 미쳤다. 일제강점기 공업화의 물적 유산의 대부분이 한국전쟁으로 유실되면서 1950년대의 한국 경제와 일제강점기 경제 간의 (적어도) 물리적 연속성은 상당한 수준으로 낮아졌다. 한국전쟁 이후 원조는 실질적으로 한국 경제를 재설계했다. 원조가 만들어낸 한국 경제는 어떤 모습이었을까? 그리고 왜 미국은 한국에 그처럼 대규모 원조를 제공했을까? 이 시기의 한국 경제를 이해하기 위해서는 미국이 제공한 원조의 성격에 대한 이해가 필수적이다.

먼저 1950년대에 한국에 제공된 원조의 규모와 특성에 대해 검토해보자. 미국은 동아시아 지역에서 다른 어떤 국가보다 한국에 가장 큰 규모의 원조를 제공했다. 〈그림 10.5〉에서 보는 것과 같이 1945년 6월부터 1959년 12월까지 미국은 88억 7,500만 달러에 해당하는 원조를 동아시아 국가에 제공했다. 그중 한국에 제공된 원조는 동아시아 전체 원조의 4분의 1이 넘는 28.8%에 달했다. 한국보다

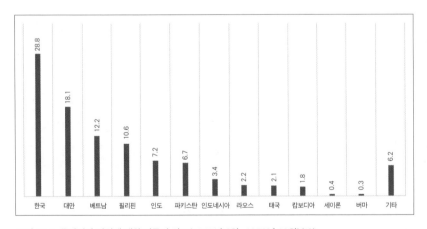

그림 10.5 동아시아 지역에 대한 미국의 원조(1945년 6월~1959년 12월)(%)
출처: 국회도서관 입법조사국(1964). 『선진제국의 대아시아 경제협력』. 국회도서관 입법조사국; 정일준(2013). "대만과 한국의 발전국가로의 전환 비교연구: 1950년대 미국의 아시아 냉전전략을 중심으로." 『사회와 역사』 100: 447-484. p.451에서 재인용. 해당 기간 동안 미국의 총 원조액: USD 8,875,000,000.

한국전쟁으로 파괴된 경성방직 영등포공장의 모습. 경성방직은 김성수, 김연수 일가가 일제강점기에
설립한 방직공장이다(출처: 대한방직협회).[161]

훨씬 큰 규모의 경제와 인구를 갖고 있던 인도에 대한 미국의 원조가 전체 원조
액의 7.2%에 불과했다는 것과 비교하면 당시 미국의 대한 원조가 얼마나 큰 규
모였는지를 짐작할 수 있다. 흥미로운 사실은 한국, 대만, 남베트남이 다른 동아
시아 국가에 비해 상당히 많은 원조를 받았다는 것이다. 이는 미국의 원조가 특
수한 목적에 의해 제공되었다는 것을 이야기해준다. 미국의 대 동아시아 원조는
자본주의의 최전선에 있는 국가를 지원하기 위한 것이었다.

〈표 10.5〉는 미국의 대한 원조의 성격을 분명하게 보여준다. 한국과 인도를
비교해보면, 한국의 경우 미공법 480호에 의해 제공된 원조액의 84.9%가 공동
방위를 위한 비용으로 사용되었다.[162] 반면 인도는 한국과 반대로 PL480호 원조

....

161 http://www.swak.org/base_1/swak_menu7/menu7_sub2.php?com_board_basic=read_form&
     &com_board_search_code=&com_board_search_value1=&com_board_search_value2=&com_
     board_page=&&com_board_idx=2
162 미공법 480호로 불리는 원조로, 미국 상품금융공사가 보유하고 있는 잉여농산물(원면, 곡물, 우지 등)
     을 원조 수여국의 통화로 수입할 수 있게 하는 대신 이렇게 마련된 현지 통화를 원조 공여국과 수여
     국이 함께 관리하는 계정에 적립해 양자의 합의하에 사용할 수 있게 한 원조 프로그램이다. 1955년 5

표 10.5 미공법 480호(PL480) 제1관에 의해 공여된 현지 통화의 용도

	공여액 (1천 달러)	공동방위 (%)	경제개발 (%)	민간기업 투자 (%)	차관 (%)	미국 사용 (%)
버마	51,370	–	15.8	–	63.3	20.8
스리랑카	30,800	–	17.1	17.7	41.3	23.9
대만	182,600	52.4	–	9.2	17.5	20.9
인도	2,430,906	–	32.4	6.8	48.0	12.8
인도네시아	344,625	–	7.3	6.6	69.5	16.6
이란	50,971	11.3	–	6.4	54.5	27.8
일본	150,800	0.5	0.4	–	72.2	27.0
한국	362,540	84.9	–	1.7	–	13.3
파키스탄	1,065,920	7.4	52.2	4.9	25.9	9.5
필리핀	36,150	22.4	8.4	17.8	22.2	29.2
태국	4,600	–	–	–	44.6	55.4
남베트남	80,490	78.5	–	7.1	–	14.3

출처: 윤명헌. "미국잉여농산물원조의 경제적 배경." p.387.

액의 32.4%를 경제개발에 사용했지만 공동방위를 위해서는 전혀 사용하지 않았다. 물론 PL480호 원조는 미국이 제공했던 전체 원조의 일부이지만, 미국의 대한 원조가 군사적 성격의 원조였다는 사실은 분명해 보인다. 미국의 대한 원조의 또 다른 목적은 미국의 국내사정과도 연관된다. 미국의 대한 원조는 1948년부터 시작된 농업공황에 대한 대응책이기도 했다.[163] 한국전쟁 기간 동안 농업공황이 일시적으로 진정되었지만 문제가 해결된 것은 아니었다. 미국은 잉여농산물 문제를 해결하기 위해 '농산물 무역촉진 원조법(Agricultural Trade Development and Assistance Act, 1954)'을 제정해 농산물을 자국 통화가 아닌 외국 통화로 수출할 수 있게 했고, 이를 통해 얻은 현지 통화는 미국 농산물의 해외 개척을 위한

....

월의 한미잉여농산물협정에 의해 미국의 잉여농산물이 한국에 제공되었다. 1955년부터 1961년까지 PL480호의 대한 원조 규모가 가장 컸던 1958년을 기준으로 대한 원조 총액 2억 8천만 달러 중 PL480의 비중은 23.2%였고 규모가 가장 작았던 1960년에는 4.2%에 불과했다. 박현채(1981). "미잉여농산물원조의 경제적 귀결." 진덕규·한배호·김학준·한승주·김대환 외 공저. 『1950년대의 인식』. pp.276-295. 서울: 한길사. pp.277-278.

163 박현채. "미잉여농산물원조의 경제적 귀결." pp.286-289.

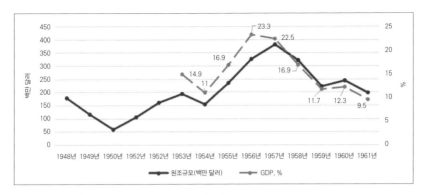

그림 10.6 무상원조 도입액과 GDP 대비 비율(1948~1961년)

출처: 한국경제 60년사 편찬위원회(2010). 『한국경제 60년사: 경제일반』. 서울: 한국개발연구원. p.80.

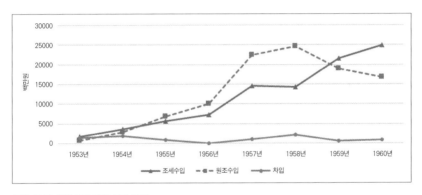

그림 10.7 일반회계 세입 구성 추이

출처: 한국경제 60년사 편찬위원회. 『한국경제 60년사』. p.601.

전략물자 구매와 미국 정부의 대외채무를 청산하는 데 사용했다. 미국은 잉여농
산물의 대외원조를 통해 미국 농업의 해외시장을 확대하고 자본주의 진영을 지
키기 위해 미국이 현금으로 부담했어야 할 방위비를 절감할 수 있었다.

미국의 대한 원조가 한국 경제에 미친 영향은 당시 국내총생산 대비 원조 규
모를 통해 확인할 수 있다. 〈그림 10.6〉을 보면 1956년 기준으로 GDP 대비 원조
의 비중은 무려 23.3%에 달했다. 1956년 미 달러화에 대한 공식환율(협상환율)
이 달러당 50원이었던 것에 비해 시장환율(미본토불)은 공식환율의 두 배에 가까
운 97원이었다는 점을 고려하면,[164] 실제 원조의 규모는 GDP의 40%에 가까웠다.

1950년대의 한국 경제를 원조경제라고 할 만하다. 정부 세입에서 원조 부문이 차지하는 비중도 지대했다. 〈그림 10.7〉을 보면 원조가 본격화된 1955년부터 미국의 대외원조정책이 전환되는 1958년까지 원조가 한국 정부의 세입에서 차지하는 비중은 조세 수입보다 컸다. 이승만 정권은 미국의 원조에 의해 지탱되고 있었고 자연스럽게 미국은 1950년대 한국 경제와 정부 운영에 절대적 영향력을 갖고 있었다.

실제로 1953년 12월 14일에 국무총리 백두진과 미국 경제조정관 우드(Wood)는 '경제재건 및 재정안정계획에 관한 합동경제위원회 협약', 일명 '백-우드협약'을 체결하고, 원조물자 판매대금으로 조성되는 대충자금(Counterpart Fund)의[165] 사용을 한미합동경제위원회(Combined Economic Board, CEB)가 승인한 목적과 방법에만 사용할 수 있도록 했다.[166] 미국이 합동경제위원회를 통해 한국 경제와 정부 운영에 개입할 수 있는 길을 제도화한 것이다. 김재훈은 합동경제위원회는 미국의 분점된 국가기구로 한국 사회구성체 성격 규정에 영향을 주었다고 평가했다.[167] 정부 재정의 50% 이상을 원조에 의존하고 있는 상황에서 그 원조자금을 운용할 권한을 CEB가 갖고 있다는 것은 결국 한국 정부의 운영에 CEB가 결정적 영향력을 갖고 있었다는 것을 의미한다. 일부 연구가 당시 한국을 미국의 신식민지라고 규정했던 것도 전혀 근거가 없는 것이라고는 할 수는 없을 것 같다.[168] 정부의 재정 운영에 미국이 강력한 영향력을 행사했다는 것은 공적 복지지출의 규모와 자원의 배분 방식 또한 미국의 통제하에 있었다는 것을 의미한다. 이승만 정부가 헌법 개정을 통해 국유화 조항을 삭제하고 대규모 귀속재산을 민간에 불하하기로 결정한 시점도 백-우드협약이 조인된 시점과 거의 일치한

....

164   김낙년(2004). "1950년대의 외환정책과 한국경제." 문정인 · 김세중 편. 『1950년대 한국사의 재조명』. pp.201-234. 서울: 선인. p.206.
165   2차 세계대전 이후 미국의 대외원조 방식 중 하나로, 미국이 제공하는 원조물자를 수원국의 화폐로 특별계정에 적립해 관리하는 자금을 의미한다.
166   이대근. 『해방후 · 1950년대의 경제』. pp.231-233.
167   김재훈(1988). "1950년대 미국의 한국원조와 한국의 재정금융." 『경제와 사회』 1: 131-164. p.133.
168   도규만. "신식민지 자본주의로의 재편과 그 발전." p.136.

다.[169] 제헌헌법을 사회주의 헌법이라고 보았던 미국의 입장이 반영된 결과라고 추정할 수 있다.

그러면 원조를 통해 미국이 그리고 있던 한국 경제는 어떤 모습이었을까? 미국은 단독정부 수립 당시부터 남한 정부가 외부의 위협과 함께 내부의 위협에 의해 붕괴될 수도 있다고 우려했다.[170] 이것이 미국이 단독정부 수립 당시부터 대한 경제정책의 가장 중요한 목적을 안정으로 설정한 이유였다.[171] 이를 통해 미국은 한국이 자본주의 세계체계의 반공기지로서의 역할을 안정적으로 수행하기를 희망했다.[172] 당시 한국 경제의 안정을 위협한 가장 큰 위험요소는 물가였기 때문에 미국의 안정화정책의 핵심은 물가를 통제하는 것이었다. 〈그림 10.1〉에서 보았던 것처럼 1957년 이전까지 한국의 연간 물가상승률은 20%를 넘었고 한국전쟁 기간 동안은 52.3~390.5%에 이르는 높은 물가상승률을 기록했다. 1950년대 제3세계 개발이론의 주요 이론가였던 월트 로스토우(Walter Rostow) 등 개발학자들도 인플레이션 억제를 성장의 대전제라고 주장했다.[173]

반면 한국 정부는 전후 재건사업을 적극적으로 추진해야 한다는 입장이었다.[174] 한국 정부는 원조의 시설재와 소비재의 비율이 7:3이 되어야 한다고 주장했지만 미국은 물가안정을 위해 시설재와 소비재의 비율이 3:7이어야 한다고 주장했다.[175] 협의 과정에서 시설재와 소비재의 비율은 48:52로 조정되었지만 실제 원조는 미국의 의도대로 시설재와 소비재가 3:7로 구성되었다. 미국은 한국의 높은 인플레이션이 생산 부족 때문이라고 진단했기 때문에 원조를 통해 부족한 생산을 해결해 인플레이션을 억제하고 사회적 안정을 도모할 수 있다고 판단했다.

....

169   공제욱. "1950년대 자본축적과 국가." p.184.
170   정일준. "대만과 한국의 발전국가로의 전환 비교연구." p.469.
171   이대근. 『해방후·1950년대의 경제』. p.166.
172   이대근. 『해방후·1950년대의 경제』. p.365.
173   박태균(2003). "1950·1960년대 경제개발 신화의 형성과 확산." 유철규 편. 『한국자본주의 발전모델의 역사와 위기』. pp.247-284. 서울: 함께읽는책. p.260.
174   김일영. "이승만 정부의 산업정책과 렌트추구 그리고 경제발전." p.178; 박태균(2007). "한국전쟁 이후 이승만 정부의 경제부흥 전략." 『세계정치』 28(2): 203-241. p.224.
175   도규만. "신식민지자본주의로의 재편과 그 발전: 8·15 이후." p.136.

미국이 대한 경제정책을 성장을 중심으로 고민하기 시작한 시점은 인플레이션이 진정되기 시작한 1958년 이후였다(그림 10.1 참고). 이때부터 미국은 한국 경제개발계획을 수립하기 위한 고민을 시작했다. 1950년대 말에 이르러 미국의 대한 경제정책이 '안정'에서 '성장'으로 방향을 전환하기 시작한 것이다.[176] 장면 정부가 의욕적으로 경제개발계획을 수립하고 5·16군사쿠데타로 집권한 박정희 정권이 경제개발계획을 실천할 수 있었던 것도 바로 이러한 미국의 정책 변화가 있었기 때문에 가능했던 것이다.

안정화정책을 중심으로 한 미국의 대한 경제정책은 미국의 동아시아 국제분업 구상을 실현을 위해서도 필요했다. 미국은 한국이 필요한 물자를 자체 생산하는 것보다 일본에서 구매하기를 희망했다.[177] 미국은 일본을 중심으로 동아시아 질서를 재편하려고 했기 때문에 한국전쟁 이후에도 일본 경제가 계속 성장하기를 원했다. 미국의 동아시아 구상에는 한국 경제의 재건이라는 구상은 없었고, 일본은 경제, 한국은 방위라는 동아시아 국제분업을 구축하려는 계획을 갖고 있었다.[178] 미국은 한국이 일본의 상품시장이 되기를 원했다.[179] 미국의 입장에서 보면 한국의 경제발전은 이러한 미국의 동아시아 질서에 균열을 가져오는 것으로 바람직하지 않았다. 실제로 미국은 일본이 수출하는 품목을 한국에서 생산하는 것이 바람직하지 않다고 생각했다.[180] 하지만 이승만 정부는 일본의 역할을 한국이 맡기를 원했기 때문에 미국의 반대에도 불구하고 수입대체산업화를 강행했다.[181] 다만 1950년대 말에 들어서면서 미국의 제3세계 정책 방향이 안정에서 성장으로 변하면서 한국과 일본의 관계도 변화했다. 1950년대 말에 이르면 미국은 경제성

....

176 1950년대 말이 되면서부터 미국에서는 제3세계의 경제안정을 위해서는 물가안정만으로는 충분하지 않고 경제성장이 필요하다는 주장이 제기되기 시작했다. 박태균. "1950년대 말 미국의 대한경제정책 변화와 로스토우의 근대화론." p.301.

177 김일영. "이승만 정부의 산업정책과 렌트추구 그리고 경제발전." p.180.

178 이철순(2004). "1950년대 후반 미국의 대한정책." 문정인·김세중 편. 『1950년대 한국사의 재조명』. pp.275-342. 서울: 선인.

179 박태균(1998). "미국의 대한경제부흥정책의 성격(1948-1950)." 『역사와 현실』 27: 76-111. p.100.

180 박태균. "1950년대 말 미국의 대한경제정책 변화와 로스토우의 근대화론." p.272.

181 김일영. "이승만 정부의 산업정책과 렌트추구 그리고 경제발전." p.186, 237.

장을 이룩한 일본이 한국 경제의 발전을 지원하는 역할을 수행하도록 했다.[182] 미국은 한국의 1차 산업과 소비재 중심의 경제개발이 일본 중심의 동아시아 지역 통합전략에 배치되지 않는다고 판단한 것이다.

5. 경제개발계획의 기원

일반적으로 경제개발계획은 박정희 권위주의 체제의 고유한 상징으로 알려져 있다. 하지만 이는 신화이다. 경제개발계획은 정부 수립 이후에 지속적으로 시도되었고, 이러한 축적된 경험이 민주당 정부를 거치면서 군사정권에 계승된 것이다. 새터화이트(Satterwhite)는 "군사정부의 경제개발계획의 기원은 1950년대 이승만 정부의 계획에 있었으며, 군사정부는 단지 그 계획의 '서류가방'을 슬쩍했을 뿐이다."라고 평가했다.[183] 실제로 정부 수립 이후 많은 계획들이 입안되었다. 때로는 원조를 더 받기 위해 한국 정부가 급조하기도 했고, 때로는 미국의 요구로 수립되기도 했다. 1950년대 말에는 원조 감소에 대비해 경제개발계획을 수립하라는 미국 관리들의 강력한 '통고'가 있었고, 실제로 검토 과정을 거쳐 경제개발계획이 수립되었다.[184] 장면 정부에서도 많은 사람과 노력이 투여되어 경제개발계획을 수립했다. 군사정부가 처음 수립한 경제개발 5개년계획은 바로 이런 역사적 성과를 계승한 것이지 군사정부의 특별한 역량을 보여주는 결과물은 아니다. 사실 군사정부의 경제개발계획은 이승만 정부가 아닌 장면 정부의 서류가방을 슬쩍한 것이었다. 경제개발계획을 주관하는 중앙부처도 박정희 군사정권에서 이루어진 것이 아니라 단정 수립 당시부터 존재했다.[185] 당시에는 선·후진국을 가리지 않고 모든 국가에서 경제계획을 추진하고 있었다. 1950년대에 아시아

....

182 박태균. "1950년대 말 미국의 대한경제정책 변화와 로스토우의 근대화론." p.314.

183 Satterwhite, D.(1994). *The Politics of Economic Development: Coup, State, and the Republic of Korea's First Five-Year Economic Development Plan(1962-1966)*. PhD. Dissertation, University of Washington; 박태균. "한국전쟁 이후 이승만 정부의 경제부흥 전략." p.205에서 재인용.

184 이철순. "1950년대 후반 미국의 대한정책." p.315.

185 이대근. 『해방후·1950년대의 경제』. p.163.

의 거의 대부분의 국가는 경제개발계획을 수립하고 있었다.[186] 버마는 독립과 함께 2년, 8년, 3년, 4년 등의 계획을 수립했고, 네팔, 파키스탄 등도 경제개발계획을 수립했다. 1950년대 제3세계의 신생 국민국가가 경제계획계획을 수립하는 것은 마치 사람들이 유행가 가사를 흥얼거리는 것이나 마찬가지였다.

1950년대 아시아 제국(諸國)의 경제개발계획의 입안과 기구를 설치하는 데는 콜롬보 플랜과 극동경제위원회가 중요한 역할을 했다.[187] 한국에서 경제개발계획의 수립은 임시정부의 임시헌법으로 거슬러 올라간다. 임시정부의 임시헌법 경제조항에는 경제계획을 수립한다는 것이 적시되어 있었다.[188] 정부 수립 이후 최초의 경제개발계획 수립에 대한 구상은 1949년에 이범석 국무총리가 대국회 시정연설에서 밝힌 '제1차 5개년 생산계획'이었다.[189] 계획의 목적은 주요 생산물의 생산량을 2차 세계대전 이전 수준으로 회복시키는 것이었다. 이 밖에도 '5개년 물동계획'과 각 부처별로 계획이 수립되었다. 보다 구체적인 계획은 1953년 10월 한국전쟁 직후 한미 간의 협의에 의해 수립된 '종합부흥 3개년 계획'이었다.[190] 당초 한국 측은 자립경제 건설에 역점을 두었지만 안정을 중시하는 미국의 의사에 따라 소비재산업 중심의 재건계획을 수립했다. 1950년대 삼백산업의 발전은 바로 이러한 한미 간의 합의에 따라 작성된 부흥계획의 결과였다. 물론 1952년 12월 한국경제재건계획(네이산 보고서)이 유엔에 제출되었고, 3개년 계획을 수립의 필요성을 역설한 타스카 보고서와 같은 경제개발계획의 필요성을 강조한 보고서와 시안들이 있었다. 1954년 7월에는 이승만과 아이젠하워의 워싱턴 회담을 앞두고 군사원조와 경제원조를 확보하기 위해 '한국 경제부흥 5개년 계획안'이 급조되었다.[191] 계획의 목표는 역시 자립경제 수립을 위한 생산시설 복구와 원자재 도입에 있었다. 1956년 3월에는 미국 델레스(J. Dulles) 국무장관의

....

186 이대근. 『해방후·1950년대의 경제』. p.46.
187 박태균. "1950·1960년대 경제개발 신화의 형성과 확산." p.250.
188 박태균. 『원형과 변용』. p.29.
189 이대근. 『해방후·1950년대의 경제』. pp.173-174.
190 이대근. 『해방후·1950년대의 경제』. pp.279-286.
191 박태균. "한국전쟁 이후 이승만 정부의 경제부흥 전략." pp.217-224.

The Founding Fathers - 1950

콜롬보 플랜은 1950년 1월에 스리랑카의 콜롬보에서 개최된 영연방 국가들의 외상회의에서 시작된 아시아와 태평양 지역의 국가들의 경제사회발전을 위해 수립된 계획이다. 1950년 창설 당시에 참가한 영연방 소속 국가들의 외상들의 모습(출처: The Colombo Plan Homepage).[192]

방한을 앞두고 23억 달러의 원조를 받는다는 전제하에 다시 '경제부흥 5개년 계획'을 작성한다. 하지만 미국은 한국의 경제개발계획을 원조를 더 받기 위한 수단으로 이해했고 부흥계획은 아무런 실천력을 갖지 못한 채 폐기되었다.

실질적인 계획은 1956년 8월에 한미합동경제위원회에서 경제개발계획 수립에 합의하고 입안한 '산업개발 3개년 계획'이다.[193] 1958년 4월에 정부는 미국의 동의하에 산업개발위원회를 설치하고 3개년 계획을 수립하는데, 계획의 목표는 2차 산업의 구성비를 높이는 것으로 먼저 농업 분야의 증산에 중점을 두었다. 산업개발 3개년 계획의 특징은 자유경제 원칙을 중시해 정부의 재정지출을 억제하고 민간의 경제활동을 장려하는 데 있었다. 미국의 동의하에 경제개발계획을 수립할 수 있었던 것은 이 시기에 미국의 제3세계정책이 중요한 전환기에 접어들었기 때문이다. 1958년에 들어서면서 한국 경제에 결정적인 영향력을 갖고 있던 미국 국무성의 관료가 재정적 보수주의자들에서 경제개발 원조에 적극적

....

192 http://www.colombo-plan.org/
193 박태균. "한국전쟁 이후 이승만 정부의 경제부흥 전략." pp.224-230.

인 인사로 대체되면서 경제개발을 위한 유리한 조건이 창출되었던 것이다.[194] 미국 의회 내에서도 제3세계의 경제개발을 지지하는 의원들이 증가하기 시작한 것도 이 시기이다. 1960년의 정·부통령 선거를 앞두고 이승만 정부는 다시 계획을 급조하지만 4·19혁명으로 시행하지 못했다. 이 밖에도 종합경제개발계획은 아니지만 '문맹퇴치 5개년 계획', '농촌발전계획' 등 정부 부처에서 수립된 수많은 계획들이 있었다. 이렇듯 이승만 정권하에서 여러 경제개발계획이 수립되었지만 제대로 실행될 수 없었다. 이유는 경제개발계획을 실천할 자체 재원이 없어 재원을 외국의 원조에 의존할 수밖에 없었기 때문이다. 재원 부족은 계획을 실행하지 못한 가장 큰 이유였다. 더불어 이승만은 계획을 사회주의 경제라고 생각했고 계획을 실현할 의지도 없었다.[195]

이승만 정부에서 수립된 경제개발계획이 대체로 래그나 넉시(Ragnar Nurk-se)의 1, 2차 산업의 균형성장론에 입각한 계획이었던 것에 반해, 장면 정부의 경제개발계획은 요소 공격적 접근방법에 기초한 불균형 성장론에 입각해 작성된 계획이라는 점에서 차이가 있었다.[196] 장면 정부의 경제개발계획은 두 가지 면에서 이후 군사정부에서 수립된 계획과도 차이가 있었다. 하나는 장면 정부의 경제개발계획은 시장 중심의 개발계획이라는 점에서 군사정부에서 수립된 국가 중심의 경제개발계획과는 차이가 있었다. 다른 하나는 경제개발의 목적이었다. 장면 정부가 경제개발계획을 수립한 데에는 국민의 사회복지 증진이라는 목표가 있었다. 장면 정부는 계획의 의의를 "국민생활의 균등한 향상을 기하는" 것이며 "복지국가 창조라는 국시의 지상명제"임을 강조했다.[197] 하지만 군사정부의 계획에서는 사회복지 증진이라는 목표가 사라지고 북한과의 체제 경쟁에서 승리하겠다는 반공주의 성격이 강화되었다. 경제개발계획이 국민복지 증진에서 체제 승리

....

194 박태균. "1950년대 말 미국의 대한경제정책 변화와 로스토우의 근대화론." p.114.
195 김기승(2003). "민주당 정권의 경제정책에 관한 연구." 조광·허동현·김기승·홍순호·高崎宗司·정대성·김녕·임기환 공저. 『장면총리와 제2공화국』. pp.135-218. 서울: 경인문화. p.169.
196 박태균. "1950·1960년대 경제개발 신화의 형성과 확산." p.257, 271.
197 김기승. "민주당 정권의 경제정책에 관한 연구." p.141, 186, 202.

로 전환된 것이다. 어쩌면 이러한 목표의 전환은 박정희 권위주의 체제가 이루었던 고도성장이 장기적으로 한국 사회의 불평등을 확대하는 결과로 나타날 수밖에 없었던 이유였는지도 모른다.

제5절 원조복지체제의 성립

정부 수립 이후에 한국 사회가 직면한 절대빈곤과 실업 등의 사회위험은 이승만 정부가 해결해야 할 가장 중요한 역사적 과제였다. 이승만은 1948년 9월 국회에서 새 정부의 경제정책 방향과 과제를 제시하면서, 새 정부가 시급히 해결해야 할 정책과제로 물가의 통제, 실업 구제, 노동조건의 개선, 사회보장제도의 확립 등을 언급했다.[198] 대통령의 국회연설은 당시 한국 분배체계의 과제가 무엇이었는지를 단적으로 보여주는 것이라고 할 수 있다. 하지만 이승만 정부는 1950년대의 사회문제를 해결하지 못했다. 1957년 이후 살인적인 인플레이션을 안정화시킨 것을 제외하면 국민의 복지문제를 거의 해결하지 못했다. 이승만 정부가 1950년대 한국 사회가 직면한 사회위험에 대응하는 방식은 더 많은 미국의 원조를 확보하는 것이었다. 하지만 원조는 복지가 아닌 안보를 위해 사용되었다. 한국전쟁을 거치면서 어쩌면 당시 사람들에게 외부적 위협으로부터 체제를 보존하는 안보가 분배보다 더 중요한 과제였는지도 모른다. 본 절에서는 1950년대 한국 복지체제의 특성인 원조복지체제의 특성을 다양한 방식으로 검토했다.

1. 사회위험과 미군정 복지체제의 유산

1) 정부 수립 당시의 사회위험
남한 단독정부(이하 한국 정부)가 직면한 사회위험은 해방 이후 미군정이 직면

....

198 이대근. 『해방후 1950년대의 경제』. p.166.

했던 사회위험과 크게 다르지 않았다. 차이가 있다면 사회위험에 대응해야 할 주체가 미군정에서 한국 정부로 변했다는 것이다. 해방과 한국전쟁으로 전재민은 엄청난 규모로 증가했고, 인플레이션은 여전히 가장 심각한 사회문제였다. 먹고살 만한 일자리도 없어 시쳇말로 태반이 백수였다. 농촌이라고 상황이 더 나은 것도 아니었다. 그야말로 먹고사는 것과 절대빈곤에서 벗어나는 것이 당시 복지체제가 해결해야 할 가장 중요한 사회적 과제였다. 다시 말해, 당시 복지체제의 과제는 사람들이 노동시장에서 직면하는 실업, 질병, 노령 등과 같은 사회위험에 대응해 소득을 보전해주는 '탈상품화'를 제도화하는 것이 아니라, 사람들이 먹고살 수 있도록 소득을 얻을 수 있는 일자리를 만드는 노동력의 '상품화'에 있었다.

〈표 10.6〉에서 보는 것과 같이 정부 수립 당시인 1948년 8월 기준으로 해방과 함께 해외에서 귀국하거나 북에서 남하한 피난민의 수는 이미 250만 명에 달했다.[199] 여기에 한국전쟁으로 인해 800만 명에 가까운 전재민(피난민 포함)이 추가로 발생했다. 해방 후 불과 3년 만에 전 인구의 절반 이상이 전재민이 되었다. 서울 시민은 거의 모두가 전재민이었다.[200] 전재민의 생활은 비참함 그 자체였다. 전재민에게 제공되는 구호물품으로는 최소한의 생활을 이어가는 것도 어려웠다. 전재민 수용시설에는 천막이 부족해 가마니 한 겹만을 깔고 생활해야 했다. 『동아일보』 등의 보도에 따르면 연기군에 마련된 피난민 수용소는 4동의 목조창고에 1,088명을 수용했는데, 이들에게 지급된 구호물자는 "담요 4개, 점퍼 2개, 광목 4필, 양말 54개, 비누 51개, 로션 1상자"가 전부였다.[201] 식량 배급이 제대로 이루어지지 않아 수용소에서는 아사자가 속출했다. 그렇다고 식량이 부족한 것도 아니었다. 전쟁 중이었지만 국내 곡물생산량과 원조 곡물을 더하면 식량은 충분했다. 하지만 구호미 횡령 등 구호 당국의 부정부패가 만연한 상황에서 전재민들에게 배급될 식량은 없었다. 〈표 10.7〉에서 보는 것처럼 한국전쟁 기간 동안 구호

....

199 심정택. "해방전후기의 사회복지제도 형성과 그 성격에 관한 연구." p.169; 하상락. "한국 사회복지사의 흐름." p.89.
200 박광준(2013). 『한국 사회복지역사론』. 파주: 양서원. p.198.
201 김성현. "난민이라는 존재의 인식과 삶." pp.98-99.

표 10.6 총 인구 대비 피난민 및 전재민 비율(1951년 8월 31일)

	현재 인구	피난민(가)	전재민(나)	합계(가+나)
인구수	20,689,493	3,807,226	4,018,187	7,825,413
인구 대비 비율	100.0%	18.4%	19.4%	37.8%

출처: 하상락(1998). "한국 사회복지사의 흐름." 하상락 편. 『한국 사회복지사론』. pp.38-109. 서울: 박영사. p.90을 수정한 것임.

표 10.7 총 인구 대비 요구호대상자 비율(1951~1957년)(천 명)

연도	1951	1952	1953	1954	1955	1956	1957
대상자	7,825	9,560	9,844	2,723	3,778	4,330	4,466
총 인구	19,211	19,567	19,979	20,521	21,169	21,898	22,681
비율(%)	40.7	48.9	49.3	13.3	17.8	19.8	19.7

출처: 하상락. "한국 사회복지사의 흐름." p.89; 국가통계포털. http://kosis.kr/, 접근일 2016년 9월 28일.

가 필요한 인구의 비율은 전체 인구 대비 40%를 넘었고 1959년에는 무려 49.3%에 달했다. 휴전 이후에는 상황이 나아졌지만 요구호대상자의 비율은 1954년 13.3%에서 1957년에 19.7%로 증가했다. 요구호대상자 비율을 기준으로 보면 한국전쟁 기간 중에는 절대빈곤 비율이 전체 인구 중 절반에 가까웠고 전쟁 이후에도 여전히 많은 사람들이 절대빈곤에 놓여 있었다.

실업과 인플레이션도 당시 사람들의 생존을 위협한 사회위험이었다. 남북 분단으로 산업생산이 일제강점기 보다 낮았던 상황에서 전쟁은 실업문제를 더욱 악화시켰다. 그나마 운영되던 공장도 전쟁으로 인해 문을 닫았다. 더불어 1951년에 유엔군의 퇴각과 함께 엄청난 규모의 북한 피난민이 남하해 그야말로 무직자와 실업자가 넘쳐났다.[202] 사회부 노동국이 추계한 자료에 따르면, 실업자 수는 1951년에 115만 명, 1952년에 127만 명, 1953년에 110만 명, 1954년에 132만 명으로 점점 더 증가했다. 실업률은 대략 13~15%로 추계되었지만 여기에 잠재 실업자와 반실업상태에 있는 사람들을 더하면 실업자의 규모는 가늠하기 어려울 정도였다. 전쟁이 끝나도 상황은 별로 나아지지 않았다. 1950년대 후반에 들어서

....

202 이대근. 『해방후·1950년대의 경제』. pp.216-217.

면 미국의 원조 감소와 연이어 찾아온 불황으로 실업문제는 더욱 심각해졌다.[203]

정부 수립 이후에도 물가상승은 한국 사회의 지속 가능성을 위협한 가장 심각한 사회위험이었다. 1940년대 말로 가면서 안정되던 물가는 한국전쟁의 발발과 함께 다시 폭등했다. 전쟁으로 인한 생산 부족이 물가상승의 중요한 원인이었다. 전후에도 한국 경제의 가장 중요한 정책과제는 여전히 인플레이션 억제였을 정도로 인플레이션은 심각한 사회적 문제였다. 1954년부터 1957년까지 연평균 소비자물가와 도매물가 상승률은 각각 38.4%, 39.4%에 달했다.[204] 1955년에는 소비자 물가가 무려 68.0%나 오르기도 했다. 더욱 심각한 문제는 인플레이션에

전쟁을 피해 남하하는 피난민의 모습(출처: N.A.R.A).[205]

....

203 이주실(2011). "1950년대 후반 실업문제의 대두와 이승만정부의 실업대책." 고려대학교 사학과 석사학위논문. p.1.
204 다만 1950년대 후반에 한국 경제가 불황에 직면하면서 물가상승률은 10% 내외로 안정을 찾아갔다. 박태균. 『원형과 변용』. p.36.
205 http://mnd-nara.tistory.com/229

대한 부담이 사회 전 계층에게 공평하게 분담되지 않고 대부분 농민들에게 전가되었다는 것이다. 이승만 정부의 저곡가정책은 당시 높은 인플레이션의 사회적 부담을 농민에게 전가했다.[206]

농촌의 빈곤문제는 심각한 상황이었다. 당시 농촌의 빈곤문제는 이승만 정부의 농업정책으로 인해 나타난 인위적 현상이었다. 잉여농산물 수입, 높은 인플레이션 상황에서 시장 가격보다 낮게 책정된 곡물 가격으로 걷어들인 임시토지 수득세는 농촌을 피폐하게 만든 결정적 요인이었다.[207] 〈그림 10.8〉에서 보는 것처럼 전후 1950년대 중반의 농가수지는 대부분 적자를 기록했다. 춘궁기 동안 곡식이 떨어진 절량농가가 1953년 5월 기준으로 110만 가구로 전체 220만 농가의 절반에 달했다.[208] 농촌의 피폐화는 이승만 정권의 도시 편향적 정책의 결과라고 비판받기도 하지만[209] 도시 노동자들의 상황도 농촌보다 나았다고 할 수는 없다. 〈그림 10.8〉에서 보는 것처럼 적어도 1954년부터 1959년까지 서울 노동자의

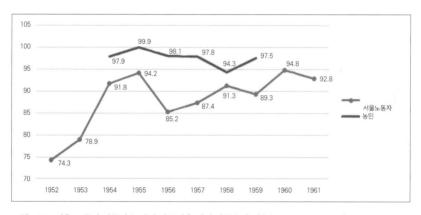

그림 10.8 서울 노동자 가구와 농가의 가구지출 대비 가구수입 비율(%)(1952~1961년)
출처: 조석곤·오유석(2001). "압축성장 전제조건의 형성: 1950년대." 김진엽 편. 『한국자본주의 발전모델의 형성과 해체』.
pp.87-128. 서울: 나눔의 집. pp.97, 100.

....

206 이호철. "농민운동." p.255.
207 한도현. "1950년대 후반 농촌사회와 농촌의 피폐화." p.87.
208 이대근. 『해방후·1950년대의 경제』. p.220.
209 한도현. "1950년대 후반 농촌사회와 농촌의 피폐화." p.102.

가계수지는 농촌보다 더 큰 폭의 수지적자를 기록했다. 도시(서울) 노동자 가구는 1950년대 내내 가구소득으로는 가구지출을 감당할 수 없는 상황이었다. 다만 1950년대는 전쟁으로 어려움을 겪기는 했지만 노동자 가구의 생활은 미군정 시기보다는 조금 나아 보였다. 미군정 당시에 노동자 가구의 가구지출 대비 가구소득 비율이 66.5%에 머물렀던 것에 비해[210] 1950년대 중반에 들어서면 노동자 가구의 지출 대비 소득 수지가 90%를 넘는 것으로 나타났다.

전쟁 발발 이후 영양실조, 결핵, 천연두, 콜레라, 장티푸스, 말라리아, 세균성이질, 파상풍 등이 창궐했고, 한국 사회는 그야말로 총체적 위기에 직면했다.[211] 1952년 한 해에만 공식 통계로 잡힌 장티푸스, 천연두 등 전염병 발생 건수가 5,613건에 달했고 그중 13.4%가 사망했다.[212] 미군이 한국인에게 DDT를 뿌리는 장면은 당시 전국 어디서나 쉽게 볼 수 있었다. 문제는 이러한 사회위험에 안전망이었던 가족과 지역공동체가 전쟁으로 인해 산산이 부수어졌고 국가는 그 역할을 제대로 감당하지 못했다.

2) 미군정 시기 복지체제의 유산

해방 이후 전재민의 폭증과 절대빈곤, 실업 등 사회위험에 대한 미군정의 대응은 크게 두 가지 영역에서 검토해볼 수 있다. 먼저 생산체제와 관련해 미군정은 한국 분배체계의 성격을 자본주의 방식으로 결정지은 두 가지 중요한 정책을 실행했다. 미군정은 농지개혁과 귀속재산 불하를 통해 한국 사회의 자본주의화를 불가역적인 상황으로 만들었다. 미군정 농지개혁의 유상분배 방식은 이후 한국 정부가 추진한 농지개혁의 기준이 되었다.[213] 미군정의 귀속재산 불하 또한 당

....

210 임금노동자 및 사업가에 대한 자료는 G-2 Weekly Summary, No. 67, HQ, USAFIK, Seoul, Korea, 27 December 1946; 신상준. "주한미군정청의 복지정책기조." p.21에서 재인용. 농가에 대한 자료는 조선은행 조사부(1949). 『경제연감』; 이혜숙. 『미군정기 지배구조와 한국 사회』. p.526에서 재인용.

211 김진호(2016). "이웃을 향한 열린 문과 닫힌 문, 그리스도인의 전후 체험." 김성보·김종엽·이혜령·홍석률 기획. 『한국현대 생활문화사: 1950년대』. pp.161-188. 서울: 창비. p.165.

212 최원규(1996). "외국민간원조단체의 활동과 한국 사회사업 발전에 미친 영향." 서울대학교 사회복지학과 박사학위논문. p.114.

1950년대에 한국인에게 DDT를 뿌리는 미군의 모습과 이를 신기한 듯 쳐다보는 어린이의 모습이
인상적이다(출처: 조인스 블로그).[214]

시 한국 사회의 모든 정치세력이 주장했던 국유화 또는 공영화 방식을 따르지 않
고 자본주의의 사적소유를 강화하는 사유화 방식으로 추진되었다.[215] 이 역시 정
부 수립 이후, 특히 1954년의 헌법 개정 이후 이승만 정부가 중요 기간산업체를
민간에 불하한 것으로 계승된다. 이처럼 미군정은 정부 수립 이후 한국 사회의
분배 방식을 사적소유에 근거한 자본주의 방식으로 고착화시키는 출발점이었다.
농업과 공업 부문에서 이승만 정부의 분배체계는 이러한 미군정의 유산을 계승

....

213 차남희. 『저항과 순응의 역사 정치학: 미군정기 농업 정책과 농민』.

214 http://blog.joins.com/media/index.asp?page=4&uid=okgusool101&folder=24&page_size=5
&viewType=

215 손호철. "한국전쟁과 이데올로기지형: 국가, 지배연합, 이데올로기." p.10; 이혜숙. 『미군정기 지배구조
와 한국 사회』. p.233; 김기원. 『미군정기의 경제구조』.

한 것이었다.

다른 하나는, 이승만 정권의 복지체제의 특성인 원조복지체제는 미군정 시기에 형성되었다는 점이다. '피점령지역 원조 및 구제를 위한 정부예산(GARI-OA)'을 통해 지원된 미군정의 구호원조는 대략 4억 1천만 달러에 달했는데, 이는 당시 미군정 보건후생부 예산의 2~3배에 이르는 규모였다(제9장 참고). 이는 해방 이후에 전재민 등 취약계층에 대한 구호가 대부분 미국의 구호물자에 의존했다는 것을 의미한다. 공공부조의 경우도 일제강점기에 제정된 조선구호령을 일부 수정한 후생국보 3호, 3A호, 3C호에 의해 집행되었는데, 실업자를 구호대상에 포함시킨 후생국보 3C호의 조항을 제외하면 이승만 정부에 그대로 계승되었다(표 9.9 참고). 원조물자에 의존해 민간기관이 제공하는 사회서비스 또한 이승만 정권 동안 지속되었고, 미군정이 일본인이 운영하던 사보험을 적산으로 관리하면서 준공영화한 것도 이승만 정부에 그대로 계승되었다. 정리하면, 미군정은 이승만 정부에 사적소유에 근거한 자본주의 분배 방식, 미국의 원조로 제공되는 취약계층에 대한 최소한의 구호, 민간 중심의 사회서비스라는 분배체계의 유산을 남겼다. 이승만 정부의 분배체계는 미군정의 이러한 유산 위에서 형성되었다. 하지만 선택은 여전히 한국인들에게 남겨져 있었는지도 모른다. 정부 수립 이후에 한국인들의 균등사회에서 열망은 그 어느 때보다 높았다.

2. 복지체제의 성격을 둘러싼 경합

1) 제헌헌법과 1954년의 헌법 개정

제헌헌법은 정부 수립 이후에 한국 사회가 지향한 복지체제의 성격을 분명하게 보여주고 있다. 사실 제헌헌법은 미군정에 의해 좌파세력이 배제된 가운데 만들어진 중도와 우파세력 간의 타협의 산물이었지만, 새로운 사회에 대한 민중의 열망을 체제내화시키기 위해 실천 가능성이 낮은 진보적 조항을 삽입하는 방식으로 제정되었다.[216] 예를 들어, 제18조 "이익의 분배에 균점할 권리"는[217] 1963년 12월 17일 개정으로 폐지될 때까지 그 실현을 위한 구체적 법률이 제도화된

적이 없고, 제19조 "노동자의 권리"도 한국전쟁 중에 근로기준법이 만들어졌지만 사실상 실효성이 없는 조항이었다. 농지개혁을 담은 제86조를 제외한 경제 관련 조항은 구체적으로 실행해보지도 못한 채 1954년의 개헌으로 폐지되었다. 이처럼 제헌헌법의 실효성은 제한적이었지만 제헌헌법은 농지개혁, 노동권, 노동자의 이익균점권, 중요 생산시설의 국유화 등 해방 당시 민중의 광범위한 요구를 수렴한 것이었다.[218] 박명림은 이러한 이유로 제헌헌법이 "자본주의 시장만능주의와 국가사회주의"를 동시에 추구하고 있다고 평가했다.[219]

균등한 경제체제를 지향하는 제헌헌법의 기원에 대해서는 여러 가지 주장이 있다. 크게 보면 제헌헌법은 1차 세계대전 이후에 존재했던 독일의 바이마르 공화국 헌법에 그 기원을 두고 있다는 주장과 임시정부 이래 지속된 공화주의와 균등사상을 계승했다는 주장이 있다.[220] 제헌헌법을 초안한 유진오는 제헌헌법이 임시정부의 헌법정신을 계승했다고 주장한다. 그런데 미군정 시기를 거치면서 좌파세력이 커다란 타격을 입고 1948년 5월 10일 선거가 좌파를 배제한 상태에서 치러졌다는 점을 생각하면, 제18조 이익균점 조항을 위시해 경제 관련 조항(제85조~제88조)과 같은 사회(민주)주의적 지향을 갖는 조항들이 삽입된 것은 일견 이해가 가지 않는다. 하지만 제헌헌법의 경제 조항은 해방 이후에 남북이 분단되고 좌우의 극단적인 대립이 일상화되었던 당시 상황에서 보면 중도와 보수가 동의할 수 있는 공통분모였다. 예를 들어, 제86조의 농지개혁은 당시 북한의 농지개혁에 대응한 반공정책의 일환으로, 당시 우파도 동의할 수밖에 없는 정치사회적 조건이 형성되어 있었다.[221] 자유주의에 대항해 국가가 경제를 통제한

....

216 이혜숙. 『미군정기 지배구조와 한국 사회』. p.586.

217 전평을 무력화시키고 등장한 대한노총으로 대표되는 우익 노동세력은 제헌헌법에 노동자의 경영 참여와 이익균점권 조항을 삽입하려고 했지만 추상적인 이익균점권을 삽입하는 수준에서 타협이 이루어졌다. 조순경·이숙진. 『냉전체제와 생산의 정치: 미군정기의 노동정책과 노동운동』. p.249.

218 박찬표. 『한국의 국가 형성과 민주주의』. p.403.

219 박명림. "헌법, 국가의제, 그리고 대통령 리더십." p.432.

220 조지은. "제헌헌법과 제2차 개정헌법의 경제조항에 대한 고찰." p.70.

221 채오병(2014). "이승만 정권의 사회정책, 1948-1958: 헌법제정과 개정을 중심으로." 『사회이론』 46: 417-448. pp.427-432.

다는 생각은 서구 복지국가의 사민주의, 조소앙의 삼균주의, 파시즘의 국가조합주의, 이승만의 일민주의의 공통된 생각이었다는 점에서 좌파가 배제된 제헌국회에서도 성안될 수 있었다.

그러면 제헌헌법이 지향하는 복지체제의 상은 무엇이었을까? 제헌헌법의 제19조만 놓고 보면 제헌헌법이 지향하는 복지체제의 성격은 국가의 역할 대신 가족과 시장의 역할을 강조하는 모습이고 급여의 대상과 성격 또한 보편적 복지체제보다는 잔여적 복지체제로 해석될 여지가 더 컸다.[222] 국가의 개입은 취약계층과 근로 능력을 상실했을 때로 제한되기 때문이다. 하지만 제84조를 보면 국가는 모든 국민에게 기본적 생활을 보장해야 한다고 규정하고 있기 때문에 제헌헌법이 지향하는 복지체제의 모습이 반드시 잔여적이라고 할 수도 없다. 제헌헌법이 지향하는 복지체제의 상에 대한 많은 논란이 있지만, 분명한 것은 제헌헌법이 적어도 (명목적으로는) 강력한 국가의 개입을 통한 사회적 시장경제에 기초한 사민주의 성격의 분배를 지향하고 있었던 것으로 보인다는 점이다.

사민주의 성격을 담고 있었던 제헌헌법은 1954년 11월 29일의 3차 개정을 통해 시장주의 성격이 강화된 헌법으로 개정된다. 제18조, 제19조, 제84조, 제86조(농지개혁 조항)는 개정되지 않았지만 중요 자원과 산업의 국유화를 명시한 경제 조항은 국가의 권한을 약화시키고 시장의 역할을 강화시키는 방향으로 개정된다. 한국전쟁을 거치면서 헌법의 사민주의 성격이 탈색되고 시장주의 성격이 강화되는 방향으로 개정이 이루어진 것이다. 사실 헌법 개정이 시장주의를 강화하는 방향으로 이루어진 데에는 국내 정치요인보다 미국의 영향이 컸다.[223] 전쟁으로 미국의 영향력이 커진 가운데 이승만 정권은 헌법 개정을 미국의 원조를 확보하기 위한 수단으로 활용했다. 휴전 이후인 1953년 8월에 방한한 미한재단사절단은 헌법을 시장 친화적으로 개정할 것을 권고했고 이승만 정권은 미국으로부터 원조를 더 받기 위해 헌법 개정을 단행한다. 이종원에 따르면, 미한재단사절

----

222 채오병. "이승만 정권의 사회정책, 1948-1958." p.430.
223 박명림(2004). "종전과 1953년 체제." 문정인·김세중 편. 『1950년대 한국사의 재조명』. pp.235-273. 서울: 선인. pp.262-263; 박명림. "헌법, 국가의제, 그리고 대통령 리더십." p.440.

단의 일원이었던 에드거 퀴니(Edgar Queeny)가 이승만 대통령과 관료들을 만난 자리에서 헌법의 국유화 조항 등이 기업 활동에 장애가 된다고 지적한 것이 헌법의 경제 조항을 개정한 결정적 계기가 되었다.[224] 전후 한국경제에서 미국의 원조가 차지하는 중요성을 고려하면 미국의 요구를 무시하고 제헌헌법을 고수하기는 쉽지 않았을 것이다. 실제로 이승만은 헌법 개정 이후 '민간인'인 퀴니에게 편지를 보내 요구대로 헌법을 개정했다고 언급했고, 주한 미국 대사관은 본국에 1954년의 헌법 개정은 미국의 요구가 반영된 것이라고 보고했다. 한 나라의 헌법이 외국 경제사절단의 요구로 개정된 것이다!

그렇다고 제헌헌법의 경제 조항이 아무런 논란 없이 개정된 것은 아니었다. 격렬한 논쟁이 있었다. 개헌을 반대했던 진영에서는 개헌이 한국 사회를 자유주의 경제체제로 전환할 것이라고 반대했다.[225] 자유당 의원들도 경제 조항의 개정에 반대했다. 실제로 자유당은 자유주의 경제체제에 우호적인 정당이 아니었다. 자유당 창당선언문의 두 번째 조항을 보면 "우리는 독점경제 패자들의 억압과 착취를 물리치고 노동자, 농민, 소시민, 양심적인 기업가 및 기술자의 권익을 도모하며 빈부등차의 원인과 그 습성을 거부하고 호조호제의 주의로써 국민생활의 안전과 향상을 기함"이라고 적시해 자유당이 자유주의 경제체제에 반대한다는 것을 분명히 했다.[226] 이렇게 격렬한 논쟁이 벌어진 이유는 제헌헌법의 경제 조항이 임시정부 수립 이후 오래된 사회적 요구가 반영된 결과였지만 1954년의 개헌은 제헌헌법과 같은 사회적 요구에 근거하지 않았기 때문이다.[227] 사실 개헌을 주장했던 진영도 통제경제와 균등사회를 전면적으로 부정한 것은 아니었다. 헌법이 통제경제와 균등사회라는 지향을 완전히 탈각한 것은 박정희 군사정부가 들어선 1962년의 제5차 개헌을 통해서였다.[228] 1954년 개헌으로 한국 사회에서는

....

224 박명림. "헌법, 국가의제, 그리고 대통령 리더십." pp.441-447.
225 채오병. "이승만 정권의 사회정책, 1948-1958." p.436.
226 류상영(1994). "자유당의 구조와 성격." 『원우론집』 21(1); 박명림. "헌법, 국가의제, 그리고 대통령 리더십." p.448.
227 박명림. "헌법, 국가의제, 그리고 대통령 리더십." pp.446-447.
228 조지은. "제헌헌법과 제2차 개정헌법의 경제조항에 대한 고찰." p.90.

표 10.8 제헌헌법과 제3차 개정헌법 중 분배와 관련된 조항 비교

제헌헌법(1948년 7월 17일)	1954년 개정헌법(1954년 11월 29일)
• 제18조 근로자의 단결, 단체교섭과 단체행동의 자유는 법률의 범위 내에서 보장된다. 영리를 목적으로 하는 사기업에 있어서는 근로자는 법률의 정하는 바에 의하여 이익의 분배에 균점할 권리가 있다..	• 제18조 〈좌동〉_____ _____ _____ _____ _____ _____.
• 제19조 노령, 질병 기타 근로능력의 상실로 인하여 생활유지의 능력이 없는 자는 법률이 정하는 바에 의하여 국가의 보호를 받는다.	• 제19조 〈좌동〉_____ _____ _____.
• 제84조 대한민국의 경제 질서는 모든 국민에게 생활의 기본적 수요를 충족할 수 있게 하는 사회정의의 실현과 균형 있는 국민경제의 발전을 기함을 기본으로 삼는다. 각인의 경제상 자유는 이 한계 내에서 보장된다.	• 제84조 〈좌동〉_____ _____ _____ _____ _____.
• 제85조 광물 기타 중요한 지하자원, 수산자원, 수력과 경제상 이용할 수 있는 자연력은 국유로 한다. 공공필요에 의하여 일정한 기간 그 개발 또는 이용을 특허하거나 또는 특허를 취소함은 법률의 정하는 바에 의하여 행한다.	• 제85조 광물 기타 중요한 지하자원, 수산자원, 수력과 경제상 이용할 수 있는 자연력은 법률이 정하는 바에 의하여 일정한 기간 그 채취, 개발 또는 이용을 특허할 수 있다.
• 제86조 농지는 농민에게 분배하며 그 분배의 방법, 소유의 한도, 소유권의 내용과 한계는 법률로써 정한다.	• 제86조 〈좌동〉_____ _____ _____.
• 제87조 중요한 운수, 통신, 금융, 보험, 전기, 수리, 수도, 까스 및 공공성을 가진 기업은 국영 또는 공영으로 한다. 공공필요에 의하여 사영을 특허하거나 또는 그 특허를 취소함은 법률의 정하는 바에 의하여 행한다. 대외무역은 국가의 통제하에 둔다.	• 제87조 〈삭제〉_____ _____ _____ _____ _____. 대외무역은 법률의 정하는 바에 의하여 국가의 통제하에 둔다.
• 제88조 국방상 또는 국민생활상 긴절한 필요에 의하여 사영기업을 국유 또는 공유로 이전하거나 또는 그 경영을 통제, 관리함은 법률이 정하는 바에 의하여 행한다.	• 제88조 국방상 또는 국민생활상 긴절한 필요로 인하여 법률로써 특히 규정한 경우를 제외하고는 사영기업을 국유 또는 공유로 이전하거나 그 경영을 통제 또는 관리할 수 없다.

시장자유주의를 근간으로 하는 국체가 형성되었고 복지체제 또한 시장자본주의라는 한계 내에서 형성되어갔다.[229] 공평한 분배라는 해방 당시의 이상은 시장에게 자리를 내주었다. 1954년 헌법 개정은 성장이 먼저고 분배는 나중이라는 '선성장 후분배'의 경로를 알리는 출발점이었다.

2) 분배정책으로서의 농지개혁

이승만 정권하에서 시행된 농지개혁은 미군정의 귀속농지 분배에 이어 일제강점기의 유산인 식민지지주제를 최종적으로 해체시켰다. 정부 수립 당시에 한국 사회가 농업사회였다는 점을 고려하면 농지개혁은 한국 사회의 가장 중요한 생산수단을 생산의 담당자인 농민에게 균등하게 분배했다는 점에서 혁명적이었다. 일부는 이승만 정권의 농지개혁을 위로부터의 부르주아혁명이라고까지 평가했다.[230] 더욱이 농지개혁은 갑오농민전쟁 이래 농민의 일관된 요구였던 경자유전의 원칙을 실현했다는 점에서 그 의의가 매우 크다(제6장 참고).[231] 2019년 현재 영세기업을 제외한 모든 기업의 소유권을 모든 노동자들에게 균등하게 분배한다고 상상해보라. 비록 분배의 방식이 유상이라고 할지라도 혁명을 생각하지 않고는 불가능한 일이다. 이승만 정부가 추진한 농지개혁은 혁명적 변화였을 것이다. 실제로 농지개혁이 완료된 1951년 기준으로 전체 농지 1,970천 정보 중 은폐농지(84천 정보)를 제외한 95.8%가 자작농지화되었다.[232] 소작농지가 거의 사라진 것이다. 철저한 농지개혁을 실행했다고 평가받는 일본의 자작농지율인 90.1%보다 높은 수준이었다. 결과적으로 1945년 해방 당시에 전체 농가의 83.6%에 달했던 소작농가의 대부분이 자작농가가 되었다.[233]

....

229 박명림. "헌법, 국가의제, 그리고 대통령 리더십." pp.444-445.
230 박명림. "헌법, 국가의제, 그리고 대통령 리더십." pp.435-436.
231 농지개혁 이전에 지주의 토지 방매로 농지개혁으로 실제로 분배된 토지는 총 소작지의 39.8%에 불과했다. 농지개혁 이전에 소작지율은 이미 21.0%로 급감한 상태였다. 이대근. 『해방후 · 1950년대의 경제』. p.179, 182; 김도중. "정부수립 초기 사회 · 경제구조 변화와 사회의식." p.126.
232 김성호 외. 『농지개혁사연구』. p.1152.
233 차남희. 『저항과 순응의 역사정치학』. p.176.

농지개혁 과정이 순탄했던 것은 아니지만 이미 미군정이 실행한 귀속농지 배분으로 농지개혁은 누구도 거스를 수 없는 현실이 되었다.[234] 농지개혁은 〈표 10.9〉의 최종법률과 같이 법제화되었다. 3정보 이상 소유 농지가 농지개혁의 대상이 되었다. 토지를 몰수당한 지주는 농지의 연간 생산물의 15할(1.5배)에 해당하는 금액을 5년에 걸쳐 3할씩 보상받도록 했고, 토지를 분배받은 농민은 5년간 연간 생산물의 30%를 현물로 납부하는 방식으로 농지 가격을 상환하는 것으로 결정되었다. 흥미로운 사실은 통설과 달리 제출된 법안 중 지주들의 이해를 대변하는 국회 산자위 안이 최종법률에 가장 많이 반영된 것으로 보인다는 것이다. 초대 농림부장관이었던 조봉암과 개혁세력이 추진했던 농지개혁안이 농민들의 요구에 가장 가깝다고 가정했을 때,[235] 농림부안은 여덟 가지 농지개혁의 핵심 항목 중 보상지가를 연간 생산물의 150%로 한다는 것을 제외하고는 거의 반영되지 않았다. 농민의 경제적 부담을 완화하기 위한 정부의 지원안도 최초의 농지개혁안에는 반영되었지만 국회 산자위를 거치면서 최종법률에는 포함되지 않았다.

이러한 이유로 농지개혁의 성과에 대한 상반된 평가가 있었다. 더욱이 농지개혁 10년 후에 재(再)소작지화 현상이 나타났기 때문에 농지개혁의 성과에 대한 논란은 계속되었다. 실제로 전체 경지면적 중 소작지의 비율은 1957년에 4.5%에서 1960년이 되면 11.9%로 증가했다.[236] 순소작 농가도 1951년에 4%에서 1960년에 6.7%로 증가했다.[237] 농지 규모의 영세성도 문제였다. 당시 평균 가구원 수를 고려했을 때 농가당 적정 분배면적은 1정보는 되어야 했지만, 실제로 배분된 농지는 0.87정보에 불과했다.[238] 농민들은 소작농에서 벗어나 자영농이 되었지

....

234 김도중. "정부수립 초기 사회 · 경제구조 변화와 사회인식." p.131.
235 정부 수립 이후 농지개혁을 담당했던 조봉암을 포함한 초기 세력은 당시 한국 사회에서 반공체제가 허락하는 범위 내에 존재할 수 있는 가장 급진적인 세력이었다. 박명림. "헌법, 국가의제, 그리고 대통령 리더십." pp.435-436.
236 한도현. "1950년대 후반 농촌사회와 농촌의 피폐화." pp.75-76.
237 김동노. "1950년대 국가의 농업정책과 농촌 계급구조의 재구성." p.428; 한도현. "1950년대 후반 농촌 사회와 농촌의 피폐화." pp.75-76.
238 김동노. "1950년대 국가의 농업정책과 농촌 계급구조의 재구성." p.428.

표 10.9 여덟 가지 핵심 쟁점으로 본 제(諸) 농지개혁안과 최종법률의 비교

	미군정	농림부안	기획처안 (정부안)	국회안 (산자위)	초법률 1949. 6. 21	개정안 (산자위)	최종법률 1950. 3. 10
소유한도	2정보	2정보	3정보	3정보	3정보	3정보	3정보
보상연한	15년 균분	3년 거치 10년 균분	10년 균분	10년 균분	5년 균분	8년 균분	5년 균분
보상지가	30할	15할	20할	30할	15할	24할	15할
연간보상	2할	1.5할	2할	3할	3할	3할	3할
상환연한	15년 균분	6년 균분	10년 균분	10년 균분	5년 균분	8년 균분	5년 균분
상환지가	30할	12할	20할	30할	12.5할	24할	15할
연간상환	2할	2할	2할	3할	2.5할	3할	3할
정부지원	–	3할	–	–	2.5할	–	–

출처: 김성호·전경식·장상환·박석두(1989). 『농지개혁사연구』. 서울: 한국농촌경제연구원. p.574.

만 농가의 77%가 1정보 미만의 농지를 소유한 영세빈농이 되었다. 분배받은 농지로 자립적인 생활을 한다는 것은 쉽지 않았다. 그래서 일부 연구들은 1950년대 농촌 피폐화의 원인 중 하나로 이러한 불철저한 농지개혁을 지목하고 있다.[239] 이승만 정부도 이러한 문제를 개선하기 위해 농지법안을 제안하고, 지식인들은 제2의 농지개혁이 필요하다고 주장했다. 하지만 농지개혁을 통해 한국 사회가 식민지 유산과 반봉건적 착취질서를 해체하고 1960년대의 도약을 준비할 수 있었다는 점은 부정할 수 없는 사실이다.[240] 농지개혁으로 자영농이 된 농민은 자녀교육에 헌신해 1960년대 이후의 고도성장을 가능하게 했던 광범위한 양질의 노동력을 만들었던 것이다.[241]

3) 분배정책으로서의 귀속재산 불하

이승만 정권의 귀속재산 불하는 기업이 생산한 이윤을 어떻게 분배할 것인가를 결정하는 매우 중요한 조치였다. 해방 직후에 노동자의 자주적인 공장 관리

....

239　한도현. "1950년대 후반 농촌사회와 농촌의 피폐화." p.84.
240　조석곤. "농지개혁과 한국자본주의." p.308.
241　조석곤. "압축성장 전제조건의 형성." p.115, 127.

가 미군정에 의해 무산되고 생산시설이 사유화됨으로써 노동자는 임금노동자가 되었다. 비록 제헌헌법 제18조에 노동자의 이익균점권을 명시했지만 이를 실현할 수 있는 법안은 만들어지지 않았다. 이승만 정부가 정부 수립과 함께 미군정으로부터 이양을 받은 기업체의 수는 2,203개였다.[242] 금액으로는 당해 연도 정부 세출 규모의 9배에 달하는 막대한 규모였다.[243] 이 중 한국전쟁 휴전 전까지 불하된 기업체 수가 1,547개였고 1954년 당시에 남아 있던 귀속업체 수가 656개로 이미 대부분이 민간에 불하된 상태였다.[244] 하지만 계약 금액으로 보면 1954년 당시에 전체 귀속기업체의 79%가 아직 민간에 불하되지 않은 상태로 남아 있었다.

제2차 헌법 개정으로 산업시설에 대한 국유화 조항이 삭제된 이후 정부는 중요 산업체를 민간에 헐값으로 불하했다. 실제로 시가 30억 환이었던 방직공장이 7억 환으로 평가되어 민간에 불하되었다.[245] 당시 귀속재산을 민간에 불하하는 일을 담당했던 김기원에 따르면, 귀속재산은 시가의 3분의 1~4분의 1 가격으로 민간에 불하되었다고 한다. 특히 장기분할 방식의 불하는 높은 인플레이션 상황을 고려했을 때 정부가 의도적으로 소수 자본가에게 특혜를 주었다고 볼 수밖에 없다. 귀속은행주의 불하 또한 이미 귀속업체를 불하받아 독점화된 소수의 독점자본에 불하되었다.[246] 상업은행, 흥업은행, 조흥은행, 저축은행 등 귀속은행은 몇 개의 독점자본에 1개씩 일괄 불하되었다. 삼성의 이병철은 흥업은행의 최대 주주가 되었다(지분율 52.0%). 1950년대에 이루어졌던 귀속재산 불하는 국가권력과 유착된 소수 독점자본에게 특권적 이익을 부여하는 방식으로 이루어졌다. 한국인 공동의 자본이 소수 독점자본에 사유화된 것이다.[247] 재벌공화국이라고 불리는 한국 사회의 병폐는 1950년대의 불공정한 귀속재산 불하와 함께 시작되

....

242 배인철. "1950년대 경제정책과 자본축적." p.131.
243 조석곤·오유석. "압축성장 전제조건의 형성: 1950년대." p.120.
244 배인철. "1950년대 경제정책과 자본축적." pp.131-132.
245 공제욱. "1950년대 자본축적과 국가: 사적 자본가의 형성을 중심으로." p.185.
246 배인철. "1950년대 경제정책과 자본축적." pp.133-136.
247 조지은. "제헌헌법과 제2차 개정헌법의 경제조항에 대한 고찰." p.89; 공제욱. "1950년대 자본축적과 국가." p.185.

었다고 할 수 있다.

3. 원조복지체제

제1·2공화국 시기의 한국 경제를 원조경제라고 규정할 정도로 당시 미국의 원조는 한국 사회를 규정하는 가장 중요한 요인 중 하나였다. 한국 복지체제 또한 원조복지체제로 불러도 무방할 정도로 원조가 한국 복지체제의 성격을 결정하는 역할을 했다. 제3세계에 대한 미국의 원조에는 다양한 목적이 있다. 미국의 원조는 제3세계에서 사회주의 혁명이 발생하는 것을 예방하기 위한 최소한의 안전망을 제공하는 역할을 했다.[248] 서구 복지국가에서 국가복지가 사회주의 혁명을 예방하고 자본주의 체제를 지속시키는 기능을 담당했다면, 한국과 같은 제3세계 국가에서는 외국의 원조가 서구에서 국가복지와 같은 기능적 등가물로 역할을 했다. 물론 앞서 제4절 경제 부문에서 검토했듯이, 원조가 모두 구호물자(복지)를 위해 사용된 것은 아니다. 사실 원조물자 중 구호로 사용된 비중은 전체 원조물자의 규모와 비교하면 매우 적은 부분이다. 외국 원조기관(외원기관)의 구호 규모가 가장 컸던 1957년 기준으로 외원기관의 원조 규모는 전체 무상원조 38,200만 달러의 6.85%인 2,600만 달러에 불과했다.[249] 그럼에도 외원기관의 구호 규모는 당시 보건복지 업무를 관장했던 보건사회부의 예산과 비교될 정도로 컸다.

〈표 10.10〉에서 보는 것과 같이 공식환율(협정환율)을 기준으로 보면, 외원기관의 구호 규모는 1957년 보건사회부의 예산과 거의 같았고, 1958년에는 보건사회부 예산보다 많았다. 1958년과 1959년에는 보건사회부 예산보다 적었지만,

....

248 Schurman, F.(1974). *The Logic of World Power: An Inquiry into the Origins, Currents, and Contradictions of World Politics*. New York: Pantheon. p.67; Arrighi. 『장기20세기』. pp.469-470 에서 재인용.

249 한국경제 60년사 편찬위원회(2010). 『한국경제 60년사 I: 경제일반』. 서울: 한국개발연구원. p.80; 최원규. 『외국민간원조단체의 활동과 한국 사회사업 발전에 미친 영향』. p.72.

1961년에는 보건사회부 예산의 2.16배에 달했다. 하지만 당시 협정환율이 시장환율보다 낮았다는 점을 고려하면 외원기관의 구호 규모는 과소 추정된 것이다. 암시장에서 거래되는 환율(미본토불) 기준으로 보면 1957년부터 1961년까지 외원기관의 원조 규모는 보건사회부 예산의 1.4배에서 많게는 2.5배에 달했다. 당시 사람들이 주한민간원조기관연합회(Korea Association of Voluntary Agency, KAVA)를 제2의 보건사회부라고 부를 만했다. 엄밀하게 평가하면, 당시 복지를 제공한 제1의 주체는 정부가 아니라 외원기관이었다. 조금 과장해서 이야기하면 국가, 시장, 가족이 아닌 외국 원조기관이 가장 중요한 복지제공자였다.

외원기관들이 제공하는 구호는 주로 현물이었다. 〈표 10.11〉에서 보는 것처럼 식량, 의료, 의약품 등이 주류를 이루었고, 현금은 전체 구호물자의 10%를 조금 넘는 수준이었다. 의류의 경우에 주로 미국 구호기관이 자국에서 헌옷을 수거해 구호물자로 제공했고, 양곡은 미국의 잉여농산물 원조(PL480) 제3관에 따라 '평화를 위한 식량'으로 외원기관에 제공되었다.[250] 국제기구로부터 지원을 받는 경우도 있었다. 휴전 이후 국제연합은 한국에 있는 외원기관에 식량, 의약품 등 긴급구호에 필요한 물자를 제공했다.

표 10.10 외국 원조기관 구호 규모와 보건사회부 예산

연도	외원기관 원조총액 USD	환율 협정환율	환율 수출불 (일본)	미본토불	외원기관 원조총액 (천원) 협정환율	외원기관 원조총액 (천원) 수출불	외원기관 원조총액 (천원) 미본토불	보건사회부 예산(천원)	보건사회부 예산 대비 원조총액 협정환율	보건사회부 예산 대비 원조총액 수출불 (일본)	보건사회부 예산 대비 원조총액 미본토불
1950-52	10,953	6	-	-	65,718	-	-	-	-	-	-
1953-55	36,698	18	95	80	660,654	3,486,310	2,935,840	-	-	-	-
1956	17,122	50	107	97	856,100	1,832,054	1,660,834	-	-	-	-
1957	26,235	50	112	103	1,311,750	2,938,320	2,702,205	1,107,700	0.99	2.65	2.44
1958	22,113	50	123	118	1,105,650	2,719,899	2,609,334	1,098,000	1.01	2.48	2.38
1959	19,889	50	140	126	994,450	2,784,460	2,506,014	1,284,000	0.77	2.17	1.95
1960	14,962	65	172	145	972,530	2,573,464	2,169,490	1,514,000	0.64	1.70	1.43
1961	15,808	130	148	148	2,055,040	2,339,584	2,339,584	950,000	2.16	2.46	2.46
합계	163,780	-	-	-	8,021,802	18,674,091	16,923,301	4,846,000	-	-	-

출처: 1957년의 보건사회부 예산은 다음 자료를 참고한 것임. 보건복지부(2015). 『보건복지 70년사 가난의 시대에서 복지사회로』. 서울: 보건복지부. p.71. 환율은 김낙년. "1950년대의 외환정책과 한국경제." p.206. 외원기관 원조 총액과 1956~1961년의 보건사회부 예산은 최원규. 『외국민간원조단체의 활동과 한국 사회사업 발전에 미친 영향』. p.72. 참고. 1950~1952년의 원조액은 1952년 평균 환율을 적용함. 1953~1955년의 원조액은 1953. 12. 15~1955. 8. 8까지의 환율을 적용했음. 1960년 환율은 1960. 2. 23 기준 환율을 적용했음. 1961년 환율은 1961. 2. 1 기준 환율을 적용했음.

....

250 최원규. 『외국민간원조단체의 활동과 한국 사회사업 발전에 미친 영향』. pp.70-71.

표 10.11 제1·2공화국 시기 외국 민간원조단체 물자 도입 규모, 단위(M/T, 1,000USD)

연도	현금 USD	현물					총액 USD
		양곡	의류	의약품	기타	환가액 USD	현금＋현물
1950~52							10,953
1953~55	3,702	20,126	8,205	420	4,671	32,996	36,698
1956	1,888	36,528	1,991	135	1,312	15,240	17,122
1957	1,903	114,756	4,112	600	2,455	24,331	26,235
1958	2,755	93,298	1,952	93	16,638	19,358	22,113
1959	2,907	81,229	2,466	320	1,239	16,993	19,889
1960	2,838	61,318	1,444	245	2,270	12,125	14,962
1961	2,254	76,460	1,287	405	2,159	13,554	15,808
합계	18,247	483,715	21,457	2,218	30,744	134,597	163,780

출처: 최원규, 『외국민간원조단체의 활동과 한국 사회사업 발전에 미친 영향』, p.72.

이상의 자료를 토대로 당시의 복지 규모를 추정해보면 〈그림 10.9〉와 같다. 보건사회부가 원호대상자를 포함한 대부분의 복지 관련 업무를 담당했던 당시 상황을 고려해 보건사회부의 지출 규모로 당시 GDP 대비 공적복지지출 규모를 대략적으로 추정했다. 1949년부터 1952년까지 4년간의 자료와 1956년의 자료는 확보하지 못했다. 현재 이용 가능한 자료를 통해 당시 GDP 대비 지출 규모를 추정해보면, 1954년 GDP 대비 보건사회부 예산 비율은 0.15%였고 외원기관의 원조는 0.33%였다. 하지만 외원기관의 구호 규모를 협정환율로 추정했기 때문에 GDP 대비 외원기관의 구호물자 비율이 낮게 나타난 것이다. 제4절에서 검토했듯이 이승만 정권은 가능한 한 공식환율을 낮게 유지하려고 했다. 시장환율을 적용할 경우 GDP 대비 원조물자 가치는 1.31%로 보건사회부 예산의 무려 8.7배에 이른다.

1953~1961년(1956년 제외) 8년 동안 공식환율 기준을 적용하면 보건사회부 예산보다 외원기관의 원조물자의 비중이 높았던 해가 네 번이었고, 시장환율을 적용하면 1955년을 제외하고 GDP 대비 외원기관의 원자물자의 비중이 보건사회부 예산보다 항상 높았다. 원조물자를 포함한 GDP 대비 복지지출 비율은 1957년의 1.13%(시장환율 1.83%)를 정점으로 점차 감소했다. 지출 규모의 감소

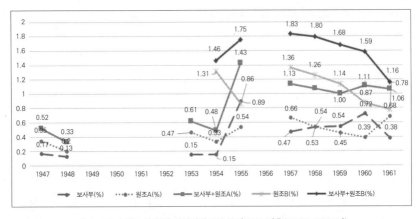

그림 10.9 GDP 대비 보건사회부 예산 및 외원기관 구호물자 규모 비율(1948~1961년)

출처: 1953~1961년의 보건사회부 예산 중 1953년의 예산은 사회부와 보건부의 예산을 합산한 것임. 한국개발연구원(1991). 『한국재정 40년사: 제4권 재정통계(1)』. 서울: 한국개발연구원. pp.84-97. GDP 자료, 한국은행 경제통계시스템(http://ecos.bok. or.kr/). 원조 금액은 미화로 표시된 금액을 협정환율로 계산한 것임[원조A는 공식환율을 적용한 것이고, 원조B는 시장환율(미본토 불)을 적용한 것임]. 김낙년. "1950년대의 외환정책과 한국경제." p.206; 최원규. 『외국민간원조단체의 활동과 한국 사회사업 발전에 미친 영향』. p.72. 미군정 시기의 수치는 제9장에서 계산한 자료를 가져왔다.

는 미국이 제공하는 무상원조 규모가 1957년을 정점으로 감소했기 때문이다. 상상해보라. 당시 보건사회부와 외원기관이 행했던 구호가 수백만 명의 민중의 생존을 보존하는 유일한 밥줄일 정도로 중요한 상황에서 원조가 감소하기 시작한 것이다. 더욱이 1958년부터 한국 경제가 원조 감소와 삼백산업으로 대표되는 소비재산업에 대한 과잉투자로 불황에 접어들었다는 점을 고려하면 민중의 삶은 더 곽팍해졌을 것이다.

무상원조는 앞서 검토한 것과 같이 1957년 3억 8,300만 달러에서 1958년 3억 2,100만 달러, 1961년에는 1억 9,900만 달러로 급감했다.[251] 이에 따라 외원기관의 구호 규모도 감소했다. 보건사회부 지출의 감소도 원조 감소와 밀접히 연관된다. 1950~1960년까지 한국 정부는 미국 경제원조처(ECA), 한국난민원조(CRIK) 등 다양한 경로로 원조들을 받았고 그 규모가 24억 달러를 넘었다.[252] 다

....

251 한국경제 60년사 편찬위원회. 『한국경제 60년사: 경제일반』. p.80.
252 김일영. "이승만 정부의 산업정책과 렌트추구 그리고 경제발전." p.177.

만 원조는 주로 현물 형태였기 때문에 한국 정부는 원조물자를 시장에 팔아 한화를 마련하고 이를 다시 대충자금계정에 적립했다. 당시 총 세입 중 대충자금의 비중은 대략 40%에 가까웠다.[253] 1957년과 1958년에는 총 세입 중 대충자금의 비율이 50%를 넘었다. 이러한 상황에서 1957년 이후 원조 감소는 즉각적인 정부 수입 감소로 이어졌고, 보건사회부의 예산도 원조 감소에 따라 불가피하게 감소할 수밖에 없었던 것이다.

이 시기의 GDP 대비 복지지출 경향과 관련해 주목할 또 다른 점은 복지지출 규모가 미군정기와 비교해 큰 폭으로 증가했다는 점이다. 1947년 GDP 대비 미군정의 복지지출은 0.17%에 불과했고, 원조 규모도 0.35%에 불과했다. 사실 정부 수립 이후부터 1950년 한국전쟁이 발발하기 전까지 원조 규모는 지속적으로 감소하고 있었다. 그러나 한국전쟁이 시작되면서 〈그림 10.6〉에서 보았던 것처럼 원조가 대폭적으로 증가했다. 1956년에는 원조가 GDP의 23.3%를 차지했고, 1957년에는 보건사회부 지출과 외원단체의 지출을 더한 복지지출이 GDP 대비 대략 2.85%로 높아졌다. 물론 1957년 이후에 GDP 대비 비중이 감소했지만 미군정 시기와 비교하면 복지지출이 놀라울 정도로 증가한 것이다. 한국전쟁 이후에 한국은 자본주의의 반공 보루가 되었고, 이러한 한국을 사회주의로부터 지키기 위해 대규모 원조가 이루어지면서 복지지출이 미군정 시기에 비해 높게 나타난 것이다. 이 시기 한국 복지체제의 특성인 원조복지체제는 한국의 반공국가화라는 세계 자본주의의 정치군사 전략의 일환으로 형성된 것이라고 할 수 있다.

1) 원조복지체제의 특성

정부 수립 이후부터 1960년대 초반까지 한국 분배체계의 성격을 대표하는 원조복지체제는 어떤 모습이었을까?[254] 먼저 우리는 원조복지체제가 국민국가

....

253 이대근. 『해방후·1950년대의 경제』. p.350
254 1963년 이후에 GDP 대비 무상원조 비율이 낮아지기 시작해, 1964년에 5.1%, 1971년에는 1% 미만으로 낮아지고 1976년부터는 거의 의미가 없는 수준이 된다(GDP 대비 0.0%). 한국경제 60년사 편찬위원회. 『한국경제 60년사: 경제일반』. p.80.

내 권력관계의 결과가 아닌 자본주의 세계체계의 질서에 의해 외부적으로 주어진 체제라는 점을 기억할 필요가 있다. 내적으로는 미군정에 이어 이승만 정권의 1949년 6월 대공세와 한국전쟁을 거치면서 반공체제가 형성되는 과정에서 좌파 정치세력 물론이고 노동자와 농민의 권력자원 또한 거의 완벽하게 해체된다. 또한 전통적 지주계급은 농지개혁, 한국전쟁 이후에 지속된 인플레이션, 이승만 정권의 반(反)지주정책에 의해 지배계급의 지위를 상실했고 산업자본가는 정부의 귀속재산 불하 과정에서 국가권력에 종속된 상태로 이제 막 형성되고 있던 상황에서, 국가권력은 한국 복지체제의 성격을 결정할 수 있는 유일한 힘이었다. 복지를 위한 재원의 상당부분을 원조에 의존하고 있는 상황에서 복지체제의 성격을 결정하는 복지정치와 권력관계가 형성될 수 있는 조건 자체가 성립하기 어려웠던 것이다. 외적으로는 앞서 언급했듯이 한국은 자본주의 세계체계의 반공 보루로서 국제적 역할을 부여받았다. 어쩌면 이승만 정권은 스스로 그런 역할을 맡기를 원했는지도 모른다. 미국은 동맹국의 사회 안정을 공산주의에 대항하는 중요한 군사·정치 전략으로 간주했다.[255] 이런 상황에서 한국에 대한 대규모 원조가 이루어졌고, 원조는 한국 복지체제의 물적 토대가 된 것이다.

계급 간의 권력관계를 벗어나 외부로부터 정치·군사적 목적에 의해 주어진 원조복지는 처음부터 국민의 안정적 생활수준을 보장하는 복지와는 거리가 멀었다. 원조복지체제의 역할은 단지 한국 사회가 자본주의 진영의 반공 보루로서 역할을 수행하는 데 장애가 되지 않는 수준에서 사회 안정을 이루는 데 있었고, 이는 필연적으로 국민의 최소한의 생존을 보장하는 구호를 중심으로 복지체제가 구축될 수밖에 없다는 것을 의미했다. 이렇게 보면 왜 이승만 정권에서 구호정책 이외에 사회보장정책이 제도화되지 않았고 구호조차 대부분 외원기관을 통해 이루어졌는지를 이해할 수 있게 된다. 이러한 원조복지체제의 특징은 취약계층에 대한 최소한의 구호 제공과 외원기관이 제공하는 시설 중심의 사회서비스이다. 더불어 산업화 수준이 일천한 가운데 사회보장정책의 제도화 또한 반공체제 유

....

255 이철순. "1950년대 후반 미국의 대한정책." p.277.

지와 밀접한 관련이 있는 원호 관련 사업을 중심으로 이루어졌다는 것도 원조복지체제의 중요한 특성이라고 할 수 있다.

2) 잔여적 구호정책

공적구호정책은 정부 수립 이후에도 여전히 1944년에 제정된 조선구호령과 미군정 시기의 후생국보의 내용을 크게 벗어나지 않았다. 구호는 미군정기와 같이 가족이 없고 노동 능력이 없는 65세 이상의 노인과 아동 등 자격 있는 빈자만을 대상으로 이루어졌다. 차이가 있다면 앞서 언급했듯이 미군정기의 공적구호 대상에는 실업자가 포함되어 있었지만 정부 수립 이후에는 조선구호령과 같이 노동 능력이 있는 실업자는 제외했다. 『조선일보』의 보도에 따르면, 정부는 한국전쟁 이후에 노동 능력을 상실한 구호대상자를 선별해 1인당 하루 3홉의 구호미를 지급했다.[256] 다만 전쟁 초에는 피난민에 대해서는 노동 능력과 무관하게 구호급여를 제공했지만, 전시 구호가 장기화되면서 식량 부족을 이유로 피난민이라도 노동 능력이 있을 경우는 공적구호대상에서 배제했다.[257] 전쟁 중에는 피난민에 대한 최소한의 구호도 군사적 목적과 충돌될 때는 항상 후순위로 밀렸다. 실제로 제네바협정의 인도적 기준은 피난민 보호가 군사적 목적과 충돌할 때 군사적 목적을 우선적으로 고려했다.

피난민이 구호를 받기 위해서는 피난민 스스로가 공산주의자가 아니라는 사실을 증명해 '피난증'을 발부받아야 했다.[258] 당시 복지를 담당했던 사회부(이후 보건사회부)는 국방부의 협조하에 피난민에 대한 사상 검증을 시행했고 사상 검증을 통과한 피난민에 한해 구호 자격이 주어지는 피난증을 발급해주었다. 피난증이 있는 경우에 한해 1951년 기준으로 1인당 하루 평균 2홉 5작(0.45리터)의 양곡을 배급했고 부식비로 50환이 주어졌다.[259] 배급 품목은 밀가루, 안남미, 보

....

256 양재진(2008). "한국 복지정책 60년: 발전주의 복지체제의 형성과 전환의 필요성." 『한국행정학보』 42(2): 327-349. p.334.
257 김성현. "난민이라는 존재의 인식과 삶." pp.99-101.
258 김성현. "난민이라는 존재의 인식과 삶." p.90.

리, 옥수수 가루 등이었다. 이 시기 전재민의 생존에 가장 중요했던 것은 '쌀'이 아니라 '반공'이었다. 전재민은 공산주의자가 아니라는 사실을 증명해야 배급을 받을 수 있었다. 더욱이 '좌익'은 죽음을 의미했기 때문에 '반공'은 생명을 유지할 수 있는 생명줄이었다. 공적구호가 (특히 전쟁 중에) 체제 수호의 도구라는 것을 보여주는 대표적인 사례라고 할 수 있다.

보건사회부가 주관한 공적구호사업은 생활구호사업과 의료구호사업으로 구분되는데, 원호국이 담당했던 생활구호사업은 공공구호, 이재민구호, 식량 배급 등 일반구호사업과 전재민을 위한 정착사업 등이었다.[260] 주목할 점은 당시 민간구호사업을 담당했던 외원기관의 관리 또한 생활구호사업의 일환으로 간주되었다는 점이다. 의료구호사업은 의정국과 방역국이 담당했다. 의료구호사업은 일제강점기와 미군정 이래 지속되어온 공공구료사업이 주를 이루었고, 시설에 수용된 취약계층에 대해 의료서비스를 제공했다. 하지만 기본적인 보건위생과 관련된 서비스를 제외한 나머지 의료서비스는 거의 시장 기능에 일임했다.[261] 사회복지사업은 원호국과 부녀국이 담당했는데, 사회복지사업을 구호사업과 구분했다는 점에 주목할 필요가 있다. 당시 주된 사회복지사업은 주택 재건사업과 취약 아동 및 부녀에 대한 서비스를 제공하는 것이었다. 사회복지사업이 지금보다도 더 협의적인 의미로 사용된 것이다. 이처럼 공적복지정책은 주로 잔여적 성격의 구호를 제공하거나 취약계층에 대한 최소한의 사회서비스를 제공했다.

공공근로사업은 당시 취약계층과 실업자 구호를 위한 핵심 사업 중 하나였다. 정부는 1956년 3월에 방한한 미국 델레스 국무장관의 권유에 따라 실업대책을 모색하면서 공공근로를 통한 노임지급정책을 실시하게 된다.[262] 하지만 행정

········

259 이하나(2016). "전쟁미망인 그리고 자유부인." 김성보·김종엽·이혜령·홍석률 기획. 『한국현대 생활문화사: 1950년대』. pp.59-82. 서울: 창비. p.69.
260 이한빈. "예산 면에서 나타난 사회보장제도." pp.74-77.
261 Cho, B. H.(1988). *The State and Physicians in South Korea, 1910-1985*. Ph.D. Dissertation, Sociology, University of Wisconsin-Madison; 정무권. "한국 사회복지제도의 초기형성에 관한 연구." p.332에서 재인용.
262 이주실. "1950년대 후반 실업문제의 대두와 이승만정부의 실업대책." p.32.

전달체계가 제대로 갖추어져 있지 않은 상황에서 공공근로를 통한 실업 구제는 어려움에 직면했다.[263] 보건사회부는 448억 환의 자금을 공공근로를 위한 노임으로 방출할 계획이었지만 5개월 동안 지역별 실업자 실태는 물론 고용상태조차 파악하지 못했다. 실제로 공공근로가 핵심 구호정책이 된 것은 장면 정권이 출범하면서부터였다. 장면 정권은 '국토개발사업'을 시행하면서 연인원 4,500만 명을 취업시켰고 400억 환에 달하는 재원을 집행하는 대규모 공공근로사업을 전개했다.[264] 또한 이 과정에서 처음으로 대졸 학력의 1,614명의 사무직과 452명의 기술직을 공무원으로 채용해 국가행정의 질을 높이는 데 중요한 기여를 했다.

한편, 〈표 10.12〉를 보면 당시 보건사회부가 시행한 사업 중 가장 큰 부문이 군경원호사업이었다는 것을 확인할 수 있다. 보건사회부 예산 중 군경원호사업이 가장 큰 비중을 차지했고, 1959년에는 예산의 56.2%를 군경원호사업에 지출했다. 정부는 1949년에 상이군인과 유가족 보호를 위한 군사원호 업무를 개시해 1950년 4월에 군사원호법을 제정하고 다음 해 4월 후방에서 치안 업무를 담당하는 경찰을 위해 경찰원호법을 제정한다.[265] 정부 수립 과정에서 정통성과 정치적

표 10.12 1950년대 보건사회부의 사업별 예산

연도	보건사회부 예산 총액 (백만 환)	생활구호사업		의료구호사업		보건위생		사회복지사업		군경원호사업	
		금액	%	금액	%	금액	%	금액	%	금액	%
1951 (단기4284)	190	46	24.2	56	29.5	8	4.2	33	17.4	47	24.7
1954 (단기4287)	7,240	2,113	29.2	515	7.1	297	4.1	1,731	23.9	2,582	35.7
1957 (단기4290)	11,077	3,364	30.4	1,965	17.7	1,182	10.7	177	1.6	4,389	39.6
1959 (단기4292)	13,429	2,070	15.4	2,535	18.9	925	6.9	257	1.9	7,542	56.2

출처: 이한빈(1959). "예산 면에서 나타난 사회보장제도." 『국회보』 24: 74-77. p.76.

．．．．．．．．

263 이주실. "1950년대 후반 실업문제의 대두와 이승만정부의 실업대책." pp.48-49.
264 김기승. "민주당 정권의 경제정책에 관한 연구." pp.151-157.
265 박광준. 『한국 사회복지역사론』. p.193; 안상훈. 『현대 한국복지국가의 제도적 전환』. p.18; 이성기 (1991). "사회복지정책과 법률의 변천에 관한 일고찰: 해방 이후 제5공화국까지." 한국복지연구회 편. 『한국의 사회복지1』. pp.10-28. 서울: 이론과실천. p.16.

기반이 취약했던 이승만 정권에게 군인과 경찰이 체제를 유지하기 위한 가장 믿을 만한 자원이었다는 점을 고려하면, 이승만 정권이 군경에 대한 복지정책에 가장 많은 지출을 한 것은 어쩌면 당연했다. 하지만 체제 유지를 위해 동원할 수 있는 가장 강력한 억압기구였던 군경에 대한 원호사업도 생활보장과는 거리가 멀었다. 전쟁 발발 이후부터 상이군인을 둘러싼 각종 사회문제가 발생했고, 대부분 생계를 유지할 수 없었던 상이군인의 생활문제와 밀접하게 관련되어 있었다.[266] 모순적이게도 정권은 체제 유지를 위해 반공이데올로기를 동원했지만, 반공주의의 최전선에서 싸웠던 원호대상자는 정권으로부터는 사회문제를 일으키는 골칫거리로 인식되었다.

당시 취약한 행정체계를 고려했을 때 보건사회부의 예산은 적절하게 집행될 수 없었다. 저개발국가의 취약한 행정체제가 구호행정에서도 수많은 부패와 비효율을 낳았기 때문이다.[267] 실제로 1950년대 굶주림은 먹을 것이 없었기 때문이라기보다는 부정부패와 비효율적인 행정체계로 인해 구호가 필요한 사람들에게 구호물자가 제대로 전달될 수 없었기 때문이었다.[268] 무능하고 부패한 한국 정부의 모습은 주한유엔민간원조사령부(UNCACK)와 대비되었다. 당시 언론은 정부의 구호행정에 대해서는 비판적인 기사를 많이 실었지만, UNCACK에 대해서는 우호적인 평가를 했다. 정부의 구호사업은 1949년 4월 2일 이범석 총리가 시정연설에서 밝혔듯이 제한된 재원으로 인해 극히 제한적일 수밖에 없었고, 대부분의 구호사업을 "민간 유지와 각 기관단체 등"의 협력을 통해 해결할 수밖에 없었다.[269] 사실상 당시 구호복지를 제공한 가장 중요한 주체는 국가가 아니라 민간기관인 외원기관이었다.

....

266   남찬섭. "1950년대의 사회복지-③." p.35.
267   이혜경. "권위주의적 자본주의 사회에서의 복지국가의 발달." p.170; 김성현. "난민이라는 존재의 인식과 삶." pp.98-101.
268   김성현. "난민이라는 존재의 인식과 삶." pp.98-99.
269   동아일보(1949). "이국무총리시정방침연설, 당면한 2대 국책은 남북통일과 산업재건." 1949년 4월 3일자 1면.

3) 외원민간단체 구호의 시대

외국 원조기관은 해방 이후부터 1960년대 초까지 한국 복지체제에서 가장 중요한 복지 공급자였다.[270] 개별 시민의 복지 수준을 국가-시장-가족 간의 관계로 결정하는 것이 아니라 국민국가의 구성원이 아닌 외국 원조기관이 계획하고 집행하는 매우 특수한 상황이었다. 복지를 둘러싼 국가-시장-가족 간의 자원 분배는 기본적으로 외원 물자를 분배하는 것 이상의 의미를 갖지 못했다. 전통적으로 사회안전망을 담당했던 가족은 분단과 전쟁을 거치면서 해체되었고 상당한 물적 손실을 경험했기 때문에 적극적인 분배 역할을 수행할 수 없었다. 외원단체는 이러한 조건에서 구호활동을 확대해나갔다. 외원단체는 구한말부터 구호활동을 했지만 한국전쟁 이전까지는 외원단체의 목적이 구호보다는 선교에 있었기 때문에 이들을 통상적인 외국 민간구호단체로 분류하기는 어렵다.[271] 실제로 해방 이전에 한국에서 활동하던 선교단체들은 선교 효과가 나타나면 구호활동의 비중을 줄여나갔다. 구호단체로서 외원단체가 본격적으로 활동을 시작한 것은 해방 이후였고, 특히 한국전쟁 이후 외원단체들의 내한이 급증했다.

정부의 외원단체의 구호활동에 대한 관리는 통상적으로 법률보다는 행정명령과 미국과 맺은 협정을 통해 이루어졌다. 외원단체의 구호활동과 관련된 중요한 협정은 1948년 11월 20일에 한국 정부와 CARE(Cooperative for American Remittances to Europe, Inc.) 간에 이루어진 협정과[272] 1949년 5월 5일에 '구호자재와 구호상자의 면세 및 국내수송비의 지출에 관한 한미협정'이었다. 협정의 내용은 주로 원조물자와 외원단체 종사자의 임금에 대한 면제와 비과세를 보장하고 원조물자 수송의 안전을 한국 정부가 보장하는 것이었다. 또한 한국 정부는 1950년의 1·4후퇴 이후에 폭증하는 피난민에 대한 구호를 위해 유엔민사원조사령부(KCAC)와 함께 중앙과 지역에 '구호위원회'를 설치하고 외원민간기관의 구

....

270   조흥식(1996). "해방 50년과 남한의 공공복지." 『비판사회정책』 1: 13-38. p.20; 이혜경. "권위주의적 자본주의 사회에서의 복지국가의 발달: 한국의 경험." p.163.
271   최원규. 『외국민간원조단체의 활동과 한국 사회사업 발전에 미친 영향』. p.78.
272   최원규. 『외국민간원조단체의 활동과 한국 사회사업 발전에 미친 영향』. p.125.

호활동을 지원했다.[273] 하지만 1955년 새로운 협정이 체결되기 전까지 한국 정부가 외원기관에 관여할 여지는 없었다. 미군정 당시 미군정이 외원단체에 대한 철저한 관리·감독을 수행했던 것과는 대조적이다. 외원기관은 철저히 도쿄에 있는 맥아더 사령부의 통제하에 있었고, 한국 내에서의 활동도 유엔민사원조사령부의 허가가 있어야 가능했다.

정부는 변영태 외무부 장관과 주한 미국 대사관의 케어 스트롬(Care Strome) 대리공사 간에 1955년 4월 22일 체결된 '한미 간 민간구호에 관한 협정'과 동년 5월 2일 교환된 '한미 간 민간구호 활동에 관한 해석각서'를 체결·교환함으로써 비로소 외원기관의 활동을 법적으로 보장하는 동시에 외원단체의 활동을 관리·감독할 수 있는 제도적 수단을 확보하게 된다.[274] 한편 정부는 1952년 4월 '사회사업을 목적으로 하는 법인설립 허가 신청에 관한 건'과 동년 10월 사회부 장관이 '후생시설 운영요령'이라는 훈령의 지도감독 준칙을 만들어 민간사회복지기관의 관리·감독을 위한 제도적 장치를 만들었다.[275] 미군정이 외원단체를 관리하기 위해 만든 아시아구호단체(Licensed Agencies for Relief in Asia, LARA)를 대신해 1953년 3월에 부산에서 7개 외원단체를 중심으로 미군의 원조를 조직하기 위한 주한민간원조기관연합회가 결성된 것도 중요한 변화라고 할 수 있다.[276] 해방 이후에 무정형적으로 이루어지던 외원단체의 구호활동이 한미 간의 민간구호 활동에 관한 협정이 체결된 이후에 공식적인 제도적 틀 내에서 이루어지게 된 것이다.[277]

외원단체는 〈그림 10.10〉에서 보는 것과 같이 구호, 사회사업, 교육, 보건, 지역사회개발 등 다양한 복지 관련 활동을 했다. 40개 주요 외원기관의 활동을 분석한 자료에 따르면, 외원단체의 공식 활동 목적(복수응답)은 선교, 교육, 구호,

....

273 최원규. 『외국민간원조단체의 활동과 한국 사회사업 발전에 미친 영향』. pp.117-118.
274 이성덕(1969). "한국의 외원민간 단체의 실태." 『사회사업』 4: 25-50, p.27.
275 박광준. 『한국 사회복지역사론』. p.198.
276 이성덕. "한국의 외원민간 단체의 실태." p.32; 최원규. 『외국민간원조단체의 활동과 한국 사회사업 발전에 미친 영향』. p.115.
277 감정기 외. 『사회복지의 역사』. p.391.

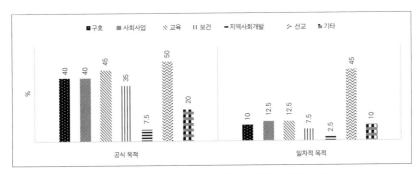

그림 10.10 외원기관의 활동 목적: 공식 목적(복수)과 일차적 목적(단수)(1955년)
출처: 최원규. 『외국민간원조단체의 활동과 한국 사회사업 발전에 미친 영향』. pp.77-78.

사회사업, 보건 등이었고, 대상별로 보면 아동을 대상으로 한 활동이 가장 두드러졌다. 하지만 외원단체의 제일의 목적은 선교활동이 압도적이었다. 분석 대상 40개 기관 중 선교가 제1의 활동 목적이라고 응답한 비율이 45%로 압도적이었다. 실제로 외원단체의 주요 채널은 한국기독교세계봉사회(KCWS), 메노타이트 중앙재단(MCC), 캐나다 유니테리안 봉사회(USCC) 등 개신교 단체였다.[278]

전쟁 이후 한국 복지체제에서 핵심적인 역할을 담당했던 외원단체가 한국 복지체제에 미친 영향은 지대했다. 먼저 종교단체(대부분 개신교)인 외원단체가 자원을 분배하는 핵심 역할을 담당했다는 것은 한국 사회에서 특정 종교가 세력을 확대하는 데 지대한 영향을 미쳤다. 한국으로 보내진 전 세계 구호물품의 절반이 한국기독교세계봉사회(KCWS)를 통해서였고, KCWS는 개신교 교회를 우선적으로 지원했다.[279] 사실 한국전쟁을 비정부 차원에서 처음 외부세계에 알린 사람도 개신교 목사인 한경직이었다. 교회는 국가를 대신해 전쟁으로 모든 것을 잃은 사람들이 가장 먼저 기댈 수 있는 곳이었다. 문제는 한국 기독교의 주류가 세계적으로도 가장 보수적인 신앙을 갖고 있던 친미와 반공주의가 결합된 서북 장로교였다는 점이다.[280] 보수 개신교에 공산주의는 무찔러야 할 적(敵) 그리스도

....

278 최원규. 『외국민간원조단체의 활동과 한국 사회사업 발전에 미친 영향』. p.10.
279 김진호. "이웃을 향한 열린 문과 닫힌 문, 그리스도인의 전후 체험." pp.169-174.
280 김진호. "이웃을 향한 열린 문과 닫힌 문, 그리스도인의 전후 체험." p.167.

였다. 한국전쟁으로 구호가 절실해진 상황에서 보수적 개신교 단체가 제공하는 구호는 많은 사람들을 보수적 기독교 신앙에 귀의하게 했다. 현재 한국 사회에서 보수 세력의 중요한 권력자원인 보수 기독교 세력의 기원은 바로 이러한 외원기관의 막대한 구호활동에 있었던 것이다. 실제로 1950년대 초에 10만 명에 불과했던 개신교 신자는 1950년대 말이 되면 100만 명으로 증가했다.[281] 원조복지체제의 형성이 친미와 반공의 개신교라는 보수의 새로운 권력자원의 형성과 밀접하게 연관되어 있었던 것이다.

둘째, 원조는 한국 사회에서 미국식 사회사업의 전통을 강하게 각인시켰다. 사회문제를 사회구조적 문제로 접근하기보다는 개인문제로 접근하는 미시적 실천의 전통과 국가보다는 민간기관이 서비스를 제공하는 방식은 외원기관이 한국 사회에 남긴 유산이었다. 물론 외원기관이 본격적으로 도래하기 이전인 일제강점기와 미군정기에 이미 한국 사회에서 사회서비스의 제공 주체의 대부분은 민간이었다. 하지만 당시 사회서비스를 제공받은 대상은 극히 제한적이었던 것에 비해 한국전쟁으로 대부분의 국민이 전재민이 된 상황에서 외원기관의 활동은 광범위한 한국인에게 사회복지를 미시적 관점에서 이해하는 유산을 남겼다. 실제로 원조가 제3세계의 사회정책을 원조 제공국의 구미에 맞게 재편했다는 점을 고려하면, 이러한 유산은 너무나 당연한 결과였는지 모른다. 셋째, 반공주의와 결합된 개신교 단체에 의한 구호와 복지활동은 반공주의를 더욱 강화하는 역할을 했다. 한국전쟁 이후에 반공은 누구도 거스를 수 없는 한국 사회의 철칙이 되었다. 외원단체는 공여국 미국이 한국에 원조하는 대가로 얻고자 했던 반공체제 구축이라는 목적에 충실히 부합하는 활동을 했다. 다만 한국전쟁을 계기로 확대된 외원단체의 활동이 한국에서 근대적 사회복지에 대한 지평을 넓혔고, 빈곤해결, 취로사업 등을 통해 고용안정에 기여했다는 평가도 있다.[282]

....

281 김진호. "이웃을 향한 열린 문과 닫힌 문, 그리스도인의 전후 체험." p.165.
282 박현경(1993). "한국 사회복지의 역사." 한국복지연구회 편. 『사회복지의 역사』. pp.23-52. 서울: 이론과실천. p.44; 김한주(1981). 『한국 사회보장론』. 서울: 법문사. p.137; 이성기. "사회복지정책과 법률의 변천에 관한 일고찰: 해방 이후 제5공화국까지." p.16 재인용.

한국전쟁 당시 개신교 선교기관의 구호활동. "감사합니다"라는 현수막 앞에서 사과를 들고 있는
어린이들의 모습이 애처롭다(출처: 『크리스천신문』).[283]

4) 근대적 사회보장제도의 모색: 국민생활보호법(안), 실업보험법(안),

공무원연금법

제도화되는지는 않았지만 근대적 사회보장제도를 도입하려는 시도가 전혀
없던 것은 아니다. 먼저 전쟁 이후의 참담한 현실로 인해 공공부조를 강화하라는
여론이 높았고,[284] 사회부는 공공부조를 개선하기 위한 일련의 시도를 했다. 1953
년 10월 24일자 『동아일보』는 사회부에서 생활이 곤란한 국민에 대한 보호법(국
민생활보호법) 초안 작성에 착수했다고 보도했다.[285] 사회부가 작성한 초안을 보면
"본법은 국가가 생활이 곤란한 모든 국민에 대하여 곤란한 정도에 응하여 필요한
보호를 행하여 그 최저한도의 생활을 보장함과 동시에 그 자립을 조장함을 목적으

....

283 http://www.christiantimes.ca/bbs/board.php?bo_table=mission&wr_id=119
284 양재진. "한국 복지정책 60년: 발전주의 복지체제의 형성과 전환의 필요성." p.334.
285 동아일보(1953). "國民生活保護法(假稱)起草, 最低生活을保障, 老衰不具病者孤兒等." 1953년 10월 24
     일자 2면.

로 한다."라고 되어 있고, 제2조 무차별평등 조항에는 "본법에 의한 보호는 성별, 신앙 또는 사회적 신분을 불문하고 무차별 평등하게 행하여야 한다."라고 규정해 생활보호가 보편적으로 이루어져야 한다는 점을 명확히 했다. 또한 제3조에서는 "본법에 의하여 보장되는 최저한도의 생활이라 함은 보통 건강한 생활수준을 유지할 수 있는 정도를 말한다."고 최저생활수준을 규정하고 있다. 부조의 내용을 보면 제24조에서 "생활부조, 교육부조, 의료부조, 조산부조, 생업부조, 장업부조"의 6개 부조를 적시해 이후 제정된 생활보호법이나 국민기초생활보장제도의 급여 내용을 대부분 포괄하고 있다. 이는 국가가 국민의 최저생활을 보편적으로 보장하는 것을 제도화하려는 것으로, 이승만 정권이 시혜적인 조선구호령과 미군정 후생국보에서 벗어나 근대적 의미의 공공부조를 제도화하려고 시도했던 것으로 평가할 수 있다. 하지만 국민생활보호법의 제도화를 위해서는 재원문제를 해결해야 한다는 『조선일보』의 보도로 미루어보아 법안은 예산문제로 인해 제도화되지 못한 것으로 보인다.[286] 1957년에도 교육부조를 삭제한 국민생활보호법(안)이 법무부 법제실에 제출되었지만 재정문제로 국회에 상정되지 못한 채 폐기되었다.[287]

사회보험제도를 도입하기 위한 시도도 있었다. 당시에 실업은 사회안정을 위협하는 가장 심각한 문제였다. 보건사회부 노동자실태조사에 따르면, 1956년에 5인 이상 사업체에 취업한 인구가 23만 명에 불과한 데 반해 실업자는 무려 97만 명에 달했다.[288] 또한 대한노총이 발간한 자료에 따르면, 당시 실업자 수를 보건사회부는 207만 9천 명으로 추산했고 부흥부는 214만 7천 명으로 추산했다. 조사기관마다 실업자 규모를 다르게 추산해 당시의 통계를 믿기는 어렵지만, 분명한 사실은 당시 실업이 광범위하게 퍼져 있었다는 것이다. 특히 1957년 이후의 원조 감소는 경기침체로 이어져 대량의 실업자를 양산했다. 더욱이 이승만 정권

....

286 이흥재(2011). "사회보장법 형성의 풍토적 특징: 전문집단 헌신 주도 속의 국민저항과 집권층대응의 정치적 산물." 『서울대학교 법학』 52(2): 381-414. p.386.
287 양재진. "한국 복지정책 60년." p.334. 양재진은 이 내용을 김영순·권순미(2008). "공공부조." 양재진·김영순·조영재·권순미·우명숙·정흥모 공저. 『한국의 복지정책 결정과정: 역사와 자료』. pp.203-264에서 인용했다고 했지만, 해당 문헌에는 양재진이 인용한 내용이 없었다.
288 남찬섭. "1950년대의 사회복지." p.59.

은 1960년에 치러질 대통령선거에 대비해 실업문제에 대한 전향적인 대책을 마련할 필요가 있었을 것이다. 당시 한국 사회에 막대한 영향을 미쳤던 미국도 한국 정부와 함께 '한미실업대책위원회'를 구성해 노동력 실태를 조사하고 실업보험법 제정을 모색했던 것으로 보인다.[289] 이러한 상황에서 실업보험의 제도화에 대한 공론화는 어쩌면 당연한 현상이었다고 할 수 있다.

이승만 정부는 1955년 9월에 실업보험법(안)을 기초함으로써 실업보험제도를 처음으로 공론화했다.[290] 보건사회부는 "일자리 없는 사람, 일자리를 빼앗긴 사람들을 구제하기 위해서 실업보험법이 꼭 제정돼야 한다."고 실업보험의 입법화를 주장했다. 하지만 법무부 법제실 검토 과정에서 예산상의 이유로 실업보험법(안)은 다시 보건사회부로 반환되었다. 이러한 과정을 거쳐 1957년에 보건사회부는 정부안으로 실업보험법(안)을 국회에 제출했지만 예산문제로 법제화되지 못했다.[291] 이후에 보건사회부는 실업보험법 제정을 다시 추진했다. 1958년에 보건사회부 노동국장은 경전조합 대의원대회에 참석해 정부가 실업보험 입법을 추진하고 있다고 발표했고 노동조합도 적극적으로 지지했다.[292] 하지만 법제화되지는 못했다. 대신 1960년 2월 실업보험을 실시하기 위한 기초 조사에 1,500만 환의 예산을 배정하고 1961년부터 실시할 계획을 수립했다.[293] 4·19혁명 이후에 실시된 7·29총선에서 승리해 집권한 민주당도 실업보험을 포함한 사회보험제도를 점진적으로 제도화하겠다고 공약했지만[294] 실업보험은 제도화되지 않았다. 1961년에 5·16군사쿠데타가 발생하면서 실업보험의 법제화가 무산된 것으로 보인다.

흥미로운 사실은 2차 세계대전 이후에 독립한 76개 신생국의 사회보장 입법화 과정을 보면 산재보험이 가장 먼저 도입되고 실업보험이 가장 나중에 제도화

....

289 이주실. "1950년대 후반 실업문제의 대두와 이승만정부의 실업대책." p.15.
290 이주실. "1950년대 후반 실업문제의 대두와 이승만정부의 실업대책." p.45.
291 이홍재. "사회보장법 형성의 풍토적 특징." p.387.
292 남찬섭(2005c). "1950년대의 사회복지-③." 『월간 복지동향』 82: 33-37. p.34.
293 이주실. "1950년대 후반 실업문제의 대두와 이승만정부의 실업대책." p.48.
294 양재진. "한국 복지정책 60년." p.336.

되었는데[295] 한국에서는 사회보험 중 실업보험이 가장 먼저 검토되었다는 점이다. 제3세계만이 아니다. 산업화된 서구 복지국가들 또한 산재보험을 먼저 제도화하고 실업보험은 가장 나중에 제도화했다.[296] 이는 당시 한국의 주된 산업이 농업이었던 관계로 산재보험에 대한 요구가 크지 않았던 반면 농정 실패와 2차 산업의 미성숙으로 실업문제가 매우 심각했던 당시 상황이 반영된 것으로 보인다. 구체적인 내용을 확인하기는 어렵지만, 당시 제기되었던 실업보험은 아마도 실업으로 인해 발생하는 소득 상실에 대해 실업 이전의 소득 수준을 보장해주는 역할보다는 실업자에게 최소한의 생계를 지원하는 실업부조적인 성격이 강했을 것으로 보인다. 앞서 언급한 것과 같이 당시 5인 이상 사업체에 취업한 인구는 23만명에 불과했기 때문이다.

공무원연금법은 이승만 정권 13년 동안 제도화된 유일한 사회보장제도였다. 1960년 1월에 공무원연금법이 제정됨으로써 한국은 비록 특수직 연금이지만 처음으로 근대적 사회보험제도를 제도화했다. 공무원연금제도는 장면 정부가 들어서면서 국무원 사무국에 업무를 이관하면서 실행력을 갖추게 된다.[297] 공무원연금법이 처음 논의된 것은 1954년 6월 29일에 총무처 인사국의 '국가공무원퇴직연금법제정에 관한 건'이 입안되면서부터이다.[298] 하지만 당시 총무처의 입안은 국무회의에 상정되지 못했다. 공무원연금법이 다시 논의된 것은 1958년 국무원 사무국 인사과에서 준비한 안이 1959년 11월 12일 국회에 상정되면서부터이다. 다만 공무원연금법은 당시 경제상황과 맞물려 (원조 감소로 인한 경기침체) 공무원의 노후소득보장을 위한 목적보다는 경제개발을 위한 재원 마련을 위한 목

....

295 Cutright, P.(1965). "Political Structure, Economic Development, and National Social Security Programs." *American Sociological Review* 43: 797-812.

296 Forrat, N.(2012). The Authoritarian Welfare State: A Marginalized Concept. Comparative-Historical Social Science(CHSS) Working Paper No. 12-005. The Roberta Buffett Center for International and Comparative Studies, Northwestern University; Pierson, C.(2004). 'Late Industrialisers' and the Development of the Welfare State. In Development Context (Mkandawire, Thandika. ed.). pp.215-245. New York: Palgrave Macmillan. p.226.

297 이성기. "사회복지정책과 법률의 변천에 관한 일고찰: 해방 이후 제5공화국까지." p.18.

298 이홍재. "사회보장법 형성의 풍토적 특징." p.385.

적에 더 강조점이 두어진 것으로 보인다. 당시 재무부 장관이었던 송인상은 국회에서 공무원연금제도를 통해 모아진 기금으로 주식시장과 자본시장을 육성하고 이후 제도 운영의 경험을 살려 실업보험과 같은 다른 사회보험제도를 도입할 예정이라고 발표했다. 연기금을 활용한 경제개발 아이디어가 1950년대 후반에 이미 검토되었다고 할 수 있다. 하지만 국회에서는 공무원연금법보다는 실업보험이 시급하다는 의견과 전몰군경 유가족에 대한 96억 환에 달하는 연금 체불이 문제가 되었다. 우여곡절 끝에 공무원연금법은 20년 이상 재직자에 대해 60세 이후 봉급연액의 30% 수준의 연금을 지급하는 정도로 제도화된다.

이외에도 1950년대 후반부터 1960년대 초까지 다양한 정책 제안들이 있었다. 1959년 8월에는 사회보장 전문가들이 '의료보험을 중심으로 한 한국 사회보장제도 도입을 권고함'이라는 건의서를 제출하기도 했다.[299] 1959년 10월부터는 보건사회부를 중심으로 정기적으로 건강보험을 연구하는 모임이 만들어졌고, 1961년에는『건강보험제도 도입을 위한 연구계획』이라는 책자가 발간되기도 했다. 장면 정부가 개최한 전국종합경제회의의 7개 분과 중 '고용 및 생활수준 분과'에서는 사회보장제도의 도입과 이를 연구할 보건사회부 내 '사회보장심의위원회' 설치를 정부에게 제안할 것을 만장일치로 결의했다. 서울대 강당에서 개최된 종합회의에서는 다른 분과에 소속된 위원들 중 특히 노조 출신의 위원들이 경제발전과 노동자를 위한 복지제도가 병행되어야 한다는 의견을 피력하며 이 제안을 적극적으로 지지했다. 하지만 5월 16일 각의 의결을 앞두고 군사쿠데타가 발생해 중단되었다가 군사정부 출범 이후에 사회보장심의위원회가 발족하게 된다.[300] 이처럼 1950년대 말부터 1960년대 초까지 사회보장제도와 관련한 다양한 시도들이 있었다. 군사정부 시기의 사회보장제도의 대량 입법은 바로 이러한 새로운 사회보장정책에 대한 다양한 흐름들의 결과였다고 할 수 있다.

이 시기 사회보장제도의 입법 논의가 노동자 중심의 사회보험제도를 중심으

....

299 남찬섭(2005b). "1960년대의 사회복지-①."『월간 복지동향』83: 24-28. p.26.
300 더불어 본래 전국종합경제회의는 이승만 정부 시기였던 1957~1958년 사이에 부흥부에서 계획했지만 개최하지 못했던 것이다. 손준규.『한국의 복지정책 결정과정에 대한 연구』. p.25.

로 발전한 것은 해방 이후 한국전쟁을 거치면서 농촌세력이 무력화되었기 때문이라는 평가도 있다.[301] 수긍이 가는 지적이다. 하지만 당시 정치적으로 무력화된 세력은 농민만이 아니었다. 노동자들 또한 미군정기를 거치면서 전평이 해체되는 등 결정적 타격을 받았고, 반공체제의 구축 과정에서 완전히 궤멸되었다. 이러한 점을 고려하면 당시 사회보장제도를 둘러싼 논의가 농민을 포괄하는 보편적 수당제도를 중심으로 이루어지지 않고 노동시장 참여를 전제한 사회보험을 중심으로 이루어진 것이 농민 정치세력의 무력화 때문이었다고 단정하기는 어려울 것 같다. 앞서 언급한 것처럼 이 시기는 복지체제를 둘러싸고 각축을 벌일 수 없을 정도로 노동자, 농민은 물론 지주계급도 무력화된 상태였고 자본가 또한 국가권력에 종속된 상태였다. 유일한 정치세력은 국가권력이었다. 에번스의 지적처럼, 국가가 높은 수준의 자율성을 누렸다.[302] 한국의 국가권력을 규제할 수 유일한 세력은 당시 한국 경제와 안보의 숨통을 쥐고 있는 미국뿐이었다. 사회보험을 중심으로 입법 논의가 활발했던 이유를 찾는다면, 립턴(Libton)의 분석처럼 농민계급의 무력화가 아니라 제3세계의 산업화가 농업의 희생 위에 구축되는 일반적 특성이 복지체제 논의에도 반영된 것으로 볼 수도 있다.[303]

5) 주요 정당의 복지정책

간략하게나마 이 시기 주요 정치세력의 복지정책에 대한 주장을 검토하는 것도 의미가 있을 것 같다. 복지정책의 방향과 관련된 두 가지 흥미로운 논쟁을 살펴보면, 하나는 1955년에 이승만 권위주의 체제에 대한 대항세력으로 추진된 신당 창당 과정에서 사회복지를 확대하는 방식을 둘러싸고 신당 추진세력 간에 벌어진 논쟁이다.[304] 논쟁은 크게 세 가지 입장으로 구분되는데, 사회복지를 확대

....

301 정무권. "한국 사회복지제도의 초기형성에 관한 연구." p.327.
302 Lipton, M.(1976). *Why Poor People Stay Poor.* Cambridge, MA: Harvard University Press.
303 Evans, P.(1995). *Embedded Autonomy: State and Industrial Transformation.* Princeton, NJ: Princeton University Press.
304 동아일보(1955). "횡설수설." 1955년 1월 11일자 3면.

하기 위해 사회주의를 강령으로 채택해야 한다는 견해, 사회복지의 능률적 향상을 목표로 하되 그 수단은 사회주의적인 것과 자본주의적인 것을 가리지 말아야 한다는 견해, 사회복지의 향상을 위해 균등분배(사회보장)에 입각한 자유기업주의가 최선이라는 견해이다. 하지만 신당 창당 과정에서 보수 세력은 민주당으로 진보 세력은 진보당으로 분화되면서 민주당의 사회복지 노선은 세 번째 견해로 모아졌던 것 같다. 독자 정치세력화를 추진한 진보당은 두 번째 견해인 자본주의와 사회주의를 혼합한 사민주의 노선을 채택한 것으로 보인다. 이는 이후 두 정당의 선거 공약으로 확인할 수 있다.[305]

다른 하나는 1956년의 정·부통령선거 당시 자유당과 민주당의 복지공약이다. 당시 집권 여당이었던 자유당은 실업대책으로 중소기업 육성정책과 사회보장제도의 확립을 공약으로 내놓았다.[306] 반면 제1야당이었던 민주당은 전재민, 실업자, 상이군인 등에 대한 구호정책을 공약으로 제시했다. 1956년의 선거만 놓고 보면 자유당은 사회보장제도의 필요성을 인식하고 있었던 것으로 보이는 반면, 민주당은 구호제도를 중심으로 복지정책을 구상하고 있었던 것으로 보인다. 정·부통령선거에서 돌풍을 일으켰던 조봉암의 진보당은 경제성장과 공정한 분배가 함께하는 '수탈 없는 경제체제'가 실현되는 "민주적 복지사회"를 공약했다.[307] 당 강령에 나타난 진보당의 민주적 복지사회는 당시 스웨덴, 노르웨이, 덴마크, 핀란드와 같은 북유럽의 사회민주주의 복지국가를 염두에 둔 것이었다.[308] 진보당의 공약은 단순히 복지제도를 공약한 것이 아니라 한국 사회가 지향하는 복지체제의 성격을 제시했다는 점에서 그 의미가 크다고 할 수 있다. 1960년의 정·부통령선거를 앞둔 시점에서 자유당은 실업 구제를 위해 하루 188,095명을 고용하는 대규모 공공사업과 실업보험의 도입을 공약했다.[309]

....

305 진보당의 노선은 다음 문헌을 참고하라. 서중석(1999). "제3장 사회민주주의와 1950년대." 『조봉암과 1950년대(상)』. 서울: 역사비평사.

306 이주실. "1950년대 후반 실업문제의 대두와 이승만정부의 실업대책." p.3, 27.

307 박태균(2002). "1950년대 경제 개발론 연구." 『사회와 역사』 31: 219-249. p.233; 서중석. 『조봉암과 1950년대(상)』. p.375.

308 서중석. 『조봉암과 1950년대(상)』. p.378.

제3대 대통령 선거 당시 조봉암의 공약과 포스터. "갈지 못하면 살 수 없다", "이것 저것 다보았다! 혁신 밖엔 살길없다"는 선거문구가 당시 민중의 상황을 이야기해주는 것 같다(출처: 조호정).[310]

반면 민주당은 사회보험 도입과 중소기업 육성을 대책으로 제시했는데, 이 중 중소기업 육성은 1956년의 정·부통령선거에서 자유당이 제시했던 공약과 유사했다.[311] 민주당이 사회보험을 복지공약으로 전면화한 시점은 1960년 7·29총선에서였다. 민주당은 실업보험, 건강보험 등 사회보험을 점진적으로 도입하는 방안을 공약으로 제시했다.[312]

6) 불평등한 조세정책

조세정책은 복지정책과 함께 한 사회의 분배를 결정하는 중요한 기제이다. 정부 수립 이후부터 1960년까지 세목별 변화를 통해 본 한국의 조세정책은 직접세 비중이 감소하고 간접세 비중이 증가하는 역진적 성격이 강화되는 방향으

....

309 이주실. "1950년대 후반 실업문제의 대두와 이승만정부의 실업대책." pp.50-51.
310 http://readinggroup.or.kr/contents_view2.html?cat1=52&cat2=67&cat3=43&cidx=4346&set_field=title&search=&page=3
311 남찬섭. "1950년대의 사회복지-③." p.35.
312 양재진. "한국 복지정책 60년." p.336.

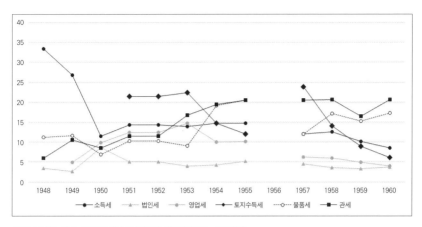

그림 10.11 주요 세목별 세수입 비중의 변화(1948~1960년)

출처: 한국경제 60년사 편찬위원회. 『한국경제 60년사: 경제일반』. pp.57-58.

로 변화했다. 〈그림 10.11〉에서 보는 것과 같이 직접세인 소득세가 전체 세입에서 차지하는 비중은 1948년 정부 수립 당시에 33.4%에서 점점 감소해 1960년이 되면 8.6%로 이승만 정권 동안 무려 74.3%나 감소한다. 반면 대표적 간접세라고 할 수 있는 물품세(소비세의 일종)의 비중은 동 기간에 11.2%에서 17.3%로 54.5% 증가했다. 이에 따라 전체 세입에서 직접세가 차지하는 비중은 1950년 69.2%에서 1960년 53.9%로 감소한 반면, 간접세의 비중은 30.8%에서 46.1%로 증가했다.[313] 일반 소득세의 누진율을 4%에서 65%까지 6단계로 나누어 부과한 반면 물품세는 '물품의 종류'에 따라 10%에서 40%까지 부과했다는 점을 고려하면 간접세의 증가는 곧 가처분소득의 불평등으로 이어질 수밖에 없었다.[314] 여기에 과세체계의 미비로 고소득층의 소득 은닉과 탈세가 비일비재했다는 점을 고려하면 조세정책은 평등을 진작시키기보다는 불평등을 확대했다.

전쟁기간 동안 군량미와 관수양곡을 확보하기 위해 1951년 9월 현물로 징수되었던 토지수득세의 도입이야말로 전시 인플레이션과 전비를 농민에게 부

········

313 한국경제 60년사 편찬위원회. 『한국경제 60년사: 경제일반』. p.587.
314 한국경제 60년사 편찬위원회. 『한국경제 60년사: 경제일반』. p.604, 618.

담시킨 최악의 세금정책이었다. 전체 세입에서 토지수득세의 비중은 1951년, 1952년, 1953년 각각 21.5%, 21.5%, 22.4%로, 당시 정부 세입 중 가장 큰 비중을 차지하는 세목이었다. 1951년 기준으로 임시수득세 다음으로 큰 세목은 소득세(14.3%)인데, 임시수득세의 66.5%에 불과했다. 하지만 이는 셰레(Schere) 현상(협상가격차)으로 인해 토지수득세의 현물조세의 가치가 낮게 평가된 것으로, 실제 시장가격으로 평가하면 1950~1953년 동안 전체 세입에서 토지수득세가 차지하는 실제 비중은 무려 70~90%에 이르렀다.[315] 더욱이 토지수득세의 현물징수 방식은 지역별로 현물을 할당하는 방식으로 이루어져[316] 마치 조선시대의 총액제와 유사한 방식의 부과체계였다(제6장 참조). 이러한 조세부과체계에서는 정부가 세금이 현장에서 어떻게 부과되는지에 대해서는 관심이 없고 다만 총 세수에만 관심을 기울이게 되어 힘 있는 자들이 힘없는 사람들에게 세금을 전가하는 문제가 나타난다. 토지수득세는 명목적으로는 토지의 소유 규모에 따라 누진적으로 설계되었지만 실제로는 영세농에게 더 큰 부담을 안겨주는 불평등한 조세제도였다. 결국 전시 조세체계를 대표하는 토지수득세는 전시 인플레이션을 농민에게 전가하는 조치로, 농민의 잉여를 불평등하게 정부로 이전시킨 조세제도였다.[317]

마지막으로 한국 복지국가의 궤적에서 특이한 현상은 전쟁이 서구 복지국가와 같이 국가의 재정역량을 확대하는 전기가 되지 않았다는 점이다.[318] 캐럴 페이트먼(Carole Pateman)은 대부분의 서구 복지국가가 전쟁국가였다고 단언할 정도였다. "전쟁은 국가를 경제생활의 중심에 가져다 놓았고," 복지국가는 바로 전쟁을 통해 확대된 국가의 재정역량에 의존해 확장될 수 있었다.[319] 하지만 한국전

....

315 이호철. "농민운동." p.255; 오유석. "1950년대 정치사." p.97.
316 김동노. "1950년대 국가의 농업정책과 농촌 계급구조의 재구성." p.432.
317 이대근. 『해방후·1950년대의 경제』. p.207; 이호철. "농민운동." p.255; 조석곤. "농지개혁과 한국자본주의." p.306.
318 Pateman, C.(1988). "The patriarchal welfare state." In Gutann, A. ed. *Democracy and the welfare state*. pp.231-260. Princeton, NJ: Princeton University Press. p.231; Judt. 『포스트 워 1945~2005, 1』. p.134.

쟁은 한국 정부를 경제생활의 중심에 가져다 놓지 않았다. 앞에서 보았던 것처럼 정부의 징세역량은 한국전쟁 이후 축소되었고, 국가는 전시에 확대된 징세역량을 전후 공적 복지확대를 위해 사용할 의지가 없었던 것으로 보인다. 이승만 정권이 우파정부였기 때문에 작은 정부를 지향했을 것이라고 주장할 수도 있겠지만 제2차 대전이후 좌우 모두 큰 정부에 대한 합의가 있었다는 점을 고려하면 한국전쟁이후 스스로 징세역량을 축소시킨 이승만 정권의 행위는 예외적이었다고 할 수 있다. 이러한 이승만 정권의 모습은 결국 미국의 원조에 의존했던 '원조복지체제'라는 당시의 분배체계를 생각하지 않고는 설명할 수 없을 것 같다. 이승만 정권은 정부의 재정역량을 축소한 것이 아니라 한국이 반공전진기지로서 미국의 이해를 대변하고 있는 한 세입을 확충하지 않아도 미국 '원조'에 의존해 정권을 지속시킬 수 있다고 생각했을지도 모른다.

제6절 정리와 함의

일부 연구자들은 이승만 정권이 최소한의 구호행정과 사회문제에 무관심했으며 사회복지정책을 추진할 적극적인 의사와 능력이 부재했다고 비판하지만 이는 적절한 비판이 아니다.[320] 이승만 정권 시기에 새로운 사회보장제도가 입법화되지 않았다는 점을 정권의 무관심의 근거로 들고 있지만 형식적 제도 도입이 반드시 복지 확대와 연결되는 것은 아니다. 예를 들어, 이승만 정권하에서 제도화된 근로기준법은 사실상 1987년의 민주화 이전까지는 거의 사문화된 법률에 불과했고, 1962년 개헌 전까지 헌법에 명시되어 있던 노동자의 이익균점권은 단 한 번도 실행된 적이 없었다. 더욱이 정부 수립 이후부터 1961년까지 복지와 관련된 이승만 정권의 다양한 시도들을 검토한 바로는 1950년대의 복지의 열악함을 단

....

319 Judt. 『포스트 위 1945~2005, 1』. pp.124-127.
320 정무권. "한국 사회복지제도의 초기형성에 관한 연구." p.330; 감정기 외. 『사회복지의 역사』. p.389.

순히 이승만 정권이 구호행정과 사회문제에 무관심했기 때문이라고 치부하는 것은 적절한 평가가 될 수 없다. 제1부에서 이론을 다루면서 이야기했지만, 우리는 페르낭 브로델(Fernad Braudel)이 이야기한 것처럼 그 시대가 갖는 "가능성의 한계"에 대해 인식할 필요가 있고 우리의 평가는 그 가능성의 한계 내에서 이루어질 필요가 있다. 당시의 가능성의 한계라는 시대적 제약을 넘어서 지금의 관점에서 무언가를 요구하는 것은 적절하지 않다.

그렇다면 가능성의 한계 내에서 우리는 이승만 정권 시기의 복지체제를 어떻게 평가할 수 있을까? 당시 한국 복지체제에 대해 어떤 연구자는 이승만이 미국을 동경했고 조선구호령을 원용한 생활보호사업을 추진했다는 점에서 자유주의의 특성을 갖고 있고 군경원호사업과 공무원연금과 같은 체제 유지세력을 위한 제도를 우선적으로 도입했기 때문에 보수주의의 특성을 갖고 있다고 평가했다.[321] 이러한 평가는 마치 2000년대의 한국 복지국가 성격 논쟁에서 제기되었던 주장을 1950년대에 적용하는 것과 같은 착각이 들게 한다. 과연 이러한 평가가 타당한 것일까? 서구 복지국가의 역사를 보면 거의 대부분의 복지국가의 역사가 공공부조로부터 시작해 체제 유지세력에 대한 사회보장제도가 선행되고 이러한 제도가 전체 국민에게 확대되는 과정을 거친다. 다시 말해 자본주의 사회에서 초기 복지체제는 대부분 공공부조와 체제 유지세력에 대한 사회보장을 중심으로 구축되었다고 할 수 있다. 구체적 비평은 이미 제1부에서 다루었기 때문에 여기서는 다룰 필요가 없다. 다만 분명한 것은 현재의 관점과 기준에서 지나간 시대를 평가하는 것은 매우 조심스럽고 때로는 부적절해 보인다는 점이다. 우리 모두가 잘 알고 있듯이 해방 이후부터 1960년대 초까지 한국은 소위 자유주의 또는 보수주의 복지체제가 갖는 중요한 특성을 제도화할 수 있을 정도로 산업화가 이루어지지도, 이에 조응해 권력자원이 성장하지도 못했다. 1950년대 한국은 농업사회였고, 자본가계급이 형성되기 시작했으며, 삼백산업과 같은 소비재 경공업을 중심으로 산업화가 막 시작되었을 뿐이다. 당시 한국 복지체제는 이러한 조건

....
321 안상훈. 『현대 한국복지국가의 제도적 전환』. p.19.

위에서 형성된 것이다. 중요한 것은 당시 한국 사회의 정치경제적 조건하에서 한국 사회에 필요하고 가능했던 복지체제가 어떤 모습이었는지를 평가하고 이를 전제로 이승만 정권 시기의 복지체제에 대해 평가를 할 수 있을 뿐이라는 점이다.

우리가 1950년대라는 제약을 전제로 이 시기의 복지체제를 평가한다면, 가장 핵심적인 평가 영역은 두 가지이다. 소위 1차적 분배를 결정하는 농지개혁과 귀속재산 불하의 적절성에 대한 평가이다. 앞에서 언급했듯이 농지개혁은 불철저했지만 봉건적 질서를 해체하고 농촌사회를 소작농 중심에서 영세자영농 중심으로 재편했다. 문제는 농업생산물을 수취했던 주체가 지주에서 국가로 바뀌었을 뿐 농민들의 삶에는 큰 변화가 없었다는 점이다. 그럼에도 이 시기에 농민들은 자신의 생산물을 다음 세대의 교육을 위해 투자했고, 이러한 투자가 1960년대 이후 한국의 고도성장의 중요한 인적 토대가 되었다. 귀속재산은 노동자들의 자주적 공장관리 요구를 배제하고 사적자본을 강화하기 위해 민간에 불하되었다. 이 과정에서 온갖 불법과 특혜가 주어졌고 새로운 신흥자본가집단이 권위주의 체제에 종속되는 결과를 가져왔다. 문제는 국가와 자본의 이러한 관계 설정이 산업 부문에서 자본과 노동 간의 힘의 관계를 자본에 결정적으로 유리하게 만들었다는 점이다. 이는 산업생산의 잉여가 노동자들에게 공정하게 분배될 수 없는 구조를 만들었고, 앞서 언급한 것처럼 노동자들의 임금이 노동자 자신과 가족의 노동력의 재생산이 불가능한 수준에서 분배가 이루어졌다.

이승만 정권은 농민과 노동자에게 공적복지를 통해 재생산 비용을 보장해 줄 자원을 확보할 능력을 갖고 있지 못했다. 공적복지의 확대를 위해서는 세금의 확충이 이루어져야 했지만, 당시 이승만 정부는 능력이 없었던 것인지 의지가 없었던 것인지 적절한 세원을 확보하지 못했다. 더욱이 조세 징수가 직접세에서 간접세로 전환되어가는 과정에서 조세는 불평등을 시정하는 제도가 아닌 불평등을 확대하는 역할을 했다. 또한 정부 재정의 상당 부분을 미국의 원조에 의존하고 있는 상황에서 이승만 정권은 공적복지를 통해 계급 간의 갈등을 조정할 필요도 없었다. 결국 1950년대 한국 복지체제는 외국(미국)의 원조물자에 의해 최소한의 구호가 사적으로 제공되는 '원조복지체제'로 귀착되었다. 복지제공이 외국의 원조에 기초하고, 그 분배조차 외원기관에 의존하는 상황에서 시민의 복지에 대한 국가의 역할은 매우 제한적이었다. 자본주의 분배체계가 농지개혁과 적산 불하를 통해 의도적으로 만들어졌던 것과 달리 복지는 외국원조에 의존한 민간 기관이 중심이 되었고, 최소한의 복지급여 조차 외원에 의존하는 상황이 지속되었던 것이다. 결국 한국 복지체제의 역사라는 관점에서 1950년대 이승만 정권 시기를 보면 한국 사회에서 복지가 국가의 역할과 무관한 사적인 문제로 인식되는 출발점이었다고 평가 할 수 있다. 복지가 사적문제로 이해되자 한국 사회는 국가가 인위적으로 창출한 시장의 영향이 지배적인 자본주의 체제에서 개인과 가족이 자신의 복지를 책임져야 하는 각자도생의 길을 걸을 수밖에 없었다.

정리하면, 분배체계의 관점에서 이승만 정권에 대한 비판은 1차적으로 농지개혁의 불철저성, 민족 공동의 자산인 적산의 특혜적 불하, 불평등한 조세정책 등을 통해 당시 한국 사회가 생산한 잉여가 불평등하게 분배되는 구조를 만들었다는 점에 있다. 이러한 불평등한 분배구조가 복지 확대를 위한 정부의 재정 능력을 저하시키고 한국 사회가 최소한의 구호조차 외국 원조에 의존하는 지경에 이르게 했던 것이다. 정치적으로 이러한 분배체계의 구축이 가능했던 이유는 미군정에 의해 노동자와 농민의 권력자원이 무력화되면서 국가가 커다란 저항 없이 1950년대의 분배체계를 권위주의 체제의 관료집단과 이에 종속된 신흥산업자본가에게 유리한 구조로 만들 수 있었기 때문이다. 4·19혁명은 바로 이러한 누적된 불만이 민중적 방식으로 표출된 것이었다. "못살겠다 갈아보자"라는 구호는 당시 사람들에게 생존문제가 얼마나 절박했는지, 이승만의 권위주의 체제가 민중의 생존문제를 해결하는 데 얼마나 무기력했는지를 상징적으로 보여준다. 1960년대의 군사정권은 바로 이러한 분배에 대한 시대적 요구를 자신의 방식으로 해결해나갔다. 마지막으로 흥미로운 사실은 박정희 군사정권이 1950년대의 의미를 철저히 지워나갔다는 점이다. 하지만 역설적이게도 이승만과 1950년대에 대한 재평가는 4·19혁명이 이후에 한 세대가 조금 더 지난 1990년대 중반에 박정희에 대한 재평가와 함께 재조명되기 시작했다. 이승만의 하야를 종용했던 매카나기 미국 대사의 말처럼, 이승만을 '국부'로 재평가하려는 일단의 시도들이 생겨나기 시작했다. 급기야 박근혜 정권은 국정교과서제도를 시행해 박정희 정권에 의해 지워졌던 이승만을 공식적으로 국부의 자리에 올려놓으려고 했다.[322] 기록되는 역사는 참으로 알 수 없는 일들로 가득하다.

....

322 한국사 국정교과서는 문재인 대통령이 취임한 지 3일이 지난 2017년 5월 12일에 대통령령으로 폐기되었다.

제11장

개발국가 복지체제의 형성, 1961~1979년: 역진적 선별주의의 기원

"발전을 위해서는 부자유의 주요한 원인이 제거되어야만 한다. 그것들은 가난, 독재, 빈약한 경제적 기회와 체계적인 사회적 박탈, 공공시설의 방치, 억압적인 정부의 불관용 혹은 과도한 활동이다.", "사실 권위주의적 정부와 정치적·시민적 자유의 억압이 경제성장을 촉진하는 데 실제로 유익하다는 일반적인 증거는 거의 없다. 그 통계수치들은 훨씬 복잡하다. 체계적인 실증적 연구는 정치적 자유와 경제적 성취 사이에 일반적인 갈등이 존재한다는 주장을 거의 뒷받침하지 않는다. (…) 결국 어떤 방향이건 이들 사이에 어떤 관계도 없다는 가설은 거부하기 어렵다. 정치적 자유는 그 나름대로의 중요성을 갖기에, 이를 옹호하는 주장은 훼손되지 않은 채로 남아 있게 된다."

-아마르티아 센(Amartya Sen)[1]

....

1   Sen, A.(2013[1999]). 『자유로서의 발전』. 김원기 역. (*Development As Freedom*). 서울: 갈라파고스. p.42, 230.

제1절 문제제기

1961년 5월 16일 새벽 박정희 소장을 중심으로 4천여 명의 군인들이 쿠데타를 일으켰다. 그런데 기이한 일이 벌어졌다. 신민당의 일부는 환호했고, 대통령 윤보선은 한국군을 동원해 군사쿠데타를 진압하자는 유엔군 사령관의 요구를 거부했다. 지식인과 시민들은 물론 4·19혁명으로 이승만 독재를 무너뜨린 학생들조차 침묵했다. 제임스 팔레(James Palais)는 한국인들이 군사쿠데타를 "불평 한마디 없이" 받아들였다고 했다.[2] 18년 후에 박정희의 장례행렬을 따라 10만여 명의 인파가 거리를 가득 메웠고 동작동 국립묘지에는 30만 명의 인파가 운집했다. 박정희의 죽음에 시민들은 오열했다.[3] 1960년대의 시작과 1970년대의 끝을 이렇게 잘라놓고 보면 박정희 정권 18년은 권위주의 체제라는 것이 무색하게 매우 성공적이었던 것처럼 보인다. 박정희 시대를 복합적·중층적인 시각으로 보지 않는한 우리는 군사쿠데타에 저항하지 않았던 시민들과 박정희의 국장 당일에 수십

....

2   경향신문(1979). "고이 고이 잠드소서...북악도 흐느낀 통한의 영결." 1979년 11월 3일자 7면.
3   동작동 국립묘지는 국립현충원으로 이름이 바뀌었다.

만 명의 시민들이 통곡하며 중앙청에서 국립묘지로 가는 길을 따랐던 역사적 실체에 접근할 수 없다. 더욱이 박정희 체제의 신화가 박정희의 딸 박근혜 전 대통령이 국정농단으로 탄핵되었던 2016년 12월 9일까지 무려 반세기 넘게 지속되었다는 사실은 현재 우리의 삶에 박정희 체제가 얼마나 강력한 영향력과 잔상을 남겼는지를 확인시켜주고 있다.

박정희 체제 18년은 우리에게 너무나 많은 숙제를 주었다. 산업화를 위해 인권과 민주주의 유보가 불가피할 수밖에 없었던 것인가라는 질문에서부터 목적을 달성하기만 하면 모든 과정이 정당화될 수 있다는 가치관, 재벌 중심 체제의 공고화, 노동자와 농민으로 대표되는 시민사회의 탈정치화, 노동시장의 양극화, 지역 갈등의 근원이 만들어진 것, 반공주의[반북(反北)주의]가 인권과 민주주의를 유린하는 명분이 된 것, 협동보다는 경쟁을 통해 성공하려는 현재 한국인의 모습까지 모두 박정희 시대와 연결되어 있다. 우리는 박정희 체제가 만들어놓은 '경제개발제일주의'라는 올가미를 여전히 벗어나지 못하고 있다. 그렇기 때문에 박정희 시대를 이해한다는 것은 현재를 살고 있는 우리들의 기원을 이해하는 것과 같다. 한국 복지체제도 마찬가지이다. 남성 정규직 임금노동자를 선별적으로 사회보장제도에 포섭하고 여성, 비정규직 노동자, 자영업자를 배제하는 한국 복지체제의 특성 또한 박정희 시대가 기원이다.

이러한 인식에 근거해 제11장에서는 박정희 시대를 '개발국가 복지체제'라고 이름 짓고 이 시대의 정치와 경제를 분석함으로써 이 시대가 만든 복지체제의 성격을 조망했다. 『기원과 궤적』의 핵심 주장은 이 시대는 공적복지의 기능적 등가물로서 노동력의 상품화가 확대되었으며 그 확대는 대상과 고용의 질이라는 측면에서 선별적으로 이루어졌다는 것이다. 그리고 이러한 선별적 상품화는 한국 복지체제를 선별적 탈상품화 체제, 즉 상대적으로 안정적 고용을 보장받는 남성 임금노동자를 중심으로 사회보장을 제도화한 역진적 선별주의 복지체제로 만들어놓았다는 것이다.[4] 이 시기에 구성된 선별적 상품화와 선별적 탈상품화가 결

....

4   초고에는 '상향적 선별주의'라는 표현을 사용했지만 상향적이라는 의미가 아래로부터 위로 향한다는

국 낙후된 한국 복지체제를 탄생시켰다는 것이다. 먼저 다음 절에서는 개발국가 복지체제의 형성기를 세 시기로 구분해 개략하고, 이어서 정치적 측면에서는 박정희 시대를 규정할 수 있는 반공개발국가의 개념과 권력관계의 특성에 대해 검토했다. 경제적 측면을 다룬 절에서는 이 시기에 구축된 개발국가의 특성에 대해 논했다. 마지막으로 복지체제와 관련해서는 정치적·경제적 특성에 기초해 박정희 시대의 고유한 복지체제가 어떻게 구성되었는지를 설명했다.

제2절 개발국가 복지체제의 시기 구분[5]

복지체제의 특성에 따라 1960년대와 1970년대 개발국가 복지체제의 시기를 구분해보면 〈표 11.1〉과 같다. 먼저 권력관계를 중심으로 살펴보면, 제1기는 군사쿠데타 직후부터 박정희 권위주의 체제가 제1차 경제개발 5개년 계획의 수정계획을 본격적으로 추진하기 이전까지의 시기이다. 이 시기 권력관계의 특성은 군부와 4·19혁명의 주역이었던 시민사회 간에 불안정한 균형상태가 유지되었다는 것이다. 군사정권은 이때까지는 적어도 4·19정신을 계승하겠다고 했고, 농어민 고리채 탕감, 농산물 가격유지제 도입, 부정축재자 처벌 및 재산 환수 등과 같은 민중주의적 정치를 지향했다. 군사정부는 『사상계』로 대표되는 지식인 집단과 학생들로부터도 일정한 지지를 받고 있었다. 경제정책으로는 주로 자립경제를 목표로 중화학공업 등 기간산업의 수입대체산업화를 추진했다. 수출은

....

의미를 갖고 있고 한국에서 공사적 사회보장제도가 상대적으로 직업이 안정적이고 임금이 높은 사람들을 선별하는 행위(cream skimming)를 적절히 표현할 수 없다는 지적에 따라 이태수 꽃동네대학교 교수, 이창곤 한겨레경제사회연구원 원장, 김진석 서울여대 교수 등이 제안한 '역진적'이라는 용어를 사용했다. 선별주의가 일반적으로 자산소득조사를 거쳐 저소득층을 복지급여의 대상으로 선별한다는 의미로 사용된다면 '역진적 선별주의'는 상층 소득계층을 선별해 제도의 대상으로 포괄한다는 한국 복지체제의 특성을 기술하기 위한 개념으로 사용했다.

5   본 내용의 일부는 다음 글을 수정 보완한 것이다. 윤홍식(2018). "박정희 정권시기 한국복지체제." 『한국사회정책』 25(1): 195-229.

표 11.1 권위주의 반공개발국가의 시기 구분: 1961년 5월~1979년 10월

시기	권력관계의 특성	경제체제의 특성	복지체제의 특성

제1기
군사정부시기
1961. 5.-
1964. 6.
	·4·19정신 부분적 계승
	·부분적 민중주의
	·국민적 지지
	·군부의 불완전한 세력
	  균형기
		·지도받는 자본주의 노선 견지
		·자립경제 추구
		·중화학공업 분야 수입대체산업
		  중심(수출산업은 국제수지균형
		  목적 장려)
			·사회보장제도의 수사적
			  제도화 시기
			·사회보장 관련 각종
			  제도 도입(생활보호법,
			  아동복지법, 산재보험 등)

제2기
제한적 선거
민주주의의 시기
1964. 6.-
1972. 10.
	·제도권 보수양당체제
	·제한적 절차적
	  민주주의, 개발독재
	·사회운동=학생운동
	  (정권비판 차원)
	·체제변혁운동은 지하화
		·가트(GATT)가입, 이자율
		  현실화, 무역자유화 조치 등
		  개방화 시행
		·복선형 산업화의 출발
		·수입대체산업<수출중심산업화
		·수출: 경공업>중화학 공업
			·경공업 중심의 선별적
			  상품화(여성노동자의
			  상대적 중요성)

제3기
유신체제
1972. 10.-
1979. 10.
	·보수양당체제의 균열
	  (무소속 득표율 상승)
	·권위주의 체제의 성립
	  (10월 유신)
	·반독재 민주화운동,
	  사회운동의 저변확대
		·복선형 산업화의 성숙
		·수입대체<수출산업
		·수입대체(경공업 < 중화학공업)
		·수출산업(경공업<중화학공업)
			·중화학공업 중심의 선별적
			  상품화(남성노동자
			  중심)와 선별적
			  사회보장제도(탈상품화)
			·가족책임주의 복지체제의
			  형성
			·강제적 의료보험제도 도입

자립경제 수립을 위해 필요한 외환을 조달하는 기능적 도구 이상의 의미를 갖지 않았다. 복지체제는 기본적으로 이승만 정권기의 유산이 지속되었다. 생활보호법이라는 공공부조가 도입되었지만 조선구호령을 대체 입법하는 수준을 넘지 않았고, 산재보험, 의료보험, 아동복리법 등 각종 복지정책이 제도화되었지만 기본적으로 실효성이 거의 없는 정치적 수사에 불과했다.

제2기는 1964년 중반부터 10월 유신과 중화학공업이 본격화되기 직전까지의 시기이다. 정치적으로는 1963년 11월 제6대 총선과 1967년 제7대 총선을 거치면서 보수양당을 중심으로 (여당이 야당에 대해 압도적 힘의 우위를 갖는다는 의미에서) 1.5정당 체제가 재구축된 시기이다. 선거를 통한 제한적 민주주의가 이루어졌던 시기로, 박정희 권위주의 체제에 대항하는 반체제세력으로 학생과 재야세력이 성장하기 시작한 시기이기도 하다. 경제적으로는 개발국가(발전국가, developmental state)가 본격화된 시기이다. 경공업 중심의 수출 지향적 경제발전이 이루어졌고, 이에 대한 폭넓은 대중적 지지가 만들어졌다. 복지체제의 측면

에서는 경공업 중심의 산업화로 인해 젊은 미숙련 여성노동력을 중심으로 한 첫 번째 선별적 상품화가 핵심적인 분배기제로 등장한 시기이다. 이 시기에는 농촌에 광범위하게 존재했던 유휴노동력이 상품화되면서 절대빈곤이 감소하기 시작했다.

마지막 3기는 1972년 10월 유신을 전후한 때부터 박정희 체제가 몰락한 1979년 10월까지의 시기이다. 정치적으로는 미국의 전략 변화로 동아시아에서 냉전체제가 완화되었지만 1960년대 말부터 남북 간의 긴장이 높아졌던 시기이자 높은 긴장 속에서 남북 간의 직접 대화가 시작된 시기이기도 하다. 유신이라는 강력한 권위주의 체제가 성립했고 이에 대항해 생존권 요구를 하던 노동, 농민 등 민중 부문과 학생, 재야, 야당의 반체제연합전선이 결성된 시기이다. 주목할 점은 생존권 투쟁을 통해 노동자와 농민으로 대표되는 민중 부문이 서서히 자신의 목소리를 높여가기 시작했다는 것이다. 반독재민주화운동의 저변이 확대되기 시작한 것이다. 경제적인 측면에서는 노동계급 전체가 아닌 선별적으로 노동계급을 포섭하는 소위 주변부적 포드주의 축적 체제가 구축되었다. 중화학공업이 본격화되면서 수출 중심의 불균등한 성장이 이루어졌다. 하지만 1979년의 세계 경제위기와 맞물리면서 1970년대 말 한국 자본주의는 과잉투자와 중복투자에 직면했다. 분배체계의 관점에서 보면, 제3기는 남성 숙련 노동력 중심의 두 번째 선별적 상품화가 시작된 시기였다. 주변부적 포드주의 축적 체제의 형성은 숙련된 남성 제조업 노동자를 확대했고, 선별적으로 이들에 대한 의료보험, 국민연금 등 사회보험의 제도화가 본격적으로 검토되었다. 실제로 의료보험이 도입되면서 공적복지 확대에 중요한 진전을 이루었다. 한편 선별적 상품화를 통해 잉여소득을 확보할 수 있었던 중간계급과 일부 계층이 저축과 민간보험 등을 통해 가족 단위로 사회위험에 대한 대응기제를 구축해갔던 시기이기도 하다. 절대빈곤은 지속적으로 감소하고 있었지만, 수출중심의 중화학공업 분야에서 남성 숙련 노동자의 증가는 노동시장의 이중구조화에 따른 역진적 선별주의 복지체제가 만들어지는 계기가 되었다. 이제 구체적으로 1960~1970년대의 한국 복지체제를 검토해보자.

제3절 권력관계: 권위주의 반공개발국가의 탄생

여기서는 권위주의 반공개발국가 시기의 권력관계를 구성했던 중요한 주체들에 대해 검토했다. 특히 박정희 시대를 규정짓는 '권위주의 반공개발국가'의 개념에 대한 논의를 통해 이 시대 전체의 상을 그려보았다. 권위주의 반공개발국가 시기의 권력관계는 앞서 언급한 것과 같이 크게 세 시기로 나누어 검토했다. 보수양당체제의 지속과 반체제운동의 성장이 어떻게 권력관계를 변화시키며 어떤 복지체제를 형성해 나갔는지를 주목할 필요가 있다.

1. 권위주의 반공개발국가[6]

권위주의 반공개발국가에 대한 다양한 정의가 가능하겠지만, 『기원과 궤적』에서는 권위주의 '반공개발국가'를 분단과 미국 패권의 냉전체제하에서 국가안보를 이유로 반공을 국시화하고, 이를 명분으로 권위주의 지배연합이 노동계급과 시민의 민주적 기본권을 통제·억압하며, 지배체제의 취약한 민주적 정당성을 재벌 중심의 경제개발과 미국의 직·간접적 묵인과 지원을 통해 확보하려고 했던 국가로 정의한다.[7] 역사적으로 보면 이러한 반공주의와 개발주의가 결합된 반공개발국가는 한국 사회만의 고유한 경험은 아니다. 배링턴 무어가 전근대사회

....

6   "1. 권위주의 반공개발국가"는 다음 글의 일부를 발췌해 수정한 것이다. 윤홍식(2015). "반공개발국가를 넘어 평화복지국가로: 역사와 전망." 『시민과 세계』 27: 57-106.

7   Dobbins, J., McGinn, J., Crane, K., Jones, S., Lal, R., Rathmell, A., Swanger, R., and Timilsina, A.(2003). *America's Role in Nation-building: From Germany to Iraq*. Santa Monica, CA: RAND; Berger, M.(2004). *The Battle for Asia: From Decolonization to Globalization*. New York, NY: Routledge Curzon. p.xiv. 반공개발국가 대신 이병천의 '개발독재'라는 개념을 사용할 수도 있다. 하지만 '개발독재'라는 개념은 민주주의가 이루어진 1987년 이후에도 한국 사회에서 반공주의와 개발국가가 지속되고 있는 상황을 설명하기 어렵다. 또한 이병천의 개발독재는 개발주의와 권위주의에 대한 노동계급과 시민들의 암묵적 또는 명시적 동의를 전제하고 있다는 점에서 논란의 여지가 크다. 이병천의 개발독재 개념에 대한 비판은 다음 글을 참고하라. 이병천(2003a). "개발독재의 정치경제학과 한국의 경험." 이병천 편. 『개발독재와 박정희시대: 우리 시대의 정치경제적 기원』. pp.17-65. 서울: 창비.

에서 근대사회로 이행하는 세 가지 길 중 두 번째 길이라고 일컬은 독일과 일본의 길은 반공개발국가의 전형이다.[8] 제8장에서 이미 검토했지만, 다시 정리해보면 독일의 비스마르크 정권은 사회주의자들이 독일 사회의 발전을 저해하고 혼란을 야기한다는 이유로 1878년에 사회주의자법(공안을 해치는 사회민주주의 동원에 관한 법률)을 제정했다. 사회주의자법은 선거운동을 제외한 모든 사회민주주의의 집회와 활동을 불법화하는 반(反)사회주의(반공주의)를 전면화했다. 또한 비스마르크 정권은 선발 산업국인 영국에 비해 뒤처진 독일 산업(중화학공업)을 발전시키기 위해 경제개발을 적극적으로 주도했다.[9] 잘 알려진 것과 같이 비스마르크가 사회보험을 제도화하려고 했던 가장 중요한 이유도 사회주의자를 노동계급으로부터 분리시키기 위한 것이었다.[10] 비스마르크는 노동계급을 독일 산업에 충성스러운 산업전사로 만들어 후진적인 독일 중화학공업의 국제경쟁력을 높이려고 했다. 또한 사회보험을 제도화함으로써 노동력을 안정적으로 중화학공업에 제공할 수 있는 조건을 창출하려고 했다.[11] 비스마르크 정권은 사회보험을 도입해 노동 강도를 높이고 노동력을 효율화시켜 노동비용을 절감해 1870년대 초부터 계속된 장기불황의 돌파구를 마련하려고 했다. 산재보험을 제도화하려고 했던 것도 독일 철강산업을 자본주의의 경기변동에 유연하게 대응하게 하고 효율적이고 합리적인 노동자 관리를 수행하기 위한 것이었다.

일본도 국가 주도적인 개발국가와 반공주의가 결합된 사례이다. 1차 세계대전을 계기로 국가가 주도한 중화학공업의 발전은 남성 노동자의 수를 비약적으로 증가시켰다.[12] 전전에 비해 중화학공업에 종사하는 노동자의 수는 10배 이상

....

8   Moore. *Social Origins of Dictatorship and Democracy*.
9   Ritter, G. (2005[1983]). 『복지국가의 기원』. 전광석 역. (*Sozialversicherung in Deutschland und England*). 서울: 법문사.
10   Silver, B. and Slater, E. (2008[1999]). "세계 패권의 사회적 기원." Arrighi, G., Siver, B., Hui, p.Ray, K., Reifer, T., Barr, K., Hisaeda, S., Slater, E., Ahmad, I., and Shih, M. 『체계론으로 보는 세계사』. 최홍주 역. pp.245-345. (*Chaos and Governance in the Modern World System*). 서울: 모티브북. p.297.
11   Ritter. 『복지국가의 기원』; Stolleis, M. (2013). "Origins of the German Welfare State: Social Policy in Germany to 1945." *German Social Policy* 2: 23-176.
12   Duus, P. (1983[1976]). 『日本近代史』. 김용덕 역. 파주: 지식산업사. pp.194-196.

증가했다. 파업도 1914년에 50건에서 1918년에 417건으로 증가했다. 1919년 기준으로 노동분쟁은 무려 2,388건이나 발생했다. 전전에 40여 개에 불과했던 노동조합도 300개 이상으로 증가했다. 노동계급의 성장과 함께 사회주의운동도 급격히 성장하고 있었다. 노동계급과 사회주의 세력의 성장은 독일에서와 같이 일본의 권위주의 정권과 자본에 직접적 위협이 되었다. 일본은 1925년 4월에 치안유지법을 제정해 일체의 반체제운동을 탄압했다. 독일의 사회주의자법은 사회주의를 탄압하기 위한 법이었지만 사회주의 정당의 선거 참여를 막지는 않았다. 반면 일본의 치안유지법은 체제에 반대하는 모든 정당을 불법화할 수 있는 막강한 권한을 가지고 있었다. 치안유지법은 일본 공산당을 비롯해 사회주의 계열의 정당을 탄압하는 효과적인 무기였다.[13] 일본에서도 반공주의와 개발국가가 결합된 반공개발국가는 노동운동과 사회주의운동을 탄압하고 대자본을 중심으로 경제를 개발하기 위한 권위주의적 후발 국가의 전형적인 모습이었다.

한국의 권위주의 반공개발국가는 위로부터의 산업화를 추진한 독일, 일본과 유사한 특성을 공유하고 있다. 다만 한국의 반공개발국가가 독일과 일본의 반공개발국가와 상이한 점은 한국 반공개발국가가 내적으로 민족 분단과 외적으로 냉전이라는 특수한 역사적 조건하에서 형성되었다는 것이다. 그렇다면 한국의 권위주의 반공개발국가도 후후발국가인 한국이 선진산업국가들을 따라잡기 위한 불가피한 선택이었을까? 한국 반공개발국가는 어떤 특성을 갖고 있는 것일까? 먼저 첫 번째 질문에 대한 답은 후후발산업국가가 선발 산업국가를 따라잡기 위해 반드시 권위주의와 결합될 역사적 필연은 없다는 것이다. 이병천은 개발이 반드시 독재와 결합될 필요는 없다고 했다.[14] 하지만 그는 "일정 정도 권위주의적 조절이 불가피했을 것이라고 여겨진다."는 최장집과 김호기의 글을 인용하면서 권위주의적 통제의 불가피성을 받아들인 것 같다. 이병천은 개발국가를 "본질적으로 절차적 정당성에 의존하는 규칙 기반 국가가 아니라 권위주의적인 재

....

13   치안법은 조선에서도 네 차례에 걸친 조선공산당에 대한 대규모 검거와 탄압의 제도적 근거가 된다. 김금수. 『세계노동운동사 1』. pp.548-551; 임대식. "사회주의운동과 조선공산당." pp.172-180.
14   이병천. "개발독재의 정치경제학과 한국의 경험." p.51.

량적 개입국가"로 정의했다.[15]

이러한 인식은 로스토우류의 개발경제학(dveleopmental economics)의 주장과 유사하다. 밀리컨(Millikan)과 로스토우는 저개발국가(underdeveloped nations)에 대한 미국의 외교정책을 검토하면서 다음과 같은 주장을 한다.[16] 제3세계 국가들이 선진국을 따라잡기 위해서는 강력한 정부에 의해 개발정책을 추진하는 것이 필수적이다. 이때 민주주의는 유보될 수 있다. 제3세계에서 민주주의의 유보는 문제라기보다는 오히려 제3세계의 특수성으로 인식될 필요가 있다는 것이다. 더 나아가 제프 일리는 영국에서 민주주의와 산업화가 동시에 진행되었다는 주장은 신화이고 영국에서조차도 독일 등 후발산업국가들과 같이 산업화에서 민주화로 나아갔던 것이 일반적이었다고 주장한다.[17] 민주화에 산업화가 선행하는 것은 제3세계만의 예외적인 현상이 아니라 서구 국가들의 초기 산업화 과정에서도 공통적으로 나타나는 보편적인 현상일 수 있다는 것이다.

하지만 이러한 관점은 사실을 역사적 맥락에서 설명하지 않고 현재의 관점에서 설명하려고 할 때 발생하는 오류일 수 있다. 산업화에 대한 고정된 실체가 존재하지 않듯이 민주화 또한 시대적 맥락에 따라 다른 모습을 띠고 있다. 우리가 산업혁명 당시의 민주주의와 산업화를 이야기한다는 것은 그 당시의 관점에서 민주주의를 시공간적으로 비교하는 것이다. 다시 말해, 시간적으로 그 당시가 그 이전에 비해, 공간적으로 그 사회가 다른 사회(국가)에 비해 더 민주적이었는지를 묻고 있는 것이다. 이렇게 보면 당시 영국은 독일로 대표되는 대륙유럽 국가들에 비해 더 민주적이었고 산업자본주의 이전에 비해 더 민주적이었다. 이러한 관점을 적용하면 박정희의 권위주의 반공개발국가는 다른 사회와 비교해 더

....

15   이병천(2003b). "개발국가론 딛고 넘어서기." 『경제와 사회』 57: 99-124.

16   Millikan, M. and Rostow, W. (1957). *A Proposal: Key to an Effective Foreign Policy.* New York, NY: Harper and Bros.

17   Eley, G. (1984). "The British Model and the German Road: Rethinking the Course of German History before 1914." Blackbourn, D. and Eley, G. *The Peculiarities of German History: Bourgeois Society and Politics in Nineteenth-century Germany.* pp.37-155. New York: Oxford University Press. pp.62-74.

권위주의적이었고 박정희 독재이전과 비교해도 더 권위주의적이었다.

또 하나 분명한 역사적 사실은 국가가 경제개발을 주도하는 방식이 반공주의와 권위주의가 아닌 민주주의와 결합하는 것일 수도 있었다는 점이다. 우리가 잘 알고 있는 것과 같이 스웨덴, 노르웨이 등 북유럽 국가들의 산업화 과정은 국가가 주도한 개발국가의 모습을 띠었다. 스웨덴과 노르웨이의 개발국가는 반공주의가 아닌 민주주의와 사회주의가 결합된 사민주의 개발국가였다.[18] 보편주의 복지국가의 전형이라고 평가받고 있고 사회정책이 다른 정책과 비교해 특권적 위치에 있다는 스웨덴에서도 국가는 사회정책이 경제성장에 긍정적 영향을 줄 수 있는 방법을 지속적으로 찾았다.[19] 사실 "사회정책은 비용이 아닌 생산적인 투자"라는 스웨덴 경제학자 군나르 뮈르달의 생각 또한 [존슨(Johnson)이 일본 개발국가가 계승했다고 하는] 독일 역사학파의 경제담론, 즉 개발국가의 담론을 사민주의 방식으로 계승한 것이다. 1960년대에 스웨덴 경제정책의 지침이 된 『조정된 경제정책(*Samordnad näringspolitik*)』과 『결과와 개혁(*Resultat och reformer*)』도 스웨덴 복지국가가 사민주의 이념에 기초한 강력한 개발국가였다는 것을 보여주고 있다.

우리에게도 짧고 불완전했지만 민주주의와 개발국가를 결합하려는 역사적 시도가 있었다. 성과를 판단하기에는 집권 기간이 너무 짧았지만, 1960년의 4월 혁명 이후에 민주적 과정을 통해 집권한 민주당 정권(1960년 6월 15일~1961년 5월 16일)은 국가 주도 '경제제일주의'를 전면화했다.[20] 민주당 정권은 1961년 5월 16일에 박정희에 의한 군사쿠데타가 발생하기 직전인 4월 말에 '경제개발 5개년

....

18   통상적으로 우리는 이러한 사민주의 개발국가를 (사민주의) 복지국가로 부르고 있다.

19   윤홍식. "반공개발국가를 넘어 평화복지국가로."; Holliday, I. (2000). "Productivist Welfare Capitalism: Social Policy in East Asia." *political Studies* 48: 706-723; Andersson, J. (2017[2010]). 『도서관과 작업장: 스웨덴, 영국의 사회민주주의와 제3의 길』. 장석준 역. (*The Library and the Workshop*). 서울: 책세상.

20   장면 정권의 국가 주도적 경제제일주의는 1961년도 예산편성 지침에 잘 나타나 있다. "4월혁명 과업의 완수와 경제자립의 목표 달성을 촉진하기 위하여 부패된 관권경제를 일소하고 경제제일주의를 표방하며, 계획성 있는 자유경제체제하에 국민경제의 균형된 발전을 이룩할 수 있는 제반 시책을 단계적으로 실현하는 방향에서 (…) 예산을 편성한다." 김기승. "민주당 정권의 경제정책에 관한 연구." p.141.

계획안'을 발표했다. 성과가 아주 없었던 것도 아니다. 사회적 혼란이 정리되지 않아 1960년의 경제성장률은 2.1%에 불과했지만, 1961년 2월의 무역량은 1960년 3월 대비 60%나 증가했다.[21] 다시 말해 개발국가가 권위주의와 함께 해야 한다는 어떠한 역사적 필연도 존재하지 않는다. 경제발전 또한 권위주의와 무관하다.[22] 한국 개발국가의 성공 요인 중 하나인 복선형 경제개발 방식도 독재와 무관하게 이루어졌다.[23]

2. 권위주의 반공개발국가 시기의 권력관계

박정희 정권 시기 권위주의 반공개발국가의 권력관계는 〈그림 11.1〉과 같다. 국내적으로는 박정희 권위주의 정권을 중심으로 재벌이 하위 파트너로 결합되어 있었고, 농민은 소극적·수동적으로 권위주의 체제를 지지했다. 권위주의 정권과 재벌이 위계적 관계로 지배연합을 구성하고 이에 농민이 포섭되어 있는 형국이었다. 반면 반체제세력은 학생, 재야정치세력, 지식인을 중심으로 형성되었고, 이에 야당(신민당)이 느슨하게 연대하는 형태를 취했다. 농민, 도시빈민, 노동계급은 아직 온전한 독립적 주체로 성장하지 못한 상태였다. 노동계급은 전태일의 분신을 계기로 1970년대에 들어서면서 계급 정체성과 조직된 주체로 성장을 시작했다.[24] 학생, 지식인, 재야정치세력, 가톨릭청년노동회(JOC)와 도시선교사업회 등 반체제운동의 중심세력도 1970년대에 들어서면서 노동계급과 연대하기 시작했다. 농민과 도시빈민도 1970년대에 들어서면서 생존권 수호 차원에서 권위주의 지배연합에 대항하기 시작했다. 고구마 수매예산 전용을 둘러싸고 촉발된 '함평 고구마 사건'은 체제 순응적이고 수동적이었던 농민이 반체제운동에 조직적으로 결합하

....

21   서중석(2005). 『한국현대사』. 서울: 웅진하우스. p.193.
22   Sen. 『자유로서의 발전』. p.42, 230.
23   이병천. "개발독재의 정치경제학과 한국의 경험".
24   박준식(1985). "한국에 있어서 노동조합과 정부의 관계." 최장집 편. 『한국자본주의와 국가』. pp.287-357. 서울: 한울. pp.311-312.

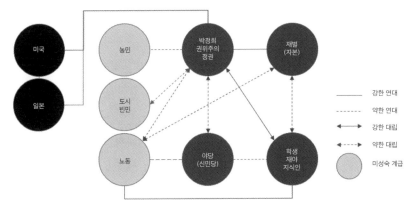

———	강한 연대
--------	약한 연대
◄——►	강한 대립
◄----►	약한 대립
⬤	미성숙 계급

그림 11.1 권위주의 반공개발국가 시기의 권력관계

는 출발점이 되었고, 광주대단지 사태는 이 시기 도시빈민이 권위주의 정권의 개발정책에 대항하는 대표적인 생존권 투쟁이었다.[25] 대외적으로는 한일 국교정상화로 한국은 미국의 신동아시아 질서에 일본의 하위 파트너로 결합했다. 박정희 권위주의 체제의 경제개발은 일본이 미국을 대신해 동아시아에서 중심 역할을 담당하는 신동아시아 질서하에서 가능했다. 더 나아가 미국은 안보(반공)를 위해 박정희 권위주의 체제를 용인·지원했다. 이러한 기본 구도를 전제로 권위주의 반공개발국가 시기의 권력관계와 권력자원의 형성과 변화에 대해 살펴보자.

1) 군정 시기의 권력관계

군정 시기는 1961년 5월 16일 군사쿠데타가 발생한 시기부터 1963년 12월 27일 국가재건최고회의가 해체되고 제3공화국이 수립되기 전까지이다. 이 시기에는 군사정부가 4·19혁명정신을 계승한다고 표방하면서 부분적으로 민중주의

....

25 김동춘(1994). "1960, 70년대의 사회운동." 강만길·김남식·김영하·김태영·박종기·박현채·안병직·정석종·정창렬·조광·최광식·최장집 편. 『한국사 19: 자주·민주·통일을 향하여-1』. pp.265-324. 서울: 한길사. p.320; 이종석(2003). "유신체제의 형성과 분단구조: 적대적 의존관계와 거울영상 효과." 이병천 편. 『개발독재와 박정희시대: 우리 시대의 정치경제적 기원』. pp.247-286. 서울: 창비. p.270; 한석정. 『만주모던: 60년대 한국 개발체제의 기원』. p.336.

적 지향을 보였다. 군정 시기에는 4·19혁명의 민주주의와 민족주의 요구가 여전히 위력을 발휘했고, 군사정권은 일정 정도 민중주의적 요구를 수용할 수밖에 없었다.[26] 재벌의 부정축재에 대한 환수 조치, 농어촌고리채정리법, 농산물가격유지법, 의료보험, 산재보험, 아동복리법 등 대량의 복지 관련 입법 등은 쿠데타 직후 군사정권의 민중주의적 성격을 보여주는 사례이다.[27] 이 시기에는 박정희 권위주의 체제를 지탱해나갈 지배연합의 핵심 주체인 재벌과 권위주의 국가 간의 위계적 연대와 대외적으로는 한·미·일의 협력관계가 아직 형성되지 않았다. 일본과의 국교정상화는 이승만 정권과 장면 정부에서도 논의되었지만 추진되지 못했다. 더욱이 4·19혁명의 민족주의 성격을 고려한다면 쿠데타 직후 군사정권이 한일 국교정상화를 추진하기는 어려웠을 것이다. 미국과의 관계도 아직 명확히 정립되어 있지 않았다. 군사쿠데타 발발 직후에 주한유엔군 사령관은 장면 정부를 지지했고 군사쿠데타가 불법이라는 성명을 발표했다.[28] 유엔군 사령관인 카터 매그루더(Carter Magruder)는 5월 16일 오전 10시 30분경에 윤보선 대통령을 면담하는 자리에서 한국군을 동원해 쿠데타를 진압하자고 건의했지만 윤보선은 이 제안을 거부했다.[29] 쿠데타가 발생하자 신민당(윤보선이 속한 민주당 구파)은 이제 자신들의 세상이 올 것이라며 만세를 불렀다고 한다.[30] 또한 미국 정부는 한편으로는 박정희의 공산주의 전력에 대해 여전히 의심을 거두지 않았다. 실제로 1960년대 초까지도 미국 국방부의 고위관료는 박정희가 공산주의자라고 주장했다. 다른 한편으로 미국은 군사쿠데타의 극우적 성격을 우려했다.[31] 군사정권이

....

26 이병천. "개발독재의 정치경제학과 한국의 경험." p.41.

27 조영철(2003). "재벌체제와 발전지배연합." 이병천 편. 『개발독재와 박정희시대: 우리 시대의 정치경제적 기원』. pp.133-160. 서울: 창비. p.140.

28 이완범(2002). "박정희와 미국: 쿠데타와 민정이양 문제를 중심으로, 1961~1963." 한국정신문화연구원 편. 『박정희시대 연구』. pp.109-172. 서울: 백산서당. pp.117-122.

29 김일영(1999). "1960년대 정치지형 변화." 한국정신문화연구원 편. 『1960년대의 정치사회변동』. pp.285-362. 서울: 백산서당. p.219.

30 박태균(2002). "군사정부 시기 미국의 개입과 정치변동, 1961~1963." 한국정신문화연구원 편. 『박정희시대 연구』. pp.55-107. 서울: 백산서당. pp.61-62.

31 박태균. "군사정부 시기 미국의 개입과 정치변동, 1961~1963." p.68.

불법적으로 민주적인 정부를 전복한 5·16군사쿠데타의 주동자들의 모습. 가운데 선글라스를 쓴 사람이 박정희이다.

미국의 승인을 받은 것은 최고회의 의장 자격으로 미국을 방문한 박정희가 존 F. 케네디(John F. Kennedy)에게 1963년 여름에 민정이양을 한다는 1961년 8월 12일의 약속을 재확인한 이후였다.[32]

　권위주의 반공개발국가의 성립 이후에 반체제운동을 주도했던 학생과 진보적 지식인들도 이때까지는 군사쿠데타에 대해 분명한 반대와 저항을 표현하지 않았다. 민간의 어떠한 저항도 없었다. 미국 방첩대(Counter Intelligence Corps, CIC)가 거리에 있는 사람들을 대상으로 실시한 여론조사에 따르면, 10명 중 4명은 쿠데타에 우호적이었고 2명은 판단을 유보했으며 4명은 반대했다.[33] 미국 대사관이 본국에 보낸 1961년 5월 31일자 전문을 보면, 서울대생의 절반 정도가 군사쿠데타를 지지했다고 적혀 있다.[34] 놀랍게도 지식인의 절대다수도 민주주의 질

....

32　이완범. "박정희와 미국." p.146.
33　"유엔군사령관이 합동참모부에 보낸 전문"(1961. 5. 17). *FRUS, 1961-1963*. 22, p.458; 홍석률(2002). "5·16쿠데타의 발발 배경과 원인." 한국정신문화연구원 편. 『박정희시대 연구』. pp.11-54. 서울: 백산서당. p.49에서 재인용.
34　"주한 미국대사관이 국무부로 보낸 전문"(1961. 5. 31). Central decimal files 795B.00; 홍석률. "5·16쿠데타의 발발 배경과 원인." p.50에서 재인용.

서를 유린한 군사쿠데타에 우호적이었다.[35] 1950년대 제3세계에서 일어난 이집트의 나세르(Nasser), 버마의 네 윈(Ne Win), 이라크의 카심(Qāsim) 등의 군사쿠데타는 모두 민족주의 성향을 띠고 있었기 때문에 지식인들은 군사쿠데타에 대해 긍정적인 인상을 갖고 있었다.[36] 군사쿠데타는 당시 자본주의 세계체계에 편입된 제3세계의 일반적인 경향처럼 보였다.[37] 당시 지성계의 대표적 잡지였던 『사상계』의 편집인과 논객들도 민정이양을 전제로 군사쿠데타를 지지했다. 이들은 4·19혁명 이후에 확산되기 시작한 통일운동에 대해 우려했고 군사쿠데타를 4·19혁명을 계승한 것이라고 생각했다. 1961년 6월호 『사상계』에 화보와 (박정희 권위주의체제에 끝까지 저항했던) 장준하가 쓴 "5·16혁명과 민족의 진로"라는 권두언은 군사혁명의 불가피성과 의의를 찬양했다.

"4·19혁명이 입헌정치와 자유를 쟁취하기 위한 민주주의 혁명이었다면, 5·16혁명은 부패와 무능과 무질서와 공산주의 책동을 타파하고 국가의 진로를 바로잡으려는 민족주의적 군사혁명이다. 따라서 5·16혁명은 우리들이 육성하고 개화시켜야 할 민주주의의 이념에 비추어 볼 때는 불행한 일이요 안타까운 일이 아닐 수 없으나 위급한 민족적 현실에서 볼 때는 불가피한 일이다. (…) '국가재건최고회의'는 시급히 혁명 과업을 완수하고 최단 시일 내에 참신하고 양심적인 정치인들에게 정권을 이양한 후 쾌히 그 본연의 임무로 돌아간다는 엄숙한 혁명 공약을 깨끗이 군인답게 실천하는 길 이외의 다른 방법은 없을 것이다. 그렇게 될 때 군인의 위대한 공적은 우리나라 민주주의사상에 영원히 빛날 것임은 물론이요, 한국의 군사혁명은 압정과 부패와 빈곤에 시달리는 많은 후진국 국민들의 길잡이요, 모범이 될 것이다."[38]

....

35   한석정. 『만주모던』. pp.250-251.

36   홍석률. "5·16쿠데타의 발발 배경과 원인." p.51.

37   1965년 필리핀, 1966년 아르헨티나, 1968년 페루, 1967년 그리스, 1960년 터키 등에서 군사쿠데타가 발생했다. 정관용(1994). "1960, 70년대의 정치구조와 유신체제." 강만길·김남식·김영하·김태영·박종기·박현채·안병직·정석종·정창렬·조광·최광식·최장집 편. 『한국사 19: 자주·민주·통일을 향하여-1』. pp.91-127. 서울: 한길사. p.93.

2) 권위주의 지배연합의 형성기

1960년대의 가장 중요한 사회문제는 여전히 먹고사는 문제였다. 1960년 대학교수와 언론인 1,515명을 대상으로 한 여론조사 결과가 경제성장을 위해 개인의 자유를 희생할 수 있다고 나왔을 정도로 경제성장으로 대표되는 민생문제는 1960년대 초 한국 사회에서 가장 중요한 문제였다.[39] 하지만 제5대 대통령선거의 최대 쟁점은 민생이 아니라 사상검증이었다. 제1야당인 민정당의 대통령 후보인 윤보선은 1963년 9월 23일의 여수 강연에서 박정희의 남로당 전력을 문제 삼으며 사상 공세를 펼쳤다.[40] 민생문제나 복지정책은 사상 논쟁에 비하면 부차적인 쟁점이었다. '빨갱이'라는 낙인의 대상은 야당 후보가 아닌 박정희였다.

예상과 달리 박정희의 사상 검증은 윤보선에게 득이 되지 않았다. 실제로 윤보선의 패배는 윤보선이 사상문제를 제기했기 때문이라는 평가도 있었다. 당시 여수를 비롯한 남부지방에는 1948년의 여순사건과 1950년의 '국민보도연맹원' 학살 사건의 여진이 생생하게 남아 있었다. 많은 사람들이 연좌제로 고통받고 있던 상황에서 윤보선의 발언은 사람들의 잠재된 두려움을 자극했다. 해방과 한국전쟁을 거치면서 이념적으로 혼란스런 시대를 살았던 사람들에게 사상을 검증하겠다는 윤보선의 발언은 죽음과 같은 두려움을 유발했다.[41] 사람들은 "윤보선 같은 사람이 대통령이 되면 큰일 나겠다. 여순 관계로 저렇게 몰아세우는 사람이니."라고 이야기했다고 한다.[42] 실제로 투표 결과는 호남과 영남 지역에서 박정희에 대한 지지가 경인, 충청, 강원 지역보다 높게 나타나 투표 성향이 남북으로 갈렸다. 윤보선은 불과 156,026표 차이로 패배했다. 제5대 선거에 대해 미국은 민주적이었다고 평가했고, 유엔한국통일부흥위원단도 질서 있는 선거였다고 평

....

38 김종철(2012). "[기획연재] 장준하는 누구인가(22)." 미디어오늘. 2012년 9월 19일. http://www.me-diatoday.co.kr, 접근일 2016년 12월 8일.
39 김성해·김정음(1984).『1960년대』. 서울: 거름신서. p.147; 권문일(1989). "1960년대의 사회보험." 하상락 편.『한국 사회복지사론』. pp.467-513. 서울: 박영사. p.495에서 재인용.
40 서중석.『대한민국 선거이야기』. pp.137-138.
41 김성현. "난민이라는 존재의 인식과 삶." p.90.
42 서중석.『대한민국 선거이야기』. pp.138-141.

윤보선은 1963년에 치러진 제5대 대통령선거에서 박정희에게 불과 157,026표 차이로 패배했다.

가했다.[43]

연이어 치러진 제6대 국회의원선거도 공화당의 승리였다. 제6대 국회의원선거에서도 특별한 쟁점은 없었다.[44] 선거를 앞두고 군사정권이 대량의 복지 입법(제5절 참고)을 했지만 복지정책의 법제화가 선거에 영향을 주었는지는 확인하기 어렵다. 야당이 구파(민정당)와 신파(민주당)로 분열된 상태에서 치러진 선거에서 공화당은 전체 투표의 33.5%를 득표해 제1당이 되었다. 〈표 11.3〉에서 보는 것처럼 분열된 야당의 합계 득표율은 33.6%로 공화당을 0.1%포인트 앞섰다. 서울을 제외한 모든 지역에서 야당 분열에 힘입어 공화당이 압승했다.[45] 보수양당 구도가 해체되고 단일 여당 대 분열된 야당의 구도로 권력관계가 재편되었다.

....

43 김일영. "1960년대 정치지형 변화." p.313.
44 서중석. 『대한민국 선거이야기』. p.141.
45 중앙선거관리위원회(2016). 선거통계시스템. http://info.nec.go.kr, 접근일 2016년 12월 8일; 위키백과(2016). "대한민국 제6대 국회의원 선거." http://ko.wikipedia.org, 접근일 2016년 12월 8일.

표 11.2 권위주의 반공개발국가 시기의 대통령선거 결과

	후보	정당	득표수	득표율(%)	주 득표지역
제5대 1963.10.15	박정희	민주공화당	4,702,640	46.6	남부지역
	윤보선	민정당	4,545,614	45.1	북부지역
제6대 1967.5.	박정희	민주공화당	5,688,666	51.4	동부지역
	윤보선	신민당	4,526,541	40.9	서부지역
제7대 1971.4.27	박정희	민주공화당	6,342,828	53.2	동부지역
	김대중	신민당	5,395,900	45.2	서부지역
제8대 1972.12.23	박정희	민주공화당	2,357	100.0	간선
제9대 1978.7.6	박정희	민주공화당	2,577	100.0	간선
제10대 1979.12.6	최규하	무소속	2,465	100.0	간선

출처: 중앙선거관리위원회(2016). 선거통계시스템. http://info.nec.go.kr, 접근일 2016년 12월 7일; 위키백과(2016). "대한민국 제5~10대 대통령 선거." http://ko.wikipedia.org, 접근일 2016년 12월 7일.

절차적 민주주의는 제한적이지만 지켜졌다.[46] 그렇다고 선거가 공정하게 치러졌다는 것은 아니다. 민정이양에 앞서 군사정권은 공화당이 안정적 다수를 확보하기 위해 선거제도를 소선거구 단순다수대표제에 비례대표제를 가미하는 방식으로 변경했다.[47] 야당이 분열한 상황에서 단순다수대표제는 공화당에 유리한 선거제도였고, 비례대표제는 공화당의 의석수를 배가하는 전략이었다. 야당의 분열과 공화당에 유리한 선거제도를 통해 공화당은 33.5%의 득표율에도 불구하고 의석의 과반을 훨씬 넘는 110석을 확보할 수 있었다.

농민과 노동자로 대표되는 시민사회가 미군정기, 한국전쟁, 이승만 권위주의 체제를 거치면서 궤멸되고 체제내화된 상황에서 박정희 정권에 대항할 수 있는 정치세력은 거의 없었다. 이승만 독재에 대항했던 보수야당도 장면 정권 시기를 거치면서 분열했기 때문에 박정희 정권에 대항할 여력이 없었다. 박정희는 대

....

46   정관용. "1960, 70년대의 정치구조와 유신체제."
47   김일영. "1960년대 정치지형 변화." pp.300-301.

표 11.3 권위주의 반공개발국가 시기의 정당별 의석수와 득표율

	제1당			제2당			제3당			기타 정당(무소속)		
	지역	비례	계	지역	비례	계	지역	비례	계	지역	비례	계
제6대 1963. 11.26	민주공화당 (33.5%)			민정당 (20.1%)			민주당 (13.5%)			자유민주당, 국민의 당		
	88	22	110	26	14	40	9	5	14	8	3	11
제7대 1967. 6.8	민주공화당 (50.6%)			신민당 (민정+민주+국민) (32.7%)			대중당 (2.3%)			-		
	102	27	129	28	17	45	1	0	1	–	–	–
제8대 1971. 5.25	민주공화당 (48.8%)			신민당 (44.4%)			국민당 (4.1%)			민중당 (1.4%)		
	86	27	113	65	24	89	1	0	1	1	0	1
제9대 1973. 2.27	민주공화당 (38.7%)			신민당 (32.5%)			민주통일당(10.1%) 무소속			유신정우회		
	73	–	73	52	–	52	2·19	–	2·19	–	73	73
제10대 1978. 12.12	민주공화당 (31.7%)			신민당 (32.8%)			민주통일당(7.4%) 무소속(28.1%)			유신정우회		
	68	–	68	61	–	61	3, 22	–	3, 22	–	77	77

출처: 중앙선거관리위원회(2016). 선거통계시스템. http://info.nec.go.kr/, 접근일 2016년 12월 7일; 위키백과(2016). "대한민국 제6~10대 국회의원 선거." http://ko.wikipedia.org/, 접근일 2016년 12월 7일.

통령선거와 국회의원선거를 치르면서 취약했던 정권의 정치적 정당성을 확보했다. 더욱이 경제개발계획의 성과가 나타나기 시작하면서 박정희 정권의 정당성은 더욱 강화되어갔다. 박정희 정권에 대항하는 반체제운동이 재개된 것은 1964년부터 학생을 중심으로 시작된 한일협정 반대운동이었다.[48] 1964년 3월 8만여 명의 학생들이 항의시위를 벌였고, 6월에 들어서면서 한일회담 반대시위는 박정희 정권의 퇴진을 요구하는 시위로 확산되었다.[49] 학생들은 박정희 정권의 퇴진과 함께 빈곤 해소라는 민생문제를 제기했고 독점자본을 비판했다.[50] 1960년대 중반

....

48   김태일(1985). "권위주의체제의 등장 원인에 관한 사례연구." 최장집 편. 『한국자본주의와 국가』. pp.27-90. 서울: 한울. p.64.
49   정관용. "1960, 70년대의 정치구조와 유신체제." pp.107-109.
50   김동춘. "1960, 70년대의 사회운동." pp.280-281.

일본 다큐멘터리 사진작가인 구와바라 시세이의 사진. 한일협정에 반대하는 대학생들의 모습이 무겁고 비장해 보인다(사진출처: 구와바라 시세이. (2012). 『다큐멘터리 사진가』. 서울: 눈빛).

학생운동은 이미 반정부 요구를 넘어 반체제운동으로 진화하고 있었고, 학생과 민중 간의 연대의 싹 또한 자라고 있었다.

박정희 정권은 연인원 350만 명이 참여한 한일회담 반대운동을 계엄령(1964년 6월 3일)과 위수령(1965년 8월 26일)으로 틀어막았다.[51] 4·19혁명 이래 가장 큰 학생운동이었지만 다수의 학생들이 박정희 정권의 반공개발주의 논리에 동의하고 있었기 때문에 시위는 더 이상 확대되지 못했다.[52] 한일협정 이후에 치러진 제7대 총선에서 민주공화당은 득표율 50.6%로 129석을 얻어 단일야당으로 통합한 신민당을 압도했다. 서울과 부산을 제외한 모든 지역에서 공화당이 신민당을 압도했다. 하지만 제7대 총선은 대통령을 비롯한 국무위원들이 선거에 개입하고 선심성 공약을 남발하는 등 역대 선거 중 가장 타락한 선거로 금권과 관권이 동

....

51   정관용. "1960, 70년대의 정치구조와 유신체제." p.108.
52   김동춘. "1960, 70년대의 사회운동." p.282.

원된 부정선거였다.[53] 1967년 7월 5일에 실시된 제6대 대통령선거에서 박정희는 제5대 대선과 달리 윤보선을 100만 표 이상 차이로 누르고 압승했다. 야당은 박정희 정권이 부패했다고 비판하는 것 이외에 대안을 내놓지 못했다. 경제성장이 한일협정을 포함한 모든 이슈를 압도했다. 더불어 제6대 대통령선거는 뿌리 깊은 영남과 호남 간 지역 갈등의 싹이 만들어지기 시작한 선거이기도 했다. 1960년대 야당의 분열로 잠시 흐트러진 보수양당체제도 제7대 총선을 거치면서 재구축되었고, 진보정당이 제도권으로 진입할 가능성은 더욱 낮아졌다. 사실 보수양당체제가 재구축되었다기보다는 공화당의 압도적 힘의 우위를 전제로 보수야당이 체제 내 반대세력으로 존재하는 소위 1.5정당 체제가 구축되었다. 대통령 선거에 승리한 박정희 정권은 1967년 7월의 동백림 사건, 서울대 민족주의비교연구회 사건, 1968년 4월의 서울사대 독서회 사건, 8월의 통일혁명당 사건 등 일련의 용공조작 사건을 통해 반공안보이데올로기를 강화하고 반체제세력을 탄압했다.[54]

하지만 1960년대 말 경제위기와 함께 나타나기 시작한 불평등과 같은 사회 문제는 박정희 권위주의 정권이 경제성장만으로는 정치적 정당성을 확보할 수 없다는 사실을 확인시켜주었다. 1971년 4월 27일과 5월 25일 실시된 제7대 대통령선거와 제8대 총선의 결과는 이러한 민심이 반영된 것이다. 더욱이 1971년 대선은 3선개헌을 통해 영구집권을 기도하는 박정희 정권의 의도가 가시화된 선거였다. 이를 반영하듯 제8대 국회의원선거 결과는 야당인 신민당의 의석수가 44석 증가한 데 반해 공화당의 의석수는 16석이나 감소했다. 두 당 간의 득표율 차이도 1967년 선거에서는 17.9%포인트였지만 1971년 선거에서는 4.4%포인트로 좁혀졌다. 대통령선거에서도 박정희는 고전했다. 정치 신인에 가까웠던 김대중은 무서운 기세로 박정희를 추격했다. 김대중은 이전의 야당 후보들과 달리 '대중경제'라는 자신만의 정책비전을 제시해 큰 반향을 일으켰다.[55] 김

....

53   서중석. 『대한민국 선거이야기』. p.150.
54   정관용. "1960, 70년대의 정치구조와 유신체제." p.108.
55   서중석. 『대한민국 선거이야기』. pp.158-167.

대중은 도농 간, 대기업과 중소기업 간의 격차 등 사회적 불평등을 해소하겠다는 공약을 내걸었고 부정부패를 일소하고 세금을 내리겠다는 공약도 했다. 3선 개헌 폐지와 남북교류 정책을 제안하고 향토예비군 폐지 등도 공약했다. 보수 야당이 박정희 체제의 대안세력으로 등장한 것이다. 결과는 관권선거와 의도된 지역 갈등이 고조되면서 영남 지역에서 몰표를 얻은 박정희가 승리했다. 그러나 1971년 대선을 통해 야당이 강력한 대안으로 부상했기 때문에 박정희 정권의 승리는 불안정했다. 더욱이 1970년대 초에 진행된 미중 간의 화해무드는 박정희 정권의 심각한 불안 요인으로 등장했다. 아직 체제를 위협할 정도는 아니었지만 민중세력은 성장하고 있었고, 야당은 대안세력으로 부상했으며, 박정희 체제를 지탱했던 냉전체제의 균열이 나타나고 있었다. 형식적이나마 민주적 선거가 지속되는 한 박정희 정권이 지속되기는 어려워 보였다. 유신은 이러한 정치사회적 조건에서 만들어졌다.

3) 권위주의 지배체제의 구축과 몰락

유신체제는 1971년 12월 비상사태 선포를 시작으로 1972년 10월 17일 비상계엄을 선포해서 국회를 해산하고 정당활동과 정치활동을 금지하고 새 헌법을 공포하면서 구체화되었다.[56] 하지만 역설적이게도 박정희 정권이 비상사태와 계엄이라는 강력한 억압기구를 동원해 수립한 유신체제는 박정희 정권의 '강함'이 아니라 '약함'의 징표였다. 유신은 권위주의 정권과 재벌 간의 위계적 연대에 기초한 지배연합이 선거라는 민주주의의 형식이 지켜지는 한 더 이상 유지될 수 없었기 때문에 탄생한 것이었다. 유신의 성립은 곧 박정희 권위주의 체제의 정당성을 스스로 부정하는 신호와 같은 것이었다. 하지만 왜 유신이라는 권위주의 체제가 성립되었는지 그 이유를 둘러싼 논의는 분분하다. 라틴아메리카의 권위주의 체제를 설명하는 오도넬(O'Donnell)의 관료적 권위주의라는 개념으로 유신체제의 성립을 설명하기도 한다. 관료적 권위주의 체제는 관료주의와 권위주의가 합

....

56   정관용. "1960, 70년대의 정치구조와 유신체제." p.118.

성된 개념으로, 아르헨티나와 브라질의 사례에 기초해 권위주의 체제의 성립을 설명한다.

오도넬의 설명에 따르면, 1930년대 대공황에 대한 대응으로 아르헨티나와 브라질에서는 국내자본과 민중세력이 결합해 수입대체산업에 기초한 최종소비재 중심의 외연적 산업화를 추진했다. 이러한 산업화는 도시 노동자들에게 경제적 혜택을 주었으며, 일자리를 창출해 국내 시장과 소비를 확대하고 노동조합을 활성화시켰다.[57] 하지만 협소한 국내시장과 소비재 중심의 수입대체산업에 기초한 민중주의적 경제성장은 중간재와 자본재의 수입 증가 등과 같은 수입 집약적인 형태로 나타났다. 세계 경제위기가 발생하자 지배엘리트는 더 이상 민중주의에 근거한 수입대체산업화를 지속할 수 없었고 이를 해결하기 위해 관료적 권위주의를 성립시켰다는 것이다. 지배엘리트는 자본재와 중간재의 국내 생산과 산업구조를 심화시키기 위해서 국내 산업을 수직적으로 통합해야 했고, 이를 위해서는 외국자본, 전문경영능력, 고급기술의 도입이 필수적이었다. 그러나 민중정치가 활성화된 상황에서 외국자본의 이윤을 보장할 수 없었고 외국자본과 기술 도입도 불가능했다. 지배엘리트가 이러한 문제를 해결하기 위해 선택한 것이 외국기업의 이윤 실현에 장애가 되는 활성화된 민중정치를 탈정치화하는 것이었다.[58] 이러한 과정에서 관료(민간과 군부), 국내자본, 해외자본 간의 권위주의 체제 수립을 위한 쿠데타 동맹이 결성되면서 억압적인 관료적 권위주의 체제가 성립되었다는 것이다.

하지만 오도넬의 관료적 권위주의라는 개념으로 유신체제의 성립을 설명하는 것은 적절하지 않다. 먼저 라틴아메리카의 관료적 권위주의 체제 성립의 중요한 계기가 되는 민중주의는 1960년대 한국에서는 실현된 적이 없다. 군사쿠데타 이후에 잠시 동안 군사정권이 부분적으로 민중주의적 지향을 보였지만, 선거를 통해 형식적 합법성을 확보하자 민중주의적 지향은 사라졌다. 더욱이 박정희 체

....

57 O'Donnell, G.(1984[1973]). "근대화와 관료적 권위주의." 『제3세계 정치체제와 관료적 권위주의』. 한상진 편역. pp.41-80. 서울: 한울. pp.42-47.

58 김태일. "권위주의체제의 등장 원인에 관한 사례연구." pp.31-34.

10월 유신의 정당성을 홍보하기 위한 선전물. "10월 유신, 100억 불 수출, 1000불 소득"(출처: 서울시립대학교 박물관).

제는 노동을 탈정치화하려고 시도했지, 노동을 체제 유지를 위한 연대세력으로 상정하지 않았다. 농민도 마찬가지이다. 농민은 박정희 정권의 중요한 지지기반 이었지만 새마을운동에서 나타나듯이 국가에 종속된 동원의 대상이었지 연대의 대상은 아니었다. 또한 1960년대와 1970년대 초 민중의 정치세력화 수준 또한 박정희 정권을 위협할 정도로 성장하지 못했다. 미군정기와 한국전쟁을 거치면서 궤멸적 타격을 입었던 농민과 노동자 등 민중계급은 1960년대를 거치면서 자신의 정체성을 다시 형성하기 시작하는 단계였지, 남미와 같이 정치적으로 활성화되어 있지 않았다.

〈그림 11.2〉에서 보는 것처럼 노동계급은 성장하고 있었지만, 전체적으로 보면 아직 양적인 측면에서도 민중 부문의 중심세력으로 등장하지 못했다. 취업자 중 노동계급의 비중은 1960년 6.6%에서 1970년 16.9%로 성장했지만 한국 사회의 다수는 여전히 농민이었다. 박정희 권위주의 체제가 종식된 1980년에도 전체

취업자 중 노동계급의 비중은 22.6%에 그쳤다. 질적인 측면에서도 크게 다르지 않았다. 노동계급의 권력자원을 대표하는 노조조직률은 〈그림 11.3〉에서 보는 것처럼 유신체제가 성립한 1972년 기준으로 12.9%에 불과했다. 노동운동이 정치세력화되었던 20세기 초 서구의 노조조직률이 30~40%대 수준이었다는 점과 비교하면 낮은 수준이었다.[59] 더욱이 해방 이후에 지속된 인구 유입과 급격한 인구 증가는 일자리를 부족하게 만들었고, 일자리를 갖고 있다는 것만으로도 행운이었다. 이런 상황은 "노동취업자로 하여금 사실상 무산자이면서도 소시민적 보수성을" 지니게 했다.[60]

지배연합의 성격에서도 한국의 권위주의 체제와 라틴아메리카의 관료적 권위주의 체제는 달랐다. 라틴아메리카의 경우에 권위주의 정권, 국내자본, 외국자본의 3자연합 성격이 강했지만, 한국의 경우는 권위주의 정권의 우위를 전제로 국내자본이 종속적으로 결합된 상태였고 외국자본의 직접적 영향력은 두드러지지 않았다. 라틴아메리카의 경우 외국자본의 대부분이 다국적 기업에 의한 직접투자였던 것에 반해 한국의 경우 다국적 기업에 의한 직접투자는 2~5% 수준에 그쳤다.[61] 경제상황도 동일하지 않았다. 1969년 13.8%에 달했던 실질 GDP 성장률은 1970년 8.8%, 1971년 8.2%로 낮아졌고 1972년 유신체제 수립 당시에는 4.5%까지 낮아졌다.[62] 1972년 외채는 총생산의 26.5%에 이르렀고, 심각한 인플레이션과 기업들의 휴업과 도산, 실업자 증가 등으로 민생고는 심각했다.[63] 이처럼 1960년대 말과 1970년대 초 한국 경제가 위기에 직면한 것은 사실이지만 남미와 달리 유신체가 성립했던 시기에도 한국 경제는 여전히 성장하고 있었다.

....

59   Korpi, W.(1983). *The Democratic Class Struggle*. London: Routledge and Kegan Paul. p.31, 35.
60   박현채(1980). "해방후 한국 노동쟁의의 원인과 대책." 김윤환·조용범 외 저. 『한국 노동문제의 구조』. pp.222-286. 서울: 광민사. pp.235-236.
61   고성국(1985). "1970년대의 정치변동에 관한 연구." 최장집 편. 『한국자본주의와 국가』. pp.91-169. 서울: 한울. p.127.
62   한국경제 60년사 편찬위원회. 『한국경제 60년사』. p.198.
63   이종석. "유신체제의 형성과 분단구조." p.255.

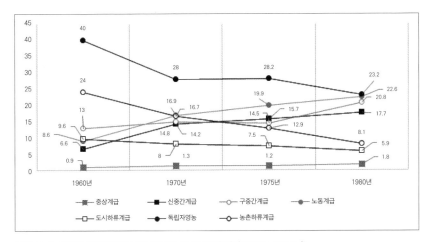

그림 11.2 권위주의 반공개발국가 시기의 계급구조의 변화(1960~1980년)
출처: 홍두승(1983). "직업분석을 통한 계층연구: 한국표준직업분류를 중심으로." 『사회과학과 정책연구』 5(3): 69-87. p.82.

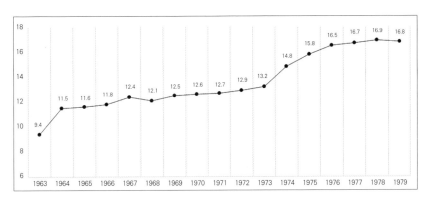

그림 11.3 권위주의 반공개발국가 시기 노동조합 조직률의 추이(1963~1979년, %)
출처: 김유선(2008). 『한국의 노동조합 조직연구: 조합원수(조직률) 분석을 중심으로』. 서울: 한국노동연구원. p.46.

　　유신체제의 성립은 경제위기보다는 1960년대 말과 1970년대 초의 북한의
대남 도발과 냉전체제의 이완으로 대표되는 체제 위기가 더 결정적인 영향을
미쳤던 것으로 보인다. 1968년 1월 21일의 북한 특공대의 청와대 습격 사건(일
명 김신조 사건), 1월 23일의 미해군 정보함 푸에블로호 나포 사건, 1969년 4월
15일의 미군 정보기 EC-121기 격추 사건 등 심각한 긴장관계가 한반도에 조성
되고 있었다. 하지만 미국은 북한의 일련의 행동에 대해 강력하게 대응하지 않

았다.[64] 냉전 구도는 급속히 이완되기 시작했고 미국은 주한미군을 철수하겠다고 통보했다. 실제로 1971년 7사단 2만 명이 철수했다.[65] 상상해보라. '혈맹'이라고 믿었던 미국의 대통령 닉슨이 북한을 돕기 위해 한국전쟁에 참여했던 적대국 중국을 1972년 2월에 전격적으로 방문한 것이었다. 더욱이 베트남 전쟁에서의 미군의 갑작스런 후퇴(a precipitate withdrawal)는 동아시아 지역 전체에서 미국이 철수할 것이라는 분명한 징후(a sure sign)로 간주되었다.[66] 더욱이 북한은 1953년 7월 27일 유엔연합군, 북한군, 중국군 총사령관 간에 맺어진 정전협정 이후 지속적으로 미군철수를 요구했다.[67] 1972년 1월 김일성이 정전협정을 대체하는 평화협정을 제기한 것도 궁극적으로는 한반도에서 미군의 완전한 철수를 위한 전략이었다. 북한의 위협이 상존하고 있던 상황에서 박정희 정권에게 미군철수는 거대한 위협이었을 것이다.

이러한 국제질서의 변화는 당시 동아시아 지역에서 일련의 권위주의'화(化)' 현상으로 나타났다. 1970년 3월 캄보디아에서 친미 쿠데타가 발생했고, 1971년 11월 태국의 군사정권은 헌법을 폐지하고 계엄령을 선포했으며, 남베트남에서는 티우(Thieu) 정권의 사회통제가 강화되었다.[68] 1971년에 인도네시아에서는 1965년 쿠데타로 집권한 수카르노(Sukarno) 군사정권이 강화되었고, 필리핀에서는 1972년 9월 마르코스(Marcos) 정권이 계엄령을 선포함으로써 동아시아에서 가장 민주적이었던 필리핀에도 권위주의 체제가 들어섰다. 유신체제는 1960년대 말과 1970년대 초에 발생한 동아시아 지역의 국제질서 변화에 대한 대응이었다. 물론 박정희 유신체제가 전적으로 이러한 국제질서의 변화에

....

64 배긍찬(1999). "1970년대 전반기의 국제환경 변화와 남북관계." 한국정신문화연구원 편. 『1970년대 전반기의 정치사회변동』. pp.11-66. 서울: 백산서당. p.19.
65 정관용. "1960, 70년대의 정치구조와 유신체제." p.110.
66 Bundy, W.(1971). "New Tides in Southeast Asia." *Foreign Affairs* 49(2): 187-200. p.199.
67 구갑우(2016). "탈식민 · 탈패권 · 탈분단의 한반도 평화체제." 이병천 · 윤홍식 · 구갑우 편. 『안보개발국가를 넘어 평화복지국가로: 독일의 경험과 한국의 과제』. pp.144-210. 서울: 사회평론아카데미. pp.144-6.
68 배긍찬. "1970년대 전반기의 국제환경 변화와 남북관계." pp.16-17.

의해 성립되었다고 할 수는 없다. 하지만 분명한 것은 이 지역의 권위주의 체제의 강화가 변화된 일련의 국제질서의 연속선상에 위치해 있었던 것은 분명해 보인다.

1970년대에 이렇게 성립된 유신체제하에서 보수양당으로 대표되는 제도정치권은 시민사회를 대표하지 못했다.[69] 국회의원의 3분의 1을 대통령이 임명하는 비민주적인 선거체제하에서 여당인 공화당조차도 대의제 정당으로 기능할 수없었다. 보수야당은 박정희 정권을 비판했지만 지배체제나 분단체제가 야기하는 한국 사회의 근본문제에 대해서는 침묵했다. 권위주의 체제가 거의 완벽하게 장악한 강력한 행정부로 권력이 집중되어 있었기 때문에 의회가 정부를 통제할 가능성은 거의 없었다.[70] 반체제운동은 진보적 학생, 지식인, 재야, 종교인에 의해 주도되었다. 전통적 계급에 근거한 권력자원이 아닌 탈계급적 성격이 강한 일련의 집단이 권위주의 체제에 대항하는 새로운 권력자원으로 등장했고, 이러한 새로운 권력자원의 등장은 권위주의 정권과 보수야당만으로 구성되어 있던 권력관계를 권위주의 정권, 보수야당, 학생 및 재야세력이라는 구도로 재편했다. 주목해야 할 점은 1970년 전태일 열사의 분신을 계기로 학생과 재야세력은 노동자와 농민 등 기층계급과 연대하기 시작했다는 것이다.

사실 1970년대 후반까지도 노동자와 농민은 아직 독자적으로 자신의 이해를 대변하는 집단으로 성장하지 못했다. 1970년대 말에 있었던 함평 고구마 수매 사건과 YH노동조합의 파업으로 대표되는 노동자들의 투쟁이 있었지만 이들의 요구는 대부분 경제적 요구를 넘어서지 못했다. 노동계급은 국가적 차원에서 경제성장에 대한 공정한 분배를 요구하기보다는 단위사업장에서 노동조건의 개선과 임금인상을 요구하는 경제투쟁을 넘어서지 못했다. 노동쟁의를 유신체제 이전, 유신 전기, 유신 후기로 나누어 분석한 연구에 따르면, 이 시기 노동쟁의의 발생 원인의 대부분은 임금인상을 포함한 노동조건의 개선과 단위사업장별

....

69　김동춘. "1960, 70년대의 사회운동." pp.266-267.
70　김태일(1985). "권위주의체제의 등장 원인에 관한 사례연구." 최장집 편. 『한국자본주의와 국가』. pp.27-90. 서울: 한울. p.60.

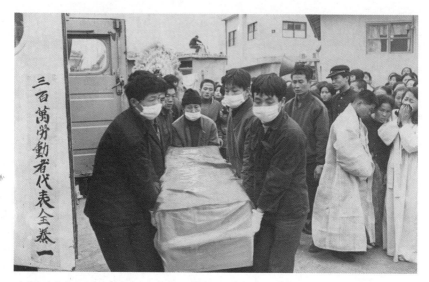

전태일 열사의 장례식에서 오열하는 사람들의 모습이 지금도 어지러운 시대를 살아가는 지식인의 마음을 무겁게 한다. 전태일 열사로 인해 한국 노동계급과 양심적 지식인은 수십 년의 잠에서 깨어날 수 있었다. (사진출처: 경향신문).[71]

노조 결정문제에 집중되어 있었다.[72] 정치적 문제로 노동쟁의가 발생한 경우는 1970~1979년까지 전체 노동쟁의의 3.1%에 불과했고, 그것도 유신 후기에 집중되어 있었다. 하지만 생존권을 보장받기 위한 YH노동조합의 파업을 계기로 보수야당인 신민당은 강력한 반체제세력이 되었고[73] 보수야당과 학생 및 재야세력이 연대해 반유신체제운동을 전개하는 전기가 되었다. 〈표 11.3〉에서 보았던 것과 같이 비민주적인 선거제도하에서 실시된 1978년 12월 12일의 제10대 총선에서 신민당이 집권여당인 공화당보다 더 많은 득표율을 기록한 것도 유신체제의 불안정성을 증폭시켰다. 결국 1970년대 말의 부마항쟁과 같은 반체제 대중운동은 유신체제가 무너지는 결정적 계기가 되었다.

큰 틀에서 보면 유신체제의 붕괴는 1960~1970년대를 거치면서 성장한 반

....

71 http://m.hani.co.kr/interactive/bangla/
72 박준식. "한국에 있어서 노동조합과 정부의 관계." p.337.
73 고성국. "1970년대의 정치변동에 관한 연구." p.162.

계엄령을 선포하고 고려대학교에 진주한 군인들의 모습. 대학생은 박정희 독재체제에 저항하는 가장 강력한 세력이었다(사진출처: 경향신문).

1979년 8월 가발수출업체인 YH 무역의 회사 폐업 조치에 맞서 당시 야당이었던 신민당사에서 농성 중이었던 여성 노동자들을 폭력적으로 해산시키는 경찰들의 모습. 경찰의 강제해산 과정에서 김경숙씨가 추락사하는 참극이 벌어졌던 YH 사건은 이후 박정희 독재에 대항하는 민주화 운동의 도화선이 되었다(사진출처: 경향신문).

체제운동의 가시적 성과였다고 할 수도 있다. 하지만 문제는 민주주의와 자유라는 이념만으로 박정희 정권의 반공개발주의를 비판하는 것은 한계가 있다. 한 조사에 따르면, 당시 대학생의 72%가 "다소 개인의 자유를 억압하더라도 철저한 경제계획의 강화를 통해 발전해야 한다."는 데 동의할 정도로 개발주의의 이념적 헤게모니는 확고했다.[74] 더욱이 한반도에 적대적 분단이라는 장벽이 존재하는 한 반공주의와 개발주의의 대안을 찾는 것은 매우 어려운 과제였다.

제4절 반공개발국가의 경제적 특성: 이중구조 형성의 기원

권위주의 반공개발국가 시기에 이루어진 경제성장은 놀라웠다. 1961년부터 1979년까지 연평균 실질 GDP 성장률은 〈그림 11.4〉에서 보는 것처럼 8.4%였다. 더욱 놀라운 일은 1970년대부터 전후 자본주의 황금시대가 종말을 고해가고 있었음에도 불구하고 권위주의 반공개발국가는 놀라운 경제적 성과를 이루었다는 점이다. 1973년에 유가 상승으로 촉발된 1차 경제위기가 발생했음에도 연평균 성장률은 12.0%를 기록했고, 1974년과 1975년에도 성장률은 낮아졌지만 각각 7.2%, 5.9%를 기록했다. 1970년대 후반에 다시 닥친 경제위기에도 한국의 반공개발국가는 여전히 높은 성장률을 구가했다. 경제성장이 중요한 이유는 단순히 물질적 부의 풍요함을 넘어 그 사회의 계급구조를 변화시켜 복지정치를 변화시키는 근본적 토대가 되기 때문이다. 산업화 없이 노동계급의 성장이 있을 수 없고, 노동계급의 성장 없이 연금, 건강보험 등 사회보험의 형성과 확대 또한 불가능하기 때문이다. 이러한 인식에 기초해 여기서는 경제적인 측면에서 1960~1970년대 반공개발국가가 형성된 내외 조건과 그 특성을 검토했다. 마지막으로는 산업구조의 변화를 중심으로 1960~1970년대 한국 경제구조의 특성을 정리했다.

....

74   『고대문화』 7(1966); 김동춘. "1960, 70년대의 사회운동." p.282에서 재인용.

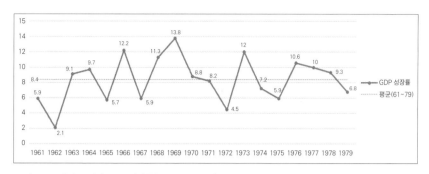

그림 11.4 연평균 실질 GDP 성장률(1961~1979년)
출처: 한국경제 60년사 편찬위원회. 『한국경제 60년사』. p.198.

1. 권위주의 반공개발국가 형성의 내외 조건[75]

한국에서 반공주의와 개발국가가 결합된 반공개발국가의 형성은 내외 요인들의 복합적이고 중층적인 상호작용의 결과이다. 먼저 내적 요인을 보자. 미군정 이후부터 이승만 독재정권까지 지속되어온 반공주의는 1961년 5월 군사쿠데타를 통해 집권한 박정희 정권에 이르러 권위주의 개발국가와 결합된다. 사실 개발국가 자체만 놓고 본다면 1955년 2월 17일 기획처를 개편해 산업경제발전에 관한 전반적인 계획과 실시를 관리·조정했던 부흥부(復興部)의 신설에서 그 기원을 찾을 수도 있다. 5·16군사쿠데타 직후 '국가재건최고회의'에서 발표한 '제1차 경제개발 5개년 계획'도 장면 정부의 경제개발계획(경제개발 5개년 계획)을 토대로 작성된 것이었다.[76] 물론 '제1차 경제개발 5개년 계획'의 원안은 미국과의 조율 과정에서 수정되었지만, 개발국가 차원에서 보면 박정희 권위주의 정권의 경제개발은 장면의 제2공화국에 그 기원을 두고 있다. 하지만 박정희 군사독재 정권이 추진한 개발국가는 장면 정권의 개발국가와는 근본적인 차이가 있었다. 바로 개발국가와 반공주의가 권위주의적 방식으로 결합되었다는 점이다. 이러한

....

75   "1. 권위주의 반공개발국가 형성의 내외 조건"과 "2. 권위주의 반공개발국가의 특성"은 다음 글을 수정해 정리한 것이다. 윤홍식. "반공개발국가를 넘어 평화복지국가로."

76   김기승. "민주당 정권의 경제정책에 관한 연구." pp.192-193.

이유로 한석정은 박정희 정권의 경제개발계획의 기원이 1930년대 만주국의 경제개발계획에 있다고 주장한다. 실제로 군사정부가 추진한 '제1차 경제개발 5개년 계획(1962~1966년)'을 기념하는 "굴착기를 멘 남성노동자, 석탄을 실어 나르는 탄차, 숫자 5"가 인쇄된 우표는 1930년대 만주국의 경제개발계획의 이미지를 빌려온 것이었다.[77]

장면 정권의 '경제개발 5개년 계획(계획)'과 박정희 군사정권의 '제1차 경제개발 5개년 계획(제1차 계획)'의 차이는 계획의 전제에서도 드러난다. '계획'은 통일과 단일민족경제를 전제하고 냉전으로 인해 부득이하게 남한만의 독자적인 경제개발을 추진할 수밖에 없다고 전제했다. 반면 '제1차 계획'은 북한과 소련이 남한을 적화시키기 위해 광분하고 있다는 군사적 위협을 강조했다. 즉, 남한을 지키기 위해 자립경제와 국방력을 강화할 필요가 있고 이를 위해 미국의 원조 확대가 필요하다는 점을 강조했다.[78] 이는 군사정권이 추진하는 경제개발의 목적이 북한 '사회주의' 체제와의 경쟁에서 승리하기 위한 프로젝트라는

만주국의 경제개발계획을 차용한 박정희 정권의 제1차 경제개발 5개년 계획의 포스터
(출처: www.bebranch.com).

....
77   한석정. 『만주모던: 60년대 한국 개발체제의 기원』. p.235.
78   김기승. "민주당 정권의 경제정책에 관한 연구." pp.200-201.

것을 의미한다. 실제로 박정희 독재정권이 1970년대 중반 중화학공업으로 경제개발의 방향을 전환한 가장 중요한 이유 중 하나도 미중수교로 대표되는 냉전질서의 이완에 따른 미국의 군사원조 감소에 대한 대응이었다. 한국에서 권위주의 반공개발국가는 선진국을 따라잡기 위한 후후발국가의 개발프로젝트인 동시에 한반도 분단이라는 특수한 조건에서의 남북 간의 체제경쟁의 산물이었다. 집권기간 내내 박정희 권위주의 정권의 가장 중요한 목표는 북한과의 체제경쟁에서 승리하는 것이었다.

또 하나의 내적 요인은 앞서 언급했듯이 근대화를 위한 한국인의 열망이었다. 일제의 수탈로부터 벗어나면 모두가 잘사는 세상이 올 것 같았지만 1945년 해방과 한국전쟁을 거치면서 한국은 세계에서 가장 가난한 국가가 되었다. 일제의 직접적인 수탈이 사라졌음에도 '봄'은 오지 않았다. 조선경제통신사의 자료에 따르면, 해방 직후인 1946년의 공업생산액은 일제강점기였던 1939년의 25% 수준에 불과했다. 더욱이 한국전쟁은 한국의 공업생산력을 전쟁 전의 3분의 1 수준으로 격감시켰다.[79] 1957년 당시는 농사를 짓는 농민들조차도 하루 세 끼를 해결하지 못하는 비율이 50%를 넘는 상황이었다.[80] 이승만 권위주의 정권하에서 교육 기회의 확대와 농지개혁이 이루어졌지만 본격적인 산업화가 이루어지지는 못했다. 박명림은 이러한 1950년대에 이루어진 한국의 근대화를 "산업화 없는 근대화"라고 불렀다. 박정희는 이러한 조건하에서 반공과 경제개발을 명분으로 군사쿠데타를 일으켰다.[81] 제1차 경제개발계획(1962~1966년) 기간 동안 경제는 연평균 7.9% 성장했다. 근대화를 열망했던 한국 민중은 경제성장에 성공한 권위주의적 반공개발국가에 암묵적으로 동의를 했을 수도 있다.

"한국의 개발주의 성장체제는 재벌이 성장의 대표 주자가 되고 '병영적 노

....

79   최상오(2003). "이승만 정부의 수입대체공업화와 한미간 갈등." 『사회연구』 6: 129-162. p.132.
80   서중석. 『한국현대사』. p.138.
81   박명림(1996). "제2공화국 정치 균열의 구조와 변화." 백영철·최장집·이배봉 외. 『제2공화국과 한국민주주의』. 서울: 나남출판. p.237.

동통제'하에서 대중의 삶이 소수 재벌집단의 성장성과에 의존하는, 고생산성과 저임금이 결합된 '선성장 후분배' 체제였고 후분배의 약속을 담보로 노동대중이 현재의 희생을 감수하며 선성장 프로젝트에 동의하고 헌신한 체제인 것이다."[82]

개발국가의 대표적 이론가인 존슨도 개발국가가 추구하는 고도성장이라는 목표를 성공적으로 달성하기 위해서는 개발국가의 목표에 대한 광범위한 사회적 합의가 필요하다고 했다.[83] 다시 말해, 개발국가는 국가권력이 경제개발에 대한 민족적 요구에 응한 것이었다. 자본축적과 재분배를 통한 정당성 확보가 구분되었던 서구 복지국가와 달리 개발국가 시기 한국 자본주의는 산업화, 즉 (고용확대와 연계된) 자본축적 자체가 권위주의 개발국가가 정당성을 확보하는 기반이었

정부청사에서 개최된 제1차 경제개발 5개년 계획 중간보고회의 장면. 많은 사람들이 참석했지만 여성은 한 명도 보이지 않는다(출처: 행정자치부 국가기록원, 2011년 1월, 이달의 기록).

....

82   이병천. "개발독재의 정치경제학과 한국의 경험." p.48.

83   Johnson, C.(1994). "What is the Best System of National Economic Management for Korea?"
      Cho, L. and Kim, Y. eds. *Korea's Political Economy: An Institutional Perspective*. pp.63-87. San
      Francisco: Westview Press. p.43.

다. 이렇게 보면 박정희 독재정권의 반공개발국가는 개항 이래 근대화라는 민족적 염원을 수렴한 것이었다. 장하준은 한국의 개발국가가 한국 사회 전체의 이해를 대변했다고 주장한다.[84] 실제로 1960년 11월에 정무원 사무처에서 실시한 여론조사에 따르면, 국민의 70%가 한국 사회의 가장 긴급한 과제로 "경제문제"를 해결하는 것이라고 응답했다.[85] 이처럼 한국 민중은 민주주의의 유보에도 불구하고 국가안보와 경제성장을 위해 박정희의 권위주의 반공개발국가를 용인했을 수도 있다. 그러나 민중의 암묵적 동의 여부와 관계없이 박정희의 권위주의 반공개발국가는 탄생부터 매우 취약한 사회적 기반을 갖고 있었다. 민주주의를 억압하면서 수립된 박정희의 권위주의 반공개발국가에 대한 사회적 동의는 살얼음판과 같았다.

집권 이후 두 차례의 경제개발 5개년 계획(1962~1971년)을 실행하면서 박정희 정권은 연평균 8.7%라는 높은 성장을 달성했다.[86] 하지만 1961년부터 1979년까지 박정희 정권은 계엄령, 위수령, 긴급조치 등 반민주적인 억압조치 없이는 단 하루도 지속될 수 없었다.[87] 1969년 3선개헌 반대운동, 1970년 11월 13일 전태일 열사 분신 사건, 1971년 4월부터 시작된 교련철폐운동, 공정선거운동, 6월 국립의료원 의료 파동, 7월 28일 사법 파동, 8월 10일 광주대단지 사건, 9월 15일 한진상사 파월노동자들의 KAL빌딩 방화 사건 등 셀 수 없는 민중의 저항이 연이어 발생했다. 이에 대응해 박정희 정권은 10월 15일 위수령, 12월 6일 국가비상사태선언, 1972년 8월 8·3조치에 이어 마침내 1972년 10월 장기 독재를 위한 유신체제를 선포하기에 이른다. 만약 박정희 권위주의 반공개발국가에 대한 국민적 동의가 있었다면 그 동의와 헌신은 "강요된 동의와 헌신"이었을 것이다. 소위 '막걸리 보안법'이라고 일컬어질 정도로 사적인 대화까지 가로막고 처벌했던 박

....

84   장하준(2004[2002]). 『사다리 걷어차기』. 형성백 역. (*Kicking Away the Ladder*). 서울: 부키.
85   김기승. "민주당 정권의 경제정책에 관한 연구." p.142.
86   강광하(2000). 『경제개발5개년계획』. 서울: 서울대학교 출판부.
87   박정희 군사독재의 억압적 조치들에 대해서는 다음 글을 참고하라. 정관용. "1960, 70년대의 정치구조와 유신체제."

민주주의를 유린한 박정희의 3선개헌에 반대하는 시민들을 뒤쫓는 진압경찰의 모습. 수십 년간 우리는 이런 모습을 보고, 보고, 또 보아야 했다(출처: Open Archives).

정희 독재의 폭압으로 민중의 유일한 선택지는 민주주의와 인권의 희생 위에 올라선 권위주의 '반공개발국가' 이외에는 없었다. 강요된 동의와 헌신은 존슨이 이야기한 개발국가의 성공을 위한 '광범위한 사회적 합의'도,[88] 그람시가 이야기한 공통의지와 사회적 합의도 아니었다.[89]

외적으로 권위주의 반공개발국가의 탄생은 한국이 자본주의 세계체계에 편입되는 방식과 밀접한 관련이 있다. 물론 월러스틴의 주장처럼[90] 한국의 권위주의 반공개발국가가 전적으로 자본주의 세계체계의 필요에 조응하는 방식(promotion by invitation)으로 구성되었다고 할 수는 없다. 하지만 1945년 이후 국가 간 체제에 기초한 미국 패권의 자본주의 세계체계,[91] 미국과 소련의 대립으로 대

....

88 Johnson. "What is the Best System of National Economic Management for Korea?"
89 김수행·박승호(2007). 『박정희 체제의 성립과 전개 및 몰락: 국제적·국내적 계급관계의 관점』. 서울: 서울대학교출판부. p.33.
90 Wallerstein, I.(2005[2004]). 『월러스틴의 세계체제 분석』. 이광근 역. (*World-System Analysis: An Introduction*). 서울: 당대.
91 개별 국민국가의 주권은 제한적으로 인정되지만 핵심부 국가의 헤게모니가 반주변부와 주변부 국가

표되는 냉전체제, 일본을 중심으로 한 동아시아의 분업 구조, 자본주의 세계 경제의 확대 등을 고려하지 않고는 한국에서 반공을 명분으로 민주주의와 인권을 유린한 독재체제가 어떻게 개발국가와 성공적으로 결합되었는지를 설명하기 어렵다. 어쩌면 1960~1970년대 한국의 성공적 경제개발은 '지배가 아닌 개별 국가의 자본주의 발전을 위해 지원한다.'는 2차 세계대전 이후의 미국의 패권이 유지되었기 때문에 가능했을 수도 있다. 실제로 1980년대 들어서면서 미국의 패권이 위기에 처하자 한미 간에는 통상 마찰이 빈번하게 일어났다.

여하튼 1961년 군사쿠데타를 통해 집권한 박정희 정권이 직면한 현실은 1950년대와는 근본적으로 달랐다. 먼저 1960년대에 들어서면서 미국의 대한 원조는 무상에서 유상(차관)으로 변하기 시작했다.[92] 미국의 대한 무상원조는 1957년 3억 8,300만 달러로 정점에 이르렀다가 점차 감소해 박정희가 집권한 1961년부터는 차관이 무상원조를 대신하기 시작했다. 1960년만 해도 한국 정부의 세입 중 미국의 원조(대충자금)가 차지하는 비중이 35.2%나 되었다.[93] 〈그림 11.5〉에서 보는 것처럼 GDP 대비 외국 원조의 비중은 12.3%에 달했지만, 점점 감소해 1966년에 이르면 차관(공공+상업)이 무상원조보다 더 큰 비중을 차지했다(그림 11.6 참고).

미국의 대한정책의 이러한 변화는 크게 두 가지로 설명할 수 있는데, 하나는 제3세계에 대한 미국의 원조정책이 공산주의 세력에 대한 군사적 대응에서 경제 지원으로 전환했기 때문이다. 1950년대를 거치면서 소련은 제3세계에 대한 경제적 지원을 강화했다. 그러자 미국은 공산주의와의 체계경쟁 차원에서 제3세계 자본주의 신생국가들에 대한 지원을 군사원조에서 경제 지원으로 전환했다.[94] 1961년 미국의 케네디 정권이 발표한 '신대외원조법'은 이러한 정책 변화를 반

....

에 영향을 미치는 체제를 의미한다. 윤상우(2006). "한국 발전국가의 형성·변동과 세계체제적 조건." 『경제와 사회』 72: 69-94. p.72.

92　김수근(1988). "한국의 경제발전과 미국의 역할." 『한국과 미국』 2: 17-55. pp.20-21; 김창근(2007). "장하준 교수의 발전국가론에 대한 비판적 평가." 『마르크스주의 연구』 4(1): 402-425. p.414.

93　정일준(2013). "대만과 한국의 발전국가로의 전환 비교연구." 『사회와 역사』 100: 447-484. p.469.

94　정일준. "대만과 한국의 발전국가로의 전환 비교연구." p.459.

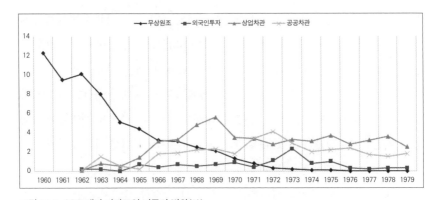

그림 11.5 GDP 대비 외자도입 비중의 변화(%)
출처: 한국경제 60년사 편찬위원회. 『한국경제 60년사 I: 경제일반』. p.80.

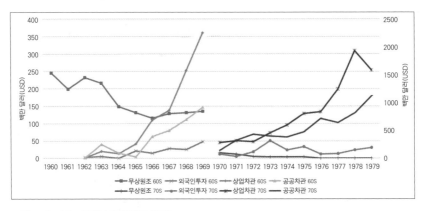

그림 11.6 외자도입액의 변화(백만 달러)
출처: 한국경제 60년사 편찬위원회, 『한국경제 60년사 I: 경제일반』. p.80.

영한 것이다.[95] 다른 하나는 쿠바 미사일 위기로 인해 미국의 대외정책의 관심이 동아시아에서 중남미로 이동했기 때문이다. 미국의 대외원조 중 동아시아가 차지하는 비중은 쿠바 미사일 위기 이전인 1950년대의 33.8%에서 위기 이후에는 21.8%로 급감했다. 반면 중남미의 비중은 동 기간 동안 7.3%에서 26.6%로 급증했다.

....

95 　윤상우. "한국 발전국가의 형성·변동과 세계체제적 조건."

둘째, 1960년대 당시 자본주의 세계 경제의 예외성이다. 한국이 권위주의적인 방식으로 반공주의를 개발국가와 결합시켜 고도성장을 시작했던 1960년대는 1940년대 후반부터 지속된 자본주의 세계 경제의 팽창이 지속되고 있던 시기였다. 이러한 조건하에서 미국으로 대표되는 선진산업국들은 관세 및 무역에 관한 일반협정(GATT) 체제하에서 한국과 같은 제3세계 국가들과의 비대칭적 무역관계를 용인했다.[96] 한국이 수출 지향적 성장정책을 추구하는 동시에 자국 내 산업에 대한 보호주의 정책을 실시하는 것을 용인했던 것이다. 더욱이 당시 수출 지향적 산업화정책을 추진한 제3세계 국가는 한국과 대만 정도를 제외하면 거의 없었다. 브라질, 멕시코 등 다른 제3세계 국가들은 20세기 초에 수출 지향적 정책을 추진하다가 1929년에 발생한 대공황으로 혹독한 대가를 지불했던 기억이 남아 있었기 때문이다.[97]

박정희 독재정권은 1973년 1월 30일에 '중화학공업정책 선언에 따른 공업구조개편론'을 확정하고 6월에는 '중화학공업육성계획'을 발표한다.[98] 권위주의적 반공개발국가가 1970년대에 들어서면서 경공업 중심의 산업화에서 중화학공업 중심으로 전환한 것도 1970년대에 나타난 미국 중심의 자본주의 세계체계의 변화와 밀접한 관련이 있다.[99] 가장 중요한 변화는 미국의 대 동아시아 정책의 변화이다. 베트남 전쟁의 패배를 계기로 미국은 대 아시아 안보정책의 기조를 적극적 개입에서 아시아 국가가 스스로 자신의 안보를 책임지는 방식으로 전환했

....

96   윤상우. "한국 발전국가의 형성·변동과 세계체제적 조건."
97   내수시장 중심의 발전 전략은 단기적으로 브라질 등에서 대성공을 거두었다. 1932년부터 1939년까지 브라질이 연평균 10% 이상의 놀라운 성공을 거두었던 것도 이들 국가들이 수출 지향적 산업화를 추구하지 않았던 이유로 보인다. 강동훈(2011). "발전국가론과 한국의 산업화."『마르크스 21』11: 134-173. pp.159-160. 또한 일부 연구자들은 1960년대의 이러한 특수한 상황을 고려해 당시 한국의 경제 발전을 "편승론과 무임승차론"이라고 평가절하하기도 하고, 당시의 국내외 조건에 대한 단순한 순응이었다고 평가하기도 한다. 김창근. "장하준 교수의 발전국가론에 대한 비판적 평가." p.414; 윤상우. "한국 발전국가의 형성·변동과 세계체제적 조건." p.81.
98   구현우(2009). "발전국가, 배태된 자율성, 그리고 제도론적 함의: 이승만 정부, 박정희 정부, 전두환 정부의 산업화 정책을 중심으로."『한국 사회와 행정연구』20(1): 145-178. p.161.
99   김창근. "장하준 교수의 발전국가론에 대한 비판적 평가."

중화학공업화의 상징인 포항종합제철공장(현 포스코)의 기공식에 참석한 박태준 사장, 박정희, 김학렬 경제기획원 장관. 1970년 4월 1일[출처: 김광모(2015). 『중화학공업에 박정희의 혼이 살아 있다』. 서울: 기파랑]

다.[100] 미국은 1971년에 한국에서 주한미군 제7사단을 철수시켰고 무상군사원조 또한 1975년을 마지막으로 중단될 것이라고 선언했다. 1977년에 출범한 미국의 지미 카터(Jimmy Carter) 정권은 주한미군의 단계적 철수를 한국 정부와 사전 논의 없이 일방적으로 발표했다. 이처럼 동아시아의 안보환경 변화는 권위주의적 반공개발국가가 경공업 중심의 산업정책을 중화학공업 중심으로 전환하는 중요한 계기를 제공했던 것이다.

하지만 안보환경의 변화로 인해 자주국방이 필요했다는 당위만으로 권위주의적 반공개발국가가 중화학공업 중심의 산업화를 추진했다고 볼 수는 없다. 1970년대에 들어서면서 자본주의 세계체계에서 미국의 패권의 기반이 되었던 국가 간 체제의 중요한 축들이 변화했기 때문이다. 1971년 닉슨의 금 태환 중지 선언은 브레튼우즈체제가 붕괴되었다는 것을 상징적으로 보여주었다.[101] 미국은

....

100   윤상우. "한국 발전국가의 형성·변동과 세계체제적 조건."
101   Schwartz. 『국가 대 시장: 지구 경제의 출현』.

재정과 무역적자의 감소를 위해 한국과 같은 개발도상국가로부터 수입되는 상품에 대해 수입 규제를 실시하기 시작했다. 실제로 한국은 1971년부터 한미직물협정에 의거해 미국에 대한 섬유 수출 쿼터를 적용받고 있었다. 1973년 12월부터는 미국, 유럽, 캐나다 등 선진국 시장에 대한 수출 물량을 제한하는 다자간섬유협정(Multi-Fiber Arrangement, MFA)을 받아들여야 했다.[102] 이러한 이유로 한국은 1970년대에 들어서면서 경공업 중심의 수출 전략만으로는 산업화의 진전을 이루기가 어려워졌다. 특히 일부 제3세계 국가들이 경공업화를 추진하자 경공업 중심의 수출 지향적 성장은 경쟁력을 잃게 되었다.[103] 한국은 이러한 상황에서 중화학공업 중심의 발전의 길을 가게 된다.[104] 동아시아 지역의 자본주의 질서의 재편을 통해 한국은 조립가공형, 공해다발형 중화학공업 중심의 수출 지향적 성장 전략을 지속할 수 있었던 것이다.[105] 오일쇼크 이후 중동 지역의 특수 또한 권위주의 반공개발국가의 경제성장이 지속될 수 있었던 이유 중 하나였다. 1979년을 기준으로 중동에 송출된 노동자가 국내로 송금한 외화는 GDP 대비 2.7%인 무려 11억 5천만 달러에 달했다. 미국이 1957년부터 1980년까지 24년 동안 한국에 공여했던 무상원조의 3분의 1이 넘는 규모였다. 중동 건설특수가 시작된 1975년 8억 달러였던 해외건설 수주액은 1981년 137억 달러로 급증했다.[106]

....

102 전창원(1978). "先進國의 非關稅障壁과 그 對策."『經營經濟論叢』4: 98-199; 신현종·노택환(1992). "다자간섬유협정(MFA)의 역사적 의미와 경제적 경향."『사회과학연구』12: 419-446. 1974년에 체결된 다자간섬유협정은 1994년의 세계무역기구(WTO) 출범 이후 '섬유와 의류에 관한 일반협정(Agreement on Textile and Clothing, ATC)으로 전환되어 10년간 이행기를 거친 후 2004년에 종료되었다. 고희원(2005). "다자간 섬유협정 종류와 향후 전망."『수은해외경제』2005년 2월호, 77-81. p.77.
103 정관용. "1960, 70년대의 정치구조와 유신체제." p.120.
104 윤상우가 정리한 바에 따른 한국과 일본의 이러한 신분업질서에 따라 1969년에 한일 각료회의에서는 일본의 자본과 기술협력을 받아 한국에 포항제철을 건설하고, 1970년 4월에는 한일 간의 경제협력을 유럽의 EEC 수준으로 발전시키며, 일본에서 환경과 노동문제 등으로 한계에 다다른 중화학공업을 한국으로 이전시키고, 합작과 장기협력을 위한 정책을 시행한다는 야스다(安來) 시안을 발표했다. 윤상우. "한국 발전국가의 형성·변동과 세계체제적 조건." pp.84-85.
105 정관용. "1960, 70년대의 정치구조와 유신체제." p.120.
106 김명수(2012). "해외건설의 국민경제적 역할."『건설경제산업연구』3(2): 7-27. p.12.

2. 권위주의 반공개발국가의 특성

이제 이러한 내외 조건에 의해 형성된 한국 반공개발국가의 특성에 대해 개략해보자. 한국 반공개발국가의 첫 번째 특성은 경제발전을 위해 국민을 동원하는 체제를 구축했다는 점이다.[107] 박정희는 서구식 민주주의와 정당정치가 비효율적이고 낭비적이라고 생각했기 때문에 선거, 정당, 의회로 대표되는 민주주의를 유보해야 한다고 생각했다.[108] 권위주의 반공개발국가의 동원 방식은 국가의 물리력에 의한 강제된 동원이었다. 앞에서 검토했듯이 권위주의 반공개발국가는 민주주의의 과정을 생략함으로써 시간과 노력이 가장 적게 드는 경제적인 방식이었을지 모른다. 로스토우는 이러한 이유로 반공주의가 한국과 같은 제3세계에서 국가가 국민을 경제개발에 동원하는 중요한 모토가 될 수 있었다고 평가했다.[109] 한국 반공개발국가의 두 번째 특성은 에번스가 이야기하는 연계된(착근된) 자율성을 갖춘 국가였다는 점이다.[110] 1960년대 당시 한국에서는 농지개혁(1949~1953년)과 한국전쟁(1950~1953년)을 거치면서 전근대적 지배층인 지주세력이 몰락했지만 자본가계급은 아직 지배적인 정치세력으로 성장하지는 못했다.[111] 그렇다고 노동계급으로 대표되는 좌파세력이 힘을 갖고 있었던 것도 아니었다. 한국에서 중도좌파세력을 포함한 모든 좌파세력은 미군정, 한국전쟁, 이승만 독재정권을 거치면서 이미 궤멸된 상태였다.[112] 이러한 조건하에서 군사쿠데타로 정권을 장악한 박정희 정권은 제 사회세력으로부터 손쉽게 자율성을 확보

....

107 여기서 효율적 또는 효과적이라는 용어 대신 경제적이라는 용어를 사용한 이유는 경제적이라는 용어가 시간과 노력을 가장 적게 들인다는 의미를 담고 있기 때문이다.

108 강정인(2014). 『한국 현대 정치사상과 박정희』. 서울: 아카넷. p.226.

109 박태균(2009). "박정희 정부 시기를 통해 본 발전국가 담론에 대한 비판적 시론." 『역사와 현실』 74: 15-43. p.31.

110 Evans, *Embedded Autonomy: State and Industrial Transformation*. 에번스의 동아시아 개발국가에 대한 저작들의 종합적인 내용은 김태수의 글에 잘 정리되어 있다. 김태수(2006). "에반스 동아시아론의 비판적 검토." 『아태연구』 13(2): 1-23.

111 강동훈. "발전국가론과 한국의 산업화." p.147.

112 윤홍식. "한국 복지국가 주체 형성에 대한 분단체제의 규정성."

할 수 있었다. 한국의 권위주의적 반공개발국가는 웨이드(Wade)가 이야기한 강한 국가와 약한 사회라는 1960년대의 특수한 역사적 조건에서 형성되었던 것이다.[113] 또한 반공개발국가는 자본이 국가의 하위 파트너로 결합된 형태였다. 개발을 위한 자본이 부족한 상황에서 자본가계급은 국가가 강제 저축과 차관(또는 원조)을 통해 조성한 자본을 배정받기 위해 국가의 요구와 통제(수출 실적에 대한 평가)에 순응할 수밖에 없었다.[114] 사실 국가가 육성한 현대와 삼성 등 재벌 대기업이 주도하는 중화학공업화는 1960~70년대 다른 동아시아 개발국가의 산업화 과정과는 분명한 차이를 보이는 한국형 산업화 전략의 특성이었다.[115] 실제로 1970년대 철강, 석유화학, 조선 등을 중심으로 한 대만의 중화학공업화는 민간 대기업이 아닌 공기업을 강화하는 방식으로 이루어졌다.

'유능한 관료조직'의 형성도 한국 반공개발국가의 연계된 자율성을 유지·강화하는 중요한 요인이었다. 1960년대 말까지만 해도 파키스탄과 필리핀으로 연수를 갔던 한국의 공무원은 60-70년대 이루어졌던 "광범위한 공무원 제도개혁"으로 유능한 관료조직으로 전환되었다.[116] 한국의 관료엘리트는 "다른 나라의 엘리트 집단보다 더욱 다른 나라의 경험에서 배우고자 했고 또 배울 수 있는" 집단이었다. 다만 유능한 관료조직이 형성되기 시작한 시점은 박정희 정권 시기가 아니라 4·19혁명 이후에 집권한 장면 정권 시기였다. '경제제일주의'를 내세웠던 장면 정권은 전력, 경지정리, 산림녹화, 교량, 도로, 댐 건설 등 사회간접자본의 확충을 위해 1961년에 학사학위가 있는 사무직 1,614명과 기술직 452명을 공채로 선발했다.[117] 해방 이후 친일파의 독무대였던 관료조직에 유능한 관료들이 수혈되기 시작한 것이다. 장면 정부에서 출발한 공무원 공채제도는 1960년대 말에 이

....

113 Wade, R.(1990). *Governing the Market: Economic Theory and the Role of Government in East Asian Industrialization.* Princeton, NJ: Princeton University Press.

114 Amsden. *Asia's Next Giant.*

115 고영선(2008). 『한국경제의 성장과 정부의 역할: 과거, 현재, 미래』. 서울: 한국개발연구원. p.186.

116 장하준(2006[2003]). 『국가의 역할』. 이종태·황해선 역. (*Globalization, Economic Development, and the Role of the State*). 서울: 부키. p.234.

117 서중석. 『한국현대사』. p.192.

르러 공무원 임용의 가장 일반적인 제도가 되었다. 유능한 관료조직이 만들어지면서 권위주의 반공개발국가는 재벌에 대한 지원과 이에 수반되는 규율을 강제할 수 있었다.[118]

마지막 특성은 일반적 통념과 달리 한국 반공개발국가의 산업화 과정이 일방적인 수출 주도형이 아니었다는 점이다. 한국의 산업화 과정은 라틴아메리카의 개발국가와 달랐다. 한국은 수입대체산업과 수출산업을 효과적으로 결합시켰다. 한국의 초기 산업화는 순수한 수입대체산업으로 출발했지만, 1960년대 들어서면서 수입대체산업과 수출산업이 결합된 산업화가 전개되었다.[119] 1960년대 식품과 같은 비내구성 소비재의 수입대체화산업의 성장이 정체되었을 때 한국은 작은 내수시장으로 인해 기계, 내구재 소비재 등으로 수입대체산업을 확장할 수 없었다. 대신 한국은 수출 지향적 산업화로 전환했다. 그러나 단순히 수입대체산업에서 수출 지향적 산업으로 전환한 것은 아니었다. 권위주의 반공개발국가는 수입대체산업화를 통해 국내 유치산업이 세계 시장에서 어느 정도 경쟁력이 있는 수준으로 성장하면 보조금, 신용, 환율정책, 조세정책 등의 지원을 통해 수입대체산업을 수출산업으로 전환시켰다. "수입대체와 수출 촉진의 결합과 상호 강화방식"에 기초한 복선형 산업화였던 것이다.[120] 중요한 점은 권위주의 반공개발국가가 "수출용 원자재의 국내생산품을 동 제품의 세계시장 가격 수준으로 공급하게 하여 수입대체산업을 국제경쟁에 노출되도록 강제함으로써 수입대체와 수출 촉진의 상호 강화 매커니즘이 작동하게 했다."는 것이다.

....

118 Amsden. *Asia's Next Giant*.
119 Donbusch, R. and Park, Y. C.(1987). "Korean Growth Policy." Brookings Papers on Economic Activity 2: 389-454. p.405.
120 이병천(2000). "발전국가체제와 발전딜레마: 국가주의적 발전동원체제의 제조명." 『경제사학』 28(1): 105-138. pp.124-125.

3. 산업구조의 변화

1960년대와 1970년대는 한국의 산업구조에 커다란 변화가 일어난 시기이다. 이 시기를 거치면서 한국은 GDP 대비 공업생산액이 농업생산액을 넘어 농업사회에서 산업사회로 이행하게 된다. 〈그림 11.7〉을 보면 1976년의 GDP 대비 공업생산액 비중은 25.7%로 농업생산액 비중 25.4%를 0.3%포인트 높았다. 다만 제7장에서 보았던 것처럼 일제강점기인 1939년의 총산출액 중 제조업산출액이 농업산출액보다 더 컸던 1939년으로부터 근 40여 년이 지난 1976년 다시 공업생산액이 농업생산액을 초과한 것이다. 한국 산업구조의 또 다른 중요한 특징 중 하나는 산업화 수준에 비해 지나치게 큰 서비스 부문이 존재했다는 점이다. 산업화에도 불구하고 전체 산업에서 서비스업의 비중은 여전히 압도적이었다. 3차 산업의 비중이 이처럼 압도적인 상황에서 포디즘적 생산체제에 기초한 서구 복지국가를 한국 사회에 실현하는 일은 어려운 과제였다.

구체적으로 반공개발국가 시기의 제조업 구성의 변화를 살펴보자. 제조업에서 경공업과 중화학공업으로의 비중 변화는 이 시기 권위주의 반공개발국가의 복지체제를 이해하는 핵심 지점이다. 서구 복지국가의 역사적 경험을 전용하면, 사회보험을 중심으로 한 복지국가의 발전은 숙련 남성노동자와 중화학공업 중

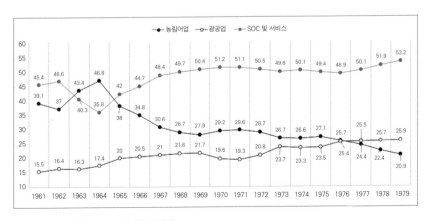

그림 11.7 산업별 GDP 구성 비율의 변화
출처: 한국경제 60년사 편찬위원회. 『한국경제 60년사 I: 경제일반』. p.198.

표 11.4 중화학공업과 경공업의 구성비의 변화(1961~1980년)

연도	중화학공업	경공업	연도	중화학공업	경공업
1961	26.3	73.7	1973	40.5	59.5
1963	27.7	70.3	1975	46.4	53.6
1965	31.4	68.6	1976	46.8	53.2
1967	34.7	65.3	1977	48.5	51.5
1969	38.0	62.0	1978	48.8	51.2
1970	37.8	62.2	1979	51.2	48.8
1971	39.3	60.7	1980	52.6	47.4

출처: 한국경제 60년사 편찬위원회. 『한국경제 60년사 II: 산업』.

심의 포드주의 생산체제의 성립을 전제하고 있기 때문이다. 〈표 11.4〉를 보면 한국의 공업 구성은 1970년대 중반까지 경공업 비중이 중화학공업 비중보다 컸다. 박정희 정권이 중화학공업화를 공식적으로 선언한 1973년에도 중화학공업과 경공업의 비중은 4:6으로 경공업의 비중이 여전히 중화학공업보다 더 컸다. 이러한 현상은 당시 한국 경제의 성장 동력이었던 수출상품의 구성에서도 확연히 드러난다. 중화학공업화가 본격화되기 이전인 1965년과 1970년의 자료를 보면 전체 수출에서 경공업 제품이 차지하는 비중은 각각 51.7%, 69.6%였는 데 반해 중화학공업 제품은 각각 13.7%, 12.8%에 불과했다.[121] 중화학공업 비중이 경공업보다 높아진 것은 1970년대 말에 이르러서이다. 이러한 경공업에서 중화학공업으로의 산업구조의 변화는 저숙련 여성노동자에서 숙련 남성노동자로 노동력 구성의 변화를 수반함으로써 복지체제에 중요한 변화를 초래한다. 이후 살펴보겠지만 사회보험의 확대는 사실상 선별된 숙련 남성노동에 기초한 중화학공업화의 진전과 밀접한 연관관계 속에서 이루어졌다.

산업구조와 직접 관련된 것은 아니지만 이 시기 한국의 경제구조에서 주목해야 할 또 다른 특징은 재벌이다. 권위주의 반공개발국가가 추진한 수출 주도

....

121 김낙년(1999). "1960년대 한국의 공업화와 그 특징." 정신문화연구원 편. 『1960년대 한국의 공업화와 경제구조』. 서울: 백산서당. p.22.

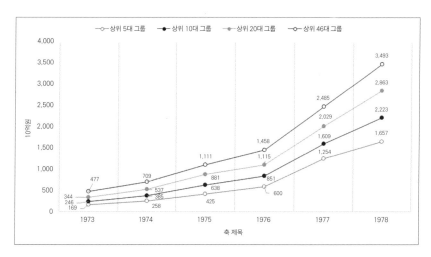

그림 11.8 재벌집단의 부가가치 생산액 규모
출처: 사공일. "경제성장과 경제력 집중." p.5.

형 경제성장을 위해서는 국제적 경쟁력을 갖춘 기업이 필요했다. 권위주의 정권은 차관과 시중은행 자금을 대기업에 특혜적으로 배분해 새로운 축적 기회를 제공했다.[122] 재벌이 탄생할 수 있는 구조적 조건을 만들었던 것이다. 물론 현재 우리가 알고 있는 재벌이 만들어진 시기는 1950년대이지만,[123] 이들 기업이 재벌로 본격적으로 성장한 것은 1960년대와 1970년대의 고도성장기를 거치면서이다. 브라질과 아르헨티나 등 라틴아메리카 개발도상국의 권위주의 정권이 다국적기업과 지배연합을 구성한 것과 달리 한국의 권위주의 정권은 국내 자본에 특혜를 제공하는 방식으로 권위주의 정권에 종속된 재벌이라는 위계적 지배연합을 만들었다. 〈그림 11.8〉은 1973년에 중화학공업화가 본격화된 이후 재벌기업의 급격한 성장을 보여주고 있다. 재계 5위안에 드는 기업의 부가가치 생산액은 1973년의 1,690억 원에서 1978년이 되면 1조 6,570억 원으로 무려 10배 가까이 늘어난다. 연평균 30.1%씩 성장한 것이다.[124] 전체 제조업 부문

....

122   김태일. "권위주의체제의 등장 원인에 관한 사례연구." p.79.
123   김윤태(2012). 『한국의 재벌과 발전국가: 고도성장과 독재, 지배계급의 형성』. 서울: 한울. p.133.
124   사공일(1980). "경제성장과 경제력집중." 『한국개발연구』 2(1): 2-13. p.6.

의 부가가치 총액 중 46대 재벌의 비중은 1973년 31.8%에서 1978년 43.0%로 불과 5년 만에 11.2%포인트나 증가했다. 5대 재벌의 경우 동 기간 동안 8.8%에서 18.4%로 두 배 이상 증가했다. 〈표 11.5〉는 중소기업과 대기업의 차이를 보여준다. 1963년 부가가치 기준으로 중소기업 대 대기업의 비중은 1:1에 가까웠지만 1979년이 되면 3:7로 변화한다. 재벌이 한국 경제에 압도적 영향력을 갖게 된 것이다.

특히 1970년대에 들어서면서 재벌의 규모는 더 커지고 한국 경제에 대한 영향력도 폭발적으로 증가했다. 정일용은 1970년대에 재벌이 급성장할 수 있었던 이유로 세 가지를 꼽는다.[125] 첫째, 중화학공업화의 특성 자체가 대규모 투자를 수반했고 이를 감당할 수 있는 기업은 소수에 불과했기 때문이다. 더욱이 중화학공업의 참여 여부는 재벌의 운명을 갈랐다. 실제로 1960년대의 경제개발에 참여하지 못했던 재벌은 몰락했다.[126] 둘째, 수출 주도형 중화학공업화가 국제경쟁력을 염두에 둔 것이었기 때문에 자본집중은 필연적이었다. 협소한 내수시장을 넘어 해외시장에서도 통할 수 있는 규모의 경제를 실현해야 했기 때문이다. 마지막으로, 정부 주도형 성장 자체가 재벌의 독점적 지위를 강화해주었기 때문이다. 물론 그렇다고 권위주의 정권이 재벌에게 일방적으로 특혜만 제공했던 것은 아니다. 권위주의 정권은 국가가 장악한 은행을 통해 재벌을 규율했다.[127] 이런 점에서 보면 1961년 시중은행의 국유화는 원조가 감소해 이승만 정권처럼 환율로 자본을 통제할 수 없는 상황에서 박정희 정권이 '이자율'로 자본을 규율하기 위해 필요한 조치였다. 1960년대 재벌에게 제공되었던 지대는 금융 부문에서 발생했다.[128] 1950년대에는 외환에서 발생하는 지대가 전체 GNP의 10%를 훌쩍 넘었지만 1960년대 들어서면서 급격히 감소해 1961년에는 2.1%로 낮아졌다. 반면 금

....

125 정일용(1994). "1960, 70년대의 경제발전과 그 성격." 강만길·김남식·김영하·김태영·박종기·박현채·안병직·정석종·정창렬·조광·최광식·최장집 편.『한국사 19: 자주·민주·통일을 향하여-1』. pp.191-227. 서울: 한길사. pp.221-222.
126 조영철. "재벌체제와 발전지배연합." p.135.
127 조영철. "재벌체제와 발전지배연합." p.135.
128 김낙년. "1960년대 한국의 공업화와 그 특징." p.50.

표 11.5 대기업과 중소기업의 비중 변화 추이

구분	사업체 수		종업원 수		부가가치 액	
연도	1963	1979	1963	1979	1963	1979
중소기업(%)*	98.5	94.3	62.4	39.5	49.8	28.5
대기업(%)	1.5	5.7	37.6	60.5	50.2	71.5

*중소기업은 종업원 수 200인 이하의 기업체임.
출처: 한국산업은행(1963). 『광공업통계조사 보고서』; 경제기획원(1979). 『광공업통계조사 보고서』; 김호기(1985). "경제개발과
국가의 역할에 관한 연구." 최장집 편. 『한국자본주의와 국가』. pp.171-228. 서울: 한울. p.217 재인용.

융과 관련된 지대는 급격히 상승해 1970년 한 해에만 GNP의 31.7%에 해당하는
지대가 금융 부문에서 발생했다. 1972년 8 · 3조치(경제안정과 성장에 관한 긴급조
치)도 결국 경제적으로 어려운 시기에 3,500억 원 규모의 사채권을 동결함으로
써 재벌에 막대한 특혜를 제공해주기 위한 조치였다. 사채권 동결은 해방 후 적
산불하와 농지개혁에 비견되는 사건이었다.[129]

이렇듯 재벌의 성장은 국가, 재벌, 은행 간의 개발연대와 노동에 대한 배제와
억압을 전제로 가능했고,[130] 개발연대와 노동 배제는 '선성장과 후분배' 논리로
정당화되었다. 더욱이 재벌기업 중심의 개발 과정은 한국의 경제구조를 수출 중
심의 재벌기업과 내수 중심의 중소기업으로 이분화시킴으로써 노동시장의 이중
구조가 만들어지는 출발점이자 복지제도를 이중구조화하는 시작점이 되었다. 기
업복지의 발달도 이러한 재벌이 중심이 된 수출 주도 성장의 결과라고 할 수 있
다. 권위주의 정권은 재벌을 규제하기 위해 기업 공개 등의 정책을 취했지만 재
벌구조를 강화하는 결과를 낳았다.[131] 정리하면, 박정희 정권은 반공주의와 개발
주의를 결합해 북한과의 체제경쟁에 승리하고 취약한 정당성을 보장받기 위해
경제개발을 추진했다. 성공적인 경제개발은 수입대체와 수출이 함께하는 복선형
방식으로 이루어졌으며 그 중심에는 국가가 제공하고 규율하는 금융 특혜의 최

....

129 이성형(1985). "국가, 계급 및 자본축적: 8.3조치를 중심으로." 최장집 편. 『한국자본주의와 국가』.
pp.229-286. 서울: 한울, p.230.
130 이병천. "개발독재의 정치경제학과 한국의 경험." p.42.
131 조영철. "재벌체제와 발전지배연합." p.155.

대 수혜자인 재벌이 있었다. 그리고 재벌 중심의 수출 주도형 성장은 한국 경제를 이중구조화시키면서 한국 복지체제가 중간계급과 정규직 노동자 중심의 복지체제로 구성되는 토대가 되었다. 이제 우리는 1960~1970년대에 만들어진 한국 복지체제의 특성에 대해 살펴볼 것이다.

사적 탈상품화

개념은 고정된 것이 아니라 변화하고 역동적으로 재구성되는 것이다. 우리는 종종 어떤 개념을 과거의 명목적 또는 조작적 정의에 기대어 한 치의 흐트러짐 없이 그 개념을 현실세계에 적용하려고 한다. 하지만 우리가 잘 알고 있듯이 개념은 우리가 살고 있는 실제 세계를 물화하는 '실제'가 아니다. 우리가 사용하는 개념의 대부분은 명목적·조작적으로 정의된 것이다. 이러한 명목적 개념은 그 개념이 실제 세계를 반영하고 있는지의 여부와 관계없이 "한 용어에 부여된 정의이다."[132] 이렇게 보면 개념화는 우리가 현실세계를 보다 잘 설명하려는 목적에 부합하기 위해 끊임없이 재구성하는 작업과정이라고 할 수 있다. 실제로 "무규범적 사회상황"을 기술하기 위해 우리가 종종 사용하고 있는 아노미라는 개념도 에밀 뒤르켐(Emile Durkheim)에 의해 새롭게 구성된 개념이다. 뒤르켐 이전까지 아노미는 '신성한 법을 경시한다.'라는 의미로 사용되었기 때문이다. 우리는 개념화와 조작화로 실제가 아닌 것을 측정할 수 있다. 하지만 개념의 유용성은 그 개념이 실제를 나타내는지의 여부만이 아니라(사실 우리는 우리가 사용하는 개념이 진실에 기초하고 있는지 알 수 없다) 우리가 살고 있는 현실의 사회현상을 설명하기

....

132 Babbies, E.(2014[2013]). 『사회조사방법론』. 고성호·김광기·김상욱·문용갑·민수홍·유홍준·이성용·이정환·장준호·정기선·정태인 역. (*The Practice of Social Research*, 13th ed.). 서울: Cengage Learning. pp.253-265.

에 그 개념이 유용한 것인지의 여부에 달려 있다.

탈상품화 개념도 마찬가지이다. 탈상품화 개념은 클라우스 오페(Claus Offe)가 칼 폴라니(Karl Polany)의 논의에 기초해 처음으로 개념화했다.[133] 오페는 노동력과 자본의 불균등한 힘의 관계가 국가에 의한 탈상품화(de-commodification)의 필요성을 제기한 것이라고 했다. 오페의 논의의 연장선에서 복지체제 논의에서는 에스핑-앤더슨이 정의한 탈상품화 개념을 주로 사용한다. 에스핑-앤더슨은 탈상품화를 "개인 또는 가족이 시장에 의존하지 않고도 적절한 수준의 생활을 유지하는 것"이라고 정의했다.[134] 이처럼 탈상품화는 주로 노동력의 상품화에 대한 공적 대응(국가의 대응)을 개념화한 것이다. 공적연금, 실업보험, 건강보험 등이 탈상품화를 실현하는 대표적 사회보장정책이라고 할 수 있다. 하지만 탈상품화를 개인이 노동시장에서 직면한 실업, 노령, 질병 등 사회위험에 대한 대응으로 이해한다면 우리는 탈상품화 개념을 조금 더 확장해서 사용할 수 있을 것 같다. 현실세계에서 개인이 실업, 질병, 노령 등에 의한 노동력 상실이라는 사회위험에 대응하는 기제는 공적 사회보장제도로 국한되지 않기 때문이다. 개인이 노동시장에서 얻은 소득을 저축해 노후에 노동시장에 참여하지 않고도 적절한 수준의 생활을 유지할 수 있다면 우리는 그런 개인의 사적 자산의 역할을 적절하게 평가할 필요가 있다.

실제로 한국 복지체제에서 개인과 가족의 저축, 민간보험, 부동산(주택) 등 사적 자산은 서구 복지국가의 공적 사회보장제도와 같이 개인과 가족이 직면한 사회위험에 대응하는 기능적 등가물의 역할을 했다. 사실이 이와 같다면 사적 자산이 사회위험에 대응하는 역할을 간과하고 한국 복지체

....

133 Knijn, T. and Ostner, I.(2002). "Commodification and De-commodification." Hobson, B., Lewis, J., and Siim, B. eds. *Contested Concepts in Gender and Social Politics.* pp.141-169. MA: Edward Elgar.

134 Esping-Andersen. *The Three Worlds of Welfare Capitalism.* p.37.

제의 특성을 설명하는 것은 불가능하다. 한국 복지체제에서 개인과 가족이 직면한 사회위험에 대한 공적 사회보장제도의 역할은 제한적이었고 상당 기간 동한 사적 자산이 그 역할을 대신했기 때문이다. 더욱이 1990년대에 들어서면서 서구 복지체제 논의에서 개인과 가족이 축적한 자산을 중요한 복지제도로 포괄하고 있다는 점을 고려하면 사회위험에 대응하는 사적 자산의 역할을 복지체제 논의에 포괄할 필요가 있다.[135]

이러한 인식에 기초해 『기원과 궤적』에서는 탈상품화를 "공적 탈상품화"와 "사적 탈상품화"로 구분해 조작적으로 정의했다. 공적 탈상품화는 앞서 언급한 것과 같이 폴라니, 오페, 에스핑-앤더슨으로 이어지는 시장에 대응하는 개념으로서 국가가 주체가 되는 탈상품화로 정의했다. 반면 '사적 탈상품화'는 시장기제에 기초해 개인과 가족이 축적한 자산으로 사회위험에 대응하는 경우로 정의했다. 예를 들어, 개인이 노후를 대비해 민간생명보험 회사의 개인연금에 가입한 경우에 개인연금은 '사적 탈상품화'의 역할을 수행하는 것으로 간주했다.[136] 사적 탈상품화에는 공적 탈상품화와 같은 사회적 연대도 없고 계층 간의 소득 재분배 기능도 없다. 하지만 사적 탈상품화 또한 개인과 가족의 관점에서 개인과 가족이 직면한 사회위험에 대응하는 역할을 수행한다는 점에서 공적 사회보장정책과 유사한 기능을 수행한다고 할 수 있다. 물론 유사한 기능을 수행한다고 해서 사적 탈상품화가 공적 탈상품화를 대체할 수 있는 것은 아니며, 복지국가의 관점에서 사적 탈상품화와 공적 탈상품화가 동일한 기능과 지위를 갖는다고 주장하는 것도 아니다. 사적 탈상품화의 개념은 단지 개인의 관점에서 개인이 직면한 사회위험에 대응하는 데 공적 사회보장제도만이 아닌 사적 자산 또한 중요한 역할을 수행하는 복지체제의 현실을 반영하기 위해 조작화한 개념으로 이해하는 것이 좋을 것

135 John, A. and Sherraden, M.(1992). "Asset-based Social Welfare Policy: Home Ownership for the Poor." *The Journal of Sociology and Social Welfare* 19(3): 65-83.
136 기업이 자신이 고용한 노동자에게 제공하는 기업복지도 사적 탈상품화에 포함시킬 수 있다.

같다. 젠더의 차이를 반영하지 못하는 탈상품화 개념을 보완하는 개념으로 등장한 탈가족화는 아동돌봄서비스의 예에서 보듯이 국가를 통한 방식만이 아닌 시장을 통한 방식을 포괄하고 있다.[137] 사적 자산에 기초해 개인이 사회위험에 대응하는 방식을 '사적 탈상품화'로 설명하지 못할 이유가 없다.

사적 자산이 개인과 가족이 직면하는 사회위험에 대응하는 기능을 사적 탈상품화로 개념화하는 것은 복지국가의 논의를 흔들 만큼 큰 문제는 아니라고 판단된다. 더욱이 한국 복지체제의 역사를 보면 국가는 일제강점기부터 지금까지 개인과 가족에게 사회위험에 대응하는 대비책으로 사적 자산을 축적할 것을 권유했고 낮은 세금과 조세 지원을 통해 재정적 인센티브까지 제공해왔다. 한국 사회에서 개인의 사적 자산의 축적을 단순히 사적 행위의 결과로 볼 수 없는 이유이다. 연대의 관점에서 보면 공적 탈상품화가 개인과 가족을 넘어 광범위한 사회계층과 계급을 포괄하고 있는 데 반해 사적 탈상품화는 가족, 기업 등 연대의 범위가 제한적이라는 점 또한 분명히 할 필요가 있다.

참여사회연구소에서 개최한 내부포럼에서 이병천(강원대), 김영순(서울과학기술대학), 남찬섭(동아대), 황성규(한신대) 교수는 '사적 탈상품화' 개념을 사용하는 것에 대해 폴라니가 제기한 탈상품화 개념과 불일치한다는 점을 들어 부정적인 논평을 했다.[138] 중앙대에서 개최된 2017년 사회정책학회 춘계학술대회에 토론자로 참여한 홍경준(성균관대) 교수도 이와 유사한 논평을 했다.[139] 비판의 핵심은 앞서 언급한 것과 같이 '탈상품화'란 기본적으로 시장에 대항하는 의미를 갖고 있는데, 어떻게 시장에서 개인이 축적

....

137 Esping-Andersen, G.(1999). *Social Foundations of Postindustrial Economics.* New York, NY: Oxford University Press. pp.46-51.

138 참여사회연구소(2017). "87년 체제 30년, 평가와 전망." 2017년 하반기 연구사업 간담회, 2017년 9월 8일 참여연대 아름드리홀.

139 한국 사회정책학회 춘계학술대회, 기획주제 "왜 시민은 다시 광장에 나서야 했을까? 민주화 30년, 한국 사회정책의 반성과 과제." 2017년 5월 26일 중앙대학교 경영경제관.

한 자산을 '탈상품화'로 명명할 수 있느냐는 것이었다. 한마디로 형용모순적인 개념이라는 것이다. 반면 정준호(강원대) 교수는 현대 자본주의에서 자산의 중요성을 강조한다는 점에서 '사적 탈상품화' 개념을 긍정적으로 검토할 수도 있다는 의견을 피력했고, 사회정책학회 춘계학술대회의 토론자였던 장지연(한국노동연구원) 박사도 '사적 탈상품화' 개념을 주목할 필요가 있다는 의견을 제시했다. 물론 '사적 탈상품화'라는 개념이 정식화되기 위해서는 앞으로 더 깊은 논의가 필요해 보인다. 하지만 분명한 것은 복지국가 논의에서 개인과 가족이 축적한 사적 자산이 사회위험에 대응하는 기제를 적절히 설명할 수 있는 개념이 필요하며 현실 복지국가에서 사회위험에 대한 개인과 가족의 대응에서 사적 자산은 공적 사회보장제도와 함께 개인이 노동시장에 참여하지 않고도 적절한 생활을 유지하는 데 중요한 역할을 수행하고 있다는 점을 인식할 필요가 있다. 사적 탈상품화는 형용모순적인 개념이지만, 그 형용모순이 우리가 살고 있는 복지체제의 현실이다.

제5절 복지: 선별적 상품화와 가족책임주의의 구축[140]

한국 복지체제의 궤적에서 1960년대와 1970년대를 가로지르는 박정희 시대는 근대적 사회복지정책이 태동한 시기라고 평가되고 있다.[141] 실제로 5·16군사쿠데타 직후부터 1963년 12월 17일 제3공화국이 출범하기 전까지 2년 반에

....

140 '복지'의 일부 내용은 다음 글을 수정 보완한 것이다. 윤홍식. "박정희 정권시기 한국복지체제." pp.195-229.
141 권문일. "1960년대의 사회보험." p.467; 손준규(1981). "한국의 복지정책 결정과정에 대한 연구: 행정 부내 정책결정과정을 중심으로." 서울대학교 대학원 정치학과 박사학위논문; 한준성(2012). "박정희가 만든 집: 초기 복지정치의 유산."『동아연구』62: 329-367. p.332; 남지민(2009). "한국 복지체제의 발전주의적 성격에 관한 연구."『대한정치학회보』16(3): 273-297. p.280.

불과한 군정기간 동안 산업재해보상보험과 의료보험과 같은 사회보험제도를 포함해 다양한 복지정책들이 제도화되었다. 많은 연구들은 이 시기에 이렇게 많은 사회보장정책이 제도화된 이유를 군사정권의 정통성 문제에서 찾고 있다.[142] 군사정권은 자신의 취약한 정통성을 국민을 위한 사회복지정책의 확충을 통해 보완하려고 했다는 것이다. 그러나 『기원과 궤적』에서는 이 시기 사회보장정책의 제도화가 군사정권의 정당성을 보완하는 실효적 수단이었는지에 대해 강한 의문을 제기한다. 시민이 원숭이가 아닌 다음에야 군사정부의 조삼모사(朝三暮四)하는 복지정책을 구분하지 못했을 리 없기 때문이다. 물론 군사정부가 처음으로 사회복지정책을 제도화했을 때 시민이 군사정부의 사회복지정책에 대해 기대감을 가졌을 수도 있다. 하지만 제도화된 대부분의 사회보장정책이 대다수 시민의 실생활에 아무런 도움이 되지 않는다는 것을 확인하는 순간 군사정부의 취약한 정당성을 보완하는 수단으로서 사회보장정책의 유효성은 사라진다. 절대빈곤을 해결하라는 시민 대다수의 요구는 사회보장정책의 형식적 제도화로는 충족될 수 없었을 것이다. 군사정권의 정당성은 국민의 실제적 요구를 충족시켰을 때 비로소 확보될 수 있기 때문이다.

4·19혁명의 여진이 강하게 남아 있던 당시 상황에서 민주적 선거를 통해 집권한 민주당 정권을 불법적인 군사쿠데타로 전복시킨 군사정부의 정당성은 근대화와 절대빈곤의 해소라는 해방 이후에 계속된 민중의 요구를 실제적으로 충족시켜줄 때 비로소 확보될 수 있는 것이었다. 제5절은 박정희 정권이 이러한 민족적 여망에 대응해나간 궤적을 복지체제의 관점에서 설명하려고 했다. 핵심 주장은 1960~1970년대 한국의 복지체제는 시장에서 이루어지는 노동의 선별적 상품화와 개인과 가족의 사적 자산 축적을 중심으로 구성된 사적 탈상품화에 기초한 '개발국가 복지체제'였고 사회보험과 공공부조 등 공적복지는 개발국가 복지체제를 보완하는 선별적 정책수단이었다는 것이다.

정리하면 분배체계의 관점에서 보면 '개발국가 복지체제'의 특성은 첫째,

....

142 권문일. "1960년대의 사회보험." p.467.

광범위하게 존재하고 있던 잉여노동력을 성별에 따라 차별적으로 상품화시켜 시장의 분배 역할을 확대하고, 둘째, 국가개입을 통해 선별적 상품화로 얻어진 가구소득의 일부를 사(私)보험, 부동산 또는 개인저축과 같은 사적방식으로 축장(蓄藏)할 수 있도록 해 일부 사회계층에게 사회위험에 대한 가족차원의 사적 탈상품화 체계를 구축할 수 있도록 제도화했으며, 셋째, 돌봄에 대한 요구를 가족 내에서 여성이 수행하도록 강제한 강고한 성별 분업에 기초한 복지체제였다. 마지막으로 이렇게 구성된 개발국가 복지체제에서 '공적 사회보장'은 선별적으로 상품화된 노동력이 직면한 사회위험에 대한 선별적 대응을 제도화하거나, 노동력의 상품화에서 아예 배제된 취약계층에 대한 최저수준의 생계를 보조하는 잔여적 역할을 수행하는 데 머물렀다. 6, 70년대 한국의 개발국가 복지체제는 산업화된 서구의 성별 분업에 기초한 복지국가를 대신하는 기능적 등가물이었다고 할 수 있다.

1. 권위주의 반공개발국가의 복지체제의 성격

서구의 복지체제는 국가-시장-가족이라는 세 주체로 구성되는 데 반해 1960년대 한국의 복지체제는 국가-시장-가족-원조라는 네 주체로 구성되어 있었다. 한국전쟁 이래 정부 예산의 상당 부분을 미국의 원조에 의존해야 했던 상황에서 원조가 한국 복지체제의 중요한 구성요소가 된 것은 어쩌면 당연했다. 〈그림 11.5〉에서 보는 것처럼 GDP 대비 무상원조의 비율은 1962년에도 10.1%에 달했다. 박정희가 군사쿠데타로 집권한 다음 해인 1962년 기준으로 요보호대상자에 대한 지출 중 국고 지원은 7.0%에 불과했던 데 반해 외국 원조의 비중은 무려 93.0%에 달했다. 아동복지단체의 경우도 운영비의 56.0%를 외국 원조에 의존했고, 정부 보조는 21.1%에 불과했다. 물론 외국 원조에 대한 의존은 1960년대 후반으로 갈수록 낮아져 1968년이 되면 요보호대상자에 대한 지출 중 외국 원조가 차지하는 비중은 37.3%로 낮아진다. 반면 국고의 비중은

55.3%로 높아졌다.[143] 하지만 1960년대까지 외국 원조는 한국 복지체제에서 취약계층에 대한 최저 수준의 생존을 지원해주는 가장 중요한 재원이었다. 복지체제에서 외국 원조의 중요성이 사라진 시점은 무상원조가 연간 1백만 달러 이하로 감소한 1977년 이후이다.

1960년대 초 한국 복지체제는 원조복지체제라는 1950년대의 유산 위에서 출발했다(제10장 참고). 하지만 앞서 검토한 것과 같이 1960년대 들어 원조가 감소한 상황에서 군사정부가 원조복지체제를 유지하는 것은 가능한 선택이 아니었다. 물론 군사쿠데타 직후 군사정부는 미국으로부터 안정적 원조를 확보하기 위해 노력했다. 1961년 11월 11일 박정희 최고회의의장은 방미의 가장 중요한 목적이 미국의 원조를 확보하는 것이라고 했다. 박정희는 "미국의 원조는 한 푼도 낭비되지 않을 것이라는 점을 맹세하고자 한다."라고 공개적으로 선언하면서 방미 일정을 시작했을 정도였다.[144] 박정희가 케네디 미국 대통령에게 설명한 '제1차 경제개발 5개년 계획'도 더 많은 미국의 원조를 확보하기 위해서였고, 이에 화답하듯이 케네디 정부는 공동성명을 통해 "가능한 모든 경제원조와 협조를 계속 제공할 것임을 박의장에게 확약했다."라고 발표했다.[145] 실제로 〈그림 11.6〉에서 보았던 것처럼 박정희의 방미 직후인 1962년 미국의 대한원조는 1961년의 1억 9,900만 달러(GDP의 9.5%)보다 많은 2억 3,200만 달러(GDP의 10.1%)로 증가한다. 하지만 1962년은 예외적이었고, 이후 미국의 대한원조는 급감했다. 원조에 의존하는 원조복지체제를 유지한다는 것은 군사정부에게는 불가능한 일이었다.

헌정질서를 짓밟은 군사쿠데타의 중요한 명분 중 하나가 혁명공약 제4항에서 적시되어 있는 "기아선상에서 방황하는 민생고를 해결함으로써 국민의 희망

....

143 심재진(2011). "사회복지사업법 제정사 연구." 『사회보장연구』 27(2): 279-307. p.287.
144 공보부 편(1961). "한미공동성명." 공보부. 『국가재건최고회의 박정희의장 방미—방일특집』. p.80; 이완범. "박정희와 미국." pp.145-146에서 재인용.
145 물론 미국의 이러한 지원 약속은 1963년 여름에 '민정이양'을 하겠다는 박정희의 약속이 전제된 것이었다. 이완범. "박정희와 미국." p.146.

을 제고시키고"[146]였다는 점을 고려하면, 민생문제를 해결하는 것은 군사쿠데타의 정당성을 판단하는 중요한 사안이었다. 1961년의 군사쿠데타가 일어났을 당시의 빈곤 통계는 없지만 실업과 무직자의 통계를 통해 빈곤 실태를 추정해볼 수는 있을 것 같다. 1960년의 4·19혁명 이후 보건사회부[147] 자료에 따르면, 1,260만 명의 노동력 중 취업자는 678만 명(53.8%)에 불과했고 실업과 무직자는 무려 578만 명에 달했다.[148] 노동 가능 인구 중 무려 45.9%가 실업과 무직 상태에 있었다. 취업자 중 불완전 취업자를 고려하면 취업을 통해 생계를 이어가는 인구비율은 매우 적었을 것으로 추정된다. 그야말로 국민의 절대다수가 절대빈곤에 놓여 있었다고 해도 과장은 아니었다. 이러한 사회경제적 맥락에 근거해 선행연구들은 1960년대 초 군사정부가 절대빈곤에 신음하는 국민으로부터 정당성을 확보하기 위해 생활보호법, 산업재해보상보험법, 의료보험법 등 각종 사회복지정책을 제도화했다고 주장한다.[149] 일리가 있는 주장이다. 더욱이 1963년은 민정이양을 위한 제5대 대통령선거(1963년 10월 5일)와 제6대 국회의원선거(1963년 11월 26일)가 있는 해였다. 군사정부에게 선거는 군사쿠데타의 정당성을 합법적으로 인정받을 수 있는 가장 확실한 정치적 공간이었기 때문에 선거를 앞두고 각종 선심성 복지제도를 도입했을 수도 있다. 더욱이 유력한 야당 대통령 후보였던 윤보선이 군사정부가 자행한 5대 악으로 기아와 실업문제를 제기했다는 점을 고려하면,[150] 복지제도의 도입은 민생 해결을 위한 군사정부의 의지를 가시화할 수 있는 유력한 도구였을 것이다.

하지만 군사정부는 복지정책이 기아와 빈곤을 해결하기 위한 대안이라고 주장하지 않았다. 1962년의 시정연설을 보면, 박정희는 빈곤과 기아를 해결하기 위

....

146 혁명공약 제4항. 박정희(2005[1963]).『국가와 혁명과 나』. 서울: 동서문화사. p.257.
147 당시는 보건사회부와 노동부가 분화되기 이전으로, 노동과 관련된 업무도 보건사회부에서 담당했다.
148 김원(2006). "부마항쟁과 도시하층민: 대중독재론의 쟁점을 중심으로."『정신문화연구』29(2): 419-454. pp.442-443.
149 권문일. "1960년대의 사회보험." p.467; 안상훈.『현대 한국복지국가의 제도적 전환』. p.25; 감정기·최원규·진재문(2010).『사회복지의 역사(개정판)』. 서울: 나남. p.396; 이혜경. "권위주의적 자본주의 사회에서의 복지국가의 발달." p.175.
150 서중석.『대한민국 선거이야기』. p.135.

해 경제개발과 경제개발계획을 언급하고 있을 뿐 복지정책을 언급하지는 않았다.[151] 복지국가는 '혁명정부'가 추진할 장기적 목표였지 눈앞에 펼쳐진 빈곤과 기아를 해결하기 위한 대책으로 언급되지 않았다. 사회보장제도가 기아와 빈곤을 해결하고 군사정부의 정당성을 확보하기 위한 도구라고 해석한 것은 연구자들의 사후적 해석이지, 박정희 정권의 의도가 아니었던 것으로 보인다. 더욱이 사회복지정책의 제도화가 군사정부의 정당성을 높이는 데 실질적으로 기여했는지 여부도 논란이다. 실제로 복지정책의 제도화가 사람들의 삶의 수준을 개선하지 못했기 때문이다.

1961년 7월 5일의 '군사원호대상자정착대부법' 제정을 시작으로 1963년 12월 16일의 '의료보험법' 공포까지 2년 반에 걸쳐 23개의 복지법률이 공포되었음에도 불구하고 〈그림 11.9〉에서 보는 것과 같이 GDP 대비 복지지출은 1963년을 지나면서 오히려 감소했다. 권위주의 반공개발국가 시기 내내 2%를 넘지 못했다. 더욱이 절대빈곤율은 폭발적 복지 입법이 이루어졌음에도 불구하고 1965년을 기준으로 여전히 절반에 가까운 40.9%에 달했다.[152] 특히 도시지역의 절대빈곤율은 54.9%로, 도시거주민 둘 중 하나 이상은 먹는 문제도 해결하기 어려운 상태에 있었다. 국민이 바보가 아닌 다음에야 말뿐인 복지정책을 제도화했다고 군사쿠데타로 집권한 세력에게 정당성을 부여할 가능성은 거의 없었을 것이다. 사회보장정책이 정권의 정당성을 가늠하는 중요한 쟁점이었는지에 대한 의문을 제기할 수도 있다. 왜냐하면 제3절에서 언급했듯이 제5대 대통령선거의 최대 쟁점은 민생이 아니라 사상 검증이었기 때문이다.

복지정책의 제도화가 정권의 정당성을 위해 도입된 것이 아니라 군사정권이 반공국가를 건설하기 위해 도입한 것이라는 주장도 있다. 군사정부 시기 도입된 복지 관련 입법 중 대다수가 사실상 군사원호와 관련된 법률이었다는 점을 들어 복지정책 도입의 가장 중요한 목적은 반공국가의 건설에 있었다는 주장이다.[153]

....

151 박정희 의장의 1963년 시정연설. https://www.youtube.com/watch?v=YaesQVSlul0
152 서상목(1979). "빈곤인구의 추계와 속성분석." 『한국개발연구』 1(2): 13-30. p.20.
153 남찬섭(2008). "1960년대의 사회복지②." 『월간 복지동향』 84: 32-38. pp.36-37.

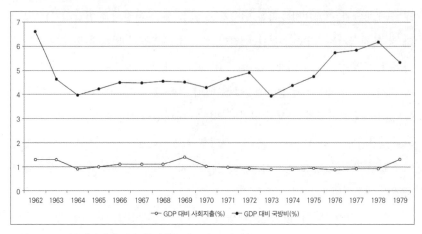

그림 11.9 국내총생산 대비 사회지출비율(1962~1979년, %)

출처: OECD(2015). Social Expenditure Dataset; 김연명(2015); 신동면(2011:316); 한국은행 각 연도 경제통계연보.[154]
주의: 1980~1989년까지 GDP 대비 사회지출은 한국은행에서 제공하는 경제통계연보에서, 1980~1989년까지 중앙정부와 지방
정부의 총복지예산을 해당 연도 국내총생산으로 나눈 값이다. 이러한 산출방식은 신동면이 산출한 1962년부터 1979년까지의 GDP
대비 사회지출 비중과 1990년부터 현재까지의 GDP 대비 사회지출 비중과는 그 산출방식이 상이 할 수도 있기 때문에 대략적인 경
향만 확인하는 정도로 이해할 필요가 있다. 1962~1979년간 OECD 지출 통계는 김연명(2015)의 발표문을 참고. GDP 대비 국방
비, The World Bank(2017). Military expenditure (% of GDP). https://data.worldbank.org/indicator/MS.MIL.XPND.GD.ZS
?end=2016&locations=KR&start=1960&view=chart, 접근일 2017년 10월 10일.

혁명공약 제1호를 보면 "반공을 국시의 제1의로 삼고, 지금까지 형식과 구호에
만 그쳤던 반공의 태세를 재정비 강화함으로써 외침의 위기에 대비하고"라고 적
시되어 있다.[155] 실제로 1960년대 중반까지 한국 복지체제는 군사원호에 대한 체
계만 갖추어진 상태였다.[156] 공적부조 규모를 10으로 보았을 때 군인에 대한 지원
규모는 440에 달했기 때문이다. 하지만 이러한 주장의 문제는 설령 원호대상자
들에게 적절한 공적복지가 제공되었다고 해도 전체 인구 대비 원호대상자의 비
율이 대단히 낮았다는 점을 고려하면 설득력이 떨어진다는 것이다. 더욱이 박정

....

154 한국은행 각 연도 경제통계연보; 김연명 (2015). "대한민국 복지국가의 과제와 전망." 2015 정책자문
    위원회 정책아카데미(사회복지분야) 발표문. 2015년 1월 4일. 충청남도 도청 중회의실.
155 박정희.『국가와 혁명과 나』. p.256.
156 백승욱·이지원(2009). "1960년대 발전 담론과 사회개발 정책의 형성."『사회와 역사』 107: 349-388.
    p.364.

희 군사정권은 원호대상자에게도 기본적인 생활을 보장하지 못했다. 원호대상자들의 적절한 처우를 요구하며 사회적 물의를 일으키는 일이 당시에는 일상적으로 일어나고 있었기 때문이다.

복지정책이 북한과의 체제 대결을 위해 실효성 있는 제도로 입법화된 것은 1960년대 초반이 아니라 1970년대 초 남북대화 국면에서 남북한의 사회보장체계가 비교되기 시작하면서부터이다.[157] 1972년에 발간된 통일원의 『남북접촉에 즈음한 남북한 사회보장정책의 이념 및 기조에 관한 비교 고찰』이라는 보고서는 당시 북한의 사회보장체계가 남한에 얼마나 위협적이었는지를 서술하고 있다. 물론 큰 틀에서 보면 박정희 정권의 존립 근거가 북한과의 체제경쟁에서 승리하는 것에 있었다는 점을 고려하면 일련의 사회보장 입법을 반공국가 건설의 한 과정으로 이해할 수도 있다.

"1971년 8월 이후 남북 적십자사 인원이 판문점에서 접촉을 개시함에 이르러 그 상호간에 가끔 '자랑의 응수'가 벌어지곤 하였다. 그 무렵 '북적' 측 인사들이 병환도 걱정 없다든지 그들의 아동을 이른바 '국가'에서 돌본다고 한 것은 사회보장의 대비로 도발을 걸어온 것이었다. 우리 측에 대한 촉박한 문제제기임을 생각하게 한다."[158]

이름뿐인 사회보장제도를 입법화했다고 해서 권위주의 정권에 정당성을 부여할 시민은 없었을 것이고 권위주의 정권도 정치적 수사에 그친 입법으로 정권의 정당성이 확보·지속될 것이라고 생각하지도 않았을 것이라는 점이다. 더욱이 사회보험제도가 국민에게 제한적이지만 실효성을 갖는 복지제도로 기능하기 시작한 시기는 '의료보험법(1976년 10월 12일)'이 강제가입 조항을 포함해 전면

....

157 김연명(1993). "한반도의 냉전체제가 남북한 사회복지에 미친 영향." 중앙대학교 사회복지학과 박사학위논문. pp.118-121.
158 박동운(1972). 『남북접촉에 즈음한 남북한 사회보장정책의 이념 및 기조에 관한 비교 고찰』. 서울: 국토통일원. p.21; 김연명. "한반도의 냉전체제가 남북한 사회복지에 미친 영향." p.119에서 재인용.

아이부터 어른까지 모두가 동원된 반공. 이 시기에 반공은 한국인의 일상이었다. 그 누구도 반공이라는 거대하고 촘촘한 그물을 벗어날 수 없었다(출처: Google Arts & Culture).[159]

개정되고 취약계층을 대상으로 의료서비스를 제공하는 '의료보호법(1977년 12월 31일)'이 제정된 1970년대 후반 이후이다.[160] 〈그림 11.9〉에서 보는 것과 같이 GDP 대비 사회지출 비중도 1976년을 지나면서 조금씩 높아지기 시작했다. 또한 사회보장제도와 국가안보가 밀접한 관계를 갖고 있다는 인식도 1970년대 후반에 들어서야 공론화되기 시작했다. 손준규가 인터뷰한 내용에 따르면, 당시 '사회보장심의위원회' 위원들은 "1976년에 접어들면서 社會(사회)가 가는 방향에 심각한 憂慮(우려)를 느끼고 있던 이들은 「安保(안보)」의 實質的(실질적)인 槪念定義(개념정의)에 挑戰(도전)하여 「福祉社會(복지사회)」야말로 安保의 基盤(기반)이 되는 것이며 反共戰略(반공전략)의 原理(원리)는 生活(생활)의 質(질)의 「向上

....

159 https://www.google.com/culturalinstitute/beta/asset/1979-김청기/wQG8b939NJgApg?hl=ko;
    https://www.google.com/culturalinstitute/beta/asset/%EB%B0%98%EA%B3%B5%ED%8F%AC
    %EC%8A%A4%ED%84%B0/zQGma7aFc_wr2Q?hl=ko
160 1977년에 의료보호법이 제정되기 이전까지는 생활보호대상자들에게 의료구호를 실시하고 있었다.

(향상)」이라는 實證的(실증적)인 武器(무기)로 對處(대처)해야 한다는 安保의 새로운 觀點(관점)을 主張(주장)하고 나섰다."고 한다.[161]

특히 당시 의료는 커다란 사회문제였는데, 민간병원은 입원보증금을 내지 않으면 생명이 위독한 환자도 치료해주지 않았다. 특히 1976년 5월에는 의료부조리문제로 16명의 병원장이 구속되는 등 의료 불평등이 유신체제의 안정성을 위협할 수 있는 상황이 되었다. 이에 박정희는 1976년 6월 16일 '저소득층에 대한 의료혜택'을 제공하겠다고 공표했고, 남덕우 부총리는 제4차 5개년 계획에서는 사회 분야에 역점을 두겠다는 발표를 했다. 이러한 맥락에서 의료보험법의 전면 개정이 이루어지고 의료보호법이 제정되었다. 1970년대 후반에 들어서서야 반공국가의 건설이건 권위주의 체제의 정당성을 높이기 위해서건 복지정책의 제도화가 (적용대상과 서비스의 질의 한계는 분명했지만) 시민의 복지를 높이는 실질적인 역할을 할 수 있었고 제도의 수혜자들도 형성되기 시작했던 것이다. 다시 말해, 1960년대 초에 도입된 복지제도들은 반공국가의 건설이건 도탄에 빠진 민생을 구제하는 것이건 실질적으로는 거의 아무런 역할을 하지 못했다.

이러한 사실에 기초했을때 1970년대 후반에 본격적으로 제도화되기 시작한 복지정책은 한반도 분단이라는 한국 사회의 특수한 조건을 반영한 반공주의를 동인으로 제도화되었다고 볼 수도 있다. 사실 큰 틀에서 보면 반공주의는 생산주의를 압도했다. 박정희 권위주의 체제에서 이루어진 경제성장 또한 북한과의 체제경쟁에서 승리하기 위한 도구였기 때문이다. 서구에서 산업화 시기 복지국가의 확대가 사회구성원의 연대와 통합에 기초한 국민국가 형성의 과정이었다면 한국에서는 반공주의가 서구에서 복지국가가 했던 국민 통합과 연대의 역할을 대신했다고 할 수 있다. 그렇다면 권위주의 정권은 복지정책이 제한적이나마 기능하기 시작한 1970년 후반에 이르기까지 15년이라는 긴 시간 동안 어떻게 자신의 정당성을 유지했을까? 바로 이 지점이 당시의 복지체제를 바라보는 새로운 관점이 필요한 이유이다.

....

161 손준규, "한국의 복지정책 결정과정에 대한 연구." pp.90-91.

2. 원조복지에서 선별적 상품화로의 이행

해방 이후 한국의 역대 정권은 미국이 정해놓은 반공주의와 형식적 민주주의라는 범위를 벗어날 수 없었다. 박정희 정권이 형식적 민주주의를 벗어던지는 순간 북한 공산주의 정권과 동일한 일당체제가 되는 것이고, 이는 곧 미국이 한국에 부여한 자본주의 체제의 반공 보루라는 역할에 반기를 드는 것이었다. 이러한 이유로, 모순적이지만 반공주의는 해방 이후 한국의 민주주의와 진보세력을 억압하는 명분과 수단인 동시에 박정희 권위주의 체제가 전체주의화되지 않고 선거와 같은 형식적 민주주의의 틀을 유지하는 선거 권위주의 체제에 머무를 수밖에 없었던 이유였다. 박정희 권위주의 정권은 3선개헌을 통해 집권을 연장하고 유신체제라는 강력한 권위주의 체제를 수립했지만, 유신체제하에서도 집권의 정당성은 여전히 선거라는 민주적 형식을 통해 획득할 수밖에 없었다. 박정희 권위주의 체제는 형식적인 수준이었지만 정치적 다원주의를 부정할 수 없었고, 형식적이나마 정치적 다원주의가 존재하는 한 권위주의 체제의 지배연합과 민주화세력 간의 대립은 필연적일 수밖에 없었다.[162] 이러한 정권의 속성으로 인해 박정희 권위주의 체제는 선거를 통해 국민으로부터 정권의 정당성을 주기적으로 승인받아야 했고, 앞서 검토한 것과 같이 박정희 정권의 복지체제는 바로 이러한 정치적 조건이 경제적 조건과 조응하면서 구성될 수밖에 없었다.

단순히 복지정책을 제도화하는 것으로 박정희 권위주의 체제가 정당성을 확보할 수 없었다면, 박정희 권위주의 체제는 무엇으로 정권의 정당성을 (국민으로부터 암묵적 또는 명시적으로) 승인받았던 것일까? 여러 문헌에서 이미 제기한 것과 같이, 경제개발은 박정희 권위주의 체제가 자신의 정당성을 주장할 수 있는 거의 유일한 성과였다. 하지만 경제개발 자체가 자동적으로 정권의 정당성을 보장한 것은 아니었다. 너무나 당연한 이야기지만, 경제개발의 성과가 국민 다수에

....

162 이병천. "개발독재의 정치경제학과 한국의 경험." pp.22-24. 전체주의 체제와 권위주의 체제에 대한 구체적인 설명은 다음 글을 참고하라. 이병천. "개발독재의 정치경제학과 한국의 경험."; 김태일. "권위주의체제의 등장 원인에 관한 사례연구."

게 어떤 방식으로든 분배되지 않는다면 경제개발은 정권의 정당성을 보증하는 성과가 아닌 정권의 부당성을 주장하는 근거가 되기 때문이다. 경제개발은 (정치적 차원을 별개의 문제로 했을 때) 단기적으로는 국민 다수의 소득 수준을 높이고 중장기적으로는 해당 사회의 불평등을 완화시킬 때 지배연합의 집권을 용인하는 국민적 동의의 기반이 될 수 있는 것이다.

이러한 이유로『기원과 궤적』에서는 1960~1970년대 한국 복지체제의 특성을 노동력의 상품화 방식으로부터 설명해야 한다고 주장한다. 복지체제의 관점에서 보면 박정희 권위주의 체제의 정당성은 서구 복지국가와 같은 임금노동자의 '탈상품화' 정책의 제도화에 있었던 것이 아니라 노동력의 '상품화'에 있었던 것이다. 1960~1970년대 한국 복지체제는 국민의 복지를 결정했던 네 가지 핵심 주체인 국가, 시장, 가족, 원조(미국) 중 원조의 역할이 감소하고 시장의 역할이 확대되는 과정을 통해 시장이 분배의 중심이 되는 복지체제가 구축되었다고 할 수 있다. 그리고 여기서 시장의 역할이란 농촌과 도시 주변에 광범위하게 존재했던 잉여노동력의 임금노동자화라는 선별적 '상품화'를 통해 형성되었다.

1) 노동력의 선별적 상품화

한국전쟁 종전 직후인 1953년부터 1961년까지 연평균 경제성장률은 4.1% 수준이었다(제10장 참고). 2010년대의 낮은 성장률과 비교하면 1950년대에도 상당히 견실한 성장세를 유지했다고 할 수 있다. 하지만 급증하는 인구에게 일자리를 제공하기에는 4%의 성장률은 충분하지 않았다. 1960년대에 본격적인 경제개발이 시작되면서 한국 경제는 1950년대보다 두 배 이상 높은 성장률을 구가했다. 등락의 폭은 컸지만(2.1~13.8%) 1961년부터 1979년까지 근 20년 동안 연평균 경제성장률은 8.4%에 달했다. 이에 따라 취업인구도 증가했다. 〈그림 11.10〉에서 보는 것처럼 1962~1979년까지 연평균 취업자 증가율은 3.8%라는 높은 수준을 유지했다. 임금노동이 소득 분배의 핵심적 기제(機制, mechanism)로 등장한 것이다.

노동력의 상품화는 경제개발의 성과로 나타난 2차 산업의 성장에 힘입은 것이었다. 〈그림 11.11〉의 산업별 취업자 수의 변화를 보면, 1963년부터 1979년

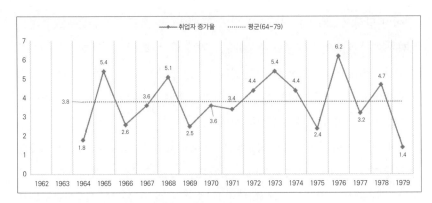

그림 11.10 산업별 고용증가율 변화 추이(1962~1979년, %)
출처: 한국경제 60년사 편찬위원회(2010). 『한국경제 60년사 I: 경제일반』. 서울: 한국개발연구원. p.106, 113.

그림 11.11 산업별 취업자 수 변화 추이(1961~1979년, 1천 명)
출처: 한국경제 60년사 편찬위원회. (2010). 『한국경제 60년사 I: 경제일반』. 서울: 한국개발연구원. p.205.

까지 농림어업에 종사했던 취업자 수는 거의 변화가 없었던 것에 반해 2차 산업 종사자는 지속적으로 증가했다. 사실 농림어업 종사자 수는 일반적 상식과 달리 1963년부터 중화학공업화가 한창 진행 중이었던 1976년까지 등락은 있었지만 조금씩이나마 증가했다. 농림어업 분야 취업자가 본격적으로 감소한 것은 1976년을 지나면서부터이다. 반면 동 기간 동안 광공업 부문의 취업자 수는 657,000명에서 3,209,000명으로 무려 2,552,000명이나 증가했다. 388.4%나 증가한 것이다. 고용의 질도 변화했다. 〈표 11.6〉에서 보는 것처럼 상시 고용된 노동자의 비

표 11.6 1단계 선택적 상품화 시기 종사상 지위별 취업자의 구성 변화

연도	자영업주	가족종사자	상용고	임시고	일용고	고용안정률
	(A)	(B)	(C)	(D)	(E)	(C)/(C+D+E)
1963	37.2	31.3	12.3	6.5	12.7	39.0
1965	36.8	31.1	13.4	8.3	10.4	41.7
1970	34.2	27.0	22.9	5.3	10.6	59.0

출처: 경제기획원 조사통계국. (각 연도)『경제활동인구연보』. 박준식(1999). "1960년대의 사회환경과 사회복지정책: 노동시장 문제를 중심으로." 한국정신문화연구원 편.『1960년대의 정치사회변동』. pp.159-199. 서울: 백산서당. p.168 재인용.

율은 1965년에 12.3%에서 1970년에 22.9%로 크게 높아졌고 이에 따라 고용안 정률도 동 기간 동안 39.0%에서 59.0%로 높아졌다.

또 하나 주목해야 할 점은 원조에 의존하는 제3세계의 특성인 3차 산업 부문(SOC 및 서비스업)에 종사하는 취업자 수가 1960년대 초부터 상대적으로 높은 수준이었고 1978년을 지나면서 농림어업을 제치고 가장 많은 인구가 취업하는 분야가 되었다는 것이다(이러한 특성이 갖는 의미는 이후에 다시 논의하겠다). 〈그림 11.12〉에서 보는 것과 같이 1960~1970년대 인구증가율이 연평균 2% 초반 이었고 농림어업 분야의 취업자 수가 크게 변화하지 않았다면 산술적으로 증가된 노동력의 대부분을 광공업과 서비스 분야에서 흡수했다는 것을 의미한다.[163] 산업화로 인한 광공업과 서비스업 취업자의 증가로 인해 박정희 권위주의 체제는 사회지출의 유의미한 증가가 없는 상황에서도 절대빈곤과 불평등을 완화시킬 수 있었다. 한국 사회를 짓누르고 있었던 절대빈곤이 드디어 감소하기 시작했다. 〈표 11.7〉과 〈그림 11.13〉에서 보는 것처럼 절대빈곤율은 1965년에 40.9%에서 1970년에 23.4%로 불과 5년 만에 절반 가까이 감소했고, 1976년에는 14.8%, 1980년에는 1965년의 4분의 1 수준인 9.8%로 낮아졌다. 불과 15년 만에 (적어도 통계적인 의미에서) 절대빈곤이 사라지기 시작한 것이다.

....

163 사실 1960년대 이전의 인구성장률은 1960년대와 1970년대보다 높았고, 이들이 성인이 되어 노동시장에 참여하는 시기를 고려하면 단순히 1960년대와 1970년대의 인구증가율로 이를 설명하기는 어렵다. 다만 인구증가율이 2%라는 높은 수준을 기록했고 이러한 인구 증가를 어떤 산업에서 흡수했는지를 추정하는 데 도움을 줄 수 있을 것이라고 생각한다.

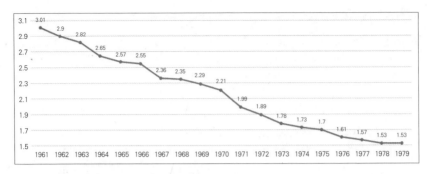

그림 11.12 인구성장률의 변화(1961~1979년, %)

출처: 통계청. e-나라지표: 총인구, 인구성장률. http://index.go.kr, 접근일 2016년 11월 30일.

표 11.7 권위주의 반공개발국가 시기의 빈곤율 변화 추이(1965~1980년)

빈곤율	지역	1965년	1970년	1976년	1980년
절대빈곤율	도시	54.9	16.2	18.1	10.4
	농촌	35.8	27.9	11.7	9.0
	전국	40.9	23.4	14.8	9.8
상대빈곤율[164]	도시	17.9	7.0	15.5	15.1
	농촌	10.2	3.4	8.9	11.2
	전국	12.2	4.8	12.0	13.3

출처: 1965~1976년 자료는 서상목. "빈곤인구의 추계와 속성분석." p.20, 21. 1980년 자료는 Suh, S. M. and Yeon, H. C.(1986). Social welfare during the structural adjustment period in Korea. Working Paper 8604. Seoul: Korea Development Institute. p.21.

물론 노동력의 상품화가 곧 절대빈곤의 감소를 의미하지는 않을 수도 있다. 노동력의 상품화와 더불어 실질임금이 상승해야 사람들의 삶이 나아지고 절대빈곤에서 벗어날 수도 있기 때문이다. 〈그림 11.14〉에서 보는 것과 같이 1960년을 기준으로 실질임금 누적 증가율은 박정희 정권이 끝나는 1979년까지 노동생산성의 누적 증가율을 따라잡지는 못했다. 심지어 박정희 정권이 출범한 1963년부터 1966년까지는 실질임금이 1960년보다도 낮았다. 하지만 중요한 것은 〈그림

....

164 상대빈곤선은 전국 1인당 평균소득의 1/3을 기준으로 측정했다. 서상목. "빈곤인구의 추계와 속성분석." p.22.

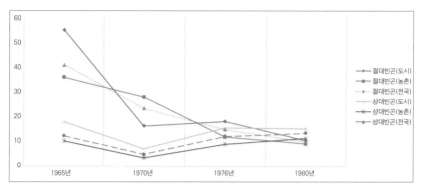

그림 11.13 권위주의 반공개발국가 시기의 빈곤율 변화 추이(1965~1980년)
출처: 〈표 11-7〉과 동일.

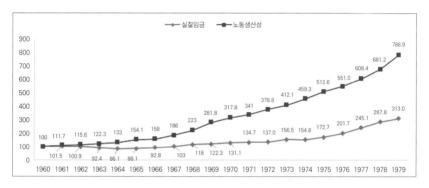

그림 11.14 실질임금과 노동생산성 지수의 동향(1960~1979년, 1960=100.0)
출처: 한국노총, 김태일. "권위주의체제 등장 원인에 관한 사례 연구." p.69 재인용; 노동부. 『매월 노동통계조사보고서』; 박현채
(1985). "민중의 계급적 성격 규명." 김진균 외. 『한국 사회의 계급연구 1』. pp.49-79. 서울: 도서출판 한울. p.66 재인용.

11.15〉와 같이 1965년부터 실질임금이 증가하기 시작했다는 점이다. 고용을 통해 절대적 수준에서 생활수준의 개선이 이루어짐으로써 노동력의 상품화가 분배의 핵심기제로 등장하게 된 것이다. 절대빈곤과 달리 소득 불평등은 1960년대와 1970년대의 모습이 상이했다. 먼저 불평등 정도를 가늠할 수 있는 상대빈곤율을 보면 〈표 11.7〉에서 보는 것과 같이 1965년과 1970년을 비교했을 때 12.2%에서 4.8%로 큰 폭으로 낮아지지만 1970년대 이후에 다시 높아지는 양상을 보인다. 지니계수로 본 불평등도 유사한 양상을 보인다. 앞서 보았던 〈그림 11.9〉를 다시 보면 1960년대 동안 GDP 대비 복지지출에 큰 변화가 없는데도 불평등이 감소

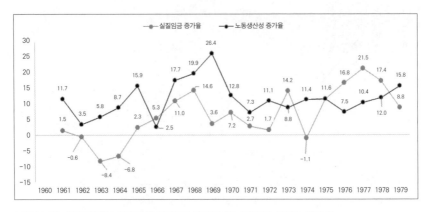

그림 11.15 실질임금과 노동생산성 증가율의 동향(1960~1979년, 1960=100.0)
출처: 한국노총; 김태일. "권위주의체제 등장 원인에 관한 사례 연구." p.69에서 재인용; 노동부. 『매월 노동통계조사보고서』; 박현채. "민중의 계급적 성격 규명." p.66에서 재인용.

했지만 1970년대에 들어서면 불평등이 다시 높아지기 시작했다. 1965년 0.344였던 지니계수는 1970년 0.332로 낮아지지만 1976년이 되면 0.381로 높아지고 1980년에는 0.388로 지난 20년 동안 최고 수준을 기록한다. 이러한 절대빈곤율과 불평등지수의 변화 양상은 상품화를 기반으로 한 박정희 권위주의 복지체제의 중요한 특성을 우리에게 이야기해주고 있다.

경공업 중심의 선별적 상품화

　　권위주의 반공개발국가의 복지체제의 특성은 크게 두 시기로 구분해 살펴보는 것이 적절해 보인다. 1961년 5월 16일의 군사쿠데타가 발생한 시점부터 1963년 12월의 민정이양 전까지는 '선별적 상품화체제'에 선행하는 시기로, 이 시기의 특성은 1950년대의 원조복지체제에서 '선별적 상품화체제'로 이행하는 전환기라고 볼 수 있다. 선별적 상품화가 복지체제의 핵심 특성으로 등장한 시기는 민정이양 이후로, 경제개발이 본격적으로 시작되면서부터이다. 첫 번째 시기는 경공업 중심의 노동력의 상품화가 진행되었던 때이다. 이 시기 상품화의 특징은 노동집약적인 경공업 분야에서 젊은(어린) '여성'노동력을 중심으로 선별적으로 노동력의 상품화가 이루어졌다는 것이다(경공업 중심의 선별적 상품화체제). 경공업 중심의 경제개발은 농촌의 광범위한 저숙련 잉여노동력을 상품화함으로써 상당수의 가구들이 절대빈곤에서 벗어날 수 있는 추가소득을 제공했다.

당시의 대표적인 노동집약적 산업이라고 할 수 있는 섬유산업, 신발산업, 전자산업 등에 종사했던 노동자의 대부분은 나이 어린 여성노동자였다. 1985년의 자료이지만 피복노동자의 88%, 섬유노동자의 77%, 전자산업 노동자의 68%가 여성노동자였다.[165] 1966년을 기준으로 여성 공장노동자의 90%가 29세 미만이었고 50% 정도는 10대였다. 전체 생산직 노동자 중 여성노동자의 비중도 1963년과 1973년에 각각 41.0%, 50.7%에 달했다. 여성노동자의 대부분은 농촌 출신으로 농촌에 남아 있는 가족의 생계를 보조했다. 실제로 경지규모가 0.5정보 미만인 빈농가구의 소득 중 다른 가족구성원이 보내는 이전소득의 비율은 1965년 14.5%, 1970년 18.3%에 달했다.[166] 공적복지가 취약한데도 절대빈곤율이 낮아질 수 있었던 이유는 이처럼 나이 어린 여성들의 저숙련 노동력이 빈농 가구의 보조적 생계 부양자가 되었기 때문이다. 하지만 우리가 반드시 기억해야 할 사실은 여성노동자의 임금이 형편없이 낮았다는 것이다. 1967년 여성 생산직 노동자의 임금은 남성 생산직 노동자의 절반이 조금 넘는 51.1%에 불과했다. 1968년에 관영신문인 『서울신문』조차도 여성노동자의 저임금문제를 보도할 정도였다.

> "(…) 요즘 영등포 공장지대엔 여직공들의 가난을 비관한 자살이 잇따랐다. (…) 월 3천5백 원을 받는 H제과의 송모 양(19)의 말을 들어보면 월간 최소한의 숙식비가 약 3천 원, 옷가지라도 사 입고 몇 백 원씩이라도 저축을 하자면 야근 특근을 해야 한다. 그래서 하루 평균 10~16시간의 격무를 치르다 보니 여공 대부분의 건강은 말이 아니라는 것이다."[167]

....

165 구해근(2002[2001]). 『한국 노동계급의 형성』. 신광영 역. (*Korean Workers: The Culture and Politics of Class Formation*). 서울: 창비. pp.65-66.

166 강봉순·문팔용(1977). 『農家所得의 決定要因分析』. 서울: 한국개발연구원. p.7.

167 이원보(2004). 『한국노동운동사 5: 경제개발기의 노동운동, 1961~1987』. 지식마당. p.95.

1960년대 경제성장의 주역은 섬유공장 등 경공업 분야에서 노동했던 10대 후반과 20대 초반의 여공이었다. 하지만 한국 사회는 그들을 '공순이'라고 불렀다(출처: 국가기록원).

위의 방직공장은 매우 예외적인 노동조건이었을 것이다. 실제로는 이 사진과 같은 먼지가 나는 열악한 환경에서 수많은 노동자들이 수출물량을 만들기 위해 밤을 새웠을 것이다(출처: 『경향신문』).

〈그림 11.16〉에서 보는 것처럼 1960년대 내내 제조업 노동자의 평균임금은 생계비의 50%에 미치지도 못했다. 1961년 생계비 대비 제조업 노동자의 임금은 28.2%에 불과했고 1967년에도 34.8%에 불과했다.[168] 제조업 노동자의 임금 수준이 생계비의 50%를 넘게 된 시점은 중화학공업이 본격화되기 직전인 1970년대 초이다(1971년 53.3%). 광공업의 평균임금은 1970년대에도 여전히 생계비의 절반에 미치지 못했다. 더욱이 식료품비 대비 평균임금 비율을 보면 1969년까지 노동자의 임금으로는 가구원에게 필요한 식료품도 조달하기 어려웠다. 당시 여성노동자의 임금이 남성노동자의 절반에 불과했다는 점을 고려하면 경공업에 종사했던 여성노동자의 생계비 대비 임금은 더 낮았을 것이다.

저임금 구조하에서도 경공업 중심의 선별적 상품화는 가구의 소득 수준을 높여 절대빈곤을 감소시키는 데 기여했다. 하지만 저임금으로 구조화되어 있던 경공업 중심의 상품화는 노동자들이 직면하는 실업, 질병, 노령, 산재 등의 사회위험에 대한 대응, 즉 탈상품화정책의 제도화로 이어지지는 못했다. 최초로 도입된 사회보험인 산업재해보상보험의 시행령 제2조를 보면 법의 적용 대상을 '상

그림 11.16 생계비 및 식료품비 대비 임금비율(1961~1979년, %)
출처: 이원보.『한국노동운동사 5: 경제개발기의 노동운동, 1961~1987』. p.93, 342.

....

168 1961~1971년의 생계비는 도시노동자 가구의 소비지출액이다. 1972~1979년의 생계비는 매년 말 발표하는 5인 가족 최저생계비이고, 1972~1975년은 섬유노동조합이, 1976~1979년은 한국노총이 조사한 자료이다. 이원보.『한국노동운동사 5: 경제개발기의 노동운동, 1961~1987』. p.93, 342.

시 500인' 이상을 고용한 광업과 제조업으로 규정하고 있다. 1968년 기준으로 전체 공장 중 500인 이상을 상시 고용한 공장의 비율은 0.8%에 불과했고, 500인 이상 공장에 고용된 노동자는 31.3%에 그쳤다.[169] 더욱이 중화학공업에 비해 경공업의 규모가 작았던 점을 고려하면 실제로 산재보험의 적용을 받는 여성노동자는 극히 제한적이었을 것이다. 〈표 11.8〉에서 보는 것과 같이 산재보험이 시행된 1964년에 적용 대상자는 8만여 명에 불과했고, 중화학공업이 본격적으로 시작된 1973년에도 117만 명에 불과했다. 공무원연금, 의료보험, 산재보험 등 당시 존재한 모든 사회보험을 다 더해도 경제활동인구 중 극소수만이 사회보험의 대상이 되었다. 1960년대의 선별적 상품화 체제는 경공업을 중심으로 젊은 저숙련 여성 노동력을 상품화시키는 방식으로 소득 분배를 이루었지만, 이들 대부분은 사회보험으로 대표되는 공적 탈상품화에서 배제되었다. 이러한 현실은 1960년대 가

표 11.8 사회보험제도 대상자 변화와 비율(1960~1973년, 명, %)

	공무원연금	의료보험	산업재해보험	경제활동인구 대비 사회보험 대상자 비율
1960	237,476	–	–	–
1961	237,500	–	–	–
1962	250,685	–	–	–
1963	271,725	–	–	–
1964	288,234	–	81,798	–
1965	305,316	1,548	161,150	1.1
1966	332,688	6,588	222,456	1.5
1967	358,382	6,721	336,159	2.1
1968	374,870	6,250	488,628	3.0
1969	392,110	19,922	683,377	4.2
1970	419,393	18,713	739,053	4.3
1971	449,923	16,841	833,441	4.7
1972	449,482	17,733	987,856	5.3
1973	441,400	32,559	1,166,650	6.2

출처: 박준식. "1960년대의 사회환경과 사회복지정책." p.189.

．．．．．．．．

169 김형기(1988).『한국의 독점자본과 임노동: 예속독점 자본주의하 임노동의 이론과 현상분석』. 서울: 까치. p.143; 구해근.『한국 노동계급의 형성』. p.67에서 재인용.

부장제적 성별 분업에 기초해 돌봄을 책임져야했던 여성이 '가부장제적 가족'을 위해 생계부양도 담당하는 역설적인 상황으로 나타났다. 어쩌면 가부장제의 지속이라는 관점에서 보면 중요한 것은 성별 분업을 유지하는 것이 아니라 가부장제적 필요에 따라 여성을 도구화할 수 있는 가부장제의 강제력을 지속시키는 것이었는지도 모른다. 그렇게 1960년대 여성에 대한 선별적 상품화는 여성의 희생에 의존해 한국 사회를 빈곤에서 벗어나게 했다.

중화학공업 중심의 선별적 상품화와 선별적 탈상품화

선별적 상품화의 두 번째 시기는 1973년 중화학공업화가 본격적으로 시작되면서부터이다. 중화학공업은 1961년 이래 꾸준히 성장하고 있었지만 1973년을 계기로 본격적으로 확대되기 시작했다. 복지체제의 관점에서 우리가 주목해야 할 중화학공업의 특성은 상대적으로 규모가 큰 사업장이라는 점과 노동력 구성의 대부분이 숙련된 남성노동자였다는 점이다. 경공업 중심의 상품화가 상대적으로 소규모 사업장에서 젊은 저숙련 여성노동력을 상품화시키는 방식으로 진행된 것과 대비된다고 할 수 있다. 중화학공업의 확장으로 숙련 남성노동력의 상품화가 진전되면서 절대빈곤은 감소했지만 불평등은 증가했다. 〈그림 11.17〉과 같이 지니계수를 통해 본 불평등지수는 1970년대를 지나면서 가파르게 상승했다. 경공업 중심의 산업화로 노동력의 상품화가 진전되면서 소득 불평등을 측정하는 지니계수는 1970년에 0.332로 낮아졌지만, 중화학공업이 본격적인 확장 국면에 있었던 1976년에는 0.381로, 1980년에는 0.388로 급격하게 높아졌다. 노동력의 상품화가 상대적으로 좋은 일자리인 중화학공업의 숙련 남성노동력의 상품화와 저임금 일자리인 경공업의 저숙련 노동력의 상품화로 분화되기 시작한 것이다. 즉, 노동시장의 이중구조가 나타나기 시작했다.[170] 제12장에서 검토하겠지만 1980년대 이후 기업 규모에 따른 제조업 생산직 노

....

170 심상용(2010). "한국 발전주의 복지체제 형성 연구: 억압적 발전주의 생산레짐과 비공식 보장의 복지체제." 『사회복지정책』 37(4): 1-25. p.8.

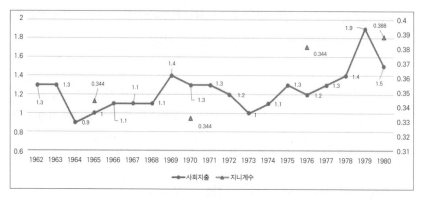

그림 11.17 GDP 대비 복지지출과 지니계수의 변화(1962~1980년)

자료출처: Choo, H. J.(1992). "Income distribution and distributive equity in Korea." In L. Krause and F. Park. eds. *Social Issues in Korea*. Seoul: KDI; 문형표(1999). 『경제위기에 따른 분배구조의 변화와 정책적 시사점』. 서울: 한국개발연구원; 전병유(2008). 『미래 한국의 경제사회정책 패러다임연구(II)』. 서울: 한국노동연구원; 통계청(2015). e-나라지표. http://www.index.go.kr/potal/main/PotalMain.do

동자의 임금 격차가 벌어지기 시작한 시점도 박정희 정권이 중화학공업 중심의 산업화를 시작하면서부터라고 할 수 있다. 예를 들어, 1974년 9월 19일에 발생한 현대조선소 노사분규는 직영 생산직 노동자를 하도급 신분(위임관리제)으로 전환하면서 신분이 전환된 노동자의 임금과 노동조건이 직영 노동자에 비해 나빠지면서 발생한 것이었다.[171] 이미 1970년대 중반 일부 중화학공업 기업에서 내부노동시장이 형성되면서 사업체 규모에 따른 제조업 노동자 간의 분화가 나타나기 시작했다고 할 수 있다.

중화학공업이 성장하면서 숙련 노동자를 중심으로 실질임금도 급격하게 상승했다. 중화학공업이 본격화된 1973년부터 1979년까지 〈그림 11.15〉에서 보았던 것과 같이 석유위기로 인해 경제위기가 심화된 1974년과 1979년을 제외하면 모든 연도에서 노동생산성 증가율보다 실질임금 증가율이 더 높았다. 1977년에는 노동생산성 증가율이 10.4%에 그친 데 반해 실질임금 증가율은 그 배가 넘

....

171 노병직(2003). "기업별노사관계시스템의 형성에 관한 연구: 한국조선산업에서의 노사관계변천사례." 서울대학교 경영학과 박사학위논문. pp.56-57.

는 21.5%에 이르렀다. 1975년부터 1979년 사이에 생산직 노동자의 임금은 연평균 16.8% 증가했고 전문직, 기술직, 관리직 노동자의 임금은 15.3% 증가했다.[172] 이렇게 1970년대 후반에 들어서면서 노동생산성 증가율보다 실질임금 증가율이 더 높았던 데에는 몇 가지 이유가 있었다. 먼저 재벌들이 중화학공업화에 적극적으로 뛰어들기 시작하면서 숙련 기술자를 확보하기 위한 경쟁이 심화되었고 이로 인해 실질임금 증가율이 노동생산성 증가율보다 높아진 것이다. 다른 하나는 상대적으로 좋았던 중화학공업의 경기 속에서 노동계급이 단체협약을 통해 임금인상을 요구했고 정부도 지나치게 낮은 임금을 개선하기 위한 '임금인상정책'을 추진했기 때문이다.[173]

중화학공업 중심의 선별적 상품화가 경공업 중심의 선별적 상품화와 상이한 두 번째 특성은 선별적 상품화가 공적 탈상품화 제도의 선별적 확대와 밀접한 관련을 가지면서 확대되었다는 점이다. 앞서 언급했듯이 경공업 중심의 상품화는 노동력을 임금노동자화했지만 상품화된 노동력이 직면하는 사회위험에 대응하는 공적 탈상품화 정책을 제도화하지는 않았다. 즉, 경공업 중심의 선별적 상품화는 공적 탈상품화 없는 상품화가 그 특징이었다. 반면 1970년대 중반 이후에 본격화된 중화학공업 중심의 선별적 상품화는 중화학공업에 종사하는 상대적으로 괜찮은 임금과 안정된 고용을 보장받는 노동자를 중심으로 공적 탈상품화 제도의 선별적 확대를 수반했다. 기간산업이자 상대적으로 숙련도가 높은 남성노동력을 국가와 자본이 포섭하기 위해서는 임금만이 아닌 이들 노동력이 직면하는 사회위험에 대해 제도적으로 대응할 필요성이 있었던 것이다. 남성 제조업 노동자를 중심으로 공적 탈상품화가 제도화되는 역진적 선별주의가 나타나기 시작한 것이다.

중화학공업을 중심으로 한 선별적 상품화에 대응하는 선별적인 공적 탈상품화는 1976년 12월 12일에 통과된, 전면 개정된 의료보험법을 통해 확인할 수 있다. 1977년부터 시행된 강제가입 규정이 포함된 의료보험의 대상자는 500인 이

....

172 Amsden. *Asia's Next Giant*. p.199(Table 8.3 Rate of Wage Increase in Korea for Production and Professional, Technical, and Managerial Workers, 1965-1984).

173 최장집(1988). 『한국의 노동운동과 국가』. 서울: 열음사. p.294.

상 사업장의 노동자로 제한되었기 때문이다. 1978년 당시에 500인 이상의 제조업 사업장은 전체 사업장의 2.2%에 불과했다.[174] 전체 인구 대비 적용 대상 비율도 8.8%(1977년)에 그쳤다. 적용 대상 비율은 강제적 의료보험이 교직원과 공무원으로 확대된 1979년 1월 21.2%로 증가했고 1979년 7월에 300인 이상 사업장으로 확대되면서 더 넓어졌지만,[175] 기본적으로 의료보험의 대상자는 여전히 선별된 소수 노동자들이었다. 그리고 그 대상자는 공무원, 교원과 같은 엘리트 집단을 제외하면 중화학공업의 숙련 남성노동자였다. 결국 차별적인 노동력의 상품화와 이에 수반하는 공적 사회보장의 선별적 탈상품화는 안정적인 노동력 '상품화' 자체가 삶의 질을 결정하는 가장 중요한 기제였다는 것을 의미하는 동시에 권위주의 개발국가와 (핵심)제조업의 노동자를 안정적으로 상품화하기 이한 복지체제를 구축하는 방식이었다.

2) 선별적 상품화와 공적 탈상품화의 선별성
선별적 탈상품화: 대상과 제도의 선별성

1960~1970년대 한국 복지체제의 '선별적 상품화와 선별적 탈상품화'라는 특성이 제도화된 이유는 무엇일까? 선별적이라는 개념을 다시 정리하고 논의를 시작하자. 먼저 선별적 상품화는 역사적으로 성격이 상이한 두 과정이 있었다는 것을 전제한다. 1960년대와 1970년대를 거치면서 농촌과 도시 주변에 광범위하게 존재했던 유휴노동력의 상품화 방식은 1960년대 중반부터 1970년대 중반까지 경공업 중심의 저숙련 여성노동력(1차 선별적 상품화 과정)을 상품화하는 과정에서 1970년대 중반 이후에 중화학공업 중심의 숙련 남성노동력의 선별적 상품화 과정으로 변화했다. 그리고 이러한 선별적 상품화의 특성에 따라 공적 탈상품화

....

174 물론 500인 이상의 사업장에 고용된 노동자의 비율은 전체 제조업 노동자의 43.9%에 달했다. 구해근, 『한국 노동계급의 형성』. p.67.
175 유광호·이혜경·최성재(2005). 『한국의 사회보장』. 서울: 유풍출판사. pp.96-97; 조영재(2008). "건강(의료)보험제도." 양재진·김영순·조영재·권순미·우명숙·정홍모 공저. 『한국의 복지정책 결정과정: 역사와 자료』. 서울: 나남. p.83.

의 성격도 1차 선별적 상품화 과정과 달리 2차 선별적 상품화 과정에서는 중화학공업에 종사하는 남성 노동자에게 사회보험과 같은 '공적 탈상품화'가 선별적으로 제도화되었다. 여기서 공적 탈상품화의 제도화와 관련해 '선별적'이라는 의미는 단지 공적 탈상품화 대상의 선별성만을 의미하는 것이 아니라 '어떤 사회위험'에 공적으로 대응할 것인가를 선별하는 문제를 포괄하는 개념이다. 1960~1970년대를 거치면서 공적 탈상품화의 선별적 기제는 특정한 방식으로 상품화된 노동력(경공업 노동자)을 공적 탈상품화 제도의 대상에서 원천적으로 배제하거나 특정한 노동력(중화학공업 노동자)을 공적 탈상품화 제도의 대상으로 포섭하는 것과 함께 공적 탈상품화 제도의 대상이 될 사회위험 또한 선별했기 때문이다.

권위주의 반공개발국가 시기에 공적 탈상품화의 대상이 되는 사회위험은 노동력의 재생산과 직접적으로 관련된 사회위험을 중심으로 제도화되었다. 산업재해보험과 의료보험이 그 대표적 사례이다. 반면 노동력의 재생산과 직접적인 관련 없는 노령연금, 아동수당과 같은 공적 탈상품화 제도는 권위주의 반공개발국가 기간에 제도화되지 않았다.[176] 박정희는 군사쿠데타의 궁극적 목적이 복지국가를 건설하기 위한 것이라고 강변했지만, 복지국가의 핵심 사회보장제도로 언급된 것은 사회보험으로는 의료보험과 산업재해보험, 공공부조로는 생활보호법이었다. 박정희는 1962년의 시정연설에서 "(…) 부조와 사회보험을 기간으로 하는 사회보장제도의 기틀을 마련하여 국민생활 향상과 복지사회 건설을 또한 기할 것입니다."라고 이야기했고,[177] 1963년의 시정연설에서는 "(…) 복지국가 건설을 강력한 실천력으로써 구현 (…) 의료보험과 재해보험제도를 발족 (…)"이라고 언급했다.[178] 박정희 정권이 의도했는지는 판단하기 어렵지만, 사회보장제도의 제도화 대상은 처음부터 노동력 재생산과 직접적으로 관련된 의료보험과 산재보험만이 고려되었다.

....

176 노령연금의 목적은 노동자의 (노령으로 인한) 퇴직 이후의 소득보장을 위한 것이기 때문에 현재 피고용 지위에 있는 노동력의 재생산과는 직접적인 관련이 없다고 할 수 있다.
177 박정희 의장의 1962년 시정연설. https://www.youtube.com/watch?v=YaesQVSlul0
178 권문일. "1960년대의 사회보험." p.496.

실업보험이 검토되지 않았던 것은 이러한 선별적 상품화 체제에서 사회보장의 제도화(공적 탈상품화)의 성격을 잘 드러낸다.[179] 제10장에서 검토했지만 실업보험은 1950년대 내내 이승만 정권과 자유당은 물론 야당인 민주당과 노동조합 등에도 적극적으로 도입을 요구했던 사회보장제도였다. 이승만 정권은 1955년 9월 실업보험법안을 기초해 실업보험 제도화를 공론화했다.[180] 1958년에는 보사부 노동국장이 경전조합 대의원회의에 참여해 실업보험을 제도화하겠다고 공표했고 사전조사를 거쳐 1961년부터 실시할 계획을 세우기도 했다.[181] 더욱이 당시에 막대한 원조를 제공하면서 한국 사회에 결정적 영향력을 미치고 있던 미국도 한국 사회의 안정화를 위해 실업문제를 해결하는 것에 관심을 보이고 있었다. 1950년대 말 미국은 한국 정부와 함께 '한미실업대책위원회'를 구성하고 실업보험법 제정을 검토했다.[182] 1950년대와 같이 1960년대 초에도 실업은 한국 사회가 직면한 가장 심각한 사회문제였다. 이러한 역사적, 사회적 맥락에도 불구하고 박정희 권위주의 체제 시기에는 실업보험의 제도화와 관련된 정권 차원의 공개적인 논의는 없었다.[183] 1970년대 후반에 들어서면서 제5차 경제사회개발계획의 입안 과정에서 고용보험(실업보험)이 공식적으로 검토되기 시작했고, 1986년 제6차 경제사회개발계획의 입안 과정에서 고용보험의 필요성에 대한 공론이 형성되었다.

공적연금(국민복지연금)을 제도화하려는 시도는 있었다. 하지만 공적연금을

....

179 그렇다고 군사정부가 실업보험에 전혀 관심이 없었던 것은 아니다. 군사정부는 산재보험과 달리 실업보험의 경우 근로기준법상의 퇴직금제도를 활용하기로 결정했는데, 이러한 결정은 결국 산재보험과 달리 실업보험이 경제개발과 직접적인 연관성이 없었기 때문에 내려졌다. 구체적인 내용은 다음 글을 참고하라. 우명숙(2007). "한국의 복지제도 발전에서 산재보험 도입의 의의." 『한국 사회학』 41(3): 154-185.

180 이주실. "1950년대 후반 실업문제의 대두와 이승만정부의 실업대책." p.45.

181 남찬섭. "1950년대의 사회복지③." p.34; 이주실. "1950년대 후반 실업문제의 대두와 이승만정부의 실업대책." p.48.

182 이주실. "1950년대 후반 실업문제의 대두와 이승만정부의 실업대책." p.15.

183 실업보험 대신 고용보험 형태로 1970년대부터 노동청 내부에서 논의는 있었던 것으로 보인다. 정홍모(2008). "고용보험제도." 양재진·김영순·조영재·권순미·우명숙·정홍모 공저. 『한국의 복지정책 결정과정: 역사와 자료』. pp.161-201. 서울: 나남. p.163.

제도화하려고 했던 주된 이유는 노령이라는 사회위험에 대응하는 공적 '탈상품화' 정책을 제도화하기 위해서가 아니었다. 국민복지연금을 제도화하려고 했던 1차적 목적은 1973년부터 본격화된 중화학공업에 필요한 내자를 동원하기 위한 것이었다. 실제로 국민복지연금이 노후소득보장을 위한 핵심 사회보장제도임에도 불구하고 국민복지연금의 사회보장 기능에 대한 공론은 거의 없었다. 국민복지연금제도는 내자를 동원할 수 있는 다른 수단(국민투자기금법과 부가가치세 도입)이 마련되자 "국민생활의안정을위한대통령긴급조치"라는 긴급조치 3호에 의해 무기한 연기되면서 사실상 폐지되었다. 대신 권위주의 정권은 1963년 제도화된 의료보험법을 전면 개정해 1977년 강제가입조항이 포함된 의료보험제도를 시행했다. 전후 맥락을 살펴보면, 1977년의 의료보험의 시행은 1974년 무기한으로 시행이 유보된 국민복지연금을 대신해 제도화된 측면이 있다. 국민연금관리공단과 의료보험연합회의 자료에 따르면, 1973년의 경제위기로 국민복지연금법의 시행이 늦추어지고 대신 의료보험제도가 시행되었다고 한다.[184] 이처럼 박정희 권위주의 정권의 복지체제는 수출 중심의 산업화 과정에 필요한 노동력을 선별적으로 상품화시키고 이에 조응해 공적 탈상품화(사회보장제도)를 선별적으로 제도화한 복지체제였다.

물론 경공업과 중화학공업 노동자들이 노동조합을 결성하고 임금인상과 보편적인 사회보장제도의 도입을 요구할 수 있었을지도 모른다. 하지만 당시 노동계급의 객관적 힘을 고려하면 현실 가능성은 높지 않았다. 1960년대와 1970년대에는 노동계급의 주체 역량이 아직 권위주의 체제에 맞서 싸울 수 있을 만큼 성숙하지 못했다. 더욱이 10~16시간이라는 살인적인 장시간 노동과 생계비에도 미치지 못하는 저임금을 받고 있는 상황에서 사회보장의 제도화는 노동자들의 긴급하고 당면한 과제가 될 수 없었다. 1969년을 기준으로 한국 제조업 노동자의 평균 주당 노동시간은 56.3시간으로, 필리핀의 46.7시간(1967년), 태국의 47.8시

----

184 신언항(2006). "의료보험발전 단계별 정책형성에 관한 연구." 연세대학교 의료법윤리협동과정 박사학위논문. pp.83-84.

간보다도 10시간 가까이 길었다.[185] 노동자들이 조직화되어 있고 이들의 이해를 대변하는 사회민주당이 존재했던 19세기 독일에서도 하루 2교대 12시간이라는 장시간 노동이 반복되는 상황에서 독일 노동자와 사민당의 긴급한 과제는 사회 보장제도의 도입이 아닌 '10시간 표준 노동일'의 입법화였다.[186] 이렇게 보면 당시 한국 노동계급의 핵심 요구 또한 노동조건의 개선이었을 가능성이 매우 높다. 실제로 1987년의 민주화 이후에 벌어진 7, 8, 9월의 노동자 대투쟁의 핵심 요구 또한 사회보장이 아니라 임금인상과 인격적 대우라는 노동조건의 개선에 맞추어져 있었다.[187]

수출 지향적 산업화의 결과[188]

한국 복지체제에 선별적 상품화와 공적 탈상품화의 선별적 제도화라는 특성이 나타나게 된 가장 중요한 이유 중 하나는 제4절에서 검토한 것과 같이 '수출 지향적' 산업화와 밀접한 관련을 갖는다. 중간재, 자본재, 원자재의 수입에 의존한 최종소비재 중심의 수출 지향적 성장은 필연적으로 국내 분업과의 관련성이 낮을 수밖에 없었다. 이는 이 시기의 경제성장 과정에서 확대된 노동력의 상품화 또한 수출 산업을 중심으로 선별적으로 이루어질 수밖에 없었다는 것을 의미한다. 실제로 국내총생산(GDP)에서 총소비와 총수출의 비중 및 변화를 보면, 국내 총수요가 GDP에서 차지하는 비중은 1961년에 98.1%에서 1979년에 70.0%로 권위주의 반공개발국가 기간 동안 40.1%(28.1%포인트) 낮아졌다. 반면 동 기간에 수출은 392.6%(21.2%포인트) 증가했다. 다시 말해, 수출 지향적 산업화로 인해

....

185 이원보. 『한국노동운동사 5: 경제개발기의 노동운동, 1961~1987』. p.96.

186 Ritter. 『복지국가의 기원』. p.83.

187 박준식(1994). "1970, 80년대의 노동운동." 강만길·김남식·김영하·김태영·박종기·박현채·안병직·정석종·정창렬·조광·최광식·최장집 편. 『한국사 20: 자주·민주·통일을 향하여 2』. pp.96-129. 서울: 한길사. p.122.

188 제4절에서 검토했지만, 한국의 산업화 과정은 수입대체와 수출 확대의 이분법적 선택 과정이 아니라 수입대체와 수출 확대가 상호보완적인 관계를 갖는 과정이었다. 하지만 수입대체, 특히 중화학공업의 수입대체는 궁극적으로 수출 확대를 통한 경제성장을 지향했던 수출 지향적 성장 전략이었다.

노동력의 상품화는 수출산업에 필요한 노동력을 중심으로 선별적으로 이루어졌고 탈상품화 또한 자연스럽게 선별적 상품화에 조응하는 방식으로 제도화되었다.

수출 지향적 생산이 저숙련 노동에 기초한 경공업 중심이었던 1960년대에는 노동력 재생산을 공적으로 보장할 필요가 낮았기 때문에 선별적으로 상품화된 노동력을 탈상품화에서 배제시킬 수 있었다. 농촌과 도시 주변에 광범위하게 존재하는 유휴노동력은 언제든지 저임금 노동시장으로 진입할 준비가 되어 있었고 자본 또한 숙련 노동자를 필요로 하지 않았다. 더욱이 경공업 중심의 상품화에 동원되었던 노동력은 가족의 주 생계부양자가 아닌 보조적 생계부양자인 미혼의 젊은 여성들이었다. 보조적 생계부양자인 여성노동자가 19세기 말과 20세기 초에 남성 생계부양자의 필요에 기초해 제도화된 사회보장제도의 대상이 될 가능성은 대단히 낮았다. 실제로 1960~1970년대 한국 사회는 가구의 생계비를 남성 생계부양자 모델에 근거해 산출했고,[189] 가족생계부양에서 부차적 역할을 담당하고 결혼과 함께 직장을 그만둘 것이라고 간주되는 여성노동자가 직면하는 사회위험에 대응해야 할 필요성을 느끼지 못했다. 턱없이 낮은 임금으로 인해 장시간 노동에 시달렸던 이들의 노동력이 재해와 질병으로 재생산이 어렵게 되면 그들을 돌보아야 할 책임은 온전히 농촌에 있는 가족에게 지워졌다.

반면 중화학공업 중심의 수출 확대는 숙련된 남성노동력의 상품화를 중심으로 이루어졌고 탈상품화 방식도 이에 조응하는 방식으로 변화했다. 비록 노동력 재생산과 관련된 영역으로 한정되었지만, 자본은 경공업 부문에 종사하던 여성노동력을 탈상품화에서 배제했던 1960년대와 달리 중화학공업에 종사했던 숙련 남성노동자의 탈상품화를 지지했다. 전경련은 강제가입 조항이 포함된 1976년의 의료보험법 개정을 지지했다. 재벌기업은 이미 피용자의 의료비를 50% 가까이 지원하고 있었기 때문에 추가적인 재정 부담은 크지 않았고, 의료보험이 강제로 실시되면 의료비 보조비용을 비용 처리해 세금을 감면받을 수도 있었다. 더

....

189 김경일(2016). "산업전사에서 민주투사까지, 도시로 간 여공의 삶." 김성보·김종엽·이혜령·허은·홍석률 기획. 『한국현대 생활문화사: 1970년대』. pp.61-88. 서울: 창비. pp.74-75.

나아가 의료보험이 기업별 조합주의 방식으로 시행되었기 때문에, 의료보험은 기업에 대한 노동자들의 충성심을 진작시킬 수 있었을 뿐만 아니라 의료보험 적립금을 투자재원으로 활용할 수도 있었다.[190] 사실상 공적의료보험이 기업복지처럼 운영되었다. 더 나아가 자본집약적인 중화학공업 분야에서 대기업은 강압적 노동 통제에 대한 보상으로 사내 복지를 법정 복지보다 더 높은 수준으로 제공하기도 했다.[191] 숙련 노동자를 확보하고 유지하기 위해 노동력의 재생산과 직접적 관련이 있는 사회보장제도를 도입한 것이다.

마지막으로, 수출 지향적 공업화는 산업의 발달 수준과 비교해 상대적으로 생산력 수준이 높은 외국의 기술력과 생산재(자본재와 중간재)를 도입해 최종소비재를 수출하는 형태였기 때문에 농업사회에서 산업사회로 이행하는 과정에서 광범위하게 존재했던 유휴노동력을 충분히 흡수할 수도 없었다. 1973년부터 본격화된 철강, 전자, 기계, 비철금속, 석유화학, 조선 등 중화학공업도 국내 분업과는 관련성이 낮은 수출을 위한 것이었다.[192] 이러한 방식의 산업화는 넘쳐나는 농촌의 유휴인력이 대도시 주변에 저숙련 산업예비군으로 광범위하게 존재하게 만들었고, 국내의 산업화 수준에 걸맞지 않게 영세자영업 중심의 3차 산업의 과도한 확대를 가져왔다. 서유럽에서도 노동계급은 벨기에의 예외적인 경우를 제외하고 단 한 번도 절대다수가 되지 못했지만, 한국에서는 그 정도가 더 심했던 것이다.

더욱이 권위주의 체제와 함께 산업화가 노동계급의 정치적 역량의 성장 속도보다 더 빨리 진행되었기 때문에, 1970년대에 대량생산이라는 포드주의와 유사한 생산방식이 형성되었음에도 불구하고 노동계급은 정치적 역량을 확대할 기회를 갖기가 어려웠다. 이처럼 한국의 산업화는 자본주의 세계체계의 중심부 국가에서 구축된 국내 수요와 분업에 근거해 노동계급 전체를 복지국가를 통해 포

....

190 김연명(1989). "한국 의료보험제도의 발달 및 행태 규정 요인에 대한 연구." 보건사회연구회 편. 『한국 의료보장연구』. pp.99-120. 서울: 청년세대. p.110; 강명세(2006). "한국 복지국가의 기원: 의료보험제도의 기원과 변화." 『사회과학연구』 14(1): 6-33. p.22에서 재인용.
191 이상우·조은상(2003). "산업화 이후 영국과 한국기업의 통제형태 및 노사관계변화에 대한 비교 분석." 『한국인사관리학회』 27(4): 199-221. p.211.
192 정관용. "1960, 70년대의 정치구조와 유신체제." p.120.

섭하는 방식의 포드주의 축적체제를 구축하지 못했다.[193] 자본주의 세계체계의 (반)주변부 체제의 특징인 주변부적 포드주의 축적체제가 성립된 것이다. 이러한 주변부적 포드주의 축적체제의 특징은 그 생존을 (주로 핵심부 국가의) 해외시장에 의존하고 노동계급의 포섭 대상도 수출산업에 종사하는 선별된 대상으로 제한하는 것이다. 1960년대와 1970년대에 구축된 한국의 '선별적 상품화와 선별적 탈상품화'라는 복지체제의 특성은 바로 한국에서 구축된 주변부적 포드주의 축적체제에 기초한 것이었다.

더불어 노동계급이 정치적으로 성장하지 못한 상태에서 노동계급이 단위 사업장이라는 자신의 경제적 이익을 넘어 사회적 연대에 근거한 사회보장제도의 도입과 확대를 요구하는 것은 쉽지 않았을 것이다. 사실 한국 산업화의 특성은 역사적으로 보면 일제강점기였던 1930년대와 산업화 없는 근대화라고 불린 1950년대의 유산이 1960~1970년대의 산업화에도 불구하고 지속된 것이라고 할 수 있다.[194] 노동계급의 정치적 역량이 폭발한 1980년대 후반에는 한국 사회가 국민국가에 근거한 포드주의 축적체제에서 이탈해가는 조숙한 탈산업화가 진행되고 있었다. 노동계급이 강력한 힘을 표출했던 시기는 1980년대 말과 1990년대 초에 국한되었고, 벚꽃처럼 그 시기는 매우 짧았다.

3) 농민, 권위주의 체제의 지지자

1960년대 초의 한국 사회는 여전히 농업사회였다. 1963년 기준으로 광공업 부문의 취업자 비중이 10%도 되지 않았던 것과 비교해 농업 부문의 취업자는 60%를 넘었다. '압도적' 농업사회였다.[195] 하지만 박정희 권위주의 정권은 농

....

193 Lipietz, A.(1991[1985]).『기적과 환상』. 김종환·엄창옥·이태왕 역. (*Mirages et Miracles*). 서울: 한울.
194 1930년대 일제가 추진한 대륙 침략을 위한 조선의 병참기지화는 1930년대 일본 독점자본의 분출구가 되었고 조선 지역의 산업발전 수준과 무관한 중화학공업 중심의 산업화를 확대했다. 강진아(2007). "제국주의시대와 동아시아의 경제적 근대화: 식민지근대화론의 재고와 전개."『역사학보』. 194: 393-425. p.400. 1950년대에는 미국으로부터 막대한 원조가 도입됨으로써 원조의 유통 과정과 관련된 (이 역시 국내의 산업발전과 무관한) 서비스산업의 확대를 가져왔다. 이대근.『해방후·1950년대의 경제』. p.449.

업을 희생시켜 공업 중심의 경제개발을 추진한 것처럼 보였다. 사회보험으로 대표되는 사회복지정책 또한 대부분 노동자와 도시민을 위한 정책이었지 농민을 위한 것이 아니었다. 사실이 이와 같다면 어떻게 농업의 희생을 강요한 권위주의 체제에 농촌사회가 근 20년 동안 안정적인 정치적 지지를 보내는 모순적인 상황이 지속될 수 있었을까? 결론적으로 이야기하면, 권위주의 정권은 농촌세력과의 (위계적) 연대에 성공했고 그 성공에는 직·간접적인 경제적 지원과 함께 '조국 근대화'라는 이데올로기의 성공적 동원이 자리하고 있었다.[196] 쿠데타 세력은 농민과 연대하고 농민을 동원하는 데 성공했고 이러한 성공이 한국 복지체제의 역진적 선별주의 성격을 강화하는 요인 중 하나가 되었다. 여기서는 권위주의 정권의 농촌 지원정책을 복지체제의 관점에서 검토했다.

군사정권이 농민과 관련된 분배정책으로 가장 먼저 시행한 정책은 쿠데타 발생 10일 만에 발표한 '농어촌고리채정리령'이었다. 이 명령은 동년 6월에 '농어촌고리채정리법'으로 입법되었다.[197] 법의 핵심 내용은 1961년 5월 25일 이전의 농가 채무 중 연리 20%가 넘는 채무를 고리채로 간주한다는 것과 농업금융채권을 발행해 고리채로 인해 고통받는 농가의 부담을 국가가 분담하겠다는 것이었다. 정책이 시행되자 무려 117만 건, 48억 원이 고리채로 신고되었고 이 중 89만 건, 29억 원이 고리채로 판명되어 27억 원의 농업금융채권이 발행되었다.[198] 하지만 예상과 달리 고리채정리사업에 대한 농민들의 반응은 신통치 않았다. 10여 년간 지속된 고리채정리사업은 농촌에 강력하게 남아 있던 연대보증과 상호대부와 같은 전통적인 비제도권 신용대부의 역할을 제대로 파악하지 못해 실패했다.[199]

....

195 이원보. 『한국노동운동사 5』. p.86.
196 Moore. *Social Origins of Dictatorship and Democracy*. 이러한 군사정권의 정책을 중농주의 정책이 라고 평가하는 것은 개별 정책을 놓고 보면 타당하다고 할 수 있을지 모르지만 당시 전체 사회·경제정 책을 놓고 보면 타당한 평가라고 할 수 없다. 1960~1970년대는 명백한 공업화 우선정책의 시기였다. 농업정책은 공업화 우선정책을 보완하는 보조적 정책의 지위를 넘지 않았다.
197 한도현(1999). "1960년대 농촌사회의 구조와 변화." 정신문화연구원 편. 『1960년대 사회변화연구, 1963-1970』. 서울: 백산서당. pp.116-117.
198 이명휘(2010). "농어촌 고리채정리사업 연구." 『경제사학』 48: 83-124. p.93.
199 이명휘. "농어촌 고리채정리사업 연구." pp.116-119.

농가 부채는 1960년에 호당 6,693원에서 1970년에 34,076원으로 급증했고 사채 비중도 70%로 복귀했다. 더 심각한 문제는 정책 시행 이후 농촌에서 자금 경색이 발생해 빈농의 자금대부가 더 어렵게 되었다는 것이다. 당시 비제도권 신용대부는 빈농이 생계를 유지할 수 있는 안정망과 같은 역할을 했기 때문이다. 고리채정리사업의 성공 여부는 고리채의 탕감에 달려 있었던 것이 아니라 고리채를 이용하지 않고도 생계가 가능한 구조를 만들 수 있는지의 여부에 달려 있었다. 실제로 1969년의 조사에 따르면, 고리채정리사업이 성공했다고 평가한 농민은 15.2%에 불과했다. 반면 정책이 실패했다는 응답은 43.5%에 달했다.[200] 하지만 중장기적 관점에서 보면 고리채정리사업은 누대에 걸친 채무관계로 인해 농촌에 속박되어 있던 빈농층이 농촌을 떠나 도시의 자유로운 노동자로 상품화될 수 있는 기회를 제공했다는 점에서 (군사정부가 이를 의도했는지는 알 수는 없지만) 당시의 저임금 노동력에 기초한 노동집약적인 산업화정책과 조응하는 정책이었다.

군사정부가 취한 농산물가격 안정화정책과 1968년 이후 일정 기간 계속된 고미가정책과 이중곡가제 또한 농촌에 우호적인 분배정책이었다. 1960년대 저임금 노동력 중심의 노동집약적 산업화 정책을 위해 시행된 저미가정책이 농업 생산성을 떨어뜨리고 곡물 수입을 증대시켜 외환수지 균형에 부정적인 영향을 미치자, 권위주의 정권은 농업정책을 기존의 저미가정책에서 고미가정책으로 전환했다.[201] 신품종 개발과 함께 진행된 이러한 정책은 1970년대 농가의 실질소득 상승으로 이어졌다. 실제로 1960년에 도시가구 소득의 60.1%에 불과하던 농가 소득은 1974년이 되면 도시가구 소득의 1.05배로 상승했다.[202] 〈표 11.7〉에서 보는 것과 같이 농촌의 절대빈곤율도 1965년 35.8%에서 1970년 27.9%, 1976년 11.7%, 1980년 9.0%로 낮아졌다. 놀라운 사실은 1970년대 중반부터 농촌의 절대빈곤율이 도시 지역보다 더 낮았다는 것이다. 쌀에 대한 이중곡가제를 시행하

....

200   이만갑(1984). 『공업화와 농촌발전』. 서울: 서울대학교 출판부. p.355; 한도현. "1960년대 농촌사회의 구조와 변화." p.118에서 재인용.
201   정일용. "1960, 70년대의 경제발전과 그 성격." p.211.
202   경제기획원. 『통계연감』; 김태일. "권위주의체제의 등장 원인에 관한 사례연구." p.70에서 재인용.

기 위해서 필요한 지출은 1971년 정부 예산의 30%에 해당하는 연간 1,500억 원에 달해 한국과 같은 경제개발단계에 있는 국가가 시행하기에는 사실상 불가능한 정책이라고 평가했을 정도였다.[203] 농민을 위해 엄청난 규모의 공적 재원이 투여된 것이다.

농가 소득 상승은 공산품의 내수시장을 확대해 제한적이지만 경제개발에 긍정적인 영향을 미쳤다.[204] 박정희 권위주의 정권은 적어도 1960년대 후반에 들어서면 공업 성장을 위해 농업을 무조건적으로 희생시키는 정책을 취하지는 않았다. 권위주의 정권에 대한 정치적 지지가 농촌에서 있었다는 점을 고려하면, 박정희 권위주의 정권의 (경제개발을 저해하지 않는 범위 내에서) 이러한 친농민정책은 권위주의 정권과 농민 간의 연대를 가능하게 하는 연결고리였다. 권위주의 정권은 이중곡가제로 대표되는 정책을 통해 농민을 지원하고 농민은 그 대가로 권위주의 체제를 지지하는 권위주의 정권과 농민 간의 (1930년대 스웨덴에서 사민당 정권과 농민 간에 이루어졌던 '암소 거래(Cow Deal)'와 비교되는) "미곡 거래"가 이루어진 것이다. 권위주의 정권의 농업 포기정책이 공식화한 것은 1980년대 전두환 정권이 들어서면서부터이다.[205]

농산물원조를 위해 농업 개방 정책에서 농업 보호정책으로 돌아선 것도 농민에게 우호적인 분배를 제도화한 정책 중 하나였다. 원조복지체제를 유지하기 위해 불가피했던 농업 개방 정책은 원조가 차관으로 바뀌고, 1967년 4월 16일 '관세 및 무역에 관한 일반협정'에 가입하면서 수입 농축산물에 대해 고율의 관세를 부과하는 정책으로 전환했다. 무역거래법 제9조에 따라 상공부장관이 매년(또는 분기별) 농산물 수입을 승인, 허가, 금지하는 조치를 취했다.[206] 더욱이 앞서 언급했듯이 경제개발 초기에 비료 등 농업생산요소의 수입대체산업이 실패하면서

....

203 박희범(1973). "70년대 한국의 농업정책 방향." 고려대학교 노동문제연구소 기타간행물. pp.7-11. p.11.
204 서익진(2003). "한국 산업화의 발전양식: 축적과 조절의 관점에서." 이병천 편. 『개발독재와 박정희시대: 우리 시대의 정치경제적 기원』. pp.69-97. 서울: 창비. p.79.
205 서익진. "한국 산업화의 발전양식." p.79.
206 허신행(1983). 『貿易政策과 農業發展』. 서울: 한국농촌경제연구원. p.173.

공업과 불균형 성장이 심화되고, 농업이 피폐화되면서 내수시장이 위축되자 무역의존도가 더욱 높아지는 문제가 발생했다. 농업 보호정책은 이러한 문제에 대응해 농민의 소득을 높이고, 무역적자를 줄이기 위해서 필요한 조치였다.[207] 다만 산업화 초기 농업보호를 통해 무역수지를 개선하고 산업화를 가속화하는 정책은 박정희 권위주의 정권만의 특성은 아니었다. 일제도 20세기 초 산업화 과정에서 미곡수입으로 인해 발생한 엄청난 규모의 무역적자를 해소하기 위해 조선에 '산미증식계획'과 같은 농산물 생산증대 정책을 시행했다(제7장 참고).[208]

마지막으로, 농촌에서 진행된 새마을운동에 대한 언급이 필요할 것 같다. 1970년대 초부터 시작된 새마을운동은 분명히 유신체제를 유지하기 위한 권위주의 정권의 통치 전략이었다.[209] 새마을운동이 1930년대에 일제가 조선 민중을 동원하기 위해 벌인 농촌진흥운동에 기원을 두고 있다는 것 또한 분명해 보인다.[210] 한석정의 지적처럼, 새마을운동의 기원이 만주국에 있었을 수도 있다.[211] 하지만 농민의 입장에서 생각해보면 사업비의 절반을 국가가 지원하는 방식은 농촌사회가 그때까지 경험해보지 못한 '국가'의 지원정책이었다. 조선시대는 물론 일제강점기, 미군정, 이승만 정권을 거치면서 농촌은 지배세력의 수탈의 대상이었을 뿐 지원의 대상은 아니었다. 물론 새마을운동에 대한 평가는 논쟁적이다. 새마을운동이 농촌의 소득 증대와 근대화에 일정한 성과를 거두었다는 평가와 한국 사회복지발달사에서 지역사회복지의 가장 대표적 사례라는 평가가 있다.[212] 반면 새마을운동이 농촌공동체를 파괴하고 농민을 정권 수호를 위한 동원 대상으로 전락시켰다는 평가도 있다.[213] 논란이 있지만 분명한 사실은 농민들의 자발

....

207 허신행. 『貿易政策과 農業發展』. p.4.
208 河合和男(1983[1979]). "산미증식계획과 식민지 농업의 전개." 사계절 편집부 편. 『한국근대경제사연구』. pp.375-421. 서울: 사계절. p.376.
209 고성국. "1970년대의 정치변동에 관한 연구." p.137.
210 김영미(2012). "식민지 동원 체제의 역속과 단절." 정근식·이병천 편. 『식민지유산, 국가형성, 한국 민주주의 2』. pp.219-253. 서울: 책세상. p.241.
211 한석정. 『만주모던: 60년대 한국 개발체제의 기원』. p.261.
212 박보영(2011). "지역사회개발사업과 발전주의 복지정치: 박정희 정권의 새마을운동을 중심으로." 『사회복지정책』 38(3): 57-80. p.58.

적 참여가 있었고 고미가정책과 이중곡가제 등 박정희 권위주의 정권의 친농업 정책이 권위주의 정권이 새마을운동을 통해 농민을 동원할 수 있었던 전제였다는 점이다.[214] 실제로 이중곡가제가 철폐되고 증산정책이 해체되자 새마을운동도 동력을 잃었다. 결국 큰 틀에서 보면 박정희 권위주의 정권의 농업정책은 경제개발정책과 동떨어진 별개의 영역이 아니라 그 범위 내에서 작동했던 산업화를 위한 농촌 동원정책이었다고 할 수 있다.

3. 사적 탈상품화, 가족책임주의의 강화

6,70년대 임금노동의 기회, 특히 중화학공업과 같은 대기업에 고용될 기회가 선별적으로 주어지고 복지정책 또한 선별적으로 제도화된 상황에서 한국인은 자신들이 직면한 사회위험에 어떻게 대비하고 견뎌낼 수 있었을까? 고도성장의 시대에 고용이 절대빈곤을 완화한 것은 사실이지만 노동의 상품화만으로는 당시 한국인이 직면한 사회위험을 해결하기는 어려웠을 것이다. 실제로 앞의 〈그림 11.16〉을 보면 1960년대와 1970년대 대부분의 시기 동안 제조업(또는 광공업) 노동자들의 '평균'임금은 도시근로자의 생계비의 절반에도 미치지 못했다.[215] 심지어 평균임금은 1960년대 말까지 가구원의 생존에 필요한 식료품 비용조차 감당하지 못하는 낮은 수준이었다. 노동자의 임금이 식료품 지출보다 높아진 것은 1970년대에 들어서면서부터였다. 한국노총에서 조사한 1977년 말을 기준으로 한 5인 가구의 최저생계비는 162,267원인데, 〈표 11.9〉를 보면 전체 가구의 96.5%의 월소득이 15만 원에 미치지 못했다. 1975년의 평균 가구원 수가 5.0명이고[216] 가구당 평균취업자가 1.34인이었다는 점을 고려해도 한 명의 노동자가

....

213 김영미. "식민지 동원 체제의 연속과 단절." pp.245-246.
214 김영미. "식민지 동원 체제의 연속과 단절." p.249; 홍윤기(2003). "민주화시대의 박정희: 박정희 신격화 담론과 일상적 파시즘 담론에 대한 비판적 고찰." 이병천 편. 『개발독재와 박정희시대: 우리 시대의 정치경제적 기원』. pp.365-398. 서울: 창비. p.387
215 여기서 우리는 이러한 상황이 '평균'임금 수준에 근거한 것이라는 사실을 염두에 두어야 한다.
216 1970년은 5.2명, 1980년은 4.5명이었다. 통계청(2016). "가구원수별 가구구성과 평균 가구원수." 출처:

표 11.9 노동자의 소득계층별 분포(1977년 3월)

월소득(만 원)	구성비(%)	누적구성비(%)	월소득(만 원)	구성비(%)	누적구성비(%)
~4.5	78.8	78.8	~15	2.6	96.5
~5	1.1	79.9	~20	2.0	98.5
~6	1.5	81.4	~30	1.0	99.5
~7	1.8	83.2	~40	0.3	99.8
~8	2.4	85.6	~50	0.1	
~9	2.7	88.3	~70	0.06	
~10	2.8	91.1	~100	0.015	
~12	2.8	93.9	100 이상	0.015	100.0

출처: 김형배(1980). "한국 노동법의 변천." 임종철 · 배무기 편. 『한국의 노동경제』. 서울: 문학과지성사. p.285; 김호기(1999). "1970년 후반기의 사회구조와 사회정책의 변화." 『1970년대 후반기의 정치사회변동』. pp.155-212. 서울: 백산서당. p.165 재인용.

생계비 수준 이상으로 가구원을 부양하기 위해서는 월평균 최소 121,000원을 벌어야 했다.[217] 이렇게 보면 5인 가구를 기준으로 사회위험에 대응할 수 있는 자산을 축적할 수 있는 가구는 전체 노동자 가구 중 6%를 조금 넘는 소수에 불과했다.

1) 조세지출과 감세정책: 개발국가의 복지정책

아마도 낮은 조세는 개인과 가족이 공적복지가 없는 상태에서 생계를 이어가고 사회위험에 대응할 수 있는 사적 탈상품화 기제라는 사적 자산을 구축할 수 있게 한 중요한 전제가 되었을 것이다. 1960~1970년대 산업화를 통해 비록 선별적이었지만 유휴노동력을 상품화시켜 임금소득을 획득할 수 있는 기회를 제공해주고 여기에 세금까지 낮았다면 개인과 가족은 자신이 번 소득 중 일부는 생계를 위해 사용하고 나머지는 장래에 발생할지도 모르는 사회위험에 대응해 자산축적을 했을 것이다. 권위주의 정부가 지속적으로 임금소득에 대한 소득세 감면정책

....

http://www.index.go.kr, 접근일 2016년 12월 5일.
217 김형배. "한국 노동법의 변천." p.286; 김호기. "1970년 후반기의 사회구조와 사회정책의 변화." p.166에서 재인용. 121,000원은 5인 가구 최저생계비인 162,267원을 가구당 평균취업자 수 1.34로 나눈 값이다. 이러한 수치는 가구원 수에 따른 가중치가 고려되지 않았다는 점을 염두에 둘 필요가 있다.

을 실시하고 가구소득의 면세점을 둘러싸고 야당과 권위주의 정권 간에 경쟁 구도가 형성되기도 했을 만큼 소득세 감면은 공적복지가 없는 상태에서 공적복지를 대신하는 역할을 했다.[218] 특히 1974년 1월 14일 "국민생활의안정을위한대통령긴급조치"는 감세가 기업의 투자를 촉진하는 산업정책에서 가구의 실질 가처분 소득을 높이는 개발국가의 분배정책으로 확장되는 분명한 전환점이 되었다. 긴급조치로 소득세 납부대상의 85%가 면세 대상이 될 정도였다.[219] 실제로 임금소득의 면세점은 1970년에 연 12만 원에서 1974년에 연 66만 원으로 상승했고 1979년에는 186만 원까지 높아졌다.[220]

그렇다고 박정희 권위주의 정권이 감세정책만 취한 것은 아니었다. 종합소득세제 도입 등 세수를 늘리기 위한 조치도 취했다. 하지만 이러한 모순적 조세정책이 김미경이 이야기한 것처럼 단순히 증세와 감세를 반복하면서 단순히 세수규모를 유지한 것은 아니었다.[221] 이러한 주장은 반은 맞고 반은 틀렸다. 〈그림 11.18〉을 보면 군사쿠데타로 집권한 박정희가 민정이양을 준비했던 1962년부터 제3공화국 초기인 1964년까지 조세부담률은 10.7%에서 7.1%로 낮아졌다. 하지만 1964년부터 1979년까지 조세부담률은 등락은 있었지만 지속적으로 높아져 1979년의 조세부담률은 1964년보다 2.4배나 높아졌다. 불과 15년 만에 GDP 대비 조세부담률이 두 배 반이나 상승한 것이다. 사실 1979년 16.9%의 조세부담률은 1990년대 조세부담률보다 높은 수준이었다. 한국의 조세부담률은 2000년대에 들어서면서 비로소 17%를 넘었다.[222] 다시 말해 반공개발국가 시기에 한국의 조세 부담은 결코 감소하지 않았다. 앞서 언급했던 것처럼 경제개발을 위해 모든

....

218 김도균(2013). "한국의 자산기반 생활보장체계의 형성과 변형에 관한 연구: 개발국가의 저축동원과 조세정치를 중심으로." 서울대학교 대학원 사회학과 박사학위논문. pp.75-76.
219 김미경(2018). 『감세국가의 함정』. 서울: 후마니타스. p.183.
220 면세점은 "근로소득공제에 기초공제, 배우자공제, 부양가족공제(3인 기준) 등 인적공제액을 합한 금액으로, 5인 가족 기준 근로소득자의 임금소득이 면세점 이하이면 소득세를 완전히 면제받는 것을 의미한다." 김도균. "한국의 자산기반 생활보장체계의 형성과 변형에 관한 연구." pp.84-85.
221 김미경. 『감세국가의 함정』. p.203.
222 통계청(2016). "조세부담률." 출처: http://www.index.go.kr, 접근일 2016년 12월 5일.

그림 11.18 조세부담률과 개인순저축률의 변화 추이(1961~1979년, %)

출처: 한국경제 60년사 편찬위원회. 『한국경제 60년사 1: 경제일반』. p.215; 통계청(2016). "저축률." http://www.index.go.kr,
접근일 2016년 12월 4일.

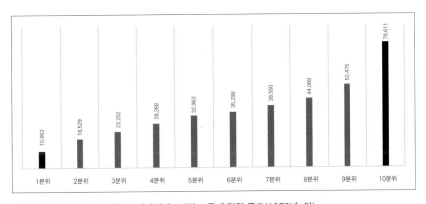

그림 11.19 소득계층에 따른 도시가계의 1인당 소득세 감면 규모(1979년, 원)

출처: 김도균. "한국의 자산기반 생활보장체계의 형성과 변형에 관한 연구." p.88.

자원이 동원되어야 하는 시기에 세금을 낮추는 것은 반공개발국가의 선택이 될
수 없었다.

　하지만 조세부담은 역진적이었다. 예를 들어 소득세 감면은 고소득자에게
유리한 대표적인 역진적 분배정책이었다. 〈그림 11.19〉에서 보는 것과 같이 1979
년 도시가계의 소득세 경감으로 인한 1인당 연간 가처분소득의 증가 규모를 보
면 하위 1분위(10%)는 10,863원 증가한 데 반해 상위 10분위(10%)는 하위 1분

위의 8배에 달하는 79,611원이 증가했다.[223] 소득 상위계층으로 갈수록 소득세 감면으로 인한 가처분소득 증가분의 절대 규모는 더 컸다. 권위주의 반공개발국가의 조세정책은 역진적이었기 때문에 부자들의 조세 부담은 덜어주었지만 중하위층의 조세 부담은 증가시켰다. 권위주의 정권은 누진적 세율이 적용되는 소득세는 낮추었지만[224] 역진적 성격이 강한 간접세인 부가가치세를 도입해 전체 세수 규모를 확대했다. 조세 구성에서 직접세와 간접세의 비중은 1960년 53.9% 대 46.1%에서 1975년이 되면 40.1% 대 59.9%로 직접세와 간접세의 비중이 역전된다.[225]

권위주의 정권은 누진적 세금의 감소를 역진적 세금의 증세로 보충하는 방식으로 조세 부담을 부유층에서 저소득층으로 전가시켰던 것이다. 권위주의 반공개발국가 시기의 조세정책은 중상층 이상에게는 금융 및 부동산 자산을 축적할 기회를 제공해 이들의 사적 안전망을 튼튼히 할 수 있는 기회를 제공했다. 권위주의 정권의 조세정책이 소득계층 간 불평등을 증가시키고 중상층과 비교해 저소득층의 자산 형성을 제약했던 것이다. 실제로 저소득 노동자를 위한 대표적인 자산형성제도라고 알려진 '근로자재산형성저축'은 1979년에 203만 계좌가 개설되고 수입부금의 규모도 3천억을 넘었지만 계좌당 저축액은 133,000원에 불과했다.[226] 5인 가구의 한 달 최저생계비 278,000원의 절반(47.8%)에도 미치지 못하는 규모였다.[227] 대부분의 사람들은 자신의 노동력을 팔아 절대빈곤에서 겨우 벗어나는 수준이었지 개인적으로 자산축적을 통해 사적 사회보장체계(사적 탈상품화)를 갖출 수 있는 경제적 여력은 거의 없었다.

이렇게 보면 공적복지의 확대를 가로막는 중요한 장애물은 낮은 세율만의

....

223 김도균. "한국의 자산기반 생활보장체계의 형성과 변형에 관한 연구." p.88.
224 김종인에 따르면, 1970년대 중반에 소득세의 면세점을 대폭 상향한 것은 북한이 직접세를 폐지하고 이를 대남선전도구로 사용한 것에 대한 대응이었다고 한다. 김도균. "한국의 자산기반 생활보장체계의 형성과 변형에 관한 연구." p.73.
225 한국경제 60년사 편찬위원회. 『한국경제 60년사 1: 경제일반』. p.587.
226 김도균. "한국의 자산기반 생활보장체계의 형성과 변형에 관한 연구." p.103.
227 이원보. 『한국노동운동사 5: 경제개발기의 노동운동, 1961~1987』. p.342.

문제가 아니었다. 조세 부담이 높아지고 있음에도 조세 부담이 공평하지 못했다는 점과 늘어난 세금이 복지 확대를 위해 사용되지 않았다는 점을 지적해야 한다. 조세 부담이 역진적이라도 세출을 통해 공적복지를 보편적으로 확대했다면 소득 불평등을 완화할 수 있겠지만 이러한 선택은 권위주의 반공개발국가로서는 가능한 선택이 아니었다. 이 시기는 경제성장이 곧 절대빈곤을 해결하고 시민의 삶을 윤택하게 할 것이라는 성장이데올로기가 지배했던 때였다. 증가된 세금이 공적복지에 쓰일 가능성은 거의 없었다. 더욱이 남북이 적대적으로 대치하고 있는 상황에서 국방비 지출은 복지 확대를 봉쇄하는 좋은 명분과 현실적 이유가 되었다.[228]

2) 가계저축, 선택받은 소수의 사적 탈상품화

가계저축과 같은 자산 형성은 한국의 고유한 사적 탈상품화 체계를 형성했다. 핵심은 낮은 세금이 자산 형성을 가능하게 하고 이렇게 형성된 자산이 공적복지를 대신해 사적 탈상품화 역할을 수행했다는 것이다. 실제로 〈그림 11.18〉에서 보았던 것처럼 개인순저축률[229]은 1961년부터 1979년까지 등락은 있었지만 지속적으로 상승했다. 하지만 조세부담률과 가계저축률 간의 관계는 일반적 통념과 배치된다. 왜냐하면 조세율과 가계저축률 간의 상관관계는 국가 간 횡단비교에서 반비례 관계로 나타나기 때문이다.[230] 반면 권위주의 반공개발국가 시기 한국에서는 조세부담률과 가계저축률이 동시에 높아지는 즉 조세부담률과 가계저축률 간의 정비례 관계가 발견된다. 고도성장의 시기에 가구는 생계비 지출과 높아지는 세금을 부담하고도 남는 소득을 저축해 사적 자산을 축적할 수 있었다. 다시 말해, 절대적인 부가 급격히 상승하는 시기에 조세율과 가계저축률이 반드

....

228 김연명. "한반도의 냉전체제가 남북한 사회복지에 미친 영향."
229 개인순저축률은 가계저축률과 동일한 개념이며, 세금과 이자를 제외한 개인의 가처분소득 중 소비에 지출한 액수를 제외하고 남은 돈의 비율을 의미한다. 소득 중 개인이 미래에 발생할 위험에 대비해 비축할 수 있는 비율을 의미한다고 할 수 있다.
230 김도균. "한국의 자산기반 생활보장체계의 형성과 변형에 관한 연구." pp.14-15.

시 부(負, -)의 상관관계를 가질 이유는 없다.

조세부담률과 가계저축률이 정(正, +)의 관계를 갖고 세금의 증가보다 소득의 증가가 더 크다고 해도 '사적 탈상품화 체계'가 보편적으로 받아들여지기 위해서는 여전히 해결해야 할 문제가 있다. 만약 가계저축의 증가가 보편적 현상이라면 적절한 공적복지체제가 갖추어지지 않은 상태에서 가계저축은 공적복지의 기능적 등가물의 역할을 할 수도 있었을 것이다. 물론 일부이건 보편적이건 가계가 가계소비를 제외하고 저축할 수 있는 여력이 생긴 것은 산업화 과정에서 이루어진 노동력의 상품화 때문이다. 문제는 가계저축의 보편적 증가가 적어도 권위주의 반공개발국가 시기에는 나타나지 않았다는 것이다. 앞서 제시한 〈표 11.9〉 "노동자의 소득계층별 분포"에서 보는 것과 같이 1977년 기준으로 5인 가구의 가계지출보다 높은 소득을 버는 임금노동자는 (산술적이지만) 전체 노동자의 6.1%에 불과했다. 이는 가계저축의 증가가 보편적 현상이 아니라 상대적으로 고소득을 올리는 집단에 국한된 아주 예외적인 현상이라는 것을 이야기해주고 있다. 1970년대에 들어서면서 소득 불평등을 나타내는 지니계수가 상승하기 시작한 것도 이러한 현상을 방증하는 근거가 될 수 있다.

이렇게 보면 "가계저축이 그동안 삶의 안정성을 확보하는 매우 중요한 수단으로서 사실상 공공복지의 역할을 대신해왔다는 것을 보여준다."라는 주장은[231] 권위주의 반공개발국가 시기에는 매우 제한된 계층에 국한된 이야기라고 할 수 있다. 더욱이 사적복지는 공적복지를 대신할 수 없다. 공적복지는 사회적 연대에 근거해 보편주의와 시민권에 기초한 복지체제를 지향하는 데 반해 사적 탈상품화의 기반이라고 할 수 있는 가계저축, 사적 자산, 사보험 등은 사회적 연대, 시민권 등과는 아무런 관련이 없는 지극히 사적인 문제이다. 물론 국가가 다양한 제도를 통해 개인이 사적 자산을 축적하고 이를 통해 사적 탈상품화 체계를 구축하는 데 제도적·재정적 지원을 할 수는 있다. 하지만 그렇다고 해서 사적으로 축적된 자산이 공적복지를 대신하는 것은 아니다. 일부 계층에서 사적 자산이 결과적

....

231 김도균. "한국의 자산기반 생활보장체계의 형성과 변형에 관한 연구."

으로 공적복지와 유사한 기능(기능적 등가물)을 수행할 수는 있지만 결코 공적복지의 대체물이 될 수는 없다. '사적 탈상품화 체계'가 공적복지를 대신할 수 없는 핵심적인 결함은 철저히 사적 소유에 기초한 사적 자산으로는 사회위험에 대해 보편적으로 대응할 수 없기 때문이다. 만약 '사적 탈상품화 체계'가 소득계층과 무관하게 보편적으로 나타난 현상이라면 반공개발국가 시기에 입원비가 없어서 응급실 진료를 거부당하고 치료를 받지 못해 사망하는 사례가 빈발하지는 않았을 것이다.[232]

더욱이 자산 형성은 지극히 불평등하게 이루어졌기 때문에, '사적 탈상품화 체계'는 자산 불평등을 설명하는 다른 표현인 것이다. 1961년부터 1979년까지 연평균 실질금리는 3.9%에 불과했고,[233] 〈그림 11.15〉 "실질임금과 노동생산성 증가율의 동향"에서 보듯이 실질임금도 3.4배 오르는 데 그쳤다. 반면 1963년부터 1979년까지 16년간 토지 가격은 무려 187.3배나 올랐다.[234] 이는 평범한 노동자가 소비지출을 줄여 설령 저축을 했다고 해도 시간이 지날수록 자산 불평등은 점점 더 심화되었다는 것을 의미한다. 권위주의 반공개발국가 시기에 토지와 같은 자산을 구매할 수 있는 사람은 소득이 지출보다 많은 극히 일부 계층에 제한되었다. 이처럼 우리가 자산 불평등이 소득 불평등보다 더 심각하다는 사실을 인지하고 있다면 사적 탈상품화가 특별한 소수에게 집중된 매우 불평등한 사적 보장체계라는 것을 알 수 있을 것이다.

정리하면, 선별적 상품화는 당시 사람들을 절대빈곤에서 벗어나게는 했지만 선별적인 방식으로 공적 사회보장체계를 구축하게 했고 사회위험에 대한 사적 대응체계 또한 중상위층을 중심으로 선별적으로 구축되는 출발점이었다. 그러므로 개인의 복지에 대한 가족책임주의 또한 보편적 현상이 아니라 중상위계층에게만 적용될 수 있는 사적복지 원리였다. 권위주의 반공개발국가 시기 내내 중하

....

232 신언항. "의료보험발전 단계별 정책형성에 관한 연구." p.77.

233 한국경제 60년사 편찬위원회. 『한국경제 60년사 1: 거시경제』. p.214.

234 이정우(2003). "개발독재와 빈부격차." 이병천 편. 『개발독재와 박정희시대: 우리 시대의 정치경제적 기원』. pp.213-243. 서울: 창비. p.242.

층 이하 서민들의 대부분은 사회위험에 대한 어떤 안전망도 없이 자신의 노동력을 상품화시키는 것에만 의지해 하루하루 생활을 이어가는 힘겨운 삶을 살아가야 했다.

4. 공적 사회보장제도

외형적으로 보면 군사쿠데타가 발발한 1961년 5월 16일부터 1963년 12월 군정이 민정으로 이양되기 전까지의 2년 7개월은 사회복지정책이 대량으로 입법된 시기였다. 박정희가 군사쿠데타의 최종 목적이 "민주복지국가"를 건설하는 것이라고 주장했다는 점을 고려하면 이 시기의 복지 관련 대량입법은 당연한 조치였다. 박정희는 1961년 7월 3일 국가재건최고회의 의장에 취임하면서 "진정한 민주복지국가를 건설하는 데 총 역량을 집중하여야 한다."고 선언했다.[235] 1962년 7월 28일 박정희는 최고회의 의장 명의로 '사회보장제도 확립'이라는 지시각서를 내각수반에 하달했다. 각서의 내용은 다음과 같다.

> "첫째, 國民所得을 增加시키고 失業, 疾病, 老齡 등의 生活危險으로부터 國民을 保護하여 福祉國家를 早速히 이룩함은 우리의 궁극의 目標이다. 둘째, 이미 生活保護法을 公布하여 要求護者에 對한 扶助를 實施하고 있지만 國民과 企業主, 政府가 같이 參與하여 連帶的으로 國民生活을 保障하는 相互的인 社會保障制度가 經濟開發計劃과 並行하여 推進되어야 한다. 셋째, 社會保障制度의 重要한 部門인 諸社會保險中, 實施에 比較的 容易한 保險을 選擇하여 着手하고, 이 示範事業을 通하여 우리나라에 適合한 制度를 確立토록 措置한 것 등이다."[236]

시정연설과 지시각서를 보면 군사정부가 사민주의 체제를 지향했던 것 같은

....

235 국가재건최고위원회 편(1973). 『박정희대통령 연설문집 1』. 대통령비서실. p.4; 한준성. "박정희가 만든 집." p.332에서 재인용.

236 손준규. "韓國의 福祉政策 決定過程에 對한 硏究." p.36.

착각이 들 정도이다. 군사정부는 경제개발과 복지 확대가 병행되어야 한다고 인식했고, 사회적 연대가 공적복지를 확대하고 복지국가를 만드는 핵심 원리라는 것도 분명히 이해하고 있었던 것 같다.[237] 이러한 당시 군사정부의 정치적 수사를 이해하면 왜 군사정부 기간 동안에 〈표 11.10〉과 같이 많은 복지정책이 제도화되었는지 이해할 수 있다. 물론 제정된 복지제도 중 다수가 원호대상자와 군인에 관한 것이지만,[238] 군사정부 당시에 제정된 복지 입법은 생활보호법이라는 공공부조부터 사회서비스 전달과 관련된 사회복지사업법, 산업재해보상보험과 의료보험과 같은 사회보험법 등 거의 모든 복지정책 분야를 포괄하고 있었다. 입법 자체만 놓고 보면 한국 복지정책의 제도적 기원이 권위주의 반공개발국가에 있는 것처럼 보인다. 그러나 앞서 이미 언급했듯이 복지정책이 이렇게 대량으로 입법화되었음에도 불구하고 GDP 대비 사회복지지출은 거의 변화가 없었다. GDP 대비 사회지출의 비율은 1962년에 1.3%에서 대량입법이 끝난 1964년에는 오히려 0.9%로 낮아졌다. 권위주의 반공개발국가 시기 GDP 대비 사회지출은 1979년을 제외하면 1.0%대를 벗어나지 않았다. 공적 사회보장제도는 선택적으로 상품화된 노동력에게 제공되는 선별적 탈상품화 수준을 넘지 못했다. 공적복지는 시장에서의 선택적 상품화를 보완하는 수준에 머물렀다. 더 정확히 말하면, 당시 한국 복지체제의 구성에서 공적복지는 시장은 물론 개인과 가족의 사적 자산에 의존하는 사적 보장체계보다도 더 미미한 지위에 있었다. 공적복지의 이러한 특성을 염두에 두고 권위주의 반공개발국가 시기의 공적 사회복지정책을 간단하게 검토해보자.

....

237 손준규에 따르면, 박정희의 '지시각서'는 사회보장심의위원회 전문위원들의 주장과 거의 유사했고, 당시 고위관료들은 전문위원들의 "부단한 설득을 받아 사회보장에 대한 이해를 깊게 했으며, 또한 사회보장을 반드시 실시해야 한다는 결심도" 생겼다. 손준규. "韓國의 福祉政策 決定過程에 對한 硏究." p.37.
238 남찬섭. "1960년대의 사회복지②." pp.35-36.

표 11.10 권위주의 반공개발국가 시기의 복지 관련 주요 입법 사례

복지제도	제정 연도	주요사항
군사원호대상자정착대부법		자활을 위한 저리자금 대부
군사원호대상자임용법	1961.7.5.	군 제대자와 전사자 유족의 국가기관, 공기업에 우선 고용
군사원호대상자고용법		군 제대자와 전사자 유족 우선 고용
갱생보호법	1961.9.30.	재범 방지와 자활독립의 경제기반 조성
고아입양특례법		고아 입양(외국 입양은 민법)
군사원호보상법		군사원호대상자의 보호와 보상
전몰군경유자녀보호법	1961.11.1.	전몰군경의 유자녀 취학 지원
군사원호특별회계법		군사원호와 관련된 특별회계
윤락행위등방지법	1961.11.9.	윤락행위 방지와 풍기 정화, 인권 존중
직업안정법	1961.12.6.	유휴노동력 활용
아동복리법	1961.12.30.	보호자가 양육할 수 없는 아동 복지
생활보호법		근로 능력 상실로 인해 생활 능력이 없는 자에 대한 보호
재해구호법	1962.3.20.	비상재해 발생 시 응급구호
군인보험법	1962.3.21.	전역 또는 사망 후 생활안정
군사원호보상급여금법	1962.4.16.	군사원호보상법에 규정된 연금과 제 수당에 관한 규정
국가유공자및월남귀순자특별원호법		본인과 유족에 대한 특별원호
군인연금법	1963.1.28.	본인과 유족에 대한 급여
원호재산특별처리법	1963.7.26.	사용이 허가된 국유/귀속재산의 증여
원호대상자직업재활법		원호대상자 직업재활
산업재해보상보험법	1963.11.5.	업무상의 재해보상
사회보장에관한법률		사회보장사업의 관장 및 사회보장심의위원회
의료보험법	1963.12.16.	1976.12.22. 임의가입을 강제가입으로 개정(500인 이상 사업장)
사회복지사업법	1970.1.1.	사회복지사업에 관한 기본 규칙
사립학교교직원연금법	1973.12.20.	사학연금에 관한 법률
의료보호법	1977.12.31.	취약계층에 대한 의료보호 제공(의료급여법)
공무원및사립학교교직원의료보험법		공무원과 사립학교 교직원 의료보험

출처: 국가법령정보센터. http://law.go.kr, 접근일 2016년 12월 5일.

1) 공공부조: 조선구호령의 지속과 선별적 상품화

시민의 대부분이 절대빈곤에 놓여 있는 상태에서 군사정권이 가장 시급하게 해결해야 할 과제는 먹고사는 문제였다. 이를 반영하듯 군사원호대상자와 관련된 복지 입법을 제외하고 군사정부가 가장 먼저 제정한 복지 법안이 '생활보호법'이었다. 하지만 생활보호법은 취약계층에 대한 새로운 복지제도를 입법한

것이 아니라 1944년 일제강점기에 제정된 '조선구호령'을 (법률 명칭만) 대체한 것에 불과했다. 1961년 12월 30일에 제정된 '생활보호법' 부칙 제2항을 보면 "단 기 4277년 3월 제령 제12호 조선구호령은 본법 시행일에 이를 폐지한다."라고 적시되어 있다. 예를 들어, 공공부조의 수급대상자를 제약하는 독소조항인 부양 의무자 기준은 조선구호령에서 처음으로 적시된 이래 생활보호법에도 그대로 유지된다.[239] 조선구호령 제28조 제1항을 보면 "구호를 받는 자에 대하여 부양의 의무를 이행하여야 하는 자가 있는 때에는 그 의무의 범위 내에서 구호에 필요한 비용을 부담한 부(府) 읍(邑) 면(面) 또는 도(道)는 비용의 전부 또는 일부를 그 자 로부터 징수할 수 있다."라고 규정되어 있다.[240] 생활보호법에는 제3조 제1항에 "본법에 의한 보호대상자는 (…) 부양의무자가 없거나 부양의무자가 있어도 부 양할 능력이 없는 경우의 자에 한한다."라고 적시되어 있다.[241] 보호대상에 있어 서도 〈표 11.11〉에서 보는 것과 같이 생활보호법과 조선구호령의 구호대상자는 거의 똑같다. 다만 생활보호법의 대상 중 아동의 연령이 '조선구호령'의 경우 만 13세 이하인 데 반해 생활보호법에는 18세 미만으로 상향되었다. 생활보호법에 서도 미군정 시기의 '후생국보 3C호'에 의해 구호대상으로 포함되었던 실업자는 제외되었다.   .

생활보호법에 따르면 법의 대상자에 대해 생계보호, 의료보호, 해산보호, 상 장보호(장례)를 제공하는 것으로 명시되어 있었지만, 실제 보호는 보호대상자 중 일부에게 소맥분(밀가루)을 지급하는 정도에 불과했다. 1965년 기준으로 생활보 호법의 대상자는 3,797,000명으로 전체 인구의 13.5%에 달했지만 실제 보호급

....

239 시민권에 근거해 제도화된 공공부조라는 현재의 '국민기초생활보장제도'에도 여전히 효력을 발휘하 고 있는 '부양의무자' 기준은 '조선구호령' 이래 계속 유지되고 있다.

240 국가법령정보센터. (2016). 「조선구호령」. http://law.go.kr, 접근일 2016년 12월 6일; 국가법령정보센 터. (2016). 「생활보호법」. http://law.go.kr, 접근일 2016년 12월 6일.

241 부양의무자 기준이 생활보호법에서 처음으로 도입되었고 부양의무자 기준이 1982년 개정 생활보호 법부터 법률에 명기되었다는 신선희의 주장은 사실과 다르다. 신선희(2015). "한국 근대 공공부조제 도의 지속과 변화: 역사적 신제도주의 관점에서." 서울시립대학교 대학원 사회복지학과 박사학위논문. pp.113-114. 부양의무자 기준은 위에서 언급한 것처럼 조선구호령 제28조에 규정되어 있었고, 1961 년 생활보호법 제정 당시에도 제3조 제1항에 명시되어 있었다.

표 11.11 시대별 공공부조의 보호대상자 비교

공공부조	대상
'조선구호령' 1944년 3월 1일	65세 이상의 노약자, 13세 이하의 유자, 임산부, 불구, 폐질, 질병, 상이 기타 정신 또는 신체장애로 인하여 노무를 하기에 장애가 있는 자
미군정 3호, 3A, 3C호 1946년 1월 12일	3호(65세 이상, 6세 이하 아동이 있는 모, 13세 이하 소아, 불치병자, 분만 시 도움이 필요한 자, 정신적, 육체적 결함이 있는 자로 구호시설에 수용되지 않고, 가족이나 친척이 없으며, 노동 능력이 없는 자). 3A(이재민, 피난민). 3C(궁민, 실업자).
'생활보호법' 1961년 12월 30일	65세 이상의 노쇠자, 18세 미만의 아동, 임산부, 불구, 폐질, 상이 기타 정신 또는 신체의 장애로 인하여 근로 능력이 없는 자, 기타 보호기관이 본법에 의해 보호를 필요로 한다고 인정하는 자(18세 미만 아동과 양육하는 모, 부득이한 사정으로 부양을 받을 수 없는 자)

출처: 국가법령정보센터. http://law.go.kr 제9장 〈표 9-9〉 미군정의 구호준칙, 접근일 2016년 12월 6일.

여는 거택보호대상(생활무능력자)로 분류되는 283,000명에게만 1인당 1일 밀가루 250그램을 지급하는 것에 그쳤다.[242] 1975년에 들어서야 대상자가 33만 명으로 확대되었고 급여도 일일 300그램으로 증가했다. 1977년부터는 소맥분과 함께 백미 0.7홉과 정맥 0.3홉을 추가 지급했고 의료보호를 제공했다. 1979년부터는 밀가루 350그램과 정곡의 지급량을 두 배로 늘리는 동시에 월 2천 원의 연료비와 중학생 자녀에 대한 학비를 전액 지원했다. 생활보호법에 적시되어 있지 않은 교육부조가 시행된 것이다. 생활무능력자가 아닌 영세민의 경우에는 생활보호법에 의한 급여를 제공받지 못했다. 다만 영세민에 대해서는 1974년 4월부터 연료비를 지원하고 9월부터는 대통령령 제9495호로 중학생 자녀에 대한 학비를 전액 지원했다.[243]

생활보호법의 실행에 소요되는 예산은 1962년 기준으로 9억 9천만 원 정도였는데, 이는 당해년도 보건사회부 전체 예산의 51%에 해당하는 규모였다.[244]

....

242 전광희(1999). "1970년대 전반기의 사회구조와 사회정책의 변화." 정신문화연구원 편. 『1970년대 전반기의 정치사회변동』. 서울: 백산서당. p.175; 보건복지70년사 편찬위원회(2015). 『보건복지70년사: 가난의 시대에서 복지사회로』. 서울: 보건복지부. pp.83-84.

243 한국경제 60년사 편찬위원회(2010). 『한국경제 60년사 V: 사회복지 · 보건』. 서울: 한국개발연구원. p.313.

244 보건복지70년사 편찬위원회. 『보건복지70년사』. p.86.

1961년부터 1979년까지 생활보호법을 집행하는 데 소요된 예산은 보건사회부 예산의 적게는 46.7%(1975년)에서 많게는 71.9%(1965년)에 달했다. 생활보호 제도는 보건사회부의 가장 중요한 복지정책이었고, 사실상 보건사회부는 공공부조를 집행하는 '공공부조부'였다고 할 수 있다. 다만 기억해야 할 사실은 1960년대 초까지는 취약계층에 대한 공적지원이 대부분 외국 원조를 통해 조달되었다는 점이다. 1962년을 기준으로 보면 취약계층에 대한 공적지원의 93%를 외국 원조에 의존했다.[245] 1960년대 중반에 들어서면서 보건사회부 예산 중 생활보호예산 비중이 급증한 것은 〈그림 11.5〉에서 보았던 것처럼 무상원조의 대폭적인 감소와 관계가 있다고 할 수 있다. 더욱이 1969년에 이르러서야 생활보호제도를 위한 별도의 예산이 책정될 정도로 이 시기 동안 생활보호제도는 정부의 재정 형편에 따라 임시적으로 운영되었다.[246]

마지막으로 생활보호법과 관련해 반드시 언급해야 할 사실은 생활보호법이 전근대적인 구호정책의 핵심 특징 중 하나인 노동 능력자와 무능력자를 구분해 급여를 제공했다는 점이다. 노동 능력이 있다고 판단되는 영세민은 도로, 교량, 제방 축조, 상하수도 건설 등과 같은 사회간접시설을 건설하는 데 동원되었고 그 대가로 급여를 제공받았다.[247] 1963년을 기준으로 이런 사회간접시설 건설에 동원된 영세민은 연인원 기준으로 무려 2,636만 명에 달했다. 경제개발이 모든 가치를 압도하고 있던 당시 시민권에 근거한 생존권 보장은 상상하기 어려웠다. 권위주의 반공개발국가의 공공부조는 노동 능력자와 무능력자를 구분하고, 무능력자에 대해서만, 그것도 부양가족이 없거나 부양가족의 부양 능력이 없는 경우에 한해 최소한의 생존에 필요한 식료품을 제공하는 것에 그쳤다. 1968년 7월 23일에 제정된 「자활지도에 관한 임시조치」는 경제개발 시대의 공공부조가 갖는 역할에 대한 제도적 표현이었다.[248] 미발달한 공공부조라는 개발국가(developmen-

....

245 신선희. "한국 근대 공공부조제도의 지속과 변화." p.87.
246 안상훈. 『현대 한국복지국가의 제도적 전환』. p.26.
247 보건복지70년사 편찬위원회. 『보건복지70년사』. pp.87-88.
248 남지민. "한국 복지체제의 발전주의적 성격에 관한 연구." p.279.

tal state) 복지체제의 전형적 특징을 보여주고 있다고 할 수 있다.

정리하면 6,70년대 공공부조의 대표적 제도라고 할 수 있는 생활보호법은 법에 규정된 대상자를 포괄하지 못했던 것은 물론이고 법정급여조차 제대로 지급하지 않았다. 노동 능력이 있는 빈곤층은 경제개발을 위한 건설사업에 저임금 노동자로 동원되었다. 결국 공공부조 또한 노동 능력이 있는 취약계층의 노동력을 선별적으로 상품화하는 '선별적 상품화'라는 박정희 권위주의 정권의 복지체제의 틀에서 벗어나지 않았다. 다른 점이 있다면 선별적 상품화의 주체가 시장이 아닌 국가였다는 것이다. 권위주의 국가에 의해 경제개발이 강제되던 시기에 공공부조는 1970년대 후반에 들어서야 비로소 사회적 쟁점으로 등장하기 시작했다.[249] 여하튼 지금도 다르지 않지만 이 시대는 일하지 않으면 먹지도 말아야 하는 시대였다.

2) 사회보험: 개발국가 친화적 복지정책?

군사정부의 국가재건최고회의가 1963년 11월 5일 제정한 "사회보장에관한법률"은 두 가지 점에서 1960년대 이후 한국 복지체제의 성격을 결정하는 원칙을 담고 있다. 하나는 한국 복지체제를 사회보험과 공공부조를 중심으로 발전시켜나가겠다는 점을 분명히 한 것이다. 법률 제2조(사회보장의 정의)에는 "사회보장이라 함은 사회보험에 의한 제 급여와 무상으로 행하는 공적부조를 말한다."라고 명시되어 있고, 제1조(목적)에는 "이 법은 국민의 인간다운 생활을 도모하기 위한 사회보장제도의 확립과 그 효율적인 발전을 기함을 목적으로 한다."라고 명시되어 있다. 즉, 군사정부는 한국의 복지체제를 사회보험과 공공부조를 중심으로 확대할 것이라는 점을 분명히 했다. 실제로 "사회보장에관한법률"은 이후에 한국 복지체제의 확대 방향을 결정한 지침이 된다.

그러면 왜 군사정부는 사회보험을 중심으로 한국 복지체제의 확장을 기획

....

249 영세민에 대한 의료문제가 1970년대 후반에 사회문제가 되었고, 이에 따라 1977년 12월에 의료보호법이 제정되었다. 직접적으로 생활보호법이 쟁점이 된 것은 아니지만, 1970년대 후반에 들어서면서 공공부조의 일환인 취약계층에 대한 의료서비스가 사회적 재정으로 등장했다.

했던 것일까? 개발국가 복지체제의 일반적 특성이 선별적 상품화와 이에 기초해 선별적으로 복지 대상을 확대하는 것이었다는 점을 고려하면[250] 왜 군사정부가 사회보험을 중심으로 복지를 확대하려고 했는지 추정할 수 있다. 실제로 "사회보장에관한법률" 제3조 제3항을 보면 "사회보장사업은 국가의 경제적 실정을 참작하여 법률이 정하는 바에 의하여 행한다."라고 되어 있다. 다시 말해 군사정부는 사회보험을 경제개발이라는 목표를 달성하는 데 걸림돌이 되지 않는 복지정책이라고 판단했던 것 같다. 실제로 개발국가가 사회보험을 선호한 이유는 재원의 대부분을 조세를 통해 조달하는 공공부조나 아동수당, 기초연금 등의 수당제도와 달리 사회보험의 재원은 피고용자인 노동자와 기업주의 기여금으로 조성되기 때문에 대규모 국가재정을 투여하지 않고도 복지를 확대할 수 있었기 때문이다. 예를 들어, 산재보험은 국가의 재정 부담을 최소화하면서 노동자 재해를 효과적으로 보상해줄 수 있는 제도였기 때문에 도입되었다.[251]

하지만 이러한 설명은 반은 맞고 반은 틀렸다. 제4절에서 논의한 것과 같이 당시 한국은 경제개발을 위해 이용 가능한 모든 국내자본을 동원해도 경제개발에 필요한 자본을 조달할 수 없는 상황이었다. 더욱이 국가가 은행을 통제하고 있고 재벌기업의 자본 대부분이 차입금으로 이루어진 상황에서 사회보험의 재원을 국가와 기업 중 누가 부담할지는 중요한 문제가 아니었다. 경제개발 시대에 자본은 내자건 외자건 모두 국가를 경유해 기업에 제공되었고, 권위주의 반공개발국가가 제공하는 금융상의 특혜가 없었다면 재벌의 성장은 불가능했다. 그러므로 산재보험은 단지 국가의 재정 투입을 최소화할 수 있었기 때문이 아니라 국가와 기업 모두 추가적인 재원을 지출하지 않고도 제도를 효율적으로 운영할 수 있었기 때문에 제도화되었다. 산재보험 시행 당시에 대상 기업을 500인 이상의 대기업으로 한정한 것도 이들 대기업에서는 산업재해에 대해 이미 근로기준법에 따라 보상해주고 있었기 때문에 산재보험이 도입된다고 해도 기업의 재정 부담

....

250 남지민. "한국 복지체제의 발전주의적 성격에 관한 연구." p.279.
251 우명숙(2008). "산업재해보험." 양재진·김영순·조영재·권순미·우명숙·정흥모 공저. 『한국의 복지정책 결정과정: 역사와 자료』. pp.17-63. 서울: 나남. p.18.

이 추가적으로 증가할 가능성은 크지 않았다. 이러한 설명은 왜 산재보험은 제도화되었는데 의료보험은 유명무실한 임의가입 형식으로 도입되었는지를 비교해도 잘 드러난다.

강제가입을 전제한 의료보험을 도입해도 국가의 추가적인 재정 부담은 없었다. 국가는 관리운영비의 일부만을 보조하고 의료급여에 소요되는 대부분의 비용은 기업과 노동자가 나누어 부담하기 때문이다. 그런데 의료보험은 산재보험과 달리 제도화되지 않았다. 의료보험의 도입은 기업과 노동자의 경제적 부담을 증가시키는 것이 명확했기 때문이다. 경제계가 반대한 것도 강제로 가입하는 의료보험이 기업의 추가적인 경제적 부담을 유발할 것이라고 판단했기 때문이고,[252] 군사정부가 경제계의 반대를 받아들인 것도 바로 이러한 주장에 동의했기 때문이다. 경제개발 초기 단계에서 권위주의 반공개발국가는 경제개발과 직접적 관련이 없는 일체의 지출과 소비를 통제했고 모든 자원이 경제개발에 투여되기를 원했다. 권위주의 반공개발국가가 추진하는 경제개발의 하위 파트너로 완벽하게 종속되어 있는 기업의 '돈' 또한 권위주의 정권에게는 경제개발을 위해 투자되어야 할 자원이었다. 강제가입을 전제한 의료보험이 한국 사회에 고도성장으로 인한 사회문제가 본격적으로 확산되기 시작한 1970년대 말에 들어서야 제도화된 것도 바로 이러한 이유에서이다. 1970년대 말이 되면 수출 대기업은 이미 노동자의 의료 비용의 50%를 보조하고 있었기 때문에 강제의료보험을 도입한다고 해도 수출 기업의 추가적인 비용은 거의 없었다.[253] 더욱이 기업은 의료보험료를 납부하면 세금 감면을 받을 수 있었고 사내 조합으로 운영되는 의료보험이 종업원의 충성심을 유발하고 자본을 활용할 수 있는 기회도 제공했기 때문에 기업이 강제의료보험을 반대할 이유가 없었던 것이다.

....

252 신언항. "의료보험발전 단계별 정책형성에 관한 연구." p.55.
253 강명세. "한국 복지국가의 기원." pp.22-23.

산업재해보험

산재보험은 산업화 과정을 거친 대부분의 사회에서 가장 먼저 도입된 사회보장제도 중 하나였다. 하지만 산업재해보험이 도입되었던 1963년의 한국 사회는 여전히 농업이 지배적인 사회였다. 산업별 취업자의 구성비를 보면 농림어업의 취업자가 전체의 63.1%에 달했고 광공업 취업자의 비중은 8.7%에 불과했다.[254] 이러한 농업 중심의 산업구조에서 산재보험의 도입은 일반적 주장과 달리 군사정권이 정권의 정당성을 확보하기 위한 조치라고 보기 어렵다. 만약 복지제도를 통해 군사정권이 정당성을 얻고자 했다면 군사정부는 당연히 당시 국민의 절대다수를 차지하고 있던 농민에 대한 복지정책을 내놓는 것이 타당했다. 산업재해보험의 도입은 군사정권이 민정이양 이전에 쿠데타의 정당성을 높이기 위한 조치였다기보다는 군사정권이 추진하는 경제개발(또는 본격적인 경제개발을 대비하는 차원에서 준비된 정책)의 일환으로 추진되었다고 보는 것이 타당하다. 실제로 산재보험은 아래로부터의 요구, 즉 노동조합이나 노동자의 요구로 제정된 것이 아니라 보건사회부 산하의 사회보장심의위원회의 전문가들의 제안과 정부 내부의 논의 과정을 거쳐 도입되었다. 산재보험을 둘러싼 복지정치는 거의 없었고 노동단체나 기업은 단지 제도에 관한 의견을 조율하는 수준에서 참여했을 뿐이었다.[255] 하지만 반대도 있었다. 국영기업의 일부, 대기업, 상공회의소는 단체협약을 통해 이미 재해를 보상하고 있었기 때문에 강제보험 도입에 반대했다. 반면 노동조합은 무관심했고 산재보험보다는 단체협상에 의한 산재보상을 더 선호했다.[256] 기업주는 산재보험이 기업주가 부담해야 할 산업재해의 보상 책임을 분담하는 제도라는 것을 인식한 이후에야 제도 도입에 반대하지 않았다.

당시 분배와 관련해 대중의 요구가 있었다면 실업문제를 해결하라는 것이었지 현재 직업을 갖고 있는 취업자가 직면할 수 있는 산업재해와 같은 사회위험에

....

254 이원보. 『한국노동운동사 5』. p.86.
255 우명숙. "한국의 복지제도 발전에서 산재보험 도입의 의의." p.23.
256 문병주(2005). "한국의 산업화 시기 노사관계와 복지체제의 성격: 생산레짐적 시각에서의 재조명."
      『한국정치학회보』39(5): 153-177. p.169; 우명숙. "산업재해보험." p.36

대비하는 것은 아니었다. 산재보험은 1960년대 초까지만 해도 정권이 해결해야 할 우선과제가 아니었다. 실제로 1960년 당시에 5인 이상의 사업장에 취업한 사람의 수는 235,000명에 불과했다.[257] 물론 "민주복지국가"를 건설한다는 군사정권의 목표에 비추어볼 때 산재보험의 도입이 4·19혁명 이후에 제기되었던 사회개혁의 요구에 대한 대응이라는 것을 부정할 수는 없다. 하지만 군사정권과 이후 권위주의 정권은 자신의 정당성을 경제개발에서 찾으려 했고 사회보장제도는 이를 보완하는 정치적 수사에 불과했다.

정치적 수사에 그쳤던 복지제도는 성공적인 경제개발이 이루어지면서 결과적으로 정권의 정당성을 보장하는 역할을 하게 된다. 시행 초기인 1964년에 81,798명에 불과하던 산재보험 대상자가 불과 10년 만인 1973년이 되면 1,166,650명으로 무려 14.3배나 증가한다.[258] 물론 산재보험의 확대와 안정화 과정이 순탄했던 것만은 아니다. 산재보험의 운영 주체(국가 대 민간)를 누구로 할 것인가를 둘러싸고 논쟁이 벌어졌다.[259] 그러나 〈표 11.12〉에서 보는 것과 같이 산재보험의 대상이 확대되면서 산재보험은 한국 최초의 사회보험으로 정착해갔다. 반공개발국가 시기에 산재보험의 중요한 변화는 1970년 산재보험을 단순히 산업재해에 대한 보상만이 아닌 산재를 당한 노동자의 노동력 회복을 지원하기 위한 역할로 제도화했다는 것이다.[260] 1964년 제도 시행 이래 거의 매년 산재보험의 적용 범위가 확대되었다. 1964년 500인 이상의 광업과 제조업을 대상으로 출발했던 산재보험은 1977년이 되면 16인 이상 사업장과 화학, 플라스틱 제조업의 경우 상시 5인 이상 규모까지 확대되었다. 산재보험은 1963년 경제개발계획을 시작한 이래 강제적 의료보험제도가 도입된 1977년까지 유일한 사회보험제도였다. 하지만 산재보험은 유휴노동력이 대규모로 존재했던

....

257 송종래·이덕재·이우현·정주연·강신준(2004). 『한국노동운동사 4: 정부수립기의 노동운동, 1948-1961』. 서울: 지식마당. p.81.
258 박준식. "1960년대의 사회환경과 사회복지정책." p.189.
259 우명숙. "산업재해보험." p.39.
260 우명숙. "산업재해보험." pp.40-41.

표 11.12 산업재해보상보험의 주요 적용 대상의 확대 과정

연도	적용 대상 기업의 규모	적용 범위
1964	500인 이상	광업, 제조업
1965	200인 이상	전기, 가스업, 운수, 보관업
1966	150인 이상	
1967	100인 이상	유기사업(연간 25,000인)
1968	50인 이상	유기사업(연간 13,000인)
1969		건설업, 서비스업, 수도, 위생설비업, 통신업
1973	16인 이상	연간 연인원 4천2백인 이상 근로자를 사용하는 사업
1977	16(5)인 이상	광업과 제조업 중 화학, 석탄, 석유, 고무 또는 플라스틱 제품제조업으로서 상시 5인 이상

출처: 유광호 외. 『한국의 사회보장』. p.141; 국가법령정보센터. http://law.go.kr, 접근일 2016년 12월 6일.

1960~1970년대 상황에서 노동보다는 자본의 이해에 따라 만들어진 친자본적인 제도였다.[261]

의료보험

1963년 12월에 제정된 의료보험법은 일본의 건강보험제도와 국민건강보험제도를 참고해 사회보장위원회 전문위원들을 중심으로 입안되었지만, 군사정부 내부의 논의 과정에서 강제가입 조항이 삭제되고 임의보험 형식으로 도입되면서 의료보장제도로서의 역할을 수행하지 못했다.[262] 강제가입 조항은 "세금 이외의 재화의 강제 징수는 불가하다."며 "사회보험의 강제가입은 헌법과 계약자유의 원칙에 위배된다."는 최고회의 의장단의 법률고문의 강력한 반대로 최종 단계에서 삭제되었다.[263] 경제개발을 위한 국가의 적극적인 개입과 달리 사회보장과 관련해서는 자유방임주의를 주장한 것이었다. 다만 1965년 2월에 호남비료주식회

....

261　김종일(1992). "한국 사회 복지정책의 흐름과 논리." 『경제와 사회』16: 26-45. p.30.

262　손준규. "韓國의 福祉政策 決定過程에 對한 硏究."; 권문일. "1960년대의 사회보험." p.484.

263　김연명. "한반도의 냉전체제가 남북한 사회복지에 미친 영향." p.77; 손준규. "韓國의 福祉政策 決定過程에 對한 硏究." p.68.

사와 봉명광업소 두 곳에서 한국 최초의 의료보험조합이 만들어졌다.[264] 1970년 8월에도 법 개정이 이루어져 강제가입과 임의가입이라는 두 가지 방식이 병존했지만 실효성은 없었다. 의료보험제도가 명실상부하게 실효성 있는 사회보장제도로 입법된 것은 1976년 12월 의료보험법 전문이 개정되면서 500인 이상 사업장 노동자에 대해 강제가입 조항이 포함된 이후였다.

1976년에 이루어진 강제적 의료보험 적용은 1960년대와 1970년대의 경제성장의 성과를 분배하라는 대중적 요구에 대한 박정희 권위주의 정권의 제도적 대응 중 하나였다. 당시 국민의 의료 실태를 보면, 아파도 병원에 가지 못하는 경우가 48.9%에 달했고 농촌의 경우는 무려 98.7%에 달했다.[265] 병원에 가는 사람도 죽기 전에 원망 없이 한 번 가보자는 마음으로 병의원을 이용했다. 이런 상황에서 1976년 전격적으로 임의가입제도였던 의료보험을 강제가입으로 변경하는 의료보험법 개정이 이루어진 것이다. 물론 의료보험법 개정은 1970년대 초반 한국 사회를 둘러싼 다양한 사회, 정치, 경제적 요인들이 복합적으로 작용한 결과였다. 1972년 8월에 민간병원에서 보증금이 없다는 이유로 응급환자를 거부하는 사건이 발생해 '유전무병 무전유병'이라는 신조어를 낳을 정도로 불평등이 심각한 사회문제로 등장했고 경제 성과에 대한 불평등한 분배에 대한 노동자들의 불만도 높아져갔다.[266] 남북대화가 진행되면서 북한의 무상의료제도가 남한 사회에 소개되는 등 남북한 간의 체제경쟁을 부추기는 다양한 상황들이 복합적으로 전개되었다.[267] 1976년 강제의료보험제도의 도입은 바로 이러한 복합적인 상황의 결과였다. 보건사회부는 사회복지 확대의 방향을 기존의 '선(先)연금 후(後)의료보험'에서 '선의료보험 후연금'으로 전환하게 된다.[268]

1976년의 의료보험법 개정은 한국 복지체제에서 이해집단의 복지정치가 작

....

264 권문일. "1960년대 한국의 사회보험." p.484.
265 신언항. "의료보험발전 단계별 정책형성에 관한 연구." p.63.
266 신언항. "의료보험발전 단계별 정책형성에 관한 연구." p.77, 82.
267 김연명. "한반도의 냉전체제가 남북한 사회복지에 미친 영향." pp.118-123.
268 신언항. "의료보험발전 단계별 정책형성에 관한 연구." p.97.

표 11.13 의료보험의 주요 적용 대상의 확대 과정

연도	적용 대상 기업의 규모	적용 범위
1963		임의가입 의료보험법 제정
1970		임의가입과 강제가입 병행으로 개정
1976		강제가입으로 의료보험법 전면 개정
1977. 1.		의료보호사업 실시
1977. 7.	500인 이상	
1979. 1.		공무원 및 교직원 의료보험
1979. 7.	300인 이상	

출처: 유광호 외. 『한국의 사회보장』. p.96; 국가법령정보센터. http://law.go.kr, 접근일 2016년 12월 6일.

동하기 시작했다는 점에서 주목할 만하다. 의료보험제도의 직접적 이해 당사자인 의료계는 의료보험법 개정에 적극적으로 참여했다. 의료계의 요구는 의료보험의 운영과 관련해 의료인을 5인 이상 참여시킬 것, 의료심의위원회의 과반수를 의료인으로 구성할 것, 요양취급기관의 결정에 지역의사회가 참여할 수 있도록 하고 행위별수가제를 유지할 것 등을 요구했다.[269] 1963년 의료보험제도를 처음 도입할 당시에 강제가입조항에 반대했던 경제계가 1976년의 개정 과정에서는 전국경제인연합회(전경련)를 중심으로 적극적으로 지지했다는 점도 주목할 만하다.[270] 의료보험과 관련해 그동안 전혀 관심을 보이지 않았던 조직노동도 1976년의 의료보험법 개정에는 참여했다.[271] 의료보험료와 관련해서 한국노총은 사업주가 3분의 2를 부담할 것을 요구했지만 전경련의 요구대로 반반씩 부담하는 것으로 결정되었다. 문제는 산재보험과 같이 의료보험도 공적 의료보장이 가장 필요했던 계층이 아니라 안정적 직장을 갖고 있던 중간계급과 대기업 정규직 노동자를 대상으로 먼저 실시되었다는 점이다. 1977년에 시행된 의료보험도 500인 이상 사업장부터 시행되었고, 1979년에는 공무원과 사립학교 교직원을 대상으로 의료보험제도가 확대되었다. 의료보험 또한 선별적 상품화에 대응하는 역진

....

269 신언항. "의료보험발전 단계별 정책형성에 관한 연구." pp.85-95.
270 신언항. "의료보험발전 단계별 정책형성에 관한 연구." p.55, 96.
271 문병주. "한국의 산업화 시기 노사관계와 복지체제의 성격." p.167, 170.

적인 탈상품화 정책이었다.

3) 사회서비스

권위주의 반공개발국가 시기에 한국 사회서비스는 민간 중심의 전달체계와 취약계층을 대상으로 하는 잔여적 서비스 제공이라는 두 가지 특징을 갖고 있었다. 이러한 특징은 일제강점기, 미군정, 이승만 정권 시기를 거치면서 지속된 한국 사회서비스의 특징이라고 할 수 있다. 1970년 1월 1일에 제정된 "사회복지사업법"도 민간복지 시설이 제공하는 잔여적 사회서비스를 정부가 관리감독하기 위해 제정한 법이었다. "사회복지사업법"은 국가가 사회복지시설의 종사자의 자격, 법인의 설립인가 등 민간 사회복지시설의 설립과 운영 등을 규제할 수 있도록 하고 관리감독 이외의 국가의 재정적 책임은 최소화한 법이라고 할 수 있다. "사회복지사업법" 제13조의 보조금 규정을 보면, 국가 또는 지방자치단체는 법인시설에 대해 보조금을 지급 할 수 있다고 규정되어 있을 뿐 국가를 대신해 취약계층에게 사회서비스를 제공하는 민간시설에 대한 국가의 재정적 책임에 대한 규정은 없다. "사회복지사업법"의 제정 목적은 그간 관행적으로 이루어지던 민간이 서비스를 제공하고 국가는 재정책임 없이 관리감독만 하는 한국 사회서비스 전달체계를 공식화·법제화한 것이라고 할 수 있다. 민간사회복지시설이 국가의 역할을 대신하는 "공공부문의 대행자"로 규정되고 "협조적 대상자"화되었다.[272] 다만 여기서 분명히 해야 할 점은 대행자와 협조적 대상자로서의 민간은 결코 국가와 수평적이고 대등한 관계에 있는 주체가 아니라 국가의 하위 대행자와 협조적 대상자였다는 것이다.

그러면 왜 1970년에 들어서면서 권위주의 국가는 취약계층에 대한 사회서비스 제공과 관련해 국가와 민간의 관계를 공식화·법제화하려고 했던 것일까? 크게 보면 두 가지 이유가 있었던 것으로 보인다. 먼저 1961년 군사쿠데타 이후 "생활보호법", "아동복리법", "윤락행위방지법" 등이 제정되고 이에 따라 사회서

....

272   이혜경(1998). "민간 사회복지부문의 역사와 구조적 특성." 『동서문화』 10(2): 41-75. p.62.

비스가 제공되고 있는 상황에서 국가가 이들 사회서비스의 운영과 제공을 체계적으로 관리할 필요가 있었다.[273] 다음으로 1960년대 들어 감소하기 시작한 외국원조로 인해 사회복지시설에 대한 공적지출이 증대하고 있었기 때문에 이에 대한 관리감독과 대안이 필요했던 것으로 보인다.[274] 사실 당시 경제개발에 최우선 과제를 두고 있던 권위주의 정권은 외국 원조를 대신해 취약계층에게 제공되는 사회서비스에 공적 재원을 투자할 의지도 여력도 없었던 것으로 보였다. 이러한 정부의 입장은 1965년과 1967년에 주한민간원조기관연합회(KAVA)의 연찬회에서 대독된 대통령의 치사에서도 분명히 드러난다. 박정희는 국방비 지출로 인해 취약계층에게 공적 서비스를 제공할 정부의 여력이 없기 때문에 취약계층에게 복지서비스를 제공하기 위해서는 외원기관의 지속적인 협조가 필요하다고 언급했다.[275] 실제로 "사회복지사업법" 제정문제로 국회 보건사회위원회에 출석했던 보건사회부 김도욱 차관은 연간 100억 원에 가까웠던 외원이 감소하고 있는 상황인데도 정부와 지방자치단체는 이를 대신할 재원을 확보할 여력이 없다고 밝히고 있다.[276] 박정희 정권은 외원감소로 인해 발생한 민간복지시설에 대한 재정지원 문제를 민간모금을 통해 해결하려는 목적에서 「사회복지사업법」을 제정하려고 했다. 「사회복지사업법」 제24조 '사회복지공동모금회' 조항은 민간기관이 기관운영을 위한 모금을 할 수 있도록 했고, 제17조에서는 수익사업도 할 수 있도록 규정했다. 마지막으로 "사회복지사업법"과 관련해 주목할 점은 국가의 지원과 관리 대상을 법인시설로 제한함으로써 법인시설로 등록하지 못한 영세한 민간사회복지시설이 법의 사각지대에 방치되는 문제를 야기했다. 2000년대까지 지속된 미인가 시설 문제의 근원은 바로 1970년에 제정된 "사회복지사업법"에 있었다고 할 수 있다.[277]

....

273 이혜경. "민간 사회복지부문의 역사와 구조적 특성." p.58; 이상용(2003). "사회복지서비스전달체계의 변용에 관한 연구." 『연세사회복지연구』 9: 59-97. p.62.

274 이상용. "사회복지서비스전달체계의 변용에 관한 연구." p.64; 남찬섭(2008). "1970년대의 사회복지-1." 『월간 복지동향』 88: 39-45. p.43.

275 최원규. "외국민간원조단체의 활동과 한국 사회사업 발전에 미친 영향." pp.215-216.

276 심재진. "사회복지사업법 제정사 연구." p.288.

개별 사회서비스 영역에서 주목할 만한 변화 중 하나는 "아동복리법" 제정을 통해 아동복지서비스의 성격이 구빈에서 돌봄서비스의 제공으로 전환하기 시작했다는 점이다.[278] 그러나 당시 보육시설에서 제공하는 서비스의 주 대상은 부모나 보호자가 돌볼 수 없는 아동들이었다. 정부는 1967년 부랑아가 사회적 문제가 되면서 보육시설 증설 계획을 수립하고 1968년에는 "아동복리법" 시행령을 개정해 미인가 보육시설을 운영할 수 있도록 조치했다. 하지만 미인가 시설에서 제공하는 낮은 질의 서비스가 사회문제가 되자 1977년에는 보육시설의 법인화 조치를 취하는 동시에 "미인가 탁아시설 임시조치령"을 폐기하고 법인 중심으로 보육시설을 재편하려고 했다. 또한 1978년에 들어서면 취약계층 아동을 중심으로 제공되던 보육서비스가 동년 4월 23일의 '탁아시설 운영개선 방안' 발표 이후에 일반 아동에게도 개방되었다. '탁아시설 운영개선 방안'은 보육서비스가 취약계층을 위한 돌봄서비스에서 일반 아동을 포괄하는 서비스로 확장하는 출발점이었다. 보육시설과 이용 아동 수는 1960년에 24개 시설, 1,130명에서 1979년이 되면 611개 시설, 41,632명으로 무려 40배 가까이 증가했다.

정리하면, "사회복지사업법"의 제정으로 대표되는 1960~1970년대의 한국 사회서비스 정책은 취약계층에게만 잔여적으로 제공되는 서비스였다. 서비스 전달의 주체 또한 국가가 아닌 민간이 담당하는 체계였다. 동아시아 개발국가의 복지정책의 중요한 특성인 경제개발을 위해 노동력의 재생산에 직접적으로 관련이 없는 복지정책에 대해서는 국가 개입을 최소화한다는 원칙이 사회서비스 정책에서도 관철되고 있었다. 다만 사회서비스에서 선별적 탈상품화는 소득보장정책과 상이한 두 가지 특성을 갖고 있다. 하나는 정책 대상의 측면에서 소득보장정책과는 반대로 노동시장에서 선택된 사람들을 위한 탈상품화가 아니라 가족의 도움을 받을 수 없는 취약계층을 선별해 지원하는 선별주의였다는 점이다. 다른 하나는 사회서비스를 노동력 재생산과 직접 관련된 교육, 의료 등과 같은 (준)공적 사

....

277   남찬섭. "1970년대의 사회복지-1." p.45.
278   보건복지70년사 편찬위원회. 『보건복지70년사』. pp.180-183.

회서비스에서 분리해 취약계층만을 대상으로 하는 사회복지서비스로 분리시켰다는 점이다.

제6절 정리와 함의

『기원과 궤적』에서는 한국 현대사에서 가장 논쟁적인 시기를 지나오면서 정치, 경제, 복지체제가 어떻게 서로 관련되면서 변화해왔는지를 관찰했다. 정치적 측면에서 보면 이 시기에는 제한된 민주주의가 유신체제로 전환되면서 보수야당, 학생, 재야세력의 반독재연합이 형성되었다. 경제적 측면에서는 경공업 중심에서 중화학공업 중심으로 경제구조가 변화하면서 노동계급이 비록 경제투쟁에 국한되기는 했지만 자신의 계급적 정체성을 발전시켜나가고 있었다. 복지체제는 수출 주도형 경제성장의 필요에 조응하는 방식으로 변화했다. 1960년대 중반부터 시작된 경공업 중심의 산업화는 농촌에 존재하고 있던 광범위한 유휴노동력을 흡수해 그들을 상품화시켜 한국 사회가 절대빈곤에서 벗어나는 계기를 마련했다. 하지만 노동력의 상품화에 조응하는 탈상품화, 즉 사회보장제도는 매우 제한적인 영역과 대상에 국한해 제도화되었다. 실제로 탈상품화 제도는 노동력 재생산과 직접적 연관이 있는 영역에 국한되었고, 이마저도 농촌의 대체 가능한 유휴노동력이 풍부한 상황에서 그 대상은 매우 제한적이었다. 강제가입을 전제한 의료보험은 기업의 부담을 이유로 거부되었고, 대규모 사업장을 중심으로 산재보험이 도입되었다. 1970년대에 들어서면서 한국 경제의 중심이 경공업에서 중화학공업으로 이동하기 시작했고, 이에 따라 상품화된 노동력도 저숙련 여성노동력에서 숙련된 남성노동력으로 변화했다. 수출 중심의 대기업에 고용된 노동자들과 내수 중심의 중소기업에 고용된 노동자들 간에 이중구조가 만들어지기 시작한 것도 바로 이 시기이다. 이에 따라 노동력 재생산을 지원하는 탈상품화도 대규모 사업장을 중심으로 제도화되었다.

그러면 이렇게 1960년대와 1970년대를 가로지르는 '권위주의 반공개발국가'의 복지체제는 어떤 특성을 갖고 있었던 것일까? 간단히 정리하기는 어렵다. 20여 년 가까이 지속되었던 권위주의 반공개발국가의 복지체제는 사실 하나의 고정된 실체가 아니라 한국 사회의 정치·경제의 변화를 반영하는 변화하는 구성물이었기 때문이다. 다만 이 시기 두 차례에 걸쳐 진행된 '선별적 상품화'를 실현한 '개발국가 복지체제'는 경제성장을 통해 빈곤과 불평등을 완화했다는 점에서 결과적으로 서구 복지국가의 기능적 등가물처럼 기능했다고 할 수 있다. 중·상층은 중화학 공업중심의 두 번째 선별적 상품화를 통해 사적으로는 사보험, 개인저축, 부동산(주택) 등과 같은 사적 탈상품화 체계를 구축했다. 복지에 대한 가족책임주의가 일부 계층에게 가능해진 것도 이 시기에 이르러서다. 통상적으로 복지국가의 대표적인 탈상품화 정책으로 알려진 사회보험, 공공부조(생활보호제도와 의료보호제도) 등 공적 사회보장제도는 선별적 상품화와 사적 탈상품화 체계에 대한 보완적 기능을 수행하는 데에 지나지 않았다.

더욱이 복지체제의 측면에서 보면 비정규직의 절대다수와 자영업자의 대부분이 공적 사회보험으로부터 배제된 현재 한국 복지체제의 역진적 선별주의의 기원은 바로 이러한 경제성장을 위한 권위주의 개발국가 복지체제의 두 차례에 걸친 선별적 상품화에 그 기원을 두고 있는 것이다. 1997년 외환위기 이후 집권한 김대중 정부가 사회보험의 대상을 보편적으로 확대하고, 역대 정부 또한 사회보험의 실질적 보편성을 확대하기 위한 정책을 지속했지만 20년이 지난 지금도 한국의 사회보험 제도는 비정규직과 자영업을 포괄하지 못한 상태로 남아 있다. 또한 공적 사회보장제도가 노동력의 상품화와 개인저축과 민간보험으로 대표되는 사적 탈상품화의 보완적 역할을 수행하고 있는 것도 기본적으로 노동시장에서 상품화와 사적 탈상품화를 통해 시민이 직면한 사회위험에 대응하고자 했던 개발국가 복지체제의 유산이라고 할 수 있다.

결국 권위주의 정권이 만들어 놓은 개발국가 복지체제에서 개별 시민이 사적 이익에서 벗어나 사회적 연대에 기초해 공적 복지를 보편적으로 제공하는 복지국가를 요구하는 것은 매우 어려웠을 것이다. 경제발전은 공적복지의 확대를 위한 사회적 조건이 아니라 계층 간 불평등을 확대하며 공적복지의 확대를 가로

막는 장애물이 되었다. 더 이상 고도성장이 가능하지 않은 시대에 박정희 개발
국가 복지체제의 패러다임이 수많은 사회문제를 야기하고 있는 것도 이 때문이
다. 이러한 분석결과에 기초했을 때 박정희 시대는 광범위한 사각지대와 취약한
공적 사회보장, 강력한 민간이라는 한국 복지체제의 근원적 문제가 만들어진 시
기였다고 할 수 있다. 개발국가 시기 동안 선별적 상품화는 많은 사람들을 절대
빈곤에서 벗어나게 했지만, 불평등을 확대했고, 복지를 집합적 연대의 산물이 아
닌 경쟁을 통한 개인의 사적 축적물로 만들어 버렸다. 그러므로 한국 사회가 현
재 한국 복지체제가 직면한 문제를 풀어가기를 원한다면 그 출발점은 박정희 시
대에 만들어진 개발국가 복지체제의 유산을 재구성하는 것으로부터 시작해야 한
다.『기원과 궤적』은 1980년대 이후의 한국 사회의 모습에서 이러한 문제를 확인
하고 그 대안을 모색하는 긴 여정을 걷게 된다.

참고문헌

감정기 · 최원규 · 진재문. (2010). 『사회복지의 역사(개정판)』. 서울: 나남.

강광하. (2000). 『경제개발5개년계획』. 서울: 서울대학교 출판부.

강동훈. (2011). "발전국가론과 한국의 산업화." 『마르크스 21』 11: 134-173.

강만길. (1994). "일제 식민지시기 민족해방운동의 전개와 성격." 강만길 · 김남식 · 김영하 · 김태영 · 박종기 · 박현채 · 안병직 · 정석종 · 정창렬 · 조광 · 최광식 · 최장집 편. 『한국사 15: 민족해방운동의 전개 1』. pp.61-79. 서울: 한길사.

강명세. (2006). "한국 복지국가의 기원: 의료보험제도의 기원과 변화." 『사회과학연구』 14(1): 6-33.

_____. (2015). "반공주의와 정당체제의 왜곡." 김동춘 · 기외르기 스첼 · 크리스토프 폴만 편. 『반공의 시대: 한국과 독일, 냉전의 정치』. pp.158-174. 서울: 돌베개.

강봉순 · 문팔용. (1977). 『農家所得의 決定要因分析』. 서울: 한국개발연구원.

강정인. (2014). 『한국 현대 정치사상과 박정희』. 서울: 아카넷.

강진아. (2007). "제국주의시대와 동아시아의 경제적 근대화: 식민지근대화론의 재고와 전개." 『역사학보』 194: 393-425.

경향신문. (1979). "고이 고이 잠드소서...북아도 흐느낀 통한의 영결." 1979년 11월 3일자 7면.

고성국. (1985). "1970년대의 정치변동에 관한 연구." 최장집 편. 『한국자본주의와 국가』. pp.91-169. 서울: 한울.

고세훈. (2011). 『영국정치와 국가복지: 신(New)자유주의에서 신(Neo)자유주의로』. 서울: 집문당.

고영선. (2008). 『한국경제의 성장과 정부의 역할: 과거, 현재, 미래』. 서울: 한국개발연구원. p.186.

고희원. (2005). "다자간 섬유협정 종류와 향후 전망." 『수은해외경제』, 2005년 2월호. 77-81.

谷浦孝雄. (1981) "해방후 한국 상업자본의 형성과 발전." 진덕규 · 한배호 · 김학준 · 한승주 · 김대환 외 공저. 『1950년대의 인식』. pp.276-295. 서울: 한길사.

공보부 편. (1961). "한미공동성명." 『국가재건최고회의 박정희의장 방미-방일특집』. 공보부.

공제욱. (1994). "1950년대 자본축적과 국가: 사적 자본가의 형성을 중심으로." 『국사관논총』 58: 171-219.

구갑우. (2016). "탈식민 · 탈패권 · 탈분단의 한반도 평화체제." 이병천 · 윤홍식 · 구갑우 편. 『안보개발국가를 넘어 평화복지국가로: 독일의 경험과 한국의 과제』. pp.144-210. 서울: 사회평론아카데미.

구해근. (2002[2001]). 『한국 노동계급의 형성』. 신광영 역. (*Korean workers: The culture and politics of class formation*). 서울: 창비.

구현우. (2009). "발전국가, 배태된 자율성, 그리고 제도론적 함의: 이승만 정부, 박정희 정부, 전두환 정부의 산업화 정책을 중심으로." 『한국사회와 행정연구』 20(1): 145-178.

국가법령정보센터. (2016). 「생활보호법」. http://law.go.kr, 접근일 2016년 12월 6일.

_____. (2016). 「조선구호령」. http://law.go.kr, 접근일 2016년 12월 6일.

국가재건최고위원회 편. (1973). 『박정희대통령 연설문집 1』. 대통령비서실.

국사편찬위원회. (2016). "미국무성, 배상조사위원 포레 보고서 중 건의 내용 발표." 국사편찬위원회 편. 『자료대한민국사 III』. http://db.history.go.kr

_____. (2016). "보건후생부, 월남동포 구호위해 국영구호검역소 설치." 국사편찬위원회 편.『자료대한민국사 IV』. http://db.history.go.kr

국회도서관 입법조사국. (1964).『선진제국의 대아시아 경제협력』. 국회도서관 입법조사국.

宮本太郎. (2003[1999]).『복지국가 전략: 스웨덴 모델의 정치경제학』. 임성근 역. (『福祉国家戦略 : スウェ―デンモデルの政治経済学』). 서울: 논형.

권문일. (1989). "1960년대의 사회보험." 하상락 편.『한국사회복지사론』. pp.467-513. 서울: 박영사.

김경일. (2004).『한국노동운동사 2: 일제하의 노동운동 1920~1945』. 서울: 지식마당.

_____. (2016). "산업전사에서 민주투사까지, 도시로 간 여공의 삶." 김성보·김종엽·이혜령·허은·홍석률 기획.『한국현대 생활문화사: 1970년대』. pp.61-88.

김금수. (2013).『세계노동운동사 1』. 서울: 후마니타스.

김기석·강일국. (2004). "1950년대 한국 교육." 문정인·김세중 편.『1950년대 한국사의 재조명』. pp.525-563. 서울: 선인.

김기승. (2003). "민주당 정권의 경제정책에 관한 연구." 조광·허동현·김기승·홍순호·高崎宗司·정대성·김녕·임기환 공저.『장면총리와 제2공화국』. pp.135-218. 서울: 경인문화.

김기원. (1990).『미군정기의 경제구조』. 서울: 도서출판 푸른산.

_____. (2003). "미군정기의 경제." 국사편찬위원회 편.『한국사 52: 대한민국의 성립』. 서울: 탐구당.

김낙년. (1999). "1960년대 한국의 공업화와 그 특징." 한국정신문화연구원 편.『1960년대 한국의 공업화와 경제구조』. pp.11-76.

_____. (2004). "1950년대의 외환정책과 한국경제." 문정인·김세중 편.『1950년대 한국사의 재조명』. pp.201-234. 서울: 선인.

김낙년 편. (2006).『한국의 경제성장: 1910-1945』. 서울: 서울대학교 출판부.

김도균. (2013). "한국의 자산기반 생활보장체계의 형성과 변형에 관한 연구: 개발국가의 저축동원과 조세정치를 중심으로." 서울대학교 대학원 사회학과 박사학위논문.

김도중. (1998). "정부수립 초기 사회·경제구조 변화와 사회의식." 한국정신문화연구원 현대사연구소 편.『한국현대사의 재인식 3: 한국전쟁 직전의 한국사회 연구』. pp.111-156. 서울: 도서출판 오름.

김동노. (2004). "1950년대 국가의 농업정책과 농촌 계급구조의 재구성." 문정인·김세중 편.『1950년대 한국사의 재조명』. pp.423-457. 서울: 선인.

김동춘. (1994). "1960, 70년대의 사회운동." 강만길·김남식·김영하·김태영·박종기·박현채·안병직·정석종·정창렬·조광·최광식·최장집 편.『한국사 19: 자주·민주·통일을 향하여-1』. pp.265-324. 서울: 한길사.

_____. (1994). "4월 혁명." 강만길·김남식·김영하·김태영·박종기·박현채·안병직·정석종·정창렬·조광·최광식·최장집 편.『한국사 18: 분단구조의 정착-2』. pp.303-333. 서울: 한길사.

김미경. (2018).『감세국가의 함정』. 서울: 후마니타스.

김성해·김정음. (1984).『1960년대』. 서울: 거름신서.

김성현. (2016). "난민이라는 존재의 인식과 삶." 김성보·김종엽·이혜령·홍석률 기획.『한국현대 생활문화사: 1950년대』. pp.83-106. 서울: 창비.

김성호·전경식·장상환·박석두. (1989).『농지개혁사연구』. 서울: 한국농촌경제연구원.

김수근. (1988). "한국의 경제발전과 미국의 역할." 『한국과 미국』 2: 17-55.

김수진. (2008). 『한국 민주주의와 정당정치』. 서울: 백산서당.

김수행·박승호. (2007). 『박정희 체제의 성립과 전개 및 몰락: 국제적·국내적 계급관계의 관점』. 서울: 서울대학교출판부.

김연명. (1989). "한국 의료보험제도의 발달 및 행태 규정 요인에 대한 연구." 보건사회연구회 편. 『한국의료보장연구』. pp.99-120. 서울: 청년세대.

_____. (1993). "한반도의 냉전체제가 남북한 사회복지에 미친 영향." 중앙대학교 사회복지학과 박사학위논문.

김영모. (1981). "해방 후 대자본가의 사회 이동에 관한 연구." 진덕규·한배호·김학준·한승주·김대환 외 공저. 『1950년대의 인식』. pp.257-275. 서울: 한길사.

김영미. (2000). "해방직후 정회를 통해 본 도시 기층사회의 변화." 『역사와 현실』. 35: 37-75.

_____. (2012). "식민지 동원 체제의 역속과 단절." 정근식·이병천 편. 『식민지유산, 국가형성, 한국 민주주의 2』. pp.219-253. 서울: 책세상.

김영순·권순미. (2008). "공공부조." 양재진·김영순·조영재·권순미·우명숙·정홍모 공저. 『한국의 복지정책 결정과정: 역사와 자료』. pp.203-264. 서울: 나남.

김욱. (2007). "스웨덴의 과세정치: 타협과 협의에 바탕한 안정성과 효율성." 강원택 편. 『세금과 선거: 각국의 경험과 한국의 선택』. pp.121-146. 서울: 푸른길.

김원. (2006). "부마항쟁과 도시하층민: 대중독재론의 쟁점을 중심으로." 『정신문화연구』 29(2): 419-454.

김유선. (2008). 『한국의 노동조합 조직연구: 조합원수(조직률) 분석을 중심으로』. 서울: 한국노동연구원.

김윤태. (2012). 『한국의 재벌과 발전국가: 고도성장과 독재, 지배계급의 형성』. 서울: 한울.

김윤환. (1981). 『한국노동운동사 I: 일제하 편』. 서울: 청사.

김일영. (1999). "1960년대 정치지형 변화." 한국정신문화연구원 편. 『1960년대의 정치사회변동』. pp.285-362. 서울: 백산서당.

_____. (2001). "한국헌법과 국가 사회관계." 한국정치외교사학회 편. 『한국정치와 헌정사』. pp.13-44. 서울: 한울출판사.

_____. (2007). "이승만 정부의 산업정책과 렌트추구 그리고 경제발전." 『세계정치』 28(2): 171-202.

김재훈. (1988). "1950년대 미국의 한국원조와 한국의 재정금융." 『경제와 사회』 1: 131-164.

김점숙. (2000). "미군정과 대한민국 초기(1945-50년) 물자수급정책." 이화여자대학교 대학원 사학과 박사학위논문.

김종일. (1992). "한국사회 복지정책의 흐름과 논리." 『경제와 사회』 16: 26-45.

김종철. (2012). "[기획연재] 장준하는 누구인가(22)." 미디어오늘. 2012년 9월 19일. http://www.mediatoday.co.kr, 접근일 2016년 12월 8일.

김진호. (2016). "이웃을 향한 열린 문과 닫힌 문, 그리스도인의 전후 체험." 김성보·김종엽·이혜령·홍석률 기획. 『한국현대 생활문화사: 1950년대』. pp.161-188. 서울: 창비.

김창근. (2007). "장하준 교수의 발전국가론에 대한 비판적 평가." 『마르크스주의 연구』 4(1): 402-425.

김천영. (1985).『(년표) 한국현대사: 해방부터 단정수립까지: 1945.8.6-1948.8.15』. 서울: 울림기획신서.

김태수. (2006). "에반스 동아시아론의 비판적 검토."『아태연구』13(2): 1-23.

김태일. (1985). "권위주의체제 등장 원인에 관한 사례 연구: 유신 권위주의체제의 성립을 중심으로." 최장집 편.『한국자본주의와 국가』. pp.27-90. 서울: 한울.

김학재. (2016). "자유진영의 최전선에 선 국민." 김성보·김종엽·이혜령·홍석률 기획.『한국현대 생활문화사: 1950년대』. pp.33-58. 서울: 창비.

김한주. (1981).『한국사회보장론』. 서울: 법문사.

김형기. (1988).『한국의 독점자본과 임노동: 예속독점 자본주의하 임노동의 이론과 현상분석』. 서울: 까치.

김형배. (1980). "한국 노동법의 변천," 임종철·배무기 편.『한국의 노동경제』. 서울: 문학과 지성사.

김호기. (1985). "경제개발과 국가의 역할에 관한 연구." 최장집 편.『한국자본주의와 국가』. pp.171-228. 서울: 한울.

_____. (1999). "1970년 후반기의 사회구조와 사회정책의 변화."『1970년대 후반기의 정치사회변동』. pp.155-212. 서울: 백산서당.

_____. (1999). "미군정기 지배구조와 시민사회." 한림대학교 아시아문화연구소 편.『미군정기 한국의 사회변동과 사회사 2』. pp.1-27. 춘천: 한림대학교.

남지민. (2009). "한국 복지체제의 발전주의적 성격에 관한 연구."『대한정치학회보』16(3): 273-297.

남찬섭. (1993). "미군정기 한국 사회복지정책 고찰." 연세대학교 사회복지학과 석사학위논문.

_____. (2005). "미군정기의 사회복지: 응급구호대책과 노동자대책."『월간 복지동향』79: 48-55.

_____. (2005a). "1950년대의 사회복지."『월간 복지동향』80: 56-64.

_____. (2005b). "1960년대의 사회복지①."『월간 복지동향』83: 24-28.

_____. (2008). "1960년대의 사회복지②."『월간 복지동향』84: 32-38.

_____. (2008). "1970년대의 사회복지-1."『월간 복지동향』88: 39-45.

노경채. (2010). "조봉암·진보당·사민주의."『한국민족운동사연구』64: 441-466.

노동자역사 한내 편. (2015).『사진과 함께 보는 노동운동사 알기』. 서울: 한내.

노병직(2003). "기업별노사관계시스템의 형성에 관한 연구: 한국조선산업에서의 노사관계변천사례." 서울대학교 경영학과 박사학위논문. pp.56-57.

도규만. (1991). "신식민지자본주의로의 재편과 그 발전: 8·15 이후." 서울사회과학연구소 편.『한국에서 자본주의 발전』. pp.107-165. 서울: 중원문화.

동아일보. (1946). "정치자유를 요구, 계급독재는 절대반대: 군정청여론국조사(1)." 8월 13일자 3면. http://newslibrary.never.com

_____. (1949). "이국무총리시정방침연설, 당면한 2대국책은 남북통일과 산업재건." 1949년 4월 3일자 1면.

_____. (1953). "國民生活保護法(假稱)起草, 最低生活을保障, 老衰不具病者孤兒等." 1953년 10월 24일자 2면.

_____. (1955). "횡설수설." 1955년 1월 11일자 3면.

류기덕. (1997). "삼백산업에 의한 한국경제의 자본축적과정에 관한 연구."『사회과학논총』16: 181-

193.

류상영. (1994). "자유당의 구조와 성격." 『원우론집』 21(1).

_____. (1994). "전후 세계질서와 미국의 대한정책." 강만길·김남식·김영하·김태영·박종기·박현채·안병직·정석종·정창렬·조광·최광식·최장집 편. 『한국사 17: 분단구조의 정착-1』. pp.187-225. 서울: 한길사.

문병주. (2005). "한국의 산업화 시기 노사관계와 복지체제의 성격: 생산레짐적 시각에서의 재조명" 『한국정치학회보』 39(5): 153-177.

박경미. (2010). "제1공화국의 정당교체: 자유당과 민주당의 형성." 『한국정당학회보』 9(1): 5-37.

박광준. (2013). 『한국사회복지역사론』. 파주: 양서원.

박기영·김정한. (2004). 『한국노동운동사 3: 미군정기의 노동관계와 노동운동, 1945~1948』. 서울: 지식마당.

박동운. (1972). 『남북접촉에 즈음한 남북한 사회보장정책의 이념 및 기조에 관한 비교 고찰』. 서울: 국토통일원.

박명림. (1994). "제1공화국의 수립과 위기." 강만길·김남식·김영하·김태영·박종기·박현채·안병직·정석종·정창렬·조광·최광식·최장집 편. 『한국사 17: 분단구조의 정착-1』. pp.289-335. 서울: 한길사.

_____. (2004). "종전과 1953년 체제." 문정인·김세중 편, 『1950년대 한국사의 재조명』. pp.235-273. 서울: 선인. pp.262-263.

_____. (2008). "헌법, 국가의제, 그리고 대통령 리더십: '건국 헌법'과 '전후 헌법'의 경제조항 비교를 중심으로." 『국제정치논총』 48(1): 429-454.

박보영. (2005). "미군정 구호정책의 성격과 그 한계: 1945~1948." 『사회연구』 9: 69-99.

_____. (2011). "지역사회개발사업과 발전주의 복지정치: 박정희 정권의 새마을운동을 중심으로." 『사회복지정책』 38(3): 57-80.

박정희. (2005[1963]). 『국가와 혁명과 나』. 서울: 동서문화사.

박준식. (1985). "한국에 있어서 노동조합과 정부의 관계." 최장집 편. 『한국자본주의와 국가』. pp.287-357. 서울: 한울.

_____. (1994). "1970, 80년대의 노동운동." 강만길·김남식·김영하·김태영·박종기·박현채·안병직·정석종·정창렬·조광·최광식·최장집 편. 『한국사 20: 자주·민주·통일을 향하여 2』. pp.96-129. 서울: 한길사.

_____. (1999). "1960년대의 사회환경과 사회복지정책: 노동시장 문제를 중심으로." 한국정신문화연구원 편. 『1960년대의 정치사회변동』. pp.159-199. 서울: 백산서당.

박진희. (1996). "미군정 노동정책의 전개과정과 성격변화." 『이대사원』 29: 121-142.

박찬표. (2007). 『한국의 국가형성과 민주주의』. 서울: 후마니타스.

박태균. (1997). "1950년대 말 미국의 대한경제정책 변화와 로스토우의 근대화론." 『한국사론』 27: pp.253-317.

_____. (2002). "1950년대 경제 개발론 연구." 『사회와 역사』 31: 219-249, p.233.

_____. (2002). "군사정부 시기 미국의 개입과 정치변동, 1961~1963." 한국정신문화연구원 편. 『박정희시대 연구』. pp.55-107. 서울: 백산서당.

_____. (2003). "1950·1960년대 경제개발 신화의 형성과 확산." 유철규 편.『한국자본주의 발전모델의 역사와 위기』. pp.247-284. 서울: 함께읽는책.

_____. (2004). "1950년대와 조봉암 그리고 미국." 문정인·김세중 편.『1950년대 한국사의 재조명』. pp.495-524. 서울: 선인.

_____. (2007). "한국전쟁 이후 이승만 정부의 경제부흥 전략."『세계정치』28(2): 203-241.

_____. (2007).『원형과 변용: 한국 경제개발계획의 기원』. 서울: 서울대학교출판부.

_____. (2009). "박정희 정부 시기를 통해 본 발전국가 담론에 대한 비판적 시론."『역사와 현실』74: 15-43.

박현경. (1993). "한국 사회복지의 역사." 한국복지연구회 편.,『사회복지의 역사』. pp.23-52. 서울: 이론과실천. p.44.

박현채. (1981). "미잉여농산물원조의 경제적 귀결." 진덕규·한배호·김학준·한승주·김대환 외 공저.『1950년대의 인식』. pp.276-295. 서울: 한길사.

_____. (1985). "민중의 계급적 성격 규명." 김진균 외.『한국사회의 계급연구 1』. pp.49-79. 서울: 도서출판 한울.

박희범. (1973). "70년대 한국의 농업정책 방향." 고려대학교 노동문제연구소 기타간행물. pp.7-11.

배긍찬. (1999). "1970년대 전반기의 국제환경 변화와 남북관계." 한국정신문화연구원 편.『1970년대 전반기의 정치사회변동』. pp.11-66. 서울: 백산서당.

배기효. (1999).『일제시대의 복지행정』. 대구: 홍익출판사.

배성준. (1995). "1930년대 일제의 '조선공업화'론 비판."『역사비평』30: 133-145.

배인철. (1994). "1950년대 경제정책과 자본축적." 강만길·김남식·김영하·김태영·박종기·박현채·안병직·정석종·정창렬·조광·최광식·최장집 편.『한국사 18: 분단구조의 정착-2』. pp.125-150. 서울: 한길사.

백경남. (1980). "독일 사회민주당의 마르크스주의로부터의 결별."『법정논총』5: 199-233. pp.228-229.

백승욱·이지원. (2009). "1960년대 발전 담론과 사회개발 정책의 형성."『사회와 역사』107: 349-388.

보건복지70년사 편찬위원회. (2015).『보건복지70년사: 가난의 시대에서 복지사회로』. 서울: 보건복지부.

보건복지부. (2005).『보건복지백서』. 서울: 보건복지부.

사공일. (1980). "경제성장과 경제력집중."『한국개발연구』2(1): 2-13.

서상목. (1979). "빈곤인구의 추계와 속성분석."『한국개발연구』1(2): 13-30.

서울신문. (1946). "미국무성, 배상조사위원 포레 보고서 중 건의 내용 발표." 11월 19일자.

서익진. (2003). "한국 산업화의 발전양식: 축적과 조절의 관점에서." 이병천 편.『개발독재와 박정희 시대: 우리 시대의 정치경제적 기원』. pp.69-97. 서울: 창비.

서재진. (1988). "한국 산업 자본가의 사회적 기원." 한국사회사연구회 편.『현대 한국 자본주의와 계급 문제』. pp. 11-38. 서울: 문학과지성사.

서중석. (1999).『조봉암과 1950년대 (상)』. 서울: 역사비평사.

_____. (2003). "주요 정치세력의 통일국가 수립운동." 국사편찬위원회 편.『한국사 52: 대한민국의 성립』. 서울: 탐구당.

_____. (2005).『한국현대사』. 서울: 웅진하우스.

_____. (2008).『대한민국 선거이야기』. 서울: 역사비평사.

성병욱. (2006). "1950년대 진보당의 제약요인 연구."『대한정치학회보』14(2): 51-73.

小林英夫. (1983[1967]). "1930년대 조선 '공업화'정책의 전개과정." 사계절 편집부 편.『한국근대경제사연구』. pp.478-515. 서울: 사계절.

손준규. (1981). "한국의 복지정책 결정과정에 대한 연구: 행정부내 정책결정과정을 중심으로." 서울대학교 대학원 정치학 박사학위논문.

손호철. (1991). "한국전쟁과 이데올로기지형: 국가, 지배연합, 이데올로기." 손호철·이삼성·김대환 외.『한국전쟁과 남북한사회의 구조적 변화』. pp.1-27. 창원: 경남대학교 극동문제연구소.

_____. (1994). "분단후 한국사회에서 '진보적' 투표형태에 관한 연구."『사회비평』11: 323-352.

송종래·이덕재·이우현·정주연·강신준. (2004).『한국노동운동사 4: 정부수립기의 노동운동, 1948-1961』. 서울: 지식마당.

신광영. (2015).『스웨덴 사민주의』. 서울: 한울아카데미.

신병식. (1994). "분단정부의 수립." 강만길·김남식·김영하·김태영·박종기·박현채·안병직·정석종·정창렬·조광·최광식·최장집 편.『한국사 17: 분단구조의 정착-1』. pp.263-285. 서울: 한길사.

신상준. (1992). "주한미군정청의 복지정책기조."『복지행정논총』2: 1-61.

신선희. (2015). "한국 근대 공공부조제도의 지속과 변화: 역사적 신제도주의 관점에서." 서울시립대학교 대학원 사회복지학과 박사학위논문.

신언항. (2006). "의료보험발전 단계별 정책형성에 관한 연구." 연세대학교 의료법윤리협동과정 박사학위논문.

신현종·노택환. (1992). "다자간섬유협정(MFA)의 역사적 의미와 경제적 경향."『사회과학연구』12: 419-446.

심상용. (2010). "한국 발전주의 복지체제 형성 연구: 억압적 발전주의 생산레짐과 비공식 보장의 복지체제."『사회복지정책』37(4): 1-25.

심재진. (2011). "사회복지사업법 제정사 연구."『사회보장연구』27(2): 279-307.

심지연. (1994). "미군정기 정치세력들의 노선과 활동." 강만길·김남식·김영하·김태영·박종기·박현채·안병직·정석종·정창렬·조광·최광식·최장집 편.『한국사 17: 분단구조의 정착-1』. pp.227-261. 서울: 한길사.

안상훈. (2010).『현대 한국복지국가의 제도적 전환』. 서울: 서울대학교출판부.

안진. (1996).『미군정기 억압기구 연구』. 서울: 새길 아카데미.

양재진. (2008). "한국 복지정책 60년: 발전주의 복지체제의 형성과 전환의 필요성."『한국행정학보』42(2): 327-349.

_____. (2014). "박정희 시해, 새로운 기회의 창, 그리고 경제정책의 대전환: 정치리더십 변동과 정책패러다임의 변화."『현대사회와 행정』24(1): 169-188.

오유석. (1994). "1950년대 정치사." 강만길·김남식·김영하·김태영·박종기·박현채·안병직·정석종·정창렬·조광·최광식·최장집 편.『한국사 17: 분단구조의 정착-1』. pp.399-426. 서울: 한길사.

_____. (1997). "한국 사회균열과 정치사회구조형성 연구: 제1공화국 총선거를 중심으로." 이화여자

대학교 사회학과 박사학위논문.

오재연. (2016). "팽창하는 학교와 학생." 김성보·김종엽·이혜령·홍석률 기획.『한국현대 생활문화
　　　사: 1950년대』. pp.107-134. 서울: 창비.

우명숙. (2007). "한국의 복지제도 발전에서 산재보험 도입의 의의."『한국사회학』41(3): 154-185.

_____. (2008). "산업재해보험." 양재진·김영순·조영재·권순미·우명숙·정홍모 공저.『한국의 복
　　　지정책 결정과정: 역사와 자료』. pp.17-63. 서울: 나남.

위키백과. (2016). "대한민국 제5~10대 대통령 선거." http://ko.wikipedia.org, 접근일 2016년 12월
　　　7일.

_____. (2016). "대한민국 제6대 국회의원 선거." http://ko.wikipedia.org, 접근일 2016년 12월 8일.

_____. "대한민국 제5대 국회." http://ko.wikipedia.org, 접근일 2016년 9월 30일.

유광호·이혜경·최성재. (2005).『한국의 사회보장』. 서울: 유풍출판사.

유인호. (2004). "해방 후 농지개혁의 전개 과정과 성격." 송건호 외 편.『해방전후사의 인식 1』.
　　　pp.447-540. 서울: 한길사.

유재일. (1994). "제2공화국의 사회갈등과 정치변동." 강만길·김남식·김영하·김태영·박종기·
　　　박현채·안병직·정석종·정창렬·조광·최광식·최장집 편.『한국사 17: 분단구조의 정착-1』.
　　　pp.427-454. 서울: 한길사.

윤명헌. (1988). "미국잉여농산물원조의 경제적 배경: 한국과 인도의 비교." 조용범·유원동·조기준
　　　외.『한국자본주의 성격논쟁』. pp.366-395. 서울: 대왕사.

윤민재. (2004).『중도파의 민족주의 운동과 분단국가』. 서울: 서울대학교출판부.

윤상우. (2006). "한국 발전국가의 형성·변동과 세계체제적 조건."『경제와 사회』. 72: 69-94.

윤홍식. (2011). "보편주의를 둘러싼 주요쟁점: 보편주의 복지정책을 위한 시론."『한국사회복지학』
　　　63(2): 57-79.

_____. (2011). "복지국가의 조세체계와 함의: 보편적 복지국가 친화적인 조세구조는 있는 것일까."
　　　『한국사회복지학』63(4): 277-299.

_____. (2013). "한국 복지국가 주체 형성에 대한 분단체제의 규정성: 문제제기를 위한 탐색."『사회
　　　복지정책』40(3): 299-319.

_____. (2015). "반공개발국가를 넘어 평화복지국가로: 역사와 전망."『시민과 세계』27: 57-106.

_____. (2016). "일제강점기 한국 분배체계의 특성, 1910-1945: 자본주의 분배체계로의 이행의 시
　　　작."『사회복지정책』43(2): 35-60.

_____. (2016). "한국 복지국가에서 한반도 평화체제 바라보기." 이병천·윤홍식·구갑우 편.『안보개
　　　발국가를 넘어 평화복지국가로: 독일의 경험과 한국의 과제』. pp.91-143. 서울: 사회평론아카데
　　　미.

_____. (2017). "기본소득, 복지국가의 대안이 될 수 있을까?"『비판사회정책』54: 81-119.

윤홍식·송다영·김인숙. (2011).『가족정책: 복지국가의 새로운 전망』. 파주: 공동체.

이대근. (2002).『해방후·1950년대의 경제』. 서울: 삼성경제연구소.

이만갑. (1984).『공업화와 농촌발전』. 서울: 서울대학교 출판부.

이명휘. (2010). "농어촌 고리채정리사업 연구."『경제사학』48: 83-124.

이병천. (2000). "발전국가체제와 발전딜레마: 국가주의적 발전동원체제의 제조명."『경제사학』

28(1): 105-138.

_____. (2003a). "개발독재의 정치경제학과 한국의 경험." 이병천 편.『개발독재와 박정희시대: 우리 시대의 정치경제적 기원』. pp.17-65. 서울: 창비.

_____. (2003b). "개발국가론 딛고 넘어서기."『경제와 사회』57: 99-124.

이상용. (2003). "사회복지서비스전달체계의 변용에 관한 연구."『연세사회복지연구』9: 59-97.

이상우·조은상. (2003). "산업화 이후 영국과 한국기업의 통제형태 및 노사관계변화에 대한 비교 분석."『한국인사관리학회』27(4): 199-221.

이성기. (1991). "사회복지정책과 법률의 변천에 관한 일고찰: 해방 이후 제5공화국까지." 한국복지연구회 편.『한국의 사회복지1』. pp.10-28. 서울: 이론과실천.

이성덕. (1969). "한국의 외원민간 단체의 실태."『사회사업』4: 25-50.

이성형. (1985). "국가, 계급 및 자본축적: 8.3 조치를 중심으로." 최장집 편.『한국자본주의와 국가』. pp.229-286. 서울: 한울.

이영환. (1989a). "미군정기 전재민 구호정책의 성격 연구." 서울대학교 사회복지학과 석사학위논문.

_____. (1989b). "미군정기의 구호정책." 하상락 편.『한국사회복지사론』. pp.423-466. 서울: 박영사.

이완범. (1994). "전후 세계질서와 미국의 대한정책." 강만길·김남식·김영하·김태영·박종기·박현채·안병직·정석종·정창렬·조광·최광식·최장집 편.『한국사 17: 분단구조의 정착-1』. pp.133-186. 서울: 한길사.

_____. (2002). "박정희와 미국: 쿠데타와 민정이양 문제를 중심으로, 1961~1963." 한국정신문화연구원 편.『박정희시대 연구』. pp.109-172. 서울: 백산서당.

_____. (2004). "1950년대 후반 한국정치사 연구: 이승만 정부 몰락 과정에서 일어난 보안법 파동을 중심으로." 문정인·김세중 편.『1950년대 한국사의 재조명』. pp.459-494. 서울: 선인.

_____. (2015). "한국의 반공주의와 친미주의." 김동춘·기외르기 스첼·크리스토프 폴만 편.『반공의 시대: 한국과 독일, 냉전의 정치』. pp.321-346. 서울: 돌베개.

이우재. (1991).『한국농민운동사연구』. 서울: 한울.

이원보. (2004).『한국노동운동사 5: 경제개발기의 노동운동, 1961~1987』. 서울: 지식마당.

이정우. (2003). "개발독재와 빈부격차." 이병천 편.『개발독재와 박정희시대: 우리 시대의 정치경제적 기원』. pp.213-243. 서울: 창비.

이종석. (2003). "유신체제의 형성과 분단구조: 적대적 의존관계와 거울영상효과." 이병천 편.『개발독재와 박정희시대: 우리 시대의 정치경제적 기원』. pp.247-286. 서울: 창비.

이종영. (1986). "미군정기 사회사연구-10.1 폭동의 사회적 배경과 결과."『사회구조와 사회사상』. 심설당.

이주실. (2011). "1950년대 후반 실업문제의 대두와 이승만정부의 실업대책." 고려대학교 사학과 석사학위논문.

이지원. (1994). "3·1운동." 강만길·김남식·김영하·김태영·박종기·박현채·안병직·정석종·정창렬·조광·최광식·최장집 편.『한국사 15: 민족해방운동의 전개 1』. pp.83-116. 서울: 한길사.

이철순. (2004). "1950년대 후반 미국의 대한정책." 문정인·김세중 편.『1950년대 한국사의 재조명』. pp.275-342. 서울: 선인.

이하나. (2016). "전쟁미망인 그리고 자유부인." 김성보·김종엽·이혜령·홍석률 기획.『한국현대 생

활문화사: 1950년대』. pp.59-82. 서울: 창비.

이한빈. (1959). "예산 면에서 나타난 사회보장제도."『국회보』24: 74-77.

이혜경. (1993). "권위주의적 자본주의 사회에서의 복지국가의 발달: 한국의 경험."『한국사회복지학』 21: 162-191.

_____. (1998). "민간 사회복지부문의 역사와 구조적 특성."『동서문화』10(2): 41-75.

이혜숙. (2009).『미군정기 지배구조와 한국사회』. 서울: 선인.

이혜원·이영환·정원오. (1998). "한국과 일본의 미군정기 사회복지정책 비교연구: 빈곤정책을 중심 으로."『한국사회복지학』36: 309-338.

이호철. (1994). "농민운동." 강만길·김남식·김영하·김태영·박종기·박현채·안병직·정석종·정창 렬·조광·최광식·최장집 편.『한국사 18: 분단구조의 정착-2』. pp.221-268. 서울: 한길사.

이흥재. (2011). "사회보장법 형성의 풍토적 특징: 전문집단 헌신 주도 속의 국민저항과 집권층대응의 정치적 산물."『서울대학교 법학』52(2): 381-414.

임경석. (1994). "조선공산당 재건운동." 강만길·김남식·김영하·김태영·박종기·박현채·안병직· 정석종·정창렬·조광·최광식·최장집 편.『한국사 15: 민족해방운동의 전개 1』. pp.157-228. 서 울: 한길사.

임대식. (1994). "사회주의운동과 조선공산당." 강만길·김남식·김영하·김태영·박종기·박현채·안 병직·정석종·정창렬·조광·최광식·최장집 편.『한국사 15: 민족해방운동의 전개 1』. pp.157-191. 서울: 한길사.

장상환. (1985). "농지개혁과정에 관한 실증연구." 강만길 외 편.『해방전후사의 인식 2』. pp.330-401. 서울: 한길사.

_____. (1994). "농지개혁." 강만길·김남식·김영하·김태영·박종기·박현채·안병직·정석종·정창 렬·조광·최광식·최장집 편.『한국사 18: 분단구조의 정착-2』. pp.89-123. 서울: 한길사.

장하준. (2004[2002]).『사다리 걷어차기』. 형성백 역. (Kicking away the ladder). 서울: 부키.

_____. (2006[2003]).『국가의 역할』. 이종태·황해선 역. (Globalization, economic development, and the role of the state). 서울: 부키.

전광희. (1999). "1970년대 전반기의 사회구조와 사회정책의 변화." 정신문화연구원 편.『1970년대 전반기의 정치사회변동』. 서울: 백산서당.

전창원. (1978). "先進國의 非關稅障壁과 그 對策."『經營經濟論叢』4: 98-199.

정관용. (1994). "1960, 70년대의 정치구조와 유신체제." 강만길·김남식·김영하·김태영·박종기· 박현채·안병직·정석종·정창렬·조광·최광식·최장집 편.『한국사 19: 자주·민주·통일을 향 하여-1』. pp.91-127. 서울: 한길사.

정무권. (1996). "한국 사회복지제도의 초기형성에 관한 연구."『한국사회정책』3(1): 309-352.

정영국. (1998). "정치지형의 변화와 5·30선거." 한국정신문화연구원 현대사연구소 편.『한국현대사 의 재인식 3: 한국전쟁 직전의 한국사회 연구』. pp.157-201. 서울: 도서출판 오름.

정영태. (1994). "노동운동." 강만길·김남식·김영하·김태영·박종기·박현채·안병직·정석종·정창 렬·조광·최광식·최장집 편.『한국사 18: 분단구조의 정착-2』. pp.191-219. 서울: 한길사.

정용욱. (2003). "1945년 말 1946년 초 신탁통치 파동과 미군정."『역사비평』62: 287-322.

정일용. (1994). "1960, 70년대의 경제발전과 그 성격." 강만길·김남식·김영하·김태영·박종기·박현채·안병직·정석종·정창렬·조광·최광식·최장집 편.『한국사 19: 자주·민주·통일을 향하여-1』. pp.191-227. 서울: 한길사.

정일준. (2013). "대만과 한국의 발전국가로의 전환 비교연구: 1950년대 미국의 아시아 냉전전략을 중심으로."『사회와 역사』100: 447-484.

정태헌. (2003). "병참기지화정책." 국사편찬위원회 편.『한국사 50: 전시체제와 민족운동』. pp.13-41. 서울: 탐구당.

정해구. (1994). "미군정기 인민정권 수립운동." 강만길·김남식·김영하·김태영·박종기·박현채·안병직·정석종·정창렬·조광·최광식·최장집 편.『한국사 18: 분단구조의 정착-2』. pp.153-189. 서울: 한길사.

정흥모. (2008). "고용보험제도." 양재진·김영순·조영재·권순미·우명숙·정흥모 공저.『한국의 복지정책 결정과정: 역사와 자료』. pp.161-201. 서울: 나남.

조석곤. (2003). "농지개혁과 한국자본주의." 유철규 편.『한국자본주의 발전모델의 역사와 위기』. pp.285-313. 서울: 함께읽는책.

조석곤·오유석. (2001). "압축성장 전제조건의 형성: 1950년대." 김진엽 편.『한국자본주의 발전모델의 형성과 해체』. pp.87-128. 서울: 나눔의 집.

조소영. (2003). "미군정의 점령정책으로서의 언론정책과 언론법제의 고찰."『법과사회이론연구』. pp.189-209.

조순경·이숙진. (1995).『냉전체제와 생산의 정치: 미군정기의 노동정책과 노동운동』. 서울: 이화여자대학교 출판부.

조영재. (2008). "건강(의료)보험제도." 양재진·김영순·조영재·권순미·우명숙·정흥모 공저.『한국의 복지정책 결정과정: 역사와 자료』. 서울: 나남.

조영철. (2003). "재벌체제와 발전지배연합." 이병천 편.『개발독재와 박정희시대: 우리 시대의 정치경제적 기원』. pp.133-160. 서울: 창비.

조지은. (2015). "제헌헌법과 제2차 개정헌법의 경제조항에 대한 고찰."『서강법률논총』4(2): 65-97.

조흥식. (1996). "해방 50년과 남한의 공공복지."『비판사회정책』1: 13-38.

주성수. (1992).『사회민주주의와 경제민주주의』. 서울: 인간사랑.

중앙선거관리위원회. (2016). 선거통계시스템. http://info.nec.go.kr, 접근일 2016년 12월 7일.

중앙선거관리위원회. 선거통계시스템 역대선거: 당선인 명부. http://info.nec.go.kr, 접근일 2016년 9월 30일.

차남희. (1997).『저항과 순응의 역사 정치학: 미군정기 농업 정책과 농민』. 서울: 이화여대출판부.

참여사회연구소. (2017). "87년 체제 30년, 평가와 전망." 2017년 하반기 연구사업 간담회. 2017년 9월 8일 참여연대 아름드리홀.

채오병. (2014). "이승만 정권의 사회정책, 1948-1958: 헌법제정과 개정을 중심으로."『사회이론』46: 417-448.

최문성. (1989). "농민에 대한 정치적 지배구조." 한국농어촌사회연구소 편.『한국농업·농민문제연구 2』. 서울: 연구사.

최상오. (2003). "이승만 정부의 수입대체공업화와 한미간 갈등."『사회연구』6: 129-162.

최원규. (1996). "외국민간원조단체의 활동과 한국 사회사업 발전에 미친 영향." 서울대학교 사회복지학과 박사학위논문.

최응양. (1958). 『농정 10년사』. 서울: 세문사.

최장집. (1988). 『한국의 노동운동과 국가』. 서울: 열음사.

_____. (1994). "국민국가 형성과 근대화의 문제." 강만길·김남식·김영하·김태영·박종기·박현채·안병직·정석종·정창렬·조광·최광식·최장집 편. 『한국사 17: 분단구조의 정착-1』. pp.61-129. 서울: 한길사.

_____. (2005). 『민주화 이후의 민주주의』. 서울: 후마니타스.

통계청. (2016). "가구원수별 가구구성과 평균 가구원수." http://www.index.go.kr, 접근일 2016년 12월 5일.

_____. (2016). "저축률." http://www.index.go.kr, 접근일 2016년 12월 4일.

_____. (2016). "조세부담률." http://www.index.go.kr, 접근일 2016년 12월 5일.

한국개발연구원. (1991). 「한국재정 40년사: 제4권 재정통계(1)」. 서울: 한국개발연구.

한국경제 60년사 편찬위원회. (2010). 『한국경제 60년사 I: 경제일반』. 서울: 한국개발연구원.

_____. (2010). 『한국경제 60년사 V: 사회복지·보건』. 서울: 한국개발연구원.

한국현대사연구회. (1987). 『해방전국과 민족통일전선』. 서울: 세계.

한도현. (1998). "1950년대 후반 농촌사회와 농촌의 피폐화." 한국정신문화연구원 현대사연구소 편. 『한국현대사의 재인식 4: 1950년대 후반기의 한국사회와 이승만정부의 붕괴』. pp.67-107. 서울: 도서출판 오름.

_____. (1999). "1960년대 농촌사회의 구조와 변화." 정신문화연구원 편. 『1960년대 사회변화연구, 1963-1970』. 서울: 백산서당.

한석정. (2016). 『만주모던: 60년대 한국 개발체제의 기원』. 서울: 문학과 지성사.

한준성. (2012). "박정희가 만든 집: 초기 복지정치의 유산." 『동아연구』 62: 329-367.

허신행. (1983). 『貿易政策과 農業發展』. 서울: 한국농촌경제연구원.

허원구. (1991). "미군정시대의 복지행정에 관한 연구." 대구대학교 행정학과 박사학위논문.

허은. (1997). "미군정의 식량 증산정책과 농촌통제: 비료 수급 문제를 중심으로." 『한국사학보』 2: 353-387.

_____. (2006). "국가의 농촌 통제: 조세징수에서 가족계획까지." 『내일을 여는 역사』 23: 56-68.

홍두승. (1983). 직업분석을 통한 계층연구: 한국표준직업분류를 중심으로. 『사회과학과 정책연구』 5(3): 69-87.

홍석률. (2002). "5·16쿠데타의 발발 배경과 원인." 한국정신문화연구원 편. 『박정희시대 연구』. pp.11-54. 서울: 백산서당.

_____. (2010). "4월혁명과 이승만 정권의 붕괴 과정: 민주항쟁과 민주당, 미국, 한국군의 대응." 『역사문제연구』 36: 147-192.

홍윤기. (2003). "민주화시대의 박정희: 박정희 신격화 담론과 일상적 파시즘 담론에 대한 비판적 고찰." 이병천 편. 『개발독재와 박정희시대: 우리 시대의 정치경제적 기원』. pp.365-398. 서울: 창비.

황규성. (2011). 『통일 독일의 사회정책과 복지국가』. 서울: 후마니타스.

황한식. (1985). "미군정하 농업과 토지개혁정책." 강만길 외 편. 『해방전후사의 인식 2』. pp.284-329. 서울: 한길사.

후지이 다케시. (2006). "코민테른 권위주의 성립에 관한 한 시론: 소위 '후쿠모토주의'를 둘러싸고." 『역사연구』 16: 31-55.

MK증권. (2015). "10대 그룹 시가총액 어떻게 변했나…한화·GS 약진." 7월 16일자. http://vip.mk. co.kr/news/2015/682968.html, 접근일 2016년 6월 24일.

Abu-Rughod, J. (2006[1989]). 『유럽 패권이전: 13세기 세계체제』. 박홍식·이은정 역. (*Before scruggsopean hegemony: The world system A.D. 1250-1350*). 서울: 까치.

Akaishi, T. and Steinmo, S. (2006). "Consumption taxes and the welfare state in Sweden and Japan." pp.340-375. in *The ambivalent consumer: Questioning consumption in East Asia and the West*. edited by G. Sheldon and p.Maclachlan. US: Cornell University Press.

Amsden, A. (1989). *Asia's next giant*. New York: Oxford University Press.

Amstrong, P, Glyn, A. and Harrison, J. (1993[1991]). 『1945년 이후의 자본주의』. 김수행 역. (*Capitalism since 1945*). 서울: 동아출판사.

Andersson, J. (2017[2010]). 『도서관과 작업장: 스웨덴, 영국의 사회민주주의와 제3의 길』. 장석준 역. (*The Library and the Workshop*). 서울: 책세상.

Anttonen, A. and J. Sipilä. (2008). Universalism: and idea and principle in social policy. Unpublished document. http://www.nova.no/asset/3723/1/3723_1.pdf

Arendt, H. (1996[1958]). 『인간의 조건』. 이진우·태정호 역. (*The human condition*). 서울: 한길사.

Arrighi, G. (2008[1994]). 『장기20세기: 화폐, 권력, 그리고 우리 시대의 기원』. 백승욱 역. (*The long twentieth century: Money, power, and the origins of our times*). 서울: 그린비.

Arthur, D. (2009). Pedantic fact checking-Did Nixon really say "we are all Keynesians now"? http://clubtroppo.com.au/2009/02/15/pedantic-fact-checking-did-nixon-really-say-we-are-keynesians-now, 접근일 2016년 2월 12일.

Babbies, E. (2014[2013]). 『사회조사방법론』. 고성호·김광기·김상욱·문용갑·민수홍·유홍준·이성용·이정환·장준호·정기선·정태인 역. (*The practice of social research*, 13th ed.). 서울: Cengage Learning.

Bairoch, p.and Kozul-Wright, R. (1996). "Globalization myths: Some historical reflections on integration, industrialization and growth in the world economy." UNCTAD Discussion Papers, no 113.

Barro, R. (2004). "Milton Friedman: Perspectives, particularly on monetary policy." *Cato Journal* 27(2): 127-134.

Beaud, M. (2015[2010]). 『미셸 보의 자본주의의 역사 1500~2010』. 김윤자 역. (*Hstoire de capitalisme 1500-2010*). 서울: 뿌리와 이파리.

Benvenisti, E. (1993). *The international law of occupation*. Princeton, NJ: Princeton University Press.

Berger, M. (2004). *The battle for Aisa: From decolonization to globalization*. New York, NY: Routledge Curzon.

Berman, S. (2010[2006]). 『정치가 우선한다: 사회민주주의와 20세기 유럽의 형성』. 김유진 역. (*The *primacy of politics*). 서울: 후마니타스.

Brandal, N., Bratberg, Ø., and Thorsen, D. (2014[2013]).『북유럽 사회민주주의 모델』. 홍기빈 역. (*Nordic model of social democracy*). 서울: 책세상.

Brenner, R. (2001[1998]).『혼돈의 기원: 세계 경제 위기의 역사 1950~1998』. 전용복·백승은 역. (*The economics of global turbulence*). 서울: 이후.

_____. (2002).『붐 앤 버블: 호황 그 이후, 세계 경제의 그늘과 미래』. 정성진 역. (*The boom and the bubble*). 서울: 아침이슬.

Bucks Local News. (June 23, 2012). "Happy birthday Levittown! Plans announced for big 60th anniversary celebration at Bolton Mansion." http://www.buckslocalnews.com, 접근일 2016년 2월 12일.

Bundy, W. (1971). "New tides in Southeast Asia." *Foreign Affairs* 49(2): 187-200.

Bureau of Labor Statistics. (2016). Labor force statistics from the CPS. http://data.bls.gov/timeseries/LNU04000000?years_option=all_years&periods_option=specific_periods&periods=Annual+Data, 접근일 2016년 3월 11일.

Casutt, J. (2012). "The influence of business cycles on strike activity in Austria, Germany and Switzerland." In Velden, S. ed. *Striking numbers: New approaches to quantitiative strike research*. pp.13-58. International Institute of Social History.

Cho, B. H. (1988). *The state and physicians in South Korea, 1910-1985*. Ph.D. dissertation, Sociology, University of Wisconsin-Madison.

Cinema Guild. (2016). "Building the American dream: Levittown, NY." http://store.cinemaguild.com/nontheatrical/product/1323.html, 접근일 2016년 2월 6일.

Clark, C. (1940). *The conditions of economic progress*. London: Macmillan.

Cumings, B. (1981). *The origins of the Korean war: Liberation and the emergence of separate regimes 1945-1947*. Princeton, NJ: Princeton University Press.

_____. (1986[1981]).『한국전쟁의 기원』. 김자동 역. (*The origins of the Korean war*). 서울: 일월서각.

Cutright, P.(1965). "Political structure, economic development, and national social security programs." *American Sociological Review* 43: 797-812.

Daalder, H. (2011). *State formation, parties and democracy: Studies in comparative European politics*. Colchester: ECPR.

Denman, J. and McDonald, P. (1996). "Unemployment statistics from 1881 to the present day." *Labour Market Trends* 1996: 5-18.

Dikici, E. (2015). "Guns versus butter tradeoff: The theory of defense quality factor." *Journal of Economic, Business and Management* 3(7): 704-709.

Dobbins, J., McGinn, J., Crane, K., Jones, S., Lal, R., Rathmell, A., Swanger, R., and Timilsina, A. (2003). *America's role in nation-building: From Germany to Iraq*. Santa Monica, CA: RAND.

Donbusch, R. and Park, Y. C. (1987). "Korean growth policy." Brookings Papers on Economic

Activity 2: 389-454.

Duus, p.(1983[1976]).『日本近代史』. 김용덕 역. 파주: 지식산업사.

Eckert, C. (2008[1991]). 주종익 역.『제국의 후예』. 서울: 푸른역사.

Eley, G. (1984). "The British model and the German road: Rethinking the course of German history before 1914." In D. Blackbourn and G. Eley. *The peculiarities of German history: Bourgeois society and politics in nineteenth-century Germany*. pp.37-155. New York: Oxford University Press.

_____. (2008[2002]).『The left 1848~2000: 미완의 기획, 유럽좌파의 역사』. 유강은 역. (*Forging democracy: The history of the left in Europe, 1850-2000*). 서울: 뿌리와 이파리.

Emerek, R. (1998). "Atypical working time: Examples from Denmark." In E. Drew, R. Emerek, and E. Mahon Eds. *Women, work and the family in Europe*. pp. 131-139. New York: Routledge.

Engdahl, W. (2015[2009]).『화폐의 신』. 김홍옥 역. (*Gods of money*). 서울: 도서출판 길.

Engles, F. (2004[1884]). *The origin of the family, private property and the state*. Newtown NSW: Resistance Books.

Esping-Andersen, G. (1990). *The three worlds of welfare capitalism*. Cambridge, UK: Polity Press.

_____. (1999). *Social Foundations of Postindustrial Economics*. New York, NY: Oxford University Press.

European Commission. (2002). *European Economy* 71. Belgium: European Communities.

Evans, P.(1995). *Embedded autonomy: State and industrial transformation*. Princeton, NJ: Princeton University Press.

FedPrimeRate.com. (1996). Prime Interest Rate History. http://www.fedprimerate.com/wall_street_journal_prime_rate_history.htm, 접근일 2016년 2월 14일.

Flora, P. and Alber, J. (1998). "Modernization, democratization, and the development of welfare states in Western Europe." In Flora, p.and Heidenheimer, A. eds. *The development of welfare states in Europe and America*. pp.37-80. London: Transaction Publishers.

Forrat, N. (2012). The authoritarian welfare state: a Marginalized concept. Comparative-Historical Social Science(CHSS) Working Paper No. 12-005. The Roberta Buffett Center for International and Comparative Studies, Northwestern University.

Friedan, B. (1963). *The feminie mystique*. New York, NY: W. W. Norton & Company.

Gilpin, R. (2011). *Global political economy: Understanding the international economic order*. NJ: Princeton University Press.

Ginsburg, N. (2003). "Socialist perspective." In A. Alcock, A. Erskine, and M. May Eds. *Social Policy* (2nd ed.). pp. 92-99. London: Blackwell Publishing.

Gough, I. (2011[1979]). "The origins of the welfare state." In Alcock, p.and Powell, M. eds. *Welfare theory and development* Volume 1. Thousand Oaks, CA: Sage Publication.

Hall, R. (1978). The unemployment explosion of the 1970s (Unpublished). http://web.stanford.edu/~rehall/Unemployment%20Explosion%201978, 접근일 2016년 2월 12일.

Hamilton, J. (2013). Historical oil shocks. Parker, R. and Whaples, R. eds. *Routledge handbook of major events in economic history.* pp.239-274. New York, NY: Routledge.

Harari, Y. (2015[2011]). 『사피엔스』. 조현욱 옮김. (*Spaiens*). 서울: 김영사. p.203.

Harvey, D. (2014). 『자본의 17가지 모순』. 황성원 역. (*Seventeen contradictions and the end of capitalism*). 파주: 동녘.

Heilbroner, R. and Millberg, W. (2010[2007]). 『자본주의, 어디서 와서 어디로 가는가』. 홍기빈 역. (*The making of economic society*). 서울: 미지북스.

Henrekson, M., Jonung, L, and Stymne, J. (1996). "Economic growth and the Swedish model." In N. Crafts and G. Toniolo. *Economic growth in Europe since 1945.* pp. 240-289. New York, NY: Campridge University Press.

Hibbs, D. (1977). Political parties and macroeconomic policy. *The American Political Science Review* 71(4): 1467-1487.

Hiilamo, H. and O. Kangas. (2003). "Trap for women or freedom to choose?: Child home care allowance in Finnish and Swedish political rhetoric." Paper for the inaugural ESPAnet conference "Changing European Societies-The role for social policy" Organized by the Danish National.

Hobsbawm, E. (1997[1994]). 『극단의 시대: 20세기 역사』. 이용우 역. (*Age of extremes: The short twentieth century, 1914-1991*). 서울: 까치.

Holliday, I. (2000). "Productivist welfare capitalism: Social policy in East Asia." *Political Studies* 48: 706-723.

Inflationdata.com. (2015). Total Inflation Rate by Decade(Cumulative Inflation by Decade Since 1913). Inflation and CPI Consumer Price Index 1950-1959. Inflation and CPI Consumer Price Index 1960-1969. Inflation and CPI Consumer Price Index 1970-1979. http://inflationdata.com, 접근일 2016년 2월 12일.

Infoplease. (2016). United States unemployment rate. http://www.infoplease.com/ipa/A0104719.html, 접근일 2016년 2월 12일.

John, A. and Sherraden, M. (1992). "Asset-based social welfare policy: Home ownership for the poor." *The Journal of Sociology and Social Welfare* 19(3): 65-83.

Johnson, C. (1994). "What is the best system of national economic management for Korea?" Cho, L. and Kim, Y. eds. *Korea's political economy: An institutional perspective.* pp.63-87. San Francisco: Westview Press.

Johnston, L. (2012). "History lessons: Understanding the decline in manufacturing." Minpost Feb. 22, 2012. https://www.minnpost.com, 접근일 2016년 2월 13일.

Jones, L. and Sakong, I. (1980). *Government, business, and entrepreneurship in econoic development: The Korea case.* Cambridge, NY: Harvard University Press.

Judt, T. (2008[2005]). 『포스트 워 1945~2005』. 조행복 역. (*Postwar: A history of Europe since 1945*). 서울: 플래닛.

Julius, D. (1998). "Inflation and growth in a service economy." *Bank of England Quarterly Bulletin* 38: 338-346.

Kato, J. (2003). *Regressive taxation and the welfare state: Path dependence and policy diffusion*. NY: Cambridge University Press.

Katsiaficas, G. (2015[2012]). 『한국의 민중봉기』. 원영수 역. (*Asia's unknown uprising volume 1: South Korean social movements in the 20th Century*). 파주: 오월의 봄.

Keynes, J. M. (1936[2008]). *The general theory of employment, interest, and money*. New Delhi: Atlantic.

Knijn, T. and I. Ostner. 2002. "Commodification and de-commodification." pp.141-169. in Hobson, B., J. Lewis and B. Siim. eds. *Contested concepts in gender and social politics*. MA: Edward Elgar.

Kolko, J. and Kolko, G. (1972). *The limits of power: the world and United States foreign policy, 1945-1954*. New York: Harper & Row.

Korpi, W. and J. Palme. (1998). "The paradox of redistribution welfare state institutions, inequality, and poverty in the Western countries." *American Sociological Review* 63(October): 661-687.

_____. (2003). "New politics and class politics in the context of austerity and globalization: Welfare state regress in 18 countries, 1975-95." *American Political Science Review* 97(3): 425-446.

Korpi, W. (1983). *The democratic class struggle*. London: Routledge and Kegan Paul.

_____. (2003). "Welfare-state regress in Western Europe: Politics, institutions, globalization." *Annual Review of Sociology* 29: 589-609.

Laclau, E. and Mouffe, S. (2012[2001]). 『헤게모니와 사회주의 전략』. 이승원 역. (*Hegemony and socialist strategy*). 서울: 후마니타스.

Lautebach, R. (1947). *Danger from the East*. New York, NY: Harper and Brothers Publishers.

Leeson, R. (1973). *Strike: A live history, 1887-1971*. London: George Allen & Unwin Ltd.

Leria, A. (2002). *Working parents and the welfare state: Family change and policy reform in Scandinavia*. New York, NY: Cambridge University Press.

Lewis, A. (1949). *Economic survey 1919-39*. London: Allen and Unwin.

Lewis, J. (1992). "Gender and the development of welfare regimes." *Journal of European Social Policy* 2(3): 159-173.

Liljestrom, R. (1978). "Sweden." In S. Kamerman and A. J. Kahn. Eds. *Family policy: Government and families in fourteen countries*. pp.19-48. New York, NY: Columbia University Press.

Lindert, p.(2004). *Growing public: Social spending and economic growth since the eighteenth century*. New York, NY: Cambridge University Press.

Lindgren, J. (1978). "Finland." In S. Kamerman and A. J. Kahn. Eds. *Family policy: Government and families in fourteen countries*. pp.267-294. New York, NY: Columbia University

Press.

Lipietz, A. (1991[1985]). 『기적과 환상』. 김종환·엄창옥·이태왕 역. (*Mirages et miracles*). 서울: 한울.

Lipton, M. (1976). *Why poor people stay poor*. Cambridge, MA: Harvard University Press.

Manin, B. (2004[1997]). 『선거는 민주적인가』. 곽준혁 역. (*The princeples of representative government*). 서울: 후마니타스.

Martin, J. (1994). "The extent of high unemployment in OECD countries." In *Reducing unemployment: Current issues and policy options*. pp.5-40. Kansas City, KS: Federal Reserve Bank of Kansas City.

Meyer, B. and Sullivan, J. (2010). "Consumption and income inequality in the U.S. since 1960s." Paper presented at the Canadian Economic Association Annual Meetings.

Millikan, M. and Rostow, W. (1957). *A proposal: Key to an effective foreign policy*. New York, NY: Harper and Bros.

Mitchell, B. (1976). *Statistical appendix, 1920-1970* (Fontana economic history of Europe). Glasgow: Fontana.

Moore, B.(1966). *Social origins of dictatorship and democracy: Lord and peasant in the making of the modern world*. Boston: Beacon Press, xix.

Mouffe, S. (2006[2000]). 『민주주의의 역설』. 이행 역. (*The democratic paradox*). 고양: 인간사랑.

OECD. (1985). *Social expenditures, 1960-89*. Paris: OECD.

_____. (1987). *Structural adjustment and economic performance*. Paris: OECD.

_____. (1988). *The future of social protection*. Paris: OECD.

_____. (2015). OECD Health statistics 2014. http://www.oecd.org/health/health-data.htm

_____. (2016). Labour Force Statistics. http://stats.oecd.org, 접근일 2016년 2월 12일.

Pateman, C. (1988). "The patriarchal welfare state." In Gutann, A. ed. *Democracy and the welfare state, Princeton*. pp.231-260. NJ: Princeton University Press.

Pierson, C. (2004). "'Late industrialisers' and the development of the welfare state." In Mkandawire, Thandika. ed. *Development Context*. pp.215-245. New York: Palgrave Macmillan.

Pierson, p.(1991). *Beyond the welfare state? The new political economy of welfare*. Cambridge, UK: Polity Press.

Piketty, T. (2014[2013]). 『21세기 자본』. 장경덕 역. (*Capital in the twenty-first century*). 서울: 글항아리.

Preworski, A. (2001[1995]). 『지속가능한 민주주의』. 김태임·지은주 역. (*Sustainable democracy*). 서울: 한울아카데미.

Ritter, G. (2005[1983]). 『복지국가의 기원』. 전광석 역. (*Sozialversicherung in Deutschland und England*). 서울: 법문사.

Rosen, S. (1997). "Public employment, taxes, and the welfar state in Sweden." In R. Freeman, R. Topel, and B. Swedenbo. Eds. *The welfare in transition: Reforming the Swedish model*.

pp.79-108. Chicago, IL: University of Chicago Press.

Rothbarth, E. (1941). "The condition of economic progress. By Colin Clark." *The Economic Journal* 51(201): 120-124.

Russett, B. (1969). "Who pays for defense?" *American Political Science Review* 63(2): 412-426.

Ryner, p.(1996). "Factor shares and inequality in the UK." *Oxford Review of Economic Policy* 12(1): 106-126.

Sachs, J. (1983) "Real wages and unemployment in the OECD countries." Brookings Papers on Economic Activity 1: 255-89.

Sakurai, H. (1976). *Korean land reform reconsidered*. Asia Economic Studies: Tokyo.

Sassoon, D. (2014[2014]) 『사회주의 100년, 1: 20세기 서유럽좌파 정당의 흥망성쇠』. 강주헌·김민수·강순이·정미현·김보은 역. (*One hundred years of socialism: The West European left in the twentieth century*, 2014 ed.). 서울: 황소걸음.

_____. (2014[2014]) 『사회주의 100년, 2: 20세기 서유럽좌파 정당의 흥망성쇠』. 강주헌·김민수·강순이·정미현·김보은 역. (*One hundred years of socialism: The West European left in the twentieth century*, 2014 ed.). 서울: 황소걸음.

Satterwhite, D. (1994). *The politics of economic development: Coup, state, and the Republic of Korea's first Five-Year Economic Development Plan (1962-1966)*. PhD. Dissertation, University of Washington.

Scharpf, F. (1987). "A Game-Theoretical Interpretation of Inflation and Unemployment in Western Europe." *Journal of Public Policy* 7(3): 227-257.

Schurman, F. (1974). *The logic of world power: An inquiry into the origins, currents, and contradictions of world politics*. New York: Pantheon.

Schwartz, H. (2015[2010]). 『국가 대 시장: 지구 경제의 출현』. 장석준 역. (*Limited title under states versus markets*). 서울: 책세상.

Sejersted, F. (2015[2005]). 『사회민주주의의 시대: 북유럽 사회민주주의의 형성과 전개 1905~2000』. 유창훈 역. (*Sosialdemokratiets tidsalde-Norge og Sverige I det 20. århundre*). 서울: 글항아리.

Sen, A. (2013[1999]). 『자유로서의 발전』. 김원기 역. (*Development as freedom*). 서울: 갈라파고스.

Shmitt, C. (1928). *Verfassungslehre, §19*. Munich: Dunker & Humblot.

Silver, B. and Slater, E. (2008[1999]). "세계 패권의 사회적 기원." Arrighi, G., Siver, B., Hui, p.Ray, K., Reifer, T., Barr, K., Hisaeda, S., Slater, E., Ahmad, I., and Shih, M. 『체계론으로 보는 세계사』. 최흥주 역. pp.245-345. (*Chaos and governance in the modern world system*). 서울: 모티브북.

Skocpol, T. (1987). "America's incomplete welfare state: the Limites of New Deal reforms and the origins of the present crisis." In Rein, M., Esping-Andersen, G., and Rainwater, L. *The rise and fall of policy regimes*. pp.35-58. New York, NY: M. E. Sharpe, Inc.

Smith, D. (2007[1973]). 『20세기 유럽의 좌익과 우익』. 은은기 역주. (*Left and right in twentieth century Europ: Seminar studies in history*). 대구: 계명대학교 출판부.

Stell, B. (2015[2013]). 『브레턴우즈 전투』. 오인석 역. (*The battle of Bretton Woods*). 서울: 아산정 책연구원.

Stolleis, M. (2013). "Origins of the German welfare state: Social policy in Germany to 1945." *German Social Policy* 2: 23-176.

Suh, S. M. and Yeon, H. C. (1986). Social welfare during the structural adjustment period in Korea. Working Paper 8604. Seoul: Korea Development Institute.

Tarrow, S. (1994). *Power in movement: Social movements and contentious politics*, 3rd ed. New York, NY: Cambridge University Press.

The World Bank. (2016). Economy & Growth: GDP growth (annual %). http://data.worldbank.org/indicator

Tilly, C. (1975). "Food supply and public order in modern Europe." In C. Tilly ed. *The formation of national states in Western Europe*. pp.380-455. Princeton, NJ: Princeton University Press.

Titmuss, R. (2008[1968]). "Universalism versus selection." In C. Pierson & F. Castles Eds. *The welfare state reader*. pp.40-47. London: Polity.

Vedel-Petersen, J. (1978). "Denmark." In S. Kamerman and A. J. Kahn Eds. *Family policy: Government and families in fourteen countries*. pp.295-327. New York, NY: Columbia University Press.

Wade, R. (1990). *Governing the market: Economic theory and the role of government in East Asian Industrialization*. Princeton, NJ: Princeton University Press.

Wallerstein, I. (1994[1989]). 『반체제운동』. 송철순·천지현 역. (*Antisystemic movements*). 서울: 창작과비평사.

_____. (2005[2004]). 『월러스틴의 세계체제 분석』. 이광근 역. (*World-system analysis: An introduction*). 서울: 당대.

Weil, D. (2017). *Fissured workplace: Why work became so bad for so many and what can be done to improve it*. Cambridge, MA: Harvard University Press.

Wikipeida. (2016). German federal election, March 1933. https://en.wikipedia.org/wiki/West_German_federal_election,_March_1933, 접근일 2016년 3월 3일.

Шабшина, Ф. И. (1996[1974]). 『1945년 남한에서』. 김명호 역. (*Южная Корея 1945-1946*). 서울: 한울.

찾아보기

인명

가토(Kato, Junko) 85

고즈키 요시오(上月良夫) 127

그람시, 안토니오(Gramsci, Antonio) 190,
237, 342

김구 116, 117, 122, 126, 209

김규식 116, 117, 197

김대중 323, 326, 422

김성수 126, 249

김연수 172, 249

김영모 230, 231

나세르, 가말 압델(Nasser, Gamal Abdel) 320

남덕우 369

넉시, 래그나(Nurkse, Ragnar) 258

네 윈, 우(Ne Win, U) 320

닉슨, 리처드(Nixon, Richard) 38, 39, 332, 346

대처, 마거릿(Thatcher, Margaret) 96

델레스, 존 포스터(Dulles, John Foster) 256,
283

뒤르켐, 에밀(Durkheim, Emile) 356

드레이스, 빌럼(Drees, Willem) 46

디키시, 엠레(Dikici, Emre) 88

렌, 고스타(Rehn, Göta) 74, 75

로스토, 월트(Rostow, Walt) 253, 314, 348

루스벨트, 프랭클린(Roosevelt, Franklin) 76,
110

린더트, 피터(Lindert, Peter) 65, 85

립턴, 마이클(Lipton, Michael) 294

마르코스, 페르디난드(Marcos, Ferdinand E.)
332

마셜, 조지(Marshall, George) 111, 154

매그루더, 카터(Magruder, Carter) 318

매카나기, 월터(McConaughy, Walter) 217, 303

맥밀런, 해럴드(Macmillan, Harold) 25

맥아더, 더글러스(MacArthur, Douglas) 22,
176, 286

무어, 베링턴(Moore, Barrington) 109, 203,
311

무초, 존(Mucho, John) 210

뮈르달, 군나르(Myrdal, Gunnar) 21, 73, 315

미야모토 타로(宮本太郎) 80

미첼, 줄리엣(Mitchell, Juliet) 82

미테랑, 프랑수아(Mitterrand, François) 50

박근혜 231, 303, 307

박명림 221, 226, 267~269, 271, 272, 339

박정희 13, 109, 154, 191, 192, 202, 235, 236,
240, 254, 255, 259, 271, 303, 306~311,
314~329, 332, 333, 335, 337~339,
341~343, 345, 346, 348, 349, 352, 354,
355, 360~367, 369~371, 373, 374, 376,
382, 385~387, 392, 394~396, 398,
403~405, 410, 416, 419, 423

박찬표 104, 107, 126, 127, 129, 130, 267

박헌영 110, 116~120, 132

박홍식 16, 172, 230

백두진 252

번스, 아서(Bunce, Arthur C.) 146, 162, 168,
187, 238

베닝호프, 머렐(Beninghoff, Merrel) 112, 124

베버리지, 윌리엄(Beveridge, William) 71, 73,
80

볼커, 폴(Volcker, Paul) 41

브레너, 로버트(Brenner, Robert) 42

브로델, 페르낭(Braudel, Fernand) 300

비그포르스, 에른스트(Wigforss, Ernst) 73